世界中国学研究联合会出版项目
World Association for China Studies（WACS）Series

中国学手册

新时代中国卷

宋月红　王　镭　主编

中国社会科学出版社

图书在版编目（CIP）数据

中国学手册. 新时代中国卷 / 宋月红，王镭主编. —北京：中国社会科学出版社，2022.10

ISBN 978 – 7 – 5227 – 0827 – 0

Ⅰ. ①中… Ⅱ. ①宋…②王… Ⅲ. ①中国学—手册 Ⅳ. ①K207.8 – 62

中国版本图书馆 CIP 数据核字（2022）第 203525 号

出 版 人	赵剑英
责任编辑	张　潜
责任校对	王丽媛
责任印制	王　超

出　　版	中国社会科学出版社
社　　址	北京鼓楼西大街甲 158 号
邮　　编	100720
网　　址	http://www.csspw.cn
发 行 部	010 – 84083685
门 市 部	010 – 84029450
经　　销	新华书店及其他书店
印刷装订	北京君升印刷有限公司
版　　次	2022 年 10 月第 1 版
印　　次	2022 年 10 月第 1 次印刷
开　　本	787×1092　1/16
印　　张	36
字　　数	686 千字
定　　价	228.00 元

凡购买中国社会科学出版社图书，如有质量问题请与本社营销中心联系调换
电话：010 – 84083683
版权所有　侵权必究

本书编写组

首席研究员：宋月红　王　镭

执行研究员：谭扬芳　刘泉平　李　旸

　　　　　　　周　进　章舜粤　王怀乐

主 要 成 员：（以拼音排序）

　　　　　　　狄　飞　董文墨　房路平　冯雪利　贺之杲

　　　　　　　侯春兰　侯迎欣　胡荣荣　李应瑞　廉晓敏

　　　　　　　路　军　牛晨晨　单　超　宋爱平　苏中富

　　　　　　　孙　迪　孙　雁　战世港　张建刚　张沐春

　　　　　　　张　焮　赵庆云

总　　序

中国学（China Studies）作为一门认识、研究和传播中国，推动中外文明交流互鉴的综合性学科，以中国为研究对象，以中国向世界介绍、讲述中国和世界了解、认知中国为旨趣，发展历史悠远，领域范围广泛，学术成果斐然。中国特色社会主义进入了新时代，中国学在加快构建中国特色哲学社会科学中，日渐形成具有时代内涵与特点的新时代中国学。

从学科源流来看，中国学源于汉学（Sinology），又广于汉学。汉学是欧洲人的术语，实际表征的是"关于中国语言和文化的学术"，比较侧重于对中国古代历史、典章、制度、哲学、语言、文学、艺术等领域的研究。中国学则更关注20世纪以来中国社会与文化的一系列重大理论和现实问题，不再局限于古代中国文化，研究领域涵盖政治、经济、社会、法律、内政、军事、外交等方方面面，基本囊括汉学和现当代中国研究。从汉学到中国学，实际上是中国研究的内涵与外延不断拓展的过程，也是中国研究的理论与方法不断创新的过程。

随着中国经济社会的快速发展和中国综合国力的显著增强，中国与世界的联系日益紧密，日益成为休戚与共的命运共同体，中国不仅加强对世界史、国际关系、经济全球化和区域国别等领域研究，而且更加注重讲好中国故事，传播好中国声音。越来越多国家的研究机构和学人加入中国研究的行列。新的研究领域的拓展，新的研究方法的迭现，新的研究力量的集聚，不仅使中国学研究呈现前所未有的蓬勃景象，在许多领域都取得了令人瞩目的成就，为中国学的未来发展奠定了重要基础。中国学越来越受到重视，成为一门引人注目的"显学"。正是在这种背景之下，中国学作为一门特殊的综合性学科应运而生。

中国学研究是中国社会科学院重视和长期坚持的学科领域。1977年，在中国社会科学院成立伊始，中国社会科学院文献信息中心的前身——情报研究所设立了国外中国学研究室。这是中国较早专门研究国外中国学的机构。该研究室成立后编辑出版了一系列研究成果，推动了中国学术界关于国外中国学（汉学）研究的发展。1978年，《国外中国社会科学》创刊，介绍国外社会科学最新的学术理论、研究方法和发展趋势，以多学科和跨学科视角聚焦党和国家建设中的重大历史、理论和现实问题。进入21世纪，中国学相关研究机构陆续创设，中国社会科学院成立院级非实体研究机构国际中国学研究中心，中国外文局成立当代中国与世界研究院，上海社会科学院成立世界中国学研究所。随之而来的是，相关学术期刊或集刊相继创刊，相关学术论坛或会议持续举办，相关论著成果斐然问世，都彰显着中国学研究的特殊价值和未来发展的广阔空间。

中共十八大以来，中国进入新时代，世界也有新期待。中国取得历史性成就、发生历史性变革，实现中华民族伟大复兴进入了不可逆转的历史进程。环顾世界，正处于百年未有之大变局，国际环境日趋复杂，不稳定性不确定性因素明显增多。新时代中国学的深入发展和传播也面临着新的机遇与挑战。从事中国学研究的学者遍布世界各国，具有开展跨国协作或进行国别比较研究的优势。但是，西方社会对于中国的发展仍存误读，甚至肆意歪曲、抹黑，"中国威胁论""中国崩溃论"等声调也时有发出。一些海外学者仍未打破对中国的刻板印象，并且因缺乏交流了解，一些对中国的认识和理解还存在很多想象的成分。中国不仅需要了解世界，也需要让世界更广泛更深入地了解中国。

2016年5月，习近平总书记在哲学社会科学工作座谈会上发表重要讲话强调："要按照立足中国、借鉴国外、挖掘历史、把握当代、关怀人类、面向未来的思路，着力构建中国特色哲学社会科学"，"要鼓励哲学社会科学机构参与和设立国际性学术组织，支持和鼓励建立海外中国学术研究中心，支持国外学会、基金会研究中国问题，加强国内外智库交流，推动海外中国学研究"。习近平总书记的重要论述为推动、引领世界中国学研究，构建新时代中国学学科体系、学术体系和话语体系提供了根本遵循。

加强新时代中国学研究，有助于进一步推动中国文化走向世界，提升中国文化软实力，改善国际舆论环境，树立良好国际形象。为此，迫切需要围绕中国和世界发展面临的重大问题，着力提出能够体现中国立场、中国智慧、中国价值的理念、主张、方案，准确把握中国主张、中国故事的内涵，不断推出面向国际的哲学社会科学研究成果，让世界知道"学术中的中国""理论中的中国""哲学社会科学中的中国"，让世界知道"发展中的中国""开放中的中国""为人类文明作贡献的中国"。

为给有志于中国研究的中外研究者、参与者和关注者提供一个指南性的读本、一个相互沟通和交流对话的学术载体，中国社会科学院相关部门坚持以习近平新时代中国特色社会主义思想为指引，以构建扎根中国、联通中外、贯通古今、融通学科、立体综合的新时代中国学为目标，发挥学术优势、加强学理研究，组织研究人员编写《中国学手册》系列丛书，包括新时代中国卷、中国历史文化卷、国际关系卷、海外中国学卷等，系统阐释新时代中国的基本理论、基本概念、主要成就，紧密追踪世界中国学研究的最新动态、最新成果，系统梳理世界对新时代中国的认知与研究，努力推进新时代中国学学科体系、学术体系、话语体系建设。

我们衷心希望这套丛书，能够讲述好中国故事、传播好中国声音，有助于各界读者增进对"中国从何处来、向何处去""中国共产党为什么能、马克思主义为什么行、中国特色社会主义为什么好"的了解和认识，让新时代中国学在中外交流互鉴中融合发展，让世界真实、立体、全面地了解中国，让中国更好走向世界，不断推动构建人类命运共同体，不断为人类发展进步做出新的更大的中国贡献。

《中国学手册》丛书编写组
2022年10月

本卷序一

中国是世界上历史最悠久的国家之一，中国人民、中华民族创造的中华文明灿烂辉煌，对人类文明发展进步不断作出新的更大贡献。中国共产党坚持把国家和民族发展放在自己力量的基点上，坚持把中国发展进步的命运牢牢掌握在自己手中，坚持独立自主开拓前进道路。历史和人民选择了中国共产党，中国共产党也没有辜负历史和人民的选择，深刻地、历史性地推动中华民族发展进程。

恩格斯说："一个民族要想站在科学的最高峰，就一刻也不能没有理论思维。"一个国家的发展水平，既取决于自然科学发展水平，也取决于哲学社会科学发展水平。哲学社会科学是人们认识世界、改造世界的重要工具，是推动历史发展和社会进步的重要力量，其发展水平反映了一个民族的思维能力、精神品格、文明素质，体现了一个国家的综合国力和国际竞争力。2016年5月17日，习近平总书记在哲学社会科学工作座谈会上发表重要讲话，明确指出："要按照立足中国、借鉴国外，挖掘历史、把握当代，关怀人类、面向未来的思路，着力构建中国特色哲学社会科学，在指导思想、学科体系、学术体系、话语体系等方面充分体现中国特色、中国风格、中国气派。"这一重要讲话深刻阐明了哲学社会科学的重要地位和作用，深刻论述了坚持马克思主义指导地位的重大意义，深刻回答了加快构建中国特色哲学社会科学的一系列根本性问题，为加快构建具有中国特色、中国风格、中国气派的哲学社会科学指明了前进方向，提供了根本遵循。

新时代中国学，是哲学社会科学的重要组成部分，立足中国立场，以中国、中国人民、中华民族为主要研究对象，以中国国情、中国道路、中国力量、中国思想、中国理论、中国制度、中国精神和中国价值为基本认识内涵，既构建和传播认识中国、发展中国的自主知识体系，向世界介绍、让世界了解中国和中华文明，展现中国形象，又吸收和借鉴世界其他国家对中国历史与现实、中华民族与中华文明的认知，以及中国发展进步对国际社会的影响作用，推进世界文明交流互鉴，促进各国人民相知相亲，推动中华文明更好地走向世界。

历史中国与当代中国一脉贯通。习近平总书记指出："如果没有中华五千年文明，哪里有什么中国特色？如果不是中国特色，哪有我们今天这么成功的中国特色社会主义道路？"中共十八大以来，中国特色社会主义进入了新时代。以习近平同志为核心的党中央，以伟大的历史主动精神、巨大的政治勇气、强烈的责任担当，统筹国内国际两个大局，贯彻党的基本理论、基本路线、基本方略，统揽伟大斗争、伟大工程、伟大事业、伟大梦想，坚持稳中求进工作总基调，出台一系列重大方针政策，推出一系列重大举措，推进一系列重大工作，战胜一系列重大风险挑战，解决了许多长期想解决而没有解决的难题，办成了许多过去想办而没有办成的大事，推动党和国家事业取得历史性成就、发生历史性变革。新时代十年的伟大变革，在党史、新中国史、改革开放史、社会主义发展史、中华民族发展史上具有里程碑意义。

新时代十年的伟大变革，续写了马克思主义中国化时代化新篇章。习近平总书记指出："拥有马克思主义科学理论指导是我们党鲜明的政治品格和强大的政治优势。"一部中国共产党的历史，就是一部不断推进马克思主义中国化的历史，就是一部不断推进理论创新、进行理论创造的历史。以习近平同志为主要代表的中国共产党人，坚持把马克思主义基本原理同中国具体实际相结合、同中华优秀传统文化相结合，深刻总结并充分运用党成立以来的历史经验，从新的实际出发，创立了习近平新时代中国特色社会主义思想，实现了马克思主义中国化新的飞跃。作为当代中国马克思主义、二十一世纪马克思主义，习近平新时代中国特色社会主义思想深刻回答了中国之问、世界之问、人民之问、时代之问，一以贯之坚持马克思主义，与时俱进发展马克思主义，为丰富和发展马克思主义作出了原创性贡献，开辟了马克思主义中国化时代化新境界。

新时代十年的伟大变革，高举中国特色社会主义伟大旗帜。社会主义没有辜负中国，中国也没有辜负社会主义。百余年来，中国共产党始终坚守共产主义、社会主义的理想信念，团结带领人民向着奋斗目标坚定前行，建立了社会主义，维护和发展了社会主义，成功开创、坚持、捍卫、发展了中国特色社会主义，在世界上高高举起了中国特色社会主义伟大旗帜。中国特色社会主义是实现中华民族伟大复兴的必由之路。以习近平同志为核心的党中央高举中国特色社会主义伟大旗帜，统筹中华民族伟大复兴战略全局和世界百年未有之大变局，坚定中国特色社会主义道路自信、理论自信、制度自信、文化自信，坚定不移推进中华民族伟大复兴历史进程，有效应对严峻复杂的国际形势和来自各个方面的风险挑战，以奋发有为的精神状态把新时代中国特色社会主义推向前进，使中国特色社会主义展现出更加强大、更有说服力的真理力量。

新时代十年的伟大变革，成功推进和拓展了中国式现代化。现代化是人类文明发展进步的显著标志。中国共产党团结带领中国人民所进行的一切奋斗，就是为了把我国建设成为社会主义现代化强国，实现中华民族伟大复兴。以习近平同志为核心的党中央综合分析国际国内形势和我国发展条件，描绘了推进社会主义现代化的宏伟蓝图，成功走出中国式现代化道路。中国式现代化，既有各国现代化的共同特征，更有基于国情的中国特色，是人口规模巨大的现代化，是全体人民共同富裕的现代化，是物质文明和精神文明相协调的现代化，是人与自然和谐共生的现代化，是走和平发展道路的现代化。中国式现代化，是中国共产党领导的社会主义现代化，全面建设社会主义现代化国家，全面推进中华民族伟大复兴，既不走封闭僵化的老路，也不走改旗易帜的邪路。中国式现代化，破解了人类社会发展的诸多难题，拓展了发展中国家走向现代化的途径，实现了人类历史上前所未有的大变革。

面向中华民族伟大复兴战略全局和世界百年未有之大变局，立足新时代十年的伟大变革，深入研究新时代的伟大成就，深刻揭示新时代的宝贵经验，弘扬发展新时代的伟大精神，为时代画像、为时代明德，对于坚定文化自信、历史自信，增强历史自觉，意义重大、影响深远。《中国学手册·新时代中国卷》坚持唯物史观和正确党史观，坚持正确的政治方向、学术导向和价值取向，以新时代十年的伟大变革为主题，以中国为观照、以时代为观照，以百科词条形式阐述新时代中国的经济、政治、文化、社会和生态文明建设，遵循权威性、通用性、实用性等原则，力图向国际社会全面、准确、系统地展示中国特色社会主义新时代，推动国际社会了解新时代中国、认识新时代中国、读懂新时代中国。

一是坚持立足中国。中国是中国学研究的主要对象，研究新时代的中国是新时代中国学的重要内容。《中国学手册·新时代中国卷》分门别类，全方位介绍新时代中国取得的历史性成就、发生的历史性变革，力图阐释好中国理念、中国方案、中国精神，讲好中国故事。

二是突出特色优势。深入挖掘中华优秀传统文化的历史底蕴，深化对中国式现代化道路、中华文明历史等重大理论与实践问题研究。中国社会科学院是马克思主义的理论阵地、为党中央和国家决策服务的思想库、中国哲学社会科学研究的最高学术机构和全国哲学社会科学综合研究中心。由中国社会科学院组织相关专家学者编写手册，有利于发挥优势放大效应，推动基础研究与应用研究相辅相成、学术研究和成果应用相互促进，不断增强新时代中国学的思想认识基础、学术基础和创新发展活力。

三是博采众家之长。运用系统观念、全球视角统筹国内国际两方面研究，借鉴海内外中国学研究的有益方法、成果与经验"为我所用"，既彰显中国学本土研究的中国特色、中国气派，也体现中国学国际研究的新成果、新特点、新趋势。

四是着力交流互鉴。致力于打造易于被国际社会所理解接受、融通中外的新概念、新范畴、新表述，把继承中华优秀传统文化又弘扬时代精神、立足本国又面向世界的理论和实践成果传播出去，让更多国外受众听得懂、听得进、听得明白，不断提升新时代中国学的传播力、引导力、影响力和公信力。

在编写过程中，《中国学手册·新时代中国卷》设置综合、专题、文献编纂、研究、交流传播等五大类，每一类下设置相关条目，视内容多寡决定是否再进行分类；条目内容均采自原始或权威资料；关于大会或会议、党和政府有关机关的称谓，在第一次出现时用全称，再次出现时用简称；关于数字使用，除习惯用法或特殊用法以汉字标示外，一般用阿拉伯数字。

真实记录当代中国新时代发展，不断推进文明交流互鉴。

宋月红
2022 年 10 月

本卷序二

习近平总书记在哲学社会科学座谈会上的讲话中指出："加快建设社会主义文化强国、增强文化软实力、提高我国在国际上的话语权，迫切需要哲学社会科学更好发挥作用。"在全面建设社会主义现代化强国新征程上努力构建新时代中国学，是哲学社会科学担当讲好中国故事、传播好中国声音重要使命的必然要求，也是哲学社会科学发挥学术优势服务中华民族伟大复兴的必然要求。

构建新时代中国学是回应时代呼唤的一项紧迫任务。18世纪，传统汉学研究兴起于欧洲，注重中国古代文献和文化经典研究，侧重哲学、宗教、历史、文学、语言等人文学科。第二次世界大战后，汉学研究在美国迅速发展，更趋于关注近现代和当代中国，引入政治学、经济学、社会学、人类学等社会科学方法，并相应使用"中国学"这一含义更为丰富、涵盖更为广泛的称谓。自20世纪80年代以来，中国学研究逐渐演化成为涵括经济、社会、政治、文化等多领域的综合研究。

随着我国综合国力和国际影响力不断提升，国际社会对中国关注前所未有，各国学术界、智库对中国历史文化和当代发展的研究兴趣显著增强，中国学日益成为世界范围内的"显学"。与此同时，在西方的中国学研究中，存在严重的偏见和误读，这种状况既与其学术研究传统的自身局限性相关，也缘于西方"文明优越论"以及严重的意识形态化等弊端。这种偏见和误读，误导着对中国的观察与认知。

中国日益走近世界舞台中央，我们比历史上任何时期都更接近、更有信心和能力实现中华民族伟大复兴目标。同时，我们面临更加复杂严峻的国际形势和前所未有的外部压力。在此背景下，构建新时代中国学成为回应时代呼唤的一项紧迫任务。构建扎根中国、联通中外、贯通古今、融通学科、立体综合的新时代中国学，将促进世界更好知道"思想中的中国""学术中的中国""发展中的中国""为人类文明作贡献的中国"，推进中国形象由"他塑"向"自塑"转变，更充分地向世界展示真实立体全面的中国。

构建新时代中国学要以习近平新时代中国特色社会主义思想为根本遵循。党的十八大以来，中国特色社会主义进入新时代，近代以来饱经磨难的中华民族迎来了从站起来、富起来到强起来的伟大飞跃，迎来了实现中华民族伟大复兴的光明前景。新时代伟大成就是党和人民一道拼出来、干出来、奋斗出来的，也是在科学理论的指引下取得的。实践深刻昭示，中国共产党为什么能、中国特色社会主义为什么好，归根到底是马克思主义行，是中国化时代化的马克思主义行。

以习近平同志为主要代表的中国共产党人，坚持把马克思主义基本原理同中国具体实际相结合、同中华优秀传统文化相结合，总结开创性独创性的实践经验，创立了习近平新时代中国特色社会主义思想，实现了马克思主义中国化时代化新的飞跃。中国发展的成功实践，展示了科学理论的真理力量。也只有以科学理论为指引，才能更加充分、更加鲜明地展现中国故事及其背后的思想力量和精神力量，才能归根到底地向世界说明中国为什么成功、如何能继续成功。

习近平新时代中国特色社会主义思想确立了坚持和发展中国特色社会主义的基本方略，提出一系列治国理政新理念新思想新战略，为构建新时代中国学提供了思想指引、理论内核和逻辑主干。构建新时代中国学，要把握好习近平新时代中国特色社会主义思想的世界观和方法论，坚持和运用好贯穿其中的立场观点方法，加快构建中国话语和中国叙事体系，深入阐发中国的发展观、文明观、安全观、人权观、生态观、国际秩序观和全球治理观，努力塑造可信、可爱、可敬的中国形象。

构建新时代中国学要坚持问题导向。新时代中国学在中华民族进入伟大复兴关键时期应运而生，不是一门书斋里的学问，是一门服务于复兴伟业的实践之学。要紧跟时代步伐，顺应实践发展，按照新形势下加强和改进国际传播工作总要求，聚焦制约国际传播能力建设突出问题，积极有为构建新时代中国学，使其在中国形象主动"自塑"中担当重要角色、发挥重要作用。

要努力转变"有理说不出、说了传不开"的境况。要围绕中国精神、中国价值、中国力量，从政治、经济、文化、社会、生态文明等多视角进行深入研究，落脚在以学术方式讲好中国故事、中国理论。通过专业性、学理性表达，透过理性的力量，提升中国理念、中国智慧、中国方案的传播力、影响力，增强国际社会对中国道路的认知和认同。

要有效增强工作的针对性、实效性。构建新时代中国学，不是自说自话，而是依托学术学理更好回应世界对中国的关切，增进中外相互理解与合作。为此，要深入洞悉对话和传播对象的社会历史背景、文化心理结构、学术理论范式等，着力打造融通中外、易于为国际社会所理解和接受的新概念、新范畴、新表述；要与外部政界、商界、学界、媒体以及社会组织等广泛交往对话，在实践中不断总结经验、探索规律、改进方式，提升开展思想学术交流的成效。

构建新时代中国学要坚持系统观念。系统观念是具有基础性的思想和工作方法。构建新时代中国学是一项复杂的系统工程，要用普遍联系、全面系统、发展变化的观点，深入研究其中包含的各方面因素及其相互关系，统筹推进构建新时代中国学。

要深入探索如何实现新时代中国学三大体系建设的有机统一。构建新时代中国学涵括学科体系、学术体系、话语体系。学科体系规定着研究领域以及学科分类与问题设置等，为新时代中国学学科提供系统建制。成系统的学科理论构成学术体系，为新时代中国学学科提供内容基础。在学术发展中形成的成系统的概念范畴构成话语体系，为新时代中国学学科提供话语表达。要深入研究如何实现新时代中国学学科体系的与时俱进，为其学术体系和话语体系建设奠定坚实建制基础；新时代中国学的话语体系如何实现对其学术体系的准确和充分表达，新时代中国学的学术体系又如何通过其话语体系更好为世人认识和理解。在处理好三大体系相互关联基础上，构建起成为"一块整钢"的新时代中国学。

要深入探索如何处理好构建新时代中国学与相关学科的关系。新时代中国特色社会主义伟大实践涵括政治、经济、文化、社会、生态文明等各领域，这些领域共同构成新时代中国学研究的对象域。这就要求以马克思主义基础理论和习近平新时代中国特色社会主义思想为主线，将各相关学科领域研究有机贯通、整合起来；同时，要在新时代中国学三大体系建设中，着眼增强国际传播效能，充分吸纳和集成哲学社会科学各相关学科的理论、范畴、方法，有效强化新时代中国学的国际学术影响力。持续关注跟踪国际汉学、海外中国学研究，借鉴、吸收其有益的研究方法和学术成果。

构建新时代中国学要坚持胸怀天下。习近平总书记在党的二十大报告中指出："中国共产党是为中国人民谋幸福、为中华民族谋复兴的党，也是为人类谋进步、为世界谋大同的党。"构建新时代中国学，要从学术学理上深刻展示中国式现代化具有的中国特色、本质要求，充分揭示构建人类命运共同体蕴含的必然规律、重大意义，鲜明昭示中国共产党领导中国人民实现中华民族伟大复兴是人类发展进步事业的重要组成部分。

要着力讲清中国式现代化创造了人类文明新形态。中国共产党带领中国人民成功走出中国式现代化道路，表明西方现代化道路并非人类通向现代化的唯一道路，给世界上那些既希望加快发展又希望保持自身独立性的国家和民族提供了全新选择，拓展了关于人类文明发展道路的认识。新时代中国学要以学术学理方式讲清楚当代中国的伟大社会变革不是简单延续我国历史文化的母版，不是简单套用马克思主义经典作家设想的模板，不是其他国家社会主义实践的再版，也不是国外现代化发展的翻版；讲清楚中国式现代化是走和平发展道路的现代化，在全面建设社会主义现代化强国新征程上，中国始终坚定站在人类文明进步的一边，在坚定维护世界和平与发展中谋求自身发展，又以自身发展更好维护世界和平与发展。

要着力讲清构建人类命运共同体是世界各国人民前途所在。当前，世界之变、时代之变、历史之变正以前所未有的方式展开，世界又一次站在历史的十字路口。中国提出推动构建人类命运共同体，就是主张尊重各国人民自主选择的发展道路和社会制度，坚决反对一切形式的霸权主义和强权政治，践行共商共建共享的全球治理观，顺应和平、发展、合作、共赢的历史潮流，携手开创人类更加美好的未来。构建新时代中国学，要与世界各国广泛开展思想学术对话，以文明交流超越文明隔阂、文明互鉴超越文明冲突、文明共存超越文明优越，促进多样文明相互尊重、平等相待，和谐共生；要积极弘扬和平、发展、公平、正义、民主、自由的全人类共同价值，促进各国人民相知相亲，为构建人类命运共同体夯实人文社会根基，推动建设一个持久和平、普遍安全、共同繁荣、开放包容、绿色低碳、清洁美丽的世界。

王 镭

2022 年 10 月

中国学手册·新时代中国卷

目　　录

一　综合类 …………………………………………………………（1）
　（一）中国特色社会主义新时代 …………………………………（1）
　　1. 中国共产党第十八次全国代表大会 ………………………（1）
　　2. 新时代中国社会主要矛盾 …………………………………（2）
　　3. 中国特色社会主义进入新时代 ……………………………（5）
　　4. 中国发展新的历史方位 ……………………………………（7）
　　5. 中国共产党第十九次全国代表大会 ………………………（8）
　　6. 新时代中国共产党的历史使命 ……………………………（10）
　　7. 新时代取得历史性成就、发生历史性变革 ………………（12）
　　8. 新时代在中华人民共和国发展史上、中华民族发展史上具有
　　　 重大意义 ……………………………………………………（14）
　　9. 新时代在世界社会主义发展史上、人类社会发展史上具有
　　　 重大意义 ……………………………………………………（15）
　　10. 中国共产党第二十次全国代表大会 ………………………（17）
　（二）习近平新时代中国特色社会主义思想 ……………………（21）
　　11. 习近平新时代中国特色社会主义思想的主要创立者 ……（21）
　　12. "两个结合" ………………………………………………（22）
　　13. 回答重大时代课题 …………………………………………（24）
　　14. 习近平新时代中国特色社会主义思想的精神实质和丰富
　　　 内涵 …………………………………………………………（25）
　　15. "六个必须坚持" …………………………………………（28）
　　16. 当代中国马克思主义、二十一世纪马克思主义 …………（30）

1

17. 中华文化和中国精神的时代精华 ……………………………… (31)
18. 习近平经济思想 ………………………………………………… (32)
19. 习近平法治思想 ………………………………………………… (33)
20. 习近平强军思想 ………………………………………………… (34)
21. 习近平外交思想 ………………………………………………… (35)
22. 习近平生态文明思想 …………………………………………… (36)

(三) 中国共产党的初心和使命 ………………………………………… (37)
23. 为中国人民谋幸福 ……………………………………………… (37)
24. 为中华民族谋复兴 ……………………………………………… (39)
25. 为人类谋进步、为世界谋大同 ………………………………… (40)
26. "不忘初心、牢记使命"主题教育 …………………………… (41)
27. 建立不忘初心、牢记使命的制度 ……………………………… (42)

(四) 长期执政的马克思主义政党 ……………………………………… (44)
28. 中国共产党是什么、要干什么 ………………………………… (44)
29. 中国共产党执政地位 …………………………………………… (45)
30. 中国特色社会主义最本质的特征 ……………………………… (46)
31. 新时代党的建设总要求 ………………………………………… (48)
32. 大就要有大的样子 ……………………………………………… (49)
33. 总揽全局、协调各方 …………………………………………… (50)
34. 党的长期执政能力建设 ………………………………………… (51)
35. 不断提高党科学执政、民主执政、依法执政水平 …………… (53)
36. 全面从严治党永远在路上 ……………………………………… (54)

(五) "两个确立"的决定性意义 ……………………………………… (55)
37. 确立习近平同志党中央的核心、全党的核心地位 …………… (55)
38. 确立习近平新时代中国特色社会主义思想的指导地位 ……… (56)
39. 对新时代党和国家事业发展具有决定性意义 ………………… (58)
40. 对推进中华民族伟大复兴历史进程具有决定性意义 ………… (60)

(六) 中华民族伟大复兴中国梦 ………………………………………… (61)
41. 中华民族近代以来最伟大的梦想 ……………………………… (61)
42. 国家富强 ………………………………………………………… (62)
43. 民族振兴 ………………………………………………………… (63)
44. 人民幸福 ………………………………………………………… (64)
45. 实现中华民族伟大复兴的正确道路 …………………………… (66)
46. 推动实现持久和平、共同繁荣的世界梦 ……………………… (67)

47. 中华民族迎来从站起来、富起来到强起来的伟大飞跃 ……………(68)
48. 中华民族伟大复兴进入不可逆转的历史进程……………………(69)

(七) 中国特色社会主义道路 ……………………………………………(70)
49. 改革开放以来中国共产党的全部理论和实践的主题 ……………(70)
50. 坚持党的全面领导是坚持和发展中国特色社会主义的
    必由之路 ……………………………………………………………(72)
51. 实现中华民族伟大复兴的必由之路………………………………(74)
52. 实现社会主义现代化的必由之路…………………………………(75)
53. 创造人民美好生活的必由之路……………………………………(76)
54. 改革开放是决定当代中国前途命运的关键一招…………………(77)

(八) 中国特色社会主义制度 ……………………………………………(78)
55. 当代中国发展进步的根本制度保障………………………………(78)
56. 具有鲜明中国特色、明显制度优势、强大自我完善能力的
    先进制度 ……………………………………………………………(80)
57. 中国特色社会主义根本制度………………………………………(82)
58. 中国特色社会主义基本制度………………………………………(84)
59. 中国特色社会主义重要制度………………………………………(85)

(九) 中国特色社会主义理论体系 ………………………………………(87)
60. 科学回答建设中国特色社会主义一系列基本问题 ………………(87)
61. 创立邓小平理论……………………………………………………(89)
62. 形成"三个代表"重要思想………………………………………(91)
63. 形成科学发展观……………………………………………………(93)

(十) "两个一百年"奋斗目标 …………………………………………(94)
64. "两个一百年"历史交汇期………………………………………(94)
65. 新时代中国特色社会主义发展的战略安排………………………(95)
66. 实现第一个百年奋斗目标…………………………………………(96)
67. 开启全面建设社会主义现代化国家新征程………………………(98)
68. 2035 年远景目标 …………………………………………………(99)
69. 全面建成社会主义现代化强国 …………………………………(101)

(十一) 创造中国式现代化道路 ………………………………………(102)
70. 中国式现代化的本质要求 ………………………………………(102)
71. 人口规模巨大的现代化 …………………………………………(102)
72. 全体人民共同富裕的现代化 ……………………………………(103)
73. 物质文明和精神文明相协调的现代化 …………………………(104)

74. 人与自然和谐共生的现代化 …………………………………………（105）
75. 走和平发展道路的现代化 ……………………………………………（106）
76. 推动物质文明、政治文明、精神文明、社会文明、生态文明
    协调发展 ………………………………………………………………（107）
77. 创造人类文明新形态 …………………………………………………（108）

（十二）中国特色社会主义事业"五位一体"总体布局 …………………（109）
78. 经济建设 ………………………………………………………………（109）
79. 政治建设 ………………………………………………………………（110）
80. 文化建设 ………………………………………………………………（112）
81. 社会建设 ………………………………………………………………（113）
82. 生态文明建设 …………………………………………………………（114）
83. 统筹推进"五位一体"总体布局 ……………………………………（115）

（十三）中国特色社会主义事业"四个全面"战略布局 …………………（116）
84. 新的历史条件下治国理政总方略 ……………………………………（116）
85. 全面建成小康社会 ……………………………………………………（117）
86. 全面建设社会主义现代化国家 ………………………………………（118）
87. 全面深化改革 …………………………………………………………（119）
88. 全面依法治国 …………………………………………………………（120）
89. 全面从严治党 …………………………………………………………（121）
90. 协调推进"四个全面"战略布局 ……………………………………（123）

（十四）推进国家治理体系和治理能力现代化 ……………………………（124）
91. 推进国家治理体系和治理能力现代化的总体目标 …………………（124）
92. 构建系统完备、科学规范、运行有效的制度体系 …………………（126）
93. 党的领导制度体系 ……………………………………………………（127）
94. 人民当家作主制度体系 ………………………………………………（128）
95. 中国特色社会主义法治体系 …………………………………………（130）
96. 中国特色社会主义行政体制 …………………………………………（131）
97. 社会主义基本经济制度 ………………………………………………（132）
98. 社会主义先进文化的制度 ……………………………………………（134）
99. 统筹城乡的民生保障制度 ……………………………………………（136）
100. 共建共治共享的社会治理制度 ………………………………………（137）
101. 生态文明制度体系 ……………………………………………………（138）
102. 党对人民军队的绝对领导制度 ………………………………………（140）
103. "一国两制"制度体系 ………………………………………………（141）

104. 独立自主的和平外交政策 …………………………………… (142)
105. 党和国家监督体系 ……………………………………………… (143)

(十五) 总体国家安全观 ……………………………………………… (145)
106. 维护国家主权、安全和发展利益 …………………………… (145)
107. 国家安全是安邦定国的重要基石 …………………………… (146)
108. 人民安全是国家安全的宗旨 ………………………………… (147)
109. 政治安全是国家安全的根本 ………………………………… (148)
110. 国家利益至上是国家安全的准则 …………………………… (149)
111. 重点领域国家安全 …………………………………………… (150)
112. 国家安全制度体系 …………………………………………… (152)
113. 中国特色国家安全道路 ……………………………………… (153)

(十六) 构建人类命运共同体 ………………………………………… (154)
114. 世界百年未有之大变局 ……………………………………… (154)
115. 世界和平的建设者、全球发展的贡献者、国际秩序的
    维护者 ………………………………………………………… (156)
116. 建设持久和平、普遍安全、共同繁荣、开放包容、清洁
    美丽世界 ……………………………………………………… (157)
117. 建立平等相待、互商互谅的伙伴关系 ……………………… (159)
118. 营造公道正义、共建共享的安全格局 ……………………… (159)
119. 谋求开放创新、包容互惠的发展前景 ……………………… (160)
120. 促进和而不同、兼收并蓄的文明交流 ……………………… (161)
121. 构筑尊崇自然、绿色发展的生态体系 ……………………… (162)
122. 积极参与引领全球治理体系改革和建设 …………………… (163)
123. 弘扬全人类共同价值 ………………………………………… (164)
124. 秉持公平正义的国际立场 …………………………………… (165)

二 专题类 ……………………………………………………………… (167)
(一) 坚持中国共产党的全面领导 …………………………………… (167)
125. 江山就是人民,人民就是江山 ……………………………… (167)
126. 党的领导的最高原则 ………………………………………… (168)
127. 党内政治生活的若干准则 …………………………………… (170)
128. 党的政治领导力、思想引领力、群众组织力、社会
    号召力 ………………………………………………………… (171)
129. 健全党的领导制度体系 ……………………………………… (172)

130. 建立健全党对重大工作的领导体制 …………………………………（173）

（二）新时代全面从严治党 ……………………………………………（175）
  131. 革命理想高于天 …………………………………………………（175）
  132. 打铁必须自身硬 …………………………………………………（176）
  133. 跳出历史周期率的第二个答案 …………………………………（177）
  134. 新时代党的建设新的伟大工程 …………………………………（179）
  135. 以党的政治建设为统领 …………………………………………（180）
  136. 增强"四个意识" …………………………………………………（181）
  137. 坚定"四个自信" …………………………………………………（182）
  138. 做到"两个维护" …………………………………………………（183）
  139. 思想建党和制度治党相统一 ……………………………………（184）
  140. 党内法规体系 ……………………………………………………（186）
  141. 党管干部、党管人才 ……………………………………………（187）
  142. 中央八项规定 ……………………………………………………（188）
  143. 党史学习教育常态化长效化 ……………………………………（190）
  144. 政治巡视 …………………………………………………………（191）
  145. 坚持不敢腐、不能腐、不想腐一体推进 ………………………（192）

（三）新时代中国经济建设 ……………………………………………（194）
  146. 坚持和完善社会主义基本经济制度 ……………………………（194）
  147. 坚持以人民为中心的发展思想 …………………………………（195）
  148. 使市场在资源配置中起决定性作用和更好发挥政府作用 ……（196）
  149. 把握新发展阶段 …………………………………………………（197）
  150. 贯彻新发展理念 …………………………………………………（198）
  151. 构建新发展格局 …………………………………………………（199）
  152. 推动高质量发展 …………………………………………………（200）
  153. 供给侧结构性改革 ………………………………………………（202）
  154. 构建现代化经济体系 ……………………………………………（203）
  155. 促进全体人民共同富裕 …………………………………………（204）
  156. 实施科教兴国战略 ………………………………………………（205）
  157. 实施创新驱动发展战略 …………………………………………（206）
  158. 实施乡村振兴战略 ………………………………………………（208）
  159. 实施区域协调发展战略 …………………………………………（209）
  160. 实施可持续发展战略 ……………………………………………（210）
  161. 实施人才强国战略 ………………………………………………（211）

162. 坚决打赢防范化解重大风险攻坚战 …………………………… (212)
163. 推进以人为核心的新型城镇化建设 …………………………… (213)
164. 改革只有进行时、没有完成时 ………………………………… (214)
165. 全面深化改革总目标 …………………………………………… (215)
166. 加强顶层设计和尊重群众首创精神 …………………………… (216)
167. 实行更加积极主动的开放战略 ………………………………… (217)
168. 构建面向全球的高标准自由贸易区网络 ……………………… (218)
169. 建设自由贸易试验区和海南自由贸易港 ……………………… (219)
170. 推动共建"一带一路"高质量发展 …………………………… (221)

（四）新时代中国政治建设 ……………………………………… (222)
171. 坚持党的领导、人民当家作主、依法治国有机统一 ………… (222)
172. 发展全过程人民民主 …………………………………………… (223)
173. 坚持和完善人民代表大会制度 ………………………………… (224)
174. 坚持和完善中国共产党领导的多党合作和政治协商制度 …… (226)
175. 完善基层民主制度 ……………………………………………… (227)
176. 全面深化党和国家机构改革 …………………………………… (228)
177. 坚持和完善民族区域自治制度 ………………………………… (229)
178. 坚持宗教的中国化方向 ………………………………………… (230)
179. 最广泛的爱国统一战线 ………………………………………… (231)
180. 坚持以生存权、发展权为首要的基本人权 …………………… (233)

（五）新时代全面依法治国 ……………………………………… (234)
181. 坚持依法治国首先要坚持依宪治国 …………………………… (234)
182. 中国特色社会主义法治道路 …………………………………… (235)
183. 中国特色社会主义法治理论 …………………………………… (236)
184. 以宪法为核心的中国特色社会主义法律体系 ………………… (237)
185. 坚持法治国家、法治政府、法治社会一体建设 ……………… (238)

（六）新时代中国文化建设 ……………………………………… (240)
186. 建设社会主义文化强国 ………………………………………… (240)
187. 坚持和完善马克思主义在意识形态领域指导地位的根本
　　 制度 …………………………………………………………… (241)
188. 培育和践行社会主义核心价值观 ……………………………… (243)
189. 推动中华优秀传统文化创造性转化、创新性发展 …………… (244)
190. 推进文化事业和文化产业全面发展 …………………………… (245)
191. 繁荣文艺创作 …………………………………………………… (246)

192. 完善公共文化服务体系……………………………………………(247)
193. 加快构建中国特色哲学社会科学……………………………………(248)
194. 提高全民族思想道德水平……………………………………………(249)
195. 构筑全媒体传播格局…………………………………………………(251)
196. 中国特色党和国家功勋荣誉表彰制度体系…………………………(252)
197. 中国共产党人精神谱系………………………………………………(253)
198. 中华民族精神…………………………………………………………(255)

（七）新时代中国社会建设…………………………………………………(256)
199. 人民对美好生活的向往就是我们的奋斗目标………………………(256)
200. 以保障和改善民生为重点加强社会建设……………………………(257)
201. 脱贫攻坚战……………………………………………………………(257)
202. 历史性地解决了绝对贫困问题………………………………………(258)
203. 统筹推进疫情防控和经济社会发展…………………………………(258)
204. 加强普惠性、基础性、兜底性民生建设……………………………(259)
205. 健全社会保障体系……………………………………………………(260)
206. 推进教育强国建设……………………………………………………(260)
207. 全面推进健康中国建设………………………………………………(261)
208. 加快体育强国建设……………………………………………………(261)
209. 促进人口长期均衡发展………………………………………………(262)
210. 建设更高水平的平安中国……………………………………………(263)
211. 健全党组织领导的自治、法治、德治相结合的城乡基层
     治理体系………………………………………………………………(263)

（八）新时代中国生态文明建设……………………………………………(264)
212. 生态文明建设是关乎中华民族永续发展的根本大计………………(264)
213. 坚持绿水青山就是金山银山的理念…………………………………(264)
214. 坚持走生产发展、生活富裕、生态良好的文明发展道路…………(265)
215. 建立健全生态文明制度体系…………………………………………(265)
216. 优化国土空间开发保护格局…………………………………………(266)
217. 污染防治攻坚战………………………………………………………(266)
218. 中央生态环境保护督察………………………………………………(267)
219. 积极参与全球环境与气候治理………………………………………(267)

（九）新时代中国国防和军事建设…………………………………………(268)
220. 坚持党对人民军队绝对领导的根本原则和制度……………………(268)
221. 新时代强军目标和战略方针…………………………………………(269)

222. 推进政治建军、改革强军、科技强军、人才强军、依法
     治军 ……………………………………………………（269）
223. 形成军委主席负责制和军委管总、战区主战、军种主建
     新格局 …………………………………………………（270）

（十）新时代维护国家安全 ……………………………………（270）
224. 统筹发展和安全 ………………………………………（270）
225. 统筹开放和安全 ………………………………………（271）
226. 统筹传统安全和非传统安全 …………………………（272）
227. 统筹自身安全和共同安全 ……………………………（272）
228. 统筹维护国家安全和塑造国家安全 …………………（273）
229. 增强忧患意识、防范风险挑战 ………………………（273）

（十一）新时代坚持"一国两制"和推进祖国统一 ……………（274）
230. 坚持和完善"一国两制"制度体系 ……………………（274）
231. 落实中央对特别行政区全面管治权 …………………（276）
232. "爱国者治港""爱国者治澳" …………………………（277）
233. 建立健全特别行政区维护国家安全的法律制度和执行
     机制 ……………………………………………………（278）
234. 完善香港特别行政区选举制度 ………………………（279）
235. 全面支持香港、澳门更好融入国家发展大局 ………（280）
236. 坚持一个中国原则和"九二共识" ……………………（281）
237. 秉持"两岸一家亲"理念 ………………………………（282）
238. 坚决反对"台独" ………………………………………（284）

（十二）新时代中国对外工作 …………………………………（285）
239. 坚持独立自主和平外交政策 …………………………（285）
240. 全面推进中国特色大国外交 …………………………（287）
241. 推动建设相互尊重、公平正义、合作共赢的新型国际
     关系 ……………………………………………………（288）
242. 推进和完善全方位、多层次、立体化的外交布局 …（289）
243. 运筹大国关系 …………………………………………（290）
244. 深化同周边国家关系 …………………………………（291）
245. 加强同广大发展中国家团结合作 ……………………（292）
246. 深化政党交流合作 ……………………………………（293）
247. 维护和践行真正的多边主义 …………………………（294）
248. 开展抗击新冠肺炎疫情国际合作 ……………………（295）

9

249. 亲诚惠容理念和与邻为善、以邻为伴的周边外交方针 ……… (296)
250. 正确义利观和真实亲诚理念 ……………………………………… (297)
251. 全球安全观 …………………………………………………………… (298)
252. 全球发展倡议 ………………………………………………………… (298)

三 文献编纂类 …………………………………………………………… (300)
（一） ……………………………………………………………………… (300)
253. 《习近平谈治国理政》（第一、第二、第三、第四卷） ……… (300)
254. 《论中国共产党历史》 ……………………………………………… (302)
255. 《论坚持人民当家作主》 …………………………………………… (303)
256. 《论坚持党对一切工作的领导》 …………………………………… (304)
257. 《论把握新发展阶段、贯彻新发展理念、构建新发展
     格局》 ………………………………………………………………… (304)
258. 《论党的宣传思想工作》 …………………………………………… (305)
259. 《论坚持全面深化改革》 …………………………………………… (306)
260. 《论坚持全面依法治国》 …………………………………………… (306)
261. 《论坚持人与自然和谐共生》 ……………………………………… (307)
262. 《论坚持推动构建人类命运共同体》 ……………………………… (308)
263. 《论党的青年工作》 ………………………………………………… (308)
264. 《论"三农"工作》 ………………………………………………… (309)
265. 《习近平论强军兴军》（一、二、三） …………………………… (310)
266. 《习近平关于总体国家安全观论述摘编》 ………………………… (311)
267. 《习近平关于实现中华民族伟大复兴的中国梦论述摘编》 …… (311)
268. 《习近平关于全面从严治党论述摘编》 …………………………… (312)
269. 《习近平关于"不忘初心、牢记使命"论述摘编》 …………… (313)
270. 《习近平关于党风廉政建设和反腐败斗争论述摘编》 ………… (314)
271. 《习近平关于坚持和完善党和国家监督体系论述摘编》 ……… (315)
272. 《习近平关于社会主义政治建设论述摘编》 …………………… (316)
273. 《习近平关于社会主义经济建设论述摘编》 …………………… (317)
274. 《习近平关于社会主义文化建设论述摘编》 …………………… (318)
275. 《习近平关于社会主义社会建设论述摘编》 …………………… (319)
276. 《习近平关于社会主义生态文明建设论述摘编》 ……………… (320)
277. 《习近平关于协调推进"四个全面"战略布局论述
     摘编》 ………………………………………………………………… (321)

目　录

278.《习近平关于科技创新论述摘编》 …………………………………（322）
279.《习近平关于"三农"工作论述摘编》 ………………………………（323）
280.《习近平关于全面建成小康社会论述摘编》…………………………（324）
281.《习近平扶贫论述摘编》 ………………………………………………（324）
282.《习近平关于尊重和保障人权论述摘编》……………………………（325）
283.《习近平关于防范风险、应对突发事件论述摘编》 …………………（327）
284.《习近平关于统筹疫情防控和经济社会发展重要论述
　　 选编》………………………………………………………………（328）
285.《习近平关于中国特色大国外交论述摘编》 …………………………（329）
286.《习近平谈"一带一路"》 ……………………………………………（330）
287.《习近平关于青少年和共青团工作论述摘编》………………………（331）
288.《习近平关于网络强国论述摘编》 ……………………………………（332）
289.《习近平关于社会主义精神文明建设论述摘编》……………………（333）
290.《习近平关于依规治党论述摘编》 ……………………………………（334）
291.《习近平外交演讲集》第一卷、第二卷 ………………………………（335）
292.《习近平书信选集》第一卷 ……………………………………………（336）
293.《摆脱贫困》 ……………………………………………………………（336）
294.《之江新语》 ……………………………………………………………（337）

（二）………………………………………………………………………（338）

295.《中国共产党重要文献汇编》 …………………………………………（338）
296.《十八大以来重要文献选编》上册、中册、下册……………………（339）
297.《十九大以来重要文献选编》（上册、中册）…………………………（340）
298.《中国共产党第十八次全国代表大会文件汇编》……………………（341）
299.《中国共产党第十八届中央委员会第三次全体会议
　　 文件汇编》…………………………………………………………（342）
300.《中国共产党第十八届中央委员会第四次全体会议
　　 文件汇编》…………………………………………………………（343）
301.《中国共产党第十八届中央委员会第五次全体会议
　　 文件汇编》…………………………………………………………（344）
302.《中国共产党第十八届中央委员会第六次全体会议
　　 文件汇编》…………………………………………………………（345）
303.《中国共产党第十九次全国代表大会文件汇编》……………………（346）
304.《中国共产党第十九届中央委员会第三次全体会议
　　 文件汇编》…………………………………………………………（347）

305.《中国共产党第十九届中央委员会第四次全体会议
　　　文件汇编》……………………………………………………（348）
306.《中国共产党第十九届中央委员会第五次全体会议
　　　文件汇编》……………………………………………………（349）
307.《中国共产党第十九届中央委员会第六次全体会议
　　　文件汇编》……………………………………………………（349）
308.《中国共产党第二十次全国代表大会文件汇编》……………（351）
309.《中国共产党常用党内法规规范性文件汇编（第二版）》……（352）
310.《中国共产党的历史使命与行动价值》………………………（352）
311.《人民代表大会制度重要文献选编》…………………………（353）
312.《中华人民共和国第十二届全国人民代表大会第一次会议
　　　文件汇编》……………………………………………………（354）
313.《中华人民共和国第十二届全国人民代表大会第二次会议
　　　文件汇编》……………………………………………………（355）
314.《中华人民共和国第十二届全国人民代表大会第三次会议
　　　文件汇编》……………………………………………………（356）
315.《中华人民共和国第十二届全国人民代表大会第四次会议
　　　文件汇编》……………………………………………………（357）
316.《中华人民共和国第十二届全国人民代表大会第五次会议
　　　文件汇编》……………………………………………………（359）
317.《中华人民共和国第十三届全国人民代表大会第一次会议
　　　文件汇编》……………………………………………………（361）
318.《中华人民共和国第十三届全国人民代表大会第二次会议
　　　文件汇编》……………………………………………………（362）
319.《中华人民共和国第十三届全国人民代表大会第三次会议
　　　文件汇编》……………………………………………………（364）
320.《中华人民共和国第十三届全国人民代表大会第四次会议
　　　文件汇编》……………………………………………………（365）
321.《中华人民共和国第十三届全国人民代表大会第五次会议
　　　文件汇编》……………………………………………………（367）
322.《中华人民共和国国民经济和社会发展第十三个五年规划
　　　纲要》…………………………………………………………（369）
323.《中华人民共和国国民经济和社会发展第十四个五年规划
　　　和2035年远景目标纲要》…………………………………（370）

324.《中国人民政治协商会议第十二届全国委员会第一次会议文件》 …………………………………………………………………… (371)
325.《中国人民政治协商会议第十二届全国委员会第二次会议文件》 …………………………………………………………………… (372)
326.《中国人民政治协商会议第十二届全国委员会第三次会议文件》 …………………………………………………………………… (373)
327.《中国人民政治协商会议第十二届全国委员会第四次会议文件》 …………………………………………………………………… (374)
328.《中国人民政治协商会议第十二届全国委员会第五次会议文件》 …………………………………………………………………… (375)
329.《中国人民政治协商会议第十三届全国委员会第一次会议文件》 …………………………………………………………………… (376)
330.《中国人民政治协商会议第十三届全国委员会第二次会议文件》 …………………………………………………………………… (377)
331.《中国人民政治协商会议第十三届全国委员会第三次会议文件》 …………………………………………………………………… (378)
332.《中国人民政治协商会议第十三届全国委员会第四次会议文件》 …………………………………………………………………… (379)
333.《中国人民政治协商会议第十三届全国委员会第五次会议文件》 …………………………………………………………………… (380)
334.《中华人民共和国制宪修宪重要文献资料选编》 ………………… (381)
335.《"一带一路"倡议文件汇编》 …………………………………… (382)
(三) …………………………………………………………………………… (383)
336.《中国的医疗卫生事业》（2012年12月） ……………………… (383)
337.《西藏的发展与进步》（2013年10月） ………………………… (383)
338.《"一国两制"在香港特别行政区的实践》（2014年6月） …… (384)
339.《中国的对外援助（2014）》（2014年7月） …………………… (384)
340.《新疆生产建设兵团的历史与发展》（2014年10月） ………… (385)
341.《西藏发展道路的历史选择》（2015年4月） …………………… (385)
342.《中国的军事战略》（2015年5月） ……………………………… (386)
343.《民族区域自治制度在西藏的成功实践》（2015年9月） ……… (387)
344.《中国性别平等与妇女发展》（2015年9月） …………………… (387)
345.《中国的核应急》（2016年1月） ………………………………… (388)
346.《新疆的宗教信仰自由状况》（2016年6月） …………………… (388)

347. 《中国北斗卫星导航系统》（2016 年 6 月） …………… （389）
348. 《中国坚持通过谈判解决中国与菲律宾在南海的有关争议》
（2016 年 7 月） ……………………………………………… （389）
349. 《中国司法领域人权保障的新进展》（2016 年 9 月） ………… （390）
350. 《中国的减贫行动与人权进步》（2016 年 10 月） ………… （390）
351. 《发展权：中国的理念、实践与贡献》（2016 年 12 月） …… （391）
352. 《中国的中医药》（2016 年 12 月） ……………………… （391）
353. 《中国交通运输发展》（2016 年 12 月） ………………… （392）
354. 《中国的亚太安全合作政策》（2017 年 1 月） …………… （392）
355. 《新疆人权事业的发展进步》（2017 年 6 月） …………… （393）
356. 《中国健康事业的发展与人权进步》（2017 年 9 月） …… （393）
357. 《中国人权法治化保障的新进展》（2017 年 12 月） ……… （394）
358. 《中国的北极政策》（2018 年 1 月） ……………………… （394）
359. 《中国保障宗教信仰自由的政策和实践》（2018 年 4 月） … （395）
360. 《中国与世界贸易组织》（2018 年 6 月） ………………… （395）
361. 《青藏高原生态文明建设状况》（2018 年 7 月） ………… （396）
362. 《关于中美经贸摩擦的事实与中方立场》（2018 年 9 月） … （396）
363. 《新疆的文化保护与发展》（2018 年 11 月） …………… （397）
364. 《改革开放 40 年中国人权事业的发展进步》（2018 年
12 月） ……………………………………………………… （398）
365. 《新疆的反恐、去极端化斗争与人权保障》（2019 年
3 月） ……………………………………………………… （398）
366. 《伟大的跨越：西藏民主改革 60 年》（2019 年 3 月） …… （399）
367. 《关于中美经贸磋商的中方立场》（2019 年 6 月） ………… （399）
368. 《新疆的若干历史问题》（2019 年 7 月） ………………… （400）
369. 《新时代的中国国防》（2019 年 7 月） …………………… （400）
370. 《平等、参与、共享：新中国残疾人权益保障 70 年》
（2019 年 7 月） ……………………………………………… （401）
371. 《新疆的职业技能教育培训工作》（2019 年 8 月） ……… （402）
372. 《中国的核安全》（2019 年 9 月） ………………………… （402）
373. 《平等　发展　共享：新中国 70 年妇女事业的发展与进步》
（2019 年 9 月） ……………………………………………… （403）
374. 《为人民谋幸福：新中国人权事业发展 70 年》（2019 年
9 月） ……………………………………………………… （404）

375. 《新时代的中国与世界》（2019年9月） …………………… (404)
376. 《中国的粮食安全》（2019年10月） ………………………… (405)
377. 《抗击新冠肺炎疫情的中国行动》（2020年6月） ………… (405)
378. 《新疆的劳动就业保障》（2020年9月） …………………… (406)
379. 《中国军队参加联合国维和行动30年》（2020年9月） …… (407)
380. 《新时代的中国能源发展》（2020年12月） ……………… (407)
381. 《中国交通的可持续发展》（2020年12月） ……………… (408)
382. 《新时代的中国国际发展合作》（2021年1月） …………… (409)
383. 《人类减贫的中国实践》（2021年4月） …………………… (409)
384. 《西藏和平解放与繁荣发展》（2021年5月） ……………… (410)
385. 《中国共产党尊重和保障人权的伟大实践》（2021年
     6月） …………………………………………………………… (411)
386. 《中国新型政党制度》（2021年6月） ……………………… (411)
387. 《新疆各民族平等权利的保障》（2021年7月） …………… (412)
388. 《全面建成小康社会：中国人权事业发展的光辉篇章》
     （2021年8月） ………………………………………………… (413)
389. 《新疆的人口发展》（2021年9月） ………………………… (414)
390. 《中国的全面小康》（2021年9月） ………………………… (415)
391. 《中国的生物多样性保护》（2021年10月） ……………… (415)
392. 《中国应对气候变化的政策与行动》（2021年10月） …… (416)
393. 《新时代的中非合作》（2021年11月） …………………… (417)
394. 《中国的民主》（2021年12月） …………………………… (417)
395. 《"一国两制"下香港的民主发展》（2021年12月） ……… (418)
396. 《中国的出口管制》（2021年12月） ……………………… (418)
397. 《中国残疾人体育事业发展和权利保障》（2022年3月） … (419)
398. 《新时代的中国青年》（2022年4月） ……………………… (419)
399. 《台湾问题与新时代中国统一事业》（2022年8月） ……… (420)

四 研究类 …………………………………………………………… (422)
（一）国家高端智库建设试点单位 ……………………………… (422)
400. 国务院发展研究中心 ………………………………………… (422)
401. 中国社会科学院 ……………………………………………… (423)
402. 中国科学院 …………………………………………………… (425)
403. 中国工程院 …………………………………………………… (428)

404. 中共中央党校（国家行政学院） ……………………………（428）
405. 中国社会科学院国家全球战略智库 ………………………（429）
406. 中国社会科学院国家金融与发展实验室 …………………（430）
407. 中国现代国际关系研究院 …………………………………（430）
408. 中国宏观经济研究院（国家发展和改革委员会宏观经济
　　 研究院） ……………………………………………………（431）
409. 商务部国际贸易经济合作研究院 …………………………（431）
410. 中国国际问题研究院 ………………………………………（432）
411. 中国财政科学研究院 ………………………………………（432）
412. 中国科学技术发展战略研究院 ……………………………（433）
413. 北京大学国家发展研究院 …………………………………（433）
414. 清华大学国情研究院 ………………………………………（434）
415. 中国人民大学国家发展与战略研究院 ……………………（435）
416. 复旦大学中国研究院 ………………………………………（435）
417. 上海社会科学院 ……………………………………………（436）
418. 武汉大学国际法研究所 ……………………………………（436）
419. 中山大学粤港澳发展研究院 ………………………………（437）
420. 中国国际经济交流中心 ……………………………………（437）
421. 综合开发研究院（中国·深圳） …………………………（438）

（二）研究新时代中国重要机构 …………………………………（439）
422. 中央党史和文献研究院第一研究部 ………………………（439）
423. 中国社会科学院当代中国研究所 …………………………（440）
424. 教育部习近平新时代中国特色社会主义思想研究中心 ………（440）
425. 中央党校（国家行政学院）习近平新时代中国特色
　　 社会主义思想研究中心 ……………………………………（441）
426. 中国社会科学院习近平新时代中国特色社会主义思想
　　 研究中心 ……………………………………………………（441）
427. 国防大学习近平新时代中国特色社会主义思想研究中心 ……（442）
428. 北京市习近平新时代中国特色社会主义思想研究中心 ……（442）
429. 上海市习近平新时代中国特色社会主义思想研究中心 ……（442）
430. 广东省习近平新时代中国特色社会主义思想研究中心 ……（442）
431. 北京大学习近平新时代中国特色社会主义思想研究院 ……（443）
432. 清华大学习近平新时代中国特色社会主义思想研究院 ………（443）

433. 中国人民大学习近平新时代中国特色社会主义思想研究院 ……………………………………………………… (444)
434. 国家发展和改革委员会习近平经济思想研究中心 ………… (444)
435. 中国法学会习近平法治思想研究中心 ……………………… (445)
436. 生态环境部习近平生态文明思想研究中心 ………………… (445)
437. 习近平外交思想研究中心 …………………………………… (446)

（三）海外中国学研究重要机构 …………………………………… (446)
438. 中国社会科学院国际中国学研究中心 ……………………… (446)
439. 中国外文局当代中国与世界研究院 ………………………… (447)
440. 中国文化走出去协同创新中心 ……………………………… (447)
441. 国家图书馆海外中国问题文献研究资料中心 ……………… (448)
442. 北京大学燕京学堂 …………………………………………… (449)
443. 北京大学比较文学与比较文化研究所 ……………………… (449)
444. 北京语言大学汉学与中国学研究所（中国文化对外翻译与传播研究中心） ………………………………………… (450)
445. 北京联合大学海外中国学研究中心 ………………………… (450)
446. 上海社会科学院世界中国学研究所 ………………………… (451)
447. 苏州大学海外汉学研究中心 ………………………………… (451)

（四）主要研究成果 ………………………………………………… (452)
448. 《习近平新时代中国特色社会主义思想学习纲要》 ……… (452)
449. 《习近平新时代中国特色社会主义思想学习问答》 ……… (452)
450. 《习近平新时代中国特色社会主义思想三十讲》 ………… (453)
451. 《习近平总书记系列重要讲话读本（2016年版）》 ……… (454)
452. 《习近平强军思想学习纲要》 ……………………………… (454)
453. 《习近平外交思想学习纲要》 ……………………………… (455)
454. 《习近平法治思想学习纲要》 ……………………………… (455)
455. 《习近平经济思想学习纲要》 ……………………………… (456)
456. 《习近平生态文明思想学习纲要》 ………………………… (457)
457. 《总体国家安全观学习纲要》 ……………………………… (457)
458. 《习近平新时代中国特色社会主义思想学生读本》 ……… (458)
459. 《习近平总书记教育重要论述讲义》 ……………………… (459)
460. 《历史是最好的教科书——学习习近平同志关于党的历史的重要论述》 …………………………………………… (459)
461. "习近平新时代中国特色社会主义思想学习丛书" ………… (460)

462. 《习近平的七年知青岁月》	(460)
463. 《习近平在正定》	(461)
464. 《习近平在福建》	(461)
465. 《习近平在浙江》	(462)
466. 《习近平在上海》	(463)
467. 《习近平的扶贫足迹》	(464)
468. 《习近平的小康情怀》	(464)
469. "复兴文库"	(465)
470. 《中国共产党简史》	(466)
471. 《中国共产党的九十年》	(467)
472. 《中国共产党的一百年》	(467)
473. 《中国共产党组织建设一百年》	(468)
474. 《中国共产党宣传工作简史》	(468)
475. 《中国共产党对外工作100年》	(469)
476. 《中国共产党一百年大事记》	(470)
477. 《马克思主义中国化一百年大事记（1921—2021）》	(470)
478. 《党的十八大以来大事记》	(470)
479. 《党的十九大以来大事记》	(471)
480. 《中华人民共和国简史》	(472)
481. 《新中国70年》	(472)
482. 《中华人民共和国史稿》	(473)
483. 《中华人民共和国简史（1949—2019）》	(473)
484. "中华人民共和国史研究丛书"	(474)
485. 《中华人民共和国史编年》	(474)
486. "'新时代这十年'丛书"	(475)
487. "纪录小康工程"	(475)
488. 《伟大历程　辉煌成就——庆祝中华人民共和国成立70周年大型成就展》全三册	(477)
489. 《全面建成小康社会大事记》	(477)
490. 《中华人民共和国大事记（1949年10月—2019年9月）》	(478)
491. 《改革开放简史》	(478)
492. 《中国改革开放全景录》	(479)
493. 《改革开放四十年大事记》	(479)

494. 《社会主义发展简史》 （480）
495. 《中国特色社会主义新时代的世界意义》 （480）
496. 《中国经济发展的世界意义》 （481）
497. "中国人民解放军战史丛书"（14 册） （481）

（五）主要专题研究 （482）
498. 中共党史研究 （482）
499. 新中国史研究 （485）
500. 改革开放史研究 （486）
501. 社会主义发展史研究 （487）
502. 构建中国特色哲学社会科学 （488）
503. 中华文明探源工程 （496）
504. 中国文明史研究 （498）
505. 《（新编）中国通史》 （499）
506. 非洲合作研究 （499）
507. 《中华思想通史》 （499）

五 交流传播类 （501）

（一）国内主要学术期刊 （501）
508. 《求是》 （501）
509. 《中国社会科学》 （502）
510. 《历史研究》 （502）
511. 《考古》 （503）
512. 《考古学报》 （503）
513. 《近代史研究》 （503）
514. 《当代中国史研究》 （503）
515. 《史学理论研究》 （504）
516. 《世界历史》 （504）
517. 《中国边疆史地研究》 （505）
518. 《中国经济史研究》 （505）
519. 《马克思主义研究》 （505）
520. 《中国特色社会主义研究》 （506）
521. 《党的文献》 （506）
522. 《中共党史研究》 （506）
523. 《当代世界与社会主义》 （507）

524. 《马克思主义与现实》 …………………………………………… (507)
525. 《世界社会主义研究》 …………………………………………… (507)
526. 《党建》 …………………………………………………………… (508)
527. 《国外理论动态》 ………………………………………………… (508)
528. 《民族研究》 ……………………………………………………… (509)
529. 《文学评论》 ……………………………………………………… (509)
530. 《文艺研究》 ……………………………………………………… (510)
531. 《世界汉语教学》 ………………………………………………… (510)
532. 《中国语文》 ……………………………………………………… (510)
533. 《哲学研究》 ……………………………………………………… (510)
534. 《哲学动态》 ……………………………………………………… (511)
535. 《世界宗教研究》 ………………………………………………… (511)
536. 《法学研究》 ……………………………………………………… (511)
537. 《中国法学》 ……………………………………………………… (512)
538. 《管理世界》 ……………………………………………………… (512)
539. 《经济管理》 ……………………………………………………… (513)
540. 《教育研究》 ……………………………………………………… (513)
541. 《财政研究》 ……………………………………………………… (513)
542. 《中国工业经济》 ………………………………………………… (514)
543. 《金融研究》 ……………………………………………………… (514)
544. 《数量经济技术经济研究》 ……………………………………… (514)
545. 《经济研究》 ……………………………………………………… (515)
546. 《经济学动态》 …………………………………………………… (515)
547. 《财贸经济》 ……………………………………………………… (515)
548. 《中国农村经济》 ………………………………………………… (515)
549. 《世界经济》 ……………………………………………………… (516)
550. 《社会学研究》 …………………………………………………… (516)
551. 《图书情报工作》 ………………………………………………… (517)
552. 《新闻与传播研究》 ……………………………………………… (517)
553. 《港澳研究》 ……………………………………………………… (518)
554. 《当代亚太》 ……………………………………………………… (518)
555. 《世界经济与政治》 ……………………………………………… (518)
556. 《政治学研究》 …………………………………………………… (519)
557. 《国际社会科学杂志》 …………………………………………… (519)

558.《世界社会科学》（原《国外社会科学》） …………………（519）
559.《当代中国与世界》 ……………………………………………（520）
560.《国际传播》 ……………………………………………………（520）
561.《汉学研究》 ……………………………………………………（520）
562.《中国学》 ………………………………………………………（521）
563.《世界汉学》 ……………………………………………………（521）
564.《国际汉学》 ……………………………………………………（521）
565.《中国研究》 ……………………………………………………（522）
566. *The China Review*: *An Interdisciplinary Journal on Greater China* …（522）
567.《中国文化研究所学报》 ………………………………………（522）
568.《南国学术》 ……………………………………………………（523）
569.《澳门理工学报》（人文社会科学版） ………………………（523）
570.《汉学研究》 ……………………………………………………（523）
571.《"中央研究院历史语言研究所"集刊》 ……………………（524）
572.《"中央研究院近代史研究所"集刊》 ………………………（524）

（二）交流传播案例 ………………………………………………（524）
573. "中国这十年"系列新闻发布会 ………………………………（524）
574. "奋进新时代"主题成就展 ……………………………………（534）
575. 中国故事国际传播高峰论坛 …………………………………（534）
576. "奋进新征程 建功新时代"专栏报道 ………………………（535）
577. 国家社科基金中华学术外译项目 ……………………………（535）
578. 青年汉学家研修计划 …………………………………………（536）
579. "海外中国研究丛书" …………………………………………（537）
580. "世界中国学系列丛书" ………………………………………（537）
581.《对外传播优秀案例研究（2015—2017）》 …………………（538）
582.《中国故事国际传播指数报告》 ………………………………（538）
583. "新时代国际传播理论与实践研究丛书" ……………………（538）
584.《理解当代中国》多语种系列教材 ……………………………（539）

一　综合类

（一）中国特色社会主义新时代

1. 中国共产党第十八次全国代表大会

中国共产党第十八次全国代表大会于 2012 年 11 月 8 日至 14 日在北京召开，这次大会是在我国进入全面建成小康社会决定性阶段召开的一次十分重要的大会。胡锦涛代表第十七届中央委员会向大会作题为《坚定不移沿着中国特色社会主义道路前进，为全面建成小康社会而奋斗》的报告。

大会的主题是：高举中国特色社会主义伟大旗帜，以邓小平理论、"三个代表"重要思想、科学发展观为指导，解放思想，改革开放，凝聚力量，攻坚克难，坚定不移沿着中国特色社会主义道路前进，为全面建成小康社会而奋斗。

大会贯穿始终的主线是坚持和发展中国特色社会主义。大会报告强调，中国特色社会主义道路，中国特色社会主义理论体系，中国特色社会主义制度，是党和人民九十多年奋斗、创造、积累的根本成就，必须倍加珍惜、始终坚持、不断发展。建设中国特色社会主义，总依据是社会主义初级阶段，总布局是社会主义经济建设、政治建设、文化建设、社会建设、生态文明建设"五位一体"，总任务是实现社会主义现代化和中华民族伟大复兴。大会提出，在中国共产党成立一百年时全面建成小康社会，在新中国成立一百年时建成富强民主文明和谐的社会主义现代化国家。

大会根据我国经济社会发展实际，确定了全面建成小康社会的目标，即：经济持续健康发展，人民民主不断扩大，文化软实力显著增强，人民生活水平全面提高，资源节约型、环境友好型社会建设取得重大进展。大会强调，全面建成小康社会，必须以更大的政治勇气和智慧，不失时机深化重要领域改革，坚决破除一切妨碍科学发展的思想观念和体制机制弊端，构建系统完备、科学规范、运行有效的制度体系，使各方面制度更加成熟更加定型。

大会根据"五位一体"总体布局和全面建成小康社会目标要求，对推进中国特色社会主义建设作出全面部署，强调要加快完善社会主义市场经济体制和加快转变经济发展方式，坚持走中国特色社会主义政治发展道路和推进政治体制改革，扎实推进社会主义文化强国建设，在改善民生和创新管理中加强社会建设，大力推进生态文明建设，加快推进军队现代化，丰富"一国两制"实践和推进祖国统一，继续促进人类和平与发展的崇高事业。

大会强调，要以改革创新精神全面推进党的建设新的伟大工程，全面提高党的建设科学化水平。要牢牢把握加强党的执政能力建设、先进性和纯洁性建设这条主线，全面加强党的思想建设、组织建设、作风建设、反腐倡廉建设、制度建设，增强自我净化、自我完善、自我革新、自我提高能力，建设学习型、服务型、创新型的马克思主义执政党，确保党始终成为中国特色社会主义事业的坚强领导核心。[1]

大会通过了关于《中国共产党章程（修正案）》的决议。大会认为，科学发展观是同马克思列宁主义、毛泽东思想、邓小平理论、"三个代表"重要思想既一脉相承又与时俱进的科学理论，是马克思主义关于发展的世界观和方法论的集中体现，是马克思主义中国化最新成果，是中国共产党集体智慧的结晶，是党必须长期坚持的指导思想。大会一致同意在党章中把科学发展观同马克思列宁主义、毛泽东思想、邓小平理论、"三个代表"重要思想一道确立为党的行动指南。[2]

大会选举产生十八届中央委员会和中央纪律检查委员会。中共十八届一中全会选举习近平、李克强、张德江、俞正声、刘云山、王岐山、张高丽为中央政治局常委，选举习近平为中央委员会总书记，决定习近平为中央军委主席；批准王岐山为中央纪律检查委员会书记。

2. 新时代中国社会主要矛盾

新时代中国社会主要矛盾从"人民日益增长的物质文化需要同落后的社会生产之间的矛盾"转化为"人民日益增长的美好生活需要和不平衡不充分的发展之间的矛盾"。

中共十八大以来，中国特色社会主义进入新时代，这是中国发展新的历史方位，中国特色社会主义事业进入了新的发展阶段。2017年10月18日至24日，中国共产党第十九次全国代表大会在北京召开。习近平代表第十八届中央委员会作了题为《决胜全面建成小康社会，夺取新时代中国特色社会主义伟大

---

[1] 本书编写组：《中国共产党简史》，人民出版社、中共党史出版社2021年版，第382—384页。
[2] 《中国共产党第十八次全国代表大会在京闭幕》，《人民日报》2012年11月15日。

胜利》的报告。报告指出，中国社会主要矛盾已经转化为人民日益增长的美好生活需要和不平衡不充分的发展之间的矛盾。中国稳定解决了十几亿人的温饱问题，人民美好生活需要日益广泛，不仅对物质文化生活提出了更高要求，而且在民主、法治、公平、正义、安全、环境等方面的要求日益增长。同时，中国社会生产力水平总体上显著提高，社会生产能力在很多方面进入世界前列，更加突出的问题是发展不平衡不充分，这已经成为满足人民日益增长的美好生活需要的主要制约因素。

认识社会主要矛盾是把握社会发展阶段的"钥匙"。[①] 人类社会是在矛盾运动中不断向前发展的，社会主要矛盾是各种社会矛盾的主要根源和集中反映，在社会矛盾运动中居于主导地位，也随着经济社会发展而变化。抓住主要矛盾带动全局工作，是唯物辩证法的要求，也是中国共产党一贯倡导和坚持的方法。[②] 党和人民事业能不能沿着正确方向前进，取决于我们能否准确认识和把握社会主要矛盾、确定中心任务。什么时候社会主要矛盾和中心任务判断准确，党和人民事业就顺利发展，否则党和人民事业就会遭受挫折。因此，推动党和国家事业不断向前发展，必须找准中国社会的主要矛盾。

在不同发展阶段，中国的社会主要矛盾有所不同。1956年中共八大提出：我们国内的主要矛盾，已经是人民对于建立先进的工业国的要求同落后的农业国的现实之间的矛盾，已经是人民对于经济文化迅速发展的需要同当前经济文化不能满足人民需要的状况之间的矛盾。这个论断，是符合当时中国实际的。改革开放以后，中国共产党在对历史经验和中国国情作出科学分析的基础上，对中共八大关于社会主要矛盾的提法作了进一步概括。1981年中共十一届六中全会通过《关于建国以来党的若干历史问题的决议》，明确指出：在社会主义改造基本完成以后，我国所要解决的主要矛盾，是人民日益增长的物质文化需要同落后的社会生产之间的矛盾。

随着改革开放的深入推进，随着中国特色社会主义的深入发展，中国社会主要矛盾发生了重大变化。经过长期努力，中国社会生产力水平总体上显著提高，社会生产能力在很多方面进入世界前列，成为世界第二大经济体、制造业第一大国、货物贸易第一大国，中国长期所处的短缺经济和供给不足状况已经发生根本性转变，更加突出的问题是发展不平衡不充分，再讲"落后的社会生产"已经不符合实际。同时，人民对美好生活的向往更加强烈、需要日益广

[①] 中共中央宣传部：《习近平新时代中国特色社会主义思想学习问答》，学习出版社、人民出版社2021年版，第51页。

[②] 中共中央宣传部：《习近平新时代中国特色社会主义思想学习纲要》，学习出版社、人民出版社2019年版，第17页。

泛，再只讲"物质文化需要"已不能真实全面反映人民群众的愿望和要求。发展是动态过程，不平衡不充分是永远存在的，但当发展到了一定阶段，不平衡不充分成为社会主要矛盾的主要方面时，就必须下功夫去认识它、解决它，否则就会制约发展全局。① 基于上述依据，我们作出了社会主要矛盾发生变化的判断。

发展中的矛盾和问题集中体现在发展质量上。当前，中国进入了一个新发展阶段，国内外环境的深刻变化既带来一系列新机遇，也带来一系列新挑战，是危机并存、危中有机、危可转机。这就要求我们必须把发展质量问题摆在更为突出的位置，着力推动高质量发展。一是必须立足新发展阶段，完整、准确、全面贯彻创新、协调、绿色、开放、共享的新发展理念，加快构建以国内大循环为主体、国内国际双循环相互促进的新发展格局。二是必须统筹中华民族伟大复兴战略全局和世界百年未有之大变局，增强机遇意识和风险意识，增强忧患意识，坚持底线思维，准确识变、科学应变、主动求变，善于转危为机，努力实现更高质量、更有效率、更加公平、更可持续、更为安全的发展。三是必须把促进全体人民共同富裕作为为人民谋幸福的着力点，不断夯实中国共产党的长期执政基础；提高全要素生产率，夯实高质量发展的动力基础。②

新时代中国社会主要矛盾的变化是关系全局的历史性变化，但这一变化没有改变我们对中国社会主义所处历史阶段的判断，中国仍处于并将长期处于社会主义初级阶段的基本国情没有变，中国是世界最大发展中国家的国际地位没有变。③ 把握这一基本国情，必须清醒认识社会主义初级阶段的长期性艰巨性。社会主义初级阶段是一个长历史过程，社会主要矛盾的变化只是在社会主义初级阶段这个历史阶段中发生的变化。如果说走出社会主义初级阶段是攀登一座高峰的话，那么社会主要矛盾发生变化意味着我们只是爬到了半山腰，距离全面建成社会主义现代化强国的目标还有一段很长很艰巨的路程。④ 我们既不落后于时代，也不能脱离实际、超越阶段。

新时代中国社会主要矛盾的重大政治论断，反映了中国社会发展的客观实际，指明了解决当代中国发展主要问题的根本着力点，丰富发展了马克思主义关于社会矛盾的学说。⑤

---

① 中共中央宣传部：《习近平新时代中国特色社会主义思想学习问答》，学习出版社、人民出版社2021年版，第47—48页。
② 习近平：《扎实推动共同富裕》，《求是》2021年第20期。
③ 《十九大以来重要文献选编》（上），中央文献出版社2019年版，第9页。
④ 中共中央宣传部：《习近平新时代中国特色社会主义思想学习问答》，学习出版社、人民出版社2021年版，第49页。
⑤ 中共中央宣传部：《习近平新时代中国特色社会主义思想学习纲要》，学习出版社、人民出版社2019年版，第17页。

3. 中国特色社会主义进入新时代

中共十八大以来，中国特色社会主义进入新时代，体现了中国特色社会主义随着形势和条件的变化而不断向前发展的光辉历程和蓬勃的生机活力。

中国特色社会主义新时代是承前启后、继往开来、在新的历史条件下继续夺取中国特色社会主义伟大胜利的时代，是决胜全面建成小康社会、进而全面建设社会主义现代化强国的时代，是全国各族人民团结奋斗、不断创造美好生活、逐步实现全体人民共同富裕的时代，是全体中华儿女勠力同心、奋力实现中华民族伟大复兴中国梦的时代，是我国不断为人类作出更大贡献的时代。[1]

新时代新就新在中国社会主要矛盾发生新变化。社会主要矛盾状况及其变化是社会发展阶段性划分的重要依据。在新中国成立特别是改革开放以来取得重大成就的基础上，中国发展站到了新的历史起点上，社会主要矛盾已由人民日益增长的物质文化需要同落后的社会生产之间的矛盾，转化为人民日益增长的美好生活需要和不平衡不充分的发展之间的矛盾。中国社会主要矛盾的变化是关系全局的历史性变化，反映了新时代中国发展的实际状况，指明了解决发展主要问题的根本着力点，对中国发展全局产生广泛而深刻的影响。

新时代新就新在中国共产党的理论创新实现新飞跃。中国共产党是一贯重视理论指导和勇于进行理论创新的马克思主义政党，在领导中国革命、建设、改革的实践中，不断推进马克思主义中国化。中共十八大以来，以习近平同志为主要代表的中国共产党人，坚持把马克思主义基本原理同中国具体实际相结合、同中华优秀传统文化相结合，坚持毛泽东思想、邓小平理论、"三个代表"重要思想、科学发展观，深刻总结并充分运用党成立以来的历史经验，从新的实际出发，从理论和实践结合上系统回答了新时代坚持和发展什么样的中国特色社会主义、怎样坚持和发展中国特色社会主义，建设什么样的社会主义现代化强国、怎样建设社会主义现代化强国，建设什么样的长期执政的马克思主义政党、怎样建设长期执政的马克思主义政党等重大时代课题，创立了习近平新时代中国特色社会主义思想。这一思想是当代中国马克思主义、二十一世纪马克思主义，是中华文化和中国精神的时代精华，实现了马克思主义中国化新的飞跃，[2] 指导党和国家事业取得全方位、开创性历史成就，发生深层次、根本性历史变革，开创了中国特色社会主义新时代。

新时代新就新在党和国家事业确立新目标。中国共产党在领导革命、建设、改革各个历史时期，总是与时俱进提出新的奋斗目标，引领党和国家事业

---

[1] 《中共中央关于党的百年奋斗重大成就和历史经验的决议》，人民出版社2021年版，第23页。
[2] 《中共中央关于党的百年奋斗重大成就和历史经验的决议》，人民出版社2021年版，第26页。

不断迈上新台阶。中共十八大提出了向"两个一百年"奋斗目标进军的时代号召。中共十九大综合分析国际国内形势和我国发展条件，既对决胜全面建成小康社会、实现第一个百年奋斗目标提出明确要求，又将实现第二个百年奋斗目标分为两个阶段安排：从2020年到2035年，在全面建成小康社会的基础上，再奋斗15年，基本实现社会主义现代化；从2035年到本世纪中叶，在基本实现现代化的基础上，再奋斗15年，把我国建成富强民主文明和谐美丽的社会主义现代化强国。中共十九大作出的新时代中国特色社会主义发展的战略安排，明确了实现"两个一百年"奋斗目标的时间表、路线图。这一宏伟蓝图鼓舞人心、切实可行，必将指引中国特色社会主义走向更加光明的未来。

新时代新就新在中国和世界关系开创新局面。当今世界正经历百年未有之大变局，中国与世界的关系发生深刻变化，当代中国已不再是国际秩序的被动接受者，而是积极的参与者、建设者、引领者。中共十八大以来，我们更加自信地敞开胸怀、拥抱世界，把开放的大门越开越大，在与世界深度交融中不断发展壮大，国际影响力、感召力、塑造力进一步提高。中国在世界舞台上发挥着前所未有的重要作用。在同国际社会的互动中，中国坚定发出反对保护主义、支持经济全球化，反对单边主义、维护国际正义的最强音，是世界变局中的稳定器、正能量。

新时代新就新在中国共产党展现新面貌。中共十八大以来，我们全面加强党对一切工作的领导，坚决维护习近平总书记党中央的核心、全党的核心地位，坚决维护党中央权威和集中统一领导，全面增强党的领导水平和执政能力，推动党的执政方式和执政方略实现重大创新，为党和国家各项事业发展提供了根本保证。我们推进全面从严治党，勇于进行自我革命，以排山倒海之势正风肃纪，以雷霆万钧之力反腐惩恶，直击积弊、扶正祛邪，党的建设新的伟大工程呈现出崭新局面。党的领导和党的建设取得了历史性、开创性成就，党的面貌焕然一新。

中国特色社会主义进入新时代，我们实现了从"赶上时代"到"引领时代"的伟大跨越，在中华人民共和国发展史上、中华民族发展史上具有重大意义，在世界社会主义发展史上、人类社会发展史上也具有重大意义。这意味着，近代以来久经磨难的中华民族迎来了从站起来、富起来到强起来的伟大飞跃，迎来了实现中华民族伟大复兴的光明前景。这意味着，科学社会主义在21世纪的中国焕发出强大生机活力，在世界上高高举起了中国特色社会主义伟大旗帜。这意味着，中国特色社会主义道路、理论、制度、文化不断发展，拓展了发展中国家走向现代化的途径，给世界上那些既希望加快发展又希望保持自身独立性的国家和民族提供了全新选择，为解决人类问题贡献了中国智慧和中国方案。①

4. 中国发展新的历史方位

中国特色社会主义进入新时代，这是中国发展新的历史方位，赋予了中国共产党的历史使命、理论遵循、目标任务以新的时代内涵，为我们深刻把握当代中国发展的新阶段新特征，科学制定路线方针政策提供了时代坐标和基本依据。

时代的发展有一个从量变到质变的过程，在量变中蕴含和孕育着质变，质变是量变的必然结果，同时又开启新的量变。中国共产党领导人民进行革命、建设和改革，都经历了从量的积累到质的飞跃的不同发展阶段。明确中国特色社会主义进入新时代，是党在科学把握世情国情党情深刻变化的基础上，作出的一项关系全局的重大战略考量，进一步彰显了中国共产党与时代共同进步的先进性本色，体现了把握历史规律和历史趋势的高度自觉和高度自信。

从发展阶段看，中共十八大以来，改革开放和社会主义现代化建设取得历史性成就，中国发展站到了新的历史起点上，中国特色社会主义进入新的发展阶段。中国共产党的理论创新实现了新飞跃，党的执政方式和执政方略有重大创新，发展理念和发展方式有重大转变，发展环境和发展条件有重大变化，发展水平和发展要求变得更高。

从社会主要矛盾看，中国社会主要矛盾已经由人民日益增长的物质文化需要同落后的社会生产之间的矛盾，转化为人民日益增长的美好生活需要和不平衡不充分的发展之间的矛盾。这一重大历史性变化，对发展全局产生了广泛而深刻的影响。

从奋斗目标看，中共十九大到二十大是"两个一百年"奋斗目标的历史交汇期，我们既要全面建成小康社会、实现第一个百年奋斗目标，又要乘势而上开启全面建设社会主义现代化国家新征程，向第二个百年奋斗目标进军。

从国际地位看，当代中国正处在从大国走向强国的关键时期，已不再是国际秩序的被动接受者，而是积极的参与者、建设者、引领者。世界对中国的关注，从未像今天这样广泛、深切、聚焦；中国对世界的影响，也从未像今天这样全面、深刻、长远。这些重大变化，都需要从新的历史方位、新的时代坐标来科学认识和全面把握。

历史车轮滚滚向前，时代潮流浩浩荡荡。一个国家、一个民族要振兴，就必须在历史前进的逻辑中前进、在时代发展的潮流中发展。中国特色社会主义

---

① 中共中央宣传部：《习近平新时代中国特色社会主义思想学习问答》，学习出版社、人民出版社2021年版，第38—41页。

进入新时代，是新中国成立以来特别是改革开放以来中国社会发展进步的必然结果，是中国社会主要矛盾变化的必然结果，也是党团结带领全国各族人民开创光明未来的必然要求。①

5. 中国共产党第十九次全国代表大会

中国共产党第十九次全国代表大会于2017年10月18日至24日在北京举行。习近平代表第十八届中央委员会作了题为《决胜全面建成小康社会，夺取新时代中国特色社会主义伟大胜利》的报告。

大会的主题是：不忘初心，牢记使命，高举中国特色社会主义伟大旗帜，决胜全面建成小康社会，夺取新时代中国特色社会主义伟大胜利，为实现中华民族伟大复兴的中国梦不懈奋斗。

大会指出，经过长期努力，中国特色社会主义进入了新时代，这是我国发展新的历史方位。新时代是承前启后、继往开来、在新的历史条件下继续夺取中国特色社会主义伟大胜利的时代，是决胜全面建成小康社会、进而全面建设社会主义现代化强国的时代，是全国各族人民团结奋斗、不断创造美好生活、逐步实现全体人民共同富裕的时代，是全体中华儿女勠力同心、奋力实现中华民族伟大复兴中国梦的时代，是我国日益走近世界舞台中央、不断为人类作出更大贡献的时代。

大会强调，中国特色社会主义进入新时代，我国社会主要矛盾已经转化为人民日益增长的美好生活需要和不平衡不充分的发展之间的矛盾。必须认识到，我国社会主要矛盾的变化，没有改变我们对我国社会主义所处历史阶段的判断，我国仍处于并将长期处于社会主义初级阶段的基本国情没有变，我国是世界最大发展中国家的国际地位没有变。全党要牢牢把握社会主义初级阶段这个基本国情，牢牢立足社会主义初级阶段这个最大实际，牢牢坚持党的基本路线这个党和国家的生命线、人民的幸福线，领导和团结全国各族人民，以经济建设为中心，坚持四项基本原则，坚持改革开放，自力更生，艰苦创业，为把我国建设成为富强民主文明和谐美丽的社会主义现代化强国而奋斗。

大会明确提出从全面建成小康社会到基本实现现代化，再到全面建成社会主义现代化强国这一新时代中国特色社会主义发展的战略安排。要按照全面建成小康社会各项要求，紧扣我国社会主要矛盾变化，统筹推进经济建设、政治建设、文化建设、社会建设、生态文明建设，坚定实施科教兴国战略、人才强国战略、创新驱动发展战略、乡村振兴战略、区域协调发展战略、可持续发展

---

① 中共中央宣传部：《习近平新时代中国特色社会主义思想学习纲要》，学习出版社、人民出版社2019年版，第12—14页。

战略、军民融合发展战略,突出抓重点、补短板、强弱项,特别是要坚决打好防范化解重大风险、精准脱贫、污染防治的攻坚战,使全面建成小康社会得到人民认可、经得起历史检验。

大会明确分两步走全面建成社会主义现代化强国。从十九大到二十大,是"两个一百年"奋斗目标的历史交汇期。既要全面建成小康社会、实现第一个百年奋斗目标,又要乘势而上开启全面建设社会主义现代化国家新征程,向第二个百年奋斗目标进军。综合分析国际国内形势和我国发展条件,从2020年到本世纪中叶可以分两个阶段来安排。第一个阶段,从2020年到2035年,在全面建成小康社会的基础上,再奋斗15年,基本实现社会主义现代化。到那时,我国经济实力、科技实力将大幅跃升,跻身创新型国家前列;人民平等参与、平等发展权利得到充分保障,法治国家、法治政府、法治社会基本建成,各方面制度更加完善,国家治理体系和治理能力现代化基本实现;社会文明程度达到新的高度,国家文化软实力显著增强,中华文化影响更加广泛深入;人民生活更为宽裕,中等收入群体比例明显提高,城乡区域发展差距和居民生活水平差距显著缩小,基本公共服务均等化基本实现,全体人民共同富裕迈出坚实步伐;现代社会治理格局基本形成,社会充满活力又和谐有序;生态环境根本好转,美丽中国目标基本实现。第二个阶段,从2035年到本世纪中叶,在基本实现现代化的基础上,再奋斗15年,把我国建成富强民主文明和谐美丽的社会主义现代化强国。到那时,我国物质文明、政治文明、精神文明、社会文明、生态文明将全面提升,实现国家治理体系和治理能力现代化,成为综合国力和国际影响力领先的国家,全体人民共同富裕基本实现,我国人民将享有更加幸福安康的生活,中华民族将以更加昂扬的姿态屹立于世界民族之林。

大会对经济建设、政治建设、文化建设、社会建设、生态文明建设等方面作出全面部署。经济建设上,贯彻新发展理念,建设现代化经济体系;政治建设上,健全人民当家作主制度体系,发展社会主义民主政治;文化建设上,坚定文化自信,推动社会主义文化繁荣兴盛;社会建设上,提高保障和改善民生水平,加强和创新社会治理;生态文明建设上,加快生态文明体制改革,建设美丽中国。大会还就国防和军队建设、港澳台工作、外交工作、全面从严治党等作出部署。[①]

大会通过了《中国共产党章程(修正案)》。大会认为,习近平新时代中国特色社会主义思想是对马克思列宁主义、毛泽东思想、邓小平理论、"三个代表"重要思想、科学发展观的继承和发展,是马克思主义中国化最新成果,

---

① 本书编写组:《中华人民共和国简史》,人民出版社、当代中国出版社2021年版,第402—405页。

是党和人民实践经验和集体智慧的结晶，是中国特色社会主义理论体系的重要组成部分，是全党全国人民为实现中华民族伟大复兴而奋斗的行动指南，必须长期坚持并不断发展。大会一致同意，在党章中把习近平新时代中国特色社会主义思想同马克思列宁主义、毛泽东思想、邓小平理论、"三个代表"重要思想、科学发展观一道确立为党的行动指南。①

大会选举产生了新一届中央委员会和中央纪律检查委员会。10月25日，中共十九届一中全会选举习近平、李克强、栗战书、汪洋、王沪宁、赵乐际、韩正为中央政治局常委，选举习近平为中央委员会总书记，决定习近平为中央军委主席，批准赵乐际为中央纪委书记。

6. 新时代中国共产党的历史使命

中国共产党自成立起，团结带领人民进行的一切奋斗、一切牺牲、一切创造，归结起来就是一个主题：实现中华民族伟大复兴。中国特色社会主义进入新时代，党面临的主要任务是，实现第一个百年奋斗目标，开启实现第二个百年奋斗目标新征程，朝着实现中华民族伟大复兴的宏伟目标继续前进。新时代中国共产党的历史使命主要包括：

坚持人民至上，践行全心全意为人民服务的根本宗旨。江山就是人民、人民就是江山，中国共产党打江山、守江山，守的是人民的心。来自人民、依靠人民、为了人民，是中国共产党的发展逻辑和胜利密码。全党必须永远保持同人民群众的血肉联系，站稳人民立场，把人民放在心中最高位置，坚持人民主体地位，尊重人民首创精神，践行以人民为中心的发展思想，维护社会公平正义，着力解决发展不平衡不充分问题和人民群众急难愁盼问题，不断实现好、维护好、发展好最广大人民根本利益，团结带领全国各族人民不断为美好生活而奋斗。

坚持科学理论指导，坚守理想信念。坚持马克思列宁主义、毛泽东思想、邓小平理论、"三个代表"重要思想、科学发展观，全面贯彻习近平新时代中国特色社会主义思想，用马克思主义的立场、观点、方法观察时代、把握时代、引领时代，不断深化对共产党执政规律、社会主义建设规律、人类社会发展规律的认识。

坚持党的基本理论、基本路线、基本方略，增强"四个意识"，坚定"四个自信"，做到"两个维护"，牢记"国之大者"。坚持系统观念，统筹推进"五位一体"总体布局，协调推进"四个全面"战略布局，立足新发展阶段、

---

① 《中国共产党第十九次全国代表大会在京闭幕》，《人民日报》2017年10月25日。

一 综合类

贯彻新发展理念、构建新发展格局、推动高质量发展，全面深化改革开放，促进共同富裕，推进科技自立自强，发展全过程人民民主，保证人民当家作主，坚持全面依法治国，坚持社会主义核心价值体系，坚持在发展中保障和改善民生，坚持人与自然和谐共生，统筹发展和安全，加快国防和军队现代化，协同推进人民富裕、国家强盛、中国美丽。

坚持敢于斗争，勇于战胜风险挑战。全党必须清醒认识到，中华民族伟大复兴绝不是轻轻松松、敲锣打鼓就能实现的，前进道路上仍然存在可以预料和难以预料的各种风险挑战；必须清醒认识到，我国仍处于并将长期处于社会主义初级阶段，我国仍然是世界最大的发展中国家，社会主要矛盾是人民日益增长的美好生活需要和不平衡不充分的发展之间的矛盾。全党要牢记中国共产党是什么、要干什么这个根本问题，把握历史发展大势，坚定理想信念，牢记初心使命，始终谦虚谨慎、不骄不躁、艰苦奋斗，从伟大胜利中激发奋进力量，从弯路挫折中吸取历史教训，不为任何风险所惧，不为任何干扰所惑，决不在根本性问题上出现颠覆性错误，以咬定青山不放松的执着奋力实现既定目标，以行百里者半九十的清醒不懈推进中华民族伟大复兴。

坚持自我革命，全面从严治党。全党必须铭记生于忧患、死于安乐，常怀远虑、居安思危，继续推进新时代党的建设新的伟大工程，坚持全面从严治党，坚定不移推进党风廉政建设和反腐败斗争，勇敢面对党面临的长期执政考验、改革开放考验、市场经济考验、外部环境考验，坚决战胜精神懈怠的危险、能力不足的危险、脱离群众的危险、消极腐败的危险。必须保持越是艰险越向前的英雄气概，敢于斗争、善于斗争，逢山开道、遇水架桥，做到难不住、压不垮，推动中国特色社会主义事业航船劈波斩浪、一往无前。

坚持胸怀天下，为人类和平与发展贡献力量。中国共产党是为中国人民谋幸福的政党，也是为人类进步事业奋斗的政党。无论国际风云如何变幻，党始终秉持和平、发展、公平、正义、民主、自由的全人类共同价值，始终弘扬国际主义精神，始终站在历史正确的一边，站在人类进步的一边，走和平发展道路，推动构建人类命运共同体，为世界和平发展作出贡献。

抓好后继有人这个根本大计。坚持用习近平新时代中国特色社会主义思想教育人，用党的理想信念凝聚人，用社会主义核心价值观培育人，用中华民族伟大复兴历史使命激励人，培养造就大批堪当时代重任的接班人。源源不断培养选拔德才兼备、忠诚干净担当的高素质专业化干部特别是优秀年轻干部，教育引导广大党员、干部自觉做习近平新时代中国特色社会主义思想的坚定信仰者和忠实实践者，牢记空谈误国、实干兴邦的道理，树立不负人民的家国情怀、追求崇高的思想境界、增强过硬的担当本领。源源不断把各方面先进分子特别是优秀青年吸收到党内来，教育引导青年党员永远以党的旗帜为旗帜、以党的方向为方向、以党的意志为意志，赓续党的红色血脉，弘扬党的优良传统，在斗争中经风雨、见世面、壮筋骨、长才干。源源不断培养造就爱国奉献、勇于创新的优秀人才，真心爱才、悉心育才、精心用才，把各方面优秀人才集聚到党和人民的伟大奋斗中来。①

7. 新时代取得历史性成就、发生历史性变革

中共十八大以来，中国特色社会主义进入新时代。以习近平同志为核心的党中央，统筹国内国际两个大局，贯彻党的基本理论、基本路线、基本方略，统揽伟大斗争、伟大工程、伟大事业、伟大梦想，坚持稳中求进工作总基调，出台一系列重大方针政策，推出一系列重大举措，推进一系列重大工作，战胜一系列重大风险挑战，解决了许多长期想解决而没有解决的难题，办成了许多过去想办而没有办成的大事，推动党和国家事业取得历史性成就、发生历史性变革。

在坚持党的全面领导上，党中央权威和集中统一领导得到有力保证，党的领导制度体系不断完善，党的领导方式更加科学，全党思想上更加统一、政治上更加团结、行动上更加一致，党的政治领导力、思想引领力、群众组织力、社会号召力显著增强。在全面从严治党上，经过坚决斗争，全面从严治党的政治引领和政治保障作用充分发挥，党的自我净化、自我完善、自我革新、自我提高能力显著增强，管党治党宽松软状况得到根本扭转，反腐败斗争取得压倒性胜利并全面巩固，消除了党、国家、军队内部存在的严重隐患，党在革命性锻造中更加坚强。

在经济建设上，中国经济发展平衡性、协调性、可持续性明显增强，国内生产总值突破百万亿元大关，人均国内生产总值超过一万美元，国家经济实力、科技实力、综合国力跃上新台阶，中国经济迈上更高质量、更有效率、更加公平、更可持续、更为安全的发展之路。在全面深化改革开放上，中国共产党不断推动全面深化改革向广度和深度进军，中国特色社会主义制度更加成熟更加定型，国家治理体系和治理能力现代化水平不断提高，党和国家事业焕发出新的生机活力。在政治建设上，中国社会主义民主政治制度化、规范化、程序化全面推进，中国特色社会主义政治制度优越性得到更好发挥，生动活泼、安定团结的政治局面得到巩固和发展。在全面依法治国上，中国特色社会主义法治体系不断健全，法治中国建设迈出坚实步伐，法治固根本、稳预期、利长

---

① 中共中央宣传部：《中国共产党的历史使命与行动价值》，人民出版社2021年版；《中共中央关于党的百年奋斗重大成就和历史经验的决议》，人民出版社2021年版，第74—75页。

远的保障作用进一步发挥，党运用法治方式领导和治理国家的能力显著增强。在文化建设上，中国意识形态领域形势发生全局性、根本性转变，全党全国各族人民文化自信明显增强，全社会凝聚力和向心力极大提升，为新时代开创党和国家事业新局面提供了坚强思想保证和强大精神力量。在社会建设上，中国社会建设全面加强，人民生活全方位改善，社会治理社会化、法治化、智能化、专业化水平大幅度提升，发展了人民安居乐业、社会安定有序的良好局面，续写了社会长期稳定奇迹。在生态文明建设上，党中央以前所未有的力度抓生态文明建设，全党全国推动绿色发展的自觉性和主动性显著增强，美丽中国建设迈出重大步伐，中国生态环境保护发生历史性、转折性、全局性变化。

在国防和军队建设上，在党的坚强领导下，人民军队实现整体性革命性重塑、重整行装再出发，国防实力和经济实力同步提升，一体化国家战略体系和能力加快构建，建立健全退役军人管理保障体制，国防动员更加高效，军政军民团结更加巩固。人民军队坚决履行新时代使命任务，以顽强斗争精神和实际行动捍卫了国家主权、安全、发展利益。在维护国家安全上，中国国家安全得到全面加强，经受住了来自政治、经济、意识形态、自然界等方面的风险挑战考验，为党和国家兴旺发达、长治久安提供了有力保证。在坚持"一国两制"和推进祖国统一上，一系列标本兼治的举措推动香港局势实现由乱到治的重大转折，为推进依法治港治澳、促进"一国两制"实践行稳致远打下了坚实基础。我们坚持一个中国原则和"九二共识"，坚决反对"台独"分裂行径，坚决反对外部势力干涉，牢牢把握两岸关系主导权和主动权。祖国完全统一的时和势始终在我们这一边。在外交工作上，经过持续努力，中国特色大国外交全面推进，构建人类命运共同体成为引领时代潮流和人类前进方向的鲜明旗帜，中国外交在世界大变局中开创新局、在世界乱局中化危为机，中国国际影响力、感召力、塑造力显著提升。

以习近平同志为核心的党中央领导全党全军全国各族人民砥砺前行，全面建成小康社会目标如期实现，党和国家事业取得历史性成就、发生历史性变革，彰显了中国特色社会主义的强大生机活力，党心军心民心空前凝聚振奋，为实现中华民族伟大复兴提供了更为完善的制度保证、更为坚实的物质基础、更为主动的精神力量。中国共产党和中国人民以英勇顽强的奋斗向世界庄严宣告，中华民族迎来了从站起来、富起来到强起来的伟大飞跃。[①]

[①] 《中共中央关于党的百年奋斗重大成就和历史经验的决议》，人民出版社2021年版，第27—62页。

8. 新时代在中华人民共和国发展史上、中华民族发展史上具有重大意义

中国特色社会主义进入新时代，在中华人民共和国发展史上、中华民族发展史上具有重大意义。这意味着，近代以来久经磨难的中华民族迎来了从站起来、富起来到强起来的伟大飞跃，迎来了实现中华民族伟大复兴的光明前景。

新时代是中华人民共和国发展史、中华民族发展史的重要组成部分。1840年鸦片战争以后，中国逐步成为半殖民地半封建社会，国家蒙辱、人民蒙难、文明蒙尘，中华民族遭受了前所未有的劫难。从那时起，实现中华民族伟大复兴，就成为中国人民和中华民族最伟大的梦想。① 为了实现中华民族伟大复兴，中国共产党团结带领中国人民，浴血奋战、百折不挠，创造了新民主主义革命的伟大成就，建立中华人民共和国，为实现中华民族伟大复兴创造了根本社会条件；自力更生、发愤图强，创造了社会主义革命和建设的伟大成就，为实现中华民族伟大复兴奠定了根本政治前提和制度基础；解放思想、锐意进取，创造了改革开放和社会主义现代化建设的伟大成就，为实现中华民族伟大复兴提供了充满新的活力的体制保证和快速发展的物质条件。中共十八大以来，以习近平同志为核心的党中央团结带领人民自信自强、守正创新，统揽伟大斗争、伟大工程、伟大事业、伟大梦想，创造了新时代中国特色社会主义的伟大成就。党和国家事业取得历史性成就、发生历史性变革，中国特色社会主义显示出强大生机活力，党心军心民心空前凝聚振奋，为实现中华民族伟大复兴提供了更为完善的制度保证、更为坚实的物质基础、更为主动的精神力量。中华民族迎来了从站起来、富起来到强起来的伟大飞跃，实现中华民族伟大复兴进入了不可逆转的历史进程！

新时代是中华人民共和国发展史、中华民族发展史划时代的新坐标。中国共产党带领人民经历了不同的发展时期，在不同的历史阶段确定了不同的历史任务。新民主主义革命时期，党面临的主要任务是，反对帝国主义、封建主义、官僚资本主义，争取民族独立、人民解放，为实现中华民族伟大复兴创造根本社会条件。社会主义革命和建设时期，党面临的主要任务是，实现从新民主主义到社会主义的转变，进行社会主义革命，推进社会主义建设，为实现中华民族伟大复兴奠定根本政治前提和制度基础。改革开放和社会主义现代化建设新时期，党面临的主要任务是，继续探索中国建设社会主义的正确道路，解放和发展社会生产力，使人民摆脱贫困、尽快富裕起来，为实现中华民族伟大复兴提供充满新的活力的体制保证和快速发展的物质条件。中共十八大以来，

---

① 习近平：《在庆祝中国共产党成立100周年大会上的讲话》，人民出版社2021年版，第2页。

中国特色社会主义进入新时代，这是我国发展新的历史方位。党面临的主要任务是，实现第一个百年奋斗目标，开启实现第二个百年奋斗目标新征程，朝着实现中华民族伟大复兴的宏伟目标继续前进。新时代既是改革开放和社会主义现代化建设新时期各项成就在量的积累上的结果，也是对改革开放和社会主义现代化建设新时期在质的方面的跃升。新时代与新时期紧密相联，它既是对新时期的继承和发展，同时又是一个新的历史发展阶段的开启。①

新时代是中华人民共和国发展史、中华民族发展史新的里程碑。新时代是承前启后、继往开来、在新的历史条件下继续夺取中国特色社会主义伟大胜利的时代，是决胜全面建成小康社会、进而全面建设社会主义现代化强国的时代，是全国各族人民团结奋斗、不断创造美好生活、逐步实现全体人民共同富裕的时代，是全体中华儿女勠力同心、奋力实现中华民族伟大复兴中国梦的时代，是我国不断为人类作出更大贡献的时代。② 习近平指出："建立中国共产党、成立中华人民共和国、推进改革开放和中国特色社会主义事业，是五四运动以来我国发生的三大历史性事件，是近代以来实现中华民族伟大复兴的三大里程碑。"③ 新时代全面建成社会主义现代化强国、实现中华民族伟大复兴的中国梦，也必将成为党史、新中国史上一个新的里程碑。

行百里者半九十，创造新时代的辉煌，铸就新时代的丰碑，绝不是轻轻松松、敲锣打鼓就能实现的，必须准备付出更为艰巨、更为艰苦的努力。新时代必须一以贯之坚持和发展中国特色社会主义，坚持以习近平新时代中国特色社会主义思想为指导，用这一思想作为全党全国各族人民实现中华民族伟大复兴的行动指南。新时代必须一以贯之推进党的建设新的伟大工程，必须坚持党对一切工作的领导，必须坚持全面从严治党，发扬党自我革命精神，勇于以党的伟大自我革命来推动党领导的伟大社会革命。新时代必须一以贯之增强忧患意识、防范化解风险挑战，必须准备进行具有许多新的历史特点的伟大斗争，特别要防控那些可能迟滞或中断中华民族伟大复兴进程的全局性风险。④

9. 新时代在世界社会主义发展史上、人类社会发展史上具有重大意义

中国特色社会主义进入新时代，在世界社会主义发展史上、人类社会发展史上具有重大意义。这意味着科学社会主义在二十一世纪的中国焕发出强大生机活力，在世界上高高举起了中国特色社会主义伟大旗帜。意味着中国特色社

---

① 曲青山：《新时代在党史、新中国史上的重要地位和意义》，《求是》2019年第19期。
② 《中共中央关于党的百年奋斗重大成就和历史经验的决议》，人民出版社2021年版，第23页。
③ 习近平：《在庆祝改革开放40周年大会上的讲话》，人民出版社2018年版，第4页。
④ 曲青山：《新时代在党史、新中国史上的重要地位和意义》，《求是》2019年第19期。

会主义道路、理论、制度、文化不断发展，拓展了发展中国家走向现代化的途径，给世界上那些既希望加快发展又希望保持自身独立性的国家和民族提供了全新选择，为解决人类问题贡献了中国智慧和中国方案。

新时代为发展二十一世纪马克思主义作出新贡献。中共十八大以来，以习近平同志为主要代表的中国共产党人，坚持把马克思主义基本原理同中国具体实际相结合、同中华优秀传统文化相结合，从理论和实践结合上系统回答了新时代坚持和发展什么样的中国特色社会主义、怎样坚持和发展中国特色社会主义，建设什么样的社会主义现代化强国、怎样建设社会主义现代化强国，建设什么样的长期执政的马克思主义政党、怎样建设长期执政的马克思主义政党等重大时代课题，创立了习近平新时代中国特色社会主义思想。这一思想是当代中国马克思主义、二十一世纪马克思主义，是中华文化和中国精神的时代精华，实现了马克思主义中国化新的飞跃。既集中体现了当代中国马克思主义的最新成果，也科学构建了二十一世纪马克思主义的最新理论形态。这一思想提出的一系列原创性的治国理政新理念新思想新战略，是二十一世纪马克思主义的崭新内容。这一思想在世界范围内产生广泛的感召力和影响力，得到普遍认同和高度赞誉，是二十一世纪马克思主义创新发展的旗帜和典范。[①]

新时代推动世界社会主义发展进入新阶段。经济文化比较落后的国家如何建设社会主义，是社会主义发展中的重大历史课题。中国特色社会主义进入新时代，中国特色社会主义迎来了从创立、发展到完善的伟大飞跃。这一历史课题正在得到成功破解。科学社会主义在中国的成功，对马克思主义、科学社会主义的意义，对世界社会主义的意义，是十分重大的。苏联解体、东欧剧变后，"社会主义失败论""历史终结论"一度甚嚣尘上。中国顶住巨大压力和挑战，成功坚持和发展了社会主义，取得举世瞩目的发展成就。中国特色社会主义进入新时代，以不可辩驳的事实彰显了科学社会主义的鲜活生命力。中国特色社会主义道路越走越宽广，使世界范围内两种意识形态、两种社会制度的历史演进及其较量，发生了有利于马克思主义、社会主义的深刻转变。中国特色社会主义进入新时代，对世界社会主义发展具有深远历史意义。[②]

新时代拓展人类走向现代化新道路。世界上没有普世的发展模式。西方国家走向现代化的成功经验是对人类发展的重要贡献，但据此认为这就是现代化的唯一道路则是错误的。西方国家的种种乱象，如贫富分化、债务危机、治理

---

① 姜辉：《中国特色社会主义进入新时代在人类社会发展史上的重大意义》，《人民日报》2019年9月27日。

② 姜辉：《中国特色社会主义进入新时代在人类社会发展史上的重大意义》，《人民日报》2019年9月27日。

失灵、民粹主义等,都说明西方现代化有很大弊端和历史局限性。一些照抄照搬西方模式的国家,有的陷入"中等收入陷阱"发展长期停滞,有的成为他国的依附而丧失自身独立性,还有的在"颜色革命"中陷入政治动荡、社会撕裂。中国特色社会主义进入新时代,意味着中国成功开辟了一条不同于西方的现代化道路。它依靠自身发展和艰苦奋斗实现现代化,不同于基于殖民掠夺的现代化;它坚持以人民为中心、以实现人民对美好生活的向往为目标,不同于那种少数国家和少数人获益的现代化;它推动经济社会全面发展、人与自然和谐共生,不同于单纯追求经济增长和短期利益的片面现代化;它追求世界和平发展,不同于追求霸权、"国强必霸"的现代化。总之,中国特色社会主义进入新时代,拓展了发展中国家走向现代化的途径,破除了一些人所谓的现代化只有一种模式的成见,给世界上那些既希望加快发展又希望保持自身独立性的国家和民族提供了全新选择。

新时代为解决人类面临的共同问题提供新方案。中国共产党是为中国人民谋幸福的政党,也是为人类进步事业而奋斗的政党,把为人类作出新的更大的贡献作为自己的使命。当前,世界多极化、经济全球化、文化多样化、社会信息化深入发展,全球治理体系和国际秩序变革加速推进。同时,世界面临的不稳定性不确定性突出,人类处在一个挑战层出不穷、风险日益增多的时代。世界经济增长乏力,发展鸿沟日益突出,冷战思维和强权政治阴魂不散,恐怖主义、网络安全、重大传染性疾病、气候变化等非传统安全威胁持续蔓延。在世界大发展大变革大调整的背景下,中国特色社会主义进入新时代,为解决世界经济、国际安全、全球治理等一系列重大问题提供了新方向、新方案、新选择。中国推动经济全球化朝着更加开放、包容、普惠、平衡、共赢的方向发展,积极参与全球治理体系改革和建设,倡导构建人类命运共同体和新型国际关系,推动各国以文明交流超越文明隔阂、文明互鉴超越文明冲突、文明共存超越文明优越。中国特色社会主义进入新时代,不仅使中华民族迎来了从站起来、富起来到强起来的伟大飞跃,也为世界和平发展作出重大贡献。[①]

10. 中国共产党第二十次全国代表大会

中国共产党第二十次全国代表大会于 2022 年 10 月 16 日至 22 日在北京召开,这次大会是在全党全国各族人民迈上全面建设社会主义现代化国家新征程、向第二个百年奋斗目标进军的关键时刻召开的一次十分重要的大会。习近平代表第十九届中央委员会向大会作了题为《高举中国特色社会主义伟大旗

[①] 姜辉:《中国特色社会主义进入新时代在人类社会发展史上的重大意义》,《人民日报》2019 年 9 月 27 日。

帜，为全面建设社会主义现代化国家而团结奋斗》的报告。

大会高举中国特色社会主义伟大旗帜，坚持马克思列宁主义、毛泽东思想、邓小平理论、"三个代表"重要思想、科学发展观，全面贯彻习近平新时代中国特色社会主义思想，分析了国际国内形势，提出了党的二十大主题，即高举中国特色社会主义伟大旗帜，全面贯彻新时代中国特色社会主义思想，弘扬伟大建党精神，自信自强、守正创新，踔厉奋发、勇毅前行，为全面建设社会主义现代化国家、全面推进中华民族伟大复兴而团结奋斗。大会认为，报告阐明的大会主题是大会的灵魂，是党和国家事业发展的总纲。全党要高举中国特色社会主义伟大旗帜，深刻领悟"两个确立"的决定性意义，坚决维护习近平同志党中央的核心、全党的核心地位，全面贯彻习近平新时代中国特色社会主义思想，弘扬伟大建党精神，自信自强、守正创新，踔厉奋发、勇毅前行，为全面建设社会主义现代化国家、全面推进中华民族伟大复兴而团结奋斗。

大会指出，我们党立志于中华民族千秋伟业，致力于人类和平与发展崇高事业，责任无比重大，使命无上光荣。全党同志务必不忘初心、牢记使命，务必谦虚谨慎、艰苦奋斗，务必敢于斗争、善于斗争，坚定历史自信，增强历史主动，谱写新时代中国特色社会主义更加绚丽的华章。

大会强调，党的十八大召开十年来，我们经历了对党和人民事业具有重大现实意义和深远历史意义的三件大事：一是迎来中国共产党成立一百周年，二是中国特色社会主义进入新时代，三是完成脱贫攻坚、全面建成小康社会的历史任务，实现第一个百年奋斗目标。这是中国共产党和中国人民团结奋斗赢得的历史性胜利，是彪炳中华民族发展史册的历史性胜利，也是对世界具有深远影响的历史性胜利。十年来，我们全面贯彻党的基本路线、基本方略，采取一系列战略性举措，推进一系列变革性实践，实现一系列突破性进展，取得一系列标志性成果，经受住了来自政治、经济、意识形态、自然界等方面的风险挑战考验，党和国家事业取得历史性成就、发生历史性变革，推动我国迈上全面建设社会主义现代化国家新征程。新时代十年的伟大变革，在党史、新中国史、改革开放史、社会主义发展史、中华民族发展史上具有里程碑意义。中国共产党在革命性锻造中更加坚强有力，中国人民焕发出更为强烈的历史自觉和主动精神，实现中华民族伟大复兴进入了不可逆转的历史进程，科学社会主义在二十一世纪的中国焕发出新的蓬勃生机。

大会强调，新时代十年的伟大变革，是在以习近平同志为核心的党中央坚强领导下、在习近平新时代中国特色社会主义思想指引下全党全国各族人民团结奋斗取得的。党确立习近平同志党中央的核心、全党的核心地位，确立习近平新时代中国特色社会主义思想的指导地位，反映了全党全军全国各族人民共同心愿，对新时代党和国家事业发展、对推进中华民族伟大复兴历史进程具有决定性意义。新时代新征程上把中国特色社会主义事业推向前进，最紧要的是深刻领悟"两个确立"的决定性意义，增强"四个意识"、坚定"四个自信"、做到"两个维护"，自觉在思想上政治上行动上同以习近平同志为核心的党中央保持高度一致。

大会强调，马克思主义是我们立党立国、兴党兴国的根本指导思想。实践告诉我们，中国共产党为什么能，中国特色社会主义为什么好，归根到底是马克思主义行，是中国化时代化的马克思主义行。党的十八大以来，我们党勇于进行理论探索和创新，以全新的视野深化对共产党执政规律、社会主义建设规律、人类社会发展规律的认识，取得重大理论创新成果，集中体现为习近平新时代中国特色社会主义思想。党的十九大、十九届六中全会提出的"十个明确""十四个坚持""十三个方面成就"概括了这一思想的主要内容，必须长期坚持并不断丰富发展。只有把马克思主义基本原理同中国具体实际相结合、同中华优秀传统文化相结合，坚持运用辩证唯物主义和历史唯物主义，才能正确回答时代和实践提出的重大问题，才能始终保持马克思主义的蓬勃生机和旺盛活力。继续推进实践基础上的理论创新，首先要把握好习近平新时代中国特色社会主义思想的世界观和方法论，坚持好、运用好贯穿其中的立场观点方法，坚持人民至上，坚持自信自立，坚持守正创新，坚持问题导向，坚持系统观念，坚持胸怀天下，开辟马克思主义中国化时代化新境界。

大会提出，从现在起，中国共产党的中心任务就是团结带领全国各族人民全面建成社会主义现代化强国、实现第二个百年奋斗目标，以中国式现代化全面推进中华民族伟大复兴。

大会指出，在新中国成立特别是改革开放以来长期探索和实践基础上，经过党的十八大以来在理论和实践上的创新突破，我们党成功推进和拓展了中国式现代化。中国式现代化，是中国共产党领导的社会主义现代化，既有各国现代化的共同特征，更有基于自己国情的中国特色。中国式现代化是人口规模巨大的现代化、全体人民共同富裕的现代化、物质文明和精神文明相协调的现代化、人与自然和谐共生的现代化、走和平发展道路的现代化。中国式现代化的本质要求是：坚持中国共产党领导，坚持中国特色社会主义，实现高质量发展，发展全过程人民民主，丰富人民精神世界，实现全体人民共同富裕，促进人与自然和谐共生，推动构建人类命运共同体，创造人类文明新形态。

大会指出，全面建成社会主义现代化强国，总的战略安排是分两步走：从二〇二〇年到二〇三五年基本实现社会主义现代化；从二〇三五年到本世纪中叶把我国建成富强民主文明和谐美丽的社会主义现代化强国。未来五年是全面建设社会主义现代化国家开局起步的关键时期，主要目标任务是：经济高质量发展取得新突破，科技自立自强能力显著提升，构建新发展格局和建设现代化经济体系取得重大进展；改革开放迈出新步伐，国家治理体系和治理能力现代化深入推进，社会主义市场经济体制更加完善，更高水平开放型经济新体制基本形成；全过程人民民主制度化、规范化、程序化水平进一步提高，中国特色社会主义法治体系更加完善；人民精神文化生活更加丰富，中华民族凝聚力和中华文化影响力不断增强；居民收入增长和经济增长基本同步，劳动报酬提高与劳动生产率提高基本同步，基本公共服务均等化水平明显提升，多层次社会保障体系更加健全；城乡人居环境明显改善，美丽中国建设成效显著；国家安全更为巩固，建军一百年奋斗目标如期实现，平安中国建设扎实推进；中国国际地位和影响进一步提高，在全球治理中发挥更大作用。

大会强调，全面建设社会主义现代化国家，是一项伟大而艰巨的事业，前途光明，任重道远。前进道路上，必须牢牢把握以下重大原则：坚持和加强党的全面领导，坚持中国特色社会主义道路，坚持以人民为中心的发展思想，坚持深化改革开放，坚持发扬斗争精神。全党必须坚定信心、锐意进取，主动识变应变求变，主动防范化解风险，不断夺取全面建设社会主义现代化国家新胜利。[1]

大会审议并一致通过十九届中央委员会提出的《中国共产党章程（修正案）》，决定这一修正案自通过之日起生效。大会认为，总结吸收党的十九大以来党的工作和党的建设的成功经验，并同总纲部分修改相衔接，对党章部分条文作适当修改很有必要。学习党的历史，增强"四个意识"、坚定"四个自信"、做到"两个维护"，是广大党员应尽的义务；加强医院党的建设，明确街道、乡、镇和村、社区党组织的地位和作用，完善国有企业党委（党组）加强党组织自身建设的职责任务，是发挥基层党组织战斗堡垒作用的现实需要；推进党史学习教育常态化制度化，要求党的各级领导干部反对特权思想和特权现象，完善党的纪律相关内容，明确派驻纪律检查组的范围，充实纪委的主要任务，调整充实党组的职责定位，等等，是党的十九大以来党的工作和党的建设成果的重要体现。把这些内容写入党章，有利于坚持和加强党中央集中统一领导、坚持不懈用习近平新时代中国特色社会主义思想凝心铸魂，有利于增强党组织政治功能和组织功能、坚持以严的基调强化正风肃纪、坚定不移推进全面从严治党。[2]

---

[1] 《中国共产党第二十次全国代表大会关于十九届中央委员会报告的决议》，《人民日报》2022年10月23日。

[2] 《中国共产党第二十次全国代表大会关于〈中国共产党章程（修正案）〉的决议》，《人民日报》2022年10月23日。

大会选举产生第二十届中央委员会和中央纪律检查委员会。中共二十届一中全会选举习近平、李强、赵乐际、王沪宁、蔡奇、丁薛祥、李希为中央政治局常委，选举习近平为中央委员会总书记，决定习近平为中央军委主席；批准李希为中央纪委书记。

（二）习近平新时代中国特色社会主义思想

11. 习近平新时代中国特色社会主义思想的主要创立者

习近平总书记是习近平新时代中国特色社会主义思想的主要创立者。

中共十八大以来，以习近平同志为主要代表的中国共产党人，坚持把马克思主义基本原理同中国具体实际相结合、同中华优秀传统文化相结合，坚持毛泽东思想、邓小平理论、"三个代表"重要思想、科学发展观，深刻总结并充分运用党成立以来的历史经验，从新的实际出发，创立了习近平新时代中国特色社会主义思想。

习近平对关系新时代党和国家事业发展的一系列重大理论和实践问题进行了深邃思考和科学判断，就新时代坚持和发展什么样的中国特色社会主义、怎样坚持和发展中国特色社会主义，建设什么样的社会主义现代化强国、怎样建设社会主义现代化强国，建设什么样的长期执政的马克思主义政党、怎样建设长期执政的马克思主义政党等重大时代课题，提出一系列原创性的治国理政新理念新思想新战略，为习近平新时代中国特色社会主义思想的创立发挥了决定性作用、作出了决定性贡献。[①]

习近平新时代中国特色社会主义思想坚持马克思主义立场观点方法，坚持科学社会主义基本原则，科学总结世界社会主义运动经验教训，根据时代和实践发展变化，以崭新的思想内容丰富和发展了马克思主义，形成了系统科学的理论体系。这一思想贯通马克思主义哲学、政治经济学、科学社会主义，贯通历史、现实和未来，贯通改革发展稳定、内政外交国防、治党治国治军等各领域，既坚持了老祖宗，又讲了很多新话，使中国共产党对共产党执政规律、社会主义建设规律、人类社会发展规律的认识达到了新高度，为发展马克思主义作出了原创性贡献。习近平新时代中国特色社会主义思想涵盖新时代坚持和发展中国特色社会主义的总目标、总任务、总体布局、战略布局和发展方向、发展方式、发展动力、战略步骤、外部条件、政治保证等基本问题，并根据新的

[①] 本书编写组：《社会主义发展简史》，人民出版社、学习出版社2021年版，第251页。

实践对经济、政治、法治、科技、文化、教育、民生、民族、宗教、社会、生态文明、国家安全、国防和军队、"一国两制"和祖国统一、统一战线、外交、党的建设等各方面作出新的理论概括和战略指引。[①]

2017年10月，中共十九大把习近平新时代中国特色社会主义思想写进党章，确立为党必须长期坚持的指导思想；2018年3月，第十三届全国人民代表大会第一次会议把习近平新时代中国特色社会主义思想载入宪法，实现了国家指导思想的与时俱进，反映了全党全国各族人民的共同意志。

习近平新时代中国特色社会主义思想是当代中国马克思主义、二十一世纪马克思主义，是中华文化和中国精神的时代精华，实现了马克思主义中国化新的飞跃。党确立习近平同志党中央的核心、全党的核心地位，确立习近平新时代中国特色社会主义思想的指导地位，反映了全党全军全国各族人民的共同心愿，对新时代党和国家事业发展、对推进中华民族伟大复兴历史进程具有决定性意义。

12．"两个结合"

中国共产党人深刻认识到，只有把马克思主义基本原理同中国具体实际相结合、同中华优秀传统文化相结合，坚持运用辩证唯物主义和历史唯物主义，才能正确回答时代和实践提出的重大问题，才能始终保持马克思主义的蓬勃生机和旺盛活力。

（1）坚持和发展马克思主义，必须同中国具体实际相结合

马克思主义科学揭示了人类社会发展规律，指明了人类寻求自身解放的道路，推进了人类文明进程，是我们认识世界、改造世界的强大思想武器。但是，正如恩格斯所深刻指出的那样："马克思的整个世界观不是教义，而是方法。它提供的不是现成的教条，而是进一步研究的出发点和供这种研究使用的方法。"马克思主义的生命力、活力、魅力在于创新，在于同各个国家、各个民族的具体实际和时代特征相结合。离开本国、本民族实际和时代发展来谈马克思主义没有意义，僵化地拘泥于马克思主义经典作家的个别结论没有出路。马克思主义是我们行动的指南。我们坚持以马克思主义为指导，是要运用其科学的世界观和方法论解决中国的问题，而不是要背诵和重复其具体结论和词句，更不能把马克思主义当成一成不变的教条。

我们党是一个高度重视理论指导、勇于进行理论创新的马克思主义政党。党在领导革命、建设、改革的长期实践中，始终坚持把马克思主义基本原理同

---

① 本书编写组：《中华人民共和国简史》，人民出版社、当代中国出版社2021年版，第407—408页。

中国具体实际相结合。这个结合的过程，既是党艰苦探索的过程，也是党领导人民勇于实践的过程。在这个过程中，我们党有经验，也有教训。党在幼年时期，在对待马克思主义的态度上，曾出现过两种错误倾向：一种倾向是理论脱离实际，以教条主义态度对待马克思主义，不从中国实际出发，一切照抄本本，照搬教条；另一种倾向是轻视马克思主义理论，以经验主义态度对待马克思主义，不重视理论指导，满足于自己的狭隘经验。这两种错误倾向都曾给党的事业造成损失。

党在推进理论创新的历史进程中，坚持解放思想和实事求是相统一、培元固本和守正创新相统一，不断开辟马克思主义中国化时代化新境界，先后创立和形成了毛泽东思想、邓小平理论、"三个代表"重要思想、科学发展观、习近平新时代中国特色社会主义思想，为党和人民事业发展提供了科学理论指导。我们党的历史，就是一部不断推进马克思主义中国化时代化的历史，就是一部不断推进理论创新、进行理论创造的历史。

当今世界正经历百年未有之大变局，中华民族伟大复兴正处在关键时期。面对快速变化的世界和中国，如果墨守成规、思想僵化，没有理论创新的勇气，不能科学回答中国之问、世界之问、人民之问、时代之问，不仅党和国家事业无法继续前进，马克思主义也会失去生命力、说服力。我们必须坚持运用辩证唯物主义和历史唯物主义，坚持解放思想、实事求是、与时俱进、求真务实，准确把握时代大势，勇于站在人类发展前沿，聆听人民心声，回应现实需要，把坚持马克思主义和发展马克思主义统一起来，坚持用马克思主义之"矢"去射新时代中国之"的"，一切从实际出发，着眼解决新时代改革开放和社会主义现代化建设的实际问题，作出符合中国实际和时代要求的正确回答，得出符合客观规律的科学认识，形成与时俱进的理论成果，更好指导中国实践。[①]

（2）坚持和发展马克思主义，必须同中华优秀传统文化相结合

中华民族是世界上古老而伟大的民族，创造了绵延5000多年的灿烂文明，为人类文明进步作出了不可磨灭的贡献。中华优秀传统文化源远流长、博大精深，是中华文明的智慧结晶，其中蕴含的天下为公、民为邦本、为政以德、革故鼎新、任人唯贤、天人合一、自强不息、厚德载物、讲信修睦、亲仁善邻等，是中国人民在长期生产生活中积累的宇宙观、天下观、社会观、道德观的重要体现，同科学社会主义价值观主张具有高度契合性。中华优秀传统文化是中华民族的根和魂，是中国特色社会主义植根的文化沃土。

---

① 《党的二十大报告辅导读本》，人民出版社2022年版，第206—207页。

马克思主义是世界的，也是中国的。只有植根本国、本民族历史文化沃土，马克思主义真理之树才能根深叶茂。马克思主义来到中国，为中国人民所接受，深刻地改变了中国。同时，中国共产党和中国人民在自己的伟大创新实践中又丰富和发展了马克思主义，马克思主义在中国呈现出更多的中国特色、中国风格、中国气派。在中国近现代历史上之所以会出现如此壮丽的文化景观和气象，是因为我们党把马克思主义基本原理同中华优秀传统文化相结合，马克思主义激活了中华优秀传统文化的生命力，中华优秀传统文化为马克思主义在中国的生根发芽、开花结果提供了文化沃土。两者相辅相成、相得益彰。历史表明，中国共产党人是马克思主义的坚定信仰者和实践者，也是中华优秀传统文化的忠实传承者和弘扬者。

我们必须坚定历史自信、文化自信，坚持古为今用、推陈出新，深刻汲取博大精深的中华优秀传统文化所蕴含的丰富哲学思想、人文精神、价值观念、道德规范，推动中华优秀传统文化创造性转化、创新性发展，把马克思主义思想精髓同中华优秀传统文化精华贯通起来、同人民群众日用而不觉的共同价值观念融通起来，激发全民族文化创新创造活力，不断赋予科学理论鲜明的中国特色，不断夯实马克思主义中国化时代化的历史基础和群众基础，让马克思主义在中国牢牢扎根，让中华文明展现出更加璀璨的时代风采。[1]

13. 回答重大时代课题

时代课题是理论创新的驱动力。只有抓住并回答、解决时代课题的理论，才能立时代潮头、领风气之先。习近平新时代中国特色社会主义思想深入把握时代方位，科学回答重大时代课题，指引党和国家事业取得历史性成就、发生历史性变革。[2]

中共十八大以来，中国特色社会主义进入新时代。我们党面临的主要任务是，实现第一个百年奋斗目标，开启实现第二个百年奋斗目标新征程，朝着实现中华民族伟大复兴的宏伟目标继续前进。新时代，党和国家事业站在了新的历史起点上。在改革开放以来取得的重大成就基础上，我们具备继续发展的坚实基础和有利条件，同时面临的改革发展稳定任务之重、矛盾风险挑战之多、治国理政考验之大都前所未有，世界百年未有之大变局深刻变化前所未有，这给我们提出了大量亟待回答的理论和实践课题。习近平在中共十九大报告中指出：十八大以来，国内外形势变化和我国各项事业发展都给我们提出了一个重大时代课题，这就是必须从理论和实践结合上系统回答新时代坚持和发展什么

---

[1] 《党的二十大报告辅导读本》，人民出版社2022年版，第207—208页。
[2] 姜辉：《马克思主义中国化新的飞跃》，《人民日报》2022年3月24日。

样的中国特色社会主义、怎样坚持和发展中国特色社会主义。围绕这个重大时代课题，我们党坚持以马克思列宁主义、毛泽东思想、邓小平理论、"三个代表"重要思想、科学发展观为指导，坚持解放思想、实事求是、与时俱进、求真务实，坚持辩证唯物主义和历史唯物主义，紧密结合新的时代条件和实践要求，以全新的视野深化对共产党执政规律、社会主义建设规律、人类社会发展规律的认识，进行艰辛理论探索，取得重大理论创新成果，形成了新时代中国特色社会主义思想。① 中共十九届六中全会通过的《中共中央关于党的百年奋斗重大成就和历史经验的决议》对"时代重大问题"进行了丰富和发展，提出了三大时代课题。《决议》指出："习近平同志对关系新时代党和国家事业发展的一系列重大理论和实践问题进行了深邃思考和科学判断，就新时代坚持和发展什么样的中国特色社会主义、怎样坚持和发展中国特色社会主义，建设什么样的社会主义现代化强国、怎样建设社会主义现代化强国，建设什么样的长期执政的马克思主义政党、怎样建设长期执政的马克思主义政党等重大时代课题，提出一系列原创性的治国理政新理念新思想新战略。"②

习近平强调："要立足时代特点，推进马克思主义时代化，更好运用马克思主义观察时代、解读时代、引领时代，真正搞懂面临的时代课题，深刻把握世界历史的脉络和走向。"③ 正是通过对时代课题的科学回答，习近平新时代中国特色社会主义思想实现了对中国特色社会主义建设规律认识的新跃升，进一步擘画了中国式现代化道路的新图景，开辟了管党治党、兴党强党的新境界，以全新视野深化了对共产党执政规律、社会主义建设规律、人类社会发展规律的认识，实现了马克思主义中国化新的飞跃。④

14. 习近平新时代中国特色社会主义思想的精神实质和丰富内涵

以习近平同志为主要代表的中国共产党人，坚持把马克思主义基本原理同中国具体实际相结合、同中华优秀传统文化相结合，坚持毛泽东思想、邓小平理论、"三个代表"重要思想、科学发展观，深刻总结并充分运用党成立以来的历史经验，从新的实际出发，创立了习近平新时代中国特色社会主义思想。这一思想的精神实质和丰富内涵，集中体现为"十个明确""十四个坚持""十三个方面成就"。

"十个明确"，即习近平新时代中国特色社会主义思想明确中国特色社会主

---

① 习近平：《决胜全面建成小康社会，夺取新时代中国特色社会主义伟大胜利——在中国共产党第十九次全国代表大会上的报告》，人民出版社2017年版，第18—19页。
② 《中共中央关于党的百年奋斗重大成就和历史经验的决议》，人民出版社2021年版，第26页。
③ 《习近平谈治国理政》第二卷，外文出版社2017年版，第66页。
④ 姜辉：《马克思主义中国化新的飞跃》，《人民日报》2022年3月24日。

义最本质的特征是中国共产党领导,中国特色社会主义制度的最大优势是中国共产党领导,中国共产党是最高政治领导力量,全党必须增强"四个意识"、坚定"四个自信"、做到"两个维护";明确坚持和发展中国特色社会主义,总任务是实现社会主义现代化和中华民族伟大复兴,在全面建成小康社会的基础上,分两步走在本世纪中叶建成富强民主文明和谐美丽的社会主义现代化强国,以中国式现代化推进中华民族伟大复兴;明确新时代我国社会主要矛盾是人民日益增长的美好生活需要和不平衡不充分的发展之间的矛盾,必须坚持以人民为中心的发展思想,发展全过程人民民主,推动人的全面发展、全体人民共同富裕取得更为明显的实质性进展;明确中国特色社会主义事业总体布局是经济建设、政治建设、文化建设、社会建设、生态文明建设五位一体,战略布局是全面建设社会主义现代化国家、全面深化改革、全面依法治国、全面从严治党四个全面;明确全面深化改革总目标是完善和发展中国特色社会主义制度、推进国家治理体系和治理能力现代化;明确全面推进依法治国总目标是建设中国特色社会主义法治体系、建设社会主义法治国家;明确必须坚持和完善社会主义基本经济制度,使市场在资源配置中起决定性作用,更好发挥政府作用,把握新发展阶段,贯彻创新、协调、绿色、开放、共享的新发展理念,加快构建以国内大循环为主体、国内国际双循环相互促进的新发展格局,推动高质量发展,统筹发展和安全;明确党在新时代的强军目标是建设一支听党指挥、能打胜仗、作风优良的人民军队,把人民军队建设成为世界一流军队;明确中国特色大国外交要服务民族复兴、促进人类进步,推动建设新型国际关系,推动构建人类命运共同体;明确全面从严治党的战略方针,提出新时代党的建设总要求,全面推进党的政治建设、思想建设、组织建设、作风建设、纪律建设,把制度建设贯穿其中,深入推进反腐败斗争,落实管党治党政治责任,以伟大自我革命引领伟大社会革命。这些战略思想和创新理念,是党对中国特色社会主义建设规律认识深化和理论创新的重大成果。[①]

"十四个坚持"即新时代坚持和发展中国特色社会主义的基本方略,包括:坚持党对一切工作的领导,坚持以人民为中心,坚持全面深化改革,坚持新发展理念,坚持人民当家作主,坚持全面依法治国,坚持社会主义核心价值体系,坚持在发展中保障和改善民生,坚持人与自然和谐共生,坚持总体国家安全观,坚持党对人民军队的绝对领导,坚持"一国两制"和推进祖国统一,坚持推动构建人类命运共同体,坚持全面从严治党。"十四个坚持"的基本方略,涵盖坚持党的领导和"五位一体"总体布局、"四个全面"战略布局,涵盖国

[①]《中共中央关于党的百年奋斗重大成就和历史经验的决议》,人民出版社2021年版,第23—25页。

防和军队建设、维护国家安全、对外战略,是对党的治国理政重大方针、原则的最新概括,是实现"两个一百年"奋斗目标、实现中华民族伟大复兴中国梦的"路线图"和"方法论"。[①]

"十三个方面成就"即中共十八大以来,党和国家事业取得的历史性成就、发生的历史性变革。在坚持党的全面领导上,党中央权威和集中统一领导得到有力保证,党的领导制度体系不断完善,党的领导方式更加科学,全党思想上更加统一、政治上更加团结、行动上更加一致,党的政治领导力、思想引领力、群众组织力、社会号召力显著增强。在全面从严治党上,经过坚决斗争,全面从严治党的政治引领和政治保障作用充分发挥,党的自我净化、自我完善、自我革新、自我提高能力显著增强,管党治党宽松软状况得到根本扭转,反腐败斗争取得压倒性胜利并全面巩固,消除了党、国家、军队内部存在的严重隐患,党在革命性锻造中更加坚强。在经济建设上,中国经济发展平衡性、协调性、可持续性明显增强,国内生产总值突破百万亿元大关,人均国内生产总值超过一万美元,国家经济实力、科技实力、综合国力跃上新台阶,中国经济迈上更高质量、更有效率、更加公平、更可持续、更为安全的发展之路。在全面深化改革开放上,党不断推动全面深化改革向广度和深度进军,中国特色社会主义制度更加成熟更加定型,国家治理体系和治理能力现代化水平不断提高,党和国家事业焕发出新的生机活力。在政治建设上,中国社会主义民主政治制度化、规范化、程序化全面推进,中国特色社会主义政治制度优越性得到更好发挥,生动活泼、安定团结的政治局面得到巩固和发展。在全面依法治国上,中国特色社会主义法治体系不断健全,法治中国建设迈出坚实步伐,法治固根本、稳预期、利长远的保障作用进一步发挥,党运用法治方式领导和治理国家的能力显著增强。在文化建设上,中国意识形态领域形势发生全局性、根本性转变,全党全国各族人民文化自信明显增强,全社会凝聚力和向心力极大提升,为新时代开创党和国家事业新局面提供了坚强思想保证和强大精神力量。在社会建设上,中国社会建设全面加强,人民生活全方位改善,社会治理社会化、法治化、智能化、专业化水平大幅度提升,发展了人民安居乐业、社会安定有序的良好局面,续写了社会长期稳定奇迹。在生态文明建设上,党中央以前所未有的力度抓生态文明建设,全党全国推动绿色发展的自觉性和主动性显著增强,美丽中国建设迈出重大步伐,中国生态环境保护发生历史性、转折性、全局性变化。在国防和军队建设上,在党的坚强领导下,人民军队实现整体性革命性重塑、重整行装再出发,国防实力和经济实力同步提升,一体化

---

① 中共中央宣传部:《习近平新时代中国特色社会主义思想学习问答》,学习出版社、人民出版社2021年版,第15页。

国家战略体系和能力加快构建，建立健全退役军人管理保障体制，国防动员更加高效，军政军民团结更加巩固。人民军队坚决履行新时代使命任务，以顽强斗争精神和实际行动捍卫了国家主权、安全、发展利益。在维护国家安全上，国家安全得到全面加强，经受住了来自政治、经济、意识形态、自然界等方面的风险挑战考验，为党和国家兴旺发达、长治久安提供了有力保证。在坚持"一国两制"和推进祖国统一上，我们全面准确、坚定不移贯彻"一国两制"方针，坚持和完善"一国两制"制度体系，坚持依法治港治澳，维护宪法和基本法确定的特别行政区宪制秩序，落实中央对特别行政区全面管治权，坚定落实"爱国者治港""爱国者治澳"，为推进依法治港治澳、促进"一国两制"实践行稳致远打下了坚实基础。我们坚持一个中国原则和"九二共识"，坚决反对"台独"分裂行径，坚决反对外部势力干涉，牢牢把握两岸关系主导权和主动权。祖国完全统一的时和势始终在我们这一边。在外交工作上，经过持续努力，中国特色大国外交全面推进，构建人类命运共同体成为引领时代潮流和人类前进方向的鲜明旗帜，我国外交在世界大变局中开创新局、在世界乱局中化危为机，我国国际影响力、感召力、塑造力显著提升。"十三个方面成就"彰显了中国特色社会主义的强大生机活力，党心军心民心空前凝聚振奋，为实现中华民族伟大复兴提供了更为完善的制度保证、更为坚实的物质基础、更为主动的精神力量。中国共产党和中国人民以英勇顽强的奋斗向世界庄严宣告，中华民族迎来了从站起来、富起来到强起来的伟大飞跃。

15．"六个必须坚持"

实践没有止境，理论创新也没有止境。不断谱写马克思主义中国化时代化新篇章，是当代中国共产党人的庄严历史责任。继续推进实践基础上的理论创新，首先要把握好习近平新时代中国特色社会主义思想的世界观和方法论，坚持好、运用好贯穿其中的立场观点方法。

必须坚持人民至上。人民性是马克思主义的本质属性，党的理论是来自人民、为了人民、造福人民的理论，人民的创造性实践是理论创新的不竭源泉。一切脱离人民的理论都是苍白无力的，一切不为人民造福的理论都是没有生命力的。我们要站稳人民立场、把握人民愿望、尊重人民创造、集中人民智慧，形成为人民所喜爱、所认同、所拥有的理论，使之成为指导人民认识世界和改造世界的强大思想武器。

必须坚持自信自立。中国人民和中华民族从近代以后的深重苦难走向伟大复兴的光明前景，从来就没有教科书，更没有现成答案。党的百年奋斗成功道路是党领导人民独立自主探索开辟出来的，马克思主义的中国篇章是中国共产党人依靠自身力量实践出来的,贯穿其中的一个基本点就是中国的问题必须从中国基本国情出发,由中国人自己来解答。我们要坚持对马克思主义的坚定信仰、对中国特色社会主义的坚定信念,坚定道路自信、理论自信、制度自信、文化自信,以更加积极的历史担当和创造精神为发展马克思主义作出新的贡献,既不能刻舟求剑、封闭僵化,也不能照抄照搬、食洋不化。

必须坚持守正创新。我们从事的是前无古人的伟大事业,守正才能不迷失方向、不犯颠覆性错误,创新才能把握时代、引领时代。我们要以科学的态度对待科学、以真理的精神追求真理,坚持马克思主义基本原理不动摇,坚持党的全面领导不动摇,坚持中国特色社会主义不动摇,紧跟时代步伐,顺应实践发展,以满腔热忱对待一切新生事物,不断拓展认识的广度和深度,敢于说前人没有说过的新话,敢于干前人没有干过的事情,以新的理论指导新的实践。

必须坚持问题导向。问题是时代的声音,回答并指导解决问题是理论的根本任务。今天我们所面临问题的复杂程度、解决问题的艰巨程度明显加大,给理论创新提出了全新要求。我们要增强问题意识,聚焦实践遇到的新问题、改革发展稳定存在的深层次问题、人民群众急难愁盼问题、国际变局中的重大问题、党的建设面临的突出问题,不断提出真正解决问题的新理念新思路新办法。

必须坚持系统观念。万事万物是相互联系、相互依存的。只有用普遍联系的、全面系统的、发展变化的观点观察事物,才能把握事物发展规律。我国是一个发展中大国,仍处于社会主义初级阶段,正在经历广泛而深刻的社会变革,推进改革发展、调整利益关系往往牵一发而动全身。我们要善于通过历史看现实、透过现象看本质,把握好全局和局部、当前和长远、宏观和微观、主要矛盾和次要矛盾、特殊和一般的关系,不断提高战略思维、历史思维、辩证思维、系统思维、创新思维、法治思维、底线思维能力,为前瞻性思考、全局性谋划、整体性推进党和国家各项事业提供科学思想方法。

必须坚持胸怀天下。中国共产党是为中国人民谋幸福、为中华民族谋复兴的党,也是为人类谋进步、为世界谋大同的党。我们要拓展世界眼光,深刻洞察人类发展进步潮流,积极回应各国人民普遍关切,为解决人类面临的共同问题作出贡献,以海纳百川的宽阔胸襟借鉴吸收人类一切优秀文明成果,推动建设更加美好的世界。[1]

---

[1] 习近平:《高举中国特色社会主义伟大旗帜,为全面建设社会主义现代化国家而团结奋斗——在中国共产党第二十次全国代表大会上的报告》,人民出版社2022年版,第18—20页。

16. 当代中国马克思主义、二十一世纪马克思主义

习近平新时代中国特色社会主义思想是当代中国马克思主义、二十一世纪马克思主义，在马克思主义发展史上具有重要地位。

在领导中国革命、建设、改革的长期实践中，中国共产党不断推进马克思主义中国化实现飞跃。时代是思想之母，实践是理论之源。马克思主义必定随着时代、实践和科学的发展而不断发展。经过长期努力，中国特色社会主义进入新时代，中华民族伟大复兴进入关键时期。中国正经历着最为广泛而深刻的社会变革，也正进行着人类历史上最为宏大而独特的实践创新。习近平深刻指出："当代中国的伟大社会变革，不是简单延续我国历史文化的母版，不是简单套用马克思主义经典作家设想的模板，不是其他国家社会主义实践的再版，也不是国外现代化发展的翻版。社会主义并没有定于一尊、一成不变的套路，只有把科学社会主义基本原则同本国具体实际、历史文化传统、时代要求紧密结合起来，在实践中不断探索总结，才能把蓝图变为美好现实。"[1]

以习近平同志为主要代表的中国共产党人，统筹把握中华民族伟大复兴战略全局和世界百年未有之大变局，坚持把马克思主义基本原理同中国具体实际相结合、同中华优秀传统文化相结合，坚持毛泽东思想、邓小平理论、"三个代表"重要思想、科学发展观，深刻总结并充分运用党成立以来的历史经验，从新的实际出发，创立了习近平新时代中国特色社会主义思想。习近平鲜明提出，"坚持把马克思主义基本原理同中国具体实际相结合、同中华优秀传统文化相结合"，深刻揭示了马克思主义的理论特质，深刻阐明了马克思主义在中国创新发展的内在机理，从广度和深度上大大深化了我们对马克思主义中国化的规律性认识。[2] 习近平新时代中国特色社会主义思想是具有开放性品格的科学理论体系，必将在同中国具体实际、中华优秀传统文化的结合中持续深化对共产党执政规律、社会主义建设规律、人类社会发展规律的认识，不断开辟当代中国马克思主义、二十一世纪马克思主义的新境界。[3]

习近平新时代中国特色社会主义思想作为当代中国马克思主义、二十一世纪马克思主义，让马克思主义这一伟大学说大放异彩，以原创性理论贡献、严密性科学体系、标志性思想观点、引领性行动价值，实现了马克思主义中国化新的飞跃，标注了中国共产党理论创新的新高度。

---

[1] 《十九大以来重要文献选编》（上），中央文献出版社2019年版，第434页。
[2] 黄坤明：《习近平新时代中国特色社会主义思想实现了马克思主义中国化新的飞跃》，《人民日报》2021年11月22日。
[3] 《〈中共中央关于党的百年奋斗重大成就和历史经验的决议〉辅导读本》，人民出版社2021年版，第409页。

17. 中华文化和中国精神的时代精华

习近平新时代中国特色社会主义思想是当代中国马克思主义、二十一世纪马克思主义，是中华文化和中国精神的时代精华，实现了马克思主义中国化新的飞跃。这一重大论断，科学阐明了习近平新时代中国特色社会主义思想在马克思主义发展史、中华文明发展史上的原创贡献与重大意义。

中华优秀传统文化是中华文明的智慧结晶和精华所在，是中华民族的根和魂，是我们在世界文化激荡中站稳脚跟的根基。中国共产党创造性运用马克思主义真理力量激活中华优秀传统文化，让中华文化焕发新的生机活力。中共十八大以来，以习近平同志为核心的党中央坚持把马克思主义基本原理同中国具体实际相结合、同中华优秀传统文化相结合，推动中华优秀传统文化创造性转化、创新性发展。习近平新时代中国特色社会主义思想植根于中华文化沃土，深刻汲取中华优秀传统文化蕴含的丰富哲学思想、人文精神、价值理念、道德规范，自觉传承革命文化和社会主义先进文化所展现的我们党的理想和追求、情怀和担当、牺牲和奉献，把马克思主义的思想精髓与中华优秀传统文化的精神特质融会贯通起来，赋予中华优秀传统文化新的时代内涵。

实现中国梦必须弘扬中国精神。中国精神是凝心聚力的兴国之魂、强国之魂。新时代，以习近平同志为核心的党中央大力弘扬以爱国主义为核心的民族精神和以改革创新为核心的时代精神，深刻阐发了以伟大建党精神为源头的中国共产党人的精神谱系，以及中国人民的伟大创造精神、伟大奋斗精神、伟大团结精神、伟大梦想精神。党团结带领人民创造了新时代中国特色社会主义的伟大成就，铸就了脱贫攻坚精神、伟大抗疫精神、新时代北斗精神、北京冬奥精神等，用中国特色社会主义新时代的"活水"赓续伟大建党精神的"源头"。习近平新时代中国特色社会主义思想是中国精神、中国价值、中国力量在新时代的凝练升华，是奋进全面建设社会主义现代化国家新征程的动力源泉。

中共十八大以来，习近平对事关新时代党和国家事业发展的一系列重大理论和实践问题进行了深邃思考和科学判断，就新时代坚持和发展什么样的中国特色社会主义、怎样坚持和发展中国特色社会主义，建设什么样的社会主义现代化强国、怎样建设社会主义现代化强国，建设什么样的长期执政的马克思主义政党、怎样建设长期执政的马克思主义政党等重大时代课题，提出一系列原创性的治国理政新理念新思想新战略。习近平新时代中国特色社会主义思想，把中华优秀传统文化和中华民族共同精神追求熔铸于当代中国发展的伟大实践，让中华文化血脉赓续于新时代，使中国精神之花绽放于新征程，凝聚成中华文化与中国精神的时代精华，推动中国特色社会主义与中华文明在制度文化、精神理念层面深度融合，使马克思主义焕发出中华文化和中国精神的时代光彩。①

18. 习近平经济思想

习近平经济思想是习近平新时代中国特色社会主义思想的重要组成部分。

中共十八大以来，习近平以马克思主义政治家、思想家、战略家的深刻洞察力、敏锐判断力、理论创造力，以"我将无我、不负人民"的赤子情怀，应时代之变迁、领时代之先声、立时代之潮头，深刻总结并充分运用我国经济发展的成功经验，从新的实际出发，提出了一系列新理念新思想新战略，形成了习近平经济思想。②

习近平经济思想体系严整、内涵丰富、博大精深，其基本内容主要体现在十三个方面：（1）加强党对经济工作的全面领导是我国经济发展的根本保证；（2）坚持以人民为中心的发展思想是我国经济发展的根本立场；（3）进入新发展阶段是我国经济发展的历史方位；（4）坚持新发展理念是我国经济发展的指导原则；（5）构建新发展格局是我国经济发展的路径选择；（6）推动高质量发展是我国经济发展的鲜明主题；（7）坚持和完善社会主义基本经济制度是我国经济发展的制度基础；（8）坚持问题导向部署实施国家重大发展战略是我国经济发展的战略举措；（9）坚持创新驱动发展是我国经济发展的第一动力；（10）大力发展制造业和实体经济是我国经济发展的主要着力点；（11）坚定不移全面扩大开放是我国经济发展的重要法宝；（12）统筹发展和安全是我国经济发展的重要保障；（13）坚持正确工作策略和方法是做好经济工作的方法论。③

习近平经济思想运用马克思主义基本原理，坚持理论与实践相结合、认识论和方法论相统一，聚焦新时代新形势新情况，在理论创新与实践创新的良性互动中形成和发展，不断推进马克思主义政治经济学中国化时代化，形成了富有中国特色、中国风格、中国气派的理论体系，深化了我们党对经济社会发展规律的认识，对丰富和发展中国特色社会主义政治经济学作出了原创性贡献，书写了马克思主义政治经济学新篇章。

习近平经济思想是在中国特色社会主义进入新时代、我国社会主要矛盾发

---

① 石泰峰：《中华文化和中国精神的时代精华》，《人民日报》2022年6月13日。
② 何立峰：《认真学习深入贯彻习近平经济思想，扎实做好新时代经济工作》，《习近平经济思想研究》2022年4月创刊号。
③ 《习近平经济思想学习纲要》，人民出版社、学习出版社2022年版，第3页。

生新变化、经济发展进入新常态新阶段、世界百年未有之大变局深度演进的历史条件下形成的，具有广阔时代背景、深厚理论渊源和坚实实践基础，蕴含着坚定的理想信念、鲜明的人民立场、宏大的全球视野，系统回答了我国经济发展的根本保证、奋斗目标、根本立场、历史方位、指导原则、主题主线、根本动力、制度基础、战略举措和工作方法等一系列重大理论和实践问题，是中国共产党不懈探索社会主义经济发展道路形成的宝贵思想结晶，是新时代中国经济工作的科学工作指南，必须长期坚持、不断丰富发展。

19. 习近平法治思想

习近平法治思想是习近平新时代中国特色社会主义思想的重要组成部分。

中共十八大以来，以习近平同志为核心的党中央推进全面依法治国和法治中国建设取得一系列重大成果，在思想理论上的集中体现就是形成了习近平法治思想。习近平法治思想系统回答了新时代为什么实行全面依法治国、怎样实行全面依法治国等一系列重大问题，实现了马克思主义法治理论中国化的新发展新飞跃。[①]

以习近平同志为核心的党中央从坚持和发展中国特色社会主义的全局和战略高度定位法治、布局法治、厉行法治，把全面依法治国纳入"四个全面"战略布局，放在党和国家事业发展全局中来谋划、来推进，作出一系列重大决策、提出一系列重要举措。中共十八届三中全会将推进法治中国建设作为全面深化改革的重要方面作出专门部署，强调坚持依法治国、依法执政、依法行政共同推进，坚持法治国家、法治政府、法治社会一体建设。中共十八届四中全会专题研究全面推进依法治国，作出关于全面推进依法治国若干重大问题的决定，规划了全面依法治国的总蓝图、路线图、施工图。这是我们党的历史上第一次专题研究、专门部署全面依法治国的中央全会，在我国社会主义法治史上具有里程碑意义。中共十九大把全面推进依法治国总目标写入习近平新时代中国特色社会主义思想"八个明确"，把坚持全面依法治国写入"十四个坚持"基本方略，明确提出了新时代全面依法治国的新任务，描绘了到二〇三五年基本建成法治国家、法治政府、法治社会的宏伟蓝图。中共十九届二中全会专题研究宪法修改，审议通过关于修改宪法部分内容的建议。中共十九届三中全会决定组建中央全面依法治国委员会，健全党领导全面依法治国的制度和工作机制。中共十九届四中全会对坚持和完善中国特色社会主义法治体系，提高党依法治国、依法执政能力，推进国家治

---

① 《坚持全面依法治国法治中国建设迈出坚实步伐》，载《〈中共中央关于党的百年奋斗重大成就和历史经验的决议〉辅导读本》，人民出版社2021年版，第30页。

理体系和治理能力现代化作出重要部署。①

习近平法治思想内涵丰富、论述深刻、逻辑严密、系统完备,就其主要方面来讲,集中体现为"十一个坚持",即:坚持党对全面依法治国的领导;坚持以人民为中心;坚持中国特色社会主义法治道路;坚持依宪治国、依宪执政;坚持在法治轨道上推进国家治理体系和治理能力现代化;坚持建设中国特色社会主义法治体系;坚持依法治国、依法执政、依法行政共同推进,法治国家、法治政府、法治社会一体建设;坚持全面推进科学立法、严格执法、公正司法、全民守法;坚持统筹推进国内法治和涉外法治;坚持建设德才兼备的高素质法治工作队伍;坚持抓住领导干部这个"关键少数"。

习近平法治思想为推进新时代全面依法治国和法治中国建设提供了科学理论指导、行动指南和根本遵循。在当代中国,坚持和发展习近平法治思想,就是真正坚持和发展马克思主义法治理论,就是真正坚持和发展中国特色社会主义法治理论。必须始终坚持习近平法治思想在全面依法治国工作中的指导地位不动摇,坚定不移走中国特色社会主义法治道路,在全面建设社会主义现代化国家新征程上不断推进全面依法治国、加快建设法治中国。②

20. 习近平强军思想

习近平强军思想是习近平新时代中国特色社会主义思想的重要组成部分。

中共十八大以来,习近平在统揽伟大斗争、伟大工程、伟大事业、伟大梦想的实践中,高度重视国防和军队建设,奋力开拓了以强军支撑强国的宏伟基业,创立形成了具有鲜明时代特征、中国特色的马克思主义军事理论——习近平强军思想。中共十九大把习近平强军思想写入党章,确立这一思想在国防和军队建设中的指导地位。

习近平强军思想的主体内容是"十个明确":(1)明确强国必须强军,巩固国防和强大人民军队是新时代坚持和发展中国特色社会主义、实现中华民族伟大复兴的战略支撑;(2)明确党在新时代的强军目标是建设一支听党指挥、能打胜仗、作风优良的人民军队,必须同国家现代化进程相一致,力争到2035年基本实现国防和军队现代化,到本世纪中叶把人民军队全面建成世界一流军队;(3)明确党对军队绝对领导是人民军队建军之本、强军之魂,必须全面贯彻党领导军队的一系列根本原则和制度,确保部队绝对忠诚、绝对纯洁、绝对

---

① 中共中央宣传部、中央全面依法治国委员会办公室:《习近平法治思想学习纲要》,人民出版社、学习出版社2021年版,第3—4页。
② 中共中央宣传部、中央全面依法治国委员会办公室:《习近平法治思想学习纲要》,人民出版社、学习出版社2021年版,第11—12页。

可靠;(4)明确军队是要准备打仗的,必须聚焦能打仗、打胜仗,创新发展军事战略指导,构建中国特色现代作战体系,全面提高新时代备战打仗能力,有效塑造态势、管控危机、遏制战争、打赢战争;(5)明确作风优良是我军鲜明特色和政治优势,必须加强作风建设、纪律建设,坚定不移正风肃纪、反腐惩恶,大力弘扬我党我军光荣传统和优良作风,永葆人民军队性质、宗旨、本色;(6)明确推进强军事业必须坚持政治建军、改革强军、科技兴军、依法治军,更加注重聚焦实战、更加注重创新驱动、更加注重体系建设、更加注重集约高效、更加注重军民融合,全面提高革命化现代化正规化水平;(7)明确改革是强军的必由之路,必须推进军队组织形态现代化,构建中国特色现代军事力量体系,完善中国特色社会主义军事制度;(8)明确创新是引领发展的第一动力,必须坚持向科技创新要战斗力,统筹推进军事理论、技术、组织、管理、文化等各方面创新,建设创新型人民军队;(9)明确现代化军队必须构建中国特色军事法治体系,推动治军方式根本性转变,提高国防和军队建设法治化水平;(10)明确军民融合发展是兴国之举、强军之策,必须坚持发展和安全兼顾、富国和强军统一,形成全要素、多领域、高效益军民融合深度发展格局,构建一体化的国家战略体系和能力。

这"十个明确"纲举目张、高度凝练,是对习近平强军思想核心要义的科学概括。"十个明确"分别阐明新时代强军使命、强军目标、强军之魂、强军之要、强军之基、强军布局、强军关键、强军动力、强军保障、强军路径,紧扣"强军"渐次展开,充分反映习近平对"强军强什么、怎么样强军"的深邃理论思考。

习近平强军思想深刻回答了新时代"人民军队听谁指挥、怎样铸牢军魂""为什么强军、怎样强军""打什么仗、怎样打胜仗"等一系列重大问题,形成了系统完整、逻辑严密、相互贯通的科学军事理论体系,实现了党的军事指导理论的与时俱进,极大丰富了马克思主义军事理论的思想宝库。

21. 习近平外交思想

习近平外交思想是习近平新时代中国特色社会主义思想的重要组成部分。

中共十八大以来,以习近平同志为核心的党中央深刻把握新时代中国和世界发展大势,在对外工作上进行一系列重大理论和实践创新,形成了习近平外交思想。习近平外交思想是马克思主义基本原理同中国特色大国外交实践相结合的重大理论成果,是以习近平同志为核心的党中央治国理政思想在外交领域的集中体现,是新时代我国对外工作的根本遵循和行动指南。

习近平外交思想的核心要义概括起来主要有以下十个方面:坚持以维护党

中央权威为统领加强党对对外工作的集中统一领导；坚持以实现中华民族伟大复兴为使命推进中国特色大国外交；坚持以维护世界和平、促进共同发展为宗旨推动构建人类命运共同体；坚持以中国特色社会主义为根本增强战略自信；坚持以共商共建共享为原则推动"一带一路"建设；坚持以相互尊重、合作共赢为基础走和平发展道路；坚持以深化外交布局为依托打造全球伙伴关系；坚持以公平正义为理念引领全球治理体系改革；坚持以国家核心利益为底线维护国家主权、安全、发展利益；坚持以对外工作优良传统和时代特征相结合为方向塑造中国外交独特风范。[①]

习近平外交思想坚持理论与实际相结合、认识论和方法论相统一，对党和国家对外工作全局作了全面深刻分析，明确了坚持党对对外工作集中统一领导这一根本保证，明确了新时代中国外交的使命宗旨，明确了新时代中国外交的战略布局和主要任务，明确了塑造中国外交的独特风范，深刻揭示了新时代中国特色大国外交的本质要求、内在规律和前进方向，反映了以习近平同志为核心的党中央对中国特色大国外交规律性认识的深化、拓展、升华。

习近平外交思想坚持马克思主义立场观点方法，植根深厚的中华优秀传统文化，继承弘扬新中国外交优良传统，根据时代发展和实践变化，以崭新的思想内容，丰富发展了马克思主义国际关系理论，形成了系统科学的思想体系。这一重要思想内涵丰富、博大精深，闪耀着马克思主义真理光辉。[②]

22. 习近平生态文明思想

习近平生态文明思想是习近平新时代中国特色社会主义思想的重要组成部分。

中共十八大以来，以习近平同志为核心的党中央从思想、法律、体制、组织、作风上全面发力，开展一系列根本性、开创性、长远性工作，美丽中国建设迈出重大步伐，我国生态环境保护发生历史性、转折性、全局性变化。习近平同志站在坚持和发展中国特色社会主义、实现中华民族伟大复兴中国梦的战略高度，围绕生态文明建设发表一系列重要论述，深刻回答了为什么建设生态文明、建设什么样的生态文明、怎样建设生态文明等重大理论和实践问题，形成了习近平生态文明思想。

习近平生态文明思想的精髓是"六项原则"：（1）坚持人与自然和谐共

---

① 中共中央宣传部、中华人民共和国外交部：《习近平外交思想学习纲要》，人民出版社、学习出版社2021年版，第3—4页。
② 中共中央宣传部、中华人民共和国外交部：《习近平外交思想学习纲要》，人民出版社、学习出版社2021年版，第4—5页。

生，坚持节约优先、保护优先、自然恢复为主的方针，像保护眼睛一样保护生态环境，像对待生命一样对待生态环境，让自然生态美景永驻人间，还自然以宁静、和谐、美丽。（2）绿水青山就是金山银山，贯彻创新、协调、绿色、开放、共享的发展理念，加快形成节约资源和保护环境的空间格局、产业结构、生产方式、生活方式，给自然生态留下休养生息的时间和空间。（3）良好生态环境是最普惠的民生福祉，坚持生态惠民、生态利民、生态为民，重点解决损害群众健康的突出环境问题，不断满足人民日益增长的优美生态环境需要。（4）山水林田湖草是生命共同体，要统筹兼顾、整体施策、多措并举，全方位、全地域、全过程开展生态文明建设。（5）用最严格制度最严密法治保护生态环境，加快制度创新，强化制度执行，让制度成为刚性的约束和不可触碰的高压线。（6）共谋全球生态文明建设，深度参与全球环境治理，形成世界环境保护和可持续发展的解决方案，引导应对气候变化国际合作。

习近平生态文明思想深刻揭示了人与自然的关系，深刻回答了生态文明建设的重大理论和实践问题，为建设美丽中国提供了根本遵循，为中华民族永续发展擘画了蓝图、指明了方向。[①] 习近平生态文明思想对于坚持绿水青山就是金山银山的理念，走生产发展、生活富裕、生态良好的文明发展道路，努力建设人与自然和谐共生的现代化，夺取全面建设社会主义现代化国家新胜利、实现中华民族伟大复兴的中国梦，具有十分重要的指导意义。

（三）中国共产党的初心和使命

23. 为中国人民谋幸福

中国共产党一经诞生，就把为中国人民谋幸福、为中华民族谋复兴确立为自己的初心使命。人民幸福是民族复兴的根本目的，民族复兴是人民幸福的根本保证。党的百年奋斗史就是为人民谋幸福的历史。

民心是最大的政治，人民是党执政兴国的最大底气。党的根基在人民、血脉在人民、力量在人民。习近平指出："人民对美好生活的向往，就是我们的奋斗目标。"[②] 一百多年来，党始终坚守为中国人民谋幸福这个初心，矢志不渝践行党的初心使命，与人民有福同享、有难同当，有盐同咸、无盐同淡，心心相印、命运与共。时代是出卷人，我们是答卷人，人民是阅卷人。党所付出

[①] 习近平生态文明思想研究中心：《深刻把握美丽中国建设的根本遵循》，《人民日报》2022年6月1日。

[②]《习近平谈治国理政》第一卷，人民出版社2018年版，第3页。

的一切努力、进行的一切斗争、作出的一切牺牲，都是为了人民幸福。①

经过二十八年浴血奋斗，党领导人民建立中华人民共和国，实现民族独立、人民解放，彻底结束了旧中国半殖民地半封建社会的历史，彻底结束了极少数剥削者统治广大劳动人民的历史，彻底结束了旧中国一盘散沙的局面，彻底废除了列强强加给中国的不平等条约和帝国主义在中国的一切特权，实现了中国从几千年封建专制政治向人民民主的伟大飞跃。中国共产党和中国人民以英勇顽强的奋斗向世界庄严宣告，中国人民从此站起来了，中华民族任人宰割、饱受欺凌的时代一去不复返了，中国发展从此开启了新纪元。从新中国成立到改革开放前夕，党领导人民完成社会主义革命，消灭一切剥削制度，实现了中华民族有史以来最为广泛而深刻的社会变革，实现了一穷二白、人口众多的东方大国大步迈进社会主义社会的伟大飞跃。中国共产党和中国人民以英勇顽强的奋斗向世界庄严宣告，中国人民不但善于破坏一个旧世界、也善于建设一个新世界，只有社会主义才能救中国，只有社会主义才能发展中国。改革开放和社会主义现代化建设的伟大成就举世瞩目，我国实现了从生产力相对落后的状况到经济总量跃居世界第二的历史性突破，实现了人民生活从温饱不足到总体小康、奔向全面小康的历史性跨越，推进了中华民族从站起来到富起来的伟大飞跃。中国共产党和中国人民以英勇顽强的奋斗向世界庄严宣告，改革开放是决定当代中国前途命运的关键一招，中国特色社会主义道路是指引中国发展繁荣的正确道路，中国大踏步赶上了时代。

中共十八大以来，中国特色社会主义进入新时代。以习近平同志为核心的党中央，统筹国内国际两个大局，贯彻党的基本理论、基本路线、基本方略，统揽伟大斗争、伟大工程、伟大事业、伟大梦想，坚持稳中求进工作总基调，出台一系列重大方针政策，推出一系列重大举措，推进一系列重大工作，战胜一系列重大风险挑战，解决了许多长期想解决而没有解决的难题，办成了许多过去想办而没有办成的大事，推动党和国家事业取得历史性成就、发生历史性变革。② 我们深入贯彻以人民为中心的发展思想，在幼有所育、学有所教、劳有所得、病有所医、老有所养、住有所居、弱有所扶上持续用力，人民生活全方位改善。人均预期寿命增长到七十八点二岁。居民人均可支配收入从一万六千五百元增加到三万五千一百元。城镇新增就业年均一千三百万人以上。建成世界上规模最大的教育体系、社会保障体系、医疗卫生体系，教育普及水平实现历史性跨越，基本养老保险覆盖十亿四千万人，基本医疗保险参保率稳定在百分之九十五。及时调整生育政策。改造棚户区住房四千二百多万套，改造农

---

① 方江山：《为中国人民谋幸福是中国共产党人始终不渝的初心》，《人民周刊》2021年第10期。
② 《中共中央关于党的百年奋斗重大成就和历史经验的决议》，人民出版社2021年版，第27页。

村危房二千四百多万户，城乡居民住房条件明显改善。互联网上网人数达十亿三千万人。人民群众获得感、幸福感、安全感更加充实、更有保障、更可持续，共同富裕取得新成效。①

24. 为中华民族谋复兴

中国共产党一经诞生，就把为中国人民谋幸福、为中华民族谋复兴确立为自己的初心使命。

一百多年来，党团结带领中国人民进行的一切奋斗、一切牺牲、一切创造，归结起来就是一个主题：实现中华民族伟大复兴。为了实现中华民族伟大复兴，党团结带领中国人民，浴血奋战、百折不挠，创造了新民主主义革命的伟大成就。我们推翻了帝国主义、封建主义、官僚资本主义三座大山，建立了人民当家作主的中华人民共和国，实现了民族独立、人民解放。新民主主义革命的胜利，彻底结束了旧中国半殖民地半封建社会的历史，彻底结束了旧中国一盘散沙的局面，彻底废除了列强强加给中国的不平等条约和帝国主义在中国的一切特权，为实现中华民族伟大复兴创造了根本社会条件。

为了实现中华民族伟大复兴，党团结带领中国人民，自力更生、发愤图强，创造了社会主义革命和建设的伟大成就。我们进行社会主义革命，消灭在中国延续几千年的封建剥削压迫制度，确立社会主义基本制度，推进社会主义建设，战胜帝国主义、霸权主义的颠覆破坏和武装挑衅，实现了中华民族有史以来最为广泛而深刻的社会变革，实现了一穷二白、人口众多的东方大国大步迈进社会主义社会的伟大飞跃，为实现中华民族伟大复兴奠定了根本政治前提和制度基础。

为了实现中华民族伟大复兴，党团结带领中国人民，解放思想、锐意进取，创造了改革开放和社会主义现代化建设的伟大成就。我们实现新中国成立以来党的历史上具有深远意义的伟大转折，确立党在社会主义初级阶段的基本路线，坚定不移推进改革开放，战胜来自各方面的风险挑战，开创、坚持、捍卫、发展中国特色社会主义，实现了从高度集中的计划经济体制到充满活力的社会主义市场经济体制、从封闭半封闭到全方位开放的历史性转变，实现了从生产力相对落后的状况到经济总量跃居世界第二的历史性突破，实现了人民生活从温饱不足到总体小康、奔向全面小康的历史性跨越，为实现中华民族伟大复兴提供了充满新的活力的体制保证和快速发展的物质条件。

为了实现中华民族伟大复兴，党团结带领中国人民，自信自强、守正创

---

① 习近平：《高举中国特色社会主义伟大旗帜，为全面建设社会主义现代化国家而团结奋斗——在中国共产党第二十次全国代表大会上的报告》，人民出版社2022年版，第11页。

新，统揽伟大斗争、伟大工程、伟大事业、伟大梦想，创造了新时代中国特色社会主义的伟大成就。中共十八大以来，中国特色社会主义进入新时代，我们坚持和加强党的全面领导，统筹推进"五位一体"总体布局、协调推进"四个全面"战略布局，坚持和完善中国特色社会主义制度、推进国家治理体系和治理能力现代化，坚持依规治党、形成比较完善的党内法规体系，战胜一系列重大风险挑战，实现第一个百年奋斗目标，明确实现第二个百年奋斗目标的战略安排，党和国家事业取得历史性成就、发生历史性变革，为实现中华民族伟大复兴提供了更为完善的制度保证、更为坚实的物质基础、更为主动的精神力量。中华民族迎来了从站起来、富起来到强起来的伟大飞跃，实现中华民族伟大复兴进入了不可逆转的历史进程。[①]

25. 为人类谋进步、为世界谋大同

中国共产党既为中国人民谋幸福、为中华民族谋复兴，也为人类谋进步、为世界谋大同。在百年接续奋斗中，中国共产党不仅团结带领中国人民开辟实现中华民族伟大复兴的正确道路，使具有5000多年历史的中华文明焕发出新的蓬勃生机，也为解决人类重大问题、创造人类美好未来不懈努力，同世界上一切进步力量携手前进，为人类进步、世界大同作出重要贡献。

大道之行，天下为公。在1921年1月，毛泽东同志在新民学会长沙会员大会上就指出，中国问题本来是世界的问题。中国人民历来把自己的前途命运同各国人民的前途命运紧密联系在一起，中国共产党始终把为人类作出新的更大的贡献作为自己的使命。从领导人民开辟了世界反法西斯战争的东方主战场，为世界反法西斯战争作出重要贡献，到团结带领中国人民浴血奋战、百折不挠，建立了人民当家作主的中华人民共和国，使占全球1/4人口摆脱半殖民地半封建社会、走上社会主义道路；从提出和平共处五项原则，提出推动建设新型国际关系、构建人类命运共同体，为维护世界和平贡献智慧和力量，到作为联合国创始会员国、联合国安全理事会常任理事国和最大发展中国家，坚定维护以联合国为核心的国际体系……[②]百年来，党以自强不息的奋斗深刻改变了世界发展的趋势和格局，党领导中国人民成功走出中国式现代化道路，创造了人类文明新形态，拓展了发展中国家走向现代化的途径，给世界上那些既希望加快发展又希望保持自身独立性的国家和民族提供了全新选择。[③]

---

① 习近平：《在庆祝中国共产党成立100周年大会上的讲话》，人民出版社2021年版，第7页。
② 人民日报评论部：《深刻影响了世界历史进程——中国共产党百年奋斗的历史意义》，《人民日报》2022年1月21日。
③ 《〈中共中央关于党的百年奋斗重大成就和历史经验的决议〉辅导读本》，人民出版社2021年版，第187页。

立己达人，兼济天下。党始终以世界眼光关注人类前途命运，从人类发展大潮流、世界变化大格局、中国发展大历史正确认识和处理同外部世界的关系。面对"世界怎么了、我们怎么办"的时代之问，以习近平同志为核心的党中央统筹中华民族伟大复兴战略全局和世界百年未有之大变局，用共同利益、共同挑战、共同责任把各国前途命运联系起来，提出构建人类命运共同体的重大倡议。无论是提倡"构建相互尊重、公平正义、合作共赢的新型国际关系"，还是提出共建"一带一路"重大倡议；不管是强调"让经济全球化进程更有活力、更加包容、更可持续"，还是阐明"病毒没有国界，不分种族，是全人类面临的共同挑战，国际社会只有形成合力，才能战而胜之"……我们始终站在历史正确的一边，站在人类进步的一边，引领了人类文明进步的正确方向。党推动构建人类命运共同体，为解决人类重大问题，建设持久和平、普遍安全、共同繁荣、开放包容、清洁美丽的世界贡献了中国智慧、中国方案、中国力量，成为推动人类发展进步的重要力量。中国始终是世界和平的建设者、全球发展的贡献者、国际秩序的维护者。[1]

党和人民事业始终是人类进步事业的重要组成部分，中国的发展离不开世界，世界的繁荣也需要中国。习近平指出："世界好，中国才能好；中国好，世界才更好。"在新的征程上，中国共产党必将一如既往地把党和人民事业发展置于人类发展的坐标系中，把中国人民利益同各国人民利益结合起来，继续坚持不懈为人类谋进步、为世界谋大同，以更大力度促进人类进步事业，在新的奋斗实践中为构建人类命运共同体作出中国贡献。[2]

26."不忘初心、牢记使命"主题教育

"不忘初心、牢记使命"主题教育是中共十九大以来以县处级以上领导干部为重点，在中国共产党全党开展的主题教育。这是在新时代把党的自我革命推向深入，用习近平新时代中国特色社会主义思想武装头脑、指导实践，推动全党更加自觉地为实现新时代党的历史使命不懈奋斗的重大决策部署。

开展"不忘初心、牢记使命"主题教育，根本任务是深入学习贯彻习近平新时代中国特色社会主义思想，锤炼忠诚干净担当的政治品格，团结带领全国各族人民为实现伟大梦想共同奋斗。要求坚持思想建党、理论强党，推动全党深入学习贯彻习近平新时代中国特色社会主义思想；贯彻新时代党的建设总要

---

[1] 人民日报评论部：《深刻影响了世界历史进程——中国共产党百年奋斗的历史意义》，《人民日报》2022年1月21日。

[2] 《〈中共中央关于党的百年奋斗重大成就和历史经验的决议〉辅导读本》，人民出版社2021年版，第374页。

求,同一切影响党的先进性、弱化党的纯洁性的问题作坚决斗争,努力把中国共产党建设得更加坚强有力;坚持以人民为中心,把群众观点和群众路线深深植根于思想中、具体落实到行动上,不断巩固党执政的阶级基础和群众基础;引导全党同志勇担职责使命,焕发干事创业的精气神,把党的十九大精神和党中央决策部署特别是全面建成小康社会各项任务落实到位。

从2019年5月底开始,主题教育自上而下分两批进行,2020年初基本结束。各级党组织有力推动,广大党员、干部积极投入,人民群众热情支持,整个主题教育特点鲜明、扎实紧凑,达到了预期目的,取得了重大成果。各级党组织和广大党员干部深入学习实践习近平新时代中国特色社会主义思想,提高了知信行合一能力,增强了守初心、担使命的思想自觉和行动自觉,推动了改革发展稳定各项工作,积极解决群众最急最忧最盼的问题,涵养了风清气正的政治生态,消除了一些可能动摇党的根基、阻碍党的事业的因素。

"不忘初心、牢记使命"主题教育,总结历次党内集中教育经验,对新时代开展党内集中教育进行了新探索、积累了新经验。一是聚焦主题、紧扣主线,学习教育、调查研究、检视问题、整改落实紧紧围绕主题、主线、总要求展开,克服学做脱节问题,确保了党内集中教育不走神。二是以上率下、示范带动,以"关键少数"示范带动"绝大多数",精心组织谋划、推动落实责任,做到了一贯到底、落实落地。三是有机融合、一体推进,把学和做结合起来、查和改贯通起来,边学边研边查边改,提高了主题教育质量,提升了党内集中教育的整体成效。四是紧盯问题、精准整改,逐条逐项推进落实,问题不解决不松劲、解决不彻底不放手、群众不认可不罢休,确保取得的成果经得起实践、人民、历史检验。五是严督实导、内外用力,加强政策研究指导,分级分类推进,压紧压实责任,坚持敞开大门,请群众参与、监督、评判。六是力戒虚功、务求实效,把反对形式主义、官僚主义作为突出要求,把主题教育同落实"基层减负年"的各项要求结合起来,把基层干部干事创业的手脚从形式主义的束缚中解脱出来,把工作做扎实、做到位。

"不忘初心、牢记使命"主题教育是新时代深化党的自我革命、推动全面从严治党向纵深发展的生动实践,促进了全党思想上的统一、政治上的团结、行动上的一致,为中国共产党统揽"四个伟大"、实现"两个一百年"奋斗目标作了思想上政治上组织上作风上的有力动员。

27. 建立不忘初心、牢记使命的制度

中共十九届四中全会通过《中共中央关于坚持和完善中国特色社会主义制度、推进国家治理体系和治理能力现代化若干重大问题的决定》(以下简称

《决定》）提出，要建立不忘初心、牢记使命的制度。这是确保我们党在新时代新征程始终充满蓬勃生机和旺盛活力的战略之举、长远之计。①

《决定》在深入总结"不忘初心、牢记使命"主题教育的成功经验和做法的基础上，以党章为根本，系统总结了许多实践中行之有效的制度机制，作出了重大安排。

一是夯实不忘初心、牢记使命的思想基础。政治上的坚定、党性上的坚强源于理论上的清醒。不忘初心、牢记使命既有赖真挚的感情、真诚的信仰，更要靠理性的自觉、真理的认知，靠马克思主义特别是中国化马克思主义科学理论的支撑。习近平新时代中国特色社会主义思想是当代中国马克思主义、二十一世纪马克思主义，是指引全党践行初心使命的强大思想武器。要坚持和完善党委（党组）理论学习中心组等各层级学习制度、干部教育培训制度、集中轮训制度、理论宣传研究制度、党支部直接教育党员制度、理论学习考核评价制度，建立习近平总书记重要指示批示精神落实机制，建设好利用好网络学习平台，推动党员干部深入学习贯彻习近平新时代中国特色社会主义思想，解决好学什么、怎么学的问题，夯实不忘初心、牢记使命的思想基础，做到思想行动始终与初心相契合、与使命相符合、与时代相融合。

二是用初心使命锤炼忠诚干净担当的政治品格。不忘初心、牢记使命，是加强党的建设的永恒课题，是全体党员、干部的终身课题。要严格遵守党章，认真执行《关于新形势下党内政治生活的若干准则》，坚持和完善"三会一课"制度、民主生活会制度、组织生活会制度、领导干部双重组织生活会制度、党员党性分析制度、党员民主评议制度，健全激励干部担当作为机制，推动党员、干部恪守党的性质和宗旨，用初心使命锤炼忠诚干净担当的政治品格。

三是在与时俱进的创新创造中践行初心使命。党的基本理论、基本路线、基本方略是党的性质的集中体现，是实现党的初心和使命的重要思想武器和行动指南。各级党组织和广大党员干部都要全面贯彻党的基本理论、基本路线、基本方略，大力持续推进党的理论创新、实践创新、制度创新，确保党和国家的全部工作顺应时代潮流、符合发展规律、体现人民愿望，确保党始终走在时代前列、得到人民衷心拥护。这是践行初心使命的根本途径。②

建立不忘初心、牢记使命的制度，是巩固发展"不忘初心、牢记使命"主

---

① 《〈中共中央关于坚持和完善中国特色社会主义制度、推进国家治理体系和治理能力现代化若干重大问题的决定〉辅导读本》，人民出版社2019年版，第181页。

② 《图解十九届四中全会精神》编写组：《图解十九届四中全会》，人民出版社2019年版，第23—24页。

题教育成果的迫切需要，是始终坚持党的全面领导、巩固党的执政地位和执政基础的迫切需要，是永葆党的先进性和纯洁性、永葆党的生机活力的迫切需要，是进一步提高党的建设水平、使伟大工程在"四个伟大"中起决定性作用的迫切需要。[①] 这一重大制度创举，增强了我们党始终坚守为中国人民谋幸福、为中华民族谋复兴的初心和使命的制度保障，对于进一步坚持思想建党、理论强党、制度治党具有重大而深远的意义。

（四）长期执政的马克思主义政党

28. 中国共产党是什么、要干什么

中国共产党是什么、要干什么，是关于建党目的、意义、价值的本原问题，贯穿于党奋斗的全部理论和实践过程，体现在党为民族、为国家、为人民的一切历史活动中。这是建党时发下的至伟宏愿，是用党的全部行动去兑现的崇高价值。[②]

《中国共产党章程》开宗明义就指出：中国共产党是中国工人阶级的先锋队，同时是中国人民和中华民族的先锋队，是中国特色社会主义事业的领导核心。历史已经证明并将继续证明，中国共产党是用马克思主义武装起来的觉悟者，是最广大人民利益的守护者，是人类社会发展方向的引领者，是最光明最正义最壮丽事业的奋斗者。

中国共产党作为无产阶级政党，始终把为人民谋幸福、为民族谋复兴作为初心使命，始终牢记"为了谁、依靠谁、我是谁"，为人民出生入死、同人民休戚与共，党的奋斗和人民的福祉、党的命运和人民的命运早已深深融为一体。无论是干革命、搞建设、抓改革，还是救国、兴国、强国，都是为了让人民过上好日子。战争时期，党领导人民打土豪、分田地，抗日寇、反侵略，争民主、谋解放，目的就是推翻"三座大山"的压迫，建立一个自由平等的新国家、新社会。和平年代，党领导人民重整山河、奠基立业，解放思想、改革进取，攻坚拔寨、砥砺奋进，目的就是不断夯实社会主义中国的物质基础，让全体人民享有更加富裕、更加幸福的生活。

中国共产党是为人民谋幸福、为民族谋复兴的党，也是为人类谋进步、为世界谋大同的党。党始终以世界眼光关注人类前途命运，践行大道不孤、天下

---

① 欧阳淞：《建立不忘初心、牢记使命的制度》，《人民日报》2019年12月18日。
② 《遍数风流还看今朝——新时代的中国共产党是什么、要干什么？》，《人民日报》2022年6月8日。

一家的行动价值,以自己的奋斗和成就深刻影响了世界历史进程,为推动人类进步、促进世界和平作出了重要贡献。中国共产党以百年奋斗的"自转"推动世界历史的"公转"。我们在自己大地上的奋斗,不但改变了自身的命运,而且影响了世界发展的趋势和格局。特别是进入新时代,以习近平同志为核心的党中央揽全局、应变局、开新局,使拥有14亿多人口的东方大国全面建成小康社会,使世界上最大的发展中国家续写"两大奇迹",我们的发展越来越好,分量越来越重,日益走近世界舞台中央,不断壮大着国际上正义的力量。中国共产党以自主探索的"新版"开辟人类文明的"新路"。中国共产党领导人民自立自强、不懈探索,以人的现代化为价值原点,把时空的压缩性和发展的持续性、结构的全面性和要素的协调性结合起来,成功走出一条适合中国国情、符合人民意愿的发展道路,写出了走向现代化的"中国版本",创造了人类文明新形态。中国共产党以胸怀天下的"大道"引领美好未来的"大同"。习近平深刻洞察"世界之变",科学回答"世界之问",鲜明提出推动构建人类命运共同体、弘扬全人类共同价值、全球发展倡议、全球安全倡议等重大思想理念,为解决全球问题指明了前进方向,为共创美好世界提供了中国智慧。

新时代的中国共产党,始终坚持发展自己、兼济天下、造福世界、传递希望,将继续在人类的伟大时间历史中创造中华民族的伟大历史时间,向着人类文明发展前沿蕴含的一切可能性奋进。[①]

29. 中国共产党执政地位

中国共产党是执政党,党的领导是做好党和国家各项工作的根本保证,是我国政治稳定、经济发展、民族团结、社会稳定的根本点,绝对不能有丝毫动摇。中国宪法规定:"社会主义制度是中华人民共和国的根本制度。中国共产党领导是中国特色社会主义最本质的特征。"以国家根本法形式确认了中国共产党的执政地位。

党的执政地位不是与生俱来的,是历史的选择、人民的选择。中国共产党是中国工人阶级的先锋队,同时是中国人民和中华民族的先锋队。从诞生之日起,我们党就始终高举马克思主义伟大旗帜,坚持共产主义远大理想和社会主义信念,把为中国人民谋幸福、为中华民族谋复兴作为自己的初心和使命,经历长期浴血奋战、艰苦奋斗,取得了新民主主义革命、社会主义革命和建设、改革开放和社会主义现代化建设的伟大成就,领导中国特色社会主义事业进入新时代并取得历史性成就、发生历史性变革。党的百年奋斗,从根本上改变了

[①] 宣言:《什么是中国共产党,中国共产党干什么》,《人民日报》2022年6月30日。

中国人民的前途命运，开辟了实现中华民族伟大复兴的正确道路，展示了马克思主义的强大生命力，深刻影响了世界历史进程，并把自己锻造成为始终走在时代前列的马克思主义执政党。党的百年奋斗的巨大成就充分证明，中国共产党是一个伟大光荣正确的马克思主义政党，是中华民族伟大复兴事业的坚强领导核心。①

党的执政地位不是一劳永逸、一成不变的，必须以不懈的自我革命巩固党的执政地位。作为百年大党，如何永葆先进性和纯洁性、永葆青春活力，如何永远得到人民拥护和支持，如何实现长期执政，是必须回答好、解决好的一个根本性问题。纵览古今中外政权政党的盛衰隆替、社会文明的兴废变迁，一个颠扑不破的道理就是，任何执政者的执政地位都不是一劳永逸、一成不变的，无论实力多强、资格多老、执政时间多长，如果保守僵化、不思进取，其创造力就会衰竭、生命力就要减弱。中国共产党作为马克思主义执政党，要长期为人民执好政，要把新时代坚持和发展中国特色社会主义这场伟大社会革命进行到底，就必须深入总结古今中外历史经验教训，始终坚持为人民长期执政，朝着为人民谋幸福、为民族谋复兴、为人类谋进步、为世界谋大同、最终实现共产主义的目标，一刻不停歇地推进自我革命，不断提高党的执政能力和领导水平，确保党始终成为坚强领导核心。②

在新的历史条件下，加强党的领导，巩固党的执政地位，必须按照保持党的先进性和纯洁性的要求，不断加强和改进党的建设；必须坚持一切为了人民、一切依靠人民，凝聚人心、汇聚力量，筑牢执政基础；必须坚持用马克思主义中国化最新成果武装全党，增强"四个意识"、坚定"四个自信"、做到"两个维护"，筑牢信仰之基，补足精神之钙，把稳思想之舵，推动全党保持统一的思想、坚定的意志、协调的行动、强大的战斗力。

30. 中国特色社会主义最本质的特征

历史和现实都告诉我们，没有中国共产党，就没有新中国，就没有中国特色社会主义。习近平总书记明确指出："中国共产党领导是中国特色社会主义最本质的特征。"这一重大政治论断，进一步丰富发展了马克思主义建党学说，深化了对坚持和发展中国特色社会主义的规律性认识，在科学把握党的领导和社会主义基本关系上达到新的高度。

中国特色社会主义有很多特点和特征，具体反映在道路、理论、制度、文化各个方面，体现在"五位一体"总体布局、"四个全面"战略布局等各个领域。

---

① 江金权：《坚持党的全面领导》，《人民日报》2021年12月13日。
② 江金权：《自我革命是党跳出历史周期率的"第二个答案"》，《人民日报》2022年3月16日。

比如，党的集中统一领导、以人民为中心、社会主义市场经济、改革开放等。在这些特点和特征中，党的领导是最重要最本质的特征，其他特点和特征都是由党的领导所决定的，都是在党的领导下形成发展、发挥作用、彰显优势的。

中国共产党领导是中国特色社会主义最本质的特征，在于党的领导直接关系着中国特色社会主义的性质、方向和命运。中国共产党自成立以来，始终坚守社会主义和共产主义的理想信念，坚持把马克思主义基本原理同中国具体实际相结合，同中华优秀传统文化相结合，团结带领中国人民开辟了中国特色社会主义道路、形成了中国特色社会主义理论体系、确立了中国特色社会主义制度、发展了中国特色社会主义文化，推动中国特色社会主义事业不断向前发展并进入了新时代。理论和实践充分表明：中国共产党是中国特色社会主义事业的坚强领导核心，是这一伟大事业的开创者、引领者、推动者，坚持党的领导是中国特色社会主义永不变色、永不变质的根本保证。

党的领导这个最本质特征，体现在中国共产党是统领中国特色社会主义各领域各方面的最高政治领导力量。中国特色社会主义大厦需要四梁八柱来支撑，党是贯穿其中的总的骨架；中国特色社会主义巨轮需要不断破浪前进，党是自始至终的领航力量。当今中国，党政军民学，东西南北中，党是领导一切的，没有大于中国共产党的政治力量或其他什么力量。在改革发展稳定、内政外交国防、治党治国治军各项事业中，党始终处于总揽全局、协调各方的核心统领地位。无论是创造经济发展奇迹，成为世界第二大经济体，还是持续向贫困宣战，解决千百年来困扰中华民族的绝对贫困问题；无论是提出小康社会目标，不断改善人民生活，还是全面建成小康社会，开启全面建设社会主义现代化国家新征程，中国特色社会主义取得的一切进步和成就根本在于始终坚持党的领导。习近平指出："中国最大的国情就是中国共产党的领导。什么是中国特色？这就是中国特色。"[①]

党的领导这个最本质特征，体现在党的领导是中国特色社会主义制度的最大优势。制度优势反映制度属性，中国制度之所以"行"，是因为党的领导在中国特色社会主义制度中是最具统领性决定性创造性的因素。在我国国家制度和国家治理体系13个方面显著优势中，第一位的是坚持党的集中统一领导、确保国家始终沿着社会主义方向前进的优势。这一优势是带有统领性的根本优势，贯穿于其他方面显著优势中，同时其他方面的显著优势都同党的领导制度密切相关，都离不开党的领导这一优势的根本保证。只有坚持党的领导，才能有效协调党和国家事业各领域重大关系，确保大政方针的稳定性和持续性，更

[①] 《习近平关于社会主义政治建设论述摘编》，中央文献出版社2017年版，第28页。

好发挥中国国家制度和国家治理体系各方面的显著优势，更好推进中国特色社会主义事业不断向前发展。近年来，西方世界乱象频发，政坛恶斗、社会撕裂、种族歧视……反观中国，经济运行总体平稳，社会保持和谐稳定，人民生活水平显著提升，"中国之治"和"西方之乱"形成鲜明对照。"中国奇迹"充分证明，始终坚持党的领导是形成制度优势、增强治理效能的根本所在，是"中国之治"的奥秘所在。①

31. 新时代党的建设总要求

中共十九大明确提出了新时代党的建设总要求，即：坚持和加强党的全面领导，坚持党要管党、全面从严治党，以加强党的长期执政能力建设、先进性和纯洁性建设为主线，以党的政治建设为统领，以坚定理想信念宗旨为根基，以调动全党积极性、主动性、创造性为着力点，全面推进党的政治建设、思想建设、组织建设、作风建设、纪律建设，把制度建设贯穿其中，深入推进反腐败斗争，不断提高党的建设质量，把党建设成为始终走在时代前列、人民衷心拥护、勇于自我革命、经得起各种风浪考验、朝气蓬勃的马克思主义执政党。

总要求高屋建瓴地指明了新时代党的建设的方向。总要求开宗明义提出要"坚持和加强党的全面领导"，指明了新时代党的建设的目的和根本原则，党的领导是战胜一切困难和风险的"定海神针"，党的领导必须是全面的、整体的，哪个领域、哪个方面、哪个环节缺失了弱化了，都会削弱党的力量，损害党和人民事业；总要求明确了"坚持党要管党、全面从严治党"这一党的建设指导方针，"中国要出问题，还是出在共产党内部"，如果管党不力、治党不严，党就不可避免被历史淘汰，党所肩负的历史使命就无法实现；总要求提出"以加强党的长期执政能力建设、先进性和纯洁性建设为主线"，深刻昭示长期执政条件下提高党的执政能力和领导水平、保持党的先进和纯洁永远在路上，必然伴随我们党执政的全过程、伴随中国特色社会主义的壮阔征程；总要求进一步明确了党的建设总体布局，强调"全面推进党的政治建设、思想建设、组织建设、作风建设、纪律建设，把制度建设贯穿其中，深入推进反腐败斗争"，抓住了新时代党的建设的关键，突出了政治建设的统领地位和纪律建设这个管党治党的治本之策；总要求确立了新时代党的建设目标，就是"把党建设成为始终走在时代前列、人民衷心拥护、勇于自我革命、经得起各种风浪考验、朝气蓬勃的马克思主义执政党"，集中体现了党的性质、宗旨、纲领，体现了新时

---

① 中共中央宣传部编：《习近平新时代中国特色社会主义思想学习问答》，学习出版社、人民出版社2021年版，第425—428页。

代中国共产党人的价值取向、政治定力、使命担当。

总要求构成了新时代党的建设科学有机的整体。新时代党的建设目的、方针、主线、总体布局、目标,紧密联系、相互作用、相互促进。目的是依据、是根本点,党的建设要紧紧围绕这个目的来展开,时刻不能游离、偏离;方针是原则、是遵循,引领着党的建设沿着正确方向前进;主线是纲和魂,纲举目张,魂在本在;总体布局是重点、是路径,总体布局立起来了,党的建设就有了实体支撑、有力抓手;目标是指向和落脚点,党的建设一切工作都要朝着这个目标来加强、按照这个目标来检验。我们要深刻理解把握总要求的基本内涵及相互关系,坚持协调推进、统筹推进、一体推进,不断提高党的建设质量,做到管党有方、治党有力、建党有效。

新时代党的建设总要求的提出,对推进党的建设新的伟大工程作出顶层设计、战略部署,丰富和发展了马克思主义建党学说,进一步回答了"建设什么样的党、怎样建设党"这一历史性课题,标志着我们党对执政党建设规律的认识达到新的高度。[1]

32. 大就要有大的样子

中国是世界上最大的发展中国家,中国共产党是世界上最大的政党。习近平曾多次在不同场合提到"大就要有大的样子"。

作为一个大党,必须始终坚持从严治党,勇于自我革命。2017年10月,习近平在十九届中共中央政治局常委同中外记者见面时强调:"中国共产党是世界上最大的政党。大就要有大的样子。实践充分证明,中国共产党能够带领人民进行伟大的社会革命,也能够进行伟大的自我革命。我们要永葆蓬勃朝气,永远做人民公仆、时代先锋、民族脊梁。全面从严治党永远在路上,不能有任何喘口气、歇歇脚的念头。我们将继续清除一切侵蚀党的健康肌体的病毒,大力营造风清气正的政治生态,以全党的强大正能量在全社会凝聚起推动中国发展进步的磅礴力量。"[2] 我们党作为百年大党,如何永葆先进性和纯洁性、永葆青春活力,如何永远得到人民拥护和支持,如何实现长期执政,是我们必须回答好、解决好的一个根本性问题。习近平深刻总结我们党的建设的历史经验,指出我们党"始终保持了自我革命精神,保持了承认并改正错误的勇气,一次次拿起手术刀来革除自身的病症,一次次靠自己解决了自身问题"[3]。这种能力既是我们党区别于世界上其他政党的显著标志,也是我们党长盛不衰

---

[1] 赵乐际:《全面理解和准确把握新时代党的建设总要求》,《人民日报》2017年11月11日。
[2] 《十九大以来重要文献选编》(上),中央文献出版社2019年版,第86—87页。
[3] 习近平:《论坚持全面深化改革》,中央文献出版社2018年版,第326页。

的重要原因。[1]

作为一个大党，必须始终确保全党在共同思想理论基础上的高度集中统一。在新进中央委员会的委员、候补委员和省部级主要领导干部学习贯彻习近平新时代中国特色社会主义思想和党的十九大精神研讨班上，习近平两次强调，大就要有大的样子，同时大也有大的难处，如何确保全党在共同思想理论基础上的高度集中统一尤其不易。[2] 必须加强马克思主义特别是新时代中国特色社会主义思想的理论武装，使各级党组织和广大党员、干部特别是领导干部掌握马克思主义理论武器，提高马克思主义理论水平和运用能力，共同把党的创新理论转化为推进新时代中国特色社会主义伟大事业的实践力量。马克思主义信仰、共产主义远大理想、中国特色社会主义共同理想，是中国共产党人的精神支柱和政治灵魂，是保持党的团结统一的思想基础。中国共产党作为世界第一大党，在中国社会发生深刻变化、思想观念和价值取向日趋活跃、各种社会思潮相互激荡的情况下，全党必须加强马克思主义理论武装，坚持用习近平新时代中国特色社会主义思想指引方向，引导全党自觉增强"四个意识"，坚定"四个自信"，做到"两个维护"，使全党始终保持统一的思想、坚定的意志、协调的行动、强大的战斗力。

作为一个大党，必须始终坚持为人类谋和平与发展。2017年12月，习近平总书记在中国共产党与世界政党高层对话会上指出："大就要有大的样子。中国共产党所做的一切，就是为中国人民谋幸福、为中华民族谋复兴、为人类谋和平与发展。我们要把自己的事情做好，这本身就是对构建人类命运共同体的贡献。我们也要通过推动中国发展给世界创造更多机遇，通过深化自身实践探索人类社会发展规律并同世界各国分享。"[3] 为此，中国共产党要始终为世界和平安宁作贡献，为世界共同发展作贡献，为世界文明交流互鉴作贡献。这既是中国共产党一如既往为之奋斗的使命，也是中国共产党一如既往对世界践行的承诺。

33. 总揽全局、协调各方

实现中华民族伟大复兴，必须有领导中国人民前进的坚强力量，这个坚强力量就是中国共产党。回望党的百年奋斗历程，中国人民和中华民族之所以能够扭转近代以后的历史命运、取得今天的伟大成就，最根本的是有中国共产党

---

[1] 姜辉：《将新时代党的伟大自我革命进行到底——深入学习〈习近平谈治国理政〉第三卷有关重要论述》，《人民日报》2020年8月6日。
[2] 《十九大以来重要文献选编》（中），中央文献出版社2021年版，第598页。
[3] 《十九大以来重要文献选编》（上），中央文献出版社2019年版，第113页。

一 综合类

的坚强领导。改革开放以后,党为加强和改善党的领导进行持续努力。以习近平同志为核心的党中央站在统筹中华民族伟大复兴战略全局和世界百年未有之大变局的高度,旗帜鲜明强调坚持和加强党的全面领导,对坚持党的领导在理论上有新认识,在实践中有新探索,确保充分发挥党总揽全局、协调各方的领导核心作用,确保党始终把牢中国前进方向、始终成为中国特色社会主义事业的坚强领导核心。

党的领导必须是全面的、系统的、整体的。从保证党的团结统一,加强和维护党中央集中统一领导,到严肃党内政治生活,严明党的政治纪律和政治规矩;从健全党的领导制度体系,确保党在各种组织中发挥领导作用,到坚持民主集中制,完善推动党中央重大决策落实机制,以习近平同志为核心的党中央围绕坚持党的全面领导作出一系列重大决策部署,党中央权威和集中统一领导得到有力保证,党的领导制度体系不断完善,党的领导方式更加科学,全党思想上更加统一、政治上更加团结、行动上更加一致,党的政治领导力、思想引领力、群众组织力、社会号召力显著增强。

在国家治理体系的大棋局中,党中央是坐镇中军帐的"帅",车马炮各展其长,一盘棋大局分明。坚持党的全面领导,使我国社会主义制度具有非凡的组织动员能力、统筹协调能力、贯彻执行能力,凝聚起全社会的力量,打赢脱贫攻坚战,全面建成小康社会;在新冠肺炎疫情突如其来时团结成新的钢铁长城,取得抗疫斗争重大战略成果;充分发挥集中力量办大事、办难事、办急事的独特优势,经受住一次次压力测试。实践充分证明,中国共产党具有无比坚强的领导力、组织力、执行力,是团结带领人民攻坚克难、开拓前进最可靠的领导力量。前进道路上,只要我们坚持党的全面领导不动摇,坚决维护党的核心和党中央权威,充分发挥党的领导政治优势,把党的领导落实到党和国家事业各领域各方面各环节,就一定能够确保全党全军全国各族人民团结一致向前进。

沧海横流显砥柱,万山磅礴看主峰。中国共产党是领导我们事业的核心力量。历史已经证明,创造中国奇迹的核心密码是坚持和加强党的全面领导;历史必将证明,坚持和加强党的全面领导,我们就一定能够汇聚起实现中华民族伟大复兴的磅礴之力。[1]

34. 党的长期执政能力建设

十九大报告在论述新时代党的建设总要求时提出,以加强党的长期执政能

---

[1] 人民日报评论部:《充分发挥党总揽全局协调各方的领导核心作用》,《人民日报》2021年11月25日。

力建设、先进性和纯洁性建设为主线。从"加强党的执政能力建设"到"加强党的长期执政能力建设",对党的自身能力建设提出了更全面的要求、更严格的标准。

中国共产党高度重视党的执政能力建设。新民主主义革命胜利前夕,毛泽东就开始思考执政能力建设问题,从阐述历史周期率的"窑洞对",到比喻执政艰辛的"进京赶考",无不体现出强烈的忧患意识。改革开放初期,邓小平多次强调坚持党的领导,改善党的领导。2002年,中共十六大明确提出"加强党的执政能力建设"的命题,并把"加强党的执政能力建设,提高党的领导水平和执政水平"作为一项重大战略任务。2004年9月,根据中共十六大的要求,十六届四中全会审议通过《关于加强党的执政能力建设的决定》,明确了新形势下加强党的执政能力建设的指导思想、总体目标和主要任务。2007年,中共十七大强调必须把党的执政能力建设和先进性建设作为党的建设的主线。2012年,中共十八大进一步明确,要"牢牢把握加强党的执政能力建设、先进性和纯洁性建设这条主线",增强自我净化、自我完善、自我革新、自我提高能力。2017年,中共十九大根据全面从严治党的新课题,提出"加强党的长期执政能力建设",使党对长期执政条件下面临风险考验的认识更加清晰,对新时代党的执政规律和自身建设规律的认识更加深化。

加强党的长期执政能力建设,要求我们既要政治过硬,也要本领高强,必须不断增强党的政治领导力、思想引领力、群众组织力、社会号召力。政治属性是政党的第一属性,政治领导力是政党第一位的能力,我们党必须始终把握政治方向、保持政治定力、善于驾驭政治局面、有效防范政治风险;指导思想是一个政党的精神旗帜,思想引领力是保证全党思想统一、步调一致的坚实基础,我们党必须坚持用马克思主义中国化最新成果武装头脑、指导实践、推动工作;人民是决定党和国家前途命运的根本力量,群众组织力是我们党坚如磐石、坚不可摧的不竭源泉,我们党必须坚持马克思主义唯物史观,坚持以人民为中心的发展思想,在生动具体的实践中带领人民创造更加幸福美好的生活;当今社会思想多样化、利益多元化、就业方式和生活方式多样化,我们党必须保持强有力的社会号召力,用共同价值追求和奋斗目标感召鼓舞人,形成夺取新时代中国特色社会主义伟大胜利的磅礴力量。各级党组织和广大党员干部必须不断增强学习本领、政治领导本领、改革创新本领、科学发展本领、依法执政本领、群众工作本领、狠抓落实本领、驾驭风险本领,使我们党永远同人民想在一起、干在一起,奋力谱写社会主义现代化建设新征程的壮丽篇章。[①]

[①] 赵乐际:《全面理解和准确把握新时代党的建设总要求》,《人民日报》2017年11月11日。

新时代党的建设要"加强党的长期执政能力建设",蕴含着对实现执政使命长期性、艰巨性的深远考量,揭示了马克思主义执政党建设的本质要求。

35. 不断提高党科学执政、民主执政、依法执政水平

提高科学执政、民主执政、依法执政水平是坚持和完善党的领导制度体系的重要内容,是实现国家治理体系和治理能力现代化的重要保障。

以什么样的方式执政,如何执政,是马克思主义政党产生尤其是取得国家政权执政以后一直在探索的一个重要问题。中国共产党在新中国成立以后特别是改革开放以来的执政实践中探索形成了符合中国国情的执政方式,这就是科学执政、民主执政、依法执政。不断提高党科学执政、民主执政、依法执政水平,反映了中国共产党对共产党执政规律认识的深化和对中国共产党长期执政正反两方面经验的科学总结,反映了中国共产党对自己所处的历史方位和所承担的历史使命的清醒认识,也反映了中国共产党把推进党的建设新的伟大工程同推进中国特色社会主义伟大事业紧密结合的高度自觉。

科学执政,就是坚持以马克思主义的科学理论为指导,不断探索和遵循共产党执政规律、社会主义建设规律、人类社会发展规律,以科学的思想、科学的制度、科学的方法组织和带领人民共同建设社会主义。无数历史事实证明,一个政党尤其是马克思主义执政党要想始终走在时代前列,不断提高执政能力,就一刻也不能离开科学的思想理论指导。中国共产党长期执政并不断开拓新局面,从根本上说,靠的是马克思列宁主义以及马克思主义中国化的理论创新成果——毛泽东思想、邓小平理论、"三个代表"重要思想、科学发展观、习近平新时代中国特色社会主义思想的科学指引。[①]

民主执政的核心问题是正确认识和处理执政党和人民群众的关系,就是坚持为人民执政、靠人民执政,支持和保证人民当家作主,坚持和完善人民民主专政,坚持和完善民主集中制,以发展党内民主带动人民民主,团结一切可以团结的力量,调动一切积极因素,壮大最广泛的爱国统一战线。民主执政的基本内涵,既科学回答了党执政的民主性质,也深刻揭示了共产党执政的实现途径;既体现了共产党执政的根本目的,也体现了共产党执政的动力源泉。[②]

依法执政,是党坚持依法治国的基本方略。中国共产党一直强调,领导人民制定宪法和法律,党领导人民执行宪法和法律,党自身必须在宪法和法律范围内活动,真正做到党领导立法、保证执法、支持司法、带头守法。国家生活和社会生活制度化、规范化、程序化运行的法治程度,是衡量国家治理体系和

---

① 曲青山主编:《共产党执政规律研究》,人民出版社2020年版,第528—529页。
② 曲青山主编:《共产党执政规律研究》,人民出版社2020年版,第531页。

治理能力现代化的重要指标。中国共产党依法执政，集中反映了中国共产党在新的历史条件下治国理政方式的与时俱进和制度创新，突出体现了执政党在领导国家法治建设中的主动性、创造性和关键性。[①]

中国共产党是在一个拥有14亿人口大国长期执政的马克思主义政党。不断提高党科学执政、民主执政、依法执政水平，是党巩固执政地位、实现执政使命必须解决好的重大课题。进入新时代，我们党要团结带领人民坚持和完善中国特色社会主义制度、推进国家治理体系和治理能力现代化，就必须不断提高执政水平。只有不断提高党科学执政、民主执政、依法执政的水平，才能使党的领导更加适应实践、时代、人民的要求，把党的领导落实到国家治理各领域各方面各环节；才能更好地推进国家治理能力建设，增强运用中国特色社会主义制度有效治理国家的能力，把我国制度优势更好转化为国家治理效能。这是党的领导方式和执政方式的深刻转变，是对共产党执政规律的准确把握的必然结论。

36. 全面从严治党永远在路上

全面从严治党，是以习近平同志为核心的党中央把握新时代历史方位，以强烈的历史自觉、历史主动，统筹国内国际两个大局，统揽伟大斗争、伟大工程、伟大事业、伟大梦想作出的战略部署，是马克思主义建党学说同中国共产党建设实际相结合的重大理论和实践成果，具有重要时代价值和深远历史意义。

全面从严治党是党永葆生机活力、走好新的赶考之路的必由之路。全面从严治党是坚守党的初心使命的本质要求。中国共产党是为中国人民谋幸福、为中华民族谋复兴的党。党代表中国最广大人民根本利益，没有任何自己特殊的利益，从来不代表任何利益集团、任何权势团体、任何特权阶层的利益。这样的初心使命、性质宗旨，决定了党能够以彻底自我革命精神检视自身、直面矛盾问题，坚决同一切损害党的先进性和纯洁性的因素作斗争，始终保持同人民群众的血肉联系，使广大人民群众信赖党、支持党，坚定跟党一起团结奋斗。党依靠发展人民民主、接受人民监督，依靠全面从严治党、推进自我革命，勇于坚持真理、修正错误，保证自身不断发展壮大，保证事业不断取得胜利。党要永远不变质、不变色、不变味，就必须初心不改、使命不移，自觉以全面从严治党凝聚党心民心。

全面从严治党是巩固党的长期执政地位的必然选择。进入新时代，面对一

---

① 曲青山主编：《共产党执政规律研究》，人民出版社2020年版，第533页。

系列长期积累及新出现的突出矛盾和问题,特别是落实党的领导弱化、虚化、淡化问题,较为严重的特权思想和特权现象,屡禁不止的"四风"问题和触目惊心的贪腐问题,以习近平同志为核心的党中央审时度势、果敢抉择,把全面从严治党纳入"四个全面"战略布局,以顽强意志和坚韧定力推进党风廉政建设和反腐败斗争,开辟了百年大党自我革命的新境界。迈上全面建设社会主义现代化国家新征程,我们处在一个既充满挑战也充满希望的时代,必将遇到许多可以预料和难以预料的风险考验,必须增强忧患意识,做到居安思危,坚定不移把全面从严治党向纵深推进,确保党和国家长治久安。

全面从严治党是实现中华民族伟大复兴的根本保障。党要团结带领人民进行伟大斗争、推进伟大事业、实现伟大梦想,必须把党建设好建设强。进入新时代,在"两个一百年"奋斗目标历史交汇的重大时刻,以习近平同志为核心的党中央旗帜鲜明坚持和加强党的全面领导,坚定不移全面从严治党,校正了党和国家事业的前进航向,凝聚起团结奋斗的磅礴伟力,为实现第一个百年奋斗目标、赢得新时代中国特色社会主义历史性胜利提供了根本保证。展望新征程新任务,中华民族复兴伟业前途光明、任重道远,必须坚持全面从严治党不动摇,永葆党的先进纯洁和强大生命力。

全面从严治党永远在路上,党的自我革命永远在路上,决不能有松劲歇脚、疲劳厌战的情绪,必须持之以恒推进全面从严治党,深入推进新时代党的建设新的伟大工程。必须坚持和加强党中央集中统一领导,坚持不懈用习近平新时代中国特色社会主义思想凝心铸魂,完善党的自我革命制度规范体系,增强党组织政治功能和组织功能,坚持以严的基调强化正风肃纪,坚决打赢反腐败斗争攻坚战持久战。[1]

(五)"两个确立"的决定性意义

37. 确立习近平同志党中央的核心、全党的核心地位

2016年10月,中共十八届六中全会提出"以习近平同志为核心的党中央"的论断,明确习近平总书记为党中央的核心、全党的核心。2017年10月,中共十九大把习近平总书记党中央的核心、全党的核心地位写入党章。2021年11月,中共十九届六中全会全面总结中国共产党百年奋斗重大成就和历史经验,强调党确立习近平同志党中央的核心、全党的核心地位,确立习近

---

[1] 《坚定不移全面从严治党》,载《党的二十大报告辅导读本》,人民出版社2022年版,第1—10页。

平新时代中国特色社会主义思想的指导地位，反映了全党全军全国各族人民共同心愿，对新时代党和国家事业发展、对推进中华民族伟大复兴历史进程具有决定性意义。

习近平同志党中央的核心、全党的核心地位，是在新时代新的伟大斗争实践中形成和确立的。每一个社会时代都需要有自己的伟大人物。中共十八大以来，中国特色社会主义进入新时代，世界正经历百年未有之大变局，我国处于实现中华民族伟大复兴的关键时期，"继续在人类的伟大时间历史中创造中华民族的伟大历史时间"是新时代赋予中国共产党人的崇高使命。统筹两个大局，成就伟大事业，迫切需要能够及时回答时代之问、人民之问，开辟马克思主义中国化新境界，指引全党和全国人民前进方向的领路人；迫切需要能够洞悉时代风云、明辨大是大非、迎战惊涛骇浪，带领全党和全国人民进行伟大斗争的掌舵者；迫切需要能够统筹协调党和国家事业全局，领导新时代中国特色社会主义伟大实践，推进实现"两个一百年"奋斗目标，凝聚全党和全国人民磅礴力量的总指挥。[①] 习近平总书记带领全党全国各族人民接续推进伟大社会革命，开创中国特色社会主义新时代，开辟马克思主义中国化新境界，推动党和国家事业取得历史性成就、发生历史性变革，展现出坚定信仰信念、鲜明人民立场、非凡政治智慧、顽强意志品质、强烈历史担当、高超政治艺术，赢得了全党全国各族人民衷心拥护，赢得了国际社会高度赞誉。正是在时代呼唤、历史选择、人民期盼和实践锻造中，习近平总书记当之无愧地成为党中央的核心、全党的核心。

确立习近平同志党中央的核心、全党的核心地位是历史和时代的选择，是党和国家的历史幸运、时代幸运，是深刻总结党的百年奋斗，特别是中共十八大以来伟大实践得出的重大历史结论，是体现全党共同意志、反映人民共同心声的重大政治判断，是历史、人民和实践的共同选择、郑重选择、必然选择，是全党之幸、国家之幸、人民之幸、民族之幸。进一步坚持和发展中国特色社会主义，要坚决维护习近平同志党中央的核心、全党的核心地位，全面贯彻习近平新时代中国特色社会主义思想，切实增强"四个意识"、坚定"四个自信"、做到"两个维护"，确保全党在新征程中统一意志、统一行动，步调一致向前进。

38. 确立习近平新时代中国特色社会主义思想的指导地位

2017年10月18日，习近平在中共十九大报告中首次提出"新时代中国特

[①] 中共中央宣传部：《习近平新时代中国特色社会主义思想学习问答》，学习出版社、人民出版社2021年版，第440页。

色社会主义思想"，强调新时代中国特色社会主义思想是对马克思列宁主义、毛泽东思想、邓小平理论、"三个代表"重要思想、科学发展观的继承和发展，是马克思主义中国化最新成果，是党和人民实践经验和集体智慧的结晶，是中国特色社会主义理论体系的重要组成部分，是全党全国人民为实现中华民族伟大复兴而奋斗的行动指南，必须长期坚持并不断发展。中共十九大通过关于《中国共产党章程（修正案）》的决议，把习近平新时代中国特色社会主义思想确立为中国共产党必须长期坚持的指导思想，并写入党章，实现了党的指导思想与时俱进。2018年3月11日，第十三届全国人民代表大会第一次会议通过宪法修正案，把习近平新时代中国特色社会主义思想载入宪法，实现国家指导思想的与时俱进。2021年11月11日，中共十九届六中全会审议通过《中共中央关于党的百年奋斗重大成就和历史经验的决议》，在十九大报告"八个明确"的基础上用"十个明确"对习近平新时代中国特色社会主义思想的核心内容做了进一步概括。

习近平新时代中国特色社会主义思想系统全面、博大精深。这一思想在理论与实践的结合中回答了新时代坚持和发展什么样的中国特色社会主义、怎样坚持和发展中国特色社会主义，建设什么样的社会主义现代化强国、怎样建设社会主义现代化强国，建设什么样的长期执政的马克思主义政党、怎样坚持长期执政的马克思主义政党等重大时代课题。习近平新时代中国特色社会主义思想，明确中国特色社会主义最本质的特征是中国共产党领导，中国特色社会主义制度的最大优势是中国共产党领导，中国共产党是最高政治领导力量，全党必须增强"四个意识"、坚定"四个自信"、做到"两个维护"；明确坚持和发展中国特色社会主义，总任务是实现社会主义现代化和中华民族伟大复兴，在全面建成小康社会的基础上，分两步走在本世纪中叶建成富强民主文明和谐美丽的社会主义现代化强国，以中国式现代化推进中华民族伟大复兴；明确新时代我国社会主要矛盾是人民日益增长的美好生活需要和不平衡不充分的发展之间的矛盾，必须坚持以人民为中心的发展思想，发展全过程人民民主，推动人的全面发展、全体人民共同富裕取得更为明显的实质性进展；明确中国特色社会主义事业总体布局是经济建设、政治建设、文化建设、社会建设、生态文明建设五位一体，战略布局是全面建设社会主义现代化国家、全面深化改革、全面依法治国、全面从严治党四个全面；明确全面深化改革总目标是完善和发展中国特色社会主义制度、推进国家治理体系和治理能力现代化；明确全面推进依法治国总目标是建设中国特色社会主义法治体系、建设社会主义法治国家；明确必须坚持和完善社会主义基本经济制度，使市场在资源配置中起决定性作用，更好发挥政府作用，把握新发展阶段，贯彻创新、协调、绿色、开放、共享的新发展理念，加快构建以国内大循环为主体、国内国际双循环相互促进的新发展格局，推动高质量发展，统筹发展和安全；明确党在新时代的强军目标是建设一支听党指挥、能打胜仗、作风优良的人民军队，把人民军队建设成为世界一流军队；明确中国特色大国外交要服务民族复兴、促进人类进步，推动建设新型国际关系，推动构建人类命运共同体；明确全面从严治党的战略方针，提出新时代党的建设总要求，全面推进党的政治建设、思想建设、组织建设、作风建设、纪律建设，把制度建设贯穿其中，深入推进反腐败斗争，落实管党治党政治责任，以伟大自我革命引领伟大社会革命。

习近平新时代中国特色社会主义思想是当代中国马克思主义、二十一世纪马克思主义，是中华文化和中国精神的时代精华，实现马克思主义中国化新的飞跃。确立习近平新时代中国特色社会主义思想的指导地位，反映了全党全军全国各族人民共同心愿，对于新时代党和国家事业发展、对推进中华民族伟大复兴具有决定性意义。在当代中国，坚持和发展习近平新时代中国特色社会主义思想，就是真正坚持和发展马克思主义，就是真正坚持和发展科学社会主义。必须高举马克思主义、中国特色社会主义伟大旗帜不动摇，必须坚持习近平新时代中国特色社会主义思想指导地位不动摇。

39. 对新时代党和国家事业发展具有决定性意义

中国共产党确立习近平同志党中央的核心、全党的核心地位，确立习近平新时代中国特色社会主义思想的指导地位，反映了全党全军全国各族人民共同心愿，对新时代党和国家事业发展具有决定性意义。①

"两个确立"是创造新时代中国特色社会主义伟大成就的根本所在。面对中国特色社会主义进入新时代的新形势新任务新挑战，以习近平同志为核心的党中央以伟大的历史主动精神、巨大的政治勇气、强烈的责任担当，统筹实现中华民族伟大复兴和世界百年未有之大变局，统揽伟大斗争、伟大工程、伟大事业、伟大梦想，统筹推进"五位一体"总体布局、协调推进"四个全面"战略布局，出台一系列重大方针政策，推出一系列重大举措，推进一系列重大工作，战胜一系列重大风险挑战，解决了许多长期想解决而没有解决的难题，办成了许多过去想办而没有办成的大事。正是确立了习近平同志党中央的核心、全党的核心地位，党中央有了定于一尊、一锤定音的权威，在每一个重大历史关头、每一场惊心动魄的斗争中作出英明果断的决策，我们经受住大风大浪、大战大考的检验，如期全面建成小康社会，实现了第一个百年奋斗目标。

---

① 《中国共产党第十九届中央委员会第六次全体会议文件汇编》，人民出版社2021年版，第48—49页。

正是在以习近平同志为核心的党中央坚强领导下，全面建成小康社会的目标如期实现，党和国家事业全面发展、全面进步，为实现中华民族伟大复兴提供了更为完善的制度保证、更为坚实的物质基础、更为主动的精神力量，中华民族迎来了从站起来、富起来到强起来的伟大飞跃，推动中华民族伟大复兴进入了不可逆转的历史进程。

习近平新时代中国特色社会主义思想坚持马克思主义科学性和实践性的有机统一，科学地回答了新时代坚持和发展什么样的中国特色社会主义、怎样坚持和发展中国特色社会主义，建设什么样的社会主义现代化强国、怎样建设社会主义现代化强国，建设什么样的长期执政的马克思主义政党、怎样建设长期执政的马克思主义政党等重大时代课题，深刻回答了新时代党和国家事业发展面临的一系列重大理论和现实问题，贯穿着强烈的问题意识、鲜明的实践导向。这一思想是在研究问题、解决问题中丰富发展的，是在推动实践、指导实践中成熟完善的，集中体现了马克思主义者求真务实、实践第一的科学态度，充分展现了共产党人勇于创新、奋发有为的精神风貌。习近平新时代中国特色社会主义思想不仅是一个系统的理论体系，而且是一个指导中国这个世界上最大的发展中国家、最大的社会主义国家阔步前进的战略体系，在指引我们认识世界、改造世界的过程中，展现出巨大的现实解释力和实践引领力，成为全党全国各族人民的思想之旗、精神之魂。[①]

"两个确立"是新征程上全面建设社会主义现代化国家、实现中华民族伟大复兴的根本保证。踏上实现第二个百年奋斗目标新的赶考之路，在新时代新征程上赢得新胜利，必须深刻领会"两个确立"的决定性意义，坚决做到"两个维护"。当今国际形势复杂多变，百年未有之大变局和世纪疫情相互交织，经济全球化遭遇逆流，大国博弈日益激烈，世界进入动荡变革期，国内改革发展稳定任务艰巨繁重。在新的起点上推进伟大事业，我们要贯通把握历史、现在和未来，始终同以习近平同志为核心的党中央保持高度一致，忠诚核心、拥戴核心、维护核心、捍卫核心，自觉做习近平新时代中国特色社会主义思想的坚定信仰者和忠实实践者，运用科学世界观和方法论谋划事业发展、应对风险挑战，不断增强理论自信和战略定力，不为任何风险所惧，不为任何干扰所惑，决不在根本性问题上出现颠覆性错误。坚定拥护和维护习近平同志党中央的核心、全党的核心地位，坚持习近平新时代中国特色社会主义思想在全党的指导地位，全党就有定盘星，全国人民就有主心骨。有了习近平总书记掌舵把向，有了习近平新时代中国特色社会主义思想科学指引，中国共产党和中

[①] 中共中央宣传部：《习近平新时代中国特色社会主义思想学习问答》，学习出版社、人民出版社2021年版，第17—18页。

国人民就有了干事创业的带头人、团结奋斗的主心骨，就一定能走好新时代的长征路。

40. 对推进中华民族伟大复兴历史进程具有决定性意义

确立习近平同志党中央的核心、全党的核心地位，确立习近平新时代中国特色社会主义思想的指导地位，反映了全党全军全国各族人民共同心愿，对推进中华民族伟大复兴历史进程具有决定性意义。

"两个确立"是实现中华民族伟大复兴的必然要求。在新中国成立以来特别是改革开放以来取得的重大成就的基础上，中国特色社会主义进入新时代，我国发展站到了新的历史起点上，我们具备过去难以想象的良好发展条件，但也面临着各种可以预见和难以预见的困难和问题，形势环境变化之快、改革发展稳定任务之重、矛盾风险挑战之多、对我们党治国理政考验之大前所未有。[①] 在以习近平同志为核心的党中央的坚强领导下，在习近平新时代中国特色社会主义思想的科学指引下，我们党团结带领中国人民砥砺奋进、开拓进取，全面建成小康社会，中华民族伟大复兴向前迈出新的一大步，实现了从站起来、富起来到强起来的伟大飞跃。正是在习近平同志为核心的党中央的坚强领导下，在习近平新时代中国特色社会主义思想的根本指引下，中共十八大以来党和国家事业取得伟大历史性成就，发生伟大历史性变革，中华民族伟大复兴进入了不可逆转的历史进程。中共十八大以来党和国家事业伟大历史性成就的取得，充分展示了中国共产党的领导水平和执政能力，充分体现了中国特色社会主义制度和国家治理体系的显著优势和强大生命力，充分彰显了习近平新时代中国特色社会主义思想的科学价值和实践伟力。

"两个确立"为实现中华民族伟大复兴提供了坚强的领导核心、科学的思想指引。全面建设社会主义现代化国家的新征程已经开启，中华民族伟大复兴曙光在前。但中华民族伟大复兴绝不是轻轻松松、敲锣打鼓就能实现的，越是接近目标，面临的任务越繁重，需要破解的难题越艰巨。习近平总书记是习近平新时代中国特色社会主义思想的主要创立者，是统一全党思想、引领前进方向的领导核心。习近平新时代中国特色社会主义思想擘画了全面建设社会主义现代化国家的宏伟蓝图，引领党和国家事业开启新征程、迈入新阶段，向着实现第二个百年奋斗目标、实现中华民族伟大复兴的中国梦进军。当今世界正经历百年未有之大变局，我国正处于实现中华民族伟大复兴关键时期，我们面临的机遇和挑战都前所未有。必须深入学习贯彻习近平新时代中国特色社会主义

---

① 中共中央宣传部：《习近平新时代中国特色社会主义思想学习问答》，学习出版社、人民出版社2021年版，第9页。

思想，不断提高运用科学理论指导我们应对重大挑战、抵御重大风险、克服重大阻力、化解重大矛盾、解决重大问题的能力，以更宽广的视野、更长远的眼光来思考把握未来发展面临的一系列重大问题，以居安思危的政治清醒、坚如磐石的战略定力、一往无前的奋进姿态，不断开辟党和国家事业发展崭新境界。新征程上，进行具有许多新的历史特点的伟大斗争，必须自觉在思想上政治上行动上同以习近平同志为核心的党中央保持高度一致，深刻理解习近平新时代中国特色社会主义思想的核心要义、精神实质、丰富内涵、实践要求，不断锤炼对党绝对忠诚的政治品格，不断增强"四个意识"，做到"两个维护"，切实提高政治判断力、政治领悟力、政治执行力，坚决贯彻落实党中央决策部署，以咬定青山不放松的执着朝着实现第二个百年奋斗目标奋勇前进。

（六）中华民族伟大复兴中国梦

41. 中华民族近代以来最伟大的梦想

实现中华民族伟大复兴是中华民族近代以来最伟大的梦想。

2012年11月29日，习近平在第十八届中央政治局委员一起参观《复兴之路》展览时指出，实现中华民族伟大复兴，就是中华民族近代以来最伟大的梦想。这个梦想，凝聚了几代中国人的夙愿，体现了中华民族和中国人民的整体利益，是每一个中华儿女的共同期盼。[①]

实现中华民族伟大复兴是近代以来中华民族的夙愿。中华民族是世界上古老而伟大的民族，创造了绵延五千多年的灿烂文明，为人类文明进步作出不可磨灭的贡献。1840年鸦片战争以后，由于西方列强入侵和封建统治腐败，中国逐步成为半殖民地半封建社会，国家蒙辱、人民蒙难、文明蒙尘，中华民族遭受了前所未有的劫难。为了拯救民族危亡，中国人民奋起反抗，仁人志士奔走呐喊，进行了可歌可泣的斗争。太平天国运动、洋务运动、戊戌变法、义和团运动接连而起，各种救国方案轮番出台，但都以失败告终。孙中山先生领导的辛亥革命推翻了统治中国几千年的君主专制制度，但未能改变中国半殖民地半封建的社会性质和中国人民的悲惨命运。中国迫切需要新的思想引领救亡运动，迫切需要新的组织凝聚革命力量。十月革命一声炮响，给中国送来了马克思列宁主义。在中国人民和中华民族的伟大觉醒中，在马克思列宁主义同中国工人运动的紧密结合中，中国共产党应运而生。中国产生了共产党，是开天辟

[①]《习近平谈治国理政》第一卷，外文出版社2018年版，第36页。

地的大事变，深刻改变了近代以后中华民族发展的方向和进程，深刻改变了中国人民和中华民族的前途命运，深刻改变了世界发展的趋势和格局。

一百年来中国共产党团结带领中国人民进行的一切奋斗、一切牺牲、一切创造，归结起来就是一个主题：实现中华民族谋复兴。中国共产党一经成立，就把实现共产主义作为党的最高理想和最终目标，把为中国人民谋幸福、为中华民族谋复兴确立为自己的初心使命，义无反顾肩负起实现中华民族伟大复兴的历史使命，团结带领人民进行了艰苦卓绝的斗争，谱写了气吞山河的壮丽史诗。在新民主主义革命时期，党领导人民反对帝国主义、官僚资本主义、封建主义，实现民族独立、人民解放，为实现中华民族伟大复兴创造根本社会条件。在社会主义革命和建设时期，党领导人民实现新民主主义向社会主义的转变，进行社会主义革命，推进社会主义建设，为实现中华民族伟大复兴奠定根本政治前提和制度基础。在改革开放和社会主义现代化建设时期，党领导人民继续探索中国建设社会主义的正确道路，解放和发展社会生产力，使人民摆脱贫困、尽快富裕起来，为实现中华民族伟大复兴提供充满新的活力的体制保证和快速发展的物质条件。中共十八大以来，中国特色社会主义进入新时代，党领导人民全面建成小康社会，实现第一个百年奋斗目标，开启了全面建设社会主义现代国家的新征程，朝着实现中华民族伟大复兴的宏伟目标继续前进。今天，我们比历史上任何时期都更接近、更有信心和能力实现中华民族伟大复兴的目标。

实现伟大梦想，必须进行伟大斗争、建设伟大工程、推进伟大事业。中华民族伟大复兴的中国梦，绝不是轻轻松松、敲锣打鼓就能实现的，必须准备付出更为艰巨、更为艰苦的努力。实现伟大梦想，必须进行伟大斗争、建设伟大工程、推进伟大事业。伟大梦想与伟大斗争、伟大工程、伟大事业是一个紧密联系、相互贯通、相互作用、有机统一的整体。伟大梦想指明方向，伟大斗争开创新局，伟大工程提供保证，伟大事业凝聚力量，其中起决定性作用的是新时代党的建设新的伟大工程。在新时代，我们要坚持以自我革命引领社会革命，把伟大梦想与伟大斗争、伟大工程、伟大事业贯通起来理解、结合起来把握、协同起来推进。[①] 中华民族伟大复兴的中国梦一定要实现，也一定会实现。

42. 国家富强

国家富强，就是要全面建成小康社会，并在此基础上建设富强民主文明和谐美丽的社会主义现代化强国。2013年3月17日，习近平在第十二届全国人

[①] 中共中央宣传部：《习近平新时代中国特色社会主义思想学习问答》，学习出版社、人民出版社2021年版，第109页。

民代表大会第一次会议上的讲话中指出，实现全面建成小康社会、建成富强民主文明和谐的社会主义现代化国家的奋斗目标，实现中华民族伟大复兴的中国梦，就是要实现国家富强、民族振兴、人民幸福，既深深体现了今天中国人的理想，也深深反映了我们先人们不懈追求进步的光荣传统。[①]

中华民族谋复兴的中国梦，首先是强国之梦，是实现国家富强之梦。只有国家富强，民族振兴才有坚实的基础，人民幸福才有根本的保障。鸦片战争以后，由于西方列强入侵和封建统治腐败，中国逐步沦为半殖民地半封建社会，中华民族遭受前所未有的劫难。落后就要挨打，就会在国际社会备受欺凌。国家不强，人民的幸福生活将无法得到根本保障。中国共产党始终团结带领人民为了建设社会主义现代化国家而不懈奋斗。中华人民共和国成立以后，1954年召开第一届全国人民代表大会，第一次明确地提出要实现工业、农业、交通运输业和国防的四个现代化的任务。1964年12月至1965年1月，第三届全国人民代表大会第一次会议在北京举行，周恩来在政府工作报告中首次提出"四个现代化"的宏伟目标，强调在20世纪内把我国建设成为一个具有现代农业、现代工业、现代国防和现代科学技术的社会主义强国，并提出四个现代化目标的"两步走"设想：第一步是用15年时间建成一个独立的、比较完整的工业体系和国民经济体系，使中国工业大体接近世界先进水平；第二步是力争在20世纪末，使中国工业走在世界前列，全面实现农业、工业、国防和科学技术的现代化。进入改革开放和社会主义现代化建设时期，中国共产党人科学地回答了建设中国特色社会主义的一系列基本问题，制定了到21世纪中叶分三步走、基本实现社会主义现代化的发展战略，社会主义现代化建设取得世人瞩目的伟大成就，我国实现了从生产力相对落后的状况到经济总量跃居世界第二的历史性突破，实现了人民生活从温饱不足到总体小康、奔向全面小康的历史性跨越，推进了中华民族从站起来到富起来的伟大飞跃。中共十八大以来，中国共产党带领人民不懈奋斗，打赢脱贫攻坚战，全面建成小康社会，实现社会主义现代化建设的第一个百年奋斗目标，我国国际影响力、感召力、塑造力得到显著提升。

今天，中国已经全面建成小康社会，开启了社会主义现代化强国建设新征程，到本世纪中叶把我国建设成为富强民主文明和谐美丽的社会主义现代化强国的目标将变成现实。

43. 民族振兴

民族振兴，就是要使中华民族更加坚强有力地自立于世界民族之林，为人

[①] 《习近平谈治国理政》第一卷，外文出版社2018年版，第39页。

类作出新的更大的贡献。2012年11月15日，习近平在十八届中央政治局常委同中外记者见面时讲话强调，中国共产党成立后，团结带领人民前仆后继、顽强奋斗，把贫穷落后的旧中国变成日益走向繁荣富强的新中国，中华民族伟大复兴展现出前所未有的光明前景。我们的责任，就是要团结带领全党全国各族人民，接过历史的接力棒，继续为实现中华民族伟大复兴而努力奋斗，使中华民族更加坚强有力地自立于世界民族之林，为人类作出新的更大的贡献。①

实现中华民族伟大复兴是近代以来中国人民和中华民族最伟大的梦想，百年来中国共产党团结带领中国人民进行的一切奋斗、一切牺牲、一切创造，归结起来就是一个主题：实现中华民族伟大复兴。近代以来，曾创造了灿烂文明的中华民族遭遇到文明难以赓续的深重危机，中国人民和中华民族遭受了百年的欺凌和苦难。觉醒的中国人为了实现民族复兴而不断探索，付出了沉重的代价。中国共产党一经成立就把为中国人民谋幸福、为中华民族谋复兴确立为自己的初心使命。一百年来，中国共产党领导人民不懈奋斗、不断进取，夺取新民主主义革命伟大胜利，完成社会主义革命和推进社会主义建设，进行改革开放和社会主义现代化建设，开创中国特色社会主义新时代，成功开辟了实现民族复兴的正确道路。

在中国共产党的领导下，中国从四分五裂、一盘散沙到高度统一、民族团结，从积贫积弱、一穷二白到全面小康、繁荣富强，从被动挨打、饱受欺凌到独立自主、坚定自信，仅用几十年时间就走完发达国家几百年走过的工业化历程，创造了经济快速发展和社会长期稳定两大奇迹，中华民族向世界展现的是一派欣欣向荣的气象，巍然屹立于世界东方。中国共产党百年奋斗开辟的正确道路，为民族复兴蕴蓄和积累了坚实雄厚的物质力量，为民族复兴构筑和夯实了强大显著的制度力量，为民族复兴激活和焕发了自信昂扬的精神力量。今天，我们比历史上任何时期都更接近、更有信心、更有能力实现中华民族伟大复兴的目标。

44. 人民幸福

人民幸福是实现中华民族伟大复兴中国梦的奋斗目标，国家富强与民族振兴最终落脚点都是人民的幸福。人民幸福，就是要坚持以人民为中心，坚持人民至上，增进人民福祉，促进人的全面发展，朝着共同富裕方向稳步前进。2012年11月15日，习近平在十八届中央政治局常委同中外记者见面时的讲话中指出，我们的人民热爱生活，期盼有更好的教育、更稳定的工作、更满意的

---

① 《习近平谈治国理政》第一卷，外文出版社2018年版，第3—4页。

收入、更可靠的社会保障、更高水平的医疗卫生服务、更舒适的居住条件、更优美的环境，期盼孩子们能成长得更好、工作得更好、生活更美好。人民对美好生活的向往，就是我们的奋斗目标。①

中国梦归根到底是人民的梦，必须紧紧依靠人民来实现，必须不断为人民造福。人民是中国梦的主体，是中国梦的创造者和享有者。中国梦是人民的梦，必须同中国人民对美好生活的向往结合起来才能取得成功。②中国人民是伟大的人民，素来有着深沉厚重的精神追求，具有伟大的梦想精神，即使近代以来饱尝屈辱和磨难，也绝不自甘沉沦，而是始终怀揣民族复兴的梦想，追求光明美好的未来。中国梦的深厚源泉在于人民，根本归宿也在于人民，只有同人民对美好生活的向往结合起来才能取得成功。

中国共产党是马克思主义指导的无产阶级政党，始终把为人民谋幸福、为民族谋复兴作为初心使命，为人民出生入死、同人民休戚与共，党的奋斗和人民的福祉、党的命运和人民的命运早已深深融为一体。中国共产党来自人民、忠诚人民、奉献人民，无论是干革命、搞建设、抓改革，还是救国、兴国、强国，都是为了让人民过上好日子。战争时期，党领导人民打土豪、分田地，抗日寇、反侵略，争民主、谋解放，目的是推翻"三座大山"的压迫，建立一个自由平等的新国家、新社会。和平年代，党领导人民重整山河、奠基立业，解放思想、改革进取、攻坚拔寨、砥砺奋进，目的是为了不断夯实社会主义中国的物质基础，让全体人民享有更加富裕、更加幸福的生活。中共十八大以来，为了让全体人民过上小康生活，以习近平同志为核心的党中央举全党全国之力，以前所未有的力度和决心打响脱贫攻坚战，实现了中华民族从整体上消除绝对贫困的历史壮举，人民群众的获得感显著提升。今天，中国人民彻底告别了缺衣少食、物质匮乏的年代，亿万人民真正过上了无人不饱暖、无处不小康的幸福生活。同时，为了让发展成果更好更公平惠及全体人民，以习近平同志为核心的党中央把共同富裕问题作为全面建设社会主义现代化国家的重要任务加以推进，既强调要做大做好"蛋糕"，又要切好分好"蛋糕"，在实现高质量发展中促进共同富裕，不断创造积累社会财富，不断健全完善分配制度，亿万人民创造活力不断迸发，全体人民奔跑在实现美好生活的大道上。党始终坚持人民至上，坚持以人民为中心，始终坚持为民族、为人民谋利益的大本大宗，想人民之所想、忧人民之所忧、急人民之所急，走好新时代党的群众路线，最大限度地实现好、维护好、发展好最广大人民的根本利益。

---

① 《习近平谈治国理政》第一卷，外文出版社2018年版，第4页。
② 《习近平谈治国理政》第二卷，外文出版社2017年版，第30页。

45. 实现中华民族伟大复兴的正确道路

中国特色社会主义道路是实现中华民族伟大复兴的正确道路。

2012年12月29日，习近平在参观《复兴之路》展览时的讲话指出，改革开放以来，我们总结历史经验，不断艰辛探索，终于找到了实现中华民族伟大复兴的正确道路，取得了举世瞩目的成果。这条道路就是中国特色社会主义。[1] 2013年3月17日，习近平在第十二届全国人民代表大会第一次会议上进一步强调，实现中国梦必须走中国道路，这就是中国特色社会主义道路。[2] 2021年7月1日，习近平在庆祝中国共产党成立100周年大会上的讲话指出，以史为鉴、开创未来，必须坚持和发展中国特色社会主义。走自己的路，是党的全部理论和实践立足点，更是党百年奋斗得出的历史结论。中国特色社会主义是党和人民历经千辛万苦、付出巨大代价取得的根本成就，是实现中华民族伟大复兴的正确道路。[3]

中国特色社会主义是党和人民长期实践取得的根本成就。走自己的路是党百年奋斗得出的历史结论，中国特色社会主义不是凭空产生的，不是从天上掉下来的。中国特色社会主义道路是改革开放新时期开创的，也是建立在我们党长期奋斗基础上的，是由我们党的几代中央领导集体团结带领全党全国人民历经千辛万苦、付出各种代价、接力探索取得的。改革开放以来，党和人民奋斗、创造、积累的根本成就，就在于竖起了一面引领中国发展进步的旗帜——中国特色社会主义伟大旗帜，走出了一条实现民族复兴的正确道路——中国特色社会主义道路。在中国特色社会主义旗帜指引下，我们党紧紧依靠人民，从根本上改变了中国人民和中华民族的前途命运，不可逆转地结束了近代以后中国内忧外患、积贫积弱的悲惨命运，不可逆转地开启了中华民族不断发展壮大、走向伟大复兴的历史进军，使具有5000多年文明历史的中华民族以崭新的姿态屹立于世界民族之林。

中国特色社会主义是社会主义而不是其他什么主义。习近平强调，中国特色社会主义是社会主义而不是其他什么主义，科学社会主义基本原则不能丢，丢了就不是社会主义。[4] 中国特色社会主义既坚持科学社会主义的基本原则，又根据时代条件赋予其鲜明的中国特色，是一百多年来科学社会主义理论与实践发展的结晶，是当代中国的科学社会主义。中国特色社会主义在其发展的每

---

[1] 《习近平谈治国理政》第一卷，外文出版社2018年版，第35页。
[2] 《习近平谈治国理政》第一卷，外文出版社2018年版，第39页。
[3] 习近平：《在庆祝中国共产党成立100周年大会上的讲话》，人民出版社2021年版，第13页。
[4] 习近平：《关于坚持和发展中国特色社会主义的几个问题》，《求是》2019年第7期。

一阶段，都始终坚持马克思主义的世界观方法论，遵循科学社会主义的基本原则；始终选择站在人民的立场上，致力于为人民谋幸福；始终遵循实事求是的思想路线，一切从实际出发；始终坚持与时俱进的理论品质，不断丰富和发展马克思主义。在当代中国，坚持和发展中国特色社会主义，就是真正坚持社会主义。

中国特色社会主义是实现中华民族伟大复兴的正确道路。改革开放以来，党团结带领全国各族人民坚定不移沿着中国特色社会主义道路前进，推动我国经济实力、科技实力、国防实力、综合国力进入世界前列，推动我国国际地位实现前所未有的提升，迎来实现中华民族伟大复兴的光明前景。中国的成功，可以说本质上是中国特色社会主义的成功，是中国特色社会主义道路、理论体系、制度、文化的成功。中国特色社会主义是近代以来中国社会发展的必然选择，是当代中国发展进步的根本方向，我们有信心、有定力沿着自己选择的道路昂首阔步走下去，走向光辉未来。新征程上，必须始终坚持中国特色社会主义不动摇。

46. 推动实现持久和平、共同繁荣的世界梦

中华民族伟大复兴中国梦是和平、发展、合作、共赢的梦，同世界各国人民的美好梦想相同。

2013年3月17日，习近平在第十二届全国人民代表大会第一次会议上指出，中国人民爱好和平。我们将高举和平、发展、合作、共赢的旗帜，始终不渝走和平发展道路，始终不渝奉行互利共赢的开放战略，致力于同世界各国发展友好合作，履行应尽的国际责任和义务，继续同各国人民一道推进人类和平与发展的崇高事业。[①]

中国梦是追求和平的梦。中国梦需要和平，只有和平才能实现梦想。天下太平、共享大同是中华民族绵延数千年的理想。历经苦难，中国人民珍惜和平，希望同世界各国一道共谋和平、共护和平、共享和平。历史将证明，实现中国梦给世界带来的是机遇不是威胁，是和平不是动荡，是进步不是倒退。不管国际风云如何变幻，我们都要始终坚持和平发展、合作共赢，要和平不要战争，要合作不要对抗，在追求本国利益时兼顾别国合理关切。

中国梦是奉献世界的梦。"穷则独善其身，达则兼济天下。"这是中华民族始终崇尚的品德和胸怀。中国一心一意办好自己的事情，既是对自己负责，也是为世界作贡献。随着中国不断发展，中国已经并将继续尽己所能，为世界和平与发展作出自己的贡献。

---

① 《习近平谈治国理政》第一卷，外文出版社2018年版，第42页。

中国梦不是"霸权梦"。实现中国梦，必须坚持和平发展。我们将始终不渝走和平发展道路，始终不渝奉行互利共赢的开放战略，不仅致力于中国自身发展，也强调对世界的责任和贡献；不仅造福中国人民，而且造福世界人民。实现中国梦给世界带来的是和平，不是动荡；是机遇，不是威胁。中国提出实现中华民族伟大复兴的中国梦，但这个梦绝不是"霸权梦"。我们没有准备取代谁，只不过是让中国恢复应有的尊严和地位。我们已经取得了辉煌成就，但我们不会在世界上颐指气使，而是继续秉持"和而不同"的传统理念，坚持走和平发展道路，致力于与世界各国开展互利合作。

中国共产党是为中国人民谋幸福的政党，也是为人类进步事业而奋斗的政党。中国人民深知，中国发展得益于国际社会，愿意同各国人民在实现各自梦想的过程中相互支持、相互帮助。中国将同国际社会一道，推动实现持久和平、共同繁荣的世界梦，为人类和平与发展的崇高事业作出新的更大的贡献！

47. 中华民族迎来从站起来、富起来到强起来的伟大飞跃

中共十八大以来，中国特色社会主义进入新时代，中华民族迎来了从站起来、富起来到强起来的伟大飞跃。

2017年7月26日，习近平在省部级主要领导干部"学习习近平总书记重要讲话精神，迎接党的十九大"专题研讨班开班式上的讲话强调，党的十八大以来，在新中国成立特别是改革开放取得的重大成就基础上，党和国家事业发生历史性变革，我国发展站到了新的历史起点上，中国特色社会主义进入了新的发展阶段。中国特色社会主义不断取得的重大成就，意味着近代以来久经磨难的中华民族实现了从站起来、富起来到强起来的历史性飞跃，意味着社会主义在中国焕发出强大生机活力并不断开辟发展新境界，意味着中国特色社会主义拓展了发展中国家走向现代化的途径，为解决人类问题贡献了中国智慧、提供了中国方案。① 2017年10月18日至10月24日，中国共产党第十九次全国代表大会召开。习近平指出，中国特色社会主义进入新时代，意味着近代以来久经磨难的中华民族迎来了从站起来、富起来到强起来的伟大飞跃，迎来了实现中华民族伟大复兴的光明前景。

实现中华民族伟大复兴，是一场接力长跑。在中国特色社会主义道路上实现中华民族伟大复兴，是一代又一代中国共产党人带领人民接续奋斗的光辉历程。近代以后，由于西方列强入侵和封建统治腐败，中国逐步沦为半殖民地半封建社会，曾经创造了灿烂文明的中华民族遭受了前所未有的劫难。自那时

---

① 《习近平谈治国理政》第二卷，外文出版社2017年版，第62页。

起，实现中华民族伟大复兴就成为中华民族最伟大的梦想。中国共产党自诞生以来就把为中国人民谋幸福、为中华民族谋复兴确立为自己的初心和使命，毅然肩负起近代以来中国其他阶级及其政治力量所不能肩负的实现中华民族伟大复兴的历史重任。中国共产党的成立，使实现民族复兴有了主心骨。在党的坚强领导下，我们赢得了民族独立和人民解放，成立中华人民共和国，确立社会主义制度，彻底结束了旧中国半殖民地半封建社会的历史，彻底结束了旧中国一盘散沙的局面，彻底废除了列强加给中国的不平等条约和帝国主义在中国的一切特权，实现了中国人民站起来，中华民族任人宰割、饱受欺凌的时代一去不复返，巍然屹立在世界东方。在改革开放和社会主义现代化建设进程中，我国实现了从生产力相对落后的状况到经济总量跃居世界第二的历史性突破，实现了人民生活从温饱不足到总体小康、奔向全面小康的历史性跨越，推进了中华民族从站起来到富起来的伟大飞跃。中共十八大以来，中国共产党团结带领中国人民，自信自强、守正创新，统揽伟大斗争、伟大工程、伟大事业、伟大梦想，创造了新时代中国特色社会主义的伟大成就，为实现中华民族伟大复兴提供了更为完善的制度保证、更为坚实的物质基础、更为主动的精神力量，中华民族迎来了从站起来、富起来到强起来的伟大飞跃。

中华民族迎来从站起来、富起来到强起来的伟大飞跃，是中国共产党在百年奋斗历程中团结带领中国人民实现的又一次历史性跨越，是中华民族伟大复兴进程中的光辉里程碑。今天，我们比历史上任何时期都更接近、更有信心和能力实现中华民族伟大复兴的目标。但中华民族伟大复兴，绝不是轻轻松松、敲锣打鼓就能实现的。全党必须准备付出更为艰巨、更为艰苦的努力，必须继续进行具有许多新的历史特点的伟大斗争。

48. 中华民族伟大复兴进入不可逆转的历史进程

2021年7月1日，庆祝中国共产党成立100周年大会举行。习近平在讲话中指出，中国特色社会主义进入新时代，中国共产党和中国人民以英勇顽强的奋斗向世界庄严宣告，中华民族迎来了从站起来、富起来到强起来的伟大飞跃，实现中华民族伟大复兴进入了不可逆转的历史进程。

中共十八大以来，中国共产党团结带领全国各族人民，自信自强、守正创新，统揽伟大斗争、伟大工程、伟大事业、伟大梦想，创造了新时代中国特色社会主义伟大成就，为实现中华民族伟大复兴提供了更加成熟定型的制度保证、更为坚实的物质基础、更为主动的精神力量，实现中华民族伟大复兴进入了不可逆转的历史进程，没有任何力量能够阻挡中国人民和中华民族的前进步伐。

中华民族伟大复兴有了更为成熟定型完善的制度保证。中共十八大以来，党和国家以完善和发展中国特色社会主义制度、推进国家治理体系和治理能力现代化为全面深化改革总目标，敢于啃硬骨头、敢于涉险滩，真枪真刀推进改革，有效破除各方面体制机制弊端。从夯基垒台、立柱架梁到全面推进、积厚成势，再到系统集成、协同高效，各领域基础性制度框架基本确立，许多领域实现历史性变革、系统性重塑、整体性重构。中国特色社会主义制度更加成熟更加定型，国家治理体系和治理能力现代化水平不断提高，党和国家事业焕发出新的生机活力。

中华民族伟大复兴有了更为坚实的物质基础。在新中国成立以来长期奋斗的基础上，经过21世纪头20年特别是中共十八大以来的持续努力，我们在中华大地上全面建成了小康社会，历史性地解决绝对贫困问题。我国经济发展平衡性、协调性、可持续性明显增强，国内生产总值突破110万亿元大关，人均国内生产总值超过1万美元，国家经济实力、科技实力、综合国力跃上新台阶。党还在全面建成小康社会基础上擘画了到2035年基本实现社会主义现代化、21世纪中叶全面建成社会主义现代化强国的宏伟蓝图，踏上向全面建成社会主义现代化强国的第二个百年奋斗目标进军的新征程。

中华民族伟大复兴有了更为主动的精神力量。中共十八大以来，伴随着党和国家事业取得历史性成就、发生历史性变革，党心军心民心空前凝聚振奋，全党全社会思想上的团结统一更加巩固，全体人民的道路自信、理论自信、制度自信、文化自信极大增强，焕发出前所未有的历史主动精神、历史创造精神，正在信心百倍书写着新时代中国发展的伟大历史。现在，中国人民和中华民族在历史进程中积累的强大能量已经充分爆发出来了，为实现中华民族伟大复兴提供了势不可挡的磅礴力量。

在新的征程上，有以习近平同志为核心的党中央的坚强领导，有习近平新时代中国特色社会主义思想的科学指引，有全党全国各族人民坚定不移走中国特色社会主义道路的自信自觉，中华民族伟大复兴的历史进程必将不可阻挡。到21世纪中叶中华人民共和国成立100周年时，我们一定能把我国建成富强民主文明和谐美丽的社会主义现代化强国，中华民族将以更加昂扬的姿态屹立于世界民族之林。

（七）中国特色社会主义道路

49. 改革开放以来中国共产党的全部理论和实践的主题

中国特色社会主义是改革开放以来中国共产党的全部理论和实践的主题。

一 综合类

2017年7月26日,习近平在省部级主要领导干部"学习习近平总书记重要讲话精神,迎接党的十九大"专题研讨班开班式上的讲话强调,中国特色社会主义是改革开放以来党的全部理论和实践的主题,全党必须高举中国特色社会主义伟大旗帜,牢固树立中国特色社会主义道路自信、理论自信、制度自信、文化自信,确保党和国家事业始终沿着正确方向胜利前进。① 2017年10月,习近平在中共十九大报告中再次强调,中国特色社会主义是改革开放以来党的全部理论和实践的主题,是党和人民历尽千辛万苦、付出巨大代价取得的根本成就。

改革开放以来中国共产党的全部理论和实践,都是围绕着中国特色社会主义的主题展开的。从中共十二大提出"有中国特色的社会主义"开始,中国共产党始终坚定不移地走中国特色社会主义道路,从理论和实践的结合上不断深化对中国特色社会主义的认识,推动党和国家事业从胜利走向新的胜利。1982年9月1日至11日,中共十二大召开,邓小平在开幕词中深刻指出:"把马克思主义的普遍真理同我国的具体实际结合起来,走自己的道路,建设有中国特色的社会主义,这就是我们总结长期历史经验得出的基本结论。"② 这是党首次提出"有中国特色的社会主义"概念。1987年10月召开的中共十三大继续沿用"有中国特色的社会主义"概念,指出中共十一届三中全会以来找到的建设有中国特色社会主义道路,是马克思主义与中国实践相结合的过程中,继找到中国新民主主义革命道路、实现第一次历史性飞跃后的第二次历史性飞跃,开辟了社会主义建设新阶段,"是指引我们事业前进的伟大旗帜"。1992年10月召开的中共十四大对邓小平建设有中国特色社会主义的理论作了新的概括,确立其在全党的指导地位,并把这个理论和党的基本路线写进党章。大会报告还系统阐述了建设有中国特色社会主义理论的主要内容。1997年9月召开的中共十五大把"建设有中国特色社会主义理论"称为"邓小平理论",并确立为党的指导思想。大会提出了党在社会主义初级阶段的基本纲领,要求全党要毫不动摇地坚持党在社会主义初级阶段的基本路线,把以经济建设为中心同四项基本原则、改革开放这两个基本点统一于建设有中国特色社会主义的伟大实践。2002年11月召开的中共十六大正式将"有中国特色社会主义"改为"中国特色社会主义"。大会把"三个代表"重要思想写入党章并作为党必须长期坚持的指导思想,丰富了中国特色社会主义理论。2007年10月召开的中共十七大深刻论述了科学发展观的科学内涵、精神实质和根本要求,概括了中国特色社会主义道路的基本内涵,提出"中国特色社会主义理论体系"的概念。

---

① 《习近平谈治国理政》第二卷,外文出版社2017年版,第59页。
② 《邓小平文选》第三卷,人民出版社1993年版,第3页。

2012年11月中共十八大召开，对中国特色社会主义道路、中国特色社会主义理论体系、中国特色社会主义制度内涵作出深刻阐述，指出中国特色社会主义道路是实现途径，中国特色社会主义理论体系是行动指南，中国特色社会主义制度是根本保障，三者统一于中国特色社会主义伟大实践。中共十八大以来，以习近平同志为核心的党中央科学把握当今世界和当代中国发展大势，在理论与实践的结合中创立了习近平新时代中国特色社会主义思想，为中国特色社会主义理论体系注入了时代精神和新的内涵，引领党和国家事业发生历史性变革，开创了中国特色社会主义事业崭新局面，推动中国特色社会主义进入新的发展阶段。

中国特色社会主义作为改革开放以来党的全部理论和实践的主题，集中体现在中国特色社会主义道路、理论、制度、文化之中。中国特色社会主义道路是实现社会主义现代化、创造人民美好生活的必由之路，只有这条道路能够引领中国进步、实现人民福祉。中国特色社会主义理论体系，就是包括邓小平理论、"三个代表"重要思想、科学发展观等重大战略思想在内的科学理论体系，习近平新时代中国特色社会主义思想是马克思主义中国化最新成果，开辟了中国特色社会主义新境界。中国特色社会主义制度包括我国的根本制度、基本制度和重要制度，集中体现了中国特色社会主义的特点和优势，是当代中国发展进步的根本制度保障。中国特色社会主义文化代表着中华民族独特的精神标识，是激励全党全国各族人民奋勇前进的强大精神力量。改革开放以来，我们取得一切成绩和进步的根本原因，归结起来就是：开辟了中国特色社会主义道路，形成了中国特色社会主义理论体系，确立了中国特色社会主义制度，发展了中国特色社会主义文化。中国特色社会主义道路是实现途径，中国特色社会主义理论体系是行动指南，中国特色社会主义制度是根本保障，中国特色社会主义文化是精神力量，四者统一于中国特色社会主义伟大实践。

坚持和发展中国特色社会主义是一篇大文章，新征程上必须更加自觉地坚定道路自信、理论自信、制度自信、文化自信，坚持以习近平新时代中国特色社会主义思想为指导，继续把这篇大文章写下去，不断夺取新时代中国特色社会主义的伟大胜利。

50. 坚持党的全面领导是坚持和发展中国特色社会主义的必由之路

办好中国的事，关键在党。2022年3月5日，习近平在参加第十三届全国人大五次会议内蒙古代表团审议时的讲话中指出，坚持党的全面领导是坚持和发展中国特色社会主义的必由之路。只要坚定不移坚持党的全面领导、维护党中央权威和集中统一领导，我们就一定能够确保全党全国拥有团结奋斗的强大政治凝聚力、发展自信心，集聚起守正创新、共克时艰的强大力量，形成风雨来袭时全体人民最可靠的主心骨。①

正因为坚持党的全面领导，中国特色社会主义事业取得历史性成就。中国特色社会主义最本质的特征是中国共产党领导，中国特色社会主义制度最大的优势是中国共产党领导，中国共产党是最高政治领导力量。中国共产党开辟了中国特色社会主义道路，形成了中国特色社会主义理论体系，确立了中国特色社会主义制度，发展了中国特色社会主义文化。只有坚定不移地坚持党的全面领导，才能确保中国特色社会主义事业不断取得胜利。坚持无产阶级政党领导是科学社会主义的基本原则，社会主义制度的建立、巩固和发展离不开共产党的全面领导。一百年来，中国共产党坚持把马克思主义基本原理同中国具体实际相结合、同中华优秀传统文化相结合，团结带领中国人民创造了一个又一个伟大成就，推进中国特色社会主义事业取得历史性成就、发生历史性变革。正是在中国共产党的坚强领导下，中国共产党领导中国人民夺取新民主主义革命伟大胜利，完成社会主义革命和社会主义建设，进行改革开放和社会主义现代化建设，开创中国特色社会主义新时代，形成一系列原创性思想、变革性实践、突破性进展、标志性成果。中国共产党是中国特色社会主义事业的坚强领导核心，坚持党的领导是中国特色社会主义永不变色、永不变质的根本保证。只有始终坚持和加强党的全面领导，始终坚定正确政治方向，才能凝聚起实现中华民族伟大复兴的磅礴伟力，书写新时代中国特色社会主义事业新篇章。

只有坚持党的全面领导，才能进一步坚持和发展好中国特色社会主义。道路问题是关系党的事业兴衰成败第一位的问题。坚持中国特色社会主义道路，既是历史的选择，也是人民的选择。习近平指出，中国特色社会主义是社会主义而不是其他什么主义，科学社会主义基本原则不能丢，丢了就不是社会主义。坚持和发展中国特色社会主义，必须始终坚持党的全面领导，才能确保我们不走僵化封闭的老路，不走改旗易帜的邪路。当前，国际局势正在发生深刻复杂的变化，我们面临着许多可以预料和难以预料的风险挑战。面对复杂形势和艰巨任务，我们要全面把握世界百年未有之大变局和中华民族伟大复兴战略全局，有力应对重大挑战、抵御重大风险、克服重大阻力、化解重大矛盾，进行具有许多新的历史特点的伟大斗争，实现中华民族伟大复兴，最根本的保证还是党的领导。

新时代赋予中国特色社会主义新的历史使命，要进一步坚持和加强党的全面领导，不断推进新时代中国特色社会主义各项事业向前发展。要以伟大自我

---

① 《习近平在参加内蒙古代表团审议时强调：不断巩固中华民族共同体思想基础，共同建设伟大祖国，共同创造美好生活》，《人民日报》2022年3月6日。

革命引领伟大社会革命，以伟大社会革命促进伟大自我革命，确保党在新时代坚持和发展中国特色社会主义的历史进程中始终成为坚强领导核心。

51. 实现中华民族伟大复兴的必由之路

中国特色社会主义道路是实现中华民族伟大复兴的必由之路。

2013年1月5日，习近平在新进中央委员会的委员、候补委员学习贯彻党的十八大精神研讨班上的讲话强调，道路问题是关系党的事业兴衰成败第一位的问题，道路就是党的生命。中国特色社会主义，是科学社会主义理论逻辑和中国社会发展历史逻辑的辩证统一，是根植于中国大地、反映中国人民意愿、适应中国和时代发展进步要求的科学社会主义，是全面建成小康社会、加快推进社会主义现代化、实现中华民族伟大复兴的必由之路。[1] 2022年3月5日，习近平在参加第十三届全国人大五次会议内蒙古代表团审议时指出，中国特色社会主义是实现中华民族伟大复兴的必由之路。只要始终不渝走中国特色社会主义道路，我们就一定能够不断实现人民对美好生活的向往，不断推进全体人民共同富裕。[2]

方向决定道路，道路决定命运。实现中华民族伟大复兴，必须选择正确道路。为了实现中华民族伟大复兴的伟大梦想，一代又一代仁人志士为之进行艰辛探索和努力奋斗。经过数代人艰辛探索和努力，中国人民找到了民族复兴之道。习近平指出，中国特色社会主义，承载着几代中国共产党人的理想和探索，寄托着无数仁人志士的夙愿和期盼，凝聚着亿万人民的奋斗和牺牲，是近代以来中国社会发展的必然选择。[3] 一百年来，中国共产党团结带领中国人民在长期实践探索中，坚持走自己的路，取得了革命、建设、改革的伟大胜利，开创和发展了中国特色社会主义，从根本上改变了中国人民和中华民族的前途命运。正是在中国特色社会主义旗帜下，党和国家事业不断前进，中国特色社会主义制度活力不断涌现，为全面建成小康社会、全面建设社会主义现代化国家、实现"两个一百年"奋斗目标发挥了巨大推动作用，在中华民族从站起来、富起来到强起来的伟大飞跃中发挥了巨大制度优势。

实现中华民族伟大复兴，必须坚定不移地走好中国特色社会主义道路。历史已经并将继续证明，只有社会主义才能救中国，只有坚持和发展中国特色社会主义才能实现中华民族伟大复兴。国内外形势正在发生深刻复杂变化，我国

---

[1] 《习近平谈治国理政》第一卷，外文出版社2018年版，第21页。
[2] 《习近平在参加内蒙古代表团审议时强调：不断巩固中华民族共同体思想基础，共同建设伟大祖国，共同创造美好生活》，《人民日报》2022年3月6日。
[3] 《习近平谈治国理政》第二卷，外文出版社2017年版，第51页。

发展仍处于重要战略机遇期。我们具备过去难以想象的良好发展条件，但也面临着许多前所未有的困难和挑战。中国特色社会主义是实现中华民族伟大复兴的唯一正确道路。这条道路符合中国实际、反映中国人民意愿、适应时代发展要求，不仅走得对、走得通，而且也一定能够走得稳、走得好。新的征程上，我们必须坚持和发展中国特色社会主义不动摇，继续推进马克思主义中国化时代化，牢牢把中国发展进步的命运掌握在自己手中。

52. 实现社会主义现代化的必由之路

中国特色社会主义道路是实现社会主义现代化的必由之路。

2012年11月17日，习近平在主持第十八届中共中央政治局第一次集体学习时的讲话中指出，中国特色社会主义道路，是实现我国社会主义现代化的必由之路，是创造人民美好生活的必由之路。2016年7月1日，习近平在庆祝中国共产党成立九十五周年大会上的讲话中再次指出，我们要坚信，中国特色社会主义道路是实现社会主义现代化的必由之路，是创造人民美好生活的必由之路。2017年10月，习近平在中共十九大政治报告中也强调，中国特色社会主义道路是实现社会主义现代化、创造人民美好生活的必由之路。

中国特色社会主义是当代中国发展进步的根本方向，只有坚持中国特色社会主义才能发展中国。中国特色社会主义是改革开放新时代开创的，也是建立在党长期奋斗基础上的，是由我们党的几代中央领导集体团结带领全党全国人民历经千辛万苦、付出各种代价、接力探索取得的。中国特色社会主义道路，既坚持经济建设为中心，又全面推进经济建设、政治建设、文化建设、社会建设、生态文明建设以及其他各方面建设；既坚持四项基本原则，又坚持改革开放；既不断解放和发展社会生产力，又逐步实现全体人民共同富裕、促进人的全面发展。[1] 我们党紧紧依靠人民，从根本上改变了中国人民和中华民族的前途命运，不可逆转地结束了近代以来中国内忧外患、积贫积弱的悲惨命运，不可逆转地开启了中华民族不断发展壮大、走向伟大复兴的历史进军，使具有5000多年文明历史的中华民族以崭新的姿态屹立于世界民族之林。

中国特色社会主义道路是当代中国大踏步赶上时代、引领时代发展的正确道路，必须毫不动摇地走下去。中国特色社会主义，既是中国坚持和发展社会主义的新途径，也是中国实现现代化的新途径。方向决定前途，道路决定命运。我们要把命运掌握在自己手中，就要有志不改、道不变的坚定。改革开放40年来，我们党全部理论和实践的主题是坚持和发展中国特色社会主义。在

---

[1] 《习近平谈治国理政》第一卷，外文出版社2018年版，第9页。

中国这样一个有着5000多年文明史、14亿多人口的大国推进改革发展，没有可以奉为金科玉律的教科书，也没有可以对中国人民颐指气使的教师爷。中国特色社会主义道路是当代中国大踏步赶上时代、引领时代发展的康庄大道，必须毫不动摇走下去。

53. 创造人民美好生活的必由之路

中国特色社会主义道路是实现社会主义现代化、实现中华民族伟大复兴的必由之路，是创造人民美好生活的必由之路。中国特色社会主义道路，既坚持以经济建设为中心，又全面推进经济建设、政治建设、文化建设、社会建设、生态文明建设以及其他各方面建设；既坚持四项基本原则，又坚持改革开放；既不断解放和发展社会生产力，又逐步实现全体人民共同富裕、促进人的全面发展。

人民立场是中国共产党的根本政治立场，是马克思主义政党区别于其他政党的显著标志。人民对美好生活的向往是我们的奋斗目标，实现广大人民群众的根本利益和现实利益是坚持和发展中国特色社会主义的出发点和落脚点。中国共产党一经成立就把为中国人民谋幸福、为中华民族谋复兴确定为自己的初心使命，始终把人民群众对美好生活的向往作为自己的奋斗目标。我们的人民热爱生活，期盼有更好的教育、更稳定的工作、更满意的收入、更可靠的社会保障、更高水平的医疗卫生服务、更舒适的居住条件、更优美的环境、更丰富的精神文化生活，期盼着孩子们成长得更好、工作得更好、生活得更好。改革开放以来，我们不断坚持和发展中国特色社会主义，忍饥挨饿、缺食少穿、生活困顿等问题总体上一去不复返，持续改善人民生活、增进人民福祉，使人民群众的获得感、幸福感、安全感显著增强，人民美好生活的需要正在得到更加全面的实现。特别是进入中国特色社会主义新时代以来，我国社会主要矛盾由人民日益增长的物质文化生活需要同落后的社会生产之间的矛盾转化为人民日益增长的美好生活需要和不平衡不充分的发展之间的矛盾。人民日益增长的美好生活需要和不平衡不充分之间的矛盾的判断表明了我们当前社会发展的主要任务和根本战略，以满足人民美好生活的需要，而解决这个矛盾的目的和归宿则是满足人民美好生活需要。党中央强调，人民对美好生活的向往就是我们的奋斗目标，增进民生福祉是我们坚持立党为公、执政为民的本质要求，让老百姓过上好日子是我们一切工作的出发点和落脚点，补齐民生保障短板、解决好人民群众急难愁盼问题是社会建设的重点。中国共产党团结带领人民坚持和发展中国特色社会主义，一件事情接着一件事情办，一年接着一年干，在幼有所育、学有所教、劳有所得、病有所医、老有所养、住有所居、弱有所扶上持续用力，打赢脱贫攻坚战，全面建成小康社会，实现第一个百年奋斗目标。

人民是历史的创造者，是真正的英雄。中国特色社会主义是亿万人民自己的事业，既能够发挥人民主人翁精神、保证人民当家作主，又能够充分调动最广大人民群众的积极性创造性。实现中华民族伟大复兴中国梦，要依靠14亿中华儿女的力量。中国特色社会主义是中国共产党领导广大人民群众的伟大实践创造，是坚持人民主体地位和党的全面领导有机统一的伟大实践创新。人民是中国特色社会主义生机活力的决定性因素，在中国特色社会主义伟大实践中，人民群众的历史创造性、主观能动性发挥得务必充分。

新征程上，必须始终坚持和发展中国特色社会主义，团结带领人民创造美好生活，在实现全体人民共同富裕的道路上取得实质性进展。

54. 改革开放是决定当代中国前途命运的关键一招

改革开放是当代中国发展进步的活力之源，是我们党和人民大踏步赶上时代前进步伐的重要法宝，是坚持和发展中国特色社会主义的必由之路。2012年12月8日，习近平在广东考察时指出，改革开放是决定当代中国命运的关键一招，也是决定实现"两个一百年"奋斗目标、实现中华民族伟大复兴的关键一招。2018年12月18日，习近平在庆祝改革开放40周年大会上的讲话指出，40年的实践充分证明，改革开放是党和人民大踏步赶上时代的重要法宝，是坚持和发展中国特色社会主义的必由之路，是决定当代中国命运的关键一招，也是决定实现"两个一百年"奋斗目标、实现中华民族伟大复兴的关键一招。2021年7月1日，习近平在庆祝中国共产党成立100周年大会上的讲话强调，为了实现中华民族伟大复兴，中国共产党团结带领中国人民，解放思想、锐意进取，创造了改革开放和社会主义现代化建设的伟大成就，中国共产党和中国人民以英勇顽强的奋斗向世界庄严宣告，改革开放是决定当代中国前途命运的关键一招，中国大踏步赶上了时代！

改革开放是党的历史上一次伟大觉醒，正是这个伟大觉醒孕育了新时期从理论到实践的伟大创造。1978年中共十一届三中全会作出把党和国家工作中心转移到经济建设上来、实行改革开放的历史性决策。这场新的历史条件下的伟大革命，成为当代中国发展进步的活力之源。中国特色社会主义是在改革开放中形成和发展的，改革开放开辟了中国特色社会主义道路，形成了中国特色社会主义理论体系，确立和完善了中国特色社会主义制度，繁荣了中国特色社会主义文化。习近平指出："没有改革开放，就没有中国的今天，也就没有中国的明天。"[①] 改革开放以来，我们实现了新中国成立以来党的历史上最具有

[①] 《习近平谈治国理政》第一卷，外文出版社2018年版，第69页。

深远意义的伟大转折，确立党在社会主义初级阶段的基本路线，坚定不移推进改革开放，战胜来自各方面的风险挑战，开创、坚持、捍卫、发展中国特色社会主义，实现了从高度集中的计划经济体制到充满活力的社会主义市场经济体制、从封闭半封闭到全方位开放的历史性转变，实现了从生产力相对落后的状况到经济总量跃居世界第二的历史性突破，实现了人民生活从温饱不足到总体小康、奔向全面小康的历史性跨越，为实现中华民族伟大复兴提供了新的活力的体制保证和快速发展的物质条件。历史和实践证明，改革开放是决定当代中国命运的关键一招，是党和人民事业大踏步赶上时代的重要法宝，也是实现中华民族伟大复兴的中国梦的必由之路。要把中国特色社会主义事业推向前进，坚定不移沿着改革开放这条富民强国之路走下去。

改革开放是一场深刻革命，必须始终坚持正确方向，沿着正确道路前进。推进改革开放的目的是坚持和发展中国特色社会主义，而不是要搞其他什么主义。中国特色社会主义是植根于中国大地、反映中国人民意愿、适应中国和时代发展进步要求的科学社会主义，这条路能走得通、走得远。我们推进全面深化改革，就是要把这条路走得更踏实、走得更好。我们要坚持改革开放正确方向，敢于啃硬骨头，敢于涉险滩，既勇于冲破思想观念的障碍，又勇于突破利益固化的藩篱。我们要尊重人民首创精神，在深入调查研究的基础上提出全面深化改革的顶层设计和总体规划，尊重实践、尊重创造，鼓励大胆探索、勇于开拓，聚合各项相关改革协调推进的正能量。

（八）中国特色社会主义制度

55. 当代中国发展进步的根本制度保障

中国特色社会主义制度是当代中国发展进步的根本制度保障。

2012年11月17日，习近平在主持第十八届中共中央政治局第一次集体学习时的讲话指出："中国特色社会主义制度，坚持把根本政治制度、基本政治制度同基本经济制度以及各方面体制机制等具体制度有机结合起来，坚持把国家层面民主制度同基层民主制度有机结合起来，符合我国国情，集中体现了中国特色社会主义的特点和优势，是中国发展进步的根本制度保障。"[1] 2019年10月31日，中共十九届四中全会审议通过《中共中央关于坚持和完善中国特色社会主义制度、推进国家治理体系和治理能力现代化若干重大问题的决定》，

---

[1] 《习近平谈治国理政》第一卷，外文出版社2018年版，第9—10页。

对中国特色社会主义制度作出全面概括,系统阐明了当代中国发展进步的制度支撑。

中国特色社会主义制度,就是人民代表大会制度的根本政治制度,中国共产党领导的多党合作和政治协商制度、民族区域自治制度以及基层群众自治制度等基本政治制度,中国特色社会主义法律体系,公有制为主体、多种所有制经济共同发展的基本经济制度,以及建立在这些制度基础上的经济体制、政治体制、文化体制、社会体制等各项具体制度。这种由根本制度、基本制度、重要制度构成的层次清晰、全面系统的科学制度体系,既包括牢牢坚持的重大制度和原则,各项制度必须坚持和巩固的根本点、完善和发展的方向,又包括推进制度建设的重大任务和举措,也包括需要深化的重大体制机制改革、需要推进的重点工作。习近平指出:"坚持根本制度、基本制度、重要制度相衔接,统筹顶层设计和分层对接,统筹制度改革和制度运行,体现了总结历史和面向未来的统一、保持定力和改革创新的统一、问题导向和目标导向的统一,必将对推动各方面制度更加成熟更加定型、把我国制度优势更好转化为国家治理效能产生重大而深远的影响。"[1]

中国特色社会主义制度是党和人民在长期实践探索中形成的科学制度体系,我国国家治理一切工作和活动都依照中国特色社会主义制度展开,我国国家治理体系和治理能力是中国特色社会主义制度及其执行能力的集中体现。中国共产党自成立以来,团结带领人民,坚持把马克思主义基本原理同中国具体实际相结合,赢得了中国革命胜利,并深刻总结国内外正反两方面经验,不断探索实践,不断改革创新,建立和完善社会主义制度,形成和发展党的领导和经济、政治、文化、社会、生态文明、军事、外事等各方面制度,加强和完善国家治理,取得历史性成就。中共十八大以来,以习近平同志为核心的党中央领导人民统筹推进"五位一体"总体布局、协调推进"四个全面"战略布局,推动中国特色社会主义制度更加完善、国家治理体系和治理能力现代化水平明显提高,为政治稳定、经济发展、文化繁荣、民族团结、人民幸福、社会安宁、国家统一提供了有力保障。实践证明,我们党把马克思主义基本原理同中国具体实际结合起来,在古老的东方大国建立起保证亿万人民当家作主的新型国家制度,使中国特色社会主义制度成为具有显著优越性和强大生命力的制度,保障我国创造出世所罕见的经济快速发展奇迹和社会长期稳定奇迹。中国特色社会主义制度是当代中国发展进步的根本保障,这是从历史和现实中得出的鲜明结论。中国特色社会主义制度和国家治理体系是以马克思主义为指导、

---

[1] 《中国共产党第十九届中央委员会第四次全体会议文件汇编》,人民出版社2019年版,第78页。

植根中国大地、具有深厚中华文化根基、深得人民拥护的制度和治理体系，是具有强大生命力和巨大优越性的制度和治理体系，是能够持续推动拥有十四亿多人口大国进步和发展、确保拥有五千多年文明史的中华民族实现"两个一百年"奋斗目标进而实现伟大复兴的制度和治理体系。

中国特色社会主义制度是特色鲜明、富有效率的，但还不是尽善尽美的。中国特色社会主义事业不断发展，中国特色社会主义制度也需要不断完善。要坚持以实践基础上的理论创新推动制度创新，坚持和完善现有制度，从实际出发，及时制定一些新的制度，构建系统完备、科学规范、运行有效的制度体系，使各方面制度更加成熟更加定型。

56. 具有鲜明中国特色、明显制度优势、强大自我完善能力的先进制度

中国特色社会主义制度是具有鲜明中国特色、明显制度优势、强大自我完善能力的先进制度。

2016年7月1日，习近平在庆祝中国共产党成立95周年大会上的讲话中指出："我们要坚信，中国特色社会主义制度是当代中国发展进步的根本制度保障，是具有鲜明中国特色、明显制度优势、强大自我完善能力的先进制度。"[①]

中国特色社会主义制度具有鲜明中国特色。中国特色社会主义制度是在中国的社会土壤中生长起来的，是经过革命、建设、改革长期实践形成的，是马克思主义基本原理同中国具体实际相结合的产物，是理论创新、实践创新、制度创新相统一的成果，凝结着党和人民的智慧，具有深刻的历史逻辑、理论逻辑、实践逻辑。中国特色社会主义国家制度和法律制度植根于中华民族5000多年文明史所积淀的深厚历史文化传统，有着深厚的历史底蕴。在几千年的历史演进中，中华民族创造了灿烂的古代文明，形成了关于国家制度和国家治理的丰富思想，这些思想中的精华是中华优秀传统文化的重要组成部分，也是中华民族精神的重要内容。马克思主义传入中国后，科学社会主义主张受到中国人民热烈欢迎，并最终扎根中国大地、开花结果，决不是偶然的，而是同我国传承了几千年的优秀历史文化和广大人民日用而不觉的价值观念融通的。在长期实践探索中，中国共产党坚持把马克思主义基本原理同中国具体实际相结合、同中华优秀传统文化相结合，把开拓正确道路、发展科学理论、建设有效制度有机统一起来，用中国化的马克思主义、发展着的马克思主义指导国家制度和国家治理体系建设，不断深化对共产党执政规律、社会主义建设规律、人

---

① 习近平：《在庆祝中国共产党成立95周年大会上的讲话》，人民出版社2016年版，第13页。

类社会发展规律的认识,及时把成功的实践经验转化为制度成果,使我国国家制度和国家治理体系既体现了科学社会主义基本原则,又具有鲜明的中国特色、民族特色、时代特色。

中国特色社会主义制度具有明显制度优势。制度优势是一个国家的最大优势,制度竞争是国家间最根本的竞争。中国特色社会主义制度,坚持把根本政治制度、基本政治制度同法律体系、基本经济制度以及各方面体制机制等具体制度有机结合起来,坚持把国家层面民主制度同基层民主制度有机结合起来,坚持把党的领导、人民当家作主、依法治国有机结合起来,既坚持社会主义的根本性质,又借鉴古今中外制度建设的有益成果,符合我国国情,集中体现了中国特色社会主义的特点和优势。习近平指出:"新中国成立70年来,中华民族之所以能迎来从站起来、富起来到强起来的伟大飞跃,最根本的是因为党领导人民建立和完善了中国特色社会主义制度,形成和发展了党的领导和经济、政治、文化、社会、生态文明、军事、外事等各方面制度,不断加强和完善国家治理。"[1] 2019年10月31日,中共十九届四中全会通过《中共中央关于坚持和完善中国特色社会主义制度、推进国家治理体系和治理能力现代化若干重大问题的决定》,系统总结我国国家制度和国家治理体系的显著优势,主要是:坚持党的集中统一领导,坚持党的科学理论,保持政治稳定,确保国家始终沿着社会主义方向前进的显著优势;坚持人民当家作主,发展人民民主,密切联系群众,紧紧依靠人民推动国家发展的显著优势;坚持全面依法治国,建设社会主义法治国家,切实保障社会公平正义和人民权利的显著优势;坚持全国一盘棋,调动各方面积极性,集中力量办大事的显著优势;坚持各民族一律平等,铸牢中华民族共同体意识,实现共同团结奋斗、共同繁荣发展的显著优势;坚持公有制为主体、多种所有制经济共同发展和按劳分配为主体、多种分配方式并存,把社会主义制度和市场经济有机结合起来,不断解放和发展社会生产力的显著优势;坚持共同的理想信念、价值理念、道德观念,弘扬中华优秀传统文化、革命文化、社会主义先进文化,促进全体人民在思想上精神上紧紧团结在一起的显著优势;坚持以人民为中心的发展思想,不断保障和改善民生、增进人民福祉,走共同富裕道路的显著优势;坚持改革创新、与时俱进,善于自我完善、自我发展,使社会始终充满生机活力的显著优势;坚持德才兼备、选贤任能,聚天下英才而用之,培养造就更多更优秀人才的显著优势;坚持党指挥枪,确保人民军队绝对忠诚于党和人民,有力保障国家主权、安全、发展利益的显著优势;坚持"一国两制",保持香港、澳门长期繁荣稳定,促

---

[1] 习近平:《坚持和完善中国特色社会主义制度推进国家治理体系和治理能力现代化》,《求是》2020年第1期。

进祖国和平统一的显著优势；坚持独立自主和对外开放相统一，积极参与全球治理，为构建人类命运共同体不断作出贡献的显著优势。这些显著优势，是我们坚定中国特色社会主义道路自信、理论自信、制度自信、文化自信的基本依据。

中国特色社会主义制度具有强大自我完善能力。制度更加成熟更加定型是一个动态发展的过程，不可能一蹴而就，也不可能一劳永逸。中国特色社会主义制度优势的一个重要方面就是坚持改革创新、与时俱进，善于自我完善、自我发展，使社会始终充满生机活力的显著优势。习近平指出："我们必须不断有所发现、有所发明、有所创造、有所前进，使中国特色社会主义永远充满蓬勃生机活力。"[1] 实践发展永无止境，制度创新未有穷期。中国特色社会主义制度在解决实际问题中不断完善和发展，为当代中国一切发展进步奠定了制度基础。要在坚持好、巩固好已经建立起来并经过实践检验的根本制度、基本制度、重要制度的前提下，坚持从我国国情出发，继续加强制度创新，加快建立健全国家治理急需的制度、满足人民日益增长的美好生活需要必备的制度。要及时总结实践中的好经验好做法，成熟的经验和做法可以上升为制度、转化为法律。要积极吸收借鉴人类制度文明有益成果，但决不能动摇或放弃我国制度的根基。

57. 中国特色社会主义根本制度

中共十九届四中全会审议通过的《中共中央关于坚持和完善中国特色社会主义制度、推进国家治理体系和治理能力现代化若干重大问题的决定》，第一次完整深刻论述了坚持和完善中国特色社会主义制度必须坚持的根本制度、基本制度和重要制度。其中，中国特色社会主义根本制度，就是那些体现中国特色社会主义本质特征和国家性质、从根本上保证中国特色社会主义方向、在中国特色社会主义制度中起决定性作用的制度，主要包括了党的领导制度、人民代表大会制度、马克思主义在意识形态领域指导地位的根本制度和党对军队的绝对领导制度等内容。

党的领导制度是根本领导制度。中国特色社会主义制度是一个严密完整的科学制度体系，起四梁八柱作用的是根本制度、基本制度、重要制度，具有统领地位的是党的领导制度。党的领导制度作为我国的根本领导制度，是由党的领导在我国政治生活中的地位和作用所决定的。党的领导制度明确了我国政治生活的领导关系、领导主体、领导对象，是中国特色社会主义制度体系的

---

[1] 《习近平谈治国理政》第二卷，外文出版社 2017 年，第 51—52 页。

"根"和"源",是国家治理体系和治理能力现代化的"心脏"和"引擎",管根本、管全局、管长远,发挥着提纲挈领、无可替代的作用。党的领导制度主要涵盖六个方面的制度:不忘初心、牢记使命的制度,维护党中央权威和集中统一领导的各项制度,党的全面领导制度,为人民执政、靠人民执政各项制度,党的执政能力和领导水平制度,全面从严治党制度。这六个方面的制度彼此支撑、相互联系,共同构筑了党的领导制度体系大厦,是坚持和加强党对一切工作领导的根本制度保障。[①]

人民代表大会制度是根本政治制度。我国实行人民民主专政的国体和人民代表大会制度的政体,人民代表大会制度是我国的政权组织形式。人民选举代表,组成全国人民代表大会和地方各级人民代表大会,作为人民行使国家权力的机关。全国人民代表大会是最高国家权力机关,有权修改宪法、制定法律,决定国家重大问题。地方各级人民代表大会是地方国家权力机关,依照宪法和法律规定的权限,决定地方的各种重大事项。人民代表大会制度坚持中国共产党领导,坚持马克思主义国家学说的基本原则,适应人民民主专政的国体,有效保证国家沿着社会主义道路前进,能够最大限度地保障人民当家作主,有效保证国家政治生活既充满活力又安定有序,为党领导人民创造经济快速发展奇迹和社会长期稳定奇迹提供了重要制度保障,是符合中国国情和实际、体现社会主义国家性质、保证人民当家作主、保障实现中华民族伟大复兴的好制度,是党领导人民在人类政治制度史上的伟大创造,是在我国政治发展史乃至世界政治发展史上具有重大意义的全新政治制度。

马克思主义在意识形态领域指导地位的根本制度。马克思主义是我们立党立国的根本指导思想,中国共产党人始终是马克思主义的忠诚信奉者、坚定实践者。我们党从诞生之日起就把马克思主义郑重写在自己的旗帜上。中国共产党的初心使命源于马克思主义科学理论的指引和召唤,党的团结统一首先在于指导思想上的团结和统一,党的先进性纯洁性基础在于思想理论上的先进和纯洁。正因为选择了马克思主义,我们党才掌握了认识世界、改造世界的锐利思想武器,从而成为最先进的政治力量,在近代以后中国政治舞台上脱颖而出;正是因为毫不动摇地坚持和发展马克思主义,我们党才能够始终走在时代前列、历经百年风雨依然风华正茂。[②]背离或放弃马克思主义,我们党就会失去灵魂、迷失方向。中共十九届四中全会着眼新时代党和国家事业全局,明确将

[①] 中共中央宣传部:《习近平新时代中国特色社会主义思想学习问答》,学习出版社、人民出版社2021年版,第436—437页。

[②] 中共中央宣传部:《习近平新时代中国特色社会主义思想学习问答》,学习出版社、人民出版社2021年版,第294—295页。

坚持马克思主义在意识形态领域指导地位确立为我们必须始终遵循的根本制度。在坚持马克思主义指导地位这一根本问题上，我们必须坚定不移，任何时候任何情况下都不能有丝毫动摇。

党对人民军队的绝对领导制度。坚持党对人民军队的绝对领导制度，是坚持和完善中国特色社会主义制度、推进国家治理体系和治理能力现代化的必然要求，对于巩固党的执政地位、保证人民当家作主和实现"两个一百年"奋斗目标、中华民族伟大复兴的中国梦，具有重大而深远的意义。坚持党对人民军队的绝对领导制度，必须牢固树立习近平强军思想在国防和军队建设中的指导地位，坚持人民军队最高领导权和指挥权属于党中央，健全人民军队党的建设制度体系，把党对人民军队的绝对领导贯彻到军队建设各领域全过程。

58. 中国特色社会主义基本制度

中国特色社会主义基本制度，就是通过贯彻和体现国家政治生活、经济生活的基本原则、对国家经济社会发展等发挥重大影响的制度，覆盖和体现在各领域各方面。

在政治领域，中国特色社会主义基本制度就是中国共产党领导的多党合作和政治协商制度、民族区域自治制度、基层群众自治制度。中国共产党领导的多党合作和政治协商制度是中国共产党和中国人民的伟大政治创造，是从中国社会土壤中生长出来的新型政党制度，在凝聚共识、优化决策、协调关系、维护稳定等方面发挥了独特作用，必须长期坚持、不断发展。民族区域自治制度是指在国家统一领导下，各少数民族聚居的地方实行区域自治，设立自治机关，行使自治权。我国是一个统一的多民族国家，中华民族多元一体是先人们留给我们的丰厚遗产，也是我国发展的巨大优势，坚持各民族一律平等，坚定不移走中国特色解决民族问题的正确道路，坚持和完善民族区域自治制度，坚持把维护民族团结和国家统一作为各民族最高利益，巩固和发展平等团结互助和谐的社会主义民族关系。基层群众自治制度是我国关于基层治理的一项基本政治制度，是依照宪法和法律，由居民（村民）选举的成员组成居民（村民）委员会，实行自我管理、自我教育、自我服务、自我监督的制度，在我国政治制度体系中有着十分独特的作用。

在经济领域，确立了公有制为主体、多种所有制经济共同发展，按劳分配为主体、多种分配方式并存，社会主义市场经济体制等三大基本经济制度，既体现社会主义制度优越性，又同我国社会主义初级阶段社会生产力发展水平相适应，是党和人民的伟大创造。公有制为主体、多种所有制经济共同发展，是党在认真总结历史经验教训的基础上逐步探索确立的一项大政方针，要毫不动摇巩固和发展公有制经济，要毫不动摇鼓励、支持、引导非公有制经济发展，不断提升非公有制经济发展质量。坚持按劳分配为主体、多种分配方式并存的分配制度，要提高劳动报酬在初次分配中的比重，健全劳动、资本、土地、知识、技术、管理、数据等生产要素由市场评价贡献、按贡献决定报酬的机制。要健全以税收、社会保障、转移支付等为主要手段的再分配调节机制，重视发挥第三次分配作用，发展慈善等社会公益事业。社会主义市场经济是使市场在社会主义国家宏观调控下对资源配置起决定性作用的经济体制，既体现社会主义的根本性质，又建设高标准市场体系，不断解放和发展社会生产力。

59. 中国特色社会主义重要制度

中国特色社会主义重要制度是由中国特色社会主义根本制度、中国特色社会主义基本制度派生的国家治理各领域各方面的主体性制度，具体讲就是建立在根本制度、基本制度之上的关于法律法治、行政管理、文化建设、民生保障、社会治理、生态文明、"一国两制"、对外事务、党和国家监督等方面的主体性制度。中国特色社会主义重要制度向上连接国家治理体系的顶层即根本制度、基本制度，向下延伸到社会生产生活的方方面面，使国家治理的总体要求、总体目标和一系列政策举措落实落细，涵盖社会生产生活的方方面面，使中国特色社会主义制度优势和国家治理体系的功能作用得到充分发挥。

中国特色社会主义法治重要制度。建设中国特色社会主义法治体系，建设社会主义法治国家，是坚持和发展中国特色社会主义的内在要求。改革开放以来，党坚持把依法治国作为领导人民治理国家的基本方略，把依法执政作为党治国理政的基本方式，不断丰富和完善中国特色社会主义法治重要制度，为当代中国的发展进步提供了有力保障。改革发展稳定离不开法治护航，经济社会发展有赖于法治赋能，百姓平安福祉靠的是法治守卫。

中国特色社会主义政府治理重要制度。政府治理体系承担着按照党和国家决策部署推动经济社会发展、管理社会事务、服务人民群众的重大职责，是国家制度和国家治理体系的重要组成部分。

中国特色社会主义文化重要制度。中国特色社会主义文化是国家治理体系和治理能力现代化的深厚支撑。在5000多年文明发展中孕育的中华优秀传统文化，在中国共产党和中国人民伟大斗争中孕育的革命文化和社会主义先进文化，积淀着中华民族最深层的精神追求，代表着中华民族独特的精神标识。弘扬中国特色社会主义文化，不仅要靠教育引导和实践养成，而且要靠制度和体制机制来保障。

统筹城乡的民生保障重要制度。坚持和完善统筹城乡的民生保障制度，是践行党的全心全意为人民服务根本宗旨的具体体现,是适应我国社会主要矛盾转化、满足人民对美好生活需要的必然选择。我们既要紧紧抓住人民群众最关心最直接最现实的利益问题,尽力而为、量力而行;又要注重加强普惠性、基础性、兜底性民生建设;还要不断创新公共服务提供方式,满足人民多层次多样化需求。

共建共治共享的社会治理重要制度。坚持和完善共建共治共享的社会治理重要制度,是坚持和完善中国特色社会主义制度、推进国家治理体系和治理能力现代化的重要任务。总的目标,是完善党委领导、政府负责、民主协商、社会协同、公众参与、法治保障、科技支撑的社会治理体系,建设人人有责、人人尽责、人人享有的社会治理共同体,确保人民安居乐业、社会安定有序,建设更高水平的平安中国。

生态文明重要制度。生态文明建设是关系中华民族永续发展的千年大计,是实现中华民族伟大复兴的战略安排。中共十八大以来,以习近平同志为核心的党中央把生态文明建设摆在现代化建设全局位置,坚定贯彻新发展理念,不断深化生态文明体制改革,加强制度创新,开创了生态文明建设新局面。生态文明建设是一场涉及生产方式、生活方式和价值观念的革命性变革,必须有一整套完备、稳定、管用的制度体系来保障,着力破解制约生态文明建设的体制机制障碍。

"一国两制"制度是党领导人民实现祖国和平统一的一项重要制度,是中国特色社会主义的一个伟大创举。必须严格依照宪法和基本法对香港特别行政区、澳门特别行政区实行管治,维护香港、澳门长期繁荣稳定。建立健全特别行政区维护国家安全的法律制度和执行机制。要坚定推进祖国和平统一进程,完善促进两岸交流合作、深化两岸融合发展、保障台湾同胞福祉的制度安排和政策措施,团结广大台湾同胞共同反对"台独"、促进统一。

外事工作重要制度。外事工作在党治国理政全部工作中居于重要位置,外事工作制度在中国特色社会主义制度体系中是极为重要的组成部分。中共十八大以来,以习近平同志为核心的党中央主动谋划、开拓进取,走出了一条中国特色大国外交新路,对外工作取得历史性成就。在新的形势下,坚持和完善外事工作重要制度,就是要高举和平、发展、合作、共赢的旗帜,统筹国际国内两个大局,统筹发展安全两件大事,牢牢把握坚持和平发展、促进民族复兴这条主线,维护国家主权、安全、发展利益,为和平发展营造更加有利的国际环境,为实现"两个一百年"奋斗目标、实现中华民族伟大复兴的中国梦提供有力保障。

党和国家监督重要制度。党和国家监督体系是党在长期执政条件下实现自我净化、自我完善、自我革新、自我提高的重要制度保障。世界上一些大党老党之所以丧权亡党，一个重要原因就是忽视、缺乏监督制约。中共十八大以来，党中央从政治和全局高度推进监督体制改革并取得显著成效，初步形成党和国家监督体系总体框架。中共十九届四中全会第一次明确了党和国家监督体系在中国特色社会主义制度和国家治理体系中的重要定位，明确提出必须健全党统一领导、全面覆盖、权威高效的监督体系，表明我们党对长期执政条件下勇于进行自我革命的认识达到一个新的高度。

（九）中国特色社会主义理论体系

60. 科学回答建设中国特色社会主义一系列基本问题

在改革开放历史新时期，以邓小平同志为主要代表的中国共产党人，作出把党和国家工作中心转移到经济建设上来、实行改革开放的历史性决策，深刻揭示社会主义本质，确立社会主义初级阶段基本路线，明确提出走自己的路、建设中国特色社会主义，科学回答了建设中国特色社会主义的一系列基本问题。[①]

一系列基本问题可以概括为，在中国这样的经济文化比较落后的国家，如何建设社会主义、如何巩固和发展社会主义，实现国家的现代化。以邓小平同志为主要代表的中国共产党人科学回答建设中国特色社会主义一系列基本问题主要涵盖了下述九个方面：

第一，在社会主义的发展道路问题上，强调走自己的路，不把书本当教条，不照搬外国模式，以马克思主义为指导，以实践作为检验真理的唯一标准，解放思想，实事求是，尊重群众的首创精神，建设有中国特色的社会主义。

第二，在社会主义的发展阶段问题上，作出了中国还处在社会主义初级阶段的科学论断，强调这是一个至少上百年的很长的历史阶段，制定一切方针政策都必须以这个基本国情为依据，不能脱离实际，超越阶段。

第三，在社会主义的根本任务问题上，指出社会主义的本质是解放生产力，发展生产力，消灭剥削，消除两极分化，最终达到共同富裕。强调现阶段中国社会的主要矛盾是人民日益增长的物质文化需要同落后的社会生产之间的矛盾，必须把发展生产力摆在首要位置，以经济建设为中心，推动社会全面进

[①] 中共中央宣传部：《习近平新时代中国特色社会主义思想学习纲要》，学习出版社、人民出版社2019年版，第23页。

步。判断各方面工作的是非得失，归根到底，要以是否有利于发展社会主义社会的生产力，是否有利于增强社会主义国家的综合国力，是否有利于提高人民的生活水平为标准。科学技术是第一生产力，经济建设必须依靠科技进步和劳动者素质的提高。

第四，在社会主义的发展动力问题上，强调改革也是一场革命，也是解放生产力，是中国现代化的必由之路，僵化停滞是没有出路的。经济体制改革的目标，是在坚持公有制和按劳分配为主体、其他经济成分和分配方式为补充的基础上，建立和完善社会主义市场经济体制。政治体制改革的目标，是以完善人民代表大会制度、共产党领导的多党合作和政治协商制度为主要内容，发展社会主义民主政治。同经济、政治的改革和发展相适应，以"有理想、有道德、有文化、有纪律"为目标，建设社会主义精神文明。在社会主义建设的外部条件问题上，指出和平与发展是当代世界两大主题，必须坚持独立自主的和平外交政策，为中国现代化建设争取有利的国际环境。强调实行对外开放是改革和建设必不可少的，应当吸收和利用世界各国包括资本主义发达国家所创造的一切先进文明成果来发展社会主义，封闭只能导致落后。

第五，在社会主义建设的政治保证问题上，强调坚持社会主义道路、坚持人民民主专政、坚持中国共产党的领导、坚持马克思列宁主义毛泽东思想。这四项基本原则是立国之本，是改革开放和现代化建设健康发展的保证，又从改革开放和现代化建设获得新的时代内容。

第六，在社会主义建设的战略步骤问题上，提出基本实现现代化分三步走。

第七，在现代化建设的长过程中要抓住时机，争取出现若干个发展速度比较快、效益又比较好的阶段，每隔几年上一个台阶。贫穷不是社会主义，同步富裕又是不可能的，必须允许和鼓励一部分地区一部分人先富起来，以带动越来越多的地区和人们逐步达到共同富裕。

第八，在社会主义的领导力量和依靠力量问题上，强调作为工人阶级先锋队的共产党是社会主义事业的领导核心，中国共产党必须适应改革开放和现代化建设的需要，不断改善和加强对各方面工作的领导，改善和加强自身建设。执政党的党风，党同人民群众的联系，是关系中国共产党生死存亡的问题。必须依靠广大工人、农民、知识分子，必须依靠各民族人民的团结，必须依靠全体社会主义劳动者、拥护社会主义的爱国者和拥护祖国统一的爱国者的最广泛的统一战线。中国共产党领导的人民军队是社会主义祖国的保卫者和建设社会主义的重要力量。

第九，在祖国统一的问题上，提出"一个国家、两种制度"的创造性构想。在一个中国的前提下,国家的主体坚持社会主义制度,香港、澳门、台湾保持原有的资本主义制度长期不变,按照这个原则来推进祖国和平统一大业的完成。①

以邓小平同志为主要代表的中国共产党人科学回答了建设中国特色社会主义一系列基本问题,标志着到二十一世纪中叶分三步走、基本实现社会主义现代化的发展战略的形成,成功开创了中国特色社会主义。②

61. 创立邓小平理论

中共十一届三中全会以后,以邓小平同志为主要代表的中国共产党人,团结带领全党全国各族人民,深刻总结新中国成立以来正反两方面经验,围绕什么是社会主义、怎样建设社会主义这一根本问题,借鉴世界社会主义历史经验,创立了邓小平理论。③

邓小平理论是在和平与发展成为时代主题的历史条件下,在中国改革开放和现代化建设的实践中,在总结中国社会主义胜利和挫折的历史经验并借鉴其他社会主义国家兴衰成败历史经验的基础上,逐步形成和发展起来的。它抓住"什么是社会主义、怎样建设社会主义"这个根本问题,第一次比较系统地初步回答了建设有中国特色社会主义的一系列基本问题,指导中国共产党制定了在社会主义初级阶段的基本路线。它是贯通哲学、政治经济学、科学社会主义等领域,涵盖经济、政治、科技、教育、文化、民族、军事、外交、统一战线、党的建设等方面比较完备的科学体系,又是需要从各方面进一步丰富发展的科学体系。④

邓小平理论的指导意义具体体现在下述四个方面:

第一,邓小平理论坚持解放思想、实事求是,在新的实践基础上继承前人又突破陈规,开拓了马克思主义的新境界。实事求是是马克思列宁主义的精髓,是毛泽东思想的精髓,也是邓小平理论的精髓。1978年邓小平《解放思想,实事求是,团结一致向前看》这篇讲话,是在"文化大革命"结束以后,中国面临向何处去的重大历史关头,冲破"两个凡是"的禁锢,开辟新时期新道路、开创建设有中国特色社会主义新理论的宣言书。1992年邓小平南方谈话,是在国际国内政治风波严峻考验的重大历史关头,坚持十一届三中全会以来的理论和路线,深刻回答长期束缚人们思想的许多重大认识问题,把改革开

---

① 《邓小平关于建设有中国特色社会主义的论述专题摘编》,中央文献出版社1992年版,"序"第9—11页。
② 《中共中央关于党的百年奋斗重大成就和历史经验的决议》,人民出版社2021年版,第16页。
③ 《中共中央关于党的百年奋斗重大成就和历史经验的决议》,人民出版社2021年版,第15页。
④ 本书编写组:《中国共产党简史》,人民出版社、中共党史出版社2021年版,第294—295页。

放和现代化建设推进到新阶段的又一个解放思想、实事求是的宣言书。在走向21世纪的形势下，面对许多中国共产党从来没有遇到过的艰巨课题，邓小平理论要求中国共产党增强和提高解放思想、实事求是的坚定性和自觉性，一切以是否有利于发展社会主义社会的生产力、有利于增强社会主义国家的综合国力、有利于提高人民的生活水平这"三个有利于"为根本判断标准，不断开拓中国共产党事业的新局面。

第二，邓小平理论坚持科学社会主义理论和实践的基本成果，抓住"什么是社会主义、怎样建设社会主义"这个根本问题，深刻地揭示社会主义的本质，把对社会主义的认识提高到新的科学水平。新时期的思想解放，关键就是在这个问题上的思想解放。中国社会主义在改革开放前所经历的曲折和失误，改革开放以来在前进中遇到的一些困惑，归根到底都在于对这个问题没有完全搞清楚。拨乱反正，全面改革，从以阶级斗争为纲到以经济建设为中心，从封闭半封闭到改革开放，从计划经济到社会主义市场经济，这个历史性转变，就是逐渐搞清楚这个根本问题的进程。这个进程，还将在今后的实践中继续下去。

第三，邓小平理论坚持用马克思主义的宽广眼界观察世界，对当时的时代特征和总体国际形势，对世界上其他社会主义国家的成败、发展中国家谋求发展的得失、发达国家发展的态势和矛盾，进行正确分析，作出了新的科学判断。世界变化很大很快，特别是日新月异的科学技术进步深刻地改变了并将继续改变当代经济社会生活和世界面貌，任何国家的马克思主义者都不能不认真对待。邓小平理论正是根据这种形势，确定中国共产党的路线和国际战略，用新的观点来认识、继承和发展马克思主义，强调只有这样才是真正的马克思主义，墨守成规只能导致落后甚至失败。这是邓小平理论鲜明的时代精神。

第四，总起来说，邓小平理论形成了新的建设有中国特色社会主义理论的科学体系。它是在和平与发展成为时代主题的历史条件下，在中国改革开放和现代化建设的实践中，在总结中国社会主义胜利和挫折的历史经验并借鉴其他社会主义国家兴衰成败历史经验的基础上，逐步形成和发展起来的。[1]

邓小平理论的创立深刻揭示社会主义本质，确立社会主义初级阶段基本路线，明确提出走自己的路、建设中国特色社会主义，科学回答了建设中国特色社会主义的一系列基本问题，制定了到二十一世纪中叶分三步走、基本实现社会主义现代化的发展战略，成功开创了中国特色社会主义。[2] 它还是在毛泽东

---

[1] 《十五大以来重要文献选编》（上），人民出版社2000年版，第10—12页。
[2] 《中共中央关于党的百年奋斗重大成就和历史经验的决议》，人民出版社2021年版，第15—16页。

思想之后，马克思列宁主义同中国实际相结合的第二次历史性飞跃，是中国共产党和人民实践经验和集体智慧的结晶。①

62. 形成"三个代表"重要思想

中共十三届四中全会以后，以江泽民同志为主要代表的中国共产党人，在建设中国特色社会主义的伟大实践中，加深了对什么是社会主义、怎样建设社会主义和建设什么样的党、怎样建设党的认识，积累了治党治国新的宝贵经验，形成了"三个代表"重要思想。② 具体内容为中国共产党始终代表中国先进生产力的发展要求、始终代表中国先进文化的前进方向、始终代表中国最广大人民的根本利益。

"三个代表"重要思想形成的历史根据是对中国共产党成立以来历史经验的科学总结。中国共产党作为工人阶级的先锋队，建立时就作为中国先进生产力的代表走上历史舞台。以毛泽东同志为主要代表的中国共产党人，把马克思列宁主义的普遍真理同中国革命的具体实际相结合，领导全国人民完成了民族独立和人民解放的历史任务，极大地解放和发展了生产力。新中国成立以后，中国共产党对农业、手工业和资本主义工商业进行社会主义改造，是为了确立社会主义生产关系，并在这种经济基础上进一步健全社会主义上层建筑，以继续解放和发展生产力。1956年这个改造完成后中国初步确立了社会主义制度，为进一步解放和发展生产力创造重要前提和条件。从1956年起，中国共产党依靠"独立自主、自力更生"的精神，取得了社会主义建设的重大成就。中共十一届三中全会以后，中国共产党大胆探索，勇于实践，不断推进经济体制改革、政治体制改革和其他方面的改革，极大地解放和发展了中国社会生产力，推动中国经济发展和社会进步发生了巨大变化。以邓小平同志为主要代表的中国共产党人，带领全党全国人民在拨乱反正的基础上果断实行改革开放的伟大决策。改革开放从十一届三中全会起步，在十二大以后全面展开，经历了从农村改革到城市改革，从对内搞活到对外开放，从经济体制改革到政治、科技、教育等各方面体制改革的过程。改革开放有力地推动着中国的经济发展和社会的全面进步，取得了举世瞩目的伟大成就。经过中国共产党的艰辛探索，终于成功地开创了建设中国特色社会主义的新道路。十三届四中全会以后，中国共产党从容应对一系列关系中国主权和安全的国际突发事件，战胜来自政治、经济领域和自然界的各种困难和风险，经受住一次又一次考验，排除各种干扰，

---

① 本书编写组：《中国共产党简史》，人民出版社、中共党史出版社2021年版，第294—295页。
② 中共中央宣传部：《习近平新时代中国特色社会主义思想学习纲要》，学习出版社、人民出版社2019年版，第6页。

围绕什么是社会主义、怎样建设社会主义，建设什么样的党、怎样建设党的重大时代课题，进行了艰辛探索和伟大实践，深化了认识。中共十六大报告对此概括了"十条基本经验"，归结起来就是：中国共产党必须始终代表中国先进生产力的发展要求，代表中国先进文化的前进方向，代表中国最广大人民的根本利益。这是坚持和发展社会主义的必然要求，是我们党艰辛探索和伟大实践的必然结论。①

"三个代表"重要思想是在科学判断中国共产党的历史方位的基础上形成的。"三个代表"重要思想是在对当今国际局势的科学分析的基础上提出来的。冷战结束后，国际局势发生深刻变化，世界多极化和经济全球化在曲折中发展。江泽民同志指出："和平与发展仍是当今时代的主题。维护和平，促进发展，事关各国人民的福祉，是各国人民的共同愿望，也是不可阻挡的历史潮流。"维护世界和平、促进经济发展，已成为各国人民的共同要求，已成为时代的呼唤。当今国际局势的深刻变化，是"三个代表"重要思想形成的时代背景。"三个代表"重要思想是在对当代中国发展趋势科学认识的基础上形成的。改革开放以来，中国经济社会生活发生了深刻变化，社会经济成分、组织形式、就业方式、利益关系和分配方式日益多样化。加入世贸组织，给中国经济社会带来深刻影响。中国已经进入全面建设小康社会、加快推进社会主义现代化的新的发展阶段。面对新形势新任务，中国共产党始终坚持基本理论、基本路线、基本纲领和基本经验，坚定不移地沿着建设中国特色社会主义道路阔步前进。因此，中国特色社会主义伟大事业，是"三个代表"重要思想形成的实践基础。"三个代表"重要思想是在对中国共产党的现状科学分析的基础上形成的。改革开放以来，我们党面临的环境、所处的方位、担负的任务和党员干部队伍的状况发生了很大变化。新党员的数量大幅度增加，干部队伍新老交替不断进行，一大批年轻干部走上领导岗位。这给党的发展带来了新的活力，也提出了新的挑战。新形势新任务要求我们党必须解决好进一步提高党的领导水平和执政水平、提高拒腐防变和抵御风险能力这两大历史性课题。这是在新的历史条件下加强和改进党的建设的必然要求。世界上一些大党、老党纷纷丢失政权，特别是苏联东欧剧变，给我们党敲响了警钟。当代世界的新变化考验着中国共产党的执政能力。面对新形势、新任务和新机遇、新挑战，如何使党在世界形势深刻变化的历史进程中始终走在时代前列，在应对国内外各种风险考验的历史进程中始终成为全国人民的主心骨，在建设中国特色社会主义的历史进程中始终成为坚强的领导核心，永葆生机和活力，这是关系党和国家前途命

---

① 《"三个代表"重要思想学习问答》，人民出版社2003年版，第5—7页。

运的根本问题，也是我们党始终高度重视和深刻思考的根本问题。这表明，党的建设面临的新形势新任务，是"三个代表"重要思想形成的现实依据。①

"三个代表"重要思想在国内外形势十分复杂、世界社会主义出现严重曲折的严峻考验面前捍卫了中国特色社会主义，确立了社会主义市场经济体制的改革目标和基本框架，确立了社会主义初级阶段公有制为主体、多种所有制经济共同发展的基本经济制度和按劳分配为主体、多种分配方式并存的分配制度，开创全面改革开放新局面，推进党的建设新的伟大工程，成功把中国特色社会主义推向二十一世纪。②

63. 形成科学发展观

中共十六大以后，以胡锦涛同志为主要代表的中国共产党人，坚持以邓小平理论和"三个代表"重要思想为指导，根据新的发展要求，深刻认识和回答了实现什么样的发展、怎样发展等重大问题，形成了以人为本、全面协调可持续发展的科学发展观。③

科学发展观是中国共产党为了立足社会主义初级阶段基本国情，总结中国发展实践，借鉴国外发展经验，适应新的发展而提出的。进入21世纪新阶段，中国发展呈现一系列新的阶段性特征，具体体现为八个方面：第一，经济实力显著增强，同时生产力水平总体上还不高。自主创新能力还不强，长期形成的结构性矛盾和粗放型增长方式尚未根本改变。第二，社会主义市场经济体制初步建立，同时影响发展的体制机制障碍依然存在。改革攻坚面临深层次矛盾和问题。第三，人民生活总体上达到小康水平，同时收入分配差距拉大趋势还未根本扭转。城乡贫困人口和低收入人口还有相当数量，统筹兼顾各方面利益难度加大。第四，协调发展取得显著成绩，同时农业基础薄弱、农村发展滞后的局面尚未改变。缩小城乡、区域发展差距和促进经济社会协调发展任务艰巨。第五，社会主义民主政治不断发展、依法治国基本方略扎实贯彻，同时民主法制建设与扩大人民民主和经济社会发展的要求还不完全适应。政治体制改革需要继续深化。第六，社会主义文化更加繁荣，同时人民精神文化需求日趋旺盛。人们思想活动的独立性、选择性、多变性、差异性明显增强，对发展社会主义先进文化提出了更高要求，第七，社会活力显著增强，同时社会结构、社会组织形式、社会利益格局发生深刻变化。社会建设和管理面临诸多新课题。

---

① 《"三个代表"重要思想学习问答》，人民出版社2003年版，第7—9页。
② 《中共中央关于党的百年奋斗重大成就和历史经验的决议》，人民出版社2021年版，第16页。
③ 中共中央宣传部：《习近平新时代中国特色社会主义思想学习纲要》，学习出版社、人民出版社2019年版，第6页。

第八，对外开放日益扩大，同时面临的国际竞争日趋激烈，发达国家在经济科技上占优势的压力长期存在。可以预见和难以预见的风险增多，统筹国内发展和对外开放要求更高。

这些情况表明，经过新中国成立以来特别是改革开放以来的不懈努力，中国取得了举世瞩目的发展成就，从生产力到生产关系、从经济基础到上层建筑都发生了意义深远的重大变化，但中国仍处于并将长期处于社会主义初级阶段的基本国情没有变，人民日益增长的物质文化需要同落后的社会生产之间的矛盾这一社会主要矛盾没有变。当时中国发展的阶段性特征，是社会主义初级阶段基本国情在新世纪新阶段的具体表现。强调认清社会主义初级阶段基本国情，不是要妄自菲薄、自甘落后，也不是要脱离实际、急于求成，而是要坚持把它作为推进改革、谋划发展的根本依据。中国共产党必须始终保持清醒头脑，立足社会主义初级阶段这个最大的实际，科学分析中国全面参与经济全球化的新机遇新挑战，全面认识工业化、信息化、城镇化、市场化、国际化深入发展的新形势新任务，深刻把握中国发展面临的新课题新矛盾，更加自觉地走科学发展道路，奋力开拓中国特色社会主义更为广阔的发展前景。[①]

科学发展观，是马克思主义关于发展的世界观和方法论的集中体现，是同马克思列宁主义、毛泽东思想、邓小平理论和"三个代表"重要思想既一脉相承又与时俱进的科学理论，是中国经济社会发展的重要指导方针，是发展中国特色社会主义必须坚持和贯彻的重大战略思想。[②] 科学发展观抓住重要战略机遇期，聚精会神搞建设，一心一意谋发展，强调坚持以人为本、全面协调可持续发展，着力保障和改善民生，促进社会公平正义，推进党的执政能力建设和先进性建设，成功在新形势下坚持和发展了中国特色社会主义。[③]

（十）"两个一百年"奋斗目标

64. "两个一百年"历史交汇期

从中共十九大到二十大，是"两个一百年"奋斗目标的历史交汇期。1997年9月，中共十五大报告首次提出"在中国共产党成立一百年时全面建成小康社会，在新中国成立一百年时建成富强民主文明和谐的社会主义现代化国家"

[①]《十七大以来重要文献选编》（上），中央文献出版社2009年，第10—11页。
[②]《十七大以来重要文献选编》（上），中央文献出版社2009年，第10页。
[③]《中共中央关于党的百年奋斗重大成就和历史经验的决议》，人民出版社2021年版，第16—17页。

的奋斗目标。中共十六大、十七大、十八大均对"两个一百年"奋斗目标作了强调和安排。2017年10月18日至24日，中国共产党第十九次全国代表大会召开，习近平代表第十八届中央委员会作政治报告。报告指出，改革开放之后，我们党对我国社会主义现代化建设作出战略安排，提出"三步走"战略目标。解决人民温饱问题、人民生活总体上达到小康水平这两个目标已提前实现。从现在到二〇二〇年，是全面建成小康社会决胜期。从十九大到二十大，是"两个一百年"奋斗目标的历史交汇期。我们既要全面建成小康社会、实现第一个百年奋斗目标，又要乘势而上开启全面建设社会主义现代化国家新征程，向第二个百年奋斗目标进军。

"两个一百年"奋斗目标的历史交汇期，是承上启下的衔接期。"两个一百年"奋斗目标不是割裂开来单独推进的，而是同步推进、交汇推进的。如期全面建成小康社会、实现第一个百年奋斗目标，是我国社会主义现代化建设进程中一个重要的里程碑，标志着我们将跨过实现现代化建设第三步战略目标必经的承上启下的重要发展阶段，实现党对人民、对历史作出的庄严承诺。开启全面建设社会主义现代化国家新征程、向第二个百年奋斗目标进军，是我国现代化建设"三步走"总体战略的继续和深入，意味着我们将站在更高的起点上，向着把我国建成富强民主文明和谐美丽的社会主义现代化强国的目标奋勇前进。第一个百年奋斗目标的实现，必将为第二个百年奋斗目标奠定坚实的物质基础、制度基础。

"两个一百年"奋斗目标的历史交汇期，是我国转变发展方式、优化经济结构、转换增长动力的攻关期，要站在第二百年奋斗目标的战略高度上，统筹规划第一个百年奋斗目标和在此基础上的"新两步走"战略目标、任务和措施，形成完整统一、前后衔接的任务书、路线图、时间表，一张蓝图干到底。站在"两个一百年"奋斗目标的历史交汇点上，必须全面贯彻党的基本理论、基本路线、基本方略，坚持稳中求进工作总基调，坚定不移贯彻新发展理念，着力构建新发展格局，统筹国内国际两个大局，办好发展安全两件大事，推进国家治理体系和治理能力现代化，不断开创党和国家事业发展新局面。

65. 新时代中国特色社会主义发展的战略安排

中共十九大报告指出，从全面建成小康社会到基本实现现代化，再到全面建成社会主义现代化强国，是新时代中国特色社会主义发展的战略安排。

从十九大到二〇二〇年，是全面建成小康社会决胜期。要按照十六大、十七大、十八大提出的全面建成小康社会各项要求，紧扣我国社会主要矛盾变化，统筹推进经济建设、政治建设、文化建设、社会建设、生态文明建设，坚定实施科教兴国战略、人才强国战略、创新驱动发展战略、乡村振兴战略、区域协调发展战略、可持续发展战略、军民融合发展战略，突出抓重点、补短板、强弱项，特别是要坚决打好防范化解重大风险、精准脱贫、污染防治的攻坚战，使全面建成小康社会得到人民认可、经得起历史检验。

从十九大到二十大，是"两个一百年"奋斗目标的历史交汇期。我们既要全面建成小康社会、实现第一个百年奋斗目标，又要乘势而上开启全面建设社会主义现代化国家新征程，向第二个百年奋斗目标进军。综合分析国际国内形势和我国发展条件，从二〇二〇年到本世纪中叶可以分两个阶段来安排。第一个阶段，从二〇二〇年到二〇三五年，在全面建成小康社会的基础上，再奋斗十五年，基本实现社会主义现代化。到那时，我国经济实力、科技实力将大幅跃升，跻身创新型国家前列；人民平等参与、平等发展权利得到充分保障，法治国家、法治政府、法治社会基本建成，各方面制度更加完善，国家治理体系和治理能力现代化基本实现；社会文明程度达到新的高度，国家文化软实力显著增强，中华文化影响更加广泛深入；人民生活更为宽裕，中等收入群体比例明显提高，城乡区域发展差距和居民生活水平差距显著缩小，基本公共服务均等化基本实现，全体人民共同富裕迈出坚实步伐；现代社会治理格局基本形成，社会充满活力又和谐有序；生态环境根本好转，美丽中国目标基本实现。到第二个阶段，从二〇三五年到本世纪中叶，在基本实现现代化的基础上，再奋斗十五年，把我国建成富强民主文明和谐美丽的社会主义现代化强国。到那时，我国物质文明、政治文明、精神文明、社会文明、生态文明将全面提升，实现国家治理体系和治理能力现代化，成为综合国力和国际影响力领先的国家，全体人民共同富裕基本实现，我国人民将享有更加幸福安康的生活，中华民族将以更加昂扬的姿态屹立于世界民族之林。

中共十九大对建设社会主义现代化强国的战略安排，进一步丰富和发展了我国现代化建设的战略思想，既体现历史发展的延续性，又符合实践发展的新要求，充分体现了以习近平同志为核心的党中央进行战略谋划的全局性、前瞻性、指导性。这一宏伟蓝图，与中华民族从站起来、富起来到强起来的历史逻辑高度契合，符合实现中华民族伟大复兴的现实需要，对动员全党全国各族人民万众一心实现中华民族伟大复兴的中国梦具有重大意义。当前我国已经全面建成小康社会，开启全面建设社会主义现代化国家的新征程，正在朝着实现第二个百年奋斗目标奋勇前进。

66. 实现第一个百年奋斗目标

到中国共产党成立 100 周年的时候全面建成小康社会，是"两个一百年"

奋斗目标的第一个百年奋斗目标。2021年7月1日，习近平在庆祝中国共产党成立100周年大会上的讲话指出，经过全党全国各族人民持续奋斗，我们实现了第一个百年奋斗目标，在中华大地上全面建成了小康社会，历史性地解决了绝对贫困问题，正在意气风发向着全面建成社会主义现代化强国的第二个百年奋斗目标迈进。这是中华民族的伟大光荣！这是中国人民的伟大光荣！这是中国共产党的伟大光荣！[1]

全面建成小康社会，是党向人民、向历史作出的庄严承诺，是全体中国人民的共同期盼。"小康"一词最早出自《诗经》："民亦劳止，汔可小康。惠此中国，以绥四方。"党使用"小康"概念来确定发展目标，既符合我国发展实际，也容易得到最广大人民的理解和支持。改革开放之初，邓小平首先用小康来诠释中国式现代化，提出到20世纪末在中国建立一个小康社会的奋斗目标。在如期实现目标、人民生活总体上达到小康水平的基础上，中共十六大提出"全面建设小康社会"，中共十八大进一步提出"全面建成小康社会"。经过全国各族人民的不懈奋斗，到中国共产党建立100周年时如期实现这一战略目标，实现从大幅落后于时代到大踏步赶上时代的新跨越。

全面建成小康社会，实现了中华民族千百年来的夙愿，我国发展和人民生活水平越上新的台阶，迈出了实现中华民族伟大复兴的关键一步。中华民族是一个具有伟大梦想精神的民族，建立一个安定富足的小康社会是中华民族数千年的希冀和期盼。中国共产党自成立之日就坚定扛起为人民谋幸福、为民族谋复兴的大旗，为人民过上小康生活而接续奋斗。中共十八大以来，以习近平同志为核心的党中央以时不我待、只争朝夕的干劲，带领全国人民奋力冲刺、决战决胜，全面建成小康社会，履行了我们党向人民作出的庄严承诺，标志着中华民族的千年夙愿变成现实。全面建成小康社会，不仅体现在经济实力、综合实力的跃升上，更体现在给每一个中国人的生活带来实实在在的变化上。全面建成小康社会成效显著，得到全体人民的认可，受到国际社会广泛赞誉，经得起历史检验。习近平着眼于党和国家事业发展全局，把全面建成小康社会与实现中华民族伟大复兴中国梦紧密联系在一起。全面建成小康社会是实现中华民族伟大复兴的重要基础，"小康梦"是中国梦的阶段性目标，没有全面小康的实现，民族复兴就无从谈起。如期全面建成小康社会，标志着第一个百年奋斗目标圆满完成，为实现第二个百年奋斗目标奠定了坚实的基础。[2]

全面建成小康社会，实现第一个百年奋斗目标，在中国共产党奋斗史、新

---

[1] 习近平：《在庆祝中国共产党成立100周年大会上的讲话》，人民出版社2021年版，第2页。
[2] 中共中央宣传部：《习近平新时代中国特色社会主义思想学习问答》，学习出版社、人民出版社2021年版，第114—116页。

中国发展史以及中华民族文明史上都具有里程碑意义。同时，我们必须认识到，这只是我们迈向中华民族伟大复兴的关键一步，我们决不能骄傲自满、止步不前，要继续谦虚谨慎、戒骄戒躁，继续艰苦奋斗、锐意进取，为实现第二个百年奋斗目标、实现中华民族伟大复兴而奋力拼搏，为人类和平与发展的崇高事业不断作出新的更大贡献！

67. 开启全面建设社会主义现代化国家新征程

中共十九大提出，从十九大到二十大，是"两个一百年"奋斗目标的历史交汇期。我们既要全面建成小康社会、实现第一个百年奋斗目标，又要乘势而上开启全面建设社会主义现代化国家新征程，实现第二个百年奋斗目标。今天，随着全面建成小康社会，实现第一个百年奋斗目标，站在接续历史的更高起点上，我国进入新发展阶段，开启了全面建设社会主义现代化国家新征程。

开启全面建设社会主义现代化国家新征程的新发展阶段，是党带领人民迎来从站起来、富起来到强起来历史跨越的新阶段，是我国社会主义发展进程中的一个重要阶段。进入新发展阶段，是中华民族伟大复兴历史进程的大跨越。这一跨越标志着中华民族在实现全面小康的千年梦想后，踏上朝着更加宏伟目标奋进的新征程，在我国发展进程中具有里程碑意义。实现民族复兴和国家现代化，始终是中国人民的不懈追求。近代以来，在外国列强入侵和封建腐朽统治下，我国错失了工业革命的机遇，大幅落后于时代，中华民族也遭受了前所未有的苦难。鸦片战争后，中国人民和无数仁人志士不屈不挠，苦苦寻求中国现代化之路。孙中山先生的《建国大纲》被称为近代中国谋求现代化的第一份蓝图，但在半殖民地半封建社会的条件下，中国现代化没有也不可能取得成功。[1] 一百年来，中国共产党团结带领中国人民进行的一切奋斗，归根到底都是为了实现社会主义现代化和中华民族伟大复兴这一目标。早在1945年，毛泽东在中共七大报告中指出："中国工人阶级的任务，不但是为着建立新民主主义的国家而斗争，而且是为着中国的工业化和农业近代化而斗争。"[2] 在新中国成立前夕召开的中共七届二中全会上，毛泽东进一步提出由落后的农业国变成先进的工业国的奋斗目标。新中国成立后，党把促进"农业和交通运输业的现代化""建立巩固的现代化国防"写入党在过渡时期总路线，周恩来在1954年第一届全国人民代表大会首次提出了包括现代化的工业、农业、交通运输业和国防在内的四个现代化。1956年中共八大将这一任务写入党章，周

---

[1] 中共中央宣传部：《习近平新时代中国特色社会主义思想学习问答》，学习出版社、人民出版社2021年版，第121—122页。

[2] 《毛泽东选集》第三卷，人民出版社1991年版，第1081页。

恩来在1964年第三届全国人民代表大会进一步提出把我国建设成为具有现代农业、现代工业、现代国防和现代科学技术的社会主义强国，在1975年第四届全国人民代表大会重申了分两步走、全面实现四个现代化的战略安排。改革开放以来，邓小平提出"三步走"战略，党领导人民进行改革开放，以经济建设为中心，建设社会主义现代化，实现了我们党伟大的历史性转折。中共十八大以来，党和国家事业发生历史性变革、取得历史性成就，中国特色社会主义进入新时代。中共十九大在全面建成小康社会、实现第一个百年奋斗目标的基础上乘势而上开启全面建设社会主义现代化国家新征程、向第二个百年奋斗目标进军的战略安排，吹响了新时代全面建设社会主义现代化国家、实现中华民族伟大复兴新的进军号。

在全面建成小康社会的基础上乘势而上开启全面建设社会主义现代化国家新征程，体现了社会主义事业和现代化建设连续性和阶段性的统一。新发展阶段是社会主义初级阶段中的一个阶段，同时是其中经过几十年积累、站到了新的起点上的一个阶段。社会主义初级阶段不是一个静态、一成不变、停滞不前的阶段，也不是一个自发、被动、不用费多大气力自然而然就可以跨过的阶段，而是一个动态、积极有为、始终洋溢着蓬勃生机活力的过程，是一个阶梯式递进、不断发展进步、日益接近质的飞跃和量的积累的发展变化的过程。全面建设社会主义现代化国家、基本实现社会主义现代化，既是社会主义初级阶段我国发展的要求，也是我国社会主义从初级阶段向更高阶段迈进的要求。立足新发展阶段，既要把握实践发展的连续性，又要把握时代发展的阶段性，既要抓住国内外环境深刻变化带来的新机遇，又要准备迎接一系列新挑战，确保全面建设社会主义现代化国家开好局、起好步。[①]

进入新发展阶段，开启新奋进征程，我们即将在新时代长征路上迈出新的步伐。全党全国各族人民要团结一心、接续奋斗，朝着全面建成社会主义现代化强国、实现中华民族伟大复兴的目标进军，不断创造更值得骄傲的新的伟大胜利。

68. 2035年远景目标

中共十八大以来，中国特色社会主义进入新时代。中共十九大站在新的更高的历史起点上，对全面建设社会主义现代化国家、实现第二个百年奋斗目标作出分两个阶段推进的战略安排，提出到2035年基本实现社会主义现代化，到本世纪中叶把我国建设成为富强民主文明和谐美丽的社会主义现代化强国。

[①] 中共中央宣传部：《习近平新时代中国特色社会主义思想学习问答》，学习出版社、人民出版社2021年版，第124—125页。

其中，到 2035 年基本实现社会主义现代化的战略安排是，从二〇二〇年到二〇三五年，在全面建成小康社会的基础上，再奋斗十五年，基本实现社会主义现代化。到那时，我国经济实力、科技实力将大幅跃升，跻身创新型国家前列；人民平等参与、平等发展权利得到充分保障，法治国家、法治政府、法治社会基本建成，各方面制度更加完善，国家治理体系和治理能力现代化基本实现；社会文明程度达到新的高度，国家文化软实力显著增强，中华文化影响更加广泛深入；人民生活更为宽裕，中等收入群体比例明显提高，城乡区域发展差距和居民生活水平差距显著缩小，基本公共服务均等化基本实现，全体人民共同富裕迈出坚实步伐；现代社会治理格局基本形成，社会充满活力又和谐有序；生态环境根本好转，美丽中国目标基本实现。

2020 年 10 月 29 日，中共十九届五中全会通过《中共中央关于制定国民经济和社会发展第十四个五年规划和二〇三五年远景目标的建议》，进一步明晰了基本实现社会主义现代化的 2035 年远景目标，即：展望二〇三五年，我国经济实力、科技实力、综合国力将大幅跃升，经济总量和城乡居民人均收入将再迈上新的大台阶，关键核心技术实现重大突破，进入创新型国家前列；基本实现新型工业化、信息化、城镇化、农业现代化，建成现代化经济体系；基本实现国家治理体系和治理能力现代化，人民平等参与、平等发展权利得到充分保障，基本建成法治国家、法治政府、法治社会；建成文化强国、教育强国、人才强国、体育强国、健康中国，国民素质和社会文明程度达到新高度，国家文化软实力显著增强；广泛形成绿色生产生活方式，碳排放达峰后稳中有降，生态环境根本好转，美丽中国建设目标基本实现；形成对外开放新格局，参与国际经济合作和竞争新优势明显增强；人均国内生产总值达到中等发达国家水平，中等收入群体显著扩大，基本公共服务实现均等化，城乡区域发展差距和居民生活水平差距显著缩小；平安中国建设达到更高水平，基本实现国防和军队现代化；人民生活更加美好，人的全面发展、全体人民共同富裕取得更为明显的实质性进展。

我国发展仍然处于重要战略机遇期，但机遇和挑战都有新的发展变化。要统筹中华民族伟大复兴战略全局和世界百年未有之大变局，深刻认识我国社会主要矛盾变化带来的新特征新要求，深刻认识错综复杂的国际环境带来的新矛盾新挑战，增强机遇意识和风险意识，立足社会主义初级阶段基本国情，保持战略定力，办好自己的事，认识和把握发展规律，发扬斗争精神，树立底线思维，准确识变、科学应变、主动求变，善于在危机中育先机、于变局中开新局，抓住机遇，应对挑战，趋利避害，奋勇前进。实现 2035 年远景目标，要坚持以人民为中心的发展思想，坚持人民主体地位，以满足人民日益增长的美好生活需要为根本目的，始终与人民同呼吸、共命运、心连心，始终做到发为了人民、发展依靠人民、发展成果由人民共享。要把实现好、维护好、发展好最广大人民根本利益作为发展的出发点和落脚点，激发全体人民积极性、主动性、创造性，促进社会公平，增进民生福祉，不断增强人民群众获得感、幸福感、安全感。

69. 全面建成社会主义现代化强国

党的二十大提出，从现在起，中国共产党的中心任务就是团结带领全国各族人民全面建成社会主义现代化强国、实现第二个百年奋斗目标，以中国式现代化全面推进中华民族伟大复兴。

全面建成社会主义现代化强国，总的战略安排是分两步走：从二〇二〇年到二〇三五年基本实现社会主义现代化；从二〇三五年到本世纪中叶把我国建成富强民主文明和谐美丽的社会主义现代化强国。到二〇三五年，我国发展的总体目标是：经济实力、科技实力、综合国力大幅跃升，人均国内生产总值迈上新的大台阶，达到中等发达国家水平；实现高水平科技自立自强，进入创新型国家前列；建成现代化经济体系，形成新发展格局，基本实现新型工业化、信息化、城镇化、农业现代化；基本实现国家治理体系和治理能力现代化，全过程人民民主制度更加健全，基本建成法治国家、法治政府、法治社会；建成教育强国、科技强国、人才强国、文化强国、体育强国、健康中国，国家文化软实力显著增强；人民生活更加幸福美好，居民人均可支配收入再上新台阶，中等收入群体比重明显提高，基本公共服务实现均等化，农村基本具备现代生活条件，社会保持长期稳定，人的全面发展、全体人民共同富裕取得更为明显的实质性进展；广泛形成绿色生产生活方式，碳排放达峰后稳中有降，生态环境根本好转，美丽中国目标基本实现；国家安全体系和能力全面加强，基本实现国防和军队现代化。[①]

在基本实现现代化的基础上，到本世纪中叶，把中国建设成为综合国力和国际影响力领先的社会主义现代化强国。到那时，中国物质文明、政治文明、精神文明、社会文明、生态文明将全面提升，实现国家治理体系和治理能力现代化，成为综合国力和国际影响力领先的国家，全体人民共同富裕基本实现，中国人民将享有更加幸福安康的生活，中华民族将以更加昂扬的姿态屹立于世界民族之林。[②]

---

① 习近平：《高举中国特色社会主义伟大旗帜，为全面建设社会主义现代化国家而团结奋斗——在中国共产党第二十次全国代表大会上的报告》，人民出版社2022年版，第24—25页。

② 习近平：《决胜全面建成小康社会，夺取新时代中国特色社会主义伟大胜利——在中国共产党第十九次全国代表大会上的报告》，人民出版社2017年版，第29页。

（十一）创造中国式现代化道路

70. 中国式现代化的本质要求

在新中国成立特别是改革开放以来长期探索和实践基础上，经过中共十八大以来在理论和实践上的创新突破，我们党成功推进和拓展了中国式现代化。

中国式现代化的本质要求是：坚持中国共产党领导，坚持中国特色社会主义，实现高质量发展，发展全过程人民民主，丰富人民精神世界，实现全体人民共同富裕，促进人与自然和谐共生，推动构建人类命运共同体，创造人类文明新形态。

71. 人口规模巨大的现代化

中国的现代化是人口规模巨大的现代化。

带领人民创造美好生活，是中国共产党始终不渝的奋斗目标。人类二百多年的现代化历程中，实现工业化的国家不超过三四个，人口不超过十亿。中国十四亿人口要整体迈入现代化社会，其规模超过现有发达国家的总和，将彻底改写现代化的世界版图，在人类历史上是一件有深远影响的大事。[①]

中国作为一个人口众多和超大市场规模的社会主义国家，在迈向现代化的历史进程中，必然要承受其他国家都不曾遇到的各种压力和严峻挑战。人口问题始终是中国面临的全局性、长期性、战略性问题。在未来相当长时期内，中国人口众多的基本国情不会根本改变，人口对经济社会发展的压力不会根本改变，人口与资源环境的紧张关系不会根本改变。

实现人口规模巨大的现代化，必须始终把人民利益摆在至高无上的地位，让改革发展成果更多更公平惠及全体人民，朝着实现全体人民共同富裕不断迈进。坚持以人民为中心的发展思想，明确人民对美好生活的向往就是我们的奋斗目标，发挥人民主体作用是推动发展的强大动力。持续抓保障和改善民生工作，解决人民群众普遍关心的突出问题，把坚持以人民为中心的发展思想贯穿到"五位一体"总体布局和"四个全面"战略布局之中。[②] 更加注重以人为核心推进城镇化，要回归到推动更多人口融入城镇这个本源上来。促进区域发

[①] 习近平：《论把握新发展阶段、贯彻新发展理念、构建新发展格局》，中央文献出版社2021年版，第9页。

[②] 习近平：《论把握新发展阶段、贯彻新发展理念、构建新发展格局》，中央文献出版社2021年版，第210—211页。

展,更加注重人口经济和资源环境空间均衡。既要促进地区间经济和人口均衡,缩小地区间人均国内生产总值差距,也要促进地区间人口经济和资源环境承载能力相适应,缩小人口经济和资源环境间的差距。根据主体功能区定位,着力塑造要素有序自由流动、主体功能约束有效、基本公共服务均等、资源环境可承载的区域协调发展新格局。①

72. 全体人民共同富裕的现代化

中国的现代化是全体人民共同富裕的现代化。

中国现代化坚持以人民为中心的发展思想,自觉主动解决地区差距、城乡差距、收入分配差距,促进社会公平正义,逐步实现全体人民共同富裕,坚决防止两极分化。②

共同富裕是中国特色社会主义的本质要求,是人民群众的共同期盼。中国共产党领导人民推动经济社会发展,归根结底是要实现全体人民共同富裕。新中国成立以来特别是改革开放以来,党团结带领人民向着实现共同富裕的目标不懈努力,人民生活水平不断提高。中共十八大以来,我们把脱贫攻坚作为重中之重,使现行标准下农村贫困人口全部脱贫,就是促进全体人民共同富裕的一项重大举措。当前,我国发展不平衡不充分问题仍然突出,城乡区域发展和收入分配差距较大,促进全体人民共同富裕是一项长期任务,但随着我国全面建成小康社会、开启全面建设社会主义现代化国家新征程,我们必须把促进全体人民共同富裕摆在更加重要的位置,脚踏实地,久久为功,向着这个目标更加积极有为地进行努力。③

实现共同富裕,要坚持以人民为中心的发展思想,在高质量发展中促进共同富裕,正确处理效率和公平的关系,构建初次分配、再分配、三次分配协调配套的基础性制度安排,加大税收、社保、转移支付等调节力度并提高精准性,扩大中等收入群体比重,增加低收入群体收入,合理调节高收入,取缔非法收入,形成中间大、两头小的橄榄型分配结构,促进社会公平正义,促进人的全面发展,使全体人民朝着共同富裕目标扎实迈进。④

共同富裕是全体人民的富裕,是人民群众物质生活和精神生活都富裕,不

---

① 习近平:《论把握新发展阶段、贯彻新发展理念、构建新发展格局》,中央文献出版社2021年版,第71—72页。
② 习近平:《论把握新发展阶段、贯彻新发展理念、构建新发展格局》,中央文献出版社2021年版,第9页。
③ 《十九大以来重要文献选编》(中),中央文献出版社2021年版,第784页。
④ 《习近平主持召开中央财经委员会第十次会议强调:在高质量发展中促进共同富裕,统筹做好重大金融风险防范化解工作》,《人民日报》2021年8月18日。

是少数人的富裕，也不是整齐划一的平均主义，要分阶段促进共同富裕。要鼓励勤劳创新致富，坚持在发展中保障和改善民生，为人民提高受教育程度、增强发展能力创造更加普惠公平的条件，畅通向上流动通道，给更多人创造致富机会，形成人人参与的发展环境。要坚持基本经济制度，立足社会主义初级阶段，坚持"两个毫不动摇"，坚持公有制为主体、多种所有制经济共同发展，允许一部分人先富起来，先富带后富、帮后富，重点鼓励辛勤劳动、合法经营、敢于创业的致富带头人。要尽力而为量力而行，建立科学的公共政策体系，形成人人享有的合理分配格局，同时统筹需要和可能，把保障和改善民生建立在经济发展和财力可持续的基础之上，重点加强基础性、普惠性、兜底性民生保障建设。要坚持循序渐进，对共同富裕的长期性、艰巨性、复杂性有充分估计，鼓励各地因地制宜探索有效路径，总结经验，逐步推开。

73. 物质文明和精神文明相协调的现代化

中国的现代化是物质文明和精神文明相协调的现代化。

中国特色社会主义是物质文明和精神文明全面发展的社会主义。只有物质文明建设和精神文明建设都搞好，国家物质力量和精神力量都增强，全国各族人民物质生活和精神生活都改善，中国特色社会主义事业才能顺利向前推进。同样，实现中国式现代化，既需要强大的物质力量，也需要强大的精神力量，

中国式现代化是物质文明和精神文明均衡发展、相互促进的结果，是物质文明和精神文明比翼双飞的发展过程。中华文明历来把人的精神生活纳入人生和社会理想之中。没有文明的继承和发展，没有文化的弘扬和繁荣，就没有中国式现代化的实现。

中国式现代化是社会主义性质的现代化，坚持以人民为中心，满足人民日益增长的美好生活需要，客观上要求"两个文明"协调发展。中国共产党一直注重推动物质文明和精神文明协调发展，"两个文明"协调发展是党不懈奋斗的目标。全面建设社会主义现代化国家，需要以更大决心、下更大力气推动"两个文明"相互促进、协调发展。

文明是现代化国家的显著标志。把提高社会文明程度作为建设社会主义文化强国的重大任务，坚持重在建设、以立为本，坚持久久为功、持之以恒，努力推动形成适应新时代要求的思想观念、精神面貌、文明风尚、行为规范。深化党的创新理论学习教育，推动理想信念教育常态化制度化，加强党史、新中国史、改革开放史、社会主义发展史教育，加强爱国主义、集体主义、社会主义教育，引导人们坚定道路自信、理论自信、制度自信、文化自信，促进全体人民在思想上精神上紧紧团结在一起。深入研究中华文明、中华文化的起源和

特质，形成较为完整的中国文化基因的理念体系。深入推进公民道德建设、志愿服务建设、诚信社会建设、网络文明建设，不断提高人民道德水准和文明素养。提倡艰苦奋斗、勤俭节约，坚决反对铺张浪费，在全社会营造浪费可耻、节约光荣的浓厚氛围。①

在新发展阶段推动"两个文明"协调发展，必须充分认识二者协调发展的重要性和紧迫性，准确把握精神文明建设的基本要求，求真务实、真抓实干，贯彻落实社会主义精神文明建设的一系列重要方针原则，以更大的决心、下更大的力气，推动二者相互促进、协调发展。要提高思想认识，既要看到物质文明高度发展是精神文明发展的基础，能够为精神文明建设提供物质条件和实践经验，也要看到更高水平精神文明建设为物质文明建设提供精神动力和思想指引，还要看到二者互为因果、相得益彰的辩证关系。重在建设、以立为本，是精神文明建设的重要方针，也指明了推动"两个文明"协调发展的实践要求。坚持以推动高质量发展为主题，努力实现更高质量、更有效率、更加公平、更可持续、更为安全的发展，这尤其需要切实抓好精神文明建设的各项任务，坚持马克思主义在意识形态领域的指导地位，坚持以社会主义核心价值观引领文化建设，坚定文化自信，将精神文明建设推向更高水平。②

74. 人与自然和谐共生的现代化

中国的现代化是人与自然和谐共生的现代化。

生态环境保护和经济发展是辩证统一、相辅相成的，建设生态文明、推动绿色低碳循环发展，不仅可以满足人民日益增长的优美生态环境需要，而且可以推动实现更高质量、更有效率、更加公平、更可持续、更为安全的发展，走出一条生产发展、生活富裕、生态良好的文明发展道路。

建设人与自然和谐共生的现代化，必须完整、准确、全面贯彻新发展理念，坚持绿水青山就是金山银山理念，保持战略定力，尊重自然、顺应自然、保护自然，站在人与自然和谐共生的高度来谋划经济社会发展。坚持节约资源和保护环境的基本国策，坚持节约优先、保护优先、自然恢复为主的方针，形成节约资源和保护环境的空间格局、产业结构、生产方式、生活方式，统筹污染治理、生态保护、应对气候变化，促进生态环境持续改善，努力建设人与自然和谐共生的现代化。③ 深入实施可持续发展战略，完善生态文明领域统筹协

---

① 习近平：《论把握新发展阶段、贯彻新发展理念、构建新发展格局》，中央文献出版社2021年版，第402页。
② 中国社会科学院习近平新时代中国特色社会主义思想研究中心：《推动"两个文明"协调发展》，《人民日报》2021年4月16日。
③ 习近平：《努力建设人与自然和谐共生的现代化》，《求是》2022年第11期。

调机制，构建生态文明体系，促进经济社会发展全面绿色转型。健全党委领导、政府主导、企业主体、社会组织和公众共同参与的现代环境治理体系，构建一体谋划、一体部署、一体推进、一体考核的制度机制。坚持不懈推动绿色低碳发展，深入打好污染防治攻坚战，提升生态系统质量和稳定性，积极推动全球可持续发展，提高生态环境领域国家治理体系和治理能力现代化。积极推动全球可持续发展，秉持人类命运共同体理念，积极参与全球环境治理，加强应对气候变化、海洋污染治理、生物多样性保护等领域国际合作，展现中国负责任大国形象。

75. 走和平发展道路的现代化

中国的现代化是走和平发展道路的现代化。

世界正处于大发展大变革大调整时期，世界多极化、经济全球化、社会信息化、文化多样化深入发展，全球治理体系和国际秩序变革加速推进，各国相互联系和依存日益加深，国际力量对比更趋平衡，和平发展大势不可逆转。同时，世界面临的不稳定性不确定性突出，世界经济增长动能不足，贫富分化日益严重，地区热点问题此起彼伏，恐怖主义、网络安全、重大传染性疾病、气候变化等非传统安全威胁持续蔓延，人类面临许多共同挑战。

走和平发展道路，是中国根据时代发展潮流和中国根本利益作出的战略抉择。中国人民崇尚"己所不欲，勿施于人"。中国不认同"国强必霸论"，中国人的血脉中没有称王称霸、穷兵黩武的基因。中国将坚定不移沿着和平发展道路走下去，这对中国有利，对亚洲有利，对世界也有利，任何力量都不能动摇中国和平发展的信念。中国维护自身的主权、安全、发展利益，也支持其他国家特别是广大发展中国家维护自身的主权、安全、发展利益。中国坚持不干涉别国内政原则，不会把自己的意志强加于人，即使再强大也永远不称霸。[①]

走和平发展道路，必须高举和平、发展、合作、共赢的旗帜，恪守维护世界和平、促进共同发展的外交政策宗旨，坚定不移在和平共处五项原则基础上发展同各国的友好合作，推动建设相互尊重、公平正义、合作共赢的新型国际关系，推动构建人类命运共同体。必须坚定奉行独立自主的和平外交政策，尊重各国人民自主选择发展道路的权利，维护国际公平正义，反对把自己的意志强加于人，反对干涉别国内政，反对以强凌弱。中国决不会以牺牲别国利益为代价来发展自己，也决不放弃自己的正当权益，任何人不要幻想让中国吞下损

[①] 习近平：《论坚持推动构建人类命运共同体》，中央文献出版社2018年版，第134—135页。

害自身利益的苦果。中国奉行防御性的国防政策。中国发展不对任何国家构成威胁。中国无论发展到什么程度，永远不称霸，永远不搞扩张。①

中国坚定在维护世界和平中谋求自身发展，又以自身发展维护世界和平，走出一条既发展自身、又造福世界的现代化之路，创造了人类现代化历史上的发展奇迹。中国始终是世界和平的建设者、全球发展的贡献者、国际秩序的维护者。无论国际形势如何变化，无论自身如何发展，中国都将始终不渝走和平发展道路。中国的现代化，必然是既发展自身又造福世界的现代化。

76. 推动物质文明、政治文明、精神文明、社会文明、生态文明协调发展

中国特色社会主义是党和人民历经千辛万苦、付出巨大代价取得的根本成就，是实现中华民族伟大复兴的正确道路。中国坚持和发展中国特色社会主义，推动物质文明、政治文明、精神文明、社会文明、生态文明协调发展，创造了中国式现代化新道路，创造了人类文明新形态。

中共十八大以来，党紧扣我国社会主要矛盾变化，统筹推进经济建设、政治建设、文化建设、社会建设、生态文明建设，坚定实施科教兴国战略、人才强国战略、创新驱动发展战略、乡村振兴战略、区域协调发展战略、可持续发展战略、军民融合发展战略，突出抓重点、补短板、强弱项，特别是坚决打好防范化解重大风险、精准脱贫、污染防治的攻坚战，使全面建成小康社会得到人民认可、经得起历史检验。如今，中国迈入全面建设社会主义现代化国家新征程，发展环境面临深刻复杂变化，发展不平衡不充分问题仍然突出，经济社会发展中矛盾错综复杂，必须从系统观念出发加以谋划和解决，全面协调推动各领域工作和社会主义现代化建设。

推动物质文明、政治文明、精神文明、社会文明、生态文明协调发展，必须坚持系统观念，统筹推进"五位一体"总体布局，协调推进"四个全面"战略布局，立足新发展阶段、贯彻新发展理念、构建新发展格局、推动高质量发展，全面深化改革开放，促进共同富裕，推进科技自立自强，发展全过程人民民主，保证人民当家作主，坚持全面依法治国，坚持社会主义核心价值体系，坚持在发展中保障和改善民生，坚持人与自然和谐共生，统筹发展和安全，加快国防和军队现代化，协同推进人民富裕、国家强盛、中国美丽。②

到21世纪中叶，中国将建成富强民主文明和谐美丽的社会主义现代化强国。到那时，中国物质文明、政治文明、精神文明、社会文明、生态文明将全

---

① 习近平：《决胜全面建成小康社会，夺取新时代中国特色社会主义伟大胜利——在中国共产党第十九次全国代表大会上的报告》，人民出版社2017年版，第59页。
② 《中共中央关于党的百年奋斗重大成就和历史经验的决议》，人民出版社2021年版，第73页。

面提升，实现国家治理体系和治理能力现代化，成为综合国力和国际影响力领先的国家，全体人民共同富裕基本实现，中国人民将享有更加幸福安康的生活，中华民族将以更加昂扬的姿态屹立于世界民族之林。

77. 创造人类文明新形态

在5000多年中华文明积累和发展的基础上，一种以马克思主义为指导、以人民为中心、以中国特色社会主义制度为保障，展示发展中国家现代化新路径，物质文明、政治文明、精神文明、社会文明、生态文明协调发展的人类文明新形态，经过中国共产党团结带领中国人民百年奋斗而成为现实，日益在国际比较中显现出巨大优越性。

在物质文明上，中国用几十年时间走完西方发达国家几百年走过的工业化历程，创造了经济快速发展和社会长期稳定两大奇迹，推动世界经济格局深度调整，推动世界力量对比出现"东升西降"的变化。在政治文明上，党领导人民积极发展全过程人民民主，健全全面、广泛、有机衔接的人民当家作主制度体系，构建多样、畅通、有序的民主渠道，丰富民主形式，从各层次各领域扩大人民有序政治参与，使各方面制度和国家治理更好体现人民意志、保障人民权益、激发人民创造。在精神文明上，党不断吸收中华优秀传统文化精华，继承发扬革命文化，发展社会主义先进文化，构筑起中国精神、中国价值、中国力量，巩固全党全国各族人民团结奋斗的共同思想基础。在广阔的中华大地上，中国人民自信自立自强，全社会凝聚力和向心力极大提升。在社会文明上，党着眼于国家长治久安、人民安居乐业，建设更高水平的平安中国，完善社会治理体系，健全党组织领导的自治、法治、德治相结合的城乡基层治理体系，推动社会治理重心向基层下移，建设共建共治共享的社会治理制度，建设人人有责、人人尽责、人人享有的社会治理共同体，使社会既充满活力又拥有良好秩序；以保障和改善民生为重点加强社会建设，在幼有所育、学有所教、劳有所得、病有所医、老有所养、住有所居、弱有所扶上持续用力，使人民获得感、幸福感、安全感更加充实、更有保障、更可持续。在生态文明上，党领导人民在探索人与自然和谐共生的现代化道路中形成了习近平生态文明思想，丰富发展了马克思主义生态观，继承弘扬了中华优秀传统文化天人合一、道法自然的观念，指导建设人与自然和谐共生的生命共同体，中国生态环境保护发生历史性、转折性、全局性变化，破解了发展与保护难题，为人类应对气候变化等全球性挑战提供了中国智慧和中国方案。①

---

① 马建堂、赵昌文：《党领导人民创造了人类文明新形态》，《人民日报》2022年2月9日。

人类文明新形态是中华民族历史上又一次伟大创造，为人类文明增添新内涵，开辟了科学社会主义新境界，拓展了实现全人类共同价值的路径，对于中华民族和整个世界的发展进步都具有重要的现实意义和深远的历史意义。

（十二）中国特色社会主义事业"五位一体"总体布局

78. 经济建设

经济建设是中国特色社会主义事业"五位一体"总体布局的重要组成部分。

中国共产党历来重视经济建设。以毛泽东同志为主要代表的中国共产党人，团结带领全党全国各族人民，经过长期浴血奋斗，完成了新民主主义革命，建立了中华人民共和国，确立了社会主义基本经济制度，为在新的历史时期开创中国特色社会主义提供了宝贵经验、理论准备、物质基础。在改革开放和社会主义现代化建设新时期，以邓小平同志为主要代表的中国共产党人，作出把党和国家工作中心转移到经济建设上来、实行改革开放的历史性决策，深刻揭示社会主义本质，确立社会主义初级阶段基本路线，明确提出走自己的路、建设中国特色社会主义，科学回答了建设中国特色社会主义的一系列基本问题，成功开创了中国特色社会主义。以江泽民同志为主要代表的中国共产党人，在国内外形势十分复杂、世界社会主义出现严重曲折的严峻考验面前，捍卫了中国特色社会主义，确立了社会主义市场经济体制的改革目标和基本框架，确立了社会主义初级阶段的基本经济制度和分配制度，成功把中国特色社会主义推向21世纪。以胡锦涛同志为主要代表的中国共产党人，在全面建设小康社会进程中推进实践创新、理论创新、制度创新，强调坚持以人为本、全面协调可持续发展，成功在新的历史起点上坚持和发展了中国特色社会主义。

中共十八大以来，以习近平同志为核心的党中央准确把握中国特色社会主义的历史新方位、时代新变化、实践新要求，统筹推进"五位一体"总体布局，开启了我国社会主义经济建设的新时代。习近平强调，人民对美好生活的向往，就是我们的奋斗目标。满足人民对美好生活的向往，关键要靠发展。发展是解决一切问题的总钥匙。没有发展，一切都无从谈起；没有扎扎实实的发展成果，美好生活就是空中楼阁。

新时代推进经济建设，必须坚持用新发展理念统领发展全局，坚持把适应新常态、把握新常态、引领新常态作为贯穿发展全局和全过程的大逻辑，坚持把供给侧结构性改革作为经济发展和经济工作的主线，坚持以提高发展质量和效益为中心，着力解决制约发展的结构性、体制性矛盾和问题，着力调整优化经济结构、推进发展方式转变，着力推进创新驱动发展，着力推进新型工业化、信息化、城镇化、农业现代化同步发展，推动我国经济向形态更高级、分工更优化、结构更合理的阶段演进。① 必须坚持在发展中保障和改善民生，集中精力把经济建设搞上去、把人民生活搞上去，解决人民最关心最直接最现实的利益问题，解决群众"急难愁盼"的问题。必须毫不动摇走高质量发展之路，着力解决发展不平衡不充分的问题，在更高水平上更好满足人民日益增长的美好生活需要。②

79. 政治建设

政治建设是中国特色社会主义事业"五位一体"总体布局的重要组成部分。

人民当家作主是社会主义民主政治的本质和核心。发展社会主义民主政治就是要体现人民意志、保障人民权益、激发人民创造活力，用制度体系保证人民当家作主。中国实行工人阶级领导的、以工农联盟为基础的人民民主专政的国体，实行人民代表大会制度的政体，实行中国共产党领导的多党合作和政治协商制度、民族区域自治制度、基层群众自治制度等基本政治制度，巩固和发展最广泛的爱国统一战线，形成了全面、广泛、有机衔接的人民当家作主制度体系，构建了多样、畅通、有序的民主渠道。这样一套制度安排，是在我国历史传承、文化传统、经济社会发展的基础上长期发展、渐进改进、内生性演化的结果，具有鲜明的中国特色，必须长期坚持、全面贯彻、不断发展。

人民代表大会制度是坚持党的领导、人民当家作主、依法治国有机统一的根本政治制度安排。在中国实行人民代表大会制度，是中国人民在人类政治制度史上的伟大创造，是深刻总结近代以来中国政治生活惨痛教训得出的基本结论，是中国社会一百多年激越变革、激荡发展的历史结果，是中国人民翻身作主、掌握自己命运的必然选择。人民代表大会制度之所以具有强大生命力和显著优越性，关键在于它深深植根于人民之中。实践充分证明，这一新型政治制度是符合中国国情和实际、体现社会主义国家性质、保证人民当家作主、保障实现中华民族伟大复兴的好制度。

中国共产党领导的多党合作和政治协商制度作为我国一项基本政治制度，是中国共产党、中国人民和各民主党派、无党派人士的伟大政治创造，是从中

---

① 《习近平关于社会主义经济建设论述摘编》，中央文献出版社2017年版，第13—14页。
② 中共中央宣传部：《习近平新时代中国特色社会主义思想学习问答》，学习出版社、人民出版社2021年版，第98页。

国土壤中生长出来的新型政党制度。说它是新型政党制度,新就新在它是马克思主义政党理论同中国实际相结合的产物,能够真实、广泛、持久代表和实现最广大人民根本利益、全国各族各界根本利益,有效避免了旧式政党制度代表少数人、少数利益集团的弊端;新就新在它把各个政党和无党派人士紧密团结起来、为着共同目标而奋斗,有效避免了一党缺乏监督或者多党轮流坐庄、恶性竞争的弊端;新就新在它通过制度化、程序化、规范化的安排集中各种意见和建议,推动决策科学化民主化,有效避免了旧式政党制度囿于党派利益、阶级利益、区域和集团利益决策施政导致社会撕裂的弊端。

民族区域自治制度是我国的一项基本政治制度,是中国特色解决民族问题的正确道路的重要内容和制度保障。这一制度符合我国国情,在维护祖国统一、领土完整,在加强民族平等团结、促进民族地区发展、增强中华民族凝聚力等方面都起到了重要作用。民族区域自治是党的民族政策的源头,我们的民族政策都是由此而来、依此而存。民族区域自治不是某个民族独享的自治,民族自治地方更不是某个民族独有的地方,要坚持统一和自治相结合、民族因素和区域因素相结合。落实民族区域自治制度,关键是帮助自治地方发展经济、改善民生。

基层群众自治制度是我国的一项基本政治制度。完善这一制度,发展基层民主,是社会主义民主政治建设的基础。要畅通民主渠道,健全基层选举、议事、公开、述职、问责等机制,促进群众在城乡社区治理、基层公共事务和公益事业中依法自我管理、自我服务、自我教育、自我监督。保障人民依法直接行使民主权利,切实防止出现人民形式上有权、实际上无权的现象。[1]

新时代推进经济建设,必须坚持党的领导、人民当家作主、依法治国有机统一。党的领导是人民当家作主和依法治国的根本保证,人民当家作主是社会主义民主政治的本质特征,依法治国是党领导人民治理国家的基本方式,三者是一个相辅相成的有机整体,统一于我国社会主义民主政治伟大实践。必须积极稳妥推进政治体制改革,持续推进社会主义民主政治制度化、规范化、程序化,用制度体系保证人民当家作主,巩固和发展生动活泼、安定团结的政治局面,为坚持和发展中国特色社会主义提供了重要体制机制保障。必须始终保持咬定青山不放松、任尔东西南北风的政治定力。要借鉴国外政治文明有益成果,但绝不能放弃中国政治制度的根本。要坚定对中国特色社会主义政治制度的自信,增强走中国特色社会主义政治发展道路的信心和决心。

---

[1] 中共中央宣传部:《习近平新时代中国特色社会主义思想学习纲要》,学习出版社、人民出版社2019年版,第124—130页。

80. 文化建设

文化建设是中国特色社会主义事业"五位一体"总体布局的重要组成部分。

文化是一个国家、一个民族的灵魂。文化自信是更基础、更广泛、更深厚的自信，是一个国家、一个民族发展中更基本、更深沉、更持久的力量。没有高度的文化自信，没有文化的繁荣兴盛，就没有中华民族伟大复兴。坚定中国特色社会主义道路自信、理论自信、制度自信，说到底是要坚定文化自信。

新时代推进文化建设，发展中国特色社会主义文化，就是以马克思主义为指导，坚守中华文化立场，立足当代中国现实，结合当今时代条件，发展面向现代化、面向世界、面向未来的，民族的科学的大众的社会主义文化，推动社会主义精神文明和物质文明协调发展。要坚持为人民服务、为社会主义服务，坚持百花齐放、百家争鸣，坚持创造性转化、创新性发展，不断铸就中华文化新辉煌。

新时代推进文化建设，必须做好意识形态工作。意识形态工作是党的一项极端重要的工作，是为国家立心、为民族立魂的工作，决定文化前进方向和发展道路，事关党的前途命运，事关国家长治久安，事关民族凝聚力和向心力。必须坚持和加强党对意识形态工作的全面领导。牢牢掌握意识形态工作领导权，坚持以立为本、立破并举，推进社会主义意识形态建设，使全体人民在理想信念、价值理念、道德观念上紧紧团结在一起。必须传承和弘扬中华优秀传统文化，认真汲取其中的思想精华和道德精髓。需要讲清楚中华优秀传统文化的历史渊源、发展脉络、基本走向，讲清楚其独特创造、价值理念、鲜明特色，增强文化自信和价值观自信。深入挖掘和阐发中华优秀传统文化讲仁爱、重民本、守诚信、崇正义、尚和合、求大同的时代价值，使之成为涵养社会主义核心价值观的重要源泉。必须加强文艺事业工作。文艺事业是党和人民的重要事业，文艺战线是党和人民的重要战线。扎根人民、扎根生活开展文艺创作，用现实主义精神和浪漫主义情怀观照现实生活，用光明驱散黑暗，用美善战胜丑恶，让人们看到美好、看到希望、看到梦想就在前方。必须加强互联网内容建设，做强网上正面宣传，旗帜鲜明坚持正确政治方向、舆论导向、价值取向，用习近平新时代中国特色社会主义思想团结、凝聚网民，推进网上宣传理念、内容、形式、方法、手段等创新，把握好时度效，构建网上网下同心圆，更好凝聚社会共识。必须努力提高国家文化软实力，完善文化管理体制，加快构建把社会效益放在位、社会效益和经济效益相统一的体制机制，推动文化事业全面繁荣、文化产业快速发展，不断丰富人民精神世界、增强人民精神力量。推动公共文化服务标准化、均等化,坚持政府主导、社会参与、重心下移、共建共享,完善公共文化服务体系,提高基本公共文化服务的覆盖面和适用性,切实保障人民群众基本文化权益。大力推动文化领域供给侧结构性改革,推动文化产业高质量发展,健全现代文化产业体系和市场体系,推动各类文化市场主体发展壮大,培育新型文化业态和文化消费模式,增强文化整体实力和竞争力。努力讲好中国故事,形成与我国综合国力相适应的国际话语权。[①]

81. 社会建设

社会建设是中国特色社会主义事业"五位一体"总体布局的重要组成部分。

民生是人民幸福之基、社会和谐之本。增进民生福祉是党坚持立党为公、执政为民的本质要求,是发展的根本目的。习近平指出:"让老百姓过上好日子是我们一切工作的出发点和落脚点。"[②]

新时代推进社会建设,必须坚持在发展中保障和改善民生。经济发展是民生改善的物质基础,离开经济发展谈改善民生是无源之水、无本之木。要坚持不懈抓发展,不断扩大经济总量,让改革发展成果更多更公平惠及广大人民群众。全面把握民生和发展相互牵动、互为条件的关系,为经济发展创造更多有效需求,使民生改善和经济发展有效对接、良性循环、相得益彰。必须紧紧抓住人民最关心最直接最现实的利益问题,抓住最需要关心的人群,在更高水平上实现幼有所育、学有所教、劳有所得、病有所医、老有所养、住有所居、弱有所扶,让人民有更多、更直接、更实在的获得感、幸福感、安全感。切实把教育事业放在有限位置,深化教育改革,加快教育现代化,建设教育强国,办好人民满意的教育。把稳就业放在突出位置,实施就业优先政策,实现更高质量和更充分的就业。坚持按劳分配原则,完善按要素分配的体制机制,促进收入分配更合理、更有序。按照兜底线、织密网、建机制要求,全面建成覆盖全民、城乡统筹、权责清晰、保障适度、可持续的多层次社会保障体系。深化医药卫生体制改革,健全现代医院管理制度,完善国民健康政策,实施食品安全战略,促进生育政策和相关经济社会政策配套衔接,积极应对人口老龄化,加快老龄事业和产业发展,广泛开展全民健身活动,加快推进体育强国建设。必须加强和创新社会治理。以最广大人民根本利益为坐标,加强社会治理制度建

---

① 中共中央宣传部:《习近平新时代中国特色社会主义思想学习纲要》,学习出版社、人民出版社 2019 年版,第 138—153 页。
② 中共中央宣传部、中华人民共和国生态环境部:《习近平生态文明思想学习纲要》,人民出版社、学习出版社 2022 年版,第 35 页。

设，完善党委领导、政府负责、社会协同、公众参与、法治保障的社会治理体制，提高社会治理社会化、法治化、智能化、专业化水平。加强预防和化解社会矛盾机制建设，善于运用法治、民主、协商的办法正确处理人民内部矛盾和社会矛盾，发动全社会一起来做好维护社会稳定工作。树立安全发展理念，弘扬生命至上、安全第一的思想，健全公共安全体系，编织全方位、立体化的公共安全网。加强社会治安综合治理，打造社会治安防控体系，建设更高水平的平安中国。健全社会心理服务体系和疏导机制、危机干预机制，塑造自尊自信、理性平和、亲善友爱的社会心态。①

82. 生态文明建设

生态文明建设是中国特色社会主义事业"五位一体"总体布局的重要组成部分。

生态文明建设是关系中华民族永续发展的根本大计。习近平指出："要像保护眼睛一样保护生态环境，像对待生命一样对待生态环境。"② 生态环境没有替代品，用之不觉，失之难存。必须坚持节约优先、保护优先、自然恢复为主的方针，坚定不移走生产发展、生活富裕、生态良好的文明发展道路，建设人与自然和谐共生的现代化，建设望得见山、看得见水、记得住乡愁的美丽中国。

新时代推进生态文明建设，必须正确处理经济发展与环境保护的关系。习近平指出，"我们既要绿水青山，也要金山银山。宁要绿水青山，不要金山银山，而且绿水青山就是金山银山"。③ 绿水青山就是金山银山，阐述了经济发展和生态环境保护的关系，揭示了保护生态环境就是保护生产力、改善生态环境就是发展生产力的道理，指明了实现发展和保护协同共生的新路径。生态环境保护和经济发展不是矛盾对立的关系，而是辩证统一的关系。良好生态本身蕴含着无穷的经济价值，能够源源不断创造综合效益，实现经济社会可持续发展。生态环境保护的成败归根到底取决于经济结构和经济发展方式。经济发展不应是对资源和生态环境的竭泽而渔，生态环境保护也不应是舍弃经济发展的缘木求鱼，而是要坚持在发展中保护、在保护中发展。

必须贯彻绿色发展理念，坚决摒弃损害甚至破坏生态环境的增长模式，加快形成节约资源和保护环境的空间格局、产业结构、生产方式、生活方式，把

---

① 中共中央宣传部：《习近平新时代中国特色社会主义思想学习纲要》，学习出版社、人民出版社 2019 年版，
② 《习近平关于全面建设小康社会论述摘编》，中央文献出版社 2016 年版，第 171 页。
③ 中共中央宣传部、中华人民共和国生态环境部：《习近平生态文明思想学习纲要》，人民出版社、学习出版社 2022 年版，第 27 页。

经济活动、人的行为限制在自然资源和生态环境能够承受的限度内,给自然生态留下休养生息的时间和空间。必须把制度建设作为推进生态文明建设的重中之重,深化生态文明体制改革,把生态文明建设纳入制度化、法治化轨道。加快制度创新,增加制度供给,完善制度配套,构建产权清晰、多元参与、激励约束并重、系统完整的生态文明制度体系。要建立归属清晰、权责明确、监管有效的自然资源资产产权制度;以空间规划为基础、以用途管制为主要手段的国土空间开发保护制度;以空间治理和空间结构优化为主要内容,全国统一、相互衔接、分级管理的空间规划体系;覆盖全面、科学规范、管理严格的资源总量管理和全面节约制度;反映市场供求和资源稀缺程度、体现自然价值和代际补偿的资源有偿使用和生态补偿制度;以改善环境质量为导向,监管统一、执法严明、多方参与的环境治理体系;更多运用经济杠杆进行环境治理和生态保护的市场体系;充分反映资源消耗、环境损害、生态效益的生态文明绩效评价考核和责任追究制度。[①]

83. 统筹推进"五位一体"总体布局

"五位一体"总体布局是指经济建设、政治建设、文化建设、社会建设和生态文明建设五位一体,全面推进。

中共十八大站在历史和全局的战略高度,对推进新时代"五位一体"总体布局作了全面部署。从经济、政治、文化、社会、生态文明五个方面,制定了新时代统筹推进"五位一体"总体布局的战略目标。大会报告指出,建设中国特色社会主义,总依据是社会主义初级阶段,总体布局是五位一体,总任务是实现社会主义现代化和中华民族伟大复兴。报告对五位一体总体布局的阐述是,全面推进经济建设、政治建设、文化建设、社会建设、生态文明建设,实现以人为本、全面协调可持续的科学发展。2012年11月17日,习近平在十八届中共中央政治局第一次集体学习中指出,党的十八大把生态文明建设纳入中国特色社会主义事业总体布局,使生态文明建设的战略地位更加明确,有利于把生态文明建设融入经济建设、政治建设、文化建设、社会建设各方面和全过程。

中共十九大在全面总结经验、深入分析形势的基础上,从经济、政治、文化、社会、生态文明五个方面,制定了新时代统筹推进"五位一体"总体布局的战略目标,作出了战略部署。这些部署,既有理论分析,又有实践举措,是新时代推进中国特色社会主义事业的路线图,是更好推动人的全面发展、社会

---

① 中共中央宣传部:《习近平新时代中国特色社会主义思想学习纲要》,学习出版社、人民出版社2019年版,第167—174页。

全面进步的任务书。

落实"五位一体"总体布局的各项部署，必须全面贯彻党的基本理论、基本路线、基本方略，更好引领党和人民事业发展。要坚持新发展理念，建设现代化经济体系，以供给侧结构性改革为主线，推动经济发展质量变革、效率变革、动力变革，不断解放和发展社会生产力。要坚持人民当家作主，把中国社会主义民主政治的优势和特点充分发挥出来，保证人民当家作主落实到国家政治生活和社会生活之中。要坚持社会主义核心价值体系，发展中国特色社会主义文化，坚持创造性转化、创新性发展。要坚持在发展中保障和改善民生，在发展中补齐民生短板、促进社会公平正义，在幼有所育、学有所教、劳有所得、病有所医、老有所养、住有所居、弱有所扶上不断取得新进展。要坚持人与自然和谐共生，形成节约资源和保护环境的空间格局、产业结构、生产方式、生活方式，还自然以宁静、和谐、美丽。

（十三）中国特色社会主义事业"四个全面"战略布局

84. 新的历史条件下治国理政总方略

"四个全面"是新的历史条件下治国理政总方略。

中共十八大以来，以习近平同志为核心的党中央从坚持和发展中国特色社会主义全局出发，立足中国发展实际，坚持问题导向，逐步形成并积极推进全面建成小康社会、全面深化改革、全面依法治国、全面从严治党的战略布局。2020年，中共十九届五中全会对"四个全面"作出新表述：协调推进全面建设社会主义现代化国家、全面深化改革、全面依法治国、全面从严治党的战略布局。

全面建成小康社会是重大战略目标，在"四个全面"战略布局中居于引领地位。全面建成小康社会，是我们党确定的第一个百年奋斗目标，也是实现中华民族伟大复兴的关键一步。实现"两个一百年"奋斗目标，把我国建设成为社会主义现代化强国，既是近代以来中华民族演进的历史趋势和中国特色社会主义发展的内在逻辑，也是新时代中国共产党的历史使命。从全面建成小康社会到基本实现现代化，再到全面建成社会主义现代化强国的"两步走"战略安排，既立足于当前中国发展的实际，也适应未来中国发展的新趋势，完整勾画了中国社会主义现代化强国建设的时间表、路线图。

全面深化改革、全面依法治国、全面从严治党是三大战略举措，为全面建成小康社会、全面建设社会主义现代化国家提供重要保障。在"四个全面"战略布局中，全面深化改革，着眼解决我们面临的深层次矛盾和体制机制弊端，是增强中国特色社会主义生机活力、推动事业发展的强大动力。全面依法治国，着眼促进国家生活和社会生活的法治化制度化规范化，是实现党和国家长治久安的重要保障。全面深化改革和全面依法治国，犹如鸟之两翼、车之双轮，为全面建成小康社会提供动力源泉和法治保障。全面从严治党，着眼保持党的先进性和纯洁性，锻造中国特色社会主义事业坚强领导核心，是我们党提高执政能力、完成执政使命的迫切要求，为全面建成小康社会、全面深化改革、全面依法治国提供根本保证。[①]

"四个全面"战略布局科学总结我们党治国理政的实践经验，深化扩展我们党治国理政的理论视野和实践领域，确立了续写中国特色社会主义新篇章的行动纲领。这是我们党推进理论创新和实践创新的重大成果，集中体现了当代中国共产党人的全局视野和战略眼光，蕴含着对世界发展大势的科学判断，对中国发展方略的深邃思考，对人民根本利益的深切关怀，标志着我们党对共产党执政规律、对社会主义建设规律、对人类社会发展规律的科学把握进入一个新境界。

85. 全面建成小康社会

"全面建成小康社会"是中国特色社会主义事业"四个全面"战略布局的重要组成部分。

2021年7月1日，习近平在纪念中国共产党成立100周年大会上庄严宣告，经过全党全国各族人民持续奋斗，第一个百年奋斗目标已经实现，在中华大地上全面建成了小康社会，历史性地解决了绝对贫困问题，正在意气风发向着全面建成社会主义现代化强国的第二个百年奋斗目标迈进。

全面建成小康社会是中国共产党和中国政府为增进人民福祉、提高全体人民人权保障水平、实现国家现代化而实施的一项重大国家发展战略。中国全面建成小康社会，夯实了人权基础，丰富了人权内涵，拓宽了人权视野，意味着人权的全面发展和全民共享，谱写了中国人权事业的新篇章，创造了人类尊重和保障人权的奇迹。全面建成小康社会开辟人权事业新境界，消除绝对贫困实现基本生活水准权，以发展促人权增进经济社会文化权利，实行良法善治维护公民权利政治权利，促进社会公平保障特定群体权益。[②]

[①] 《三、新的历史条件下治国理政总方略——关于协调推进"四个全面"战略布局》，《人民日报》2016年4月22日。

[②] 中华人民共和国国务院新闻办公室：《全面建成小康社会：中国人权事业发展的光辉篇章》，《人民日报》2021年8月13日。

全面建成小康社会，是迈向中华民族伟大复兴的关键一步。中国共产党团结带领中国人民顽强拼搏，几代人一以贯之、接续奋斗，从"小康之家"到"小康社会"，从"总体小康"到"全面小康"，从"全面建设"到"全面建成"，小康目标不断实现，小康梦想成为现实。中国的全面小康，体现发展的平衡性、协调性和可持续性，是物质文明、政治文明、精神文明、社会文明、生态文明协调发展的小康；是不断满足人民日益增长的多样化多层次多方面需求，不断促进人的全面发展的小康；是国家富强、民族振兴、人民幸福，多维度、全方位的小康；是全体人民共同享有发展成果的小康。不让一个人掉队，不让一个区域落下，不让一个民族滞后，体现了实现人的全面发展和实现全体人民发展的有机统一，体现了实现共同富裕的社会主义本质要求。①

86. 全面建设社会主义现代化国家

"全面建设社会主义现代化国家"是中国特色社会主义事业"四个全面"战略布局的重要组成部分。

改革开放之后，党对我国社会主义现代化建设作出战略安排，提出"三步走"战略目标。解决人民温饱问题、人民生活总体上达到小康水平这两个目标已提前实现。在这个基础上，我们党提出，到建党一百年时建成经济更加发展、民主更加健全、科教更加进步、文化更加繁荣、社会更加和谐、人民生活更加殷实的小康社会，然后再奋斗三十年，到新中国成立一百年时，基本实现现代化，把我国建成社会主义现代化国家。

中共十八大以来，中国特色社会主义进入新时代，中华民族迎来了从站起来、富起来到强起来的伟大飞跃。中共十九大站在新的更高的历史起点上，对实现第二个百年奋斗目标作出分两个阶段推进的战略安排，提出到2035年基本实现社会主义现代化，到本世纪中叶把我国建成富强民主文明和谐美丽的社会主义现代化强国。② 2021年7月1日，在庆祝中国共产党成立100周年大会上，习近平代表党和人民庄严宣告，经过全党全国各族人民持续奋斗，我们实现了第一个百年奋斗目标，在中华大地上全面建成了小康社会，历史性地解决了绝对贫困问题，正在意气风发向着全面建成社会主义现代化强国的第二个百年奋斗目标迈进。从全面建成小康社会到基本实现现代化，再到全面建成社会主义现代化强国，是新时代中国特色社会主义发展的战略安排。

中共十九大明确指出，在决胜全面建成小康社会后，党和国家事业发展的新目标，是分两步走全面建设社会主义现代化国家：

---

① 中华人民共和国国务院新闻办公室：《中国的全面小康》，《人民日报》2021年9月29日。
② 习近平：《论中国共产党历史》，中央文献出版社2021年版，第304页。

第一个阶段，从 2020 年到 2035 年，在全面建成小康社会的基础上，再奋斗十五年，基本实现社会主义现代化。到那时，我国经济实力、科技实力将大幅跃升，跻身创新型国家前列；人民平等参与、平等发展权利得到充分保障，法治国家、法治政府、法治社会基本建成，各方面制度更加完善，国家治理体系和治理能力现代化基本实现；社会文明程度达到新的高度，国家文化软实力显著增强，中华文化影响更加广泛深入；人民生活更为宽裕，中等收入群体比例明显提高，城乡区域发展差距和居民生活水平差距显著缩小，基本公共服务均等化基本实现，全体人民共同富裕迈出坚实步伐；现代社会治理格局基本形成，社会充满活力又和谐有序；生态环境根本好转，美丽中国目标基本实现。

第二个阶段，从 2035 年到本世纪中叶，在基本实现现代化的基础上，再奋斗十五年，把我国建成富强民主文明和谐美丽的社会主义现代化强国。到那时，我国物质文明、政治文明、精神文明、社会文明、生态文明将全面提升，实现国家治理体系和治理能力现代化，成为综合国力和国际影响力领先的国家，全体人民共同富裕基本实现，我国人民将享有更加幸福安康的生活，中华民族将以更加昂扬的姿态屹立于世界民族之林。[①]

87. 全面深化改革

全面深化改革是中国特色社会主义事业"四个全面"战略布局的重要组成部分。

中共十八届三中全会审议通过的《中共中央关于全面深化改革若干重大问题的决定》，提出了全面深化改革的指导思想、目标任务、重大原则，描绘了全面深化改革的新蓝图、新愿景、新目标，合理布局了深化改革的战略重点、优先顺序、主攻方向、工作机制、推进方式和时间表、路线图，汇集了全面深化改革的新思想、新论断、新举措，是我们党在新的历史起点上全面深化改革的科学指南和行动纲领。

全面深化改革的总目标，就是完善和发展中国特色社会主义制度、推进国家治理体系和治理能力现代化。全面深化改革总目标的提出，不仅丰富和深化了社会主义现代化的内涵，更重要的是阐明了改革的性质和根本任务，明确了全面深化改革的总抓手和总方向。

全面深化改革，必须始终站稳人民立场，坚持以人民为中心的改革价值取向。我们党实行和推进改革开放，就是为了让人民过上好日子。要站在人民立场上，坚持以人民为中心，做到老百姓关心什么、期盼什么，改革就要抓住什

[①] 习近平：《决胜全面建成小康社会，夺取新时代中国特色社会主义伟大胜利——在中国共产党第十九次全国代表大会上的报告》，人民出版社 2017 年版，第 35 页。

么、推进什么，保证人民平等参与、平等发展权利，使改革发展成果更多更公平惠及全体人民，不断促进社会公平正义、增进人民福祉。改革发展稳定任务越繁重，我们越要保持党同人民群众的血肉联系，善于从人民的实践创造和发展要求中完善政策主张，不断为深化改革开放夯实群众基础。

全面深化改革，必须坚持党的集中统一领导。改革开放40多年的实践启示我们，党的集中统一领导是保证全面深化改革乘风破浪、奋勇向前的指南针、定盘星和压舱石。改革开放每一步都不是轻而易举的，未来必定会面临这样那样的问题，甚至会遇到难以想象的惊涛骇浪，必须充分发挥党总揽全局、协调各方的领导核心作用，不断提高党把方向、谋大局、定政策、促改革的能力和定力，为把全面深化改革向纵深推进提供根本保证。

全面深化改革，必须保持政治坚定性，明确政治定位，有主张、有定力。该改的、能改的我们坚决改，不该改的、不能改的坚决不改，决不能在根本性问题上出现颠覆性错误，始终坚持走中国特色社会主义道路不动摇，坚持社会主义基本制度不动摇，坚持党的领导不动摇。世界在发展，社会在进步，不实行改革开放死路一条，搞否定社会主义方向的"改革开放"也是死路一条。全面深化改革必须始终坚持方向不变、立场不移、原则不改，从我国国情出发，有领导有步骤推进改革，既不走封闭僵化的老路，也不走改旗易帜的邪路，推动党和人民事业更好发展，确保改革开放这艘航船沿着正确航向破浪前行。

88. 全面依法治国

全面依法治国是中国特色社会主义事业"四个全面"战略布局的重要组成部分。

法治兴则国兴，法治强则国强。中共十八大以来，党明确提出全面依法治国，并将其纳入"四个全面"战略布局予以有力推进。在这一过程中，以习近平同志为核心的党中央创造性提出一系列全面依法治国新理念新思想新战略，形成习近平法治思想，深刻回答了新时代为什么实行全面依法治国、怎样实行全面依法治国等一系列重大问题，指导推动我国社会主义法治建设发生历史性变革、取得历史性成就。

全面推进依法治国，是国家治理领域一场广泛而深刻的革命，是中国特色社会主义的本质要求和重要保障。全面推进依法治国，总目标是建设中国特色社会主义法治体系，建设社会主义法治国家。这就是，在中国共产党领导下，坚持中国特色社会主义制度，贯彻中国特色社会主义法治理论，形成完备的法律规范体系、高效的法治实施体系、严密的法治监督体系、有力的法治保障体系，形成完善的党内法规体系，坚持依法治国、依法执政、依法行政共同推进，坚持法治国家、法治政府、法治社会一体建设，实现科学立法、严格执法、公正司法、全民守法，促进国家治理体系和治理能力现代化。

全面依法治国是解决党和国家事业发展面临的重大问题，促进社会公平正义，确保党和国家长治久安的根本要求，是新时代坚持和发展中国特色社会主义制度、推进国家治理体系和治理能力现代化的重要方面。在"四个全面"战略布局中，全面依法治国具有基础性、保障性作用。

新时代推进全面依法治国，必须更加重视法治、厉行法治。要坚持以习近平法治思想为指导，坚定不移走中国特色社会主义法治道路，坚持和完善中国特色社会主义法治体系，坚持依法治国、依法执政、依法行政共同推进，坚持法治国家、法治政府、法治社会一体建设，全面推进科学立法、严格执法、公正司法、全民守法，不断把法治中国建设推向前进，为全面建成小康社会、实现中华民族伟大复兴的中国梦汇聚团结奋斗的磅礴力量。[①]

89. 全面从严治党

全面从严治党是中国特色社会主义事业"四个全面"战略布局的重要组成部分。

勇于自我革命，是党最鲜明的品格和党最大的优势，也是我们党区别于世界上其他政党最显著的标志。全面从严治党以其丰富内涵诠释了自我革命的内在要求。治国必先治党，治党务必从严。全面从严治党，核心是加强党的领导，基础在全面，关键在严，要害在治。"全面"就是管全党、治全党，面向全体党员、党组织，覆盖党的建设各个领域、各个方面、各个部门，重点是抓住"关键少数"。"严"就是真管真严、敢管敢严、长管长严。"治"就是从党中央到地方各级党委，从中央部委、国家机关部门党组（党委）到基层党支部，都要肩负起主体责任，党委书记要把抓好党建当作分内之事、必须担当的职责；各级纪委要担负起监督责任，敢于瞪眼黑脸，勇于执纪问责。全面从严治党，要求增强系统性、预见性、创造性、实效性，使从严治党的一切努力都集中到增强党自我净化、自我完善、自我革新、自我提高能力上来，集中到提高党的领导能力和执政能力、保持和发展党的先进性和纯洁性上来，不断以勇于自我革命的精神打造和锤炼自己，实现管党治党真正从宽松软走向严紧硬，确保党始终成为中国特色社会主义事业的坚强领导核心。

全面从严治党是推进党的建设的必然要求。新时代党的建设总要求是：坚持和加强党的全面领导，坚持党要管党、全面从严治党，以加强党的长期执政

[①] 中共中央宣传部：《习近平新时代中国特色社会主义思想学习问答》，学习出版社、人民出版社2021年版，第166—169页。

能力建设、先进性和纯洁性建设为主线，以党的政治建设为统领，以坚定理想信念宗旨为根基，以调动全党积极性、主动性、创造性为着力点，全面推进党的政治建设、思想建设、组织建设、作风建设、纪律建设，把制度建设贯穿其中，深入推进反腐败斗争，不断提高党的建设质量，把党建设成为始终走在时代前列、人民衷心拥护、勇于自我革命、经得起各种风浪考验、朝气蓬勃的马克思主义执政党。①

把全面从严治党纳入"四个全面"战略布局，这是新的历史条件下我们党应对世情国情党情变化的必然选择。我们坚持问题导向，主要从以下几个方面推进全面从严治党。一是抓思想从严，坚持用马克思主义中国化最新成果武装头脑、凝心聚魂，用理想信念和党性教育固本培元、补钙壮骨，着力教育引导全党坚定理想、坚定信念，增强中国特色社会主义道路自信、理论自信、制度自信、文化自信。二是抓管党从严，坚持和落实党的领导，引导全党增强政治意识、大局意识、核心意识、看齐意识，着力落实管党治党责任，不断增强各级党组织管党治党意识和能力。三是抓执纪从严，坚持把纪律挺在前面，严明党的政治纪律和政治规矩，着力推动全党牢记"五个必须"、防止"七个有之"，保证全党团结统一、步调一致。四是抓治吏从严，坚持正确用人导向，深化干部人事制度改革，破解"四唯"难题，着力整治用人上的不正之风，优化选人用人环境。五是抓作风从严，坚持以上率下，锲而不舍、扭住不放，着力解决许多过去被认为解决不了的问题，推动党风政风不断好转。六是抓反腐从严，坚持以零容忍态度惩治腐败，"老虎""苍蝇"一起打，着力扎紧制度的笼子，有效遏制腐败蔓延势头。②

全面从严治党使我们党经历革命性锻造。中共十八大以来，以习近平同志为核心的党中央将全面从严治党纳入"四个全面"战略布局，把严的标准、严的措施贯穿管党治党全过程和各方面。从实施中央八项规定改进作风到构建行之有效的权力监督制度和执纪执法体系，从反腐败无禁区、全覆盖、零容忍到一体推进不敢腐、不能腐、不想腐，从开展党的群众路线教育实践活动到建立不忘初心、牢记使命的制度，从严格规范党内政治生活到着力营造山清水秀的政治生态，全面从严治党不断向纵深发展。我们党在刮骨疗毒中解决了自身在政治、思想、组织、作风、纪律等方面存在的一系列重大问题，在激浊扬清中彰显了无产阶级政党的政治本色，在革故鼎新中重塑了无产阶级政党的政治优势，通过行动回答了"窑洞之问"，练就了中国共产党人自我净化的"绝世武

---

① 习近平：《决胜全面建成小康社会，夺取新时代中国特色社会主义伟大胜利——在中国共产党第十九次全国代表大会上的报告》，人民出版社2017年版，第61—62页。

② 习近平：《在党的十八届六中全会第二次全体会议上的讲话（节选）》，《求是》2017年第1期。

功",探索出一条长期执政条件下解决自身问题、跳出历史周期率的成功道路。

全面从严治党永远在路上,党的自我革命任重而道远。"宜将剩勇追穷寇,不可沽名学霸王。"虽然全面从严治党已经取得历史性成就,但还远未到大功告成的时候。党面临的风险挑战的长期性、复杂性、严峻性,决定了全面从严治党必须一以贯之、持之以恒,不能有差不多了该松口气、歇歇脚的想法,不能有打好一仗就一劳永逸的想法,不能有初见成效就见好就收的想法。要全面贯彻新时代党的建设总要求,坚持思想从严、监督从严、执纪从严、治吏从严、作风从严、反腐从严,完善和落实全面从严治党制度,以彻底的自我革命精神,以永远在路上的执着,把全面从严治党这场伟大自我革命进行到底。①

90. 协调推进"四个全面"战略布局

中共十八大以来,以习近平同志为核心的党中央从坚持和发展中国特色社会主义全局出发,立足中国发展实际,坚持问题导向,逐步形成并积极推进"四个全面"战略布局,确立了新的历史条件下党和国家各项工作的战略目标和战略举措,是我们党在新形势下治国理政的总方略,是事关党和国家长远发展的总战略,为实现"两个一百年"奋斗目标、实现中华民族伟大复兴的中国梦提供了重要保障。

"四个全面"战略布局是时代和实践发展对党和国家工作的新要求,是我们党站在新的历史起点上,总结我国发展实践,适应新的发展要求,坚持和发展中国特色社会主义新探索新实践的重要成果。习近平深刻指出,"四个全面"战略布局是从我国发展现实需要中得出来的,从人民群众的热切期待中得出来的,也是为推动解决我们面临的突出矛盾和问题提出来的。

"四个全面"战略布局适应了我国发展的现实需要,顺应了人民群众的愿望期盼,体现了鲜明的问题导向、强烈的问题意识。"四个全面"战略布局科学总结我们党治国理政的实践经验,深化扩展我们党治国理政的理论视野和实践领域,确立了续写中国特色社会主义新篇章的行动纲领。这是我们党推进理论创新和实践创新的重大成果,集中体现了当代中国共产党人的全局视野和战略眼光,蕴含着对世界发展大势的科学判断,对中国发展方略的深邃思考,对人民根本利益的深切关怀,标志着我们党对共产党执政规律、对社会主义建设规律、对人类社会发展规律的科学把握进入一个新境界。

协调推进"四个全面"战略布局,必须不断提升贯彻"四个全面"战略布局的思想自觉和行动自觉。统一思想才能统一行动。要深刻理解这一战略布

---

① 中共中央宣传部:《习近平新时代中国特色社会主义思想学习问答》,学习出版社、人民出版社2021年版,第187—190页。

局的理论渊源、科学内涵、精神实质、内在联系和实践要求，深刻认识这一战略布局的重大政治意义、理论意义、实践意义，深刻把握这一战略布局贯穿的马克思主义立场观点方法，把对"四个全面"战略布局的认识不断提高到新水平，真正学懂、学透、学通，真正做到入耳、入脑、入心。必须把"四个全面"战略布局贯彻到经济社会发展全过程，加强党中央的集中统一领导，以保证正确方向、形成强大合力。要按照"四个全面"战略布局，更加扎实地推进经济发展，更加坚定地推进改革开放，更加充分地激发创造活力，更加有效地维护公平正义，更加有力地保障和改善民生，更加深入地改进党风政风。要对照"四个全面"战略布局的要求，找准工作中的薄弱环节，提出加强改进的政策举措。必须以"四个全面"战略布局为指引攻坚克难、化解矛盾、解决问题。立足发展实际，以重大理论和现实问题为导向，不断提升工作水平和能力素质，善于以科学思想方法分析问题，以过硬工作本领解决问题，扎扎实实把党中央各项决策部署贯彻好落实好，推动改革开放和现代化建设迈上新台阶，推动党的建设取得新进展。必须充分调动广大人民群众的积极性、主动性、创造性。人民群众是推动发展的根本力量，推进"四个全面"战略布局是人民自己的事业。要把工人阶级主力军、青年生力军、妇女半边天作用和人才第一资源作用充分发挥出来，把14亿多中国人民的积极性充分调动起来。要始终保持党同人民群众的血肉联系，善于通过提出和贯彻正确的路线方针政策带领人民前进，善于从人民的实践创造和发展要求中完善政策主张，更好地从人民群众中汲取无穷的智慧和力量。[①]

（十四）推进国家治理体系和治理能力现代化

91. 推进国家治理体系和治理能力现代化的总体目标

国家治理体系和治理能力是中国特色社会主义制度及其执行能力的集中体现。坚持和完善中国特色社会主义制度、推进国家治理体系和治理能力现代化的总体目标是，到中国共产党成立一百年时，在各方面制度更加成熟更加定型上取得明显成效；到二〇三五年，各方面制度更加完善，基本实现国家治理体系和治理能力现代化；到新中国成立一百年时，全面实现国家治理体系和治理能力现代化，使中国特色社会主义制度更加巩固、优越性充分展现。[②]

[①]《新的历史条件下治国理政总方略》，《人民日报》2016年4月22日。
[②]《〈中共中央关于坚持和完善中国特色社会主义制度、推进国家治理体系和治理能力现代化若干重大问题的决定〉辅导读本》，人民出版社2019年版，第1、5—6页。

一 综合类

中国的国家治理体系与治理能力在中国共产党不断探索的历史实践中得到了不断加强和完善。中国共产党自成立以来，团结带领人民，坚持把马克思主义基本原理同中国具体实际相结合，赢得了中国革命胜利，并深刻总结国内外正反两方面经验，不断探索实践，不断改革创新，建立和完善社会主义制度，形成和发展党的领导和经济、政治、文化、社会、生态文明、军事、外事等各方面制度，加强和完善国家治理，取得历史性成就。

中共十八大以来，中国共产党领导人民统筹推进"五位一体"总体布局、协调推进"四个全面"战略布局，推动中国特色社会主义制度更加完善、国家治理体系和治理能力现代化水平明显提高，为政治稳定、经济发展、文化繁荣、民族团结、人民幸福、社会安宁、国家统一提供了有力保障。

新中国成立七十多年来，中国共产党领导人民创造了世所罕见的经济快速发展奇迹和社会长期稳定奇迹，中华民族迎来了从站起来、富起来到强起来的伟大飞跃。实践证明，中国特色社会主义制度和国家治理体系是以马克思主义为指导、植根中国大地、具有深厚中华文化根基、深得人民拥护的制度和治理体系，是具有强大生命力和巨大优越性的制度和治理体系，是能够持续推动拥有近十四亿人口大国进步和发展、确保拥有五千多年文明史的中华民族实现"两个一百年"奋斗目标进而实现伟大复兴的制度和治理体系。[1]

当今世界正经历百年未有之大变局，中国正处于实现中华民族伟大复兴关键时期。顺应时代潮流，适应中国社会主要矛盾变化，统揽伟大斗争、伟大工程、伟大事业、伟大梦想，不断满足人民对美好生活新期待，战胜前进道路上的各种风险挑战，必须在坚持和完善中国特色社会主义制度、推进国家治理体系和治理能力现代化上下更大功夫。必须坚持以马克思列宁主义、毛泽东思想、邓小平理论、"三个代表"重要思想、科学发展观、习近平新时代中国特色社会主义思想为指导，增强"四个意识"，坚定"四个自信"，做到"两个维护"，坚持党的领导、人民当家作主、依法治国有机统一，坚持解放思想、实事求是，坚持改革创新，突出坚持和完善支撑中国特色社会主义制度的根本制度、基本制度、重要制度，着力固根基、扬优势、补短板、强弱项，构建系统完备、科学规范、运行有效的制度体系，加强系统治理、依法治理、综合治理、源头治理，把我国制度优势更好转化为国家治理效能，为实现"两个一百年"奋斗目标、实现中华民族伟大复兴的中国梦提供有力保证。[2]

---

[1] 《〈中共中央关于坚持和完善中国特色社会主义制度、推进国家治理体系和治理能力现代化若干重大问题的决定〉辅导读本》，人民出版社2019年版，第2—3页。
[2] 《〈中共中央关于坚持和完善中国特色社会主义制度、推进国家治理体系和治理能力现代化若干重大问题的决定〉辅导读本》，人民出版社2019年版，第4—5页。

92. 构建系统完备、科学规范、运行有效的制度体系

构建系统完备、科学规范、运行有效的制度体系，为实现"两个一百年"奋斗目标、实现中华民族伟大复兴的中国梦提供有力保证。①

中国制度体系建设的不断加强和完善经历了一个历史过程。2012年，中共十八大指出构建系统完备、科学规范、运行有效的制度体系对中国制度体系建设的重要意义。全面建成小康社会，必须以更大的政治勇气和智慧，不失时机深化重要领域改革，坚决破除一切妨碍科学发展的思想观念和体制机制弊端，构建系统完备、科学规范、运行有效的制度体系，使各方面制度更加成熟更加定型。要加快完善社会主义市场经济体制，完善公有制为主体、多种所有制经济共同发展的基本经济制度，完善按劳分配为主体、多种分配方式并存的分配制度，完善宏观调控体系，更大程度更广范围发挥市场在资源配置中的基础性作用，完善开放型经济体系，推动经济更有效率、更加公平、更可持续发展。加快推进社会主义民主政治制度化、规范化、程序化，从各层次各领域扩大公民有序政治参与，实现国家各项工作法治化。加快完善文化管理体制和文化生产经营机制，基本建立现代文化市场体系，健全国有文化资产管理体制，形成有利于创新创造的文化发展环境。加快形成科学有效的社会管理体制，完善社会保障体系，健全基层公共服务和社会管理网络，建立确保社会既充满活力又和谐有序的体制机制。加快建立生态文明制度，健全国土空间开发、资源节约、生态环境保护的体制机制，推动形成人与自然和谐发展现代化建设新格局。②

2017年，中共十九大强调了构建系统完备、科学规范、运行有效的制度体系与社会主义制度优越性的相互关系。强调必须坚持和完善中国特色社会主义制度，不断推进国家治理体系和治理能力现代化，坚决破除一切不合时宜的思想观念和体制机制弊端，突破利益固化的藩篱，吸收人类文明有益成果，构建系统完备、科学规范、运行有效的制度体系，充分发挥中国社会主义制度优越性。③

构建系统完备、科学规范、运行有效的制度体系，是坚持全面深化改革，坚持和完善中国特色社会主义制度的重要一环，有助于充分发挥我国社会主义

---

① 《〈中共中央关于坚持和完善中国特色社会主义制度、推进国家治理体系和治理能力现代化若干重大问题的决定〉辅导读本》，人民出版社2019年版，第5页。
② 胡锦涛：《坚定不移沿着中国特色社会主义道路前进，为全面建成小康社会而奋斗——在中国共产党第十八次全国代表大会上的报告》，人民出版社2012年版，第18—19页。
③ 习近平：《决胜全面建成小康社会，夺取新时代中国特色社会主义伟大胜利——在中国共产党第十九次全国代表大会上的报告》，人民出版社2017年版，第21页。

制度优越性。①

93. 党的领导制度体系

中国共产党领导是中国特色社会主义最本质的特征，是中国特色社会主义制度的最大优势，党是最高政治领导力量。必须坚持党政军民学、东西南北中，党是领导一切的，坚决维护党中央权威，健全总揽全局、协调各方的党的领导制度体系，把党的领导落实到国家治理各领域各方面各环节。

（一）建立不忘初心、牢记使命的制度。确保全党遵守党章，恪守党的性质和宗旨，坚持用共产主义远大理想和中国特色社会主义共同理想凝聚全党、团结人民，用习近平新时代中国特色社会主义思想武装全党、教育人民、指导工作，夯实党执政的思想基础。把不忘初心、牢记使命作为加强党的建设的永恒课题和全体党员、干部的终身课题，形成长效机制，坚持不懈锤炼党员、干部忠诚干净担当的政治品格。全面贯彻党的基本理论、基本路线、基本方略，持续推进党的理论创新、实践创新、制度创新，使一切工作顺应时代潮流、符合发展规律、体现人民愿望，确保党始终走在时代前列、得到人民衷心拥护。

（二）完善坚定维护党中央权威和集中统一领导的各项制度。推动全党增强"四个意识"、坚定"四个自信"、做到"两个维护"，自觉在思想上政治上行动上同以习近平同志为核心的党中央保持高度一致，坚决把维护习近平总书记党中央的核心、全党的核心地位落到实处。健全党中央对重大工作的领导体制，强化党中央决策议事协调机构职能作用，完善推动党中央重大决策落实机制，严格执行向党中央请示报告制度，确保令行禁止。健全维护党的集中统一的组织制度，形成党的中央组织、地方组织、基层组织上下贯通、执行有力的严密体系，实现党的组织和党的工作全覆盖。

（三）健全党的全面领导制度。完善党领导人大、政府、政协、监察机关、审判机关、检察机关、武装力量、人民团体、企事业单位、基层群众自治组织、社会组织等制度，健全各级党委（党组）工作制度，确保党在各种组织中发挥领导作用。完善党领导各项事业的具体制度，把党的领导落实到统筹推进"五位一体"总体布局、协调推进"四个全面"战略布局各方面。完善党和国家机构职能体系，把党的领导贯彻到党和国家所有机构履行职责全过程，推动各方面协调行动、增强合力。

（四）健全为人民执政、靠人民执政各项制度。坚持立党为公、执政为民，保持党同人民群众的血肉联系，把尊重民意、汇集民智、凝聚民力、改善民生

---

① 习近平：《中国共产党领导是中国特色社会主义最本质的特征》，《求是》2020年第14期。

贯穿党治国理政全部工作之中，巩固党执政的阶级基础，厚植党执政的群众基础，通过完善制度保证人民在国家治理中的主体地位，着力防范脱离群众的危险。贯彻党的群众路线，完善党员、干部联系群众制度，创新互联网时代群众工作机制，始终做到为了群众、相信群众、依靠群众、引领群众，深入群众、深入基层。健全联系广泛、服务群众的群团工作体系，推动人民团体增强政治性、先进性、群众性，把各自联系的群众紧紧团结在党的周围。

（五）健全提高党的执政能力和领导水平制度。坚持民主集中制，完善发展党内民主和实行正确集中的相关制度，提高党把方向、谋大局、定政策、促改革的能力。健全决策机制，加强重大决策的调查研究、科学论证、风险评估，强化决策执行、评估、监督。改进党的领导方式和执政方式，增强各级党组织政治功能和组织力。完善担当作为的激励机制，促进各级领导干部增强学习本领、政治领导本领、改革创新本领、科学发展本领、依法执政本领、群众工作本领、狠抓落实本领、驾驭风险本领，发扬斗争精神，增强斗争本领。

（六）完善全面从严治党制度。坚持党要管党、全面从严治党，增强忧患意识，不断推进党的自我革命，永葆党的先进性和纯洁性。贯彻新时代党的建设总要求，深化党的建设制度改革，坚持依规治党，建立健全以党的政治建设为统领，全面推进党的各方面建设的体制机制。坚持新时代党的组织路线，健全党管干部、选贤任能制度。规范党内政治生活，严明政治纪律和政治规矩，发展积极健康的党内政治文化，全面净化党内政治生态。完善和落实全面从严治党责任制度。坚决同一切影响党的先进性、弱化党的纯洁性的问题作斗争，大力纠治形式主义、官僚主义，不断增强党的创造力、凝聚力、战斗力，确保党始终成为中国特色社会主义事业的坚强领导核心。[1]

中共十九届四中全会把坚持和完善党的领导制度体系放在首要位置，突出了党的领导制度体系的统领地位，抓住了国家治理的关键和要害。这是对新时代中国国家制度和治理体系建设提出的根本政治要求，是确保中国特色社会主义事业始终沿着正确方向前进的根本制度保证。[2]

94. 人民当家作主制度体系

中国是工人阶级领导的、以工农联盟为基础的人民民主专政的社会主义国家，国家的一切权力属于人民。必须坚持人民主体地位，坚定不移走中国特色社会主义政治发展道路，健全民主制度，丰富民主形式，拓宽民主渠道，依法

---

[1] 《中共中央关于坚持和完善中国特色社会主义制度、推进国家治理体系和治理能力现代化若干重大问题的决定》，人民出版社2019年版，第6—9页。
[2] 《沧海横流显砥柱——党的领导制度体系为何摆在首位？》，《人民日报》2020年8月4日。

实行民主选举、民主协商、民主决策、民主管理、民主监督，使各方面制度和国家治理更好体现人民意志、保障人民权益、激发人民创造，确保人民依法通过各种途径和形式管理国家事务，管理经济文化事业，管理社会事务。

（一）坚持和完善人民代表大会制度这一根本政治制度。人民行使国家权力的机关是全国人民代表大会和地方各级人民代表大会。支持和保证人民通过人民代表大会行使国家权力，保证各级人大都由民主选举产生、对人民负责、受人民监督，保证各级国家机关都由人大产生、对人大负责、受人大监督。支持和保证人大及其常委会依法行使职权，健全人大对"一府一委两院"监督制度。密切人大代表同人民群众的联系，健全代表联络机制，更好发挥人大代表作用。健全人大组织制度、选举制度和议事规则，完善论证、评估、评议、听证制度。适当增加基层人大代表数量。加强地方人大及其常委会建设。

（二）坚持和完善中国共产党领导的多党合作和政治协商制度。贯彻长期共存、互相监督、肝胆相照、荣辱与共的方针，加强中国特色社会主义政党制度建设，健全相互监督特别是中国共产党自觉接受监督、对重大决策部署贯彻落实情况实施专项监督等机制，完善民主党派中央直接向中共中央提出建议制度，完善支持民主党派和无党派人士履行职能方法，展现我国新型政党制度优势。发挥人民政协作为政治组织和民主形式的效能，提高政治协商、民主监督、参政议政水平，更好凝聚共识。完善人民政协专门协商机构制度，丰富协商形式，健全协商规则，优化界别设置，健全发扬民主和增进团结相互贯通、建言资政和凝聚共识双向发力的程序机制。

坚持社会主义协商民主的独特优势，统筹推进政党协商、人大协商、政府协商、政协协商、人民团体协商、基层协商以及社会组织协商，构建程序合理、环节完整的协商民主体系，完善协商于决策之前和决策实施之中的落实机制，丰富有事好商量、众人的事情由众人商量的制度化实践。

（三）巩固和发展最广泛的爱国统一战线。坚持大统战工作格局，坚持一致性和多样性统一，完善照顾同盟者利益政策，做好民族工作和宗教工作，健全党外代表人士队伍建设制度，凝聚港澳同胞、台湾同胞、海外侨胞力量，谋求最大公约数，画出最大同心圆，促进政党关系、民族关系、宗教关系、阶层关系、海内外同胞关系和谐。

（四）坚持和完善民族区域自治制度。坚定不移走中国特色解决民族问题的正确道路，坚持各民族一律平等，坚持各民族共同团结奋斗、共同繁荣发展，保证民族自治地方依法行使自治权，保障少数民族合法权益，巩固和发展平等团结互助和谐的社会主义民族关系。坚持不懈开展马克思主义祖国观、民族观、文化观、历史观宣传教育，打牢中华民族共同体思想基础。全面深入持久开展民族团结进步创建，加强各民族交往交流交融。支持和帮助民族地区加快发展，不断提高各族群众生活水平。

（五）健全充满活力的基层群众自治制度。健全基层党组织领导的基层群众自治机制，在城乡社区治理、基层公共事务和公益事业中广泛实行群众自我管理、自我服务、自我教育、自我监督，拓宽人民群众反映意见和建议的渠道，着力推进基层直接民主制度化、规范化、程序化。全心全意依靠工人阶级，健全以职工代表大会为基本形式的企事业单位民主管理制度，探索企业职工参与管理的有效方式，保障职工群众的知情权、参与权、表达权、监督权，维护职工合法权益。[①]

坚持和完善全面、广泛、有机衔接的人民当家作主制度体系，构建多样、畅通、有序的民主渠道，不断推进社会主义民主政治制度化、规范化、程序化，才能更好把制度优势转化为治理效能。[②]

95. 中国特色社会主义法治体系

建设中国特色社会主义法治体系、建设社会主义法治国家是坚持和发展中国特色社会主义的内在要求。必须坚定不移走中国特色社会主义法治道路，全面推进依法治国，坚持依法治国、依法执政、依法行政共同推进，坚持法治国家、法治政府、法治社会一体建设，加快形成完备的法律规范体系、高效的法治实施体系、严密的法治监督体系、有力的法治保障体系，加快形成完善的党内法规体系，全面推进科学立法、严格执法、公正司法、全民守法，推进法治中国建设。

（一）健全保证宪法全面实施的体制机制。依法治国首先要坚持依宪治国，依法执政首先要坚持依宪执政。加强宪法实施和监督，落实宪法解释程序机制，推进合宪性审查工作，加强备案审查制度和能力建设，依法撤销和纠正违宪违法的规范性文件。坚持宪法法律至上，健全法律面前人人平等保障机制，维护国家法制统一、尊严、权威，一切违反宪法法律的行为都必须予以追究。

（二）完善立法体制机制。坚持科学立法、民主立法、依法立法，完善党委领导、人大主导、政府依托、各方参与的立法工作格局，立改废释并举，不断提高立法质量和效率。完善以宪法为核心的中国特色社会主义法律体系，加强重要领域立法，加快我国法域外适用的法律体系建设，以良法保障善治。

（三）健全社会公平正义法治保障制度。坚持法治建设为了人民、依靠人

---

① 《中共中央关于坚持和完善中国特色社会主义制度、推进国家治理体系和治理能力现代化若干重大问题的决定》，人民出版社2019年版，第10—13页。

② 习近平：《在中央人大工作会议上的讲话》，《求是》2022年第5期。

民，加强人权法治保障，保证人民依法享有广泛的权利和自由、承担应尽的义务，引导全体人民做社会主义法治的忠实崇尚者、自觉遵守者、坚定捍卫者。坚持有法必依、执法必严、违法必究，严格规范公正文明执法，规范执法自由裁量权，加大关系群众切身利益的重点领域执法力度。深化司法体制综合配套改革，完善审判制度、检察制度，全面落实司法责任制，完善律师制度，加强对司法活动的监督，确保司法公正高效权威，努力让人民群众在每一个司法案件中感受到公平正义。

（四）加强对法律实施的监督。保证行政权、监察权、审判权、检察权得到依法正确行使，保证公民、法人和其他组织合法权益得到切实保障，坚决排除对执法司法活动的干预。拓展公益诉讼案件范围。加大对严重违法行为处罚力度，实行惩罚性赔偿制度，严格刑事责任追究。加大全民普法工作力度，增强全民法治观念，完善公共法律服务体系，夯实依法治国群众基础。各级党和国家机关以及领导干部要带头尊法学法守法用法，提高运用法治思维和法治方式深化改革、推动发展、化解矛盾、维护稳定、应对风险的能力。[1]

中国特色社会主义法治体系是中国特色社会主义制度的重要组成部分，是建设社会主义法治国家的基础。它还是扎根中国文化、立足中国国情、解决中国问题的法治体系，不能被西方错误思潮所误导。[2]

96. 中国特色社会主义行政体制

国家行政管理承担着按照党和国家决策部署推动经济社会发展、管理社会事务、服务人民群众的重大职责。必须坚持一切行政机关为人民服务、对人民负责、受人民监督，创新行政方式，提高行政效能，建设人民满意的服务型政府。

（一）完善国家行政体制。以推进国家机构职能优化协同高效为着力点，优化行政决策、行政执行、行政组织、行政监督体制。健全部门协调配合机制，防止政出多门、政策效应相互抵消。深化行政执法体制改革，最大限度减少不必要的行政执法事项。进一步整合行政执法队伍，继续探索实行跨领域跨部门综合执法，推动执法重心下移，提高行政执法能力水平。落实行政执法责任制和责任追究制度。创新行政管理和服务方式，加快推进全国一体化政务服务平台建设，健全强有力的行政执行系统，提高政府执行力和公信力。

---

[1]《中共中央关于坚持和完善中国特色社会主义制度、推进国家治理体系和治理能力现代化若干重大问题的决定》，人民出版社2019年版，第13—15页。

[2] 习近平：《坚持走中国特色社会主义法治道路，更好推进中国特色社会主义法治体系建设》，《求是》2022年第4期。

（二）优化政府职责体系。完善政府经济调节、市场监管、社会管理、公共服务、生态环境保护等职能，实行政府权责清单制度，厘清政府和市场、政府和社会关系。深入推进简政放权、放管结合、优化服务，深化行政审批制度改革，改善营商环境，激发各类市场主体活力。健全以国家发展规划为战略导向，以财政政策和货币政策为主要手段，就业、产业、投资、消费、区域等政策协同发力的宏观调控制度体系。完善国家重大发展战略和中长期经济社会发展规划制度。完善标准科学、规范透明、约束有力的预算制度。建设现代中央银行制度，完善基础货币投放机制，健全基准利率和市场化利率体系。严格市场监管、质量监管、安全监管，加强违法惩戒。完善公共服务体系，推进基本公共服务均等化、可及性。建立健全运用互联网、大数据、人工智能等技术手段进行行政管理的制度规则。推进数字政府建设，加强数据有序共享，依法保护个人信息。

（三）优化政府组织结构。推进机构、职能、权限、程序、责任法定化，使政府机构设置更加科学、职能更加优化、权责更加协同。严格机构编制管理，统筹利用行政管理资源，节约行政成本。优化行政区划设置，提高中心城市和城市群综合承载和资源优化配置能力，实行扁平化管理，形成高效率组织体系。

（四）健全充分发挥中央和地方两个积极性体制机制。理顺中央和地方权责关系，加强中央宏观事务管理，维护国家法制统一、政令统一、市场统一。适当加强中央在知识产权保护、养老保险、跨区域生态环境保护等方面事权，减少并规范中央和地方共同事权。赋予地方更多自主权，支持地方创造性开展工作。按照权责一致原则，规范垂直管理体制和地方分级管理体制。优化政府间事权和财权划分，建立权责清晰、财力协调、区域均衡的中央和地方财政关系，形成稳定的各级政府事权、支出责任和财力相适应的制度。构建从中央到地方权责清晰、运行顺畅、充满活力的工作体系。[1]

中国特色社会主义行政体制是立足中国基本政治架构、适应经济社会发展需要而形成的中国式行政。构建中国特色社会主义行政体制，是推进国家治理体系和治理能力现代化的重要组成部分，为建设人民满意的服务型政府提供了坚实的制度保障。[2]

97. 社会主义基本经济制度

公有制为主体、多种所有制经济共同发展，按劳分配为主体、多种分配方

---

[1]《中共中央关于坚持和完善中国特色社会主义制度、推进国家治理体系和治理能力现代化若干重大问题的决定》，人民出版社2019年版，第15—18页。
[2]《高效协同更便民——中国特色社会主义行政体制如何优化？》，《人民日报》2020年8月6日。

式并存,社会主义市场经济体制等社会主义基本经济制度,既体现了社会主义制度优越性,又同我国社会主义初级阶段社会生产力发展水平相适应,是党和人民的伟大创造。必须坚持社会主义基本经济制度,充分发挥市场在资源配置中的决定性作用,更好发挥政府作用,全面贯彻新发展理念,坚持以供给侧结构性改革为主线,加快建设现代化经济体系。

(一)毫不动摇巩固和发展公有制经济,毫不动摇鼓励、支持、引导非公有制经济发展。探索公有制多种实现形式,推进国有经济布局优化和结构调整,发展混合所有制经济,增强国有经济竞争力、创新力、控制力、影响力、抗风险能力,做强做优做大国有资本。深化国有企业改革,完善中国特色现代企业制度。形成以管资本为主的国有资产监管体制,有效发挥国有资本投资、运营公司功能作用。健全支持民营经济、外商投资企业发展的法治环境,完善构建亲清政商关系的政策体系,健全支持中小企业发展制度,促进非公有制经济健康发展和非公有制经济人士健康成长。营造各种所有制主体依法平等使用资源要素、公开公平公正参与竞争、同等受到法律保护的市场环境。深化农村集体产权制度改革,发展农村集体经济,完善农村基本经营制度。

(二)坚持按劳分配为主体、多种分配方式并存。坚持多劳多得,着重保护劳动所得,增加劳动者特别是一线劳动者劳动报酬,提高劳动报酬在初次分配中的比重。健全劳动、资本、土地、知识、技术、管理、数据等生产要素由市场评价贡献、按贡献决定报酬的机制。健全以税收、社会保障、转移支付等为主要手段的再分配调节机制,强化税收调节,完善直接税制度并逐步提高其比重。完善相关制度和政策,合理调节城乡、区域、不同群体间分配关系。重视发挥第三次分配作用,发展慈善等社会公益事业。鼓励勤劳致富,保护合法收入,增加低收入者收入,扩大中等收入群体,调节过高收入,清理规范隐性收入,取缔非法收入。

(三)加快完善社会主义市场经济体制。建设高标准市场体系,完善公平竞争制度,全面实施市场准入负面清单制度,改革生产许可制度,健全破产制度。强化竞争政策基础地位,落实公平竞争审查制度,加强和改进反垄断和反不正当竞争执法。健全以公平为原则的产权保护制度,建立知识产权侵权惩罚性赔偿制度,加强企业商业秘密保护。推进要素市场制度建设,实现要素价格市场决定、流动自主有序、配置高效公平。强化消费者权益保护,探索建立集体诉讼制度。加强资本市场基础制度建设,健全具有高度适应性、竞争力、普惠性的现代金融体系,有效防范化解金融风险。优化经济治理基础数据库。健全推动发展先进制造业、振兴实体经济的体制机制。实施乡村振兴战略,完善农业农村优先发展和保障国家粮食安全的制度政策,健全城乡融合发展体制机制。构建区域协调发展新机制，形成主体功能明显、优势互补、高质量发展的区域经济布局。

（四）完善科技创新体制机制。弘扬科学精神和工匠精神，加快建设创新型国家，强化国家战略科技力量，健全国家实验室体系，构建社会主义市场经济条件下关键核心技术攻关新型举国体制。加大基础研究投入，健全鼓励支持基础研究、原始创新的体制机制。建立以企业为主体、市场为导向、产学研深度融合的技术创新体系，支持大中小企业和各类主体融通创新，创新促进科技成果转化机制，积极发展新动能，强化标准引领，提升产业基础能力和产业链现代化水平。完善科技人才发现、培养、激励机制，健全符合科研规律的科技管理体制和政策体系，改进科技评价体系，健全科技伦理治理体制。

（五）建设更高水平开放型经济新体制。实施更大范围、更宽领域、更深层次的全面开放，推动制造业、服务业、农业扩大开放，保护外资合法权益，促进内外资企业公平竞争，拓展对外贸易多元化，稳步推进人民币国际化。健全外商投资准入前国民待遇加负面清单管理制度，推动规则、规制、管理、标准等制度型开放。健全促进对外投资政策和服务体系。加快自由贸易试验区、自由贸易港等对外开放高地建设。推动建立国际宏观经济政策协调机制。健全外商投资国家安全审查、反垄断审查、国家技术安全清单管理、不可靠实体清单等制度。完善涉外经贸法律和规则体系。[①]

社会主义基本经济制度既体现了社会主义制度优越性，又同中国社会主义初级阶段社会生产力发展水平相适应，是党和人民的伟大创造。社会主义基本经济制度在经济制度体系中具有基础性决定性地位，对其他领域制度建设及国家治理效能有重要影响。[②]

98. 社会主义先进文化的制度

发展社会主义先进文化、广泛凝聚人民精神力量，是国家治理体系和治理能力现代化的深厚支撑。必须坚定文化自信，牢牢把握社会主义先进文化前进方向，围绕举旗帜、聚民心、育新人、兴文化、展形象的使命任务，坚持为人民服务、为社会主义服务，坚持百花齐放、百家争鸣，坚持创造性转化、创新性发展，激发全民族文化创造活力，更好构筑中国精神、中国价值、中国

[①] 《中共中央关于坚持和完善中国特色社会主义制度、推进国家治理体系和治理能力现代化若干重大问题的决定》，人民出版社2019年版，第18—22页。

[②] 《〈中共中央关于坚持和完善中国特色社会主义制度、推进国家治理体系和治理能力现代化若干重大问题的决定〉辅导读本》，人民出版社2019年版，第20、37页。

力量。

（一）坚持马克思主义在意识形态领域指导地位的根本制度。全面贯彻落实习近平新时代中国特色社会主义思想，健全用党的创新理论武装全党、教育人民工作体系，完善党委（党组）理论学习中心组等各层级学习制度，建设和用好网络学习平台。深入实施马克思主义理论研究和建设工程，把坚持以马克思主义为指导全面落实到思想理论建设、哲学社会科学研究、教育教学各方面。加强和改进学校思想政治教育，建立全员、全程、全方位育人体制机制。落实意识形态工作责任制，注意区分政治原则问题、思想认识问题、学术观点问题，旗帜鲜明反对和抵制各种错误观点。

（二）坚持以社会主义核心价值观引领文化建设制度。推动理想信念教育常态化、制度化，弘扬民族精神和时代精神，加强党史、新中国史、改革开放史教育，加强爱国主义、集体主义、社会主义教育，实施公民道德建设工程，推进新时代文明实践中心建设。坚持依法治国和以德治国相结合，完善弘扬社会主义核心价值观的法律政策体系，把社会主义核心价值观要求融入法治建设和社会治理，体现到国民教育、精神文明创建、文化产品创作生产全过程。推进中华优秀传统文化传承发展工程。完善青少年理想信念教育齐抓共管机制。健全志愿服务体系。完善诚信建设长效机制，健全覆盖全社会的征信体系，加强失信惩戒。

（三）健全人民文化权益保障制度。坚持以人民为中心的工作导向，完善文化产品创作生产传播的引导激励机制，推出更多群众喜爱的文化精品。完善城乡公共文化服务体系，优化城乡文化资源配置，推动基层文化惠民工程扩大覆盖面、增强实效性，健全支持开展群众性文化活动机制，鼓励社会力量参与公共文化服务体系建设。

（四）完善坚持正确导向的舆论引导工作机制。坚持党管媒体原则，坚持团结稳定鼓劲、正面宣传为主，唱响主旋律、弘扬正能量。构建网上网下一体、内宣外宣联动的主流舆论格局，建立以内容建设为根本、先进技术为支撑、创新管理为保障的全媒体传播体系。改进和创新正面宣传，完善舆论监督制度，健全重大舆情和突发事件舆论引导机制。建立健全网络综合治理体系，加强和创新互联网内容建设，落实互联网企业信息管理主体责任，全面提高网络治理能力，营造清朗的网络空间。

（五）建立健全把社会效益放在首位、社会效益和经济效益相统一的文化创作生产体制机制。深化文化体制改革，加快完善遵循社会主义先进文化发展规律、体现社会主义市场经济要求、有利于激发文化创新创造活力的文化管理体制和生产经营机制。健全现代文化产业体系和市场体系，完善以高质量发展为导向的文化经济政策。完善文化企业履行社会责任制度，健全引导新型文化业态健康发展机制。完善文化和旅游融合发展体制机制。加强文艺创作引导，完善倡导讲品位讲格调讲责任、抵制低俗庸俗媚俗的工作机制。①

社会主义先进文化的制度是国家治理体系和治理能力现代化的深厚支撑，可以激发全民族文化创造活力，更好构筑中国精神、中国价值、中国力量。②

99. 统筹城乡的民生保障制度

增进人民福祉、促进人的全面发展是党立党为公、执政为民的本质要求。必须健全幼有所育、学有所教、劳有所得、病有所医、老有所养、住有所居、弱有所扶等方面国家基本公共服务制度体系，尽力而为，量力而行，注重加强普惠性、基础性、兜底性民生建设，保障群众基本生活。创新公共服务提供方式，鼓励支持社会力量兴办公益事业，满足人民多层次多样化需求，使改革发展成果更多更公平惠及全体人民。

（一）健全有利于更充分更高质量就业的促进机制。坚持就业是民生之本，实施就业优先政策，创造更多就业岗位。健全公共就业服务和终身职业技能培训制度，完善重点群体就业支持体系。建立促进创业带动就业、多渠道灵活就业机制，对就业困难人员实行托底帮扶。坚决防止和纠正就业歧视，营造公平就业制度环境。健全劳动关系协调机制，构建和谐劳动关系，促进广大劳动者实现体面劳动、全面发展。

（二）构建服务全民终身学习的教育体系。全面贯彻党的教育方针，坚持教育优先发展，聚焦办好人民满意的教育，完善立德树人体制机制，深化教育领域综合改革，加强师德师风建设，培养德智体美劳全面发展的社会主义建设者和接班人。推动城乡义务教育一体化发展，健全学前教育、特殊教育和普及高中阶段教育保障机制，完善职业技术教育、高等教育、继续教育统筹协调发展机制。支持和规范民办教育、合作办学。构建覆盖城乡的家庭教育指导服务体系。发挥网络教育和人工智能优势，创新教育和学习方式，加快发展面向每个人、适合每个人、更加开放灵活的教育体系，建设学习型社会。

（三）完善覆盖全民的社会保障体系。坚持应保尽保原则，健全统筹城乡、可持续的基本养老保险制度、基本医疗保险制度，稳步提高保障水平。加快建立基本养老保险全国统筹制度。加快落实社保转移接续、异地就医结算制度，

---

① 《中共中央关于坚持和完善中国特色社会主义制度、推进国家治理体系和治理能力现代化若干重大问题的决定》，人民出版社2019年版，第22—25页。

② 《〈中共中央关于坚持和完善中国特色社会主义制度、推进国家治理体系和治理能力现代化若干重大问题的决定〉辅导读本》，人民出版社2019年版，第24页。

规范社保基金管理,发展商业保险。统筹完善社会救助、社会福利、慈善事业、优抚安置等制度。健全退役军人工作体系和保障制度。坚持和完善促进男女平等、妇女全面发展的制度机制。完善农村留守儿童和妇女、老年人关爱服务体系,健全残疾人帮扶制度。坚决打赢脱贫攻坚战,巩固脱贫攻坚成果,建立解决相对贫困的长效机制。加快建立多主体供给、多渠道保障、租购并举的住房制度。

(四)强化提高人民健康水平的制度保障。坚持关注生命全周期、健康全过程,完善国民健康政策,让广大人民群众享有公平可及、系统连续的健康服务。深化医药卫生体制改革,健全基本医疗卫生制度,提高公共卫生服务、医疗服务、医疗保障、药品供应保障水平。加快现代医院管理制度改革。坚持以基层为重点、预防为主、防治结合、中西医并重。加强公共卫生防疫和重大传染病防控,健全重特大疾病医疗保险和救助制度。优化生育政策,提高人口质量。积极应对人口老龄化,加快建设居家社区机构相协调、医养康养相结合的养老服务体系。聚焦增强人民体质,健全促进全民健身制度性举措。①

坚持和完善城乡统筹的民生保障制度,推进各项制度更加成熟定型,有利于解决好人民群众最关心最直接最现实的利益问题,不断补齐民生领域短板,夯实民生保障基础,满足人民多层次多样化需求。②

100. 共建共治共享的社会治理制度

社会治理是国家治理的重要方面。必须加强和创新社会治理,完善党委领导、政府负责、民主协商、社会协同、公众参与、法治保障、科技支撑的社会治理体系,建设人人有责、人人尽责、人人享有的社会治理共同体,确保人民安居乐业、社会安定有序,建设更高水平的平安中国。

(一)完善正确处理新形势下人民内部矛盾有效机制。坚持和发展新时代"枫桥经验",畅通和规范群众诉求表达、利益协调、权益保障通道,完善信访制度,完善人民调解、行政调解、司法调解联动工作体系,健全社会心理服务体系和危机干预机制,完善社会矛盾纠纷多元预防调处化解综合机制,努力将矛盾化解在基层。

(二)完善社会治安防控体系。坚持专群结合、群防群治,提高社会治安立体化、法治化、专业化、智能化水平,形成问题联治、工作联动、平安联创

---

① 《中共中央关于坚持和完善中国特色社会主义制度、推进国家治理体系和治理能力现代化若干重大问题的决定》,人民出版社2019年版,第25—28页。
② 《〈中共中央关于坚持和完善中国特色社会主义制度、推进国家治理体系和治理能力现代化若干重大问题的决定〉辅导读本》,人民出版社2019年版,第297页。

的工作机制,提高预测预警预防各类风险能力,增强社会治安防控的整体性、协同性、精准性。

(三)健全公共安全体制机制。完善和落实安全生产责任和管理制度,建立公共安全隐患排查和安全预防控制体系。构建统一指挥、专常兼备、反应灵敏、上下联动的应急管理体制,优化国家应急管理能力体系建设,提高防灾减灾救灾能力。加强和改进食品药品安全监管制度,保障人民身体健康和生命安全。

(四)构建基层社会治理新格局。完善群众参与基层社会治理的制度化渠道。健全党组织领导的自治、法治、德治相结合的城乡基层治理体系,健全社区管理和服务机制,推行网格化管理和服务,发挥群团组织、社会组织作用,发挥行业协会商会自律功能,实现政府治理和社会调节、居民自治良性互动,夯实基层社会治理基础。加快推进市域社会治理现代化。推动社会治理和服务重心向基层下移,把更多资源下沉到基层,更好提供精准化、精细化服务。注重发挥家庭家教家风在基层社会治理中的重要作用。加强边疆治理,推进兴边富民。

(五)完善国家安全体系。坚持总体国家安全观,统筹发展和安全,坚持人民安全、政治安全、国家利益至上有机统一。以人民安全为宗旨,以政治安全为根本,以经济安全为基础,以军事、科技、文化、社会安全为保障,健全国家安全体系,增强国家安全能力。完善集中统一、高效权威的国家安全领导体制,健全国家安全法律制度体系。加强国家安全人民防线建设,增强全民国家安全意识,建立健全国家安全风险研判、防控协同、防范化解机制。提高防范抵御国家安全风险能力,高度警惕、坚决防范和严厉打击敌对势力渗透、破坏、颠覆、分裂活动。[1]

共建共治共享的社会治理制度,是中国共产党在长期探索中形成的、被实践证明符合国情、符合人民意愿、符合社会治理规律的科学制度,是习近平新时代中国特色社会主义思想的重要内容。[2]

101. 生态文明制度体系

生态文明建设是关系中华民族永续发展的千年大计。必须践行绿水青山就是金山银山的理念,坚持节约资源和保护环境的基本国策,坚持节约优先、保

---

[1] 《中共中央关于坚持和完善中国特色社会主义制度、推进国家治理体系和治理能力现代化若干重大问题的决定》,人民出版社2019年版,第28—30页。

[2] 《〈中共中央关于坚持和完善中国特色社会主义制度、推进国家治理体系和治理能力现代化若干重大问题的决定〉辅导读本》,人民出版社2019年版,第82页。

护优先、自然恢复为主的方针，坚定走生产发展、生活富裕、生态良好的文明发展道路，建设美丽中国。

（一）实行最严格的生态环境保护制度。坚持人与自然和谐共生，坚守尊重自然、顺应自然、保护自然，健全源头预防、过程控制、损害赔偿、责任追究的生态环境保护体系。加快建立健全国土空间规划和用途统筹协调管控制度，统筹划定落实生态保护红线、永久基本农田、城镇开发边界等空间管控边界以及各类海域保护线，完善主体功能区制度。完善绿色生产和消费的法律制度和政策导向，发展绿色金融，推进市场导向的绿色技术创新，更加自觉地推动绿色循环低碳发展。构建以排污许可制为核心的固定污染源监管制度体系，完善污染防治区域联动机制和陆海统筹的生态环境治理体系。加强农业农村环境污染防治。完善生态环境保护法律体系和执法司法制度。

（二）全面建立资源高效利用制度。推进自然资源统一确权登记法治化、规范化、标准化、信息化，健全自然资源产权制度，落实资源有偿使用制度，实行资源总量管理和全面节约制度。健全资源节约集约循环利用政策体系。普遍实行垃圾分类和资源化利用制度。推进能源革命，构建清洁低碳、安全高效的能源体系。健全海洋资源开发保护制度。加快建立自然资源统一调查、评价、监测制度，健全自然资源监管体制。

（三）健全生态保护和修复制度。统筹山水林田湖草一体化保护和修复，加强森林、草原、河流、湖泊、湿地、海洋等自然生态保护。加强对重要生态系统的保护和永续利用，构建以国家公园为主体的自然保护地体系，健全国家公园保护制度。加强长江、黄河等大江大河生态保护和系统治理。开展大规模国土绿化行动，加快水土流失和荒漠化、石漠化综合治理，保护生物多样性，筑牢生态安全屏障。除国家重大项目外，全面禁止围填海。

（四）严明生态环境保护责任制度。建立生态文明建设目标评价考核制度，强化环境保护、自然资源管控、节能减排等约束性指标管理，严格落实企业主体责任和政府监管责任。开展领导干部自然资源资产离任审计。推进生态环境保护综合行政执法，落实中央生态环境保护督察制度。健全生态环境监测和评价制度，完善生态环境公益诉讼制度，落实生态补偿和生态环境损害赔偿制度，实行生态环境损害责任终身追究制。[①]

习近平指出："我们既要绿水青山，也要金山银山。宁要绿水青山，不要金山银山，而且绿水青山就是金山银山。"生态文明制度体系是重要的发展理

---

① 《中共中央关于坚持和完善中国特色社会主义制度、推进国家治理体系和治理能力现代化若干重大问题的决定》，人民出版社2019年版，第31—33页。

念，体现了人与自然和谐共生的价值取向。①

102. 党对人民军队的绝对领导制度

人民军队是中国特色社会主义的坚强柱石，党对人民军队的绝对领导是人民军队的建军之本、强军之魂。必须牢固确立习近平强军思想在国防和军队建设中的指导地位，巩固和拓展深化国防和军队改革成果，构建中国特色社会主义军事政策制度体系，全面推进国防和军队现代化，确保实现党在新时代的强军目标，把人民军队全面建成世界一流军队，永葆人民军队的性质、宗旨、本色。

（一）坚持人民军队最高领导权和指挥权属于党中央。中央军委实行主席负责制是坚持党对人民军队绝对领导的根本实现形式。坚持全国武装力量由军委主席统一领导和指挥，完善贯彻军委主席负责制的体制机制，严格落实军委主席负责制各项制度规定。严明政治纪律和政治规矩，坚决维护党中央、中央军委权威，确保政令军令畅通。

（二）健全人民军队党的建设制度体系。全面贯彻政治建军各项要求，突出抓好军魂培育，发扬优良传统，传承红色基因，坚决抵制"军队非党化、非政治化"和"军队国家化"等错误政治观点。坚持党委制、政治委员制、政治机关制，坚持党委统一的集体领导下的首长分工负责制，坚持支部建在连上，完善党领导军队的组织体系。建设坚强有力的党组织和高素质专业化干部队伍，确保枪杆子永远掌握在忠于党的可靠的人手中。

（三）把党对人民军队的绝对领导贯彻到军队建设各领域全过程。贯彻新时代军事战略方针，坚持战斗力根本标准，建立健全基于联合、平战一体的军事力量运用政策制度体系，构建新时代军事战略体系，加强联合作战指挥体系和能力建设，调整完善战备制度，健全实战化军事训练制度，有效塑造态势、管控危机、遏制战争、打赢战争。坚持以战领建、抓建为战，建立健全聚焦打仗、激励创新、军民融合的军事力量建设政策制度体系，统筹解放军现役部队和预备役部队、武装警察部队、民兵建设，统筹军队各类人员制度安排，深化军官职业化制度、文职人员制度、兵役制度等改革，推动形成现代化战斗力生成模式，构建现代军事力量体系。建立健全精准高效、全面规范、刚性约束的军事管理政策制度体系，强化军委战略管理功能，加强中国特色军事法治建设，提高军队系统运行效能。加快军民融合深度发展步伐，构建一体化国家战略体系和能力。完善国防科技创新和武器装备建设制度。深化国防动员体制改革。加强全民国防教育。健全党政军警民合力强边固防工作机制。完善双拥工

---

① 《〈中共中央关于坚持和完善中国特色社会主义制度、推进国家治理体系和治理能力现代化若干重大问题的决定〉辅导读本》，人民出版社2019年版，第320页。

一 综合类

作和军民共建机制,加强军政军民团结。①

党对人民军队的绝对领导制度,作为党的领导核心地位在军事领域的体现,与人民民主专政的国体、人民代表大会制度的政体相符合、相适应并为之服务,对于捍卫社会主义、促进改革发展稳定,起到了不可替代的作用。进入新时代,推进国家治理体系和治理能力现代化,必须坚持和完善党对人民军队的绝对领导制度,使之随着中国特色社会主义制度的发展而发展,始终成为社会主义航船在国际风云变幻中行稳致远的压舱石,确保我们党长期执政、国家长治久安、中国特色社会主义事业兴旺发达。②

103. "一国两制"制度体系

"一国两制"是党领导人民实现祖国和平统一的一项重要制度,是中国特色社会主义的一个伟大创举。必须坚持"一国"是实行"两制"的前提和基础,"两制"从属和派生于"一国"并统一于"一国"之内。严格依照宪法和基本法对香港特别行政区、澳门特别行政区实行管治,坚定维护国家主权、安全、发展利益,维护香港、澳门长期繁荣稳定,绝不容忍任何挑战"一国两制"底线的行为,绝不容忍任何分裂国家的行为。

(一)全面准确贯彻"一国两制"、"港人治港"、"澳人治澳"、高度自治的方针。坚持依法治港治澳,维护宪法和基本法确定的宪制秩序,把坚持"一国"原则和尊重"两制"差异、维护中央对特别行政区全面管治权和保障特别行政区高度自治权、发挥祖国内地坚强后盾作用和提高特别行政区自身竞争力结合起来。完善特别行政区同宪法和基本法实施相关的制度和机制,坚持以爱国者为主体的"港人治港"、"澳人治澳",提高特别行政区依法治理能力和水平。

(二)健全中央依照宪法和基本法对特别行政区行使全面管治权的制度。完善中央对特别行政区行政长官和主要官员的任免制度和机制、全国人大常委会对基本法的解释制度,依法行使宪法和基本法赋予中央的各项权力。建立健全特别行政区维护国家安全的法律制度和执行机制,支持特别行政区强化执法力量。健全特别行政区行政长官对中央政府负责的制度,支持行政长官和特别行政区政府依法施政。完善香港、澳门融入国家发展大局、同内地优势互补、协同发展机制,推进粤港澳大湾区建设,支持香港、澳门发展经济、改善民

---

① 《中共中央关于坚持和完善中国特色社会主义制度、推进国家治理体系和治理能力现代化若干重大问题的决定》,人民出版社2019年版,第33—35页。
② 《〈中共中央关于坚持和完善中国特色社会主义制度、推进国家治理体系和治理能力现代化若干重大问题的决定〉辅导读本》,人民出版社2019年版,第50页。

生，着力解决影响社会稳定和长远发展的深层次矛盾和问题。加强对香港、澳门社会特别是公职人员和青少年的宪法和基本法教育、国情教育、中国历史和中华文化教育，增强香港、澳门同胞国家意识和爱国精神。坚决防范和遏制外部势力干预港澳事务和进行分裂、颠覆、渗透、破坏活动，确保香港、澳门长治久安。

（三）坚定推进祖国和平统一进程。解决台湾问题、实现祖国完全统一，是全体中华儿女共同愿望，是中华民族根本利益所在。推动两岸就和平发展达成制度性安排。完善促进两岸交流合作、深化两岸融合发展、保障台湾同胞福祉的制度安排和政策措施，团结广大台湾同胞共同反对"台独"、促进统一。在确保国家主权、安全、发展利益的前提下，和平统一后，台湾同胞的社会制度和生活方式将得到充分尊重，台湾同胞的私人财产、宗教信仰、合法权益将得到充分保障。[1]

坚持和完善"一国两制"制度体系，彰显了中央坚持"一国两制"方针不动摇的坚定决心和战略定力，也显示了中央必定会把港澳两个特别行政区管治得更好的制度自信和能力自信，具有重要的现实意义和长远指导意义。[2]

104. 独立自主的和平外交政策

推动党和国家事业发展需要和平国际环境和良好外部条件。必须统筹国内国际两个大局，高举和平、发展、合作、共赢旗帜，坚定不移维护国家主权、安全、发展利益，坚定不移维护世界和平、促进共同发展。

（一）健全党对外事工作领导体制机制。坚持外交大权在党中央，加强中国特色大国外交理论建设，全面贯彻党中央外交大政方针和战略部署。深入推进涉外体制机制建设，统筹协调党、人大、政府、政协、军队、地方、人民团体等的对外交往，加强党总揽全局、协调各方的对外工作大协同格局。加强涉外法治工作，建立涉外工作法务制度，加强国际法研究和运用，提高涉外工作法治化水平。

（二）完善全方位外交布局。坚定不移走和平发展道路，坚持在和平共处五项原则基础上全面发展同各国的友好合作，坚持国家不分大小、强弱、贫富一律平等，推动建设相互尊重、公平正义、合作共赢的新型国际关系，积极发展全球伙伴关系，维护全球战略稳定，反对一切形式的霸权主义和强权政治。

---

[1]《中共中央关于坚持和完善中国特色社会主义制度、推进国家治理体系和治理能力现代化若干重大问题的决定》，人民出版社2019年版，第35—38页。

[2]《〈中共中央关于坚持和完善中国特色社会主义制度、推进国家治理体系和治理能力现代化若干重大问题的决定〉辅导读本》，人民出版社2019年版，第343页。

坚持通过对话协商、以和平手段解决国际争端和热点难点问题，反对动辄使用武力或以武力相威胁。坚持奉行防御性的国防政策，永远不称霸，永远不搞扩张，永远做维护世界和平的坚定力量。

（三）推进合作共赢的开放体系建设。坚持互利共赢的开放战略，推动共建"一带一路"高质量发展，维护完善多边贸易体制，推动贸易和投资自由化便利化，推动构建面向全球的高标准自由贸易区网络，支持广大发展中国家提高自主发展能力，推动解决全球发展失衡、数字鸿沟等问题，推动建设开放型世界经济。健全对外开放安全保障体系。构建海外利益保护和风险预警防范体系，完善领事保护工作机制，维护海外同胞安全和正当权益，保障重大项目和人员机构安全。

（四）积极参与全球治理体系改革和建设。高举构建人类命运共同体旗帜，秉持共商共建共享的全球治理观，倡导多边主义和国际关系民主化，推动全球经济治理机制变革。推动在共同但有区别的责任、公平、各自能力等原则基础上开展应对气候变化国际合作。维护联合国在全球治理中的核心地位，支持上海合作组织、金砖国家、二十国集团等平台机制化建设，推动构建更加公正合理的国际治理体系。[①]

独立自主的和平外交政策是新中国70年外交理论和实践的基本结晶，符合时代潮流及中国人民和世界人民的根本利益。新形势下，坚持和完善独立自主的和平外交政策，将为实现"两个一百年"奋斗目标、实现中华民族伟大复兴的中国梦营造有利外部环境，为建设新型国际关系、构建人类命运共同体作出中国贡献。[②]

105. 党和国家监督体系

党和国家监督体系是党在长期执政条件下实现自我净化、自我完善、自我革新、自我提高的重要制度保障。必须健全党统一领导、全面覆盖、权威高效的监督体系，增强监督严肃性、协同性、有效性，形成决策科学、执行坚决、监督有力的权力运行机制，确保党和人民赋予的权力始终用来为人民谋幸福。

（一）健全党和国家监督制度。完善党内监督体系，落实各级党组织监督责任，保障党员监督权利。重点加强对高级干部、各级主要领导干部的监督，完善领导班子内部监督制度，破解对"一把手"监督和同级监督难题。强化政

[①] 《中共中央关于坚持和完善中国特色社会主义制度、推进国家治理体系和治理能力现代化若干重大问题的决定》，人民出版社2019年版，第38—40页。

[②] 《〈中共中央关于坚持和完善中国特色社会主义制度、推进国家治理体系和治理能力现代化若干重大问题的决定〉辅导读本》，人民出版社2019年版，第358页。

治监督，加强对党的理论和路线方针政策以及重大决策部署贯彻落实情况的监督检查，完善巡视巡察整改、督察落实情况报告制度。深化纪检监察体制改革，加强上级纪委监委对下级纪委监委的领导，推进纪检监察工作规范化、法治化。完善派驻监督体制机制。推进纪律监督、监察监督、派驻监督、巡视监督统筹衔接，健全人大监督、民主监督、行政监督、司法监督、群众监督、舆论监督制度，发挥审计监督、统计监督职能作用。以党内监督为主导，推动各类监督有机贯通、相互协调。

（二）完善权力配置和运行制约机制。坚持权责法定，健全分事行权、分岗设权、分级授权、定期轮岗制度，明晰权力边界，规范工作流程，强化权力制约。坚持权责透明，推动用权公开，完善党务、政务、司法和各领域办事公开制度，建立权力运行可查询、可追溯的反馈机制。坚持权责统一，盯紧权力运行各个环节，完善发现问题、纠正偏差、精准问责有效机制，压减权力设租寻租空间。

（三）构建一体推进不敢腐、不能腐、不想腐体制机制。坚定不移推进反腐败斗争，坚决查处政治问题和经济问题交织的腐败案件，坚决斩断"围猎"和甘于被"围猎"的利益链，坚决破除权钱交易的关系网。深化标本兼治，推动审批监管、执法司法、工程建设、资源开发、金融信贷、公共资源交易、公共财政支出等重点领域监督机制改革和制度建设，推进反腐败国家立法，促进反腐败国际合作，加强思想道德和党纪国法教育，巩固和发展反腐败斗争压倒性胜利。[①]

坚持和完善党和国家监督体系，是推动国家治理体系和治理能力现代化的重要内容，是实现依规治党和依法治国有机统一的成功做法，还是有效监督制约公权力、夺取反腐败斗争彻底胜利的必由之路。坚持和完善党和国家监督体系，有利于巩固严惩腐败的高压态势，强化不敢腐的威慑；有利于健全反腐败领导体制和工作机制，强化对作为"关键少数"的领导干部的监督，实现对所有党员、干部和行使公权力的公职人员监督全覆盖，以案促改、健全制度，扎牢不能腐的笼子；有利于统筹推荐党性教育、法治教育和道德教育，让人从思想源头上消除贪腐之念，增强不想腐的自觉，通过不懈努力换来海晏河清、朗朗乾坤。[②]

[①] 《中共中央关于坚持和完善中国特色社会主义制度、推进国家治理体系和治理能力现代化若干重大问题的决定》，人民出版社2019年版，第40—42页。
[②] 《〈中共中央关于坚持和完善中国特色社会主义制度、推进国家治理体系和治理能力现代化若干重大问题的决定〉辅导读本》，人民出版社2019年版，第60—62页。

（十五）总体国家安全观

106. 维护国家主权、安全和发展利益

主权是国家独立的根本标志，也是国家利益的根本体现和可靠保证。必须坚持独立自主，坚持把国家主权和安全放在第一位。国家不分大小、强弱、贫富，都是国际社会平等成员，要尊重各国自主选择的社会制度和发展道路，反对出于一己之利或一己之见，采用非法手段颠覆别国合法政权。要坚持中国的事情必须由中国人民自己作主张、自己来处理。维护国家主权和领土完整，实现祖国完全统一，是全体中华儿女共同愿望，是中华民族根本利益所在。中国人民有坚定的意志、充分的信心、足够的能力挫败一切分裂国家的活动。要周密组织边境管控和海上维权行动，坚决维护领土主权和海洋权益，筑牢边海防铜墙铁壁。要加快边疆发展，推进兴边富民、稳边固边，确保边疆巩固、边境安全。要继续妥善处理同有关国家的分歧和摩擦，在坚定捍卫国家主权、安全、领土完整的基础上，努力维护同周边国家关系和地区和平稳定大局。

国家安全是安邦定国的重要基石。国家安全是国家生存发展的基本前提。维护国家安全是全国各族人民根本利益所在。习近平强调："我们党要巩固执政地位，要团结带领人民坚持和发展中国特色社会主义，保证国家安全是头等大事。"要坚持发展和安全并重，实现高质量发展和高水平安全的良性互动，既通过发展提升国家安全实力，又深入推进国家安全思路、体制、手段创新，营造有利于经济社会发展的安全环境，在发展中更多考虑安全因素，努力实现发展和安全的动态平衡。要统筹传统安全和非传统安全，坚持统筹推进各领域安全，构建集政治安全、军事安全、国土安全、经济安全、金融安全、文化安全、社会安全、科技安全、网络安全、粮食安全、生态安全、资源安全、核安全、海外利益安全、太空安全、深海安全、极地安全、生物安全、人工智能安全等于一体的国家安全体系。

国家利益至上是实现人民安全和政治安全的要求和原则。每个国家都有发展权利，同时都应该在更加广阔的层面考虑自身利益，不能以损害其他国家利益为代价，各国应该尊重彼此核心利益和重大关切。要把国家利益作为制定国家安全战略的出发点，更坚决更有效地维护好捍卫好国家利益尤其是核心利益。中国不觊觎他国权益，不嫉妒他国发展，但决不放弃我们的正当权益，决不牺牲国家核心利益。中国人民不信邪也不怕邪，不惹事也不怕事，任何外国不要指望我们会拿自己的核心利益做交易，不要指望我们会吞下损害我国主权、安全、发展利益的苦果。

107. 国家安全是安邦定国的重要基石

国家安全是国家生存发展的基本前提。国泰民安是人民群众最基本、最普遍的愿望，维护国家安全是全国各族人民根本利益所在。习近平指出："实现中华民族伟大复兴的中国梦，保证人民安居乐业，国家安全是头等大事。"没有安全和稳定，一切都无从谈起。如果安全这个基础不牢，发展的大厦就会地动山摇。

中共十八大以来，中国特色社会主义进入新时代。维护国家安全和社会稳定任务繁重艰巨，国家安全在党和国家工作全局中的重要性日益凸显。面临复杂多变的安全和发展环境，以习近平同志为核心的党中央统筹国内国际两个大局，办好发展安全两件大事，加强对国家安全工作的集中统一领导，把坚持总体国家安全观纳入新时代坚持和发展中国特色社会主义的基本方略，从全局和战略高度对国家安全作出一系列重大决策部署，强化国家安全工作顶层设计，完善各重要领域国家安全政策，健全国家安全法律法规，有效应对了一系列重大风险挑战，保持了中国国家安全大局稳定。

新发展阶段是全面建设社会主义现代化国家、向第二个百年奋斗目标进军的阶段。进入新发展阶段，国内外环境的深刻变化既带来一系列新机遇，也带来一系列新挑战。从国际看，世界百年未有之大变局进入加速演变期，国际环境日趋错综复杂。一方面，和平与发展仍然是时代主题，新一轮科技革命和产业变革深入发展，国际力量对比深刻调整，人类命运共同体理念深入人心。另一方面，国际形势的不稳定性不确定性明显增加，新冠肺炎疫情大流行影响广泛深远，经济全球化遭遇逆流，民粹主义、排外主义抬头，单边主义、保护主义、霸权主义对世界和平与发展构成威胁，国际经济、科技、文化、安全、政治等格局都在发生深刻复杂变化。从国内看，中国继续发展具有多方面优势和条件，也面临着许多前所未有的困难和挑战。全面建成小康社会为全面建设社会主义现代化国家创造了有利条件，经济实力、科技实力、综合国力跃上新的大台阶。同时，随着中国社会主要矛盾变化和国际力量对比深刻调整，中国发展面临的内外部风险空前上升，如果发生重大风险又扛不住，国家安全就可能面临重大威胁。

综合分析国内外形势，当前和今后一个时期，中国发展仍然处于重要战略机遇期，但机遇和挑战都有新的发展变化。过去我们是顺势而上，机遇比较好把握；现在要顶风而上，把握机遇的难度就不一样了。过去大环境相对平稳，风险挑战比较容易看清楚；现在世界形势动荡复杂，地缘政治挑战风高浪急，暗礁和潜流又多，对应变能力提出了更高要求。过去我们发展水平低，同别人的互补性就多一些；现在我们发展水平提高了，同别人的竞争性就多起来了，我们判断是危和机并存、危中有机、危可转机，机遇更具有战略性、可塑性，挑战更具有复杂性、全局性，挑战前所未有，应对好了，机遇也就前所未有。要深入分析，全面权衡，善于从眼前的危机、眼前的困难中捕捉和创造机遇。只要准确识变、科学应变、主动求变，善于决策时运筹帷幄、落实时如臂使指，我们就一定能够在抗击大风险中创造出大机遇，始终立于不败之地。

我们要开创中华民族伟大复兴新局面，就必须冷静审视深刻复杂变化的国际形势，全面把握艰巨繁重的改革发展稳定任务，牢固树立总体国家安全观，加快构建新安全格局。要把责任扛在肩上，时刻准备应对重大挑战、抵御重大风险、克服重大阻力、解决重大矛盾，以不畏艰险、攻坚克难的勇气，以昂扬向上、奋发有为的锐气，不断把中华民族伟大复兴事业推向前进。[1]

108. 人民安全是国家安全的宗旨

江山就是人民、人民就是江山，打江山、守江山，守的是人民的心。国家安全工作归根结底是保障人民利益。要牢固树立和认真贯彻总体国家安全观，以人民安全为宗旨，坚持国家安全一切为了人民、一切依靠人民，为群众安居乐业提供坚强保障。

始终把人民群众生命安全和身体健康放在第一位。生命至上，集中体现了中国人民深厚的仁爱传统和中国共产党人以人民为中心的价值追求。人民健康是社会文明进步的基础，是民族昌盛和国家富强的重要标志。拥有健康的人民意味着拥有更强大的综合国力和可持续发展能力。如果人民健康水平低下，如果群众患病得不到及时救助，如果疾病控制不力、传染病流行，不仅人民生活水平和质量会受到重大影响，而且社会会付出沉重代价。在保护人民生命安全和身体健康面前，我们必须不惜一切代价，我们也能够做到不惜一切代价。

中国特色社会主义进入新时代，人民美好生活需要日益广泛，不仅对物质文化生活提出了更高要求，而且在民主、法治、公平、正义、安全、环境等方面的要求日益增长。要从最突出的问题着眼，着力抓好安全生产、食品药品安全、防范重特大自然灾害、维护社会稳定工作，确保人民安居乐业、社会安定有序、国家长治久安。要着力解决人民群众反映强烈的安全问题。以对人民极端负责的精神抓好其安全生产工作，提高食品药品安全保障水平，全面提高国家综合防灾减灾救灾能力，为保护人民群众生命财产安全和国家安全提供有力

---

[1] 中共中央宣传部、中央国家安全委员会办公室：《总体国家安全观学习纲要》，学习出版社、人民出版社2022年版，第12—17页。

保障。

做好国家安全工作，必须紧紧依靠人民。人民是我们党执政的最大底气。任何一项伟大事业要成功，都必须从人民中找到根基，从人民中集聚力量，由人民共同来完成。违背人民意愿，脱离人民支持，任何事业都会成为无源之水、无本之木，都是不能成功的。群众路线是我们党的生命线和根本工作路线，是我们党永葆青春活力和战斗力的重要传家宝。群众参与对维护国家安全、应对和预防安全风险非常关键。要坚持群众观点和群众路线，拓展人民群众参与国家安全治理的有效途径。要动员全党全社会共同努力，汇聚起维护国家安全的强大力量，夯实国家安全的社会基础。[1]

109. 政治安全是国家安全的根本

政治安全是国家安全的根本，离开了政治安全，国家安全就无从谈起。

习近平指出，政治安全涉及国家主权、政权、制度和意识形态的稳固，是一个国家最根本的需求，是一切国家生存和发展的基础条件。一个国家对外不能独立自主，内部政治动荡，就不可能维护自身利益，就不可能实现长远发展。政治安全的核心是政权安全和制度安全。中国是中国共产党领导的社会主义国家，维护政治安全最根本的就是维护中国共产党的领导和执政地位、维护中国特色社会主义制度。只有坚定不移地维护政治安全，才能更好地保障国家利益，实现党长期执政、国家长治久安和人民安居乐业。政治安全攸关党和国家生死存亡。在国家安全这一肌体中，政治安全是心脏，心脏停止了跳动，再强壮的肌体也会失去生机。

政治安全是人民安居乐业的根本保障。维护政治安全是全国各族人民根本利益所在，没有政治安全这块基石，人民的美好生活就如同空中楼阁。一路走来，我们从积贫积弱、一穷二白，到稳居世界第二大经济体、进入中等收入国家行列，人民生活从温饱不足到全面小康，发生了翻天覆地的变化；我们成功战洪水、防非典、抗地震、化危机、应变局、斗疫情，有效应对了危害人民群众根本利益的各种风险挑战。这其中最重要的原因在于我们建立了人民当家作主的政权和根本政治制度，确立了中国共产党的领导核心地位，为实现人民利益、维护人民安全提供了根本前提和持续保障。

政治安全决定和影响着国家的经济安全、军事安全、社会安全等各个领域的安全。国家安全是由多个领域安全共同组成的，不同领域的安全相互联系、相互影响，具有传导效应和联动效应。其中政治安全是核心，起决定性作用，

---

[1] 中共中央宣传部、中央国家安全委员会办公室：《总体国家安全观学习纲要》，学习出版社、人民出版社2022年版，第39—46页。

规定和制约着其他领域的安全。没有政治安全的保障，其他领域的安全就无从谈起，其他领域的安全问题最终也要反映到维护政治安全上来。必须从维护政治安全的高度谋划和推进各领域国家安全工作，把维护政治安全作为应对各领域安全风险挑战的首要任务，充分发挥其在协调各领域安全中的抓手作用。

"明者防祸于未萌，智者图患于将来。"中国社会政治大局总体稳定，但政治安全面临的形势十分复杂，维护政治安全的任务十分艰巨。我们必须未雨绸缪、防微杜渐，始终坚持中国共产党领导，始终坚持中国特色社会主义制度，始终绷紧意识形态这根弦，不断增强政治敏锐性和政治鉴别力，不断提高防范和抵御政治风险的能力，牢牢掌握维护政治安全的主动权。[1]

110. 国家利益至上是国家安全的准则

人民安全是国家安全的宗旨，政治安全是国家安全的根本，国家利益至上是国家安全的准则。只有坚持人民安全、政治安全和国家利益至上的有机统一，才能实现人民安居乐业、党的长期执政、国家长治久安。

国家利益至上是实现人民安全和政治安全的要求和原则。每个国家都有发展权利，同时都应该在更加广阔的层面考虑自身利益，不能以损害其他国家利益为代价，各国应该尊重彼此核心利益和重大关切。要把国家利益作为制定国家安全战略的出发点，更坚决更有效地维护好捍卫好国家利益尤其是核心利益。中国不觊觎他国权益，不嫉妒他国发展，但决不放弃我们的正当权益，决不牺牲国家核心利益。中国人民不信邪也不怕邪，不惹事也不怕事，任何外国不要指望我们会拿自己的核心利益做交易，不要指望我们会吞下损害我国主权、安全、发展利益的苦果。

坚持国家利益至上，必须进行伟大斗争。斗争的大方向是坚持中国共产党的领导和我国社会主义制度不动摇。凡是危害中国共产党领导和我国社会主义制度的各种风险挑战，凡是危害我国主权、安全、发展利益的各种风险挑战，凡是危害我国核心利益和重大原则的各种风险挑战，凡是危害我国人民根本利益的各种风险挑战，凡是危害我国实现"两个一百年"奋斗目标、实现中华民族伟大复兴的各种挑战，都必须要进行坚决斗争。头脑要特别清醒、立场要特别坚定，牢牢把握正确斗争方向，在各种重大斗争考验面前"不畏浮云遮望眼"，"乱云飞渡仍从容"。[2]

---

[1] 中共中央宣传部：《习近平新时代中国特色社会主义思想学习问答》，学习出版社、人民出版社2021年版，第373—375页。

[2] 中共中央宣传部、中央国家安全委员会办公室：《总体国家安全观学习纲要》，学习出版社、人民出版社2022年版，第32—34页。

111. 重点领域国家安全

坚持统筹推进各领域安全，是新时代国家安全的主阵地主战场。要坚决维护我国国土安全、经济安全、科技安全、文化安全、社会安全、生态安全、军事安全、网络、人工智能、数据安全、核安全、生物、太空、深海、极地安全和海外利益安全。

维护国土安全。要坚持"一国两制"。全面准确贯彻"一国两制"、"港人治港"、"澳人治澳"、高度自治的方针，落实中央对香港、澳门特别行政区全面管治权，落实特别行政区维护国家安全的法律制度和执行机制，维护国家主权、安全、发展利益，维护特别行政区社会大局稳定，保持香港、澳门长期繁荣稳定，决不允许外部势力干涉香港、澳门事务。坚持一个中国原则和"九二共识"，推进祖国和平统一进程。要坚决粉碎任何"台独"图谋。台湾问题纯属中国内政，不允许任何外来干涉。要坚决维护边疆安全稳定和繁荣发展，全面贯彻新时代党的治藏方略，把维护祖国统一、加强民族团结作为西藏工作的着眼点和着力点全面贯彻新时代党的治疆方略，坚持把社会稳定和长治久安作为新疆工作的总目标。严厉打击"三股势力"，坚决防范"藏独""东突"。要维护国家海洋权益，维护自身领土主权和正当合理的海洋权益，维护南海主权和相关权利，坚定致力于南海地区的和平稳定。要建立强大稳固的现代边海空防，筑牢边海防铜墙铁壁。

维护经济安全。经济安全是国家安全的基础。以经济建设为中心是兴国之要，只有推动经济持续健康发展，才能筑牢国家繁荣富强、人民幸福安康、社会和谐稳定的物质基础。要增强忧患意识，坚持底线思维，坚决维护我国发展利益，积极防范各种风险，确保国家经济安全。要保证基本经济制度安全，提高经济发展质量和效益，优化和稳定产业链、供应链，牢牢把住粮食安全主动权，确保能源和重要资源安全，坚决守住不发生系统性金融风险底线，织密织牢开放安全网。

维护科技安全。强化科技自立自强作为国家安全和发展的战略支撑作用。科技是国家强盛之基，创新是民族进步之魂。要坚定不移走自主创新道路，走好人才自主培养之路，坚决打赢关键核心技术攻坚战，加快攻克重要领域"卡脖子"技术，加强基础研究，积极抢占科技竞争和未来发展制高点，加强重大创新领域战略研判和前瞻部署。要深刻认识科技是发展的利器，也可能是风险的源头，要坚持促进创新与防范风险相统一，制度规范与自我约束相结合，把科技伦理要求贯穿到科学研究、技术开发等科技活动全过程，覆盖科技创新各领域，及时从规制上做好应对，确保科技活动风险可控。

维护文化安全。文化自信，是更基础、更广泛、更深厚的自信，是更基本、更深沉、更持久的力量。坚定文化自信，事关国运兴衰，事关文化安全，事关民族精神独立性。要把培育和践行社会主义核心价值观作为凝魂聚气、强基固本的基础工程，作为一项根本任务，加快构建充分反映中国特色、民族特性、时代特征的价值体系，抢占价值体系制高点。要提高文化软实力，努力传播当代中国价值观念，提高国际话语权，广泛宣介中国主张、中国智慧、中国方案。要科学对待民族传统文化和世界各国文化，推动中华优秀传统文化创造性转化、创新性发展。

维护社会安全。要积极预防、妥善化解各类社会矛盾，着力防范管控各类社会风险，确保社会充满生机活力和安定有序。要创新完善立体化、信息化社会治安防控体系，保持对刑事犯罪高压震慑态势，增强人民群众安全感。必须采取坚决果断措施，保持高压严打态势，筑起铜墙铁壁，坚决打击恐怖主义。要充分发挥我国应急管理体系特色和优势，积极推进我国应急管理体系和能力现代化。

维护生态安全。生态环境安全是国家安全的重要组成部分，是经济社会持续健康发展的重要保障。要坚持不懈推动绿色低碳发展，深入打好污染防治攻坚战，提升生态系统质量和稳定性，加快推进生态保护修复，筑牢国家生态安全屏障，努力提高生态环境领域国家治理体系和治理能力现代化。

维护军事安全。强国必须强军，军强才能国安，国防和军队建设是国家安全的坚强后盾。人民军队必须服从服务于党的历史使命，把握新时代国家安全战略需求，全面贯彻习近平强军思想，贯彻新时代军事战略方针，坚持党对人民军队的绝对领导，坚持走中国特色强军之路，建设一支听党指挥、能打胜仗、作风优良的人民军队，把人民军队建设成为世界一流军队。

维护网络、人工智能、数据安全。网络安全和信息化事关党的长期执政，事关国家长治久安，事关经济社会发展和人民群众福祉。要坚决旗帜鲜明、毫不动摇坚持党管互联网，坚持积极利用、科学发展、依法管理、确保安全的方针，加大依法管理力度，加强网上正面宣传。要筑牢国家网络安全屏障，增强网络防御能力恶化威慑能力，共同维护网络空间和平安全。要深刻认识和牢牢把握人工智能发展的重大机遇，确保人工智能安全、可靠、可控。要切实保障国家数据安全，加强关键信息基础设施安全保护，强化关键数据资源保护能力，增强数据安全预警和溯源能力。

维护核安全。要坚持理性、协调、并进的核安全观，以公平原则固本强基，以合作手段驱动发展，以共赢前景坚定信心，把核安全纳入健康持续发展的轨道，坚持发展和安全并重。要加强国际核安全体系建设，凝聚加强核安全的国际共识，对核恐怖主义零容忍、无差别，强化国家责任，构筑严密持久防线。

维护生物、太空、深海、极地安全。生物安全问题已经成为全世界、全人类面临的重大生存和发展威胁之一，要深刻认识新形势下加强生物安全建设的重要性和紧迫性，按照以人为本、风险预防、分类管理、协同配合的原则，加强国家生物安全风险防控和治理体系建设，提高国家生物安全治理能力，切实筑牢国家生物安全屏障，牢牢掌握国家生物安全主动权。要秉持和平、主权、普惠、共治的原则，把太空、深海、极地等领域打造成各方合作的新疆域，而不是相互博弈的竞技场。

维护海外利益安全。重视海外安全，维护好海外利益。要加强海外利益保护，确保海外重大项目和人员机构安全，保护我国海外金融、石油、矿产、海运和其他商业利益。高度重视海外风险防范，完善安全风险防范体系。完善共建"一带一路"安全保障体系，统筹发展和安全、统筹国内和国际、统筹合作和斗争、统筹存量和增量、统筹整体和重点，积极应对挑战，趋利避害，奋勇前进。[1]

112. 国家安全制度体系

构建系统完备、科学规范、运行有效的国家安全制度体系，是推进国家安全体系和能力现代化的重要组成部分。

坚持和完善中国特色社会主义制度、推进国家治理体系和治理能力现代化，是关系党和国家事业兴旺发达、国家长治久安、人民幸福安康的重大问题。国家安全体系和能力现代化是国家安全制度及其执行能力的集中体现。中央国家安全委员会成立以来，初步构建了国家安全体系主体框架，形成了国家安全理论体系，完善了国家安全战略体系，建立了国家安全工作协调机制，国家安全工作得到全面加强。

坚持推进国家安全体系和能力现代化，要适应新时代新要求，以改革创新为动力，加强法治思维，构建系统完备、科学规范、运行有效的国家安全制度体系，提高运用科学技术维护国家安全的能力，不断增强塑造国家安全态势的能力。

坚持推进国家安全体系和能力现代化，必须继续完善国家安全制度体系。完善风险防控机制，建立健全风险研判机制、决策风险评估机制、风险防控协同机制、风险防控责任机制，主动加强协调配合。加强保障国家安全的制度性建设，借鉴其他国家经验，研究如何设置必要的"玻璃门"，在不同阶段加不

---

[1] 中共中央宣传部、中央国家安全委员会办公室：《总体国家安全观学习纲要》，学习出版社、人民出版社2022年版，第74—125页。

同的锁，有效处理各类涉及国家安全的问题。必须强化制度执行力，加强对制度执行的监督，切实防止各自为政、标准不一、宽严失度等问题的发生，充分发挥制度指引方向、规范行为、提高效率、维护稳定、防范化解风险的重要作用。[1]

113. 中国特色国家安全道路

中国特色国家安全道路本质上是中国特色社会主义道路在国家安全上的具体体现。中国国家安全内涵和外延比历史上任何时候都要丰富，时空领域比历史上任何时候都要宽广，内外因素比历史上任何时候都要复杂，必须坚持总体国家安全观，以人民安全为宗旨，以政治安全为根本，以经济安全为基础，以军事、科技、文化、社会安全为保障，以促进国际安全为依托，走出一条中国特色国家安全道路。

坚持中国特色国家安全道路，归根结底是为了确保中华民族伟大复兴进程不被迟滞甚至中断。中国特色国家安全道路具有许多重要特征，概而言之，就是坚持党的绝对领导，完善集中统一、高效权威的国家安全工作领导体制，实现人民安全、政治安全、国家利益至上相统一；坚持捍卫国家主权和领土完整，维护边疆、边境、周边安定有序；坚持安全发展，推动高质量发展和高水平安全动态平衡；坚持总体战，统筹传统安全和非传统安全；坚持走和平发展道路，促进自身安全和共同安全相协调。

坚持中国特色国家安全道路，必须进行伟大斗争。敢于斗争、敢于胜利，是中国共产党不可战胜的强大精神力量。坚持中国共产党领导和我国社会主义制度不动摇。注重策略方法，坚持增强忧患意识和保持战略定力相统一、坚持战略判断和战术决断相统一、坚持斗争过程和斗争实效相统一。加强斗争历练，增强斗争本领，永葆斗争精神，以"踏平坎坷成大道，斗罢艰险又出发"的顽强意志，应对好每一场重大风险挑战，切实把改革发展稳定各项工作做实做好。[2]

坚持中国特色国家安全道路，必须坚持统筹发展和安全两件大事。发展是安全的基础和目的，安全是发展的条件和保障，发展和安全要同步推进。既要善于运用发展成果夯实国家安全的实力基础，又要善于塑造有利于经济社会发展的安全环境，以发展促安全、以安全保发展，努力建久安之势、成长治之业。

坚持中国特色国家安全道路，必须坚持人民安全、政治安全、国家利益至

---

[1] 中共中央宣传部、中央国家安全委员会办公室：《总体国家安全观学习纲要》，学习出版社、人民出版社2022年版，第23—29页。

[2] 中共中央宣传部、中央国家安全委员会办公室：《总体国家安全观学习纲要》，学习出版社、人民出版社2022年版，第30—36页。

上的有机统一。人民安全是国家安全的宗旨，政治安全是国家安全的根本，国家利益至上是国家安全的准则。要坚持国家安全一切为了人民、一切依靠人民，为人民创造良好生存发展条件和安定生产生活环境；把政权安全、制度安全放在首要位置，为国家安全提供根本政治保证；把国家利益作为制定国家安全战略的出发点，更坚决更有效地维护好捍卫好国家利益尤其是核心利益，实现人民安居乐业、党的长期执政、国家长治久安。

坚持中国特色国家安全道路，必须坚持立足于防，又有效处置风险。面对波谲云诡的国际形势、复杂敏感的周边环境、艰巨繁重的改革发展稳定任务，我们必须始终保持高度警惕。既要警惕"黑天鹅"事件，也要防范"灰犀牛"事件；既要有防范风险的先手，也要有应对和化解风险挑战的高招；既要打好防范和抵御风险的有准备之战，也要打好化险为夷、转危为机的战略主动战。

坚持中国特色国家安全道路，必须坚持维护和塑造国家安全。维护国家安全，要立足国际秩序大变局来把握，立足防范风险的大前提来统筹，立足我国发展重要战略机遇期大背景来谋划，保持战略定力、战略自信、战略耐心，把战略主动权牢牢掌握在自己手中。塑造是更高层次更具前瞻性的维护，要发挥负责任大国作用，引导国际社会共同塑造更加公正合理的国际新秩序，推动各方朝着互利互惠、共同安全的目标相向而行。

坚持中国特色国家安全道路，必须坚持科学统筹。要统筹处理好安全领域的各类问题，科学研判、辩证分析，全面把握、协调推进，既注重总体谋划，又要以重点突破带动整体推进，切实做好国家安全各项工作。加强国家安全教育，增强全党全国人民国家安全意识，充分调动各方面积极性，推动全社会形成维护国家安全的强大合力。

坚持中国特色国家安全道路，必须坚持党对国家安全工作的绝对领导，是做好国家安全工作的根本原则，是维护国家安全和社会安定的根本保证。要建立健全党委统一领导的国家安全工作责任制，实施更为有力的统领和协调，做到守土有责、守土尽责。[①]

（十六）构建人类命运共同体

114. 世界百年未有之大变局

世界百年未有之大变局是中国共产党立足中华民族伟大复兴战略全局，科

[①] 中共中央宣传部：《习近平新时代中国特色社会主义思想学习纲要》，学习出版社、人民出版社 2019 年版，第 178—180 页。

学认识全球发展大势、深刻洞察世界格局变化而作出的重大判断。

追求和平、促进发展一直是人类社会的美好愿望。回首最近一百多年的历史，人类经历了血腥的热战、冰冷的冷战，也取得了惊人的发展、巨大的进步。二十世纪上半叶，人类遭受了两次世界大战的劫难，那一代人最迫切的愿望，就是免于战争、缔造和平。二十世纪五六十年代，殖民地人民普遍觉醒，他们最强劲的呼声，就是摆脱枷锁、争取独立。冷战结束后，各方最殷切的诉求，就是扩大合作、共同发展。

然而，人类和平与发展的美好愿望至今没有实现。习近平指出："我们希望世界变得更加美好，我们也有理由相信，世界会变得更加美好。同时，我们也清楚地知道，前途是光明的，道路是曲折的。"[①] 人类社会发展的历史证明，无论会遇到什么样的曲折，历史都总是按照自己的规律向前发展，没有任何力量能够阻挡历史前进的车轮。

当前，世界正处于大发展大变革大调整时期。新冠肺炎疫情全球大流行和世界百年未有之大变局相互影响，世界多极化、经济全球化、社会信息化、文化多样化深入发展，全球治理体系和国际秩序变革加速推进，各国相互联系和依存日益加深，国际力量对比更趋平衡，和平发展大势不可逆转。同时，世界面临的不稳定性不确定性突出。经济全球化遭遇逆流，单边主义、保护主义、霸权主义对世界和平与发展构成威胁。治理赤字、信任赤字、发展赤字、和平赤字有增无减，公共卫生、恐怖主义、气候变化、网络安全等非传统安全威胁持续蔓延，人类处在一个挑战层出不穷、风险日益增多的时代。

国际力量对比深刻变化。近几十年来，一大批新兴市场国家和发展中国家走上发展的快车道，十几亿、几十亿人口正在加速走向现代化，多个发展中心在世界各地区逐渐形成。新兴市场国家和发展中国家自身实力、自主发展能力、国际影响力不断增强。

国际体系和国际秩序深度调整。数百年来，国际秩序一直是由少数国家或国家集团主导的。冷战结束、进入新世纪以来，和平、发展、合作、共赢成为时代潮流，任何国家或国家集团都再也无法单独主宰世界事务。随着世界多极化和经济全球化深入发展，全球性挑战日益增多，第二次世界大战后建立的国际秩序和全球治理体系不适应的地方越来越多。新兴市场国家和发展中国家推动国际秩序朝着更加公正合理方向发展的呼声越来越高，国际关系民主化不可阻挡。今天的人类比以往任何时候都更有条件共同朝着和平与发展的目标迈进。

---

① 《十八大以来重要文献选编》（上），中央文献出版社2014年版，第259页。

新一轮科技革命和产业变革深入发展。人类经历了农业革命、工业革命，正在经历信息革命，每一次科技和产业革命都带来社会生产力的大解放和生活水平的大跃升，从根本上改变了人类历史的发展轨迹。新一轮科技革命和产业变革正处在实现重大突破的历史关口。人工智能、大数据、量子技术、基因工程等前沿科技不断取得突破，催生大量新产业、新业态、新模式，社会生产和消费从工业化向自动化、智能化转变，学科之间、科学和技术之间、技术之间、自然科学和人文社会科学之间日益呈现交叉融合趋势，科学技术从来没有像今天这样深刻影响着各国前途命运，从来没有像今天这样深刻影响着世界人民生活福祉。

国际政治和社会思潮深刻演变。世界社会主义五百年，从空想到科学、从理论到实践、从一国实践到多国发展，反映了人类对美好社会制度的执着追求，深刻改变着世界历史的发展进程。上世纪八十年代末九十年代初，世界社会主义遭受严重曲折。但历史发展规律不以人的意志为转移，历史总是要显示出其前进的力量的。中国特色社会主义进入新时代，科学社会主义在二十一世纪的中国焕发出强大生机活力。[①]

115. 世界和平的建设者、全球发展的贡献者、国际秩序的维护者

中国是世界和平的建设者、全球发展的贡献者、国际秩序的维护者。

中国始终做世界和平的建设者，坚定走和平发展道路，无论国际形势如何变化，无论自身如何发展，中国永不称霸、永不扩张、永不谋求势力范围。中国不畏强权、维护正义，始终是反对霸权主义的坚定力量。中华民族血液中没有侵略他人、称霸世界的基因，中国人民不接受"国强必霸"的逻辑，中国不走"国强必霸"的老路；中国已经取得了辉煌成就，但不会在世界上颐指气使，而是继续秉持"和而不同"的传统理念，坚持走和平发展道路，致力于与世界各国开展互利合作。在这些重要思想指引下，中国始终旗帜鲜明反对霸权主义，致力于推动世界多极化和国际关系民主化，成为维护世界和平的中流砥柱。中国坚持把国家和民族发展放在自己力量的基点上，绝不走传统大国殖民扩张的老路。中国人民热爱和平，没有侵略扩张的历史，只有亲仁善邻的基因。中国坚持同各国平等相待、相互尊重，永不谋求势力范围。中国努力同各国实现合作共赢、共同发展。中国推动共建"一带一路"，不是要营造自己的后花园，而是要建设各国共享的百花园。

中国始终做全球发展的贡献者，坚持走共同发展道路，继续奉行互利共赢

[①] 中共中央宣传部、中华人民共和国外交部：《习近平外交思想学习纲要》，人民出版社、学习出版社2021年版，第11—14页。

的开放战略,将自身发展经验和机遇同世界各国分享,欢迎各国搭乘中国发展"顺风车",实现共同发展。中国的发展是世界的机遇,中国是经济全球化的受益者,更是贡献者。中国把自己的事情办好了,对世界而言就是贡献。中国经济快速增长,成为世界经济增长的重要引擎。中国同一大批国家的联动发展,使全球经济发展更加平衡。中国减贫事业的巨大成就,使全球经济增长更加包容。中国同世界的互动越来越紧密,机遇共享、命运与共的关系日益凸显,中国机遇的内涵在不断扩充,为开放型世界经济发展提供了重要动力。中国的市场机遇、投资机遇、绿色机遇、对外合作机遇不断扩大。中国将坚定不移奉行互利共赢的开放战略,从世界汲取发展动力,也让中国发展更好惠及世界。

中国始终做国际秩序的维护者,坚持走合作发展的道路,维护以联合国为核心的国际体系、以国际法为基础的国际秩序。中国将继续同广大发展中国家站在一起,坚定支持增加发展中国家在国际治理体系中的代表性和发言权。中国始终坚定奉行多边主义,敦促各国切实遵守共同制定的国际规则,坚持大小国家一律平等,大家的事大家商量着办,反对霸权主义和强权政治。中国在国际上始终主持公道、伸张正义、践行平等。中国在国际上始终根据事情本身的是非曲直决定立场和政策,说公道话,办公道事,积极为发展中国家仗义执言,维护和促进广大发展中国家正当权益。[1]

116. 建设持久和平、普遍安全、共同繁荣、开放包容、清洁美丽世界

习近平在一系列重大国际场合多次深刻阐述构建人类命运共同体重要理念的丰富内涵,提出建设一个持久和平、普遍安全、共同繁荣、开放包容、清洁美丽的世界,推动构建人类命运共同体,体现了中国共产党面对当今世界形势和人类面临的各种挑战,对国际关系和人类前景的基本主张。

大道至简,实干为要。构建人类命运共同体,关键在行动。国际社会要从伙伴关系、安全格局、经济发展、文明交流、生态建设等方面作出努力。

坚持对话协商,建设一个持久和平的世界。国家和,则世界安;国家斗,则世界乱。维护和平是每个国家都应该肩负起来的责任,国家之间要构建对话不对抗、结伴不结盟的伙伴关系。各国要相互尊重、平等协商,坚决摒弃冷战思维和强权政治。大国要在相互尊重基础上管控矛盾分歧,平等对待小国,不搞唯我独尊、强买强卖的霸道。任何国家都不能随意发动战争,不能破坏国际法治,不能打开潘多拉的盒子,要共同维护比金子还珍贵的和平时光。

坚持共建共享,建设一个普遍安全的世界。世上没有绝对安全的世外桃

---

[1] 中共中央宣传部、中华人民共和国外交部:《习近平外交思想学习纲要》,人民出版社、学习出版社2021年版,第41—47页。

源，一国安全不能建立在别国不安全之上，别国面临的威胁也可能成为本国的挑战。邻居出了问题，不能光想着扎好自家篱笆，而应该去帮一把。各方应该树立共同、综合、合作、可持续的安全观，统筹应对传统和非传统安全威胁，反对一切形式的恐怖主义。各国应共同推进公共卫生国际合作，支持联合国及世界卫生组织在完善全球公共卫生治理和全球疫情防控中发挥核心作用，加大对非洲等发展中国家卫生事业的支持和援助，打造人类卫生健康共同体，维护全球公共卫生安全。

坚持合作共赢，建设一个共同繁荣的世界。发展是第一要务，适用于各国。各国要同舟共济，而不是以邻为壑。如果奉行你输我赢、赢者通吃的老一套逻辑，结果必然是封上了别人的门，也堵上了自己的路。经济全球化是历史大势，促成了贸易大繁荣、投资大便利、人员大流动、技术大发展。各国应该坚持你好我好大家好的理念，推进开放、包容、普惠、平衡、共赢的经济全球化，创造全人类共同发展的良好条件，共同推动世界各国发展繁荣，让发展成果惠及世界各国，让人人享有富足安康。

坚持交流互鉴，建设一个开放包容的世界。文明的繁盛、人类的进步，离不开求同存异、开放包容，离不开文明交流、互学互鉴。历史呼唤着人类文明同放异彩，不同文明应该和谐共生、相得益彰，共同为人类发展提供精神力量。应坚持世界是丰富多彩的、文明是多样的理念，让人类创造的各种文明交相辉映，编织出斑斓绚丽的图画，共同消除现实生活中的文化壁垒，共同抵制妨碍人类心灵互动的观念纰缪，共同打破阻碍人类交往的精神隔阂，让各种文明和谐共存，让人人享有文化滋养。

坚持绿色低碳，建设一个清洁美丽的世界。人与自然共生共存，伤害自然最终将伤及人类。空气、水、土壤、蓝天等自然资源用之不觉、失之难续。工业化创造了前所未有的物质财富，也产生了难以弥补的生态创伤。不能吃祖宗饭、断子孙路，用破坏性方式搞发展。绿水青山就是金山银山。应该遵循天人合一、道法自然的理念，寻求永续发展之路。要倡导绿色、低碳、循环、可持续的生产生活方式，平衡推进联合国2030年可持续发展议程，采取行动应对气候变化，构筑尊崇自然、绿色发展的生态体系，保护好人类赖以生存的地球家园。

世界好，中国才能好；中国好，世界才更好。中国将一如既往为世界和平安宁作贡献，一如既往为世界共同发展作贡献，一如既往为世界文明交流互鉴作贡献，同世界各国一道，推动构建人类命运共同体，携手建设更加美好的世界，开创共赢共享、发展繁荣、健康安全、互尊互鉴的未来。[①]

[①] 中共中央宣传部、中华人民共和国外交部：《习近平外交思想学习纲要》，人民出版社、学习出版社2021年版，第55—57页。

117. 建立平等相待、互商互谅的伙伴关系

我们要建立平等相待、互商互谅的伙伴关系。

联合国宪章贯穿主权平等原则。世界的前途命运必须由各国共同掌握。世界各国一律平等，不能以大压小、以强凌弱、以富欺贫。主权原则不仅体现在各国主权和领土完整不容侵犯、内政不容干涉，还应该体现在各国自主选择社会制度和发展道路的权利应当得到维护，体现在各国推动经济社会发展、改善人民生活的实践应当受到尊重。

建立平等相待、互商互谅的伙伴关系，必须要坚持多边主义，不搞单边主义；奉行双赢、多赢、共赢的新理念，扔掉我赢你输、赢者通吃的旧思维。协商是民主的重要形式，也应该成为现代国际治理的重要方法，要倡导以对话解争端、以协商化分歧。我们要在国际和区域层面建设全球伙伴关系，走出一条"对话而不对抗，结伴而不结盟"的国与国交往新路。大国之间相处，要不冲突、不对抗、相互尊重、合作共赢。大国与小国相处，要平等相待，践行正确义利观，义利相兼，义重于利。[1]

新中国成立以来，中国一贯坚持在和平共处五项原则基础上发展同各国的友好合作关系。特别是冷战结束以后，中国走出一条对话而不对抗、结伴而不结盟的国与国交往新路，成为构建命运与共的全球伙伴关系的积极倡导者和忠实实践者。中国在主要大国中率先把建立伙伴关系确定为国家间交往的指导原则，同100多个国家建立了不同形式的伙伴关系，突破了非友即敌、或结盟或对抗的冷战思维，在建立平等相待、互商互谅的伙伴关系方面起到了示范带动作用，为当今世界处理国与国关系提供了新模式，为维护世界和平与发展发挥了积极作用。[2]

118. 营造公道正义、共建共享的安全格局

我们要营造公道正义、共建共享的安全格局。

纵观人类文明发展进程，尽管千百年来人类一直期盼永久和平，但战争从未远离，人类始终面临着战火的威胁。面对日益复杂化、综合化的安全威胁，单打独斗不行，迷信武力更不行。在经济全球化时代，各国安全相互关联、彼此影响。没有一个国家能凭一己之力谋求自身绝对安全，也没有一个国家可以从别国的动荡中收获稳定。人类生存在同一个地球上，一国安全不能建立在别

---

[1] 《习近平在第七十届联合国大会一般性辩论时的讲话》，《人民日报》2015年9月29日。
[2] 《为世界注入更多稳定性和正能量，推动构建全球伙伴关系网络》，《人民日报》2019年9月20日。

国不安全之上，别国面临的威胁也可能成为本国的挑战。弱肉强食是丛林法则，不是国与国相处之道。穷兵黩武是霸道做法，只能搬起石头砸自己的脚。

营造公道正义、共建共享的安全格局，必须摒弃一切形式的冷战思维，树立共同、综合、合作、可持续安全的新观念，共同消除引发战争的根源，共同解救被枪炮驱赶的民众，共同保护被战火烧灼的妇女儿童，让和平的阳光普照大地，让人人享有安宁祥和。① 充分发挥联合国及其安理会在止战维和方面的核心作用，通过和平解决争端和强制性行动双轨并举，化干戈为玉帛。推动经济和社会领域的国际合作齐头并进，统筹应对传统和非传统安全威胁，防战争祸患于未然。②

在当今世界，和平来之不易，实现普遍安全与共同发展依然任重道远。坚持共同、综合、合作、可持续的新安全观，营造公平正义、共建共享的安全格局，世界将迎来更加美好的未来。③

119. 谋求开放创新、包容互惠的发展前景

我们要谋求开放创新、包容互惠的发展前景。

2008年爆发的国际经济金融危机告诉我们，放任资本逐利，其结果将是引发新一轮危机。缺乏道德的市场，难以撑起世界繁荣发展的大厦。富者愈富、穷者愈穷的局面不仅难以持续，也有违公平正义。要用好"看不见的手"和"看得见的手"，努力形成市场作用和政府作用有机统一、相互促进，打造兼顾效率和公平的规范格局。

发展是第一要务，适用于各国。大家一起发展才是真发展，可持续发展才是好发展。各国要同舟共济，而不是以邻为壑。如果奉行你输我赢、赢者通吃的老一套逻辑，结果必然是封上了别人的门，也堵上了自己的路。经济全球化是历史大势，促成了贸易大繁荣、投资大便利、人员大流动、技术大发展。各国应该坚持你好我好大家好的理念，推进开放、包容、普惠、平衡、共赢的经济全球化，创造全人类共同发展的良好条件，共同推动世界各国发展繁荣，让发展成果惠及世界各国，让人人享有富足安康。要实现这一目标，就应该秉承开放精神，推进互帮互助、互惠互利。当今世界仍有8亿人生活在极端贫困之中，每年近600万孩子在5岁前夭折，近6000万儿童未能接受教育。我们要

---

① 习近平：《携手建设更加美好的世界——在中国共产党与世界政党高层对话会上的主旨讲话》，人民出版社2017年版，第4—5页。
② 《习近平在第七十届联合国大会一般性辩论时的讲话》，《人民日报》2015年9月29日。
③ 《7年来，中国积极践行共同、综合、合作、可持续的新安全观——营造公平正义、共建共享的安全格局》，《人民日报》2021年5月21日。

将承诺变为行动,共同营造人人免于匮乏、获得发展、享有尊严的光明前景。①

世界好,中国才能好;中国好,世界才更好。中国将一如既往为世界和平安宁作贡献,一如既往为世界共同发展作贡献,一如既往为世界文明交流互鉴作贡献,同世界各国一道,推动构建人类命运共同体,携手建设更加美好的世界,开创共赢共享、发展繁荣、健康安全、互尊互鉴的未来。

120. 促进和而不同、兼收并蓄的文明交流

我们要促进和而不同、兼收并蓄的文明交流。

人类文明多样性赋予这个世界姹紫嫣红的色彩,多样带来交流,交流孕育融合,融合产生进步。文明相处需要和而不同的精神。只有在多样中相互尊重、彼此借鉴、和谐共存,这个世界才能丰富多彩、欣欣向荣。不同文明凝聚着不同民族的智慧和贡献,没有高低之别,更无优劣之分。文明之间要对话,不要排斥;要交流,不要取代。人类历史就是一幅不同文明相互交流、互鉴、融合的宏伟画卷。我们要尊重各种文明,平等相待,互学互鉴,兼收并蓄,推动人类文明实现创造性发展。②

中国不断推动共建人类命运共同体。中国秉持共商共建共享原则,不断深化政策沟通、设施联通、贸易畅通、资金融通、民心相通,使"一带一路"建设成为世界上规模最大的合作平台和最受欢迎的公共产品;中国支持二十国集团、亚太经合组织、上海合作组织、金砖国家等机制发挥更大作用,推动全球治理体系和国际秩序朝着更加公正合理的方向发展;中国在达沃斯世界经济论坛2017年年会等外交活动中呼吁牢固树立人类命运共同体意识,坚定支持多边主义,引导经济全球化走向,推动建设开放型世界经济。这些实践充分证明,文明交流互鉴是增进各国人民友谊的桥梁、推动人类社会进步的动力、维护世界和平的纽带。

中国坚定不移在和平共处五项原则基础上发展同各国的友好合作。中国率先把建立伙伴关系确定为国家间交往的指导原则,积极发展全球伙伴关系,扩大同各国的利益交汇点,推进大国协调和合作,构建总体稳定、均衡发展的大国关系框架,按照亲诚惠容理念和与邻为善、以邻为伴周边外交方针深化同周边国家关系,秉持正确义利观和真实亲诚理念加强同发展中国家团结合作,中国的"朋友圈"遍布全球。以文明交流超越文明隔阂,以文明互鉴超越文明冲突,以文明共存超越文明优越,中国将为维护世界和平发展作出更大贡献。

中国坚持扩大对外开放。中国坚定不移奉行互利共赢的开放战略,实行高

---

① 《习近平在第七十届联合国大会一般性辩论时的讲话》,《人民日报》2015年9月29日。
② 《习近平在第七十届联合国大会一般性辩论时的讲话》,《人民日报》2015年9月29日。

水平的贸易和投资自由化便利化政策，推动形成陆海内外联动、东西双向互济的开放格局，扩大了同各国各地区的利益汇合、互利共赢；中国成功举办首届中国国际进口博览会，向世界开放市场、让各方分享发展机遇，为深化国际经贸合作、促进经济全球化搭建新的平台。新时代中国同世界交融发展、互惠互利，为各国人民福祉汇聚起聚同化异、开放包容的强大动力。

历史和现实都表明，傲慢和偏见是文明交流互鉴的最大障碍，平等和尊重才是文明交流互鉴的前提。构建人类命运共同体，迫切呼唤不同国家、不同文化和历史背景的人们深入交流，增进彼此理解。只有促进和而不同、兼收并蓄的文明交流，才能系牢命运共同体的坚固纽带。[1]

121. 构筑尊崇自然、绿色发展的生态体系

我们要构筑尊崇自然、绿色发展的生态体系。

人类可以利用自然、改造自然，但归根结底是自然的一部分，必须呵护自然，不能凌驾于自然之上。人与自然共生共存，伤害自然最终将伤及人类。空气、水、土壤、蓝天等自然资源用之不觉、失之难续。工业化创造了前所未有的物质财富，也产生了难以弥补的生态创伤。不能吃祖宗饭、断子孙路，用破坏性方式搞发展。绿水青山就是金山银山。应该遵循天人合一、道法自然的理念，寻求永续发展之路。我们要解决好工业文明带来的矛盾，以人与自然和谐相处为目标，实现世界的可持续发展和人的全面发展。

建设生态文明关乎人类未来。国际社会应该携手同行，共谋全球生态文明建设之路，牢固树立尊重自然、顺应自然、保护自然的意识，坚持走绿色、低碳、循环、可持续发展之路。在这方面，中国责无旁贷，将继续作出自己的贡献。同时，我们敦促发达国家承担历史性责任，兑现减排承诺，并帮助发展中国家减缓和适应气候变化。[2] 要倡导绿色、低碳、循环、可持续的生产生活方式，平衡推进联合国2030年可持续发展议程，采取行动应对气候变化，构筑尊崇自然、绿色发展的生态体系，保护好人类赖以生存的地球家园。

中共十八大以来，以习近平同志为核心的党中央以前所未有的力度抓生态文明建设，确立了"五位一体"总体布局，对生态文明建设作出顶层设计和总体部署，将绿色发展作为"十三五"乃至更长时期我国经济社会发展的基本理念，生态文明建设全面发力，不断深入。全党全国推动绿色发展的自觉性和主

---

[1] 《书写人类文明交流互鉴新篇章——写在习近平主席在联合国教科文组织总部演讲五周年之际》，《人民日报》2019年3月28日。

[2] 《习近平在第七十届联合国大会一般性辩论时的讲话》，《人民日报》2015年9月29日。

动性显著增强，美丽中国建设迈出重大步伐，中国生态环境保护发生历史性、转折性、全局性变化。中国还积极参与全球环境与气候治理，作出力争2030年前实现碳达峰、2060年前实现碳中和的庄严承诺，体现了负责任大国的担当。

122. 积极参与引领全球治理体系改革和建设

推动全球治理体系变革是国际社会大家的事，要坚持共商共建共享的全球治理观。坚持全球事务由各国人民商量着办，积极推进全球治理规则民主化。各国应该有以天下为己任的担当精神，坚持公正合理、互商互谅、同舟共济、互利共赢，携手破解治理赤字、信任赤字、和平赤字、发展赤字，通过充分协商形成全球治理体系变革方案的共识和一致行动，使全球治理体系符合变化了的世界政治经济，满足应对全球性挑战的现实需要，顺应和平发展合作共赢的历史趋势。

加强全球经济治理，主动适应和积极引导经济全球化发展。经济全球化为世界经济增长提供了强劲动力，促进了商品和资本流动、科技和文明进步、各国人民交往。经济全球化也是一把"双刃剑"，反全球化的呼声反映了经济全球化进程的不足，值得重视和深思。面对经济全球化带来的机遇和挑战，正确的选择是，充分利用一切机遇，合作应对一切挑战，推动经济全球化朝着开放、包容、普惠、平衡、共赢方向发展。要主动作为、适度管理，让经济全球化的正面效应更多释放出来，实现经济全球化进程再平衡；要顺应大势、结合国情，正确选择融入经济全球化的路径和节奏；要讲求效率、注重公平，让不同国家、不同阶层、不同人群共享经济全球化的好处。

加强全球安全治理，坚持推进国际共同安全。高举合作、创新、法治、共赢的旗帜，推动树立共同、综合、合作、可持续的全球安全观。共同，就是要尊重和保障每一个国家安全。综合，就是要统筹维护传统领域和非传统领域安全，通盘考虑安全问题的历史经纬和现实状况，多管齐下、综合施策，协调推进地区安全治理。合作，就是要通过对话合作，促进各国、地区和全球安全，通过坦诚深入的对话沟通，增进战略互信，减少相互猜疑，求同化异、和睦相处。可持续，就是要发展和安全并重以实现持久安全。加强国际安全合作，完善全球安全治理体系，共同构建普遍安全的人类命运共同体。

加强网络空间治理，推进全球互联网治理体系变革。每一个国家在信息领域的主权权益都不应受到侵犯，互联网技术再发展也不能侵犯他国的信息主权。国际社会要本着相互尊重和相互信任的原则，通过积极有效的国际合作，共同构建和平、安全、开放、合作的网络空间，建立多边、民主、透明的国际互联网治理体系。坚持尊重网络主权、维护和平安全、促进开放合作、构建良好秩序等原则，推进全球互联网治理体系变革。

加强全球环境治理，开创公平合理、合作共赢的全球环境治理体系，共同构建人与自然生命共同体。面对全球环境治理前所未有的困难，国际社会要以前所未有的雄心和行动，勇于担当，勠力同心，共同构建人与自然生命共同体。坚持人与自然和谐共生。要像保护眼睛一样保护自然和生态环境，推动形成人与自然和谐共生新格局。坚持绿色发展。加快形成绿色发展方式和生活方式，建设生态文明和美丽地球。坚持系统治理。按照生态系统的内在规律，统筹考虑自然生态各要素，从而达到增强生态系统循环能力、维护生态平衡的目标。坚持以人为本。探索保护环境和发展经济、创造就业、消除贫困的协同增效，在绿色转型过程中努力实现社会公平正义，增加各国人民获得感、幸福感、安全感。坚持多边主义。要坚持以国际法为基础、以公平正义为要旨、以有效行动为导向，维护以联合国为核心的国际体系，遵循《联合国气候变化框架公约》及其《巴黎协定》的目标和原则，努力落实2030年可持续发展议程；强化自身行动，深化伙伴关系，提升合作水平，在实现全球碳中和新征程中互学互鉴、互利共赢。坚持共同但有区别的责任原则。要充分肯定发展中国家应对气候变化所作贡献，照顾其特殊困难和关切。发达国家应该展现更大雄心和行动，同时切实帮助发展中国家提高应对气候变化的能力和韧性，为发展中国家提供资金、技术、能力建设等方面支持，避免设置绿色贸易壁垒，帮助他们加速绿色低碳转型。

推动完善新疆域治理规则。习近平指出，要秉持和平、主权、普惠、共治原则，把深海、极地、外空、互联网等领域打造成各方合作的新疆域，而不是相互博弈的竞技场。要完善新疆域的治理规则，确保各国权利共享、责任共担。在制定新疆域治理新规则时，要充分听取新兴市场国家和发展中国家意见，反映他们的利益和诉求，确保他们的发展空间。中国提出《全球数据安全倡议》，将以此为基础，同各方探讨并制定全球数字治理规则。[①]

123. 弘扬全人类共同价值

弘扬和平、发展、公平、正义、民主、自由的全人类共同价值，为建设一个更加美好的世界提供了正确理念指引。和平与发展是我们的共同事业，公平正义是我们的共同理想，民主自由是我们的共同追求。

在和平环境下，各国才能获得发展；各国发展起来，也有助于巩固世界和

[①] 中共中央宣传部、中华人民共和国外交部：《习近平外交思想学习纲要》，人民出版社、学习出版社2021年版，第148—160页。

平。在国际舞台上,中国始终是推动全球和平与发展的重要力量。习近平指出:"前进道路上,我们必须高举和平、发展、合作、共赢的旗帜,恪守维护世界和平、促进共同发展的外交政策宗旨,推动建设相互尊重、公平正义、合作共赢的新型国际关系。"从历史和现实来看,中国始终坚持不称霸、不扩张、不谋求势力范围,既通过维护世界和平发展自己,又通过自身发展促进世界和平。中国提出和平共处五项原则,倡导共同、综合、合作、可持续的安全观,致力于通过和平方式解决争端,与世界各国人民一道共同维护世界和平。中国积极争取和平的国际环境发展自己,又以自身的发展更好地维护世界和平、促进共同发展。

公平正义是世界各国人民在国际关系领域追求的崇高目标。维护公平正义,推动国际关系民主化,必须尊重各国主权、安全和领土完整,坚持国家不分大小、强弱、贫富一律平等,反对强加于人、反对干涉内政、反对以强凌弱,尊重各国人民选择自身发展道路的权利。在全球治理中,倡导共商、共建、共享理念,促进全球治理体系变革。支持联合国发挥积极作用,支持扩大发展中国家在国际事务中的代表性和发言权。中国坚定维护以联合国为核心的国际体系,坚定维护以国际法为基础的国际秩序,始终做世界和平的建设者、全球发展的贡献者、国际秩序的维护者。

民主和自由是世界各国人民的共同追求。中国将民主和自由作为社会主义核心价值观重要组成部分,中国人民享有广泛而真实的民主和自由。中国发展全过程人民民主,保障国家一切权力属于人民,充分实现民主权利,有效维护和发展人民根本利益,为人类政治文明进步贡献了中国智慧和中国方案。①

124. 秉持公平正义的国际立场

公平正义是世界各国人民在国际关系领域追求的崇高目标。在当今国际关系中,公平正义还远远没有实现。

秉持公平正义的国际立场,各国和各国人民应该共同推动建设新型国际关系,共同享受尊严、共同享受发展成果、共同享受安全保障。要坚持国家不分大小、强弱、贫富一律平等,尊重各国人民自主选择发展道路的权利,反对干涉别国内政,维护国际公平正义。世界长期发展不可能建立在一批国家越来越富裕而另一批国家却长期贫穷落后的基础之上。每个国家在谋求自身发展的同时,要积极促进其他各国共同发展。只有各国共同发展了,世界才能更好发展。那种以邻为壑、转嫁危机、损人利己的做法既不道德,也难以持久。各国

---

① 《同一切爱好和平的国家和人民一道,弘扬全人类共同价值》,《人民日报》2021 年 8 月 19 日。

要同心协力，妥善应对各种问题和挑战，共同变压力为动力、化危机为生机，谋求合作安全、集体安全、共同安全，以合作取代对抗，以共赢取代独占。①

秉持公平正义的国际立场，必须共同推动国际关系民主化。世界的命运必须由各国人民共同掌握，世界上的事情应该由各国政府和人民共同商量来办。垄断国际事务的想法是落后于时代的，垄断国际事务的行动也肯定是不能成功的。必须共同推动国际关系法治化。推动各方在国际关系中遵守国际法和公认的国际关系基本原则，用统一适用的规则来明是非、促和平、谋发展。"法者，天下之准绳也。"在国际社会中，法律应该是共同的准绳，没有只适用他人、不适用自己的法律，也没有只适用自己、不适用他人的法律。适用法律不能有双重标准。必须共同维护国际法和国际秩序的权威性和严肃性，各国都应该依法行使权利，反对歪曲国际法，反对以"法治"之名行侵害他国正当权益、破坏和平稳定之实。必须共同推动国际关系合理化。适应国际力量对比新变化推进全球治理体系改革，体现各方关切和诉求，更好维护广大发展中国家正当权益。②

---

① 中共中央宣传部：《习近平新时代中国特色社会主义思想学习纲要》，学习出版社、人民出版社2019年版，第215页。
② 习近平：《论坚持推动构建人类命运共同体》，中央文献出版社2018年版，第133—134页。

二 专题类

（一）坚持中国共产党的全面领导

125. 江山就是人民，人民就是江山

"江山就是人民，人民就是江山"是习近平对中国共产党"全心全意为人民服务"的根本宗旨和"立党为公、执政为民"的执政理念的重要论述。

2021年2月20日，党史学习教育动员大会召开，习近平在大会上发表讲话，提出"江山就是人民，人民就是江山"的重要论述。他指出："我们党的百年历史，就是一部践行党的初心使命的历史，就是一部党与人民心连心、同呼吸、共命运的历史。历史充分证明，江山就是人民，人民就是江山，人心向背关系党的生死存亡。赢得人民信任，得到人民支持，党就能够克服任何困难，就能够无往而不胜。"[①] 2021年7月1日，习近平在庆祝中国共产党成立100周年大会上的讲话中再次强调："江山就是人民、人民就是江山，打江山、守江山，守的是人民的心。中国共产党根基在人民、血脉在人民、力量在人民。"[②]

2021年11月11日，中共十九届六中全会通过《中共中央关于党的百年奋斗重大成就和历史经验的决议》，将"坚持人民至上"概括为中国共产党百年奋斗积累的十条宝贵历史经验中的第二条。《决议》指出："党的根基在人民、血脉在人民、力量在人民，人民是党执政兴国的最大底气。民心是最大的政治，正义是最强的力量。党的最大政治优势是密切联系群众，党执政后的最大危险是脱离群众。党代表中国最广大人民根本利益，没有任何自己特殊的利益，从来不代表任何利益集团、任何权势团体、任何特权阶层的利益，这是党立于不败之地的根本所在。只要我们始终坚持全心全意为人民服务的根本宗旨，坚持党的群众路线，始终牢记江山就是人民、人民就是江山，坚持一切为

[①] 习近平：《在党史学习教育动员大会上的讲话》，《求是》2021年第7期。
[②] 习近平：《在庆祝中国共产党成立100周年大会上的讲话》，人民出版社2021年版，第11页。

了人民、一切依靠人民，坚持为人民执政、靠人民执政，坚持发展为了人民、发展依靠人民、发展成果由人民共享，坚定不移走全体人民共同富裕道路，就一定能够领导人民夺取中国特色社会主义新的更大胜利，任何想把中国共产党同中国人民分割开来、对立起来的企图就永远不会得逞。"①

2022 年 10 月，中共二十大报告概括总结了习近平新时代中国特色社会主义思想的世界观和方法论，其中第一条就是"必须坚持人民至上"："人民性是马克思主义的本质属性，党的理论是来自人民、为了人民、造福人民的理论，人民的创造性实践是理论创新的不竭源泉。一切脱离人民的理论都是苍白无力的，一切不为人民造福的理论都是没有生命力的。我们要站稳人民立场、把握人民愿望、尊重人民创造、集中人民智慧，形成为人民所喜爱、所认同、所拥有的理论，使之成为指导人民认识世界和改造世界的强大思想武器。"②

"江山就是人民，人民就是江山"的论述，深刻表达了中国共产党以人民为中心的价值取向。习近平一再强调，"民心是最大的政治"。唯物史观认为，人民是历史的创造者，是决定党和国家前途命运的根本力量。人民立场是党的根本政治立场，依靠人民是党的智慧和力量源泉，造福人民是党的永恒追求，群众路线是党的生命线和根本工作路线。正确认识"江山就是人民，人民就是江山"的深刻内涵，是认识中国共产党百年历史、性质宗旨和初心使命的重要角度。

126. 党的领导的最高原则

党中央集中统一领导是党的领导的最高原则。

2017 年 10 月 18 日，习近平在中共十九大上作《决胜全面建成小康社会，夺取新时代中国特色社会主义伟大胜利》的报告，指出要坚持党对一切工作的领导，强调"必须增强政治意识、大局意识、核心意识、看齐意识，自觉维护党中央权威和集中统一领导，自觉在思想上政治上行动上同党中央保持高度一致"。③ 2018 年 7 月 3 日，习近平在全国组织工作会议上再次强调："坚持党的领导，首先是坚持党中央权威和集中统一领导，这是党的领导的最高原则，任何时候任何情况下都不能含糊、不能动摇。我们要求全党尊崇党章，增强政治意识、大局意识、核心意识、看齐意识，完善坚持党的领导的体制机制，提高党把方向、谋大局、定政策、促改革的能力和定力，坚决扭转一些地方和部门

---

① 《中共中央关于党的百年奋斗重大成就和历史经验的决议》，人民出版社 2021 年版，第 66 页。
② 习近平：《高举中国特色社会主义伟大旗帜，为全面建设社会主义现代化国家而团结奋斗——在中国共产党第二十次全国代表大会上的报告》，人民出版社 2022 年版，第 19 页。
③ 习近平：《决胜全面建成小康社会，夺取新时代中国特色社会主义伟大胜利——在中国共产党第十九次全国代表大会上的报告》，人民出版社 2017 年版，第 20 页。

存在的党的领导弱化、党的建设缺失现象，确保全党在思想上政治上行动上同党中央保持高度一致。"[1] 2021年11月11日，中共十九届六中全会通过《中共中央关于党的百年奋斗重大成就和历史经验的决议》，明确指出"党中央集中统一领导是党的领导的最高原则"。[2] 2022年10月，中共二十大报告要求，"坚决维护党中央权威和集中统一领导，把党的领导落实到党和国家事业各领域各方面各环节，使党始终成为风雨来袭时全体人民最可靠的主心骨，确保我国社会主义现代化建设正确方向，确保拥有团结奋斗的强大政治凝聚力、发展自信心，集聚起万众一心、共克时艰的磅礴力量"。[3] 随后，新一届中央政治局召开会议，审议《中共中央政治局关于加强和维护党中央集中统一领导的若干规定》，强调坚持和加强党中央集中统一领导是全党共同的政治责任，首先是中央领导层的政治责任。中央政治局要带头严格遵守党章和党内政治生活准则，全面落实中共二十大关于坚持和加强党中央集中统一领导的各项要求。[4]

中国共产党领导是中国特色社会主义最本质的特征，是中国特色社会主义制度的最大优势。"党政军民学，东西南北中，党是领导一切的。"历史证明，治理好中国共产党这个世界上最大政党和中国这个人口最多的国家，必须坚持党的全面领导特别是党中央集中统一领导，坚持民主集中制，确保党始终总揽全局、协调各方。中国特色社会主义进入新时代以来，以习近平同志为核心的党中央采取了一系列举措坚持党的全面领导、维护党中央权威和集中统一领导。2016年10月，中共十八届六中全会审议通过《关于新形势下党内政治生活的若干准则》，明确"必须坚持党员个人服从党的组织，少数服从多数，下级组织服从上级组织，全党各个组织和全体党员服从党的全国代表大会和中央委员会，核心是全党各个组织和全体党员服从党的全国代表大会和中央委员会"。[5] 2017年10月，中央政治局会议审议通过《中共中央政治局关于加强和维护党中央集中统一领导的若干规定》，指出中央政治局要带头树立"四个意识"，严格遵守党章和党内政治生活准则，全面落实中共十九大关于加强和维护党中央集中统一领导的各项要求。根据此规定，中央政治局全体同志每年向党中央和习近平总书记书面述职。2018年8月，中共中央印发修订后的《中国共产党纪律处分条例》，增加了"两个维护""四个意识"等内容，并对在

---

[1] 习近平：《中国共产党领导是中国特色社会主义最本质的特征》，《求是》2020年第14期。
[2] 《中共中央关于党的百年奋斗重大成就和历史经验的决议》，人民出版社2021年版，第28页。
[3] 习近平：《高举中国特色社会主义伟大旗帜，为全面建设社会主义现代化国家而团结奋斗——在中国共产党第二十次全国代表大会上的报告》，人民出版社2022年版，第26—27页。
[4] 《中共中央政治局召开会议，研究部署学习宣传贯彻党的二十大精神》，《人民日报》2022年10月26日。
[5] 《关于新形势下党内政治生活的若干准则》，人民出版社2016年版，第12—13页。

重大原则问题上不同党中央保持一致、搞山头主义、落实党中央决策部署打折扣、搞变通、搞两面派、做两面人等行为的处理作出具体规定。2019年1月，中共中央印发《中共中央关于加强党的政治建设的意见》，进一步将坚决做到"两个维护"作为加强党的政治建设的首要任务；印发《中国共产党重大事项请示报告条例》，强调涉及党和国家工作全局的重大方针政策，经济、政治、文化、社会、生态文明建设和党的建设中的重大原则和问题，国家安全、港澳台侨、外交、国防、军队等党中央集中统一管理的事项，以及其他只能由党中央领导和决策的重大事项，必须向党中央请示报告。2019年10月，中共十九届四中全会明确提出"完善坚定维护党中央权威和集中统一领导的各项制度"。2020年9月，中共中央印发《中国共产党中央委员会工作条例》，对党中央的领导地位、领导体制、领导职权、领导方式、决策部署、自身建设等作出全面规定，为加强中央委员会工作提供了基本遵循。

127. 党内政治生活的若干准则

1980年，中共十一届五中全会通过的《关于党内政治生活的若干准则》，是依据马列主义、毛泽东思想的建党学说，在总结中国共产党建党以来处理党内关系的正反两个方面经验的基础上，制定出来的一项重要的党规党法。新时代以来，中国社会发展的形势和中国共产党党内的情况发生了很大的变化。中国共产党为了更好地进行具有许多新的历史特点的伟大斗争、推进党的建设新的伟大工程、推进中国特色社会主义伟大事业，经受长期执政考验、改革开放考验、市场经济考验和外部环境考验、克服精神懈怠危险、能力不足危险、脱离群众危险和消极腐败危险，由中共十八届六中全会于2016年10月27日通过《关于新形势下党内政治生活的若干准则》，自2016年11月2日全文发布实行。《关于新形势下党内政治生活的若干准则》是对于《关于党内政治生活的若干准则》的进一步继承、发展和创新。

《关于新形势下党内政治生活的若干准则》要求以中国共产党党章为遵循来规范和加强党内生活，"坚持党的政治路线、思想路线、组织路线、群众路线，着力增强党内政治生活的政治性、时代性、原则性、战斗性，着力增强党自我净化、自我完善、自我革新、自我提高能力，着力提高党的领导水平和执政水平、增强拒腐防变和抵御风险能力，着力维护党中央权威、保证党的团结统一、保持党的先进性和纯洁性，努力在全党形成又有集中又有民主、又有纪律又有自由、又有统一意志又有个人心情舒畅生动活泼的政治局面"。[①] 要求

[①] 《关于新形势下党内政治生活的若干准则》，人民出版社2016年版，第3—4页。

党内各级领导机关和领导干部"以身作则，模范遵守党章党规，严守党的政治纪律和政治规矩，坚持不忘初心、继续前进，坚持率先垂范、以上率下，为全党全社会作出示范"。① 要求全党坚定理想信念，坚持党的基本路线，坚决维护党中央权威，保持党同人民群众的血肉联系，坚持民主集中制，发扬党内民主和保障党员权利，坚持正确选人用人导向，严格党的组织生活制度，开展批评和自我批评，加强对权力运行的制约和监督，保持清正廉洁的政治本色。

在一百年的历史发展中，中国共产党始终把严肃认真开展党内政治生活作为党的建设的重要任务，形成"以实事求是、理论联系实际、密切联系群众、批评和自我批评、民主集中制、严明党的纪律等为主要内容的党内政治生活基本规范"。② 从《关于党内政治生活的若干准则》发展为《关于新形势下党内政治生活的若干准则》表明，中国共产党始终能保持自身的先进性纯洁性，表明中国共产党在各个时期都能紧扣时代脉搏，完成各个历史时期的中心任务。《关于新形势下党内政治生活的若干准则》顺应了时代的要求，对于协调推进"四个全面"战略布局、深化从严治党、解决党内存在的突出矛盾和问题、完善党内监督、全面从严治党都起到了重要作用。

128. 党的政治领导力、思想引领力、群众组织力、社会号召力

增强党的政治领导力、思想引领力、群众组织力、社会号召力是新时代对于中国共产党执政能力和领导水平提出的新要求，是新时代推进党的建设一项重要任务。

2017年10月18日，习近平在中共十九大报告中提出"不断增强党的政治领导力、思想引领力、群众组织力、社会号召力"的重要论述。他指出："实现伟大梦想，必须建设伟大工程。这个伟大工程就是我们党正在深入推进的党的建设新的伟大工程。"中国共产党"要更加自觉地坚定党性原则，勇于直面问题，敢于刮骨疗毒，消除一切损害党的先进性和纯洁性的因素"，不断增强"政治领导力、思想引领力、群众组织力、社会号召力，确保我们党永葆旺盛生命力和强大战斗力"。③ 2018年3月1日，习近平在纪念周恩来同志诞辰120周年座谈会上的讲话中再次强调，中国共产党的鲜明品格就是勇于自我革命，从严管党治党。中国共产党要不断增强"学习本领、政治领导本领、改革创新本领、科学发展本领、依法执政本领、群众工作本领、狠抓落实本领、驾驭风

---

① 《关于新形势下党内政治生活的若干准则》，人民出版社2016年版，第4页。
② 《关于新形势下党内政治生活的若干准则》，人民出版社2016年版，第1页。
③ 习近平：《决胜全面建成小康社会，夺取新时代中国特色社会主义伟大胜利——在中国共产党第十九次全国代表大会上的报告》，人民出版社2017年版，第16页。

险本领，不断增强党的政治领导力、思想引领力、群众组织力、社会号召力，确保我们党永葆旺盛生命力和强大战斗力"。[1] 2018年7月3日，习近平在全国组织工作会议上强调："进入新时代，开启新征程，我们必须更加注重党的组织体系建设，不断增强党的政治领导力、思想引领力、群众组织力、社会号召力，把党员组织起来，把人才凝聚起来，把群众动员起来，为实现党的十九大提出的宏伟目标团结奋斗。"[2] 2018年12月18日，习近平在庆祝改革开放四十周年上的讲话中再次强调，中国共产党"只有在领导改革开放和社会主义现代化建设伟大社会革命的同时，坚定不移推进党的伟大自我革命"，"使党不断自我净化、自我完善、自我革新、自我提高，不断增强党的政治领导力、思想引领力、群众组织力、社会号召力，才能确保党始终保持同人民群众的血肉联系"。[3] 2020年9月8日，习近平在全国抗击新冠肺炎疫情表彰大会上指出："历史和现实都告诉我们，只要毫不动摇坚持和加强党的全面领导，不断增强党的政治领导力、思想引领力、群众组织力、社会号召力，永远保持党同人民群众的血肉联系，我们就一定能够形成强大合力，从容应对各种复杂局面和风险挑战。"[4]

增强党的政治领导力、思想引领力、群众组织力、社会号召力是新时代推进党的建设新的伟大工程的必要举措，是新时代确保党永葆旺盛生命力和强大战斗力的重要方法，是确保党始终与永远保持党同人民群众的血肉联系，从容应对各种复杂局面和风险挑战的关键路径。

129. 健全党的领导制度体系

党的领导制度体系在中国特色社会主义制度体系中居于统领地位，是我国最根本的领导制度。

党政军民学、东西南北中，党是领导一切的。习近平在中共十九大报告中指出："新时代党的建设总要求是：坚持和加强党的全面领导，坚持党要管党、全面从严治党，以加强党的长期执政能力建设、先进性和纯洁性建设为主线，以党的政治建设为统领，以坚定理想信念宗旨为根基，以调动全党积极性、主动性、创造性为着力点，全面推进党的政治建设、思想建设、组织建设、作风建设、纪律建设，把制度建设贯穿其中，深入推进反腐败斗争，不断提高党的建设质量，把党建设成为始终走在时代前列、人民衷心拥护、勇于自我革命、

---

[1] 习近平：《在纪念周恩来同志诞辰120周年座谈会上的讲话》，人民出版社2018年版，第15页。
[2] 习近平：《在全国组织工作会议上的讲话》，人民出版社2018年版，第11—12页。
[3] 习近平：《在庆祝改革开放40周年大会上的讲话》，人民出版社2018年版，第35页。
[4] 习近平：《在全国抗击新冠肺炎疫情表彰大会上的讲话》，人民出版社2020年版，第18页。

经得起各种风浪考验、朝气蓬勃的马克思主义执政党。"① 2019 年 10 月 31 日，习近平在中共十九届四中全会第二次全体会议上再次强调："中国特色社会主义制度是一个严密完整的科学制度体系，起四梁八柱作用的是根本制度、基本制度、重要制度，其中具有统领地位的是党的领导制度。党的领导制度是我国的根本领导制度。""中国特色社会主义最本质的特征是中国共产党领导，中国特色社会主义制度的最大优势是中国共产党领导，党是最高政治领导力量。""坚决维护党中央权威，健全总揽全局、协调各方的党的领导制度体系，把党的领导落实到国家治理各领域各方面各环节。"② 为了坚持完善、建立健全党的领导制度体系，2020 年 10 月，中共中央印发了《中国共产党中央委员会工作条例》。该条例指出，强化"坚决维护习近平总书记党中央的核心、全党的核心地位，坚决维护党中央权威和集中统一领导"的制度保障，是坚持和完善党领导制度体系的最关键举措。

健全党的领导制度体系是中国共产党领导中国人民进行革命、建设、改革最可宝贵的经验。在建设社会主义现代化道路的新征程中，在实现第二个百年奋斗目标的新征程中，在推进各方面制度建设、推动各项事业发展、加强和改进各方面工作的新征程中，都必须坚持党的领导，坚持"两个维护"，自觉贯彻党总揽全局、协调各方的根本要求。

130. 建立健全党对重大工作的领导体制

加强党对各领域各方面工作领导，是深化党和国家机构改革的首要任务。加强党的全面领导，首先要加强党对涉及党和国家事业全局的重大工作的集中统一领导。

2018 年 2 月 26 日至 28 日，中共十九届三中全会在北京召开。会议指出："深化党和国家机构改革的首要任务是，完善坚持党的全面领导的制度，加强党对各领域各方面工作领导，确保党的领导全覆盖，确保党的领导更加坚强有力。要建立健全党对重大工作的领导体制机制，强化党的组织在同级组织中的领导地位，更好发挥党的职能部门作用，统筹设置党政机构，推进党的纪律检查体制和国家监察体制改革。"③ 中共十九届三中全会通过的《中共中央关于深化党和国家机构改革的决定》明确提出："党政军民学，东西南北中，党是领导一切的。加强党对各领域各方面工作领导，是深化党和国家机构改革的首

---

① 习近平:《决胜全面建成小康社会，夺取新时代中国特色社会主义伟大胜利——在中国共产党第十九次全国代表大会上的报告》，人民出版社 2017 年版，第 61—62 页。
② 习近平:《中国共产党领导是中国特色社会主义最本质的特征》，《求是》2020 年第 14 期。
③ 《中国共产党第十九届中央委员会第三次全体会议文件汇编》，人民出版社 2018 年版，第 8 页。

要任务。要优化党的组织机构,确保党的领导全覆盖,确保党的领导更加坚强有力。""建立健全党对重大工作的领导体制机制。加强党的全面领导,首先要加强党对涉及党和国家事业全局的重大工作的集中统一领导。党中央决策议事协调机构在中央政治局及其常委会领导下开展工作。优化党中央决策议事协调机构,负责重大工作的顶层设计、总体布局、统筹协调、整体推进。加强和优化党对深化改革、依法治国、经济、农业农村、纪检监察、组织、宣传思想文化、国家安全、政法、统战、民族宗教、教育、科技、网信、外交、审计等工作的领导。其他方面的议事协调机构,要同党中央决策议事协调机构的设立调整相衔接,保证党中央令行禁止和工作高效。各地区各部门党委(党组)要坚持依规治党,完善相应体制机制,提升协调能力,把党中央各项决策部署落到实处。"①

《中共中央关于深化党和国家机构改革的决定》把建立健全党对重大工作的领导体制机制作为完善坚持党的全面领导的制度的首要措施。这为统筹推进"五位一体"总体布局、协调推进"四个全面"战略布局提供强有力的制度保障。2018年2月,习近平在党外人士座谈会和民主协商会上指出:"党和国家机构职能体系是中国特色社会主义制度的重要组成部分,是国家治理体系和治理能力的重要支撑。党和国家机构属于上层建筑,必须适应经济基础的要求。经济不断发展,社会不断进步,人民生活不断改善,上层建筑就要适应新的要求不断进行改革。""这次深化党和国家机构改革,从5个大的方面进行了部署",第一个方面就是"健全党对重大工作的领导体制机制,强化党的组织在同级组织中的领导地位,更好发挥党的职能部门作用,统筹设置党政机构,推进党的纪律检查体制和国家监察体制改革"。② 2019年7月5日,习近平在深化党和国家机构改革总结会议上强调:"要以坚持和加强党的全面领导为统领,以推进党和国家机构职能优化协同高效为着力点,把机构职责调整优化同健全完善制度机制有机统一起来,把加强党的长期执政能力建设同提高国家治理水平有机统一起来,继续巩固机构改革成果。""要健全党对重大工作的领导体制,决策议事协调机构重点是谋大事、议大事、抓大事,党的工作机关要带头坚持和加强党的全面领导,更好发挥职能作用,严明政治纪律和政治规矩。""自觉在大局下思考、在大局下行动,紧紧围绕人民日益增长的美好生活需要履好职、尽好责。"③

---

① 《中共中央关于深化党和国家机构改革的决定》,人民出版社2018年版,第20—21页。
② 《中共中央举行党外人士座谈会和民主协商会,习近平主持会议并发表重要讲话》,《人民日报》2018年3月2日。
③ 《习近平:巩固党和国家机构改革成果,推进国家治理体系和治理能力现代化》,《人民日报》2019年7月6日。

2021年11月11日，中共十九届六中全会通过的《中共中央关于党的百年奋斗重大成就和历史经验的决议》指出："党坚持民主集中制，建立健全党对重大工作的领导体制，强化党中央决策议事协调机构职能作用，完善推动党中央重大决策落实机制，严格执行向党中央请示报告制度，强化政治监督，深化政治巡视，查处违背党的路线方针政策、破坏党的集中统一领导问题，清除'两面人'，保证全党在政治立场、政治方向、政治原则、政治道路上同党中央保持高度一致。"①

（二）新时代全面从严治党

131. 革命理想高于天

"革命理想高于天"是习近平对中国共产党人的理想信念重要地位的形象论述。

2013年1月5日，习近平在新进中央委员会的委员、候补委员学习贯彻党的十八大精神研讨班开班式上的重要讲话中引用《长征组歌》的歌词："革命理想高于天。"他借此强调，"共产党员特别是党员领导干部要做共产主义远大理想和中国特色社会主义共同理想的坚定信仰者和忠实践行者"。② 他指出，"革命理想高于天。没有远大理想，不是合格的共产党员；离开现实工作而空谈远大理想，也不是合格的共产党员"。③ 2015年1月23日，习近平在十八届中央政治局第二十次集体学习时讲道："我们党强调理想信念是共产党人精神上的'钙'，强调'革命理想高于天'，就是精神变物质、物质变精神的辩证法。"④ 2016年7月1日，在庆祝中国共产党成立95周年大会上，习近平从党的经验教训出发分析了"革命理想高于天"的重要原因，他指出："我们党之所以能够经受一次次挫折而又一次次奋起，归根到底是因为我们党有远大理想和崇高追求。"⑤

2017年10月18日，中共十九大召开，习近平在大会报告中再次指出："革命理想高于天。共产主义远大理想和中国特色社会主义共同理想，是中国共产党人的精神支柱和政治灵魂，也是保持党的团结统一的思想基础。要把坚

---

① 《中共中央关于党的百年奋斗重大成就和历史经验的决议》，人民出版社2021年版，第28—29页。
② 《十八大以来重要文献选编》（上），中央文献出版社2014年版，第115页。
③ 《十八大以来重要文献选编》（上），中央文献出版社2014年版，第116页。
④ 《习近平关于社会主义文化建设论述摘编》，中央文献出版社2017年版，第10页。
⑤ 习近平：《在庆祝中国共产党成立95周年大会上的讲话》，人民出版社2016年版，第10页。

定理想信念作为党的思想建设的首要任务，教育引导全党牢记党的宗旨，挺起共产党人的精神脊梁，解决好世界观、人生观、价值观这个'总开关'问题，自觉做共产主义远大理想和中国特色社会主义共同理想的坚定信仰者和忠实实践者。"①

"革命理想高于天"，生动反映了崇高的理想信念对中国共产党人的巨大激励和鞭策作用。习近平多次强调，理想信念是共产党人精神上的"钙"，没有理想信念，理想信念不坚定，精神上就会"缺钙"，就会得"软骨病"。坚定理想信念，坚守初心使命，始终是中国共产党人安身立命的根本。一百年来，在"革命理想高于天"的响亮口号感召下，一代又一代中国共产党人前赴后继、顽强奋斗，领导人民实现了从站起来、富起来到强起来的伟大飞跃，迎来了实现中华民族伟大复兴的光明前景。

132. 打铁必须自身硬

"打铁必须自身硬"是中共十八大后以习近平同志为核心的党中央全面从严管党治党和治国理政的重要理念。

2012年11月15日，习近平在十八届中共中央政治局常委同中外记者见面会上指出："打铁还需自身硬。我们的责任，就是同全党同志一道，坚持党要管党、从严治党，切实解决自身存在的突出问题，切实改进工作作风，密切联系群众，使我们党始终成为中国特色社会主义事业的坚强领导核心。"② 这表明，以习近平同志为核心的党中央高度重视加强党的自身建设，坚持党要管党、从严治党。2017年10月，习近平在中共十九大报告中进一步提出："中国特色社会主义进入新时代，我们党一定要有新气象新作为。打铁必须自身硬。党要团结带领人民进行伟大斗争、推进伟大事业、实现伟大梦想，必须毫不动摇坚持和完善党的领导，毫不动摇把党建设得更加坚强有力。"③ 此次报告将"还需"改为"必须"，两字之别，寓意颇深。用词的变化、语气的加强，背后反映的是党中央对全面从严治党的坚定决心和鲜明态度。

2018年12月18日，在庆祝改革开放40周年大会上，习近平再次强调："改革开放40年的实践启示我们：打铁必须自身硬。办好中国的事情，关键在党，关键在坚持党要管党、全面从严治党。我们党只有在领导改革开放和社

---

① 习近平：《决胜全面建成小康社会，夺取新时代中国特色社会主义伟大胜利——在中国共产党第十九次全国代表大会上的报告》，人民出版社2017年版，第63页。
② 《习近平在十八届中共中央政治局常委同中外记者见面时强调：人民对美好生活的向往就是我们的奋斗目标》，《人民日报》2012年11月16日。
③ 习近平：《决胜全面建成小康社会，夺取新时代中国特色社会主义伟大胜利——在中国共产党第十九次全国代表大会上的报告》，人民出版社2017年版，第61页。

主义现代化建设伟大社会革命的同时，坚定不移推进党的伟大自我革命，敢于清除一切侵蚀党的健康肌体的病毒，使党不断自我净化、自我完善、自我革新、自我提高，不断增强党的政治领导力、思想引领力、群众组织力、社会号召力，才能确保党始终保持同人民群众的血肉联系。"① 2021年11月，在中共十九届六中全会审议通过的《中共中央关于党的百年奋斗重大成就和历史经验的决议》中指出："党的伟大不在于不犯错误，而在于从不讳疾忌医，积极开展批评和自我批评，敢于直面问题，勇于自我革命。只要我们不断清除一切损害党的先进性和纯洁性的因素，不断清除一切侵蚀党的健康肌体的病毒，就一定能够确保党不变质、不变色、不变味，确保党在新时代坚持和发展中国特色社会主义的历史进程中始终成为坚强领导核心。"②

"打铁必须自身硬"，这是以习近平同志为核心的党中央对全党同志作出的严格要求，也是新时代深化全面从严治党的郑重宣言。习近平反复强调，"打铁必须自身硬"是我们党的庄严承诺，全面从严治党是我们立下的军令状。中共十八大以来，全面从严治党被纳入党和国家社会主义事业发展的战略布局中积极推进，这体现出中国共产党人巨大的政治勇气和强烈的责任担当，彰显着党坚定不移全面从严治党的政治自觉，昭示了党对自身建设规律认识的不断深化。

133. 跳出历史周期率的第二个答案

坚持自我革命是党跳出历史周期率的第二个答案。

如何跳出历史周期率是中国共产党人长期以来孜孜探索和实践的重大课题。中共十八大以来，习近平多次提及历史周期率问题，并以此警醒全党要加强长期执政能力建设。2014年5月9日，在河南省兰考县委常委班子专题民主生活会上谈及历史周期率问题时，习近平指出，"我们要保证共产党长期执政、始终为人民谋利益，就必须加强自我监督、自我净化能力，在体制机制层面加大监督力度"。③ 同年10月23日，在中共十八届四中全会上，习近平提出如何跳出历史周期率、实现长期执政是"需要我们深入思考的重大问题"④。2020年1月13日，在十九届中央纪委四次全体会议上，习近平强调："党的十八大以来，我们探索出一条长期执政条件下解决自身问题、跳出历史周期的成功道路，构建起一套行之有效的权力监督制度和执纪执法体系，这条道路、这套制

---

① 习近平：《在庆祝改革开放40周年大会上的讲话》，人民出版社2018年版，第34—35页。
② 《中共中央关于党的百年奋斗重大成就和历史经验的决议》，人民出版社2021年版，第70—71页。
③ 《习近平关于严明党的纪律和规矩论述摘编》，中央文献出版社、中国方正出版社2016年版，第54页。
④ 《习近平关于社会主义政治建设论述摘编》，中央文献出版社2017年版，第84页。

度必须长期坚持并不断巩固发展。"① 在这些重要论述的指导下，党跳出历史周期率的第二个答案呼之欲出。

2021年11月11日，习近平在中共十九届六中全会第二次全体会议上明确指出："我们党历史这么长、规模这么大、执政这么久，如何跳出治乱兴衰的历史周期率？毛泽东同志在延安的窑洞里给出了第一个答案，这就是'只有让人民来监督政府，政府才不敢懈怠'。经过百年奋斗特别是党的十八大以来新的实践，我们党又给出了第二个答案，这就是自我革命。"② 同时，在中共十九届六中全会审议通过的《中共中央关于党的百年奋斗重大成就和历史经验的决议》中，将"坚持自我革命"概括为党的百年奋斗历程所形成的十条宝贵经验之一。《决议》指出："勇于自我革命是中国共产党区别于其他政党的显著标志。自我革命精神是党永葆青春活力的强大支撑。"③ 2022年1月19日，在十九届中央纪委六次全会上，习近平对党跳出历史周期率的第二个答案作了进一步阐释，他指出：在全面从严治党的伟大实践中，党"探索出依靠党的自我革命跳出历史周期率的成功路径"④，并总结出"六个坚持"的基本路径、"九个坚持"的主要经验。2022年10月，习近平在中共二十大报告中指出，新时代这十年，"经过不懈努力，党找到了自我革命这一跳出治乱兴衰历史周期率的第二个答案，自我净化、自我完善、自我革新、自我提高能力显著增强，管党治党宽松软状况得到根本扭转，风清气正的党内政治生态不断形成和发展，确保党永远不变质、不变色、不变味"。他还强调："全党必须牢记，全面从严治党永远在路上，党的自我革命永远在路上，决不能有松劲歇脚、疲劳厌战的情绪，必须持之以恒推进全面从严治党，深入推进新时代党的建设新的伟大工程，以党的自我革命引领社会革命。"⑤

跳出历史周期率是党实现长期执政必须回答好、解决好的一个根本问题。中共十八大以来，以习近平同志为核心的党中央顺应历史大势、遵循历史规律、总结历史经验、把握历史主动，在新时代治国理政的伟大实践中开辟了党自我革命的新境界，形成了党跳出历史周期率的第二个答案。这充分彰显了党一以贯之坚持自我革命、确保不变质不变色不变味的政治决心，标志着党对长期执政的马克思主义政党建设的规律性认识达到新的高度，为解决建设什么样

---

① 《习近平谈治国理政》第三卷，外文出版社2020年版，第547页。
② 《以史为鉴、开创未来 埋头苦干、勇毅前行》，《求是》2022年第1期。
③ 《中共中央关于党的百年奋斗重大成就和历史经验的决议》，人民出版社2021年版，第70页。
④ 《习近平在十九届中央纪委六次全体会议上发表重要讲话强调：坚持严的主基调不动摇，坚持不懈把全面从严治党向纵深推进》，《人民日报》2022年1月19日。
⑤ 习近平：《高举中国特色社会主义伟大旗帜，为全面建设社会主义现代化国家而团结奋斗——在中国共产党第二十次全国代表大会上的报告》，人民出版社2022年版，第14、64页。

的长期执政的马克思主义政党、怎样建设长期执政的马克思主义政党的重大时代课题指明了方向。

134. 新时代党的建设新的伟大工程

"新时代党的建设新的伟大工程"是中共十八大以来以习近平同志为核心的党中央对党的自身建设提出的重要论断和最新部署。

1939年10月，毛泽东在《〈共产党人〉发刊词》中首次提出党的建设是一项"伟大的工程"，提出"建设一个全国范围的、广大群众性的、思想上政治上组织上完全巩固的布尔什维克化的中国共产党"。① 此后，党的建设始终作为党的一项伟大工程积极推进。中共十八大以后，以习近平同志为核心的党中央坚持全面从严治党，不断加强党的自身建设。2016年10月27日，习近平在中共十八届六中全会第二次全体会议上指出："实现'两个一百年'奋斗目标、实现中华民族伟大复兴的中国梦，必须把我们党建设好、建设强。"② 2017年10月，习近平在中共十九大报告中强调："实现伟大梦想，必须建设伟大工程。这个伟大工程就是我们党正在深入推进的党的建设新的伟大工程。"③ 同时，他还提出了新时代党的建设总要求，即："坚持和加强党的全面领导，坚持党要管党、全面从严治党，以加强党的长期执政能力建设、先进性和纯洁性建设为主线，以党的政治建设为统领，以坚定理想信念宗旨为根基，以调动全党积极性、主动性、创造性为着力点，全面推进党的政治建设、思想建设、组织建设、作风建设、纪律建设，把制度建设贯穿其中，深入推进反腐败斗争，不断提高党的建设质量，把党建设成为始终走在时代前列、人民衷心拥护、勇于自我革命、经得起各种风浪考验、朝气蓬勃的马克思主义执政党。"④

2018年1月5日，在新进中央委员会的委员、候补委员和省部级主要领导干部学习贯彻习近平新时代中国特色社会主义思想和党的十九大精神研讨班上的讲话中，习近平指出："我在党的十九大报告中提出了新时代党的建设总要求，明确在统揽伟大斗争、伟大工程、伟大事业、伟大梦想中，起决定性作用的是新时代党的建设新的伟大工程。"⑤ 这一论述深刻揭示了新时代党的建设

---

① 《毛泽东选集》（第二卷），人民出版社1991年版，第613页。
② 《十八大以来重要文献选编》（下），中央文献出版社2018年版，第452页。
③ 习近平：《决胜全面建成小康社会，夺取新时代中国特色社会主义伟大胜利——在中国共产党第十九次全国代表大会上的报告》，人民出版社2017年版，第16页。
④ 习近平：《决胜全面建成小康社会，夺取新时代中国特色社会主义伟大胜利——在中国共产党第十九次全国代表大会上的报告》，人民出版社2017年版，第61页。
⑤ 《习近平关于"不忘初心、牢记使命"论述摘编》，党建读物出版社、中央文献出版社2019年版，第38页。

新的伟大工程在党和国家工作大局中的重要地位。2021年7月1日，在庆祝中国共产党成立100周年大会上，习近平又一次强调要继续推进新时代党的建设新的伟大工程，"确保党不变质、不变色、不变味，确保党在新时代坚持和发展中国特色社会主义的历史进程中始终成为坚强领导核心"[①]。2022年10月，习近平在中共二十大报告中强调："我们要落实新时代党的建设总要求，健全全面从严治党体系，全面推进党的自我净化、自我完善、自我革新、自我提高，使我们党坚守初心使命，始终成为中国特色社会主义事业的坚强领导核心。"

"新时代党的建设新的伟大工程"是推进社会革命和加强党的自身建设的现实需要，也是继承和发扬党的自我革命精神的必然要求。它系统地回答了新时代条件下"建设一个什么样的党""怎样建设党"等一系列重要问题，确保了党在世界形势深刻变化的历史进程中始终走在时代前列，在应对国内外各种风险挑战的历史进程中始终成为全国人民的主心骨。

135. 以党的政治建设为统领

"以党的政治建设为统领"是中共十九大推进党的建设新的伟大工程的重要举措。

2017年10月18日，习近平在中共十九大报告中提出了新时代党的建设总要求，他强调"以党的政治建设为统领，以坚定理想信念宗旨为根基，以调动全党积极性、主动性、创造性为着力点，全面推进党的政治建设、思想建设、组织建设、作风建设、纪律建设，把制度建设贯穿其中，深入推进反腐败斗争，不断提高党的建设质量"[②]。这是党首次明确把政治建设纳入党的建设总体布局之中，并特别强调"以政治建设为统领"，把党的政治建设摆在首位，全面推进党的各项建设。

2019年1月31日，为进一步加强党的政治建设，中共中央办公厅印发实施了《中共中央关于加强党的政治建设的意见》。《意见》指出："旗帜鲜明讲政治是我们党作为马克思主义政党的根本要求。党的政治建设是党的根本性建设，决定党的建设方向和效果，事关统揽推进伟大斗争、伟大工程、伟大事业、伟大梦想。"[③] 同时，《意见》还提出："要以党的政治建设为统领，把政治标准和政治要求贯穿党的思想建设、组织建设、作风建设、纪律建设以及制

[①] 习近平：《在庆祝中国共产党成立100周年大会上的讲话》，人民出版社2021年版，第19—20页。
[②] 习近平：《决胜全面建成小康社会，夺取新时代中国特色社会主义伟大胜利——在中国共产党第十九次全国代表大会上的报告》，人民出版社2017年版，第62页。
[③] 《中共中央关于加强党的政治建设的意见》，人民出版社2019年版，第1—2页。

度建设、反腐败斗争始终,以政治上的加强推动全面从严治党向纵深发展,引领带动党的建设质量全面提高。"[1] 2021 年 7 月 1 日,在庆祝中国共产党成立 100 周年大会上,习近平立足于党的百年奋斗新起点再次强调,我们"要以党的政治建设为统领,继续推进新时代党的建设新的伟大工程"[2]。同年 8 月,习近平在《求是》杂志发表题为《总结党的历史经验,加强党的政治建设》的重要文章,文章指出:"党的政治建设是一个永恒课题……从政治上建设党是我们党不断发展壮大、从胜利走向胜利的重要保证。"[3]

"以党的政治建设为统领"是以习近平同志为核心的党中央在加强党的全面领导和全面从严治党伟大实践中形成的思想理论结晶。习近平反复强调,能否搞好党的政治建设,直接关系到中国共产党举什么旗,走什么路,朝什么方向的问题,决定着党的性质和执政地位,关系到党的前途命运和国家的长治久安。"在革命、建设、改革各个时期,我们党都高度重视党的政治建设,形成了讲政治的优良传统。"[4] 中共十八大以来,以习近平同志为核心的党中央全面深化从政治上建设党的重要性和规律性的认识,坚持把党的政治建设摆在全面从严治党的首要位置,强调用政治建设统领党的各项建设,把握了党的建设规律,极大提高了党的建设质量。可以说,"以党的政治建设为统领",这既是对党的历史经验的深刻总结,也标志着党对自身建设规律的认识达到了新的历史高度。

136. 增强"四个意识"

"四个意识",即政治意识、大局意识、核心意识、看齐意识。增强"四个意识"是中共十八大以来以习近平同志为核心的党中央对全体党员干部和各级党组织提出的一项基本要求,为新时代党员干部修身做人、谋事创业指明了前进方向、提供了重要遵循。

中共十八大后,习近平多次从维护党中央权威和集中统一领导的角度出发,强调增强政治意识、大局意识、核心意识、看齐意识的重要性。2016 年 1 月 29 日,中共中央政治局召开会议时首次公开将"四个意识"作为一个整体而提出,即全党要"增强政治意识、大局意识、核心意识、看齐意识"[5]。2016 年 7 月 1 日,在庆祝中国共产党成立 95 周年大会的讲话中,习近平再次

---

[1] 《中共中央关于加强党的政治建设的意见》,人民出版社 2019 年版,第 3—4 页。
[2] 《在庆祝中国共产党成立 100 周年大会上的讲话》,人民出版社 2021 年版,第 19 页。
[3] 习近平:《总结党的历史经验,加强党的政治建设》,《求是》2021 年第 16 期。
[4] 《中共中央关于加强党的政治建设的意见》,人民出版社 2019 年版,第 2 页。
[5] 《审议〈中央政治局常委会听取和研究全国人大常委会、国务院、全国政协、最高人民法院、最高人民检察院党组工作汇报和中央书记处工作报告的综合情况报告〉》,《人民日报》2016 年 1 月 30 日。

强调，"全党同志要增强政治意识、大局意识、核心意识、看齐意识，切实做到对党忠诚、为党分忧、为党担责、为党尽责"①。2017年6月23日，习近平在深度贫困地区脱贫攻坚座谈会上指出："党中央强调要增强'四个意识'，这不是一个口号，不是一句空话，要落实在行动上。"② 同年10月18日，在中共十九大上，习近平再次指出："党政军民学，东西南北中，党是领导一切的。必须增强政治意识、大局意识、核心意识、看齐意识，自觉维护党中央权威和集中统一领导，自觉在思想上政治上行动上同党中央保持高度一致。"③ 中共十九大修改通过的新党章也明确规定："牢固树立政治意识、大局意识、核心意识、看齐意识，坚定维护以习近平同志为核心的党中央权威和集中统一领导，保证全党的团结统一和行动一致，保证党的决定得到迅速有效的贯彻执行。"④

137. 坚定"四个自信"

"四个自信"，即中国特色社会主义道路自信、理论自信、制度自信、文化自信。坚定"四个自信"是党实现长期执政和社会主义现代化事业顺利推进的精神基石。

"四个自信"重要论述是在中共十八大报告提出的中国特色社会主义道路自信、理论自信、制度自信"三个自信"的基础上创造性拓展而来的。2014年10月15日，习近平在文艺工作座谈会上指出，"中华优秀传统文化是中华民族的精神命脉，是涵养社会主义核心价值观的重要源泉，也是我们在世界文化激荡中站稳脚跟的坚实根基。增强文化自觉和文化自信，是坚定道路自信、理论自信、制度自信的题中应有之义"⑤。2016年5月17日，习近平在哲学社会科学工作座谈会上再次指出，"我们说要坚定中国特色社会主义道路自信、理论自信、制度自信，说到底是要坚定文化自信。文化自信是更基本、更深沉、更持久的力量。历史和现实都表明，一个抛弃了或者背叛了自己历史文化的民族，不仅不可能发展起来，而且很可能上演一场历史悲剧"⑥。这些重要论述为"四个自信"的形成和提出奠定了基础。

2016年7月1日，在庆祝中国共产党成立95周年大会上，习近平明确提

---

① 习近平：《在庆祝中国共产党成立95周年大会上的讲话》，《人民日报》2016年7月2日。
② 习近平：《在深度贫困地区脱贫攻坚座谈会上的讲话》，人民出版社2017年版，第17页。
③ 习近平：《决胜全面建成小康社会，夺取新时代中国特色社会主义伟大胜利——在中国共产党第十九次全国代表大会上的报告》，人民出版社2017年版，第20页。
④ 《中国共产党第十九次全国代表大会文件汇编》，人民出版社2017年版，第77页。
⑤ 习近平：《在文艺工作座谈会上的讲话》，人民出版社2015年版，第25页。
⑥ 习近平：《在哲学社会科学工作座谈会上的讲话》，人民出版社2016年版，第17页。

出"四个自信"的概念。他指出:"坚持不忘初心、继续前进,就要坚持中国特色社会主义道路自信、理论自信、制度自信、文化自信,坚持党的基本路线不动摇,不断把中国特色社会主义伟大事业推向前进。"① 同时,他强调:"文化自信,是更基础、更广泛、更深厚的自信。"② 同年11月30日,在中国文联十大、中国作协九大开幕式上,他再次指出:"实现中华民族伟大复兴,必须坚定中国特色社会主义道路自信、理论自信、制度自信、文化自信。"③ 2017年10月,在中共十九大报告中习近平号召全党,"要更加自觉地增强道路自信、理论自信、制度自信、文化自信"④。

坚定"四个自信"是中共十八大以来在全面从严管党治党中形成的最新理论成果,为实现中华民族伟大复兴中国梦凝聚了强大的精神动力。具体而言,坚定"道路自信"就是要坚定走中国特色社会主义道路,这是实现社会主义现代化的必由之路,是被近代历史反复证明的客观真理,是党领导人民从胜利走向胜利的根本保证。坚定"理论自信"就是要坚定对共产党执政规律、社会主义建设规律、人类社会发展规律认识的自信,坚定对实现中华民族伟大复兴、创造人民美好生活的自信。坚定"制度自信"就是要相信社会主义制度具有巨大优越性,坚信社会主义制度能够推动发展、维护稳定,能够保障人民群众的自由平等权利和人身财产权利。坚定"文化自信"就是要激发党和人民对中华优秀传统文化的历史自豪感,在全社会形成对社会主义核心价值观的普遍共识和价值认同。

138. 做到"两个维护"

"两个维护",即坚决维护习近平总书记党中央的核心、全党的核心地位,坚决维护党中央权威和集中统一领导。做到"两个维护"是加强党的自身建设必须坚持的首要政治任务和重要政治原则。

2016年10月,中共十八届六中全会提出:"坚持党的领导,首先是坚持党中央的集中统一领导。一个国家、一个政党,领导核心至关重要。全党必须自觉在思想上政治上行动上同党中央保持高度一致。党的各级组织、全体党员特别是高级干部都要向党中央看齐,向党的理论和路线方针政策看齐,向党中央决策部署看齐,做到党中央提倡的坚决响应、党中央决定的坚决执行、党中

---

① 习近平:《在庆祝中国共产党成立95周年大会上的讲话》,人民出版社2016年版,第12页。
② 习近平:《在庆祝中国共产党成立95周年大会上的讲话》,人民出版社2016年版,第13页。
③ 习近平:《在中国文联十大、中国作协九大开幕式上的讲话》,人民出版社2016年版,第6页。
④ 习近平:《决胜全面建成小康社会,夺取新时代中国特色社会主义伟大胜利——在中国共产党第十九次全国代表大会上的报告》,人民出版社2017年版,第17页。

央禁止的坚决不做。"① 同时，会议明确了习近平总书记党中央的核心、全党的核心地位。2017年10月18日，习近平在中共十九大报告中强调："保证全党服从中央，坚持党中央权威和集中统一领导，是党的政治建设的首要任务。"② 2018年12月，习近平在中央政治局民主生活会上指出："我们党的历史经验表明，凡是党中央权威和集中统一领导坚持得好，党的事业就兴旺发达；反之，党的事业就遭受挫折。"③ 2019年1月31日，中共中央颁布《中共中央关于加强党的政治建设的意见》，《意见》强调："坚持和加强党的全面领导，最重要的是坚决维护党中央权威和集中统一领导，最关键的是坚决维护习近平总书记党中央的核心、全党的核心地位。"④ 同年7月9日，在中央和国家机关党的建设工作会议上，习近平再次指出，做到"两个维护"就是"要首先自觉同党的基本理论、基本路线、基本方略对标对表，同党中央决策部署对标对表，提高政治站位，把准政治方向，坚定政治立场，明确政治态度，严守政治纪律，经常校正偏差，做到党中央提倡的坚决响应、党中央决定的坚决照办、党中央禁止的坚决杜绝"⑤。

做到"两个维护"是中共十八大以来在党的建设伟大实践中形成的重大政治成果和宝贵历史经验。事在四方，要在中央。邓小平曾说："任何一个领导集体都要有一个核心，没有核心的领导是靠不住的。"⑥ 面对中华民族伟大复兴战略全局和世界百年未有之大变局，党必须始终维护党的团结和集中统一领导，不断提高党的凝聚力、战斗力和创造力。只有这样，党才能成为中国特色社会主义事业的坚强领导核心，才能带领中国人民实现伟大复兴的中国梦。概而言之，做到"两个维护"既是对党和国家历史经验教训的深刻总结，也是新时代进行伟大斗争、建设伟大工程、推进伟大事业、实现伟大梦想的战略选择。

139. 思想建党和制度治党相统一

"思想建党和制度治党相统一"是中共十八大以来习近平提出的重要党建思想。

---

① 《中共十八届六中全会在京举行》，《人民日报》2016年10月28日。
② 习近平：《决胜全面建成小康社会，夺取新时代中国特色社会主义伟大胜利——在中国共产党第十九次全国代表大会上的报告》，人民出版社2017年版，第62页。
③ 董德兵：《民主集中制的起源》，人民出版社2019年版，第12页。
④ 《中共中央关于加强党的政治建设的意见》，人民出版社2019年版，第33页。
⑤ 《习近平在中央和国家机关党的建设工作会议上强调：全面提高中央和国家机关党的建设质量 建设让党中央放心人民群众满意的模范机关》，《人民日报》2019年7月10日。
⑥ 《邓小平文选》第三卷，人民出版社1993年版，第310页。

党的思想建设和制度建设历来是党的建设的重要内容。十八大以后，以习近平同志为核心的党中央针对过去管党治党中存在的宽松软状况，坚持将党的思想建设和制度建设共同推进。2014年10月8日，习近平在党的群众路线教育实践活动总结大会上指出："现在，一个比较明显的问题就是轻视思想政治工作，以为定了制度、有了规章就万事大吉了，有的甚至已经不会或不大习惯于做认真细致的思想政治工作了，有的甚至认为组织找自己谈话是多此一举。正是这样的简单化和片面性，使一些本来可以落实的制度得不到落实、一些本来可以避免的问题不断发生。"① 对此，他提出了坚持思想建党和制度治党紧密结合的问题。他强调："坚持思想建党和制度治党紧密结合。从严治党靠教育，也靠制度，二者一柔一刚，要同向发力、同时发力。"② 2017年10月，中共十九大报告进一步指出："必须以党章为根本遵循，把党的政治建设摆在首位，思想建党与制度治党同向发力，统筹推进党的各项建设。"这些重要论述为"思想建党和制度治党相统一"党建思想的形成作了理论准备。③

2018年1月11日，在十九届中央纪委二次全会上，习近平从深化对管党治党的规律性认识、历史性经验的角度出发，明确提出"要坚持思想建党和制度治党相统一，既要解决思想问题，也要解决制度问题，把坚定理想信念作为根本任务，把制度建设贯穿到党的各项建设之中"④。2019年11月，中共十九届四中全会又从制度层面对"思想建党与制度治党相统一"的党建思想提出了新要求，强调要"建立不忘初心、牢记使命的制度""完善全面从严治党制度"，将"不忘初心、牢记使命"主题教育"作为加强党的建设的永恒课题和全体党员、干部的终身课题，形成长效机制"。⑤

思想建设是党的基础性建设，涉及党员干部世界观、人生观、价值观这个"总开关"问题，它是新时代全面从严治党的前提；制度建设是党的根本性建设，具有全局性、稳定性、长期性，它是新时代全面从严治党的保证。思想建党和制度治党是党的建设中密不可分的两个重要环节，如车之两轮、鸟之两翼，在新时代党的建设新的伟大工程中发挥着不可估量的作用。坚持思想建党

---

① 习近平：《在党的群众路线教育实践活动总结大会上的讲话》，人民出版社2014年版，第16—17页。

② 习近平：《在党的群众路线教育实践活动总结大会上的讲话》，人民出版社2014年版，第16页。

③ 习近平：《决胜全面建成小康社会，夺取新时代中国特色社会主义伟大胜利——在中国共产党第十九次全国代表大会上的报告》，人民出版社2017年版，第26页。

④ 《习近平在十九届中央纪委二次全会上发表重要讲话强调：全面贯彻落实党的十九大精神 以永远在路上的执着把从严治党引向深入》，《人民日报》2018年1月12日。

⑤ 《中共中央关于坚持和完善中国特色社会主义制度、推进国家治理体系和治理能力现代化若干重大问题的决定》，人民出版社2019年版，第6页。

和制度治党相统一，使二者同时、同向发力，既解决了党员干部理想信念、价值追求的问题，又解决了党员干部行为规范、约束监督的问题，体现了党对马克思主义政党建设规律的深刻把握，是马克思主义党建理论和治党方式的重要创新。

140. 党内法规体系

党内法规体系，是以党章为根本，以民主集中制为核心，以准则、条例等中央党内法规为主干，以部委党内法规、地方党内法规为重要组成部分，由各领域各层级党内法规组成的有机统一整体。

中共十八大以来，以习近平同志为核心的党中央高度重视党内法制的制定与完善。2013年11月，《中央党内法规制度工作五年规划纲要（2013—2017年）》正式发布，这是中国共产党首次编制党内法规制定工作五年规划，提出"为到建党100周年时全面建成内容科学、程序严密、配套完备、运行有效的党内法规制度体系打下坚实的基础"[1]的工作目标。2014年10月，中共十八届四中全会通过的《中共中央关于全面推进依法治国若干重大问题的决定》将党内法规体系纳入中国特色社会主义法治体系并确立"形成完善的党内规范体系"的目标任务。《决定》指出："党内法规既是管党治党的重要依据，也是建设社会主义法治国家的有力保障。"[2] 2016年12月，中共中央召开了党的历史上第一次全国党内法规工作会议，并印发了《中共中央关于加强党内法规制度建设的意见》，《意见》提出："要坚持目标导向和问题导向，按照'规范主体、规范行为、规范监督'相统筹相协调原则，完善以'一加四'为基本框架的党内法规制度体系，即在党章之下分为党的组织法规制度、党的领导法规制度、党的自身建设法规制度、党的监督保障法规制度四大板块。"[3] 它确定了党内法规体系的基本框架，为新形势下加强党内法规制定工作、构建党内法规体系提供了行动纲领。

2017年10月，习近平在中共十九大报告中强调"加快形成覆盖党的领导和党的建设各方面的党内法规制度体系"[4]。2018年2月，《中央党内法规制定工作第二个五年规划（2018—2022年）》出台，提出"到建党100周年时形成以党章为根本、以准则条例为主干，覆盖党的领导和党的建设各方面的党内法

---

[1] 《中央党内法规制定工作五年规划纲要（2013—2017年）》，人民出版社2013年版，第2页。
[2] 《中国共产党第十八届中央委员会第四次全体会议文件汇编》，人民出版社2014年版，第60页。
[3] 《十八大以来重要文献选编》（下），中央文献出版社2018年版，第510页。
[4] 习近平：《决胜全面建成小康社会，夺取新时代中国特色社会主义伟大胜利——在中国共产党第十九次全国代表大会上的报告》，人民出版社2017年版，第68页。

规制度体系"①。2019年10月,中共十九届四中全会提出"形成完善的党内法规体系"。② 2021年7月,在庆祝中国共产党成立100周年大会上,习近平明确提出"坚持依规治党,形成比较完善的党内法规体系"③ 是新时代取得的重大成就之一。

形成完善的党内法规体系,是全面从严治党的长远之策、根本之策,有利于提高党科学执政、民主执政、依法执政水平,保证全党团结统一、行动一致。十八大以来,党在全面深化改革的伟大实践中形成了比较完善的党内法规体系,不仅为全面从严治党和依法依规治党提供了根本制度遵循,也推动了治理体系和治理能力的现代化。

141. 党管干部、党管人才

"党管干部、党管人才"是党的干部、人才工作必须坚持的根本原则。

2013年6月,在全国组织工作会议上,习近平指出:"我们党历来高度重视选贤任能,始终把选人用人作为关系党和人民事业的关键性、根本性问题来抓。"④ 同时,他强调:"坚持党管干部原则,坚持正确用人导向,坚持德才兼备、以德为先,努力做到选贤任能、用当其时,知人善任、人尽其才,把好干部及时发现出来、合理使用起来。"⑤ 2017年10月,在中共十九大报告中习近平明确提出:"党的干部是党和国家事业的中坚力量。要坚持党管干部原则,坚持德才兼备、以德为先,坚持五湖四海、任人唯贤,坚持事业为上、公道正派,把好干部标准落到实处。……人才是实现民族振兴、赢得国际竞争主动的战略资源。要坚持党管人才原则,聚天下英才而用之,加快建设人才强国。"⑥ 2018年7月,习近平在全国组织工作会议的讲话中指出,新时代党的组织路线是"全面贯彻新时代中国特色社会主义思想,以组织体系建设为重点,着力培养忠诚干净担当的高素质干部,着力集聚爱国奉献的各方面优秀人才,坚持德才兼备、以德为先、任人唯贤,为坚持和加强党的全面领导、坚持和发展中国特色社会主义提供坚强组织保证"⑦。这些论述为新时代党管干部、党管人才

---

① 《中共中央印发〈中央党内法规制定工作第二个五年规划(2018—2022年)〉》,《人民日报》2018年2月24日。
② 《中国共产党第十九届中央委员会第四次全体会议文件汇编》,人民出版社2019年版,第32页。
③ 习近平:《在庆祝中国共产党成立100周年大会上的讲话》,人民出版社2021年版,第7页。
④ 《习近平谈治国理政》第一卷,外文出版社2018年版,第411页。
⑤ 《习近平谈治国理政》第一卷,外文出版社2018年版,第418页。
⑥ 习近平:《决胜全面建成小康社会,夺取新时代中国特色社会主义伟大胜利——在中国共产党第十九次全国代表大会上的报告》,人民出版社2017年版,第64页。
⑦ 习近平:《在全国组织工作会议上的讲话》,人民出版社2018年版,第11页。

指明了前进方向。

2021年5月22日，党的历史上第一部关于组织工作的统领性、综合性基础主干法规《中国共产党组织工作条例》印发，设立专门章节对党的干部、人才工作作出了规定。《条例》明确提出坚持党管干部的原则，"干部工作实行党中央集中统一领导下分级分类管理的体制，党委（党组）及其组织部门应当加强对干部工作的统一管理"①。《条例》强调坚持党管人才的原则和体制机制，"各级党委（党组）应当加强本地区本部门本单位人才工作的领导，形成党委统一领导，组织部门牵头抓总，有关部门各司其职、密切配合，用人单位发挥主体作用、社会力量广泛参与的党管人才工作格局"②。

"党管干部、党管人才"是管党治党的一条基本路线，是巩固党的执政基础、实现党的全面领导、完成党的全部工作的重要保证，是党领导人民不断夺取革命、建设、改革胜利的优良传统和独特优势。坚持党管干部、党管人才体现了党对干部、人才工作的高度重视，体现了党的干部工作和人才工作的有机统一，它能为党和国家的事业发展培养忠诚干净担当的高素质干部队伍、集聚爱国奉献的各方面优秀人才。

142. 中央八项规定

"中央八项规定"指中共十八大后中央政治局审议通过的关于改进工作作风、密切联系群众的八项规定。

2012年12月，中共中央政治局召开会议，审议通过了《十八届中央政治局关于改进工作作风、密切联系群众的八项规定》。内容包括："（1）要改进调查研究，到基层调研要深入了解真实情况，总结经验、研究问题、解决困难、指导工作，向群众学习、向实践学习，多同群众座谈，多同干部谈心，多商量讨论，多解剖典型，多到困难和矛盾集中、群众意见多的地方去，切忌走过场、搞形式主义；要轻车简从、减少陪同、简化接待，不张贴悬挂标语横幅，不安排群众迎送，不铺设迎宾地毯，不摆放花草，不安排宴请。（2）要精简会议活动，切实改进会风，严格控制以中央名义召开的各类全国性会议和举行的重大活动，不开泛泛部署工作和提要求的会，未经中央批准一律不出席各类剪彩、奠基活动和庆祝会、纪念会、表彰会、博览会、研讨会及各类论坛；提高会议实效，开短会、讲短话，力戒空话、套话。（3）要精简文件简报，切实改进文风，没有实质内容、可发可不发的文件、简报一律不发。（4）要规范出访活动，从外交工作大局需要出发合理安排出访活动，严格控制出访随行人

---

① 《中国共产党组织工作条例》，《人民日报》2021年6月3日。
② 《中国共产党组织工作条例》，《人民日报》2021年6月3日。

员，严格按照规定乘坐交通工具，一般不安排中资机构、华侨华人、留学生代表等到机场迎送。（5）要改进警卫工作，坚持有利于联系群众的原则，减少交通管制，一般情况下不得封路、不清场闭馆。（6）要改进新闻报道，中央政治局同志出席会议和活动应根据工作需要、新闻价值、社会效果决定是否报道，进一步压缩报道的数量、字数、时长。（7）要严格文稿发表，除中央统一安排外，个人不公开出版著作、讲话单行本，不发贺信、贺电，不题词、题字。（8）要厉行勤俭节约，严格遵守廉洁从政有关规定，严格执行住房、车辆配备等有关工作和生活待遇的规定。"[①] 2016年1月，在十八届中央纪委六次会议上习近平对出台"中央八项规定"的原因进行了解释，他指出："党的十八大之后，党中央讨论加强党的建设如何抓时，就想到要解决'老虎吃天不知从哪儿下口'的问题。后来决定就抓八项规定，下口就要真正把那块吃进去、消化掉，不要这吃一嘴那吃一嘴，囫囵吞枣，最后都没有消化。"[②] 2017年10月，习近平在中共十九大上再次强调要"巩固拓展落实中央八项规定精神成果"[③]。随后，中共中央政治局审议通过了《中共中央政治局贯彻落实中央八项规定的实施细则》。《细则》指出，"根据这几年中共中央政治局八项规定实施过程中遇到的新情况新问题，着重对改进调查研究、精简会议活动、精简文件简报、规范出访活动、改进新闻报道、厉行勤俭节约等方面内容作了进一步规范、细化和完善，更加切合工作实际，增强了指导性和可操作性"[④]。2022年10月，中共二十大报告再度强调，"锲而不舍落实中央八项规定精神"[⑤]。2022年10月25日，中共二十大闭幕刚三天，习近平总书记主持召开中央政治局会议，研究部署学习宣传贯彻中共二十大精神。会议上，审议了《中共中央政治局贯彻落实中央八项规定实施细则》，强调抓作风建设只有进行时，没有完成时。会议指出："党的二十大对锲而不舍落实中央八项规定精神作出新部署，必须始终把中央八项规定作为长期有效的铁规矩、硬杠杠，抓住'关键少数'以上率下，持续深化纠治'四风'，重点纠治形式主义、官僚主义，坚决破除特权思想和特权行为，推动全党坚决落实中央八项规定精神，全面推进党的自我净

[①] 《中共中央政治局召开会议：审议关于改进工作作风、密切联系群众的有关规定，分析研究二〇一三年经济工作》，《人民日报》2012年12月5日。

[②] 习近平：《在第十八届中央纪律委员会第六次全体会议上的讲话》，人民出版社2016年版，第3页。

[③] 习近平：《决胜全面建成小康社会，夺取新时代中国特色社会主义伟大胜利——在中国共产党第十九次全国代表大会上的报告》，人民出版社2017年版，第66页。

[④] 《中共中央政治局召开会议：研究部署学习宣传贯彻党的十九大精神》，《人民日报》2017年10月28日。

[⑤] 习近平：《高举中国特色社会主义伟大旗帜，为全面建设社会主义现代化国家而团结奋斗——在中国共产党第二十次全国代表大会上的报告》，人民出版社2022年版，第68页。

化、自我完善、自我革新、自我提高，始终保持同人民群众的血肉联系，始终同人民同呼吸、共命运、心连心。"[1]

"中央八项规定"是以习近平同志为核心的党中央坚定推进全面从严治党，坚决反对形式主义、官僚主义、享乐主义和奢靡之风的重要举措。这对于始终保持党的先进性和纯洁性、始终保持党同人民群众的血肉联系、使党始终成为中国特色社会主义事业的坚强领导核心具有重要意义。

143. 党史学习教育常态化长效化

"党史学习教育常态化长效化"是以习近平同志为核心的党中央立足百年党史新起点、着眼开创事业发展新局面而实施的重大决策。

2021年是中国共产党成立100周年，党中央以此为契机在全党开展了党史学习教育活动。2月20日，在党史学习教育动员大会上，习近平指出："我们党历来重视党史学习教育，注重用党的奋斗历程和伟大成就鼓舞斗志、明确方向，用党的光荣传统和优良作风坚定信念、凝聚力量，用党的实践创造和历史经验启迪智慧、砥砺品格。……在庆祝我们党百年华诞的重大时刻，在'两个一百年'奋斗目标历史交汇的关键节点，在全党集中开展党史学习教育，正当其时，十分必要。"[2] 这深刻地论述了开展党史学习教育的重大意义。7月1日，在庆祝中国共产党成立100周年大会上，习近平再次对党史学习教育的重要性进行了论述，他指出"以史为鉴，可以知兴替。我们要用历史映照现实、远观未来，从中国共产党的百年奋斗中看清楚过去我们为什么能够成功、弄明白未来我们怎样才能继续成功，从而在新的征程上更加坚定、更加自觉地牢记初心使命、开创美好未来"[3]。11月8日至11日，中共十九届六中全会审议通过了《中共中央关于党的百年奋斗重大成就和历史经验的决议》，《决议》对党的百年历史进行了系统的回溯和总结，为党史学习教育的开展提供了马克思主义的纲领性文献和生动权威的新教材。

2022年1月12日，习近平在省部级主要领导干部学习贯彻党的十九届六中全会精神专题研讨班开班式上强调："要认真总结这次党史学习教育的成功

---

[1] 《中共中央政治局召开会议：研究部署学习宣传贯彻党的二十大精神》，《人民日报》2022年10月26日。

[2] 《习近平在党史学习教育动员大会上强调：学党史悟思想办实事开新局，以优异成绩迎接建党一百周年》，《人民日报》2021年2月21日。

[3] 习近平：《在庆祝中国共产党成立100周年大会上的讲话》，人民出版社2021年版，第10页。

经验，建立常态化长效化制度机制，不断巩固拓展党史学习教育成果。"① 这一重要指示为建立党史学习教育常态化长效化机制指明了方向。2022年3月，中共中央办公厅印发了《关于推动党史学习教育常态化长效化的意见》。《意见》强调："推动党史学习教育常态化长效化是建设马克思主义学习型政党的一项长期重要任务。"② 同时，《意见》提出要从"坚定历史自信""增强理论自觉""提高政治能力""强化宗旨意识""激发昂扬斗志""永葆初心使命"六个方面着眼，推动党史学习教育常态化长效化。

"推动党史学习教育常态化长效化"是进一步推动全党深入学习贯彻习近平新时代中国特色社会主义思想和党的十九届六中全会精神，不断巩固拓展党史学习教育成果，更好用党的百年奋斗重大成就和历史经验增长智慧、增进团结、增加信心、增强斗志，更加坚定自觉地牢记初心使命、开创发展新局，在新的赶考之路上考出好成绩的需要，有利于增强全党的历史自觉、历史自信，提升党的凝聚力、创造力和战斗力。

144. 政治巡视

政治巡视是中共十八大以来在全面从严治党过程中形成的重大制度安排，是管党治党的"利剑"。

2015年10月，在中央第八轮巡视动员部署会上，党中央首次提出了"政治巡视"这一重要命题，会议强调："巡视是对党组织和党员领导干部的巡视，是政治巡视不是业务巡视。"③ 2017年1月17日，十八届中央纪委七次全会进一步提出："深化政治巡视，完成对中央和国家机关巡视全覆盖，深入开展'回头看'，创新方式方法，巡视和巡察有机衔接，利剑作用充分彰显。"④ 2017年10月，习近平在中共十九大报告中指出："深化政治巡视，坚持发现问题、形成震慑不动摇，建立巡视巡察上下联动的监督网。"⑤ 2018年1月13日，十九届中央纪委二次全会指出，"制定中央巡视工作规划，贯彻巡视工作方针，以政治建设为统领深化政治巡视，统筹安排常规巡视，深化专项巡视，

---

① 《习近平在省部级主要领导干部学习贯彻党的十九届六中全会精神专题研讨班开班式上发表重要讲话强调：继续把党史总结学习教育宣传引向深入，更好把握和运用党的百年奋斗历史经验》，《人民日报》2022年1月12日。

② 《中办印发〈关于推动党史学习教育常态化长效化的意见〉》，《人民日报》2022年3月22日。

③ 《王岐山在中央巡视工作动员部署会议上强调：聚焦全面从严治党，用好制度利器，把巡视监督做深做细做实》，《人民日报》2015年10月24日。

④ 《中国共产党第十八届中央纪律检查委员会第七次全体会议公报》，《人民日报》2017年1月9日。

⑤ 习近平：《决胜全面建成小康社会，夺取新时代中国特色社会主义伟大胜利——在中国共产党第十九次全国代表大会上的报告》，人民出版社2017年版，第67页。

强化机动式巡视，综合运用巡视成果，狠抓整改落实，提升全覆盖质量"[1]。2018年12月，中共中央政治局会议强调，"创新纪检监察体制机制，做实做细监督职责，深化政治巡视，完善巡视巡察战略格局，着力在日常监督、长期监督上探索创新、实现突破"[2]。2019年1月，《中共中央关于加强党的政治建设的意见》中再次强调："深化政治巡视，强化政治监督，着力发现和纠正政治偏差。"[3] 这些论述表明，党中央对政治巡视工作高度重视。

2020年5月9日，全国巡视工作会议暨十九届中央第五轮巡视动员部署会进一步就"深化对政治巡视内涵要求的理解把握"提出了明确要求："要深刻领会党中央在关心什么、强调什么，深刻领会什么是党和国家最重要的利益、什么是最需要坚定维护的立场，坚持党中央决策部署到哪里、巡视就跟进到哪里，自觉把聚焦点、着力点放到增强'四个意识'、坚定'四个自信'、做到'两个维护'的实际行动上和具体工作中，进一步深化政治巡视、强化政治监督，更加有力有效维护党中央集中统一领导、保障人民群众利益、服务党和国家工作大局。"[4] 2021年11月，党的十九届六中全会再次提出"强化政治监督，深化政治巡视"，"构建巡视巡察上下联动格局"[5]。

政治巡视是一项具有中国特色的民主监督形式，其本质是上级党组织对下级党组织履行党的领导职能责任的政治监督。相较于普通巡视而言，政治巡视的内容更聚焦、重点更突出、目标更明确。它的主要任务是"重点检查被巡视党组织是否维护党章权威、贯彻从严治党方针、执行党的路线方针政策和决议，是否存在党的领导弱化、主体责任缺失、从严治党不力等问题，督促其担负起管党治党责任"[6]，这展现出强烈的现实针对性和政治引领性，对于化解党的政治风险、巩固党的执政地位、加强党的政治建设具有重要意义。

145. 坚持不敢腐、不能腐、不想腐一体推进

坚持不敢腐、不能腐、不想腐一体推进是新时代党推进反腐败斗争的基本方针和重要方略。

2013年1月22日，习近平在十八届中央纪委二次全会上强调："要加强对

---

[1] 《深入学习十九届中央纪委二次全会精神》，人民出版社2018年版，第12页。
[2] 《中共中央政治局召开会议：分析研究2019年经济工作，研究部署党风廉政建设和反腐败工作》，《人民日报》2018年12月14日。
[3] 《中共中央关于加强党的政治建设的意见》，人民出版社2019年版，第26页。
[4] 《赵乐际在全国巡视工作会议暨十九届中央第五轮巡视动员部署会上强调：充分发挥巡视监督作用，有力促进全面建成小康社会》，《人民日报》2020年5月10日。
[5] 《中共中央关于党的百年奋斗重大成就和历史经验的决议》，人民出版社2021年版，第33页。
[6] 习近平：《在第十八届中央纪律检查委员会第六次全体会议上的讲话》，人民出版社2016年版，第24页。

权力运行的制约和监督，把权力关进制度的笼子里，形成不敢腐的惩戒机制、不能腐的防范机制、不易腐的保障机制。"① 2016年1月12日，习近平在十八届中央纪委六次全会上作出"不敢腐的震慑作用充分发挥，不能腐、不想腐的效应初步显现，反腐败斗争压倒性态势正在形成"②的重要判断，强调要积极探索党内监督有效路径。2017年10月，习近平在中共十九大上再次指出："强化不敢腐的震慑，扎牢不能腐的笼子，增强不想腐的自觉，通过不懈努力换来海晏河清、朗朗乾坤。"③ 同时，中共十九大新修订的党章还将构建不敢腐、不能腐、不想腐的有效机制写入了总纲，这为不敢腐、不能腐、不想腐一体推进奠定了制度基础。

2019年1月12日，在十九届中央纪委三次会议上，习近平强调："要深化标本兼治，夯实治本基础，一体推进不敢腐、不能腐、不想腐"。④ 这是以习近平同志为核心的党中央首次提出将"三不"一体推进。2019年10月，中共十九届四中全会将构建一体推进"三不"体制机制，作为坚持和完善党和国家监督体系重要内容单独部署。2020年1月13日，在十九届中央纪委四次全会上，习近平指出："一体推进不敢腐、不能腐、不想腐，不仅是反腐败斗争的基本方针，也是新时代全面从严治党的重要方略。不敢腐、不能腐、不想腐是相互依存、相互促进的有机整体，必须统筹联动，增强总体效果。"⑤ 这次会议把一体推进"三不"上升为反腐败斗争的基本方针和新时代全面从严治党的重要方略。2021年1月，习近平在十九届中央纪委五次全会又一次强调："要坚定不移推进反腐败斗争，不断实现不敢腐、不能腐、不想腐一体推进战略目标。"⑥ 这次会议进一步将一体推进"三不"上升为战略目标的高度。

坚持不敢腐、不能腐、不想腐一体推进，体现了党对全面从严治党方向、方针、方法认识的不断深化。只有将不敢腐、不能腐、不想腐三者一体推进，同时、同向发力，才能形成巨大的反腐效能。

---

① 《习近平关于全面深化改革论述摘编》，中央文献出版社2014年版，第71页。
② 习近平：《在第十八届中央纪律检查委员会第六次全体会议上的讲话》，人民出版社2016年版，第7页。
③ 习近平：《决胜全面建成小康社会，夺取新时代中国特色社会主义伟大胜利——在中国共产党第十九次全国代表大会上的报告》，人民出版社2017年版，第67页。
④ 《习近平在十九届中央纪委三次全会上发表重要讲话强调：取得全面从严治党更大战略性成果 巩固发展反腐败斗争压倒性胜利》，《人民日报》2019年1月12日。
⑤ 《习近平在十九届中央纪委四次全会上发表重要讲话强调：一以贯之全面从严治党 强化对权力运行的制约和监督，为决胜全面建成小康社会决战脱贫攻坚提供坚强保障》，《人民日报》2020年1月14日。
⑥ 《习近平在十九届中央纪委五次全会上发表重要讲话强调：充分发挥全面从严治党引领保障作用，确保"十四五"时期目标任务落到实处》，《人民日报》2021年1月23日。

（三）新时代中国经济建设

146. 坚持和完善社会主义基本经济制度

中共十九届四中全会通过的《中共中央关于坚持和完善中国特色社会主义制度、推进国家治理体系和治理能力现代化若干重大问题的决定》将公有制为主体、多种所有制经济共同发展，按劳分配为主体、多种分配方式并存，社会主义市场经济体制三项制度并列，都作为社会主义基本经济制度。坚持和完善社会主义基本经济制度是习近平新时代中国特色社会主义思想的重要内容。

1997年9月，中共十五大提出：公有制为主体、多种所有制经济共同发展，是我国社会主义初级阶段的一项基本经济制度。2015年11月23日，习近平在十八届中央政治局第二十八次集体学习时的讲话中指出："改革开放以来，我们党总结正反两方面经验，确立了社会主义初级阶段的基本经济制度"，"我国基本经济制度是中国特色社会主义制度的重要支柱，也是社会主义市场经济体制的根基"。① 新时代以来，以习近平同志为核心的党中央不断探索，丰富发展了社会主义基本经济制度的内涵和实质。2019年10月，中共十九届四中全会创新了社会主义基本经济制度的理论内容，首次将按劳分配为主体、多种分配方式并存和社会主义市场经济体制统一于我国社会主义基本经济制度之中，提出："公有制为主体、多种所有制经济共同发展，按劳分配为主体、多种分配方式并存，社会主义市场经济体制等社会主义基本经济制度，既体现了社会主义制度优越性，又同我国社会主义初级阶段社会生产力发展水平相适应，是党和人民的伟大创造。必须坚持社会主义基本经济制度，充分发挥市场在资源配置中的决定性作用，更好发挥政府作用，全面贯彻新发展理念，坚持以供给侧结构性改革为主线，加快建设现代化经济体系。要毫不动摇巩固和发展公有制经济，毫不动摇鼓励、支持、引导非公有制经济发展，坚持按劳分配为主体、多种分配方式并存，加快完善社会主义市场经济体制，完善科技创新体制机制，建设更高水平开放型经济新体制。"②

与时俱进既是马克思主义的理论品质，也是中国共产党永葆生机活力的源泉。社会主义基本经济制度理论内涵的丰富和发展，是建立在中共十八大以来我国坚持和发展中国特色社会主义的实践基础之上，这将为我国经济的高质量

---

① 《十八大以来重要文献选编》（下），人民出版社2018年版，第5页。
② 《中国共产党第十九届中央委员会第四次全体会议公报》，人民出版社2019年版，第11—12页。

发展，提供正确的理论先导。

147. 坚持以人民为中心的发展思想

把最广大人民根本利益作为一切工作的出发点和落脚点，是中国共产党始终坚持的根本理念。以人民为中心的发展思想，是习近平新时代中国特色社会主义思想的核心要义，是新时代中国共产党开展一切工作的出发点和落脚点。

中共十八大报告把"必须坚持人民主体地位"作为"新的历史条件下夺取中国特色社会主义新胜利"必须牢牢把握的首要基本要求。① 中共十八大以来，以习近平同志为核心的党中央立足新时代社会主要矛盾发生变化的实际，提出并完善了以人民为中心的发展思想。2012 年 11 月 15 日，习近平在十八届中共中央政治局常委同中外记者见面时指出："人民对美好生活的向往，就是我们的奋斗目标。"② 2015 年 10 月 12 日，十八届中央政治局召开会议首次明确提出"以人民为中心的发展思想"，"人民是推动发展的根本力量，必须坚持以人民为中心的发展思想，把增进人民福祉、促进人的全面发展作为发展的出发点和落脚点，发展人民民主，维护社会公平正义，保障人民平等参与、平等发展权利，充分调动人民积极性、主动性、创造性"。③ "以人民为中心的发展思想"也是新时代经济发展的重要遵循，2015 年 12 月 23 日，习近平在十八届中央政治局第二十八次集体学习时强调："坚持以人民为中心的发展思想，把增进人民福祉、促进人的全面发展、朝着共同富裕方向稳步前进作为经济发展的出发点和落脚点。这一点，我们任何时候都不能忘记，部署经济工作、制定经济政策、推动经济发展都要牢牢坚持这个根本立场。"④ 坚持"以人民为中心的发展思想"也是实现共同富裕的重要遵循，2021 年 2 月 25 日，习近平在全国脱贫攻坚总结表彰大会上的讲话指出："坚持以人民为中心的发展思想，坚定不移走共同富裕道路。""事实充分证明，做好党和国家各项工作，必须把实现好、维护好、发展好最广大人民根本利益作为一切工作的出发点和落脚点，更加自觉地使改革发展成果更多更公平惠及全体人民。只要我们始终坚持以人民为中心的发展思想，一件事情接着一件事情办，一年接着一年干，就一定能够不断推动全体人民共同富裕取得更为明显的实质性进展！"⑤

---

① 胡锦涛：《坚定不移沿着中国特色社会主义道路前进，为全面建成小康社会而奋斗——在中国共产党第十八次全国代表大会上的报告》，人民出版社 2012 年版，第 13—14 页。
② 《十八大以来重要文献选编》（上），中央文献出版社 2014 年版，第 70 页。
③ "新华月报"编：《新中国 70 年大事记（1949.10.1—2019.10.1）》（下），人民出版社 2020 年版，第 1669 页。
④ 《十八大以来重要文献选编》（下），人民出版社 2018 年版，第 4 页。
⑤ 习近平：《在全国脱贫攻坚总结表彰大会上的讲话》，人民出版社 2021 年版，第 14 页。

中共十八大以来，以习近平同志为核心的党中央多次提出并丰富发展了"以人民为中心的发展思想"，"以人民为中心的发展思想"也成为新时代中国共产党开展一切工作的出发点和落脚点，顺应了新时代社会主要矛盾的变化，做到了发展为了人民、发展依靠人民、发展成果由人民共享。

148. 使市场在资源配置中起决定性作用和更好发挥政府作用

改革开放四十余年来，中国共产党把马克思主义政治经济学基本原理同改革开放的实践结合起来，不断丰富和发展马克思主义政治经济学，出现了许多重要理论成果。使市场在资源配置中起决定性作用和更好发挥政府作用的理论是中共十八大以来在改革开放和发展社会主义市场经济方面的理论创新成果。

从中共十四大到中共十八大，中国共产党一直在寻找"市场"和"政府"在资源配置中的科学定位。中共十五大提出"使市场在国家宏观调控下对资源配置起基础性作用"，中共十六大提出"在更大程度上发挥市场在资源配置中的基础性作用"，中共十七大提出"从制度上更好发挥市场在资源配置中的基础性作用"，中共十八大提出"更大程度更广范围发挥市场在资源配置中的基础性作用"。[①]

2013 年 11 月 12 日，中共十八届三中全会通过的《中共中央关于全面深化改革若干重大问题的决定》首次提出了"使市场在资源配置中起决定性作用和更好发挥政府作用"。习近平在这次会议上指出："关于使市场在资源配置中起决定性作用和更好发挥政府作用。这是这次全会决定提出的一个重大理论观点。"[②] "我国实行的是社会主义市场经济体制，我们仍然要坚持发挥我国社会主义制度的优越性、发挥党和政府的积极作用。市场在资源配置中起决定性作用，并不是起全部作用。发展社会主义市场经济，既要发挥市场作用，也要发挥政府作用。"[③] 这次会议将市场在资源配置中起"基础性作用"修改为起"决定性作用"，虽然只有两字之差，但全新定位了市场作用，"决定性作用"和"基础性作用"是前后衔接、继承发展的。

中国共产党之所以提出"使市场在资源配置中起决定性作用和更好发挥政府作用"，是因为"市场"和"政府"是坚持和完善中国特色社会主义市场经济体制的不可分割的两个方面。2014 年 5 月 26 日，习近平在十八届中央政治局第十五次集体学习时指出："市场在资源配置中起决定性作用、更好发挥政府作用，既是一个重大理论命题，又是一个重大实践命题。"充分利用"看不

[①] 《习近平谈治国理政》第一卷，外文出版社 2018 年版，第 76 页。
[②] 《习近平谈治国理政》第一卷，外文出版社 2018 年版，第 75 页。
[③] 《习近平谈治国理政》第一卷，外文出版社 2018 年版，第 77 页。

见的手"和"看得见的手","形成市场作用和政府作用有机统一、相互补充、相互协调、相互促进的格局,推动经济社会持续健康发展。""准确定位和把握使市场在资源配置中起决定性作用和更好发挥政府作用,必须正确认识市场作用和政府作用的关系。政府和市场的关系是我国经济体制改革的核心问题。"①

提出使市场在资源配置中起决定性作用和更好发挥政府的作用,是中国共产党对中国特色社会主义建设规律认识的一个新突破,是马克思主义中国化的一个新的成果,标志着社会主义市场经济发展进入了一个新阶段。

149. 把握新发展阶段

新发展阶段就是全面建设社会主义现代化国家、向第二个百年奋斗目标进军的阶段。进入新发展阶段,是中华民族伟大复兴历史进程的大跨越。

2020年8月24日,习近平在经济社会领域专家座谈会上的讲话提出我国将进入新发展阶段的重要判断。他指出,"十四五"时期"是我国全面建成小康社会、实现第一个百年奋斗目标之后,乘势而上开启全面建设社会主义现代化国家新征程、向第二个百年奋斗目标进军的第一个五年,我国将进入新发展阶段"②。2020年10月29日,习近平在中共十九届五中全会第二次全体会议上又进一步明确了新发展阶段的科学内涵,指出"新发展阶段就是全面建设社会主义现代化国家、向第二个百年奋斗目标进军的阶段","进入新发展阶段,是中华民族伟大复兴历史进程的大跨越。"③ 2021年1月11日,习近平在省部级主要领导干部学习贯彻党的十九届五中全会精神专题研讨班上的讲话指出:"新发展阶段是社会主义初级阶段中的一个阶段,同时是其中经过几十年积累、站到了新的起点上的一个阶段。新发展阶段是我们党带领人民迎来从站起来、富起来到强起来历史性跨越的新阶段。"④

之所以做出我国进入新发展阶段的判断,不仅具有历史依据,还具有现实依据。习近平指出:"就现实依据来讲,我们已经拥有开启新征程、实现新的更高目标的雄厚物质基础。""全面建成小康社会取得伟大历史成果,解决困扰中华民族几千年的绝对贫困问题取得历史性成就","为我国进入新发展阶段、

---

① 《习近平在中共中央政治局第十五次集体学习时强调:正确发挥市场作用,推动经济社会持续健康发展》,《人民日报》2014年5月28日。
② 习近平:《论把握新发展阶段、贯彻新发展理念、构建新发展格局》,中央文献出版社2021年版,第398页。
③ 习近平:《论把握新发展阶段、贯彻新发展理念、构建新发展格局》,中央文献出版社2021年版,第5—6页。
④ 习近平:《深入学习坚决贯彻党的十九届五中全会精神,确保全面建设社会主义现代化国家开好局》,《人民日报》2021年1月12日。

朝着第二个百年奋斗目标进军奠定了坚实基础"。①

把握新发展阶段，在我国发展进程中具有十分重要的意义。把握新发展阶段，就是中国共产党团结带领各族人民立足中国特色社会主义伟大实践，为实现全面建设社会主义现代化强国、实现第二个百年奋斗目标而不懈奋斗。

150. 贯彻新发展理念

贯彻新发展理念是新时代我国发展壮大的必由之路。中共十八大以来，以习近平同志为核心的党中央把握时代大势，提出并深入贯彻创新、协调、绿色、开放、共享的新发展理念，引领中国在破解发展难题中增强动力，不断朝着更高质量、更有效率、更加公平、更可持续的方向前进。创新是引领发展的第一动力。协调是持续健康发展的内在要求。绿色是永续发展的必要条件和人民对美好生活追求的重要体现。开放是国家繁荣发展的必由之路。共享是中国特色社会主义的本质要求。

2015年10月，中共十八届五中全会通过的《中共中央关于制定国民经济和社会发展第十三个五年规划的建议》提出了新发展理念的科学内涵："要坚持创新、协调、绿色、开放、共享的发展理念。""创新发展注重的是解决发展动力的问题"，"协调发展注重的是解决发展不平衡的问题"，"绿色发展注重的是解决人与自然和谐的问题"，"开放发展注重的是解决发展内外联动的问题"，"共享发展注重的是解决社会公平的问题"。"坚持创新发展、协调发展、绿色发展、开放发展、共享发展，是关系我国发展全局的一场深刻变革。这五大发展理念相互贯通、相互促进，是具有内在联系的集合体"。②

2020年10月26日，习近平在关于《中共中央关于制定国民经济和社会发展第十四个五年规划和二〇三五年远景目标的建议》的说明中指出："我国社会主要矛盾已经转化为人民日益增长的美好生活需要和不平衡不充分的发展之间的矛盾，发展中的矛盾和问题集中体现在发展质量上。这就要求我们必须把发展质量问题摆在更为突出的位置，着力提升发展质量和效益。""以推动高质量发展为主题，必须坚定不移贯彻新发展理念。"③ 经济社会发展全过程和各领域都要贯彻新发展理念。2021年1月29日，习近平在十九届中央政治局第二十七次集体学习时强调："新发展理念是一个整体，坚持创新发展、协调发展、绿色发展、开放发展、共享发展，全党全国要统一思想、协调行动、开拓

---

① 习近平：《把握新发展阶段，贯彻新发展理念，构建新发展格局》，《求是》2021年第9期。
② 习近平：《在党的十八届五中全会第二次全体会议上的讲话》，《求是》2016年第1期。
③ 习近平：《关于〈中共中央关于制定国民经济和社会发展第十四个五年规划和二〇三五年远景目标的建议〉的说明》，《人民日报》2020年11月4日。

前进。""要完整把握、准确理解、全面落实,把新发展理念贯彻到经济社会发展全过程和各领域。""进入新发展阶段,完整、准确、全面贯彻新发展理念"。"完整、准确、全面贯彻新发展理念","是经济社会发展的工作要求,也是十分重要的政治要求","既要以新发展理念指导引领全面深化改革,又要通过深化改革为完整、准确、全面贯彻新发展理念提供体制机制保障"。[①] 2022 年 10 月,中共二十大报告指出:"必须完整、准确、全面贯彻新发展理念,坚持社会主义市场经济改革方向,坚持高水平对外开放,加快构建以国内大循环为主体、国内国际双循环相互促进的新发展格局。"[②]

创新、协调、绿色、开放、共享的发展理念,是中国共产党科学把握世界发展大势、着眼我国长久发展全局作出的战略谋划,是实现"第二个百年奋斗目标"时期的发展思路、发展方向、发展着力点的集中体现,是引领我国经济发展新常态、决胜全面建成现代化国家的强大思想武器和科学行动指南,是中国共产党继承发展马克思列宁主义、毛泽东思想、中国特色社会主义理论体系的一个标志性重大理论成果。

151. 构建新发展格局

新发展格局是以国内大循环为主体、国内国际双循环相互促进的经济发展格局。

2020 年 4 月 10 日,习近平在中央财经委员会第七次会议上的讲话提出"构建新发展格局"的概念。习近平指出,"大国经济的优势就是内部可循环","要牢牢把握扩大内需这一战略基点,使生产、分配、流通、消费各环节更多依托国内市场实现良性循环","扩大内需和扩大开放并不矛盾。国内循环越顺畅,越能形成对全球资源要素的引力场,越有利于构建以国内大循环为主体、国内国际双循环相互促进的新发展格局,越有利于形成参与国际竞争和合作新优势"。[③] 2020 年 10 月 29 日,习近平同志在中共十九届五中全会第二次全体会议上指出,"构建以国内大循环为主体、国内国际双循环相互促进的新发展格局,是根据我国发展阶段、环境、条件变化,特别是基于我国比较优势变化,审时度势作出的重大决策,是事关全局的系统性、深层次变革,是立足

[①] 《完整准确全面贯彻新发展理念,确保"十四五"时期我国发展开好局起好步》,《人民日报》2021 年 1 月 30 日。
[②] 习近平:《高举中国特色社会主义伟大旗帜,为全面建设社会主义现代化国家而团结奋斗——在中国共产党第二十次全国代表大会上的报告》,人民出版社 2022 年版,第 28 页。
[③] 习近平:《国家中长期经济社会发展战略若干重大问题》,《求是》2020 年第 21 期。

当前、着眼长远的战略谋划"①。

构建新发展格局不仅为我国经济发展注入新的动力,也将给世界各国带来机遇。2020年11月19日,习近平在亚太经合组织工商领导人对话会上的主旨演讲中指出:"构建新发展格局,是立足中国自身发展阶段和发展条件,充分考虑经济全球化和外部环境变化所作出的战略抉择,顺应了中国经济结构调整、推动高质量发展的内在需要。""在新发展格局下,中国市场潜力将充分激发,为世界各国创造更多需求","中国开放的大门将进一步敞开,同世界各国共享发展机遇","中国的对外合作将不断深化,同世界各国实现互利共赢"。②

构建新发展格局要以供给侧结构改革为主线,以强大国内市场为支撑,实现对内改革和对外开放相互促进。2020年12月16日,中央经济工作会议指出:"加快构建以国内大循环为主体、国内国际双循环相互促进的新发展格局,要紧紧扭住供给侧结构性改革这条主线,注重需求侧管理。产业链供应链安全稳定是构建新发展格局的基础,形成强大国内市场是构建新发展格局的重要支撑。构建新发展格局,必须构建高水平社会主义市场经济体制,实行高水平对外开放,推动改革和开放相互促进。适应新发展阶段、贯彻新发展理念、构建新发展格局,必须加强党的全面领导,善于用政治眼光观察和分析经济社会问题,真抓实干把党中央决策部署贯彻到经济工作各方面。督查、督导等工作要规范进行,讲求实效。各级领导干部要提高专业化能力,努力成为领导构建新发展格局的行家里手。"③

以习近平同志为核心的党中央适应新时代、新发展理念和新发展阶段提出的新发展格局理念具有十分丰富的内涵,科学反映了"百年未有之大变局"的当今世界和正在实现第二个百年奋斗目标中国的发展变化对经济社会发展提出的新要求,是习近平新时代中国特色社会主义经济思想的新发展。构建新发展格局,精华在于新发展理念,根本在于国内循环,基础在于国内国际双循环相互促进,关键在于科技创新,目的在于更好地为中国人民谋福祉、为中华民族谋复兴、为世界人民谋大同。

152. 推动高质量发展

推动高质量发展,意味着中国经济已由高速增长阶段转向高质量发展

---

① 习近平:《论把握新发展阶段、贯彻新发展理念、构建新发展格局》,中央文献出版社2021年版,第10页。
② 习近平:《论把握新发展阶段、贯彻新发展理念、构建新发展格局》,中央文献出版社2021年版,第448、449页。
③ 《中央经济工作会议在北京举行:习近平李克强作重要讲话 栗战书汪洋王沪宁赵乐际韩正出席会议》,《人民日报》2020年12月19日。

阶段。

2017年10月18日，习近平在中共十九大报告中提出了"高质量发展"的概念。习近平指出："我国经济已由高速增长阶段转向高质量发展阶段，正处在转变发展方式、优化经济结构、转换增长动力的攻关期，建设现代化经济体系是跨越关口的迫切要求和我国发展的战略目标。必须坚持质量第一、效益优先，以供给侧结构性改革为主线，推动经济发展质量变革、效率变革、动力变革，提高全要素生产率，着力加快建设实体经济、科技创新、现代金融、人力资源协同发展的产业体系，着力构建市场机制有效、微观主体有活力、宏观调控有度的经济体制，不断增强我国经济创新力和竞争力。"[①]

推动高质量既要面对国内社会主要矛盾发生变化的客观现实，又要增强应对日趋复杂国际环境的能力。2020年10月26日，习近平在关于《中共中央关于制定国民经济和社会发展第十四个五年规划和二〇三五年远景目标的建议》的说明中指出："以推动高质量发展为主题，这是根据我国发展阶段、发展环境、发展条件变化作出的科学判断。""新时代新阶段的发展必须贯彻新发展理念，必须是高质量发展。当前，我国社会主要矛盾已经转化为人民日益增长的美好生活需要和不平衡不充分的发展之间的矛盾，发展中的矛盾和问题集中体现在发展质量上。这就要求我们必须把发展质量问题摆在更为突出的位置，着力提升发展质量和效益。""当今世界正经历百年未有之大变局，我国发展的外部环境日趋复杂。防范化解各类风险隐患，积极应对外部环境变化带来的冲击挑战，关键在于办好自己的事，提高发展质量，提高国际竞争力，增强国家综合实力和抵御风险能力，有效维护国家安全，实现经济行稳致远、社会和谐安定。经济、社会、文化、生态等各领域都要体现高质量发展的要求。""推动高质量发展为主题，必须坚定不移贯彻新发展理念，以深化供给侧结构性改革为主线，坚持质量第一、效益优先，切实转变发展方式，推动质量变革、效率变革、动力变革，使发展成果更好惠及全体人民，不断实现人民对美好生活的向往。"[②]

在中国特色社会主义进入了新时代的同时，我国经济发展也进入了新时代，由高速增长阶段转向了高质量发展阶段。推动高质量发展，是遵循经济规律发展的客观要求，是保持经济持续健康发展的必然要求，是全面建设社会主义现代化国家、进而实现第二个百年奋斗目标的现实要求。

---

① 习近平：《决胜全面建成小康社会，夺取新时代中国特色社会主义伟大胜利——在中国共产党第十九次全国代表大会上的报告》，人民出版社2017年版，第30页。

② 习近平：《关于〈中共中央关于制定国民经济和社会发展第十四个五年规划和二〇三五年远景目标的建议〉的说明》，《人民日报》2020年11月4日。

153. 供给侧结构性改革

供给侧结构性改革的目标是调整经济结构，实现生产要素最优配置，从而提升经济增长的质量和数量。

2015年11月10日，习近平在中央财经领导小组第十一次会议上的讲话首次提出"供给侧结构性改革"。习近平指出："推进经济结构性改革，是贯彻落实党的十八届五中全会精神的一个重要举措。要牢固树立和贯彻落实创新、协调、绿色、开放、共享的发展理念，适应经济发展新常态"，"在适度扩大总需求的同时，着力加强供给侧结构性改革，着力提高供给体系质量和效率，增强经济持续增长动力，推动我国社会生产力水平实现整体跃升"。[①] 2015年12月，习近平在中央经济会议上指出："推进供给侧结构性改革，是适应和引领经济发展新常态的重大创新，是适应国际金融危机发生后综合国力竞争新形势的主动选择，是适应我国经济发展新常态的必然要求。"[②]

2016年1月18日，习近平在省部级主要领导干部学习贯彻党的十八届五中全会精神专题研讨班上的讲话中指出："供给侧结构性改革，重点是解放和发展社会生产力。"[③]"供给和需求是市场经济内在关系的两个基本方面，是既对立又统一的辩证关系，二者你离不开我、我离不开你，相互依存、互为条件。"[④]"推进供给侧结构性改革，要从生产端入手，重点是促进产能过剩有效化解，促进产业优化重组，降低企业成本，发展战略性新兴产业和现代服务业，增加公共产品和服务供给，提高供给结构对需求变化的适应性和灵活性。简言之，就是去产能、去库存、去杠杆、降成本、补短板。"供给侧结构性改革的根本目的是提高社会生产力水平，落实好以人民为中心的发展思想。2016年8月24日，习近平在青海省考察工作结束时的讲话中指出：推进供给侧结构性改革，"是在综合分析世界经济长周期和我国经济发展新常态的基础上，对我国经济发展思路和工作着力点的重大调整，是化解我国经济发展面临困难和矛盾的重大举措，也是培育增长新动力、形成先发新优势、实现创新引领发展的必然要求和选择。要把推进供给侧结构性改革作为当前和今后一个时期经济发展和经济工作的主线，转变发展方式，培育创新动力，为经济持续健康发

---

① 《习近平主持召开中央财经领导小组第十一次会议强调：全面贯彻党的十八届五中全会精神，落实发展理念，推进经济结构性改革》，《人民日报》2015年11月11日。
② 《习近平关于社会主义经济建设论述摘编》，中央文献出版社2017年版，第90页。
③ 习近平：《在省部级主要领导干部学习贯彻党的十八届五中全会精神专题研讨班上的讲话》，人民出版社2016版，第29页。
④ 习近平：《在省部级主要领导干部学习贯彻党的十八届五中全会精神专题研讨班上的讲话》，人民出版社2016版，第30页。

展打造新引擎、构建新支撑"。① 2017年10月18日，习近平在中共十九大报告中指出："深化供给侧结构性改革。建设现代化经济体系，必须把发展经济的着力点放在实体经济上，把提高供给体系质量作为主攻方向，显著增强我国经济质量优势。"②

推进供给侧结构性改革，是以习近平同志为核心的党中央深刻把握"十三五"时期我国经济发展大势作出的战略部署，是适应我国经济发展新常态的重大经济理论和实践创新，对于我国经济社会的发展具有长远的意义。

154. 构建现代化经济体系

构建现代化经济体系是习近平新时代中国特色社会主义思想的重要组成部分。建设现代化经济体系，要建设创新引领、协同发展的产业体系，建设统一开放、竞争有序的市场体系，建设体现效率、促进公平的收入分配体系，建设彰显优势、协调联动的城乡区域发展体系，建设资源节约、环境友好的绿色发展体系，建设多元平衡、安全高效的全面开放体系。

2017年10月18日，习近平在中共十九大报告中指出提出了"建设现代化经济体系"的目标。习近平指出："我国经济已由高速增长阶段转向高质量发展阶段，正处在转变发展方式、优化经济结构、转换增长动力的攻关期，建设现代化经济体系是跨越关口的迫切要求和我国发展的战略目标。必须坚持质量第一、效益优先，以供给侧结构性改革为主线，推动经济发展质量变革、效率变革、动力变革，提高全要素生产率，着力加快建设实体经济、科技创新、现代金融、人力资源协同发展的产业体系，着力构建市场机制有效、微观主体有活力、宏观调控有度的经济体制，不断增强我国经济创新力和竞争力。"③

2018年1月30日，十九届中共中央政治局就建设现代化经济体系进行第三次集体学习，习近平在这次集体学习中指出了建设现代化经济体系的详细内容："现代化经济体系，是由社会经济活动各个环节、各个层面、各个领域的相互关系和内在联系构成的一个有机整体。要建设创新引领、协同发展的产业体系，实现实体经济、科技创新、现代金融、人力资源协同发展，使科技创新在实体经济发展中的贡献份额不断提高，现代金融服务实体经济的能力不断增强，人力资源支撑实体经济发展的作用不断优化。要建设统一开放、竞争有序的市场体系，实现市场准入畅通、市场开放有序、市场竞争充分、市场秩序规

---

① 《习近平关于社会主义经济建设论述摘编》，中央文献出版社2017年版，第107页。
② 习近平：《决胜全面建成小康社会，夺取新时代中国特色社会主义伟大胜利——在中国共产党第十九次全国代表大会上的报告》，人民出版社2017年版，第30页。
③ 习近平：《决胜全面建成小康社会，夺取新时代中国特色社会主义伟大胜利——在中国共产党第十九次全国代表大会上的报告》，人民出版社2017年版，第30页。

范，加快形成企业自主经营公平竞争、消费者自由选择自主消费、商品和要素自由流动平等交换的现代市场体系。要建设体现效率、促进公平的收入分配体系，实现收入分配合理、社会公平正义、全体人民共同富裕，推进基本公共服务均等化，逐步缩小收入分配差距。要建设彰显优势、协调联动的城乡区域发展体系，实现区域良性互动、城乡融合发展、陆海统筹整体优化，培育和发挥区域比较优势，加强区域优势互补，塑造区域协调发展新格局。要建设资源节约、环境友好的绿色发展体系，实现绿色循环低碳发展、人与自然和谐共生，牢固树立和践行绿水青山就是金山银山理念，形成人与自然和谐发展现代化建设新格局。要建设多元平衡、安全高效的全面开放体系，发展更高层次开放型经济，推动开放朝着优化结构、拓展深度、提高效益方向转变。要建设充分发挥市场作用、更好发挥政府作用的经济体制，实现市场机制有效、微观主体有活力、宏观调控有度。以上几个体系是统一整体，要一体建设、一体推进。"[1]

建设现代化经济体系是开启全面建设社会主义现代化国家新征程的重大任务；是紧扣我国社会主要矛盾转化推进经济建设的客观要求；是适应我国经济已由高速增长阶段转向高质量发展阶段的必然要求。构建现代化经济体系建设，要建设充分发挥市场作用、更好发挥政府作用的经济体制。要重点发展实体经济，实施创新驱动发展战略，推动城乡区域协调发展、发展开放型经济和深化经济体制改革。

155. 促进全体人民共同富裕

共同富裕是社会主义的本质要求，是中国式现代化的重要特征，要坚持以人民为中心的发展思想，在高质量发展中促进共同富裕。

新中国成立以来，中国共产党始终团结带领各族人民朝着共同富裕的目标不懈努力。但新时代以来，我国发展不平衡不充分问题依然突出，城乡区域发展和收入分配差距较大，实现全体人民共同富裕仍然任重而道远。2017年10月18日，习近平在中共十九大报告中首次提出"促进全体人民共同富裕"。习近平指出："新时代中国特色社会主义思想"，"明确新时代我国社会主要矛盾是人民日益增长的美好生活需要和不平衡不充分的发展之间的矛盾，必须坚持以人民为中心的发展思想，不断促进人的全面发展、全体人民共同富裕。"[2]中共十八大以来，中国共产党把脱贫攻坚作为重中之重，使现行标准下农村贫

---

[1] 习近平：《深刻认识建设现代化经济体系重要性，推动我国经济发展焕发新活力迈上新台阶》，《人民日报》2018年2月1日。
[2] 习近平：《决胜全面建成小康社会，夺取新时代中国特色社会主义伟大胜利——在中国共产党第十九次全国代表大会上的报告》，人民出版社2017年版，第19页。

困人口全部脱贫，就是促进全体人民共同富裕的一项重大举措。2021年2月25日，习近平在全国脱贫攻坚总结表彰大会上的讲话中指出："脱贫攻坚战的全面胜利，标志着我们党在团结带领人民创造美好生活、实现共同富裕的道路上迈出了坚实的一大步。同时，脱贫摘帽不是终点，而是新生活、新奋斗的起点。解决发展不平衡不充分问题、缩小城乡区域发展差距、实现人的全面发展和全体人民共同富裕仍然任重道远。"①

2021年12月8日，习近平在中央经济工作会议上将促进共同富裕作为我国新发展阶段面临的第一个问题。习近平指出："进入新发展阶段，我国发展内外环境发生深刻变化，面临许多新的重大问题，需要正确认识和把握。"第一个问题就是"正确认识和把握实现共同富裕的战略目标和实践途径"。实现共同富裕的目标，"首先要通过全国人民共同奋斗把'蛋糕'做大做好，然后通过合理的制度安排正确处理增长和分配关系，把'蛋糕'切好分好"。实现共同富裕的目标，"要在推动高质量发展中强化就业优先导向"。实现共同富裕的目标，"要发挥分配的功能和作用。要处理好效率和公平关系，构建初次分配、再分配、三次分配协调配套的基础性制度安排"。实现共同富裕的目标，"要完善公共服务政策制度体系"。②

共同富裕是社会主义的本质要求，是中国式现代化的重要特征。只有坚定不移地走全体人民共同富裕道路，不断促进全体人民共同富裕取得更为明显的实质性进展，才能实现第二个百年奋斗目标，才能实现中华民族的伟大复兴。

156. 实施科教兴国战略

1995年5月6日颁布的《中共中央、国务院关于加速科学技术进步的决定》，首次提出在全国实施科教兴国的战略。新时代以来，以习近平同志为核心的党中央提出了诸多"科教兴国"相关论述，科教兴国战略已成为中国的基本国策。

2017年10月18日，习近平在中共十九大报告中指出："从现在到二〇二〇年，是全面建成小康社会决胜期。要按照十六大、十七大、十八大提出的全面建成小康社会各项要求，紧扣我国社会主要矛盾变化，统筹推进经济建设、政治建设、文化建设、社会建设、生态文明建设，坚定实施科教兴国战略、人才强国战略、创新驱动发展战略、乡村振兴战略、区域协调发展战略、可持续发展战略、军民融合发展战略。"③ 2020年10月29日，中共十九届五中全会

---

① 习近平：《在全国脱贫攻坚总结表彰大会上的讲话》，人民出版社2021年版，第20页。
② 习近平：《正确认识和把握我国发展重大理论和实践问题》，《求是》2022年第10期。
③ 习近平：《决胜全面建成小康社会，夺取新时代中国特色社会主义伟大胜利——在中国共产党第十九次全国代表大会上的报告》，人民出版社2017年版，第27—28页。

提出:"坚持创新在我国现代化建设全局中的核心地位,把科技自立自强作为国家发展的战略支撑,面向世界科技前沿、面向经济主战场、面向国家重大需求、面向人民生命健康,深入实施科教兴国战略、人才强国战略、创新驱动发展战略,完善国家创新体系,加快建设科技强国。"①

中国共产党在革命、建设、改革各个历史时期,都高度重视科技事业的发展。2021年5月28日,习近平在中国科学院第二十次院士大会、中国工程院第十五次院士大会、中国科协第十次全国代表大会上的讲话中指出,中国共产党"从革命时期高度重视知识分子工作,到新中国成立后吹响'向科学进军'的号角,到改革开放提出'科学技术是第一生产力'的论断;从进入新世纪深入实施知识创新工程、科教兴国战略、人才强国战略,不断完善国家创新体系、建设创新型国家,到党的十八大后提出创新是第一动力、全面实施创新驱动发展战略、建设世界科技强国,科技事业在党和人民事业中始终具有十分重要的战略地位、发挥了十分重要的战略作用。""党的十九大确立了到2035年跻身创新型国家前列的战略目标,党的十九届五中全会提出了坚持创新在我国现代化建设全局中的核心地位,把科技自立自强作为国家发展的战略支撑。立足新发展阶段、贯彻新发展理念、构建新发展格局、推动高质量发展,必须深入实施科教兴国战略、人才强国战略、创新驱动发展战略,完善国家创新体系,加快建设科技强国,实现高水平科技自立自强。"②

科技事业在我国社会主义现代化建设事业中始终具有十分重要的战略地位、发挥了十分重要的战略作用。坚定实施科教兴国战略,是保证经济持续健康的重要举措,是实现第二个百年奋斗目标的必然选择,是提升我国综合国力和国际竞争力的根本出路,也是实现中华民族伟大复兴的必由之路。

157. 实施创新驱动发展战略

实施创新驱动发展战略,就是要使市场在资源配置中起决定性作用和更好发挥政府作用,破除一切制约创新的思想障碍和制度藩篱,激发全社会创新活力和创造潜能,提升劳动、信息、知识、技术、管理、资本的效率和效益,强化科技同经济对接、创新成果同产业对接、创新项目同现实生产力对接、研发人员创新劳动同其利益收入对接,增强科技进步对经济发展的贡献度,营造大众创业、万众创新的政策环境和制度环境。

---

① 《中国共产党第十九届中央委员会第五次全体会议公报》,人民出版社2020年版,第12—13页。
② 习近平:《在中国科学院第二十次院士大会、中国工程院第十五次院士大会、中国科协第十次全国代表大会上的讲话》,人民出版社2021年版,第8—9页。

2012年12月,习近平在广东考察时指出:"国际经济竞争甚至综合国力竞争,说到底就是创新能力的竞争。谁能在创新上下先手棋,谁就能掌握主动。我们要大力实施创新驱动发展战略,加快完善创新机制,全方位推进科技创新、企业创新、产品创新、市场创新、品牌创新,加快科技成果向现实生产力转化,推动科技和经济紧密结合。"① 2014年6月9日,习近平在中国科学院第十七次院士大会、中国工程院第十二次院士大会上的讲话中指出:"实施创新驱动发展战略,最根本的是要增强自主创新能力,最紧迫的是要破除体制机制障碍,最大限度解放和激发科技作为第一生产力所蕴藏的巨大潜能。面向未来,增强自主创新能力,最重要的就是要坚定不移走中国特色自主创新道路,坚持自主创新、重点跨越、支撑发展、引领未来的方针,加快创新型国家建设步伐。"②

实施创新驱动发展战略,不仅要求我们要跟踪全球科技发展方向,缩小关键领域差距,形成比较优势,同时还要求我们要坚持问题导向,以创新来突破国内发展瓶颈。2014年12月9日,习近平在中央经济工作会议上的讲话中指出:"创新要实,就是要推动全面创新,更多靠产业化的创新来培育和形成新的增长点。创新不是发表论文、申请到专利就大功告成了,创新必须落实到创造新的增长点上,把创新成果变成实实在在的产业活动。""增强对创新驱动发展的认识,全面研判世界科技创新和产业变革大势,从实际出发,确定创新的突破口,努力形成新的增长动力。"③

创新驱动发展战略是引领经济发展的第一动力。2019年5月,《求是》杂志发表习近平的重要文章《深入理解新发展理念》一文指出:"着力实施创新驱动发展战略。把创新摆在第一位,是因为创新是引领发展的第一动力。""抓住了创新,就抓住了牵动经济社会发展全局的'牛鼻子'。""坚持创新发展,是我们分析近代以来世界发展历程特别是总结我国改革开放成功实践得出的结论,是我们应对发展环境变化、增强发展动力、把握发展主动权,更好引领新常态的根本之策。""回顾近代以来世界发展历程,可以清楚看到,一个国家和民族的创新能力,从根本上影响甚至决定国家和民族前途命运。"④

实施创新驱动发展战略,是把科技自立自强作为国家发展的战略支撑的必然选择,是强化国家战略科技力量,加强基础研究,推进关键核心技术攻关和自主创新的战略抉择,是强化知识产权创造、保护、运用,加快建设创新型国

---

① 《习近平关于社会主义经济建设论述摘编》,中央文献出版社2017年版,第125页。
② 习近平:《在中国科学院第十七次院士大会、中国工程院第十二次院士大会上的讲话》,人民出版社2014年版,第8—9页。
③ 《习近平关于社会主义经济建设论述摘编》,中央文献出版社2017年版,第83页。
④ 习近平:《深入理解新发展理念》,《求是》2019年第10期。

家和世界科技强国的必由之路。

158. 实施乡村振兴战略

实施乡村振兴战略是中国共产党在全面认识和把握我国发展阶段性特征基础上，从党和国家事业发展全局出发作出的一项重大战略决策。

2017年10月18日，习近平在中共十九大报告中提出"实施乡村振兴战略"。习近平指出："实施乡村振兴战略。农业农村农民问题是关系国计民生的根本性问题，必须始终把解决好'三农'问题作为全党工作重中之重。要坚持农业农村优先发展，按照产业兴旺、生态宜居、乡风文明、治理有效、生活富裕的总要求，建立健全城乡融合发展体制机制和政策体系，加快推进农业农村现代化。"① 2017年12月28日，习近平在中央农村工作会议上的讲话中指出，"实施乡村振兴战略是党中央从党和国家事业全局出发、着眼于实现'两个一百年'奋斗目标、顺应亿万农民对美好生活的向往作出的重大决策。实施乡村振兴战略是有基础和条件的，是从解决我国社会主要矛盾出发的，是有鲜明目标导向的，是党的使命决定的，也是为全球解决乡村问题贡献中国智慧和中国方案。"②

乡村振兴战略是新时代中国共产党解决"三农"问题的总抓手，也是全面脱贫后，乡村发展的新目标。2018年9月21日，习近平在主持中共十九届中央政治局第八次集体学习时强调："把乡村振兴战略作为新时代'三农'工作总抓手，促进农业全面升级农村全面进步农民全面发展。"③ 2021年2月25日，习近平在全国脱贫攻坚总结表彰大会上的讲话中指出："我们要切实做好巩固拓展脱贫攻坚成果同乡村振兴有效衔接各项工作，让脱贫基础更加稳固、成效更可持续。""乡村振兴是实现中华民族伟大复兴的一项重大任务。要围绕立足新发展阶段、贯彻新发展理念、构建新发展格局带来的新形势、提出的新要求，坚持把解决好'三农'问题作为全党工作重中之重，坚持农业农村优先发展，走中国特色社会主义乡村振兴道路，持续缩小城乡区域发展差距，让低收入人口和欠发达地区共享发展成果，在现代化进程中不掉队、赶上来。全面实施乡村振兴战略的深度、广度、难度都不亚于脱贫攻坚，要完善政策体系、工作体系、制度体系，以更有力的举措、汇聚更强大的力量，加快农业农村现

---

① 习近平：《决胜全面建成小康社会，夺取新时代中国特色社会主义伟大胜利——在中国共产党第十九次全国代表大会上的报告》，人民出版社2017年版，第32页。
② 《习近平同志〈论"三农"工作〉主要篇目介绍》，《人民日报》2022年6月7日。
③ 《习近平在中共中央政治局第八次集体学习时强调：把乡村振兴战略作为新时代"三农"工作总抓手，促进农业全面升级、农村全面进步、农民全面发展》，《人民日报》2018年9月23日。

代化步伐,促进农业高质高效、乡村宜居宜业、农民富裕富足。"①

中共十八大以来,中国共产党坚持把解决好"三农"问题作为全党工作的重中之重,实施乡村振兴战略,是开启全面建设社会主义现代化国家新征程的必然选择,是实现中国共产党的执政宗旨和社会主义的本质要求的必然路径,是解决新时代我国社会主要矛盾、实现第二个百年奋斗目标和中华民族伟大复兴中国梦的必然要求。

159. 实施区域协调发展战略

实施区域协调发展战略,是中国共产党在新时代针对区域协调发展新特征作出的重大战略部署。

2003年10月14日,中共十六届三中全会通过的《中共中央关于完善社会主义市场经济体制若干问题的决定》提出:"要按照统筹城乡发展、统筹区域发展、统筹经济社会发展、统筹人与自然和谐发展、统筹国内发展和对外开放的要求,更大程度地发挥市场在资源配置中的基础性作用,为全面建设小康社会提供强有力的体制保障。"② 这是中国共产党首次提出"区域协调发展"的理念。新时代以来,中国共产党立足中国实际,继承发展了这一理念。

2015年10月29日,中共十八届五中全会通过的《中国共产党第十八届中央委员会第五次全体会议公报》中指出:"坚持协调发展,必须牢牢把握中国特色社会主义事业总体布局,正确处理发展中的重大关系,重点促进城乡区域协调发展,促进经济社会协调发展,促进新型工业化、信息化、城镇化、农业现代化同步发展","必须在协调发展中拓宽发展空间,在加强薄弱领域中增强发展后劲。推动区域协调发展,塑造要素有序自由流动、主体功能约束有效、基本公共服务均等、资源环境可承载的区域协调发展新格局。"③ 2017年10月18日,习近平在中共十九大报告中首次提出"实施区域协调发展战略"。习近平指出:"实施区域协调发展战略。加大力度支持革命老区、民族地区、边疆地区、贫困地区加快发展,强化举措推进西部大开发形成新格局,深化改革加快东北等老工业基地振兴,发挥优势推动中部地区崛起,创新引领率先实现东部地区优化发展,建立更加有效的区域协调发展新机制。"④ 2018年4月26日,习近平在深入推动长江经济带发展座谈会上的讲话中指出:"一定要处理

---

① 习近平:《在全国脱贫攻坚总结表彰大会上的讲话》,人民出版社2021年版,第20—21页。
② 《改革开放以来历届三中全会文件汇编》,人民出版社2013年版,第119页。
③ 《中国共产党第十八届中央委员会第五次全体会议文件汇编》,人民出版社2015年版,第9页。
④ 习近平:《决胜全面建成小康社会,夺取新时代中国特色社会主义伟大胜利——在中国共产党第十九次全国代表大会上的报告》,人民出版社2017年版,第32—33页。

好自身发展和协同发展的关系,首先要解决思想认识问题,然后再从体制机制和政策举措方面下功夫,做好区域协调发展'一盘棋'这篇大文章。""要深刻理解实施区域协调发展战略的要义,各地区要根据主体功能区定位,按照政策精准化、措施精细化、协调机制化的要求,完整准确落实区域协调发展战略,推动实现基本公共服务均等化,基础设施通达程度比较均衡,人民生活水平有较大提高。"①

区域协调发展战略的提出和实施,完善了中国改革开放空间布局,引领了区域经济高质量发展,推动了东西南北纵横联动发展新格局的形成。

160. 实施可持续发展战略

1995年9月,中共十四届五中全会提出"可持续发展战略":"在现代化建设中,必须把实现可持续发展作为一个重大战略。要把控制人口、节约资源、保护环境放到重要位置,使人口增长与社会生产力的发展相适应,使经济建设与资源、环境相协调,实现良性循环。"② 中共十八大以来,以习近平同志为主要代表的中国共产党人继承、发展、创新了可持续发展思想,从整体着眼,从全局出发,大力推进可持续发展战略。

2000年1月1日,时任福建省代省长的习近平在对万寿岩遗址保护作出重要的批示中指出:"保护历史文物是国家法律赋予每个人的责任,也是实施可持续发展战略的重要内容。"③ 2014年6月3日,习近平在2014年国际工程科技大会上指出:"我们将继续实施可持续发展战略,优化国土空间开发格局,全面促进资源节约,加大自然生态系统和环境保护力度,着力解决雾霾等一系列问题,努力建设天蓝地绿水净的美丽中国。"④

新时代以来,中国共产党在可持续发展战略的基础上提出了"两山"理念。2017年1月17日,习近平在世界经济论坛2017年年会开幕式上的主旨演讲中指出:"坚持绿色低碳,建设一个清洁美丽的世界。人与自然共生共存,伤害自然最终将伤及人类。空气、水、土壤、蓝天等自然资源用之不觉、失之难续。工业化创造了前所未有的物质财富,也产生了难以弥补的生态创伤。""绿水青山就是金山银山。我们应该遵循天人合一、道法自然的理念,寻求永

---

① 习近平:《在深入推动长江经济带发展座谈会上的讲话》,《人民日报》2018年6月14日。
② 《中国共产党第十四届中央委员会第五次全体会议文件》,人民出版社1995年版,第13页。
③ 《留住历史根脉,传承中华文明——习近平总书记关心历史文物保护工作纪实》,《人民日报》2015年1月10日。
④ 习近平:《让工程科技造福人类、创造未来——在2014年国际工程科技大会上的主旨演讲》,《人民日报》2014年6月4日。

续发展之路。"① 2020年10月29日，中共十九届五中全会通过的《中国共产党第十九届中央委员会第五次全体会议公报》中指出："推动绿色发展，促进人与自然和谐共生。坚持绿水青山就是金山银山理念，坚持尊重自然、顺应自然、保护自然，坚持节约优先、保护优先、自然恢复为主，守住自然生态安全边界。深入实施可持续发展战略，完善生态文明领域统筹协调机制，构建生态文明体系，促进经济社会发展全面绿色转型，建设人与自然和谐共生的现代化。要加快推动绿色低碳发展，持续改善环境质量，提升生态系统质量和稳定性，全面提高资源利用效率。"②

可持续发展是人类社会共同追求的理想和目标，中共十八大以来，以习近平同志为核心的党中央带领全国各族人民，继承、发展、完善、创新可持续发展战略，生态文明建设取得历史性成就，生态文明体制改革探索进一步加快，指明了中国特色社会主义生态文明建设道路。

161. 实施人才强国战略

2002年5月7日，中共中央、国务院办公厅印发《二〇〇二—二〇〇五年全国人才队伍建设规划纲要》，首次提出实施人才强国战略。新时代以来，党中央深刻回答了为什么建设人才强国、什么是人才强国、怎样建设人才强国的重大理论和实践问题。新时代实施人才强国战略，要坚持党管人才，坚持面向世界科技前沿、面向经济主战场、面向国家重大需求、面向人民生命健康，全方位培养、引进、用好人才，加快建设世界重要人才中心和创新高地，为2035年基本实现社会主义现代化提供人才支撑，为2050年全面建成社会主义现代化强国打好人才基础。

2015年4月28日，习近平在庆祝"五一"国际劳动节暨表彰全国劳动模范和先进工作者大会上的讲话中指出："我们一定要深入实施科教兴国战略、人才强国战略、创新驱动发展战略，把提高职工队伍整体素质作为一项战略任务抓紧抓好，帮助职工学习新知识、掌握新技能、增长新本领，拓展广大职工和劳动者成长成才空间，引导广大职工和劳动者树立终身学习理念，不断提高思想道德素质和科学文化素质。"③ 2017年10月18日，习近平在中共十九大报告中进一步指出："人才是实现民族振兴、赢得国际竞争主动的战略资源。

---

① 《习近平主席在出席世界经济论坛2017年年会和访问联合国日内瓦总部时的演讲》，人民出版社2017年版，第29页。
② 《中国共产党第十九届中央委员会第五次全体会议文件汇编》，人民出版社2020年版，第14页。
③ 习近平：《在庆祝"五一"国际劳动节暨表彰全国劳动模范和先进工作者大会上的讲话》，人民出版社2015年版，第9页。

要坚持党管人才原则，聚天下英才而用之，加快建设人才强国。实行更加积极、更加开放、更加有效的人才政策，以识才的慧眼、爱才的诚意、用才的胆识、容才的雅量、聚才的良方，把党内和党外、国内和国外各方面优秀人才集聚到党和人民的伟大奋斗中来，鼓励引导人才向边远贫困地区、边疆民族地区、革命老区和基层一线流动，努力形成人人渴望成才、人人努力成才、人人皆可成才、人人尽展其才的良好局面，让各类人才的创造活力竞相迸发、聪明才智充分涌流。"①

2021年9月，习近平在中央人才工作会议上强调：新时代实施人才强国战略，"一是坚持党对人才工作的全面领导，二是坚持人才引领发展的战略地位，三是坚持面向世界科技前沿、面向经济主战场、面向国家重大需求、面向人民生命健康，四是坚持全方位培养用好人才，五是坚持深化人才发展体制机制改革，六是坚持聚天下英才而用之，七是坚持营造识才爱才敬才用才的环境，八是坚持弘扬科学家精神"②。实施新时代人才强军战略，必须把党对军队绝对领导贯彻到人才工作各方面和全过程，2021年11月，习近平在中央军委人才工作会议上强调："实施新时代人才强军战略，要贯彻新时代党的强军思想，贯彻新时代军事战略方针，贯彻国防和军队现代化战略安排，聚焦实现建军一百年奋斗目标"，"必须把能打仗、打胜仗作为人才工作出发点和落脚点，必须面向世界军事前沿、面向国家安全重大需求、面向国防和军队现代化，必须全方位培养用好人才，必须深化军事人力资源政策制度改革，必须贯彻人才强国战略"。③

人才是自主创新的关键，国家发展靠人才，民族振兴靠人才，我们要坚持党管人才原则，聚天下英才而用之，加快建设人才强国。

162. 坚决打赢防范化解重大风险攻坚战

防范化解重大风险攻坚战是决胜全面建成小康社会三大攻坚战之一。

2017年10月18日，习近平在中共十九大报告中提出"防范化解重大风险攻坚战"。习近平指出，"从现在到二〇二〇年，是全面建成小康社会决胜期。要按照十六大、十七大、十八大提出的全面建成小康社会各项要求，紧扣我国社会主要矛盾变化"，"坚决打好防范化解重大风险、精准脱贫、污染防治的攻

---

① 习近平：《决胜全面建成小康社会，夺取新时代中国特色社会主义伟大胜利——在中国共产党第十九次全国代表大会上的报告》，人民出版社2017年版，第64—65页。
② 《习近平在中央人才工作会议上强调：深入实施新时代人才强国战略，加快建设世界重要人才中心和创新高地》，《人民日报》2021年9月29日。
③ 《习近平在中央军委人才工作会议上强调：聚焦实现建军一百年奋斗目标，深入实施新时代人才强军战略》，《人民日报》2021年11月29日。

坚战，使全面建成小康社会得到人民认可、经得起历史检验"。① 坚决打赢防范化解重大风险攻坚战，不仅要面对国内风险还要面对国外风险，2019 年 10 月 31 日，习近平在关于《中共中央关于坚持和完善中国特色社会主义制度、推进国家治理体系和治理能力现代化若干重大问题的决定》的说明中指出："坚持和完善中国特色社会主义制度、推进国家治理体系和治理能力现代化"，"是应对风险挑战、赢得主动的有力保证"。"当今世界正经历百年未有之大变局，国际形势复杂多变，改革发展稳定、内政外交国防、治党治国治军各方面任务之繁重前所未有，我们面临的风险挑战之严峻前所未有。这些风险挑战，有的来自国内，有的来自国际，有的来自经济社会领域，有的来自自然界。""我们要打赢防范化解重大风险攻坚战，必须坚持和完善中国特色社会主义制度、推进国家治理体系和治理能力现代化，运用制度威力应对风险挑战的冲击。"② 2021 年，中国完成了坚决打赢防范化解重大风险攻坚战的重要任务。2021 年 3 月 5 日，《2021 年国务院政府工作报告》中指出："一年来，我们贯彻党中央决策部署，统筹推进疫情防控和经济社会发展"，"坚决打好三大攻坚战，主要目标任务如期完成。"

凡事预则立不预则废，全面建成小康社会时期，中国共产党带领全国人民坚决打赢了防范化解重大风险攻坚战，及时解决了我国经济、政治、文化、社会、生态文明建设和国防和军队建设、港澳台工作、外交工作、党的建设等方面出现的风险，顺利完成了第一个百年奋斗目标。

163. 推进以人为核心的新型城镇化建设

推进以人为核心的新型城镇化是新时代中国特色社会主义坚持以人民为中心的基本方略在城镇化工作中的具体体现。推进以人为核心的新型城镇化，要求我国在推进城镇化建设的过程中要坚持以人为本，坚持工业化、信息化、城镇化、农业现代化同步，坚持优化城镇宏观布局，坚持生态文明，生态文明理念全面融入城镇化进程，坚持传承文化的新型城镇化道路，遵循城镇化发展规律，积极稳妥推进城镇化进程，着力提升城镇化质量。

2013 年 12 月，习近平在中央城镇化工作会议上指出城镇化是现代化的必由之路，系统提出了新型城镇化和以人为核心的城镇化的理念，开启了我国城镇化转型发展的新征程。习近平指出：新型城镇化的基本原则，主要是四条：

---

① 习近平：《决胜全面建成小康社会，夺取新时代中国特色社会主义伟大胜利——在中国共产党第十九次全国代表大会上的报告》，人民出版社 2017 年版，第 26—27 页。

② 《中共中央关于坚持和完善中国特色社会主义制度、推进国家治理体系和治理能力现代化若干重大问题的决定》，人民出版社 2019 年版，第 50 页。

"一是以人为本。推进以人为核心的城镇化，提高城镇人口素质和居民生活质量，把促进有能力在城镇稳定就业和生活的常住人口有序实现市民化作为首要任务。二是优化布局。根据资源环境承载能力构建科学合理的城镇化宏观布局，把城市群作为主体形态，促进大中小城市和小城镇合理分工、功能互补、协同发展。三是生态文明。着力推进绿色发展、循环发展、低碳发展，尽可能减少对自然的干扰和损害，节约集约利用土地、水、能源等资源。四是传承文化。发展有历史记忆、地域特色、民族特点的美丽城镇，不能千城一面、万楼一貌。"[1]"解决好人的问题是推进新型城镇化的关键"[2]，"推进农业转移人口市民化，要坚持自愿、分类、有序"[3]，"城镇化是城乡协调发展的过程。没有农村发展，城镇化就会缺乏根基"[4]。

2016年2月23日，习近平对深入推进以人为核心的新型城镇化建设作出重要指示："新型城镇化建设一定要站在新起点、取得新进展。要坚持以创新、协调、绿色、开放、共享的发展理念为引领，以人的城镇化为核心，更加注重提高户籍人口城镇化率，更加注重城乡基本公共服务均等化，更加注重环境宜居和历史文脉传承，更加注重提升人民群众获得感和幸福感。要遵循科学规律，加强顶层设计，统筹推进相关配套改革，鼓励各地因地制宜、突出特色、大胆创新，积极引导社会资本参与，促进中国特色新型城镇化持续健康发展。"[5]

以人为核心的城镇化建设，改变"重物轻人"的传统城镇化思维，把人作为城市建设、城市发展的主体。推进以人为核心的城镇化有利于保护和弘扬传统优秀文化，延续历史文脉，努力把城市建设成为人与人、人与自然和谐共处的美丽家园。

164. 改革只有进行时、没有完成时

改革只有进行时、没有完成时，是中国共产党立足新时代推进改革开放国策秉持的基本立场和根本态度。

2012年12月31日，习近平在主持十八届中央政治局第二次集体学习时的讲话中首次提出了"改革开放只有进行时没有完成时"。习近平指出："改

---

[1] 《十八大以来重要文献选编》（上），中央文献出版社2014年版，第592页。
[2] 《十八大以来重要文献选编》（上），中央文献出版社2014年版，第593页。
[3] 《十八大以来重要文献选编》（上），中央文献出版社2014年版，第594页。
[4] 《十八大以来重要文献选编》（上），中央文献出版社2014年版，第605页。
[5] 《习近平对深入推进新型城镇化建设作出重要指示强调：坚持以创新、协调、绿色、开放、共享的发展理念为引领，促进中国特色新型城镇化持续健康发展》，《人民日报》2016年2月24日。

开放是一项长期的、艰巨的、繁重的事业，必须一代又一代人接力干下去。"①"改革开放只有进行时没有完成时。没有改革开放，就没有中国的今天，也就没有中国的明天。改革开放中的矛盾只能用改革开放的办法来解决。"② 2013年11月15日，习近平在关于《中共中央关于全面深化改革若干重大问题的决定》的说明中指出："正是从历史经验和现实需要的高度，党的十八大以来，中央反复强调，改革开放是决定当代中国命运的关键一招，也是决定实现'两个一百年'奋斗目标、实现中华民族伟大复兴的关键一招，实践发展永无止境，解放思想永无止境，改革开放也永无止境，停顿和倒退没有出路，改革开放只有进行时、没有完成时。面对新形势新任务，我们必须通过全面深化改革，着力解决我国发展面临的一系列突出矛盾和问题，不断推进中国特色社会主义制度自我完善和发展。"③

2021年11月11日，中共十九届六中全会通过的《中共中央关于党的百年奋斗重大成就和历史经验的决议》指出："党的十一届三中全会以后，我国改革开放走过波澜壮阔的历程，取得举世瞩目的成就。随着实践发展，一些深层次体制机制问题和利益固化的藩篱日益显现，改革进入攻坚期和深水区。党中央深刻认识到，实践发展永无止境，解放思想永无止境，改革开放也永无止境，改革只有进行时、没有完成时，停顿和倒退没有出路，必须以更大的政治勇气和智慧推进全面深化改革，敢于啃硬骨头，敢于涉险滩，突出制度建设，注重改革关联性和耦合性，真枪真刀推进改革，有效破除各方面体制机制弊端。"④

在实现第二个百年奋斗目标的新征程上，在实现中华民族伟大复兴的道路上，必须把改革只有进行时、没有完成时落实到经济社会发展的方方面面，不忘初心，牢记使命，将改革开放进行到底。

165. 全面深化改革总目标

全面深化改革的总目标是完善和发展中国特色社会主义制度、推进国家治理体系和治理能力现代化。

2013年11月12日，《中国共产党第十八届中央委员会第三次全体会议公报》中指出："全面深化改革的总目标是完善和发展中国特色社会主义制度，

---

① 《习近平谈治国理政》第一卷，外文出版社2018年版，第67页。
② 《习近平谈治国理政》第一卷，外文出版社2018年版，第69页。
③ 习近平：《关于〈中共中央关于全面深化改革若干重大问题的决定〉的说明》，《人民日报》2013年11月16日。
④ 《中共中央关于党的百年奋斗重大成就和历史经验的决议》，人民出版社2021年版，第36—37页。

推进国家治理体系和治理能力现代化。"① 全面深化改革的总目标是完善和发展中国特色社会主义制度，推进国家治理体系和治理能力现代化的提出，表明了新时代全面深化改革的鲜明性质和根本任务。"全面深化改革是关系党和国家事业发展全局的重大战略部署，不是某个领域某个方面的单项改革。紧紧围绕使市场在资源配置中起决定性作用深化经济体制改革，紧紧围绕坚持党的领导、人民当家作主、依法治国有机统一深化政治体制改革，紧紧围绕建设社会主义核心价值体系、社会主义文化强国深化文化体制改革，紧紧围绕更好保障和改善民生、促进社会公平正义深化社会体制改革，紧紧围绕建设美丽中国深化生态文明体制改革，紧紧围绕提高科学执政、民主执政、依法执政水平深化党的建设制度改革。这'六个紧紧围绕'，既冲破思想观念的障碍，又突破利益固化的樊篱，体现了改革的系统性、整体性、协同性，必将使一切劳动、知识、技术、管理、资本的活力竞相迸发，使一切创造社会财富的源泉充分涌流，使发展成果更多更公平惠及全体人民。"②

2014年2月17日，习近平在省部级主要领导干部学习贯彻党的十八届三中全会精神全面深化改革专题研讨班开班仪式上的讲话中指出："推进国家治理体系和治理能力现代化，必须完整理解和把握全面深化改革的总目标，这是两句话组成的一个整体，即完善和发展中国特色社会主义制度、推进国家治理体系和治理能力现代化。我们的方向就是中国特色社会主义道路。""我们全面深化改革，是要使中国特色社会主义制度更好；我们说坚定制度自信，不是要固步自封，而是要不断革除体制机制弊端，让我们的制度成熟而持久。"③

全面深化改革的总目标是坚持和发展中国特色社会主义的必然要求，也是实现社会主义现代化的应有之义。

166. 加强顶层设计和尊重群众首创精神

把加强顶层设计和尊重群众首创精神相结合，是中国共产党带领全国人民进行改革开放四十余年的重要历史经验和现实举措。

2012年12月31日，习近平在主持十八届中央政治局第二次集体学习时的讲话中指出："改革开放是前无古人的崭新事业，必须坚持正确的方法论，在不断实践探索中推进。摸着石头过河，是富有中国特色、符合中国国情的改革

---

① 《中国共产党第十八届中央委员会第三次全体会议文件汇编》，人民出版社2013年版，第4页。
② 《中国共产党第十八届中央委员会第三次全体会议文件汇编》，人民出版社2013年版，第119—120页。
③ 习近平：《完善和发展中国特色社会主义制度，推进国家治理体系和治理能力现代化》，《人民日报》2014年2月18日。

方法。"①"摸着石头过河和加强顶层设计是辩证统一的，推进局部的阶段性改革开放要在加强顶层设计的前提下进行，加强顶层设计要在推进局部的阶段性改革开放的基础上来谋划。我们要加强宏观思考和顶层设计，更加注重改革的系统性、整体性、协同性，同时也要继续鼓励大胆试验、大胆突破，不断把改革开放引向深入。"② 2013年11月12日，习近平在十八届三中全会第二次全体会议上指出："推进任何一项重大改革，都要站在人民立场上把握和处理好涉及改革的重大问题，都要从人民利益出发谋划改革思路、制定改革举措。""提高改革决策的科学性，很重要的一条就是要广泛听取群众意见和建议，及时总结群众创造的新鲜经验，充分调动群众推进改革的积极性、主动性、创造性，把最广大人民智慧和力量凝聚到改革上来，同人民一道把改革推向前进。"③

加强顶层设计和摸着石头过河相结合，是全面深化改革必须遵循的重要原则，也是历史唯物主义的要求。2020年10月14日，习近平在深圳经济特区建立40周年庆祝大会上的讲话中指出：深圳在建设中国特色社会主义先行示范区时，要"与时俱进全面深化改革。改革永远在路上，改革之路无坦途"。要"真抓实干践行以人民为中心的发展思想。中国共产党根基在人民、血脉在人民。人民对美好生活的向往就是我们的奋斗目标。经济特区改革发展的出发点和落脚点都要聚焦到这个目标上来"。要"尊重人民群众首创精神，不断从人民群众中汲取经济特区发展的创新创造活力"。④

加强顶层设计和坚持问计于民统一起来，有利于从生动鲜活的基层实践中汲取智慧，有利于加强改革的系统性、整体性、协同性，有利于各项举措相互配合、相互促进、相得益彰，真正反映民意。

167. 实行更加积极主动的开放战略

实行更加积极主动的开放战略，完善互利共赢、多元平衡、安全高效的开放型经济体系，是在总结改革开放政策经验的基础上，面对世情、国情的变化提出的新要求，为我国今后一个时期进一步扩大开放、全面提高开放型经济发展水平指明了方向。

中共十八大报告指出："适应经济全球化新形势，必须实行更加积极主动的开放战略，完善互利共赢、多元平衡、安全高效的开放型经济体系。要加快

---

① 《习近平关于全面深化改革论述摘编》，中央文献出版社2014年版，第34页。
② 《习近平关于全面深化改革论述摘编》，中央文献出版社2014年版，第35页。
③ 《习近平谈治国理政》第一卷，外文出版社2018年版，第98页。
④ 习近平：《在深圳经济特区建立40周年庆祝大会上的讲话》，《人民日报》2020年10月15日。

转变对外经济发展方式,推动开放朝着优化结构、拓展深度、提高效益方向转变。"2013年10月7日,习近平在亚太经合组织工商领导人峰会上的演讲中指出:"我们将实行更加积极主动的开放战略,完善互利共赢、多元平衡、安全高效的开放型经济体系,促进沿海内陆沿边开放优势互补,形成引领国际经济合作和竞争的开放区域,培育带动区域发展的开放高地。坚持出口和进口并重,推动对外贸易平衡发展;坚持'引进来'和'走出去'并重,提高国际投资合作水平;深化涉及投资、贸易体制改革,完善法律法规,为各国在华企业创造公平经营的法治环境。我们将统筹双边、多边、区域次区域开放合作,加快实施自由贸易区战略,推动同周边国家互联互通。"①

实施更加积极主动的开放战略,要抓住世界经济格局巨大发展变化带来的机遇。2015年9月15日,习近平在中央全面深化改革领导小组第十六次会议上强调:"要坚定不移实施对外开放的基本国策、实行更加积极主动的开放战略,坚定不移提高开放型经济水平,坚定不移引进外资和外来技术,坚定不移完善对外开放体制机制,以扩大开放促进深化改革,以深化改革促进扩大开放,为经济发展注入新动力、增添新活力、拓展新空间。""提高利用国际国内两个市场、两种资源的能力,要牢牢抓住体制改革这个核心,坚持内外统筹、破立结合,坚决破除一切阻碍对外开放的体制机制障碍,加快形成有利于培育新的比较优势和竞争优势的制度安排。""要从制度和规则层面进行改革","着力营造法治化、国际化的营商环境。""要加快走出去步伐,协同推进东中西部对外开放,巩固外贸传统优势,加强国际产能合作,加快培育竞争新优势。"②

中共十八大以来,以习近平同志为核心的党中央在国际关系中弘扬平等互信、包容互鉴、合作共赢的精神,推行更加积极主动的开放战略,扩大同各方利益汇合点,为建设开放性世界经济贡献了中国智慧,提供了中国方案。

168. 构建面向全球的高标准自由贸易区网络

构建面向全球的高标准自由贸易区网络是中国的自由贸易区的提升战略。

2013年11月12日,中共十八届三中全会通过的《中共中央关于全面深化改革若干重大问题的决定》提出"面向全球的高标准自由贸易区网络"。"加快自由贸易区建设。坚持世界贸易体制规则,坚持双边、多边、区域次区域开放合作,扩大同各国各地区利益汇合点,以周边为基础加快实施自由贸易区战

---

① 习近平:《深化改革,共创美好亚太:在亚太经合组织工商领导人峰会上的演讲》,《人民日报》2013年10月8日。

② 《习近平主持召开中央全面深化改革领导小组第十六次会议强调:坚持以扩大开放促进深化改革,坚定不移提高开放型经济水平》,《人民日报》2015年9月16日。

略。改革市场准入、海关监管、检验检疫等管理体制，加快环境保护、投资保护、政府采购、电子商务等新议题谈判，形成面向全球的高标准自由贸易区网络。"① 2014 年 12 月 5 日，习近平在主持中共十八届中央政治局第十九次集体学习时指出："加快实施自由贸易区战略，是我国新一轮对外开放的重要内容。党的十七大把自由贸易区建设上升为国家战略，党的十八大提出要加快实施自由贸易区战略。党的十八届三中全会提出要以周边为基础加快实施自由贸易区战略，形成面向全球的高标准自由贸易区网络。""要准确把握经济全球化新趋势和我国对外开放新要求。"②

构建面向全球的高标准自由贸易区网络，要树立战略思维和全球视野，既要考虑国内经济发展大局，又要联系对外开放国际发展大势，把我国对外开放事业不断推向前进。2015 年 11 月 9 日，中央全面深化改革领导小组第十八次会议强调："加快实施自由贸易区战略，要坚持使市场在资源配置中起决定性作用和更好发挥政府作用，坚持统筹考虑和综合运用国内国际两个市场、两种资源，坚持与推进共建'一带一路'和国家对外战略紧密衔接，坚持把握开放主动和维护国家安全，逐步构筑起立足周边、辐射'一带一路'、面向全球的高标准自由贸易区网络。要把握好扩大开放和深化改革、全面参与和重点突破、科学评估和防控风险等重大关系，重点在提高货物贸易开放水平、扩大服务业对外开放、放宽投资准入、推进规则谈判、提高贸易便利化水平、推进规制合作、加强经济技术合作等方面深化改革，完善体制机制，健全政策体系，建设高水平自由贸易区。"③

站在新的历史起点上，实现第二个百年奋斗目标、实现中华民族伟大复兴的中国梦，必须适应经济全球化新趋势、准确判断国际形势新变化、深刻把握国内改革发展新要求，以更加积极有为的行动，推进更高水平的对外开放，加快构建面向全球的高标准自由贸易区网络，加快构建开放型经济新体制，从而在百年未有之大变局中赢得国际竞争的主动。

169. 建设自由贸易试验区和海南自由贸易港

中国自由贸易区是指在国境内关外设立的，以优惠税收和海关特殊监管政策为主要手段，以贸易自由化便利化为主要目的的多功能经济性特区。建设自由贸易试验区，是中共中央为推进新形势下改革开放提出的一项重大举措。从

---

① 《中国共产党第十八届中央委员会第三次全体会议文件汇编》，人民出版社 2013 年版，第 45 页。
② 《习近平谈治国理政》第二卷，外文出版社 2017 年版，第 99 页。
③ 《习近平主持召开中央全面深化改革领导小组第十八次会议强调：全面贯彻党的十八届五中全会精神，依靠改革为科学发展提供持续动力》，《人民日报》2015 年 11 月 10 日。

2013年9月29日中国（上海）自由贸易试验区正式挂牌成立至2022年5月，全国已设立21个自贸试验区及海南自由贸易港，形成了覆盖东西南北中的试点格局。海南自由贸易港是按照中共中央部署，在海南全岛建设自由贸易试验区和中国特色自由贸易港，是中共中央着眼于国际国内发展大局，深入研究、统筹考虑、科学谋划做出的重大决策。

2013年11月12日，中共十九届三中全会通过的《中共中央关于全面深化改革若干重大问题的决定》指出："建立中国上海自由贸易试验区是党中央在新形势下推进改革开放的重大举措，要切实建设好、管理好，为全面深化改革和扩大开放探索新途径、积累新经验。在推进现有试点基础上，选择若干具备条件地方发展自由贸易园（港）区。"① 2015年3月24日，中央政治局会议审议通过广东、天津、福建自由贸易试验区总体方案、进一步深化上海自由贸易试验区改革开放方案。会议指出："推进自由贸易试验区建设，是我国经济发展进入新常态的形势下，为全面深化改革、扩大开放探索新途径、积累新经验而采取的重大举措。广东、天津、福建自由贸易试验区和扩展区域后的上海自由贸易试验区要当好改革开放排头兵、创新发展先行者，继续以制度创新为核心，贯彻'一带一路'建设、京津冀协同发展、长江经济带发展等国家战略，在构建开放型经济新体制、探索区域经济合作新模式、建设法治化营商环境等方面，率先挖掘改革潜力，破解改革难题。""要及时总结评估试点实施效果，形成更多可复制可推广的改革经验。"②

2017年10月18日，习近平在中共十九大报告中指出："赋予自由贸易试验区更大改革自主权，探索建设自由贸易港。创新对外投资方式，促进国际产能合作，形成面向全球的贸易、投融资、生产、服务网络，加快培育国际经济合作和竞争新优势。"③ 2018年4月13日，习近平在庆祝海南建省办经济特区30周年大会上的讲话中强调："党中央决定支持海南全岛建设自由贸易试验区，支持海南逐步探索、稳步推进中国特色自由贸易港建设，分步骤、分阶段建立自由贸易港政策和制度体系。""海南全岛建设自由贸易试验区，要以制度创新为核心，赋予更大改革自主权，支持海南大胆试、大胆闯、自主改，加快形成法治化、国际化、便利化的营商环境和公平开放统一高效的市场环境。要更大力度转变政府职能，深化简政放权、放管结合、优化服务改革，全面提升

---

① 《中国共产党第十八届中央委员会第三次全体会议文件汇编》，人民出版社2013年版，第44页。
② 《中共中央政治局召开会议：审议〈关于加快推进生态文明建设的意见〉研究广东天津福建上海自由贸易试验区有关方案》，《人民日报》2015年3月25日。
③ 习近平：《决胜全面建成小康社会，夺取新时代中国特色社会主义伟大胜利——在中国共产党第十九次全国代表大会上的报告》，人民出版社2017年版，第35页。

政府治理能力。要实行高水平的贸易和投资自由化便利化政策，对外资全面实行准入前国民待遇加负面清单管理制度，围绕种业、医疗、教育、体育、电信、互联网、文化、维修、金融、航运等重点领域，深化现代农业、高新技术产业、现代服务业对外开放，推动服务贸易加快发展，保护外商投资合法权益，推进航运逐步开放。"①"自由贸易港是当今世界最高水平的开放形态。海南建设自由贸易港要体现中国特色，符合中国国情，符合海南发展定位，学习借鉴国际自由贸易港的先进经营方式、管理方法。我们欢迎全世界投资者到海南投资兴业，积极参与海南自由贸易港建设，共享中国发展机遇、共享中国改革成果。""海南要利用建设自由贸易港的契机，加强同'一带一路'沿线国家和地区开展多层次、多领域的务实合作，建设21世纪海上丝绸之路的文化、教育、农业、旅游等交流平台，在建设21世纪海上丝绸之路重要战略支点上迈出更加坚实的步伐。"②

建设自由贸易试验区和海南自由贸易港，对于我国全面深化我国对外开放格局，构建互利共赢、多元平衡、安全高效的开放型经济体系，更好融入全球经济、推动经济转型升级不断，增强我国国际经济合作和竞争新优势，具有重要战略意义。

170. 推动共建"一带一路"高质量发展

推动共建"一带一路"高质量发展，是中国国民经济和社会发展第十四个五年规划和2035年远景目标纲要中重要的内容。

2018年8月27日，习近平在推进"一带一路"建设工作5周年座谈会上发表的重要讲话中提出了"推动共建'一带一路'高质量发展"的概念。习近平指出："经过夯基垒台、立柱架梁的5年，共建'一带一路'正在向落地生根、持久发展的阶段迈进。我们要百尺竿头、更进一步，在保持健康良性发展势头的基础上，推动共建'一带一路'向高质量发展转变，这是下一阶段推进共建'一带一路'工作的基本要求。要坚持稳中求进工作总基调，贯彻新发展理念，集中力量、整合资源，以基础设施等重大项目建设和产能合作为重点，解决好重大项目、金融支撑、投资环境、风险管控、安全保障等关键问题，形成更多可视性成果，积土成山、积水成渊，推动这项工作不断走深走实。"③

---

① 习近平：《在庆祝海南建省办经济特区30周年大会上的讲话》，人民出版社2018年版，第11页。
② 习近平：《在庆祝海南建省办经济特区30周年大会上的讲话》，人民出版社2018年版，第12页。
③ 习近平：《坚持对话协商共建共享合作共赢交流互鉴，推动共建"一带一路"走深走实造福人民》，《人民日报》2018年8月28日。

推动"一带一路"高质量发展是中国带给世界各国的发展新机遇。2021年11月11日，中共十九届六中全会通过的《中共中央关于党的百年奋斗重大成就和历史经验的决议》指出："开放带来进步，封闭必然落后；我国发展要赢得优势、赢得主动、赢得未来，必须顺应经济全球化，依托我国超大规模市场优势，实行更加积极主动的开放战略。我国坚持共商共建共享，推动共建'一带一路'高质量发展，推进一大批关系沿线国家经济发展、民生改善的合作项目，建设和平之路、繁荣之路、开放之路、绿色之路、创新之路、文明之路，使共建'一带一路'成为当今世界深受欢迎的国际公共产品和国际合作平台。"①

推动"一带一路"高质量发展，要做到"硬联通""软联通"和"心联通"。2021年11月19日，习近平在第三次"一带一路"建设座谈会上发表的重要讲话中指出："8年来，在党中央坚强领导下，我们统筹谋划推动高质量发展、构建新发展格局和共建'一带一路'，坚持共商共建共享原则，把基础设施'硬联通'作为重要方向，把规则标准'软联通'作为重要支撑，把同共建国家人民'心联通'作为重要基础，推动共建'一带一路'高质量发展，取得实打实、沉甸甸的成就。通过共建'一带一路'，提高了国内各区域开放水平，拓展了对外开放领域，推动了制度型开放，构建了广泛的朋友圈，探索了促进共同发展的新路子，实现了同共建国家互利共赢。"②

推动共建"一带一路"高质量发展，为维护世界和平、安全和促进共同发展贡献了中国智慧，为改革完善全球治理体系提供了中国方案，为引导人类文明走向提出了中国主张。

（四）新时代中国政治建设

171. 坚持党的领导、人民当家作主、依法治国有机统一

坚持党的领导、人民当家作主、依法治国有机统一是我国社会主义民主政治建设的一条基本经验。

坚持党的领导、人民当家作主、依法治国有机统一是具有中国特色的重大理论命题。中共十八大以来，习近平多次对此进行了论述和阐释。2012年12月4日，习近平在首都各界纪念现行宪法公布实施30周年大会上指出："坚持

---

① 《中共中央关于党的百年奋斗重大成就和历史经验的决议》，人民出版社2021年版，第38页。
② 《以高标准可持续惠民生为目标，继续推动共建"一带一路"高质量发展》，《人民日报》2021年11月20日。

中国特色社会主义政治发展道路，关键是要坚持党的领导、人民当家作主、依法治国有机统一，以保证人民当家作主为根本，以增强党和国家活力、调动人民积极性为目标，扩大社会主义民主，发展社会主义政治文明。"[1] 2013 年 2 月 23 日，在主持十八届中央政治局第四次集体学习时，习近平强调："要坚持党的领导、人民当家作主、依法治国有机统一，把党的领导贯彻到依法治国全过程。"[2] 2014 年 9 月 5 日，在庆祝全国人民代表大会成立 60 周年大会上，习近平再次指出："在中国，发展社会主义民主政治，保证人民当家作主，保证国家政治生活既充满活力又安定有序，关键是要坚持党的领导、人民当家作主、依法治国有机统一。"[3] 2014 年 10 月，在中共十八届四中全会上习近平提出："坚持党的领导、人民当家作主、依法治国有机统一起来是我国社会主义法治建设的一条基本经验。"[4] 2016 年 7 月 1 日，在庆祝中国共产党成立 95 周年大会上，习近平指出："全面依法治国，核心是坚持党的领导、人民当家作主、依法治国有机统一，关键在于坚持党领导立法、保证执法、支持司法、带头守法。"[5] 2017 年 10 月，在中共十九大报告中习近平指出："坚持党的领导、人民当家作主、依法治国有机统一是社会主义政治发展的必然要求。"[6]

坚持党的领导、人民当家作主、依法治国有机统一是发展社会主义民主政治的必然要求，也是走中国特色社会主义民主政治道路的必然要求。党的领导、人民当家作主、依法治国是我国社会主义民主政治建设的三大基本要素。其中，党的领导是人民当家作主和依法治国的根本保证，人民当家作主是社会主义民主政治的本质特征，依法治国是党领导人民治理国家的基本方式，三者相互联系、相互作用，统一于我国社会主义民主政治建设的伟大实践。只有坚持将党的领导、人民当家作主、依法治国紧密结合起来，才能充分发挥社会主义政治制度的显著优势，不断增强人民群众的参与感、获得感、幸福感。

172. 发展全过程人民民主

全过程人民民主是对中国特色社会主义民主实践的新概括，发展全过程人

---

[1] 习近平：《在首都各界纪念现行宪法公布实施 30 周年大会上的讲话》，人民出版社 2012 年版，第 7 页。
[2] 《习近平关于党风廉政建设和反腐败斗争论述摘编》，中央文献出版社、中国方正出版社 2015 年版，第 123 页。
[3] 习近平：《在庆祝全国人民代表大会成立 60 周年大会上的讲话》，人民出版社 2014 年版，第 6 页。
[4] 《习近平关于协调推进"四个全面"战略布局论述摘编》，中央文献出版社 2015 年版，第 94 页。
[5] 习近平：《在庆祝中国共产党成立 95 周年大会上的讲话》，人民出版社 2016 年版，第 17 页。
[6] 习近平：《决胜全面建成小康社会，夺取新时代中国特色社会主义伟大胜利——在中国共产党第十九次全国代表大会上的报告》，人民出版社 2017 年版，第 22 页。

民民主是新时代的必然要求。

2019年11月2日，习近平在考察上海市长宁区虹桥街道基层立法试点时提出"人民民主是一种全过程的民主"①。2021年3月通过的《中华人民共和国全国人民代表大会组织法》明确指出："全国人民代表大会及其常务委员会坚持全过程民主，始终同人民保持密切联系，倾听人民的意见和建议，体现人民意志，保障人民权益。"② 2021年7月1日，在庆祝中国共产党成立100周年大会上，习近平特别提出"践行以人民为中心的发展思想，发展全过程人民民主"③，增加了"人民"二字。2021年10月14日，习近平在中央人大工作会议上指出："我国全过程人民民主不仅有完整的制度程序，而且有完整的参与实践。我国全过程人民民主实现了过程民主和成果民主、程序民主和实质民主、直接民主和间接民主、人民民主和国家意志相统一，是全链条、全方位、全覆盖的民主，是最广泛、最真实、最管用的社会主义民主。"④ 2021年11月，中共十九届六中全会审议通过的《中共中央关于党的百年奋斗重大成就和历史经验的决议》同样指出，"发展全过程人民民主，保证人民当家作主"⑤。

全过程人民民主保证了人民依法享有广泛权利和自由，形成了全面、广泛、有机衔接的人民当家作主制度体系，使各方面制度和国家治理更好地体现人民意志、保障人民权益、激发人民创造，人民的民主生活日益丰富多彩。发展全过程人民民主是以习近平同志为核心的党中央对民主规律认识的深化，开辟了中国特色社会主义民主政治发展新境界，丰富了人类政治文明形态，为各国走符合国情的民主发展道路提供了中国经验。

173. 坚持和完善人民代表大会制度

坚持和完善人民代表大会制度是新时代发展社会主义民主、保障人民民主权利的必然要求。

中共十八大以来，以习近平同志为核心的党中央始终从党和人民的立场出发，继续推进人民代表大会制度理论与实践创新，提出了一系列新理念新思想新要求。2013年3月17日，在第十二届全国人民代表大会第一次会议上，习

---

① 《紧紧依靠人民推动国家发展》，《人民日报》2019年11月11日。
② 《中华人民共和国全国人民代表大会组织法》，人民出版社2021年版，第3页。
③ 习近平：《在庆祝中国共产党成立100周年大会上的讲话》，人民出版社2021年版，第12页。
④ 《习近平在中央人大工作会议上发表重要讲话强调：坚持和完善人民代表大会制度，不断发展全过程人民民主》，《人民日报》2021年10月15日。
⑤ 《中共中央关于党的百年奋斗重大成就和历史经验的决议》，人民出版社2021年版，第73页。

近平指出要"坚持和完善人民代表大会制度的根本政治制度"①。2014年9月5日,在庆祝全国人民代表大会成立60周年大会上,习近平再次指出:"新形势下,我们要毫不动摇坚持人民代表大会制度,也要与时俱进完善人民代表大会制度。"② 为此,他提出"必须毫不动摇坚持中国共产党的领导""必须保证和发展人民当家作主""必须全面推进依法治国"。③ 2019年10月,中共十九届四中全会明确提出:"坚持和完善人民代表大会制度这一根本政治制度。"④ 这对于保证人民当家作主、发展社会主义民主,充分发挥中国特色社会主义制度和国家治理体系优越性,具有十分重要的意义。2021年10月,习近平在中央人大工作会议上特别强调:"要坚持中国特色社会主义政治发展道路,坚持和完善人民代表大会制度,加强和改进新时代人大工作,不断发展全过程人民民主,巩固和发展生动活泼、安定团结的政治局面。"⑤ 同时,他在原来提出的"四个必须"的基础上提出了坚持和完善人民代表大会制度的"六个必须坚持",即"必须坚持中国共产党领导、必须坚持用制度体系保障人民当家作主、必须坚持全面依法治国、必须坚持民主集中制、必须坚持中国特色社会主义政治发展道路、必须坚持推进国家治理体系和治理能力现代化"⑥。这"六个必须坚持"为新时代坚持和完善人民代表大会制度提供根本遵循。2021年11月,中共中央又印发了《关于新时代坚持和完善人民代表大会制度、加强和改进人大工作的意见》,"为新时代坚持和完善人民代表大会制度、加强和改进人大工作提供了科学指引和行动纲领"⑦。

人民代表大会制度是符合我国国情和实际、体现社会主义国家性质、保证人民当家作主、保障实现中华民族伟大复兴的好制度,是我们党领导人民在人类政治制度史上的伟大创造,是在我国政治发展史乃至世界政治发展史上具有重大意义的全新政治制度。坚持和完善人民代表大会制度,对于坚持和完善人

---

① 习近平:《在第十二届全国人民代表大会第一次会议上的讲话》,人民出版社2013年版,第5页。
② 习近平:《在庆祝全国人民代表大会成立60周年大会上的讲话》,人民出版社2014年版,第9页。
③ 习近平:《在庆祝全国人民代表大会成立60周年大会上的讲话》,人民出版社2014年版,第6—9页。
④ 《中共中央关于坚持和完善中国特色社会主义制度、推进国家治理体系和治理能力现代化若干重大问题的决定》,人民出版社2019年版,第10页。
⑤ 《习近平在中央人大工作会议上发表重要讲话强调:坚持和完善人民代表大会制度,不断发展全过程人民民主》,《人民日报》2021年10月15日。
⑥ 《习近平在中央人大工作会议上发表重要讲话强调:坚持和完善人民代表大会制度,不断发展全过程人民民主》,《人民日报》2021年10月15日。
⑦ 《坚持和完善人民代表大会制度,加强和改进新时代人大工作》,《人民日报》2021年11月27日。

民当家作主制度体系、发展社会主义民主政治、充分发挥中国特色社会主义制度和国家治理体系优越性具有十分重大而深远的意义。

174. 坚持和完善中国共产党领导的多党合作和政治协商制度

坚持和完善中国共产党领导的多党合作和政治协商制度是新时代推进协商民主、发展社会主义民主政治的重要举措。

2013年1月1日,习近平在全国政协新年茶话会上指出:"参加人民政协的各党派团体和各族各界人士要切实把思想和行动统一到中共十八大精神上来,坚持和完善中国共产党领导的多党合作和政治协商制度,发挥人民政协协调关系、汇聚力量、建言献策、服务大局的重要作用,促进政党关系、民族关系、宗教关系、阶层关系、海内外同胞关系的和谐,最大限度调动一切积极因素,共同致力于实现中华民族伟大复兴。"① 2014年9月21日,在庆祝中国人民政治协商会议成立65周年大会上,习近平再次指出:"要坚持和完善中国共产党领导的多党合作和政治协商制度,完善工作机制,搭建更多平台,为民主党派和无党派人士在政协更好发挥作用创造条件。"② 2015年5月18日,习近平在中央统战工作会议上强调:"中国共产党领导的多党合作和政治协商制度,反映了人民当家作主的社会主义民主政治的本质,是我国政治格局稳定的重要制度保证。全党一定要从这样的战略高度来认识问题。"③ 2019年10月,中共十九届四中全会从推进国家治理体系和治理能力现代化的角度提出"坚持和完善中国共产党领导的多党合作和政治协商制度"④,并对此进行了战略部署。2021年11月,中共十九届六中全会审议通过的《中共中央关于党的百年奋斗重大成就和历史经验的决议》指出:"党坚持和完善中国共产党领导的多党合作和政治协商制度,完善民主党派中央对重大决策部署贯彻落实情况实施专项监督、直接向中共中央提出建议等制度,加强人民政协专门协商机构制度建设,推进社会主义协商民主广泛多层制度化发展,形成中国特色协商民主体系。"⑤

政党制度是现代政治文明的核心制度,一个国家实行什么样的政党制度是由该国的基本国情决定的。中国共产党领导的多党合作和政治协商制度是一项

---

① 《习近平关于社会主义政治建设论述摘编》,中央文献出版社2017年版,第123页。
② 习近平:《在庆祝中国人民政治协商会议成立65周年大会上的讲话》,人民出版社2014年版,第9页。
③ 《习近平关于社会主义政治建设论述摘编》,中央文献出版社2017年版,第74—75页。
④ 《中共中央关于坚持和完善中国特色社会主义制度、推进国家治理体系和治理能力现代化若干重大问题的决定》,人民出版社2019年版,第11页。
⑤ 《中共中央关于党的百年奋斗重大成就和历史经验的决议》,人民出版社2021年版,第40页。

具有中国特色的社会主义政党制度，长期以来在我国社会主义政治建设中发挥着巨大作用。坚持和完善中国共产党领导的多党合作和政治协商制度既是实现中华民族伟大复兴的现实需要，也是加强中国特色社会主义新型政党制度建设的必然要求，这对于彰显党坚定的制度自信和政治定力，坚持走中国特色社会主义民主政治发展道路，实现新时代党的历史使命具有重大意义。

175. 完善基层民主制度

基层民主制度指的是基层群众自治组织形式及其运作方式，完善基层民主制度是新时代保障人民民主权利、巩固基层政权的重要措施。

2014年9月5日，在庆祝全国人民代表大会成立60周年大会上，习近平指出："我们要坚持和完善基层群众自治制度，发展基层民主，保障人民依法直接行使民主权利，切实防止出现人民形式上有权、实际上无权的现象。"[1] 2015年4月28日，在庆祝"五一"国际劳动节暨表彰全国劳动模范和先进工作者大会上，针对基层职工的民主权利问题，习近平再次指出"要推进基层民主建设，健全以职工代表大会为基本形式的企事业单位民主管理制度，更加有效地落实职工群众的知情权、参与权、表达权、监督权"[2]。2017年10月，中共十九大报告强调："巩固基层政权，完善基层民主制度，保障人民知情权、参与权、表达权、监督权。"[3] 2019年9月，中共中央印发《中国共产党农村工作条例》，《条例》指出："完善基层民主制度，深化村民自治实践，健全村党组织领导的充满活力的村民自治机制，丰富基层民主协商形式，保证农民依法实行民主选举、民主协商、民主决策、民主管理、民主监督。"[4] 2019年10月，中共十九届四中全会将基层民主制度纳入人民当家作主制度体系，提出要"健全基层党组织领导的基层群众自治机制，在城乡社区治理、基层公共事务和公益事业中广泛实行群众自我管理、自我服务、自我教育、自我监督，拓宽人民群众反映意见和建议的渠道，着力推进基层直接民主制度化、规范化、程序化"[5]。2021年7月，中共中央国务院印发《关于加强基层治理体系和治理能力现代化建设的意见》，再次强调要健全基层群众自治制度，加快实现基层

---

[1] 习近平：《在庆祝全国人民代表大会成立60周年大会上的讲话》，人民出版社2014年版，第21页。
[2] 习近平：《在庆祝"五一"国际劳动节暨表彰全国劳动模范和先进工作者大会上的讲话》，人民出版社2015年版，第6页。
[3] 习近平：《决胜全面建成小康社会，夺取新时代中国特色社会主义伟大胜利——在中国共产党第十九次全国代表大会上的报告》，人民出版社2017年版，第37页。
[4] 《中共中央印发〈中国共产党农村工作条例〉》，《人民日报》2019年9月2日。
[5] 《中共中央关于坚持和完善中国特色社会主义制度、推进国家治理体系和治理能力现代化若干重大问题的决定》，人民出版社2019年版，第13—14页。

治理体系和治理能力现代化。

基层民主是中国特色社会主义民主最广泛的实践,发展基层民主是人民参与管理国家事务和社会事务的重要形式。习近平强调:"我们要坚定不移走中国特色社会主义政治发展道路,继续推进社会主义民主政治建设、发展社会主义政治文明。"[①] 加强基层民主制度建设是中国特色社会主义民主政治建设的重要内容,是发展更加广泛、更加充分、更加健全的人民民主的迫切要求。完善基层民主制度,有利于保证人民群众直接行使当家作主的权利、保障人民群众享有更多更切实的民主权利、充分发挥人民群众的主人翁作用。

176. 全面深化党和国家机构改革

全面深化党和国家机构改革是以习近平同志为核心的党中央立足党和国家事业发展全局作出的重大部署。

2013年11月,中共十八届三中全会通过的《中共中央关于全面深化改革若干重大问题的决定》明确指出,"统筹党政群机构改革,理顺部门职责关系"[②]。2017年10月,中共十九大报告提出,"全面深化改革总目标是完善和发展中国特色社会主义制度、推进国家治理体系和治理能力现代化"[③]。同时,此次大会也作出了"深化机构和行政机构改革"的决策部署。2018年2月,中共十九届三中全会重点研究了深化党和国家机构改革的问题,会议提出"深化党和国家机构改革的目标是,构建系统完备、科学规范、运行高效的党和国家机构职能体系,形成总揽全局、协调各方的党的领导体系,职责明确、依法行政的政府治理体系,中国特色、世界一流的武装力量体系,联系广泛、服务群众的群团工作体系,推动人大、政府、政协、监察机关、审判机关、检察机关、人民团体、企事业单位、社会组织等在党的统一领导下协调行动、增强合力,全面提高国家治理能力和治理水平"[④]。不仅如此,此次会议还提出"深化党和国家机构改革的首要任务是,完善坚持党的全面领导的制度,加强党对各领域各方面工作领导,确保党的领导全覆盖,确保党的领导更加坚强有力"[⑤]。2018年3月,中共中央印发了《深化党和国家机构改革方案》,对党政军群机构改革、中央与地方的关系以及机构编制法定化等进行了明确规定,这

---

① 习近平:《在庆祝全国人民代表大会成立60周年大会上的讲话》,人民出版社2014年版,第14页。
② 《中共中央关于全面深化改革若干重大问题的决定》,人民出版社2013年版,第19页。
③ 习近平:《决胜全面建成小康社会,夺取新时代中国特色社会主义伟大胜利——在中国共产党第十九次全国代表大会上的报告》,人民出版社2017年版,第19页。
④ 《中共十九届三中全会在京举行》,《人民日报》2018年3月1日。
⑤ 《中共十九届三中全会在京举行》,《人民日报》2018年3月1日。

被认为是新时代指导党和国家机构改革整体性变迁的纲领性文件。2021年11月，中共十九届六中全会审议通过的《中共中央关于党的百年奋斗重大成就和历史经验的决议》对此作出总结："全面深化党和国家机构改革，党和国家机构职能实现系统性、整体性重构。"①

党和国家机构职能体系是中国特色社会主义制度的重要组成部分，是党治国理政的重要保障。习近平指出："党政机构属于上层建筑，必须适应经济基础的要求。经济不断发展，社会不断进步，人民生活不断改善，上层建筑就要适应新的要求不断改革。……我们是中国共产党领导的社会主义国家，要根据实际需要，自觉进行机构调整和改革，以利于把我国社会主义制度优越性充分发挥出来。"② 深化党和国家机构改革是推进国家治理体系和治理能力现代化的一场深刻变革，对于提高党的执政能力和领导水平，广泛调动各方面的积极性、主动性、创造性，不断推进党和国家事业向前发展，进而实现中华民族伟大复兴的中国梦具有重要意义。

177. 坚持和完善民族区域自治制度

坚持和完善民族区域自治制度是新时代加强和改进民族工作提出的重要思想。

实行民族区域自治制度，是党经过长期探索、反复比较而作出的适合我国国情的正确抉择。中共十八大以来，以习近平同志为核心的党中央为推动新时代党的民族工作高质量发展，将坚持和完善民族区域自治制度摆在了党和国家事业发展的突出位置。2013年11月，中共十八届三中全会即从发展社会主义民主政治的角度出发，提出要坚持和完善民族区域自治制度。2014年9月5日，在庆祝全国人民代表大会成立60周年大会上，习近平提出："我们要坚持和完善民族区域自治制度，巩固平等团结互助和谐的社会主义民族关系，促进各民族和睦相处、和衷共济、和谐发展，切实防止出现民族隔阂、民族冲突的现象。"③ 9月28日至29日，中央民族工作会议暨国务院第六次全国民族团结进步表彰大会召开，会议强调："民族区域自治制度是我国的一项基本政治制度，是中国特色解决民族问题的正确道路的重要内容。"④

为了坚持和完善民族区域自治制度，中共十九届四中全会从推动国家治理

---

① 《中共中央关于党的百年奋斗重大成就和历史经验的决议》，人民出版社2021年版，第40页。
② 新华社中央新闻采访中心编：《直通两会2018》，人民出版社2018年版，第215—217页。
③ 习近平：《在庆祝全国人民代表大会成立60周年大会上的讲话》，人民出版社2014年版，第21页。
④ 《中央民族工作会议暨国务院第六次全国民族团结进步表彰大会在北京举行》，《人民日报》2014年9月30日。

体系和治理能力现代化的角度提出要"坚定不移走中国特色解决民族问题的正确道路,坚持各民族一律平等,坚持各民族共同团结奋斗、共同繁荣发展,保证民族自治地方依法行使自治权,保障少数民族合法权益,巩固和发展平等团结互助和谐的社会主义民族关系"①。2020年10月,中共十九届五中全会再次提出要"坚持和完善民族区域自治制度,全面贯彻党的民族政策,铸牢中华民族共同体意识,促进各民族共同团结奋斗、共同繁荣发展"②。2021年8月27日,在中央民族工作会议上,习近平强调:"必须坚持和完善民族区域自治制度,确保党中央政令畅通,确保国家法律法规实施,支持各民族发展经济、改善民生,实现共同发展、共同富裕。"③ 2021年11月,中共十九届六中全会指出:"党坚持和完善民族区域自治制度,坚定不移走中国特色解决民族问题的正确道路,坚持把铸牢中华民族共同体意识作为党的民族工作主线,确立新时代党的治藏方略、治疆方略,巩固和发展平等团结互助和谐的社会主义民族关系,促进各民族共同团结奋斗、共同繁荣发展。"④

处理好民族问题、做好民族工作,是关系祖国统一和边疆巩固的大事,是关系民族团结和社会稳定的大事,是关系国家长治久安和中华民族繁荣昌盛的大事。习近平指出:"回顾党的百年历程,党的民族工作取得的最大成就,就是走出一条中国特色解决民族问题的正确道路。"⑤ 民族区域自治制度是一项具有中国特色的民族政策,坚持和完善民族区域自治制度对于保障少数民族人民当家作主、筑牢中华民族共同体意识具有至关重要的意义。

178. 坚持宗教的中国化方向

坚持宗教的中国化方向是习近平关于宗教工作提出的重要论断。

2015年5月18日,在中央统战工作会议上,习近平指出:"积极引导宗教与社会主义社会相适应,必须坚持中国化方向。历史地看,宗教同所在社会相适应是宗教生存发展的趋势和规律。无论本土宗教还是外来宗教,都要不断适应我国社会发展,充实时代内涵。要用社会主义核心价值观引领、用中华文化

---

① 《中共中央关于坚持和完善中国特色社会主义制度、推进国家治理体系和治理能力现代化若干重大问题的决定》,人民出版社2019年版,第12页。
② 《中国共产党第十九届中央委员会第五次全体会议文件汇编》,人民出版社2020年版,第67页。
③ 《习近平在中央民族工作会议上强调:以铸牢中华民族共同体意识为主线,推动新时代党的民族工作高质量发展》,《人民日报》2021年8月29日。
④ 《中共中央关于党的百年奋斗重大成就和历史经验的决议》,人民出版社2021年版,第40—41页。
⑤ 《习近平在中央民族工作会议上强调:以铸牢中华民族共同体意识为主线,推动新时代党的民族工作高质量发展》,《人民日报》2021年8月29日。

浸润我国各种宗教，支持宗教界对宗教思想、教规教义进行符合时代进步要求的阐释，坚决防范西方意识形态渗透，自觉抵御极端主义思潮影响。"① 2016年4月22日，习近平在全国宗教会议上再次指出："积极引导宗教与社会主义社会相适应，一个重要的任务就是支持我国宗教坚持中国化方向。"② 2017年10月，习近平在中共十九大报告中明确提出新时代党的宗教方针是："全面贯彻党的宗教工作基本方针，坚持我国宗教的中国化方向，积极引导宗教与社会主义社会相适应。"③ 2018年3月，新修订的《中国人民政治协商会议章程》指出："中国人民政治协商会议全国委员会和地方委员会宣传和协助贯彻执行国家的宗教信仰自由政策，支持政府依法管理宗教事务，坚持独立自主自办的原则，积极引导宗教与社会主义社会相适应，坚持我国宗教的中国化方向，团结宗教界爱国人士和宗教信仰者为祖国的建设和统一贡献力量。"④ 这次修订新增了"坚持我国宗教的中国化方向"的内容要求。2021年12月，习近平在全国宗教工作会议上指出："要深入推进我国宗教中国化，引导和支持我国宗教以社会主义核心价值观为引领，增进宗教界人士和信教群众对伟大祖国、中华民族、中华文化、中国共产党、中国特色社会主义的认同。要在宗教界开展爱国主义、集体主义、社会主义教育，有针对性地加强党史、新中国史、改革开放史、社会主义发展史教育，引导宗教界人士和信教群众培育和践行社会主义核心价值观，弘扬中华文化。要坚持总体国家安全观，坚持独立自主自办原则，统筹推进相关工作。"⑤

中国宗教发展的历史证明，只有坚持中国化方向，宗教才能更好地与中国社会相适应。坚持宗教的中国化方向，是我国宗教发展的必由之路。它科学地回答了新时代怎样认识宗教、怎样处理宗教问题、怎样做好党的宗教工作等重大理论和实践问题，为宗教与社会主义社会相适应锚定了正确航向，为新时代宗教工作的开展提供了根本遵循。

179. 最广泛的爱国统一战线

建立和完善最广泛的爱国统一战线是新时代党对统一战线工作提出的更高要求。

---

① 《习近平关于社会主义政治建设论述摘编》，中央文献出版社2017年版，第163—164页。
② 《习近平关于社会主义政治建设论述摘编》，中央文献出版社2017年版，第169页。
③ 习近平：《决胜全面建成小康社会，夺取新时代中国特色社会主义伟大胜利——在中国共产党第十九次全国代表大会上的报告》，人民出版社2017年版，第40页。
④ 《中国人民政治协商会议章程》，人民出版社2018年版，第22页。
⑤ 《习近平在全国宗教工作会议上强调：坚持我国宗教中国化方向，积极引导宗教与社会主义社会相适应》，《人民日报》2021年12月5日。

2013年3月17日，在第十二届全国人大一次会议上，习近平提出："我们要巩固和发展最广泛的爱国统一战线，加强中国共产党同民主党派和无党派人士团结合作，巩固和发展平等团结互助和谐的社会主义民族关系，发挥宗教界人士和信教群众在促进经济社会发展中的积极作用，最大限度团结一切可以团结的力量。"[1] 2014年9月5日，习近平在庆祝全国人民代表大会成立60周年大会上再次指出："我们坚持发展最广泛的爱国统一战线，发展独具特色的社会主义协商民主，有效凝聚了各党派、各团体、各民族、各阶层、各界人士的智慧和力量。"[2] 这些论述明确地指出了统一战线的主体，为建立和完善最广泛的爱国统一战线提供了科学指导。

2015年5月18日，习近平在中央统战工作会议上对建立最广泛的爱国统一战线的重大意义进行了深刻阐述，他指出："巩固和发展最广泛的爱国统一战线，为推进'四个全面'战略布局，为实现'两个一百年'奋斗目标、实现中华民族伟大复兴的中国梦，提供广泛力量支持。"[3] 2019年10月，中共十九届四中全会将"巩固和发展最广泛的爱国统一战线"作为坚持和完善人民当家作主的制度体系积极推进，通过《中共中央关于坚持和完善中国特色社会主义制度、推进国家治理体系和治理能力现代化若干重大问题的决定》指出"坚持大统战工作格局，坚持一致性和多样性统一，完善照顾同盟者利益政策，做好民族工作和宗教工作，健全党外代表人士队伍建设制度，凝聚港澳同胞、台湾同胞、海外侨胞力量，谋求最大公约数，画出最大同心圆"[4]。2021年7月1日，在庆祝中国成立100周年大会上，习近平对党的统战工作进行了系统总结，他指出"在百年奋斗历程中，中国共产党始终把统一战线摆在重要位置，不断巩固和发展最广泛的统一战线，团结一切可以团结的力量、调动一切可以调动的积极因素，最大限度凝聚起共同奋斗的力量。爱国统一战线是中国共产党团结海内外全体中华儿女实现中华民族伟大复兴的重要法宝"[5]。

统一战线是党的事业长期以来不断取得胜利的重要法宝，建立和巩固最广泛的爱国统一战线是新时代党执政兴国的必然要求。目前，我们要实现"两个一百年"奋斗目标、实现中华民族伟大复兴的中国梦，必须牢牢把握

---

[1] 习近平：《在第十二届全国人民代表大会第一次会议上的讲话》，人民出版社2013年版，第6页。
[2] 习近平：《在庆祝全国人民代表大会成立60周年大会上的讲话》，人民出版社2014年版，第17页。
[3] 《习近平关于协调推进"四个全面"战略布局论述摘编》，中央文献出版社2015年版，第164页。
[4] 《中共中央关于坚持和完善中国特色社会主义制度、推进国家治理体系和治理能力现代化若干重大问题的决定》，人民出版社2019年版，第12页。
[5] 习近平：《在庆祝中国共产党成立100周年大会上的讲话》，人民出版社2021年版，第18页。

大团结大联合的主题,巩固和发展最广泛的爱国统一战线,广泛凝聚共识,广聚天下英才,找到最大公约数,画出最大同心圆,团结起全体中华儿女投身于全面建设社会主义现代化强国的新征程,进而汇聚成实现民族复兴的磅礴伟力。

180. 坚持以生存权、发展权为首要的基本人权

坚持以生存权、发展权作为首要的基本人权,是党依据我国具体国情和人民需要作出的必然选择。

中共十八大以来,以习近平同志为核心的党中央坚持把尊重和保障人权作为治国理政的一项重要工作积极推进。2015年9月16日,习近平在致"二〇一五·北京人权论坛"的贺信中指出:"中国共产党和中国政府始终尊重和保障人权。长期以来,中国坚持把人权的普遍性原则同中国实际相结合,不断推动经济社会发展,增进人民福祉,促进社会公平正义,加强人权法治保障,努力促进经济、社会、文化权利和公民、政治权利全面协调发展,显著提高了人民生存权、发展权的保障水平,走出了一条适合中国国情的人权发展道路。"[①] 2016年,《国家人权行动计划(2016—2020年)》提出:"坚持以人民为中心的发展思想,把保障人民的生存权和发展权放在首位,将增进人民福祉、促进人的全面发展作为人权事业发展的出发点和落脚点。"[②] 2016年12月4日,习近平在致纪念《发展权力宣言》通过三十周年国际研讨会的贺信中再次指出:"中国坚持把人权的普遍性原则同本国实际相结合,坚持生存权和发展权是首要的基本人权。"[③] 2022年2月,在中共中央政治局第三十七次集体学习时,习近平强调:"坚持以生存权、发展权为首要的基本人权。生存是享有一切人权的基础,人民幸福生活是最大的人权。我们完整、准确、全面贯彻新发展理念,坚持以人民为中心的发展思想,坚持发展为了人民、发展依靠人民、发展成果由人民共享,努力实现更高质量、更有效率、更加公平、更可持续、更为安全的发展,在发展中使广大人民群众的获得感、幸福感、安全感更加充实、更有保障、更可持续。"[④]

实现人民充分享有人权是人类社会的共同奋斗目标。"近代中国,长期遭受外来侵略,积贫积弱。从苦难中一路走来的中国人民深刻认识到,生存权和

---

① 《习近平关于全面建成小康社会论述摘编》,中央文献出版社2016年版,第100页。
② 《国家人权行动计划(2016—2020年)》,人民出版社2016年版,第2页。
③ 《习近平关于社会主义经济建设论述摘编》,中央文献出版社2017年版,第14页。
④ 《习近平在中共中央政治局第三十七次集体学习时强调:坚定不移走中国人权发展道路,更好推动我国人权事业发展》,《人民日报》2022年2月27日。

发展权是首要的基本人权,是享有其他人权的前提和基础。"① 所以,党和国家始终坚持把生存权、发展权作为首要的基本人权,协调增进全体人民的各项权利,努力促进人的自由全面发展。应该说,坚持以生存权、发展权作为首要的基本人权,是中国依据自身国情和人民需要作出的必然选择,是坚持走中国特色社会主义人权发展道路的具体体现,它顺应了人民群众对高品质美好生活的期待,满足了人民群众日益增长的多方面的权利需求,彰显了当代中国人权观的先进性和现实性,具有深刻的理论依据、历史依据和现实依据。

(五)新时代全面依法治国

181. 坚持依法治国首先要坚持依宪治国

坚持依法治国首先要坚持依宪治国,这是以习近平同志为核心的党中央从新时代坚持和发展中国特色社会主义的战略高度作出的重大决策。

2012年12月4日,习近平在首都各界纪念现行宪法公布施行30周年大会上的讲话中指出:"依法治国,首先是依宪治国;依法执政,关键是依宪执政。新形势下,我们党要履行好执政兴国的重大职责,必须依据党章从严治党、依据宪法治国理政。"② 2014年9月5日,习近平在庆祝全国人民代表大会成立60周年大会上再次指出:"宪法是国家的根本法,坚持依法治国首先要坚持依宪治国,坚持依法执政首先要坚持依宪执政。"③ 2018年1月,中共十九届二中全会提出:"我们党高度重视宪法在治国理政中的重要地位和作用,明确坚持依法治国首先要坚持依宪治国,坚持依法执政首先要坚持依宪执政,把实施宪法摆在全面依法治国的突出位置,采取一系列有力措施加强宪法实施和监督工作,为保证宪法实施提供了强有力的政治和制度保障。"④

为了加强宪法的实施和监督,习近平强调要"把国家各项事业和各项工作全面纳入依法治国、依宪治国的轨道,把实施宪法提高到新的水平"⑤。2019年10月,中共十九届四中全会提出要健全保证宪法全面实施的体制机制,"加

---

① 中华人民共和国国务院新闻办公室:《改革开放40年中国人权事业的发展进步》,人民出版社2018年版,第64页。
② 习近平:《在首都各界纪念现行宪法公布实施30周年大会上的讲话》,人民出版社2012年版,第11页。
③ 习近平:《在庆祝全国人民代表大会成立60周年大会上的讲话》,人民出版社2014年版,第8页。
④ 《中共十九届二中全会在京举行》,《人民日报》2018年1月20日。
⑤ 《习近平在中共中央政治局第四次集体学习时强调:更加注重发挥宪法重要作用,把实施宪法提高到新的水平》,《人民日报》2018年2月28日。

强宪法实施和监督,落实宪法解释程序机制,推进合宪性审查工作,加强备案审查制度和能力建设,依法撤销和纠正违宪违法的规范性文件"[1]。2020年11月,习近平在中央全面依法治国工作会议上再次强调:"要坚持依宪治国、依宪执政。党领导人民制定宪法法律,领导人民实施宪法法律,党自身要在宪法法律范围内活动。全国各族人民、一切国家机关和武装力量、各政党和各社会团体、各企业事业组织,都必须以宪法为根本的活动准则,都负有维护宪法尊严、保证宪法实施的职责。"[2]

宪法是国家的根本大法,是治国安邦的总章程,是党和人民意志的集中体现,具有最高的法律地位、法律权威、法律效力,具有根本性、全局性、稳定性、长期性。制定和实施宪法,推进依法治国,建设法治国家,是实现国家富强、民族振兴、人民幸福的必然要求。依宪治国是依法治国的核心,坚持依宪治国对于推进全面依法治国、推动实现国家治理体系和治理能力现代化,对于更好发挥宪法在新时代坚持和发展中国特色社会主义中的重大作用,对于实现"两个一百年"奋斗目标和中华民族伟大复兴的中国梦提供具有重大现实意义。

182. 中国特色社会主义法治道路

中国特色社会主义法治道路是以习近平同志为核心的党中央对我国社会主义法治建设成就和经验的概括总结。

2014年10月20日,习近平在《关于〈中共中央关于全面推进依法治国若干重大问题的决定〉的说明》中强调:"中国特色社会主义法治道路,是社会主义法治建设成就和经验的集中体现,是建设社会主义法治国家的唯一正确道路。"[3] 这旗帜鲜明地指出了我国社会主义法治国家建设的性质和方向。10月23日,在十八届四中全会第二次全体会议上,习近平指出:"具体讲我国法治建设的成就,大大小小可以列举出十几条、几十条,但归结起来就是开辟了中国特色社会主义法治道路这一条。"[4] 中国特色社会主义法治道路本质上是中国特色社会主义道路在法治领域的具体体现。2017年10月,习近平在中共十九大报告中提出:"坚定不移走中国特色社会主义法治道路,完善以宪法为核心的中国特色社会主义法律体系,建设中国特色社会主义法治体系,建设社

---

[1] 《中共中央关于坚持和完善中国特色社会主义制度、推进国家治理体系和治理能力现代化若干重大问题的决定》,人民出版社2019年版,第14页。
[2] 《习近平在中央全面依法治国工作会议上强调:坚定不移走中国特色社会主义法治道路,为全面建设社会主义现代化国家提供有力法治保障》,《人民日报》2020年11月18日。
[3] 《习近平关于全面依法治国论述摘编》,中央文献出版社2015年版,第24页。
[4] 《习近平关于全面依法治国论述摘编》,中央文献出版社2015年版,第26页。

会主义法治国家，发展中国特色社会主义法治理论。"[1] 2021年12月，在主持中共中央政治局第三十五次集体学习时，习近平分析指出："我国正处在实现中华民族伟大复兴的关键时期，世界百年未有之大变局加速演进，改革发展稳定任务艰巨繁重，对外开放深入推进，需要更好发挥法治固根本、稳预期、利长远的作用。"[2] 为此，他又一次强调要"坚定不移走中国特色社会主义法治道路"。

中国特色社会主义法治道路是适合中国国情、符合法治规律、适合时代发展的社会主义法治道路。改革开放以来特别是中共十八大以来的历史实践证明，只有坚定不移走中国特色社会主义法治道路，才能充分发挥中国特色社会主义制度的显著优势，才能不断推进社会主义法治国家建设，为全面建设社会主义现代化国家、实现中华民族伟大复兴的中国梦提供有力法治保障。

183. 中国特色社会主义法治理论

中国特色社会主义法治理论是中国特色社会主义理论体系的重要组成部分，是人类法治理论的最新成果。

2014年10月20日，习近平在《关于〈中共中央关于全面推进依法治国若干重大问题的决定〉的说明》中指出："全面推进依法治国这件大事能不能办好，最关键的是方向是不是正确、政治保证是不是坚强有力，具体讲就是要坚持党的领导，坚持中国特色社会主义制度，贯彻中国特色社会主义法治理论。……中国特色社会主义法治理论是中国特色社会主义法治体系的理论指导和学理支撑，是全面推进依法治国的行动指南。"[3] 2015年2月，习近平在省部级主要领导干部学习贯彻党的十八届四中全会精神全面推进依法治国专题研讨班上又指出："我们要发展的中国特色社会主义法治理论，本质上是中国特色社会主义理论体系在法治问题上的理论成果。"[4] 同时，他强调："要系统学习中国特色社会主义法治理论，准确把握我们党处理法治问题的基本立场。"[5] 2017年10月，习近平在中共十九大报告中明确提出"发展中国特色社会主义法治理论"[6] 的任务要求。2020年12月，中共中央印发的《法治社会建设实

---

[1] 习近平：《决胜全面建成小康社会，夺取新时代中国特色社会主义伟大胜利——在中国共产党第十九次全国代表大会上的报告》，人民出版社2017年版，第22页。
[2] 《习近平在中共中央政治局第三十五次集体学习时强调：坚定不移走中国特色社会主义法治道路，更好推进中国特色社会主义法治体系建设》，《人民日报》2021年12月6日。
[3] 《习近平关于全面依法治国论述摘编》，中央文献出版社2015年版，第22—23页。
[4] 《习近平关于全面依法治国论述摘编》，中央文献出版社2015年版，第35页。
[5] 《习近平关于全面依法治国论述摘编》，中央文献出版社2015年版，第123页。
[6] 习近平：《决胜全面建成小康社会，夺取新时代中国特色社会主义伟大胜利——在中国共产党第十九次全国代表大会上的报告》，人民出版社2017年版，第22页。

施纲要（二〇二〇—二〇二五年）》指出："加强中国特色社会主义法治理论与实践研究，为法治社会建设提供学理支撑和智力支持。"① 2021 年 1 月，中共中央印发的《法治中国建设规划（2020—2025 年）》提出："深入贯彻习近平法治思想，系统总结运用新时代中国特色社会主义法治建设的鲜活经验，不断推进理论和实践创新发展。"②

习近平强调："没有正确的法治理论引领，就不可能有正确的法治实践。"③ 中国特色社会主义法治理论是中国共产党根据马克思主义国家与法的基本原理，在借鉴古今中外人类法治文明有益成果的基础上，从当代中国改革开放和社会主义现代化建设的实际出发，深刻总结我国社会主义法治建设经验，逐步形成的具有中国特色、中国风格、中国气派的社会主义法治理论体系。它深刻回答了社会主义法治的本质特征、价值功能、内在要求、基本原则、发展方向等重大问题，对什么是社会主义法治、如何依法治国、如何建设社会主义法治国家和中国特色社会主义法治体系、如何在法治轨道上推进国家治理现代化等一系列根本性问题形成系统认识，具有鲜明的理论品格、时代特征及重大的现实意义和历史意义。

184. 以宪法为核心的中国特色社会主义法律体系

完善以宪法为核心的中国特色社会主义法律体系，是全面推进依法治国的重要内容。

2012 年 12 月 4 日，在首都各界纪念现行宪法公布施行 30 周年大会上，习近平强调："我们要以宪法为最高法律规范，继续完善以宪法为统帅的中国特色社会主义法律体系，把国家各项事业和各项工作纳入法制轨道，实行有法可依、有法必依、执法必严、违法必究，维护社会公平正义，实现国家和社会生活制度化、法制化。"④ 2014 年 9 月 5 日，习近平在庆祝全国人民代表大会成立 60 周年大会上鲜明指出："经过长期努力，中国特色社会主义法律体系已经形成，我们国家和社会生活各方面总体上实现了有法可依，这是我们取得的重大成就，也是我们继续前进的新起点。形势在发展，时代在前进，法律体系必

---

① 《中共中央印发〈法治社会建设实施纲要（二〇二〇—二〇二五年）〉》，《人民日报》2020 年 12 月 8 日。
② 《中共中央印发〈法治中国建设规划（2020—2025 年）〉》，《人民日报》2021 年 1 月 11 日。
③ 《习近平在中国政法大学考察时强调：立德树人德法兼修抓好法治人才培养，励志勤学刻苦磨炼促进青年成长进步》，《人民日报》2017 年 5 月 4 日。
④ 习近平：《在首都各界纪念现行宪法公布施行 30 周年大会上的讲话》，人民出版社 2012 年版，第 8 页。

须随着时代和实践发展而不断发展。"① 随后，中共十八届四中全会即提出要"完善以宪法为核心的中国特色社会主义法律体系，加强宪法实施"②。2019年10月，中共十九届四中全会从推进国家治理体系和治理能力现代化的视角出发，提出要"完善以宪法为核心的中国特色社会主义法律体系，加强重要领域立法，加快我国法域外适用的法律体系建设，以良法保障善治"③。2021年3月，在《中华人民共和国国民经济和社会发展第十四个五年规划和2035年远景目标纲要》中再次明确提出："完善立法体制机制，加强重点领域、新兴领域、涉外领域立法，立改废释纂并举，完善以宪法为核心的中国特色社会主义法律体系。"④

以宪法为核心，以宪法相关法、民法商法、行政法、经济法、社会法、刑法、诉讼与非诉讼程序法等多个法律部门的法律为主干，由法律、行政法规、地方性法规等多个层次的法律规范构成的中国特色社会主义法律体系，是我国社会主义法治建设取得的重大成就，也是中国特色社会主义永葆本色的法制根基。它有力地推动和保障了改革开放和社会主义现代化建设的顺利进行，有力地维护和发展了最广大人民群众的根本利益。中国特色社会主义进入新时代后，以习近平同志为核心的党中央立足于中华民族伟大复兴战略全局和世界百年未有之大变局，将立法工作作为全面依法治国的基础性工作积极推动，深入推进科学立法、民主立法、依法立法，不断完善以宪法为核心的中国特色社会主义法律体系，为全面建设社会主义现代化强国提供了更加有力的法律支撑。

185. 坚持法治国家、法治政府、法治社会一体建设

坚持法治国家、法治政府、法治社会一体建设，是以习近平同志为核心的党中央全面推进依法治国、加快建设法治中国而采取的重要措施。

2012年12月4日，在首都各界纪念现行宪法公布施行30周年大会上，习近平从创新法治工作布局的角度提出要"坚持法治国家、法治政府、法治社会一体建设"⑤。2013年11月，中共十八届三中全会再次提出："建设法治中国，必须坚持依法治国、依法执政、依法行政共同推进，坚持法治国家、法治政

---

① 习近平：《在庆祝全国人民代表大会成立60周年大会上的讲话》，人民出版社2014年版，第9页。
② 《中共十八届四中全会在京举行》，《人民日报》2014年10月24日。
③ 《中共中央关于坚持和完善中国特色社会主义制度、推进国家治理体系和治理能力现代化若干重大问题的决定》，人民出版社2019年版，第14页。
④ 《中华人民共和国国民经济和社会发展第十四个五年规划和2035年远景目标纲要》，人民出版社2021年版，第167页。
⑤ 习近平：《在首都各界纪念现行宪法公布施行30周年大会上的讲话》，人民出版社2012年版，第12—13页。

府、法治社会一体建设。"① 2014年10月20日，在《关于〈中共中央关于全面推进依法治国若干重大问题的决定〉的说明》中，习近平又一次提出："坚持依法治国、依法执政、依法行政共同推进，坚持法治国家、法治政府、法治社会一体建设，实现科学立法、严格执法、公正司法、全民守法，促进国家治理体系和治理能力现代化。"②

在这些重要论述的指导下，中共十九大把"法治国家、法治政府、法治社会基本建成"③确立为到2035年基本实现社会主义现代化的重要目标，开启了新时代全面依法治国的新征程。2019年2月，习近平在主持召开中央全面依法治国委员会第二次会议时强调："推进全面依法治国，要坚持法治国家、法治政府、法治社会一体建设，法治政府建设是重点任务，对法治国家、法治社会建设具有示范带动作用。"④ 这对法治政府建设在法治国家、法治政府、法治社会一体建设中的地位进行了明确界定。2019年9月，在中央政治局第十七次集体学习时，习近平又指出："坚持依法治国，坚持法治国家、法治政府、法治社会一体建设，为解放和增强社会活力、促进社会公平正义、维护社会和谐稳定、确保党和国家长治久安发挥了重要作用。"⑤ 2021年11月，中共十九届六中全会审议通过的《中共中央关于党的百年奋斗重大成就和历史经验的决议》对我国党的十八大以来的法治建设实践进行了总结："坚持依法治国、依法执政、依法行政共同推进，坚持法治国家、法治政府、法治社会一体建设，全面增强全社会尊法学法守法用法意识和能力。"⑥

法治国家、法治政府、法治社会相互联系、相互支撑、相辅相成，是法治中国建设的三大支柱。法治国家是目标，法治政府是主体，法治社会是基础，三者本质一致、目标一体、成效相关，缺少任何一个方面，法治中国建设都难以有效推进。只有坚持法治国家、法治政府、法治社会一体建设，始终以法治思维和法治方式全面深化改革，才能更好发挥法治对改革的引领、规范和保障作用，巩固和完善改革发展成果，确保各领域各方面改革始终在法治轨道上推进；才能使人民群众切实感受到公平正义，拥有更多获得感、幸福感和安全

---

① 《中共中央关于全面深化改革若干重大问题的决定》，人民出版社2013年版，第31—32页。
② 《关于〈中共中央关于全面推进依法治国若干重大问题的决定〉的说明》，《人民日报》2014年10月29日。
③ 习近平：《决胜全面建成小康社会，夺取新时代中国特色社会主义伟大胜利——在中国共产党第十九次全国代表大会上的报告》，人民出版社2017年版，第28页。
④ 《习近平主持召开中央全面依法治国委员会第二次会议强调：完善法治建设规划提高立法工作质量效率，为推进改革发展稳定工作营造良好法治环境》，《人民日报》2019年2月26日。
⑤ 《习近平在中央政治局第十七次集体学习时强调：继续沿着党和人民开辟的正确道路前进，不断推进国家治理体系和治理能力现代化》，《人民日报》2019年9月25日。
⑥ 《中共中央关于党的百年奋斗重大成就和历史经验的决议》，人民出版社2021年版，第42页。

感；才能凝聚起全体中国人民对法治的坚定信仰，汇聚起建设社会主义法治国家的磅礴之力。

（六）新时代中国文化建设

186. 建设社会主义文化强国

建设社会主义文化强国，是以习近平同志为核心的党中央在新时代对中华文化发展做出的重要战略部署，关系第二个百年奋斗目标和中华民族伟大复兴中国梦的实现。习近平指出："文化是一个国家、一个民族的灵魂。文化兴国运兴，文化强民族强。没有高度的文化自信，没有文化的繁荣兴盛，就没有中华民族伟大复兴。"[①]

中国共产党历来重视文化建设与文化创新。在新民主主义革命时期，党就提出了民族的、科学的、大众的新民主主义革命文化纲领。新中国成立后，党又提出了繁荣文学艺术的"双百"方针。改革开放新时期，党制定了在社会主义初级阶段的文化纲领。进入新世纪新阶段后，中共十七届六中全会从中国特色社会主义事业总体布局的高度，提出了"坚持中国特色社会主义文化发展道路，努力建设社会主义文化强国"的奋斗目标。[②] 中共十八大报告则再次强调，要扎实推进社会主义文化强国建设。总的来看，我国文化建设总体上在稳步推进，蓬勃发展。

中共十八大以来，以习近平同志为核心的党中央高度重视文化建设，将文化建设提升到一个新的历史高度，把文化自信和道路自信、理论自信、制度自信并列为中国特色社会主义"四个自信"，并纳入"五位一体"总体布局，构成了习近平新时代中国特色社会主义思想的文化之基。2013年12月，十八届中央政治局围绕"建设社会主义文化强国　着力提高国家文化软实力"这一专题进行了集体学习。中共十八届三中全会通过的《中共中央关于全面深化改革若干重大问题的决定》指出："建设社会主义文化强国，增强国家文化软实力，必须坚持社会主义先进文化前进方向，坚持中国特色社会主义文化发展道路，培育和践行社会主义核心价值观，巩固马克思主义在意识形态领域的指导地位，巩固全党全国各族人民团结奋斗的共同思想基础。"[③] 之后，中共十九大

---

① 习近平：《坚定文化自信，建设社会主义文化强国》，《求是》2019年第12期。
② 《中共中央关于深化文化体制改革推动社会主义文化大发展大繁荣若干重大问题的决定》，人民出版社2011年版，第8页。
③ 《中共中央关于全面深化改革若干重大问题的决定》，人民出版社2013年版，第38—39页。

报告进一步指出："要坚持中国特色社会主义文化发展道路，激发全民族创造活力，建设社会主义文化强国。"① 这就指明了新时代建设社会主义文化强国的正确方向和路径。

2020年10月，中共十九届五中全会审议通过的《中共中央关于制定国民经济和社会发展第十四个五年规划和二〇三五年远景目标的建议》，对文化建设从全局和战略的高度做出了规划与设计，明确提出到2035年建成文化强国的目标。这是继中共十七届六中全会提出建设社会主义文化强国以来，中央首次明确建成文化强国的具体时间表。2021年11月，中共十九届六中全会通过的《中共中央关于党的百年奋斗重大成就和历史经验的决议》对我国新时代文化领域建设成就进行了总结，《决议》特别指出："党的十八大以来，我国意识形态领域形势发生全局性、根本性转变，全党全国各族人民文化自信明显增强，全社会凝聚力和向心力极大提升，为新时代开创党和国家事业新局面提供了坚强思想保证和强大精神力量。"②

文化是民族生存和发展的重要力量。建设社会主义文化强国，必须要坚持中国特色社会主义文化发展道路，坚持以人民为中心的工作导向，激发全民族文化创新创造活力，更好构筑中国精神、中国价值、中国力量，巩固全党全国各族人民团结奋斗的共同思想基础。

187. 坚持和完善马克思主义在意识形态领域指导地位的根本制度

意识形态工作是为国家立心、为民族立魂的工作。习近平指出："历史和现实反复证明，能否做好意识形态工作，事关党的前途命运，事关国家长治久安，事关民族凝聚力和向心力。"③ 坚持马克思主义意识形态领域指导地位的根本制度是以习近平同志为核心的党中央通过深刻总结历史经验而提出的一项新的根本制度，是实现中华民族伟大复兴中国梦的重要制度指导。

中共十八大以来，以习近平同志为核心的党中央高度重视意识形态工作，就意识形态领域的许多方向性、战略性问题作出部署，从根本上扭转了意识形态领域一度出现的被动局面，使我国意识形态领域形势发生了全局性、根本性的转变，巩固和发展了主流意识形态。2013年8月，习近平在全国宣传思想工作会议上指出意识形态工作的重要性，他强调："一个政权的瓦解往往是从思想领域开始的，政治动荡、政权更迭可能在一夜之间发生，但思想演化是个长

---

① 习近平：《决胜全面建成小康社会，夺取新时代中国特色社会主义伟大胜利——在中国共产党第十九次全国代表大会上的报告》，人民出版社2017年版，第41页。
② 《中共中央关于党的百年奋斗重大成就和历史经验的决议》，人民出版社2021年版，第46页。
③ 《习近平关于总体国家安全观论述摘编》，中央文献出版社2018年版，第99页。

期过程。思想防线被攻破了，其他防线就很难守住。"①"苏联为什么解体？苏共为什么垮台？一个重要原因就是意识形态领域的斗争十分激烈，全面否定苏联历史、苏共历史，否定列宁，否定斯大林，搞历史虚无主义。"② 苏联解体、东欧剧变以及近年来一些国家发生的"颜色革命"就是前车之鉴。对此，习近平明确指出，"在意识形态领域斗争上，我们没有任何妥协、退让的余地，必须取得全胜"③。面对严峻复杂的国际国内环境，能否切实做好意识形态工作，充分发挥意识形态"黏合剂"的作用，是实现国家长治久安的思想基础。

习近平指出："中国共产党为什么能，中国特色社会主义为什么好，归根到底是因为马克思主义行！"④"我们党以马克思主义为立党之本，以实现共产主义为最高理想，以全心全意为人民服务为根本宗旨。这就是共产党人的本。没有了这些，就是无本之木。"⑤ 2019年10月，中共十九届四中全会对"坚持马克思主义在意识形态领域指导地位的根本制度"⑥ 这一论述进行了阐释，这是我们党第一次从根本制度的层面对坚持马克思主义在意识形态领域的指导地位予以确认，充分反映了以习近平同志为核心的党中央对社会主义意识形态建设规律和中国特色社会主义发展规律的认识进入新的阶段。2021年11月，中共十九届六中全会在总结党的百年文化建设成就与经验中，进一步明确指出马克思主义意识形态领域指导地位的根本制度的确立与坚持，是"党着力解决意识形态领域党的领导弱化问题，立破并举、激浊扬清"之举，"廓清了理论是非，校正了工作导向，思想文化领域向上向好态势不断发展"。⑦

坚持马克思主义在意识形态领域指导地位这一根本制度的提出，是以习近平同志为核心的党中央对我国意识形态领域多年工作经验的深刻总结，是从制度层面为我国意识形态建设提供了根本的遵循。因而，面对未来，只有坚持马克思主义在意识形态领域指导地位这一根本制度，才能避免颠覆性错误，才能继续保证马克思主义"行"、中国共产党"能"、中国特色社会主义"好"、确保中华民族伟大复兴"不可逆转"。

---

① 《习近平关于社会主义文化建设论述摘编》，中央文献出版社2017年版，第21页。
② 习近平：《关于坚持和发展中国特色社会主义的几个问题》，《求是》2019年第7期。
③ 《习近平关于总体国家安全观论述摘编》，中央文献出版社2018年版，第118页。
④ 习近平：《在庆祝中国共产党成立100周年大会上的讲话》，人民出版社2021年版，第13页。
⑤ 《习近平关于全面从严治党论述摘编》，中央文献出版社2016年版，第62页。
⑥ 《中共中央关于坚持和完善中国特色社会主义制度、推进国家治理体系和治理能力现代化若干重大问题的决定》，人民出版社2019年版，第23页。
⑦ 《中共中央关于党的百年奋斗重大成就和历史经验的决议》，人民出版社2021年版，第44—45页。

188. 培育和践行社会主义核心价值观

每个时代都有每个时代的精神，每个时代都有每个时代的价值观念。核心价值观是国家和民族的灵魂，对国家和民族的发展至关重要。习近平指出，"社会主义核心价值观是当代中国精神的集中体现，是凝聚中国力量的思想道德基础。"①

2012年11月，中共十八大正式提出了社会主义核心价值观，即"倡导富强、民主、文明、和谐，倡导自由、平等、公正、法治，倡导爱国、敬业、诚信、友善，积极培育和践行社会主义核心价值观"②。习近平指出，"这个概括，实际上回答了我们要建设什么样的国家、建设什么样的社会、培育什么样的公民的重大问题"③；而且"把涉及国家、社会、公民的价值要求融为一体，既体现了社会主义本质要求，继承了中华优秀传统文化，也吸收了世界文明有益成果，体现了时代精神"④。

中共十八大以来，以习近平同志为核心的党中央高度重视培育和弘扬社会主义核心价值观的工作。2014年2月，十八届中央政治局专门就培育和弘扬社会主义核心价值观这一主题进行了集体学习。2014年10月，中共十八届四中全会从国家和社会治理的视角提出，必须坚持一手抓法治、一手抓德治，大力弘扬社会主义核心价值观，弘扬中华传统美德，培育社会公德、职业道德、家庭美德、个人品德。2017年10月，中共十九大进一步指出，要"发挥社会主义核心价值观对国民教育、精神文明创建、精神文化产品创作生产传播的引领作用，把社会主义核心价值观融入社会发展各方面，转化为人们的情感认同和行为习惯"⑤。2018年，宪法修改增加了"国家倡导社会主义核心价值观"的内容。2019年10月，中共十九届四中全会首次以重要制度的形式将社会主义核心价值观在文化建设中的地位予以确立，明确提出"坚持以社会主义核心价值观引领文化建设制度"。党中央的这些决策指明了新时代培育和践行社会主义核心价值观的战略举措和路径遵循。

习近平就培育和弘扬社会主义核心价值观发表了很多重要论述，尤其是对

---

① 习近平：《在中国文联十大、中国作协九大开幕式上的讲话》，人民出版社2016年版，第8页。
② 胡锦涛：《坚定不移沿着中国特色社会主义道路前进，为全面建成小康社会而奋斗——在中国共产党第十八次全国代表大会上的报告》，人民出版社2012年版，第32页。
③ 习近平：《青年要自觉践行社会主义核心价值观——在北京大学师生座谈会上的讲话》，人民出版社2014年版，第5页。
④ 《习近平谈治国理政》第一卷，外文出版社2018年版，第169页。
⑤ 习近平：《决胜全面建成小康社会，夺取新时代中国特色社会主义伟大胜利——在中国共产党第十九次全国代表大会上的报告》，人民出版社2017年版，第42页。

当代中国青年社会主义核心价值观的培育。2014年5月和9月，习近平在北京大学师生座谈会、北京市海淀区民族小学师生座谈会和北京师范大学师生座谈会上，都强调了青少年要自觉践行社会主义核心价值观。在纪念五四运动100周年大会上的讲话，习近平号召"新时代中国青年要自觉树立和践行社会主义核心价值观，善于从中华民族传统美德中汲取道德滋养，从英雄人物和时代楷模的身上感受道德风范，从自身内省中提升道德修为"[1]。在庆祝中国共产主义青年团成立100周年大会上，习近平寄语新时代的广大共青团员"要做理想远大、信念坚定的模范，带头学习马克思主义理论，树立共产主义远大理想和中国特色社会主义共同理想，自觉践行社会主义核心价值观，大力弘扬爱国主义精神"[2]。

伟大的事业孕育伟大的精神，伟大的精神推进伟大的事业。中华民族伟大复兴中国梦价值体系的核心内容是社会主义核心价值观。培育和践行社会主义核心价值观，坚定对社会主义核心价值观的认同与信仰，有助于增强中国特色社会主义的道路自信、理论自信、制度自信和文化自信，不断提高人民思想觉悟、道德水平、文明素养，不断铸就中华文化新辉煌。

189. 推动中华优秀传统文化创造性转化、创新性发展

中华优秀传统文化是中华民族的根和魂，是中国特色社会主义植根的文化沃土。推动中华优秀传统文化的创造性转化和创新性发展是习近平新时代中国特色社会主义思想关于文化传承的一个重大原创性贡献。

传承创新中华优秀传统文化是中国共产党的百年优良传统。新中国成立前，毛泽东指出，对传统文化要"剔除其封建性的糟粕，吸收其民主性的精华"[3]，确立了"批判继承"传统文化的基本原则。邓小平在提出"为人民服务，为社会主义服务"的文艺工作方向时要求汲纳借鉴"我国古代的和外国的文艺作品、表演艺术中一切进步的和优秀的东西"[4]。江泽民强调要结合时代特点对传统文化"古为今用，推陈出新"[5]。胡锦涛提出，传承和创新中华文化就要"使之与当代社会相适应，与现代文明相协调"[6]。中国共产党在领导

---

[1] 习近平：《在纪念五四运动100周年大会上的讲话》，人民出版社2022年版，第11页。
[2] 习近平：《在庆祝中国共产主义青年团成立100周年大会上的讲话》，人民出版社2022年版，第11—12页。
[3] 《毛泽东选集》第二卷，人民出版社1991年版，第707页。
[4] 《邓小平文选》第二卷，人民出版社1994年版，第210页。
[5] 《江泽民文选》第二卷，人民出版社2006年版，第302页。
[6] 胡锦涛：《高举中国特色社会主义伟大旗帜，为夺取全面建设小康社会新胜利而奋斗——在中国共产党第十七次全国代表大会上的报告》，人民出版社2007年版，第35页。

人民进行革命、建设、改革伟大实践中，自觉肩负起传承发展中华优秀传统文化的历史责任，努力汲取传统文化营养推进马克思主义中国化进程，是中华优秀传统文化的忠实传承者和弘扬者。

新时代以来，以习近平同志为核心的党中央继承和提升了中国共产党承扬优秀传统文化的科学经验和工作方针，在深入把握文化发展规律和传统文化深层意涵基础上，形成了以创造性转化和创新性发展为核心的文化传承思想（简称"两创"思想）。在纪念孔子诞辰2565周年国际学术研讨会上、在哲学社会科学工作座谈会上、在给《文史哲》编辑部全体编辑人员回信中等，习近平多次围绕实现中华优秀传统文化的创造性转化和创新性发展进行了阐述。习近平指出："创造性转化，就是要按照时代特点和要求，对那些至今仍有借鉴价值的内涵和陈旧的表现形式加以改造，赋予其新的时代内涵和现代表达形式，激活其生命力。创新性发展，就是要按照时代的新进步新进展对中华优秀传统文化的内涵加以补充、拓展、完善，增强其影响力和感召力。"①

中华优秀传统文化只有通过创造性转化和创新性发展，不断适应新的时代语境，才能更好服务于中国特色社会主义建设。2021年11月，中共十九届六中全会首次以党的历史决议的形式将推动中华优秀传统文化的创造性转化和创新性发展在文化建设中的地位予以确立，明确提出"中华优秀传统文化是中华民族的突出优势，是我们在世界文化激荡中站稳脚跟的根基，必须结合新的时代条件传承和弘扬好"②。

190. 推进文化事业和文化产业全面发展

文化事业和文化产业"双轮驱动"、全面发展是中国特色社会主义文化建设的重要内容，是建设社会主义文化强国的重大任务。

文化事业和文化产业是两个内涵不同的概念，文化产业概念是从文化事业概念中分离出来的。在我国计划经济体制下，把一切文化生产和服务统称为文化事业，突出强调了文化的意识形态属性，而忽略了文化的其他功能。改革开放之后，计划经济逐步过渡到社会主义市场经济，这为我国文化产业的产生、发展提供了必要的条件。中共十五届五中全会将"文化产业"第一次明确写入了中央文件。中共十六大明确对我国文化事业和文化产业作了区分。至此，文化事业和文化产业第一次彻底分离开来。

中共十八大以来，以习近平同志为核心的党中央高度重视文化事业和文化产业的工作。2013年8月，习近平在全国宣传思想工作会议上强调："要在继

---

① 《习近平总书记系列重要讲话读本》，人民出版社、学习出版社2014年版，第101页。
② 《中共中央关于党的百年奋斗重大成就和历史经验的决议》，人民出版社2021年版，第46页。

续大胆推进改革、推动文化事业全面繁荣和文化产业快速发展、建设社会主义文化强国的同时，把握好意识形态属性和产业属性、社会效益和经济效益的关系，始终坚持社会主义先进文化前进方向，始终把社会效益放在首位。"①2014年3月，习近平在联合国教科文组织总部的演讲中就文化事业的重要性进行了阐述。他提出："我们要大力推动文化事业发展，通过文化交流，沟通心灵，开阔眼界，增进共识，让人们在持续的以文化人中提升素养，让文化为人类进步助力。"②

2020年9月，习近平在教育文化卫生体育领域专家代表座谈会上进一步强调："加强社会主义精神文明建设，繁荣发展文化事业和文化产业，不断提高国家文化软实力，增强中华文化影响力，发挥文化引领风尚、教育人民、服务社会、推动发展的作用。"③2020年10月，中共十九届五中全会明确提出"十四五"时期要"繁荣发展文化事业和文化产业，提高国家文化软实力"。"提升公共文化服务水平"。"健全现代文化产业体系。坚持把社会效益放在首位、社会效益和经济效益相统一，深化文化体制改革，完善文化产业规划和政策，加强文化市场体系建设，扩大优质文化产品供给"。④2021年11月，中共十九届六中全会对党的百年奋斗重大成就和历史经验进行了总结，提出要"坚持把社会效益放在首位、社会效益和经济效益相统一，推进文化事业和文化产业全面发展，繁荣文艺创作，完善公共文化服务体系，为人民提供了更多更好的精神食粮"⑤。

推进文化事业和文化产业全面发展对于加快建设社会主义文化强国，提高国家文化软实力，坚定文化自信，促进物质文明和精神文明均衡发展具有重要意义，为实现中华民族伟大复兴的中国梦提供了思想保证和精神力量。

191. 繁荣文艺创作

文运同国运相牵，文脉同国脉相连。习近平指出："实现中华民族伟大复兴，是一场震古烁今的伟大事业，需要坚忍不拔的伟大精神，也需要振奋人心的伟大作品。"⑥繁荣文艺创作是社会主义文化强国建设的重要组成部分。

---

① 习近平：《在全国宣传思想工作会议上的讲话》，《人民日报》2013年8月21日。
② 习近平：《在联合国教科文组织总部的演讲》，《人民日报》2014年3月28日。
③ 习近平：《在教育文化卫生体育领域专家代表座谈会上的讲话》，人民出版社2020年版，第5—6页。
④ 《中共中央关于制定国民经济和社会发展第十四个五年规划和二〇三五年远景目标的建议》，人民出版社2020年版，第25—27页。
⑤ 《中共中央关于党的百年奋斗重大成就和历史经验的决议》，人民出版社2021年版，第46页。
⑥ 习近平：《在中国文联十大、中国作协九大开幕式上的讲话》，人民出版社2016年版，第5页。

文艺是铸造灵魂的工程。2014年10月，习近平在文艺工作座谈会上深刻论述了"实现中华民族伟大复兴需要中华文化繁荣兴盛""创作无愧于时代的优秀作品""坚持以人民为中心的创作导向""中国精神是社会主义文艺的灵魂"以及"加强和改进党对文艺工作的领导"这五大问题。[①] 2017年10月，习近平在中共十九大报告中，进一步阐明了社会主义文艺的地位和本质、社会主义文艺的功能和作用、社会主义文艺创作的原则和要求以及管理社会主义文艺事业的基本方略。这是新时代繁荣和发展中国特色社会主义文艺事业的行动指南。

文艺工作者是灵魂的工程师。2016年11月，在中国文联十大、中国作协九大开幕式上，习近平在深刻把握社会主义文艺创作规律的基础上，系统分析了社会主义文艺创作的根本要求、根本方法和根本路径，他要求"广大文艺工作者要坚持以人民为中心的创作导向，坚持为人民服务、为社会主义服务，坚持百花齐放、百家争鸣，坚持创造性转化、创新性发展，高擎民族精神火炬，吹响时代前进号角，把艺术理想融入党和人民事业之中，做到胸中有大义、心里有人民、肩头有责任、笔下有乾坤，推出更多反映时代呼声、展现人民奋斗、振奋民族精神、陶冶高尚情操的优秀作品"[②]。

192. 完善公共文化服务体系

完善的公共文化服务体系不仅是满足人民群众对美好生活的追求和向往的重要基础，也是构建国家核心价值观、提高国家文化软实力、增强文化自信的重要手段。

党和国家高度重视公共文化服务体系的建设工作。2005年10月，中共十六届五中全会通过的《中共中央关于制定国民经济和社会发展第十一个五年规划的建议》首次提出将公共文化服务体系建设纳入党和国家的发展规划。中共十八大将公共文化服务体系建设作为全面建成小康社会的重要内容，明确提出到2020年"公共文化服务体系基本建成"的战略目标。中共十八大以来，以习近平同志为核心的党中央站在时代高度，对完善现代公共文化服务体系建设作出了一系列重要部署。

2013年11月，中共十八届三中全会将构建现代公共文化服务体系、促进基本公共文化服务标准化、均等化作为全面深化改革的重点任务之一。这为新时代加快文化改革发展指明了前进方向。2014年5月，习近平在第二次中央新疆工作座谈会上强调，我们"要完善公共文化服务体系，加强基层场地设施建

---

① 习近平：《在文艺工作座谈会上的讲话》，人民出版社2014年版。
② 习近平：《在中国文联十大、中国作协九大开幕式上的讲话》，人民出版社2016年版，第5页。

设,让村村、乡乡、县县都可以广泛开展文化体育活动"[1]。2014年12月,在中央全面深化改革领导小组第七次会议上习近平再次强调,构建现代公共文化服务体系是保障人民群众基本文化权益、建设社会主义文化强国的重要制度设计。

2015年1月,中共中央办公厅、国务院办公厅联合印发的《关于加快构建现代公共文化服务体系的意见》,对现代公共文化服务体系建设进行了系统部署。2016年12月,第十二届全国人民代表大会常务委员会通过并颁布了《公共文化服务保障法》,这是我国第一部公共文化服务法律文件,成为当前和未来一段时间公共文化服务体系建设最为重要的法律依据。2017年10月,中共十九大对加强公共文化服务体系建设提出了总体要求,即"满足人民过上美好生活的新期待,必须提供丰富的精神食粮"和"完善公共文化服务体系,深入实施文化惠民工程,丰富群众性文化活动"。[2] 2019年10月,中共十九届四中全会从国家治理体系和治理能力现代化的高度,提出要健全人民文化权益保障制度,完善城乡公共文化服务体系。这表明,以习近平同志为核心的党中央对现代公共文化服务体系建设的规律在不断深化。

现代公共文化服务体系是现代国家治理体系的重要组成部分,是现代国家治理能力的必备要素。新时代,需要不断推动公共文化服务体系的构建和完善,满足人民群众基本精神文化需求和保障人民群众基本文化权益,为建设社会主义文化强国,实现中华民族伟大复兴积蓄磅礴的内在动力。

193. 加快构建中国特色哲学社会科学

哲学社会科学是人们认识世界、改造世界的重要工具,是推动历史发展和社会进步的重要力量。中国共产党历来重视哲学社会科学,在推进中国革命建设改革、铸就辉煌的历史进程中,哲学社会科学发挥了不可替代的重要作用。

中共十八大以来,以习近平同志为核心的党中央始终高度关注哲学社会科学工作。习近平坚持用马克思主义的立场观点方法,围绕进一步做好哲学社会科学工作发表了一系列重要论述,提出了一系列哲学社会科学发展的新思想、新观点、新论断,深刻回答了事关我国哲学社会科学长远发展的一系列根本性问题,形成了新时代中国特色哲学社会科学发展的基本理论,为做好新时期哲学社会科学工作提供了重要的理论原则、方法指导和路径遵循。

2016年5月17日,习近平主持召开哲学社会科学工作座谈会并发表重要

---

[1] 习近平:《在第二次中央新疆工作座谈会上的讲话》,《人民日报》2014年5月30日。
[2] 习近平:《决胜全面建成小康社会,夺取新时代中国特色社会主义伟大胜利——在中国共产党第十九次全国代表大会上的报告》,人民出版社2017年版,第43—44页。

讲话。他站在党和国家事业长远发展的战略高度强调要建设具有中国特色、中国风格、中国气派的哲学社会科学；系统提出了构建中国特色哲学社会科学的整体进路；科学定位了哲学社会科学的繁荣发展必须为文化自信提供强大的"理论思维"；突出强调了必须把坚持马克思主义指导地位贯穿于哲学社会科学发展全过程；清晰描绘了构建以"学科体系、学术体系、话语体系、教材体系"为主要内容的中国特色哲学社会科学总体布局；深刻指出了哲学社会科学发展应警惕的若干倾向性问题。[1]

2017年5月，中共中央印发的《关于加快构建中国特色哲学社会科学的意见》指出，"坚持和发展中国特色社会主义，必须加快构建中国特色哲学社会科学"。"要充分发挥哲学社会科学的作用"，"积极为党和人民述学立论、建言献策"。[2] 2019年3月4日，习近平在参加全国政协十三届二次会议文化艺术界、社会科学界委员联组会时，再次强调了哲学社会科学的重要性。他指出："文化文艺工作、哲学社会科学工作在党和国家全局工作中居于十分重要的地位，在新时代坚持和发展中国特色社会主义中具有十分重要的作用。"[3] 2021年5月9日，习近平在给《文史哲》编辑部全体编辑人员回信时，对办好哲学社会科学期刊提出殷切期望，对办好高品质学术期刊指明了新的方向，号召广大哲学社会科学工作者"更好坚持中国道路、弘扬中国精神、凝聚中国力量"[4]。中共十九大明确提出，要"加快构建中国特色哲学社会科学"[5]。中共二十大报告指出，"加快构建中国特色哲学社会科学学科体系、学术体系、话语体系，培育壮大哲学社会科学人才队伍"[6]。

加快构建中国特色哲学社会科学是习近平新时代中国特色社会主义思想的重要组成部分，对于坚持中国特色社会主义文化发展道路，推进社会主义文化强国建设，实现中华民族伟大复兴的中国梦，具有十分重要的指导意义。

194. 提高全民族思想道德水平

德，国之基也。历史和现实反复表明，全民族的思想道德水平是一个国家繁荣兴盛、一个民族赖以生存和发展的重要根基。

---

[1] 习近平：《在哲学社会科学工作座谈会上的讲话》，人民出版社2016年版。
[2] 《中共中央印发〈关于加快构建中国特色哲学社会科学的意见〉》，《人民日报》2017年5月17日。
[3] 习近平：《一个国家、一个民族不能没有灵魂》，《求是》2019年第8期。
[4] 《习近平给〈文史哲〉编辑部全体编辑人员回信》，《人民日报》2021年5月11日。
[5] 习近平：《决胜全面建成小康社会，夺取新时代中国特色社会主义伟大胜利——在中国共产党第十九次全国代表大会上的报告》，人民出版社2017年版，第41—42页。
[6] 习近平：《高举中国特色社会主义伟大旗帜，为全面建设社会主义现代化国家而团结奋斗——在中国共产党第二十次全国代表大会上的报告》，人民出版社2022年版，第43—44页。

新中国成立以来，我国思想道德建设经历了一个不断发展、逐步完善的过程。1996年10月，中共十四届六中全会通过的《关于加强社会主义精神文明建设若干重要问题的决议》，首次把加强思想道德建设、提高全民族的思想道德水平作为我国社会主义精神文明建设的一项主要目标提了出来。

进入中国特色社会主义新时代，习近平在继承马克思主义道德理论和中国共产党人的道德建设经验的基础上，把思想道德建设纳入文化强国战略布局之中，把"以德治国"方略提升到"以德兴国"方略；他站在铸魂育人、强基固本的历史高度，在其论著及系列重要讲话中，对我国思想道德建设问题作出了许多新的富有创见性的阐释，系统深刻回答了在新时代为什么要提高全民族思想道德水平、如何提高全民族思想道德水平的问题。

习近平认为，在新时代加强思想道德建设，提高全民族思想道德水平，要以"四观"建设为基础，"引导人们树立正确的历史观、民族观、国家观、文化观"。① 即坚持马克思主义唯物历史观；树立起"坚持民族平等、反对民族歧视"和"维护民族团结、反对民族分裂"的中国特色社会主义民族观；向世人展现出一个"负责任的大国形象"和"对外更加开放、更加具有亲和力、充满希望、充满活力的社会主义大国形象"以及"坚持以马克思主义为指导"和"坚守中华文化立场"的中国特色社会主义文化观。

习近平强调，在新时代加强思想道德建设，提高全民族思想道德水平，深入实施公民道德建设工程，"推进社会公德、职业道德、家庭美德、个人品德建设"。② 在社会公德建设上，应"明大德、守公德、严私德"。在职业道德建设上，应践行以"有理想信念、有道德情操、有扎实知识、有仁爱之心"为主要内涵的职业道德标准。在家庭美德建设上，应"传递尊老爱幼、男女平等、夫妻和睦、勤俭持家、邻里团结的观念，倡导忠诚、责任、亲情、学习、公益的理念"。在个人品德建设上，应"提高个人品德修养，践行和弘扬社会主义核心价值观"。

2021年3月，《中华人民共和国国民经济和社会发展第十四个五年规划和2035年远景目标纲要》提出，"十四五"时期经济社会发展主要目标之一是"社会文明程度得到新提高"，包括"社会主义核心价值观深入人心，人民思想道德素质、科学文化素质和身心健康素质明显提高"等。③

习近平关于提高全民族思想道德水平的重要论述是习近平新时代中国特

---

① 《中国共产党第十九次全国代表大会文件汇编》，人民出版社2017年版，第34页。
② 《中国共产党第十九次全国代表大会文件汇编》，人民出版社2017年版，第34页。
③ 《中华人民共和国国民经济和社会发展第十四个五年规划和2035年远景目标纲要》，人民出版社2021年版，第9页。

色社会主义思想的重要组成部分，给新时代思想道德建设工作指明了方向，找准了方法，为实现中华民族伟大复兴提供了有力的道德支撑和强大的精神力量。

195. 构筑全媒体传播格局

构筑全媒体传播格局，是以习近平同志为核心的党中央在全面把握媒体融合发展的新趋势和规律的基础上，为推动媒体融合向纵深发展，做好新时代新闻舆论工作而做出的重要战略部署。

新时代，在以习近平同志为核心的党中央坚强领导下，我国新闻舆论工作走上了一条探索媒体融合发展构筑全媒体传播格局的新道路。新闻舆论工作处在意识形态斗争最前沿，是治国理政、定国安邦的大事。习近平反复强调，做好党的新闻舆论工作，事关旗帜和道路，事关贯彻落实党的理论和路线方针政策，事关顺利推进党和国家各项事业，事关全党全国各族人民凝聚力和向心力，事关党和国家前途命运。必须从党的工作全局出发把握党的新闻舆论工作，做到思想上高度重视、工作上精准有力，不断提高新闻舆论传播力、引导力、影响力、公信力。[1]

2013年8月，习近平在全国宣传思想工作会议上强调，要着重抓好手段创新，以"加快传统媒体和新兴媒体融合发展，充分运用新技术新应用创新媒体传播方式，占领信息传播制高点"。由此，媒体融合发展的思路愈发清晰。随后，中共十八届三中全会做出了"整合新闻媒体资源，推动传统媒体和新兴媒体融合发展"的决定，媒体融合发展的齿轮正式运转。2019年1月，中共十九届四中全会提出要"构建网上网下一体、内宣外宣联动的主流舆论格局，建立以内容建设为根本、先进技术为支撑、创新管理为保障的全媒体传播体系"[2]。这为构建全媒体传播格局筑牢了根基，为我国宣传思想工作绘制了一张时代所需的新蓝图。

为推动全媒体传播格局加速构建。2018年6月15日，习近平在致人民日报创刊70周年的贺信中明确提出了"构建全媒体传播格局"的要求。2019年1月25日，中共中央政治局在人民日报社举行第十二次集体学习，习近平强调："宣传思想工作要把握大势，做到因势而谋、应势而动、顺势而为。我们要加快推动媒体融合发展，使主流媒体具有强大传播力、引导力、影响力、公信力，形成网上网下同心圆，使全体人民在理想信念、价值理念、道德观念上

---

[1] 《习近平新时代中国特色社会主义思想三十讲》，学习出版社2018年版，第79页。
[2] 《中共中央关于坚持和完善中国特色社会主义制度、推进国家治理体系和治理能力现代化若干重大问题的决定》，人民出版社2019年版，第24页。

紧紧团结在一起，让正能量更强劲、主旋律更高昂。"党的十八大以来，我们坚持导向为魂、移动为先、内容为王、创新为要，在体制机制、政策措施、流程管理、人才技术等方面加快融合步伐，建立融合传播矩阵，打造融合产品，取得了积极成效。①

媒体融合发展的思路是党在革命、建设和改革过程中的经验总结和智慧结晶，构建全媒体传播格局是党主动适应时代之变，回应时代之需的重大决策，体现了中国共产党作为马克思主义政党所具备的与时俱进的珍贵品质。

196. 中国特色党和国家功勋荣誉表彰制度体系

建立健全中国特色党和国家功勋荣誉表彰制度体系，是建设中国特色社会主义事业的重要组成部分，是完善中国特色社会主义制度、推进国家治理体系和治理能力现代化的题中应有之义。

2003年12月26日，中共中央、国务院发布《关于进一步加强人才工作的决定》提出要"建立国家功勋奖励制度"。② 中共十八大以来，以习近平同志为核心的党中央统筹推进实践创新和制度创新，对党和国家功勋荣誉制度提出了一系列新观点、新论断和新要求，推动建立了"1+1+3"的中国特色功勋荣誉表彰制度，并在此基础上，形成了以"五章一簿"为主干的功勋荣誉奖励法规体系。③

2015年12月25日，中共中央印发《关于建立健全党和国家功勋荣誉表彰制度的意见》，作为整个党和国家功勋荣誉表彰工作的总纲。2015年12月27日，全国人大常委会表决通过《中华人民共和国国家勋章和国家荣誉称号法》。2016年4月，党和国家功勋荣誉表彰工作委员会成立，负责统筹协调党和国家功勋荣誉表彰工作。2017年7月，《中国共产党党内功勋荣誉表彰条例》《国家功勋荣誉表彰条例》《军队功勋荣誉表彰条例》《"共和国勋章"和国家荣誉称号授予办法》《"七一勋章"授予办法》《"八一勋章"授予办法》《"友谊勋章"授予办法》等经中央批准实施。至此，党和国家功勋荣誉表彰制度体系的"四梁八柱"基本搭建形成。

为增加荣誉的权威性和荣誉获得者的荣誉感，习近平指出："要建立和规范一些礼仪制度，组织开展形式多样的纪念庆典活动。"④ 中共十八大以来，

---

① 习近平：《加快推动媒体融合发展，构建全媒体传播格局》，《求是》2019年第6期。
② 《十六大以来重要文献选编》（上），中央文献出版社2005年版，第630页。
③ "1+1+3"的功勋荣誉表彰制度体系即党中央制定一个指导性文件，全国人大常委会制定一部法律，有关方面分别制定党内、国家、军队3个功勋荣誉表彰条例。"五章"是指"共和国勋章""国家荣誉称号""七一勋章""八一勋章"和"友谊勋章"。"一簿"是指功勋簿。
④ 《习近平谈治国理政》第一卷，外文出版社2018年版，第165页。

以重大历史事件和重大节日为主题，开展一系列重大表彰活动，成为中国特色党和国家功勋荣誉表彰制度体系建设中不可多得的一种模式。

2015年9月2日，国家颁发"中国人民抗日战争胜利70周年"纪念章，安排健在的抗日老兵参加了盛大的阅兵式。2018年12月18日，在庆祝改革开放40周年大会上表彰了100位改革先锋模范人物。2019年9月29日，在即将召开庆祝中华人民共和国成立70周年大会之际，授予袁隆平等8人"共和国勋章"，授予南仁东等28人国家荣誉称号。2020年9月8日，在全国抗击新冠肺炎疫情表彰大会上授予钟南山"共和国勋章"，授予陈薇等三人"人民英雄"国家荣誉称号等。2021年2月25日，全国脱贫攻坚总结表彰大会共表彰了包含毛相林在内的1981名先进个人和1501个先进集体。2021年6月29日，在"七一勋章"颁授仪式上授予张桂梅等29人"七一勋章"。2022年4月8日，在北京冬奥会、冬残奥会总结表彰大会上，149个集体和150人获得表彰。这些重大活动传播了主流价值观念，增强了全社会的凝聚力和向心力，弘扬了社会主义核心价值观。

此外，党和国家还通过开展实行宪法宣誓、设立中国人民抗日战争胜利纪念日、设立南京大屠杀死难同胞国家公祭日、设立烈士纪念日、制定国歌法和英雄烈士保护法等一系列具体制度和法律，推动中国特色党和国家功勋荣誉表彰制度体系不断完善。

中国特色党和国家功勋荣誉表彰制度体系是习近平新时代中国特色社会主义思想的重要组成部分，是新时代社会主义精神文明建设的新创举，对于我们增强"四个意识"、坚定"四个自信"、做到"两个维护"，实现"两个一百年"奋斗目标、实现中华民族伟大复兴的中国梦，注入了强大的精神力量。

197. 中国共产党人精神谱系

树高千尺必有根，河流万里必有源。任何事物都要面临从哪里来、到哪里去的哲学追问，中国共产党亦是如此。作为中华民族复兴的主心骨，中国共产党正是在革命、建设、改革的进程中，在立党兴党强党、救国立国强国的奋斗中，在建党伟业、建国大业、改革事业、复兴勋业的实现中，通过开辟伟大道路、建立伟大功业、积累宝贵经验，铸就了自己宝贵的精神谱系、找到了自己的精神之源。

中共十八大以来，以习近平同志为核心的党中央立足新时代的历史方位，总结党的百年辉煌历史，凝练整合革命精神新形态，诠释新时代革命精神的内涵价值，正式提出了中国共产党人精神谱系这一命题。2021年2月，习近平在党史学习教育动员大会上，首次提出了"中国共产党人的精神谱系"这一概念，并着重列举了12种伟大精神。① 随后在庆祝中国共产党成立100周年大会上习近平提出了"伟大建党精神"，并指出它是"中国共产党的精神之源"。他强调："一百年来，中国共产党弘扬伟大建党精神，在长期奋斗中构建起中国共产党人的精神谱系，锤炼出鲜明的政治品格。"② 集中体现了中国共产党的信仰信念、初心使命、精神品格、秉性宗旨，是中国共产党人精神谱系的源与本、根与魂。

2021年11月，中共十九届六中全会在总结党的百年奋斗重大成就和历史经验中，再次指出："党的百年奋斗形成了以伟大建党精神为源头的精神谱系。"③ 在新中国成立72周年之际，中宣部公布了第一批46个被纳入中国共产党人精神谱系的伟大精神。④

中国共产党人在百年的奋斗历程中形成的精神谱系既具有共同的精神内核，又体现不同时期的时代特征。在新民主主义革命时期形成了以"不怕牺牲、英勇斗争"为核心的革命精神，在社会主义建设时期形成了以"艰苦奋斗、奋发图强"为特征的建设精神，在改革开放时期形成了以"开拓创新、海纳百川"为内涵的改革精神，在新时代形成了以"开拓奋斗、共赢共享"为要义的伟大奋斗精神。这四个时期所形成的精神构成了中国共产党精神的主谱，每一个时期所生成的众多精神则是这个主谱之下的支系。其中，"开拓创新、兼容并蓄"是中国共产党人精神谱系的主要特征，"战天斗地、不屈不挠"是中国共产党人精神谱系的核心品质，"热爱祖国、人民至上"是中国共产党人精神谱系的价值追求，"信念坚定、无私奉献"是中国共产党人精神谱系的本质所在。

中国共产党在领导和探寻中国革命和建设道路的过程中，作出了极大的牺牲。正如习近平所说，世界上没有其他政党像我们党这样，"遭遇过如此多的

---

① 党史学习教育动员大会上习近平提出了以井冈山精神、长征精神、遵义会议精神、延安精神、西柏坡精神、红岩精神、抗美援朝精神、"两弹一星"精神、特区精神、抗洪精神、抗震救灾精神、抗疫精神等12种为代表的伟大精神。
② 《在庆祝中国共产党成立100周年大会上的讲话》，人民出版社2021年版，第8页。
③ 《中共中央关于党的百年奋斗重大成就和历史经验的决议》，人民出版社2021年版，第64页。
④ 2021年中宣部公布的第一批46个被纳入中国共产党人精神谱系的伟大精神，分别是新民主主义革命时期的建党精神、井冈山精神、苏区精神、长征精神、遵义会议精神、延安精神、抗战精神、红岩精神、西柏坡精神、照金精神、东北抗联精神、南泥湾精神、太行精神（吕梁精神）、大别山精神、沂蒙精神、老区精神、张思德精神；社会主义建设时期的抗美援朝精神、"两弹一星"精神、雷锋精神、焦裕禄精神、大庆精神（铁人精神）、红旗渠精神、北大荒精神、塞罕坝精神、"两路"精神、老西藏精神（孔繁森精神）、西迁精神、王杰精神；改革开放时期的改革开放精神、特区精神、抗洪精神、抗击"非典"精神、抗震救灾精神、载人航天精神、劳模精神（劳动精神、工匠精神）、青藏铁路精神、女排精神；新时代的脱贫攻坚精神、抗疫精神、"三牛"精神、科学家精神、企业家精神、探月精神、新时代北斗精神、丝路精神。

艰难险阻，经历过如此多的生死考验，付出过如此多的惨烈牺牲"。[①] 对此，习近平十分重视中国共产党人精神谱系相关工作，他立足新时代，回望总结党的历史，对既有革命精神做出新的阐释，对新时代中国精神凝炼概括，为中国共产党人精神谱系的发展作出了重大贡献。

中国共产党人精神谱系是党百年历程取得的最重大成就和历史经验之一，是党和人民共同创造的精神财富，是理想信念之"魂"、人民群众之"根"和时代实践之"力"，深刻揭示了中国共产党"过去如何取得成功、过去为什么能够成功、未来怎样继续成功"的深层的精神原因，增强了中国共产党人的政治定力，为新时代中国共产党治国理政与铸魂育人提供了坚强有力的精神支撑，对实现中华民族伟大复兴具有重大理论和现实意义。

198. 中华民族精神

人无精神则不立，国无精神则不强。民族精神是民族文化中的精华所在。中华民族精神是中华民族赖以生存、共同生活、共同发展的核心和灵魂。

中华民族精神作为一面精神旗帜，长期以来一直激励着中华儿女自强不息、维护民族独立、反抗外来侵略，引领着中华民族实现社会进步、国家富强、文化发展。在中华五千年的文明发展史中，民族精神不断重构与传承，逐渐形成了以爱国主义为核心，团结统一、爱好和平、勤劳勇敢、自强不息的中华传统民族精神，并在新时代背景下形成了"四个伟大精神"这一当代中华民族精神。中共十九届六中全会在总结党的百年奋斗经验中，明确了独立自主是中华民族精神之魂，是我们立党立国的重要原则。

中国特色社会主义进入新时代以来，以习近平同志为核心的党中央高度重视对中华民族精神的培育工作，并将其作为治国理政的重要思想文化资源。习近平指出："没有先进文化的积极引领，没有人民精神世界的极大丰富，没有民族精神力量的不断增强，一个国家、一个民族不可能屹立于世界民族之林。"[②] 2018年3月20日，在十三届全国人大一次会议上，习近平站在新时代的高度上创造性地将中华民族精神的内涵归纳为伟大创造精神、伟大奋斗精神、伟大团结精神、伟大梦想精神。[③]

爱国主义是中华民族精神的核心。2013年10月，习近平在欧美同学会成立100周年庆祝大会上对广大留学人员提出希望，其中特别强调要坚守爱国主

---

① 习近平：《在党史学习教育动员大会上的讲话》，人民出版社2021年版，第19页。
② 习近平：《在文艺工作座谈会上的讲话》，人民出版社2015年版，第5页。
③ 习近平：《在第十三届全国人民代表大会第一次会议上的讲话》，《求是》2020年第10期。

义精神。① 习近平指出，"爱国主义是常写常新的主题"，"我们当代文艺更要把爱国主义作为文艺创作的主旋律，引导人民树立和坚持正确的历史观、民族观、国家观、文化观，增强做中国人的骨气和底气。"② 习近平指出，当代中国，爱国主义的本质就是坚持爱国和爱党、爱社会主义高度统一，并号召新时代中国青年"要听党话、跟党走，胸怀忧国忧民之心、爱国爱民之情，不断奉献祖国、奉献人民，以一生的真情投入、一辈子的顽强奋斗来体现爱国主义情怀，让爱国主义的伟大旗帜始终在心中高高飘扬"！③

伟大的民族复兴事业需要伟大的民族精神，伟大的民族精神支撑和推动着伟大的民族复兴事业。中华民族精神是中国人民坚定"四个自信"的底气，在新时代，弘扬创造、奋斗、团结与梦想的中华民族精神，为现阶段抗击疫情和夺取全面建设社会主义现代化国家新胜利提供了精神支持。

（七）新时代中国社会建设

199. 人民对美好生活的向往就是我们的奋斗目标

"人民对美好生活的向往就是我们的奋斗目标"，这是对中国共产党工作出发点和落脚点的生动阐释。

2012年11月15日，习近平在十八届中央政治局常委同中外记者见面时指出，"人民对美好生活的向往就是我们的奋斗目标"④。2018年，在纪念马克思诞辰200周年大会上，从学习和实践马克思主义关于社会建设的思想，习近平强调"人民对美好生活的向往就是我们的奋斗目标"。中共十九大报告中指出："中国特色社会主义进入新时代，我国社会主要矛盾已经转化为人民日益增长的美好生活需要和不平衡不充分的发展之间的矛盾。"党中央着眼于新时代社会主要矛盾转化，指明了解决当代中国发展主要问题的根本着力点，为推进高质量发展、创造高品质生活、不断满足人民对美好生活的向往提供重要遵循。在庆祝中国共产党成立100周年大会上，习近平再次强调："以史为鉴、开创未来，必须团结带领中国人民不断为美好生活而奋斗。"

人民对美好生活的向往就是我们的奋斗目标，增进民生福祉是中国共产党坚持立党为公、执政为民的本质要求，让老百姓过上好日子是一切工作的出发

---

① 习近平：《在欧美同学会成立一百周年庆祝大会上的讲话》，《人民日报》2013年10月22日。
② 习近平：《在文艺工作座谈会上的讲话》，人民出版社2015年版，第24页。
③ 习近平：《在纪念五四运动100周年大会上的讲话》，人民出版社2019年版，第7—8页。
④ 《习近平谈治国理政》第一卷，外文出版社2018年版，第3页。

点和落脚点。坚持以人民为中心的发展思想，让人民生活幸福是习近平心中的"国之大者"，为我们在新征程上更加坚定、更加自觉地牢记初心使命、开创美好未来指明了前进方向。

200. 以保障和改善民生为重点加强社会建设

中共十八大报告中提出，"在改善民生和创新管理中加强社会建设"。加强社会建设，是社会和谐稳定的重要保证。必须从维护广大人民根本利益的高度，加快健全基本公共服务体系，加强和创新社会管理，推动社会主义和谐社会建设。中共十九届六中全会全面回顾了党在加强社会建设、保障和改善民生方面取得的重大成就和历史经验，充分彰显了我们党的初心使命和根本宗旨，充分展现了中国共产党领导和我国社会主义制度的显著优势，对于进一步团结带领全国人民不断为美好生活而奋斗具有重要意义。

以保障和改善民生为重点加强社会建设，尽力而为、量力而行，一件事情接着一件事情办，一年接着一年干，在幼有所育、学有所教、劳有所得、病有所医、老有所养、住有所居、弱有所扶上持续用力，加强和创新社会治理，使人民获得感、幸福感、安全感更加充实、更有保障、更可持续。

始终坚持以人民为中心的发展思想，以保障和改善民生为重点加强社会建设，充分体现了我们党坚定的人民立场、深厚的人民情怀和为民造福的政治担当，充分体现了我们党坚持实事求是、一切从实际出发的思想方法和工作方法，是对多年来实践经验的深刻总结，为新时代加强社会建设、保障和改善民生指明了前进方向。

201. 脱贫攻坚战

2013 年，习近平赴湖南省花垣县十八洞村考察时提出实事求是、因地制宜、分类指导、精准扶贫的理念。2015 年，在中央扶贫开发工作会议上，习近平提出实行扶持对象、项目安排、资金使用、措施到户、因村派人、脱贫成效"六个精准"，实行发展生产、易地搬迁、生态补偿、发展教育、社会保障兜底"五个一批"，发出打赢脱贫攻坚战的总攻令。2017 年，中共十九大报告把精准脱贫作为三大攻坚战之一进行全面部署。2019 年 10 月，国家脱贫攻坚普查领导小组成立。2020 年，习近平主持召开决战决胜脱贫攻坚座谈会，要求全党全国以更大决心、更强力度推进脱贫攻坚，确保取得最后胜利。2021 年 2 月 25 日，全国脱贫攻坚总结表彰大会在京隆重举行，习近平庄严宣告：我国脱贫攻坚战取得了全面胜利。3 月 9 日，联合国秘书长古特雷斯致函习近平祝贺中国脱贫攻坚取得重大历史性成就，4 月 6 日，国务院新闻办公室发布

《人类减贫的中国实践》白皮书。

消除贫困、改善民生、逐步实现共同富裕，是社会主义的本质要求，是中国共产党的重要使命。中共十八大以来，在党中央的坚强领导下，科学分析当前形势，特别是克服新冠肺炎疫情影响，凝心聚力打赢脱贫攻坚战，我们如期完成了脱贫攻坚目标任务，实现了全面建成小康社会的目标，为此付出巨大的努力和进行了重要探索。2020年3月6日，习近平对全面打好脱贫攻坚战提出8点要求：第一，加强组织领导；第二，坚持目标标准；第三，强化体制机制；第四，牢牢把握精准；第五，完善资金管理；第六，加强作风建设；第七，组织干部轮训；第八，注重激发内生动力。[1] 习近平关于扶贫工作的重要论述，从根本指引、总体框架、核心要求、基本方略、力量之源等方面，深刻揭示了新时代扶贫开发工作的基本特征和科学规律，精辟阐述了扶贫开发工作的发展方向和实现途径，是习近平新时代中国特色社会主义思想的重要组成部分，是马克思主义反贫困理论中国化的最新成果，是打赢脱贫攻坚战、全面建成小康社会的根本遵循和行动指南。

202. 历史性地解决了绝对贫困问题

2021年7月1日，习近平在庆祝中国共产党成立100周年大会上庄严宣告：经过全党全国各族人民持续奋斗，我们实现了第一个百年奋斗目标，在中华大地上全面建成了小康社会，历史性地解决了绝对贫困问题，正在意气风发向着全面建成社会主义现代化强国的第二个百年奋斗目标迈进。

在党中央坚强领导下，经过全党全国全社会持续努力，我国脱贫攻坚战取得全面胜利。中共十八大以来，全国832个贫困县全部摘帽，12.8万个贫困村全部出列，近一亿农村贫困人口实现脱贫，提前10年实现联合国2030年可持续发展议程减贫目标，历史性地解决了绝对贫困问题，创造了人类减贫史上的奇迹。脱贫攻坚伟大实践锻造形成了上下同心、尽锐出战、精准务实、开拓创新、攻坚克难、不负人民的伟大脱贫攻坚精神，走出了一条中国特色减贫道路。

203. 统筹推进疫情防控和经济社会发展

受突如其来的新冠肺炎疫情严重冲击，2020年一季度我国经济增速同比下降6.8%，这是改革开放以来没有过的。面对前所未有的挑战，2020年2月23日，习近平《在统筹推进新冠肺炎疫情防控和经济社会发展工作部署会议上的

---

[1] 习近平：《在打好精准脱贫攻坚战座谈会上的讲话》，人民出版社2020年版，第19—25页。

讲话》中指出，坚持统筹疫情防控和经济社会发展。第一，落实分区分级精准复工复产；第二，加大宏观政策调节力度；第三，全面强化稳就业举措；第四，坚决完成脱贫攻坚任务；第五，推动企业复工复产；第六，不失时机抓好春季农业生产；第七，切实保障基本民生；第八，稳住外贸外资基本盘。[①]

在扎实做好稳就业、稳金融、稳外贸、稳外资、稳投资、稳预期工作基础上，明确提出全面落实保居民就业、保基本民生、保市场主体、保粮食能源安全、保产业链供应链稳定、保基层运转任务。特殊时期采取特殊举措，经过艰苦努力，我国在全球率先控制住疫情、率先复工复产、率先恢复经济社会发展，经济运行逐季改善，2020年二季度增速由负转正，2020年全年增长2.3%，成为全球唯一实现正增长的主要经济体。2021年，经济总量达114.4万亿元。交出了一份让人民满意、世界瞩目的优异答卷。

204. 加强普惠性、基础性、兜底性民生建设

坚持以保障和改善民生为重点，就要全力做好普惠性、基础性、兜底性民生建设。2016年1月，习近平在重庆调研时指出，"在整个发展过程中，要注重民生、保障民生、改善民生，做好普惠性、基础性、兜底性民生建设"。在2019年4召开解决"两不愁三保障"突出问题座谈会时，习近平指出"做好普惠性、基础性、兜底性民生建设"。随后，"普惠性、基础性、兜底性民生"写入十九届四中全会公报。

中共十八大以来，我国持续推进普惠性、基础性的民生建设，群众获得感显著提高。其一，绝对贫困人口得到了历史性解决。全面打赢脱贫攻坚战，9899万农村贫困人口全部脱贫，"一个都不掉队"成为全面小康的标志性成就。其二，人民生活水平全方位提升。按联合国的标准，我国的人民生活已经进入相对殷实富足阶段，每百户家庭拥有汽车超过37辆，比2012年翻了1倍还多。其三，公共服务全方位普及普惠。十年来，农村地区、边疆民族地区、革命老区、脱贫地区教育水平得到了历史性的提高，区域城乡校际差距明显缩小，义务教育普及程度超过了高收入国家的平均水平。其四，社会保障网全方位织密织牢。这十年，基本养老保险参保人数由7.9亿增加到10.3亿，退休人员基本养老金和居民基础养老金最低标准稳步提高，基本医疗保险的参保人数由5.4亿增加到13.6亿，报销比例持续提高，居民医保的人均财政补助标准由240元提高到610元，惠及10亿城乡居民。

[①] 习近平：《在统筹推进新冠肺炎疫情防控和经济社会发展工作部署会议上的讲话》，人民出版社2020年版，第17—23页。

205. 健全社会保障体系

社会保障体系是人民生活的安全网和社会运行的稳定器。"十三五"期间，我国建成世界上规模最大的社会保障体系，总体实现社会保障全民覆盖，重点社会保障制度基本实现人群全覆盖。"十四五"规划《纲要》提出要坚持应保尽保原则，按照兜底线、织密网、建机制的要求，加快健全覆盖全民、统筹城乡、公平统一、可持续的多层次社会保障体系。中共二十大报告进一步强调："完善基本养老保险全国统筹制度，发展多层次、多支柱养老保险体系。实施渐进式延迟法定退休年龄。扩大社会保险覆盖面，健全基本养老、基本医疗保险筹资和待遇调整机制，推动基本医疗保险、失业保险、工伤保险省级统筹。促进多层次医疗保障有序衔接，完善大病保险和医疗救助制度，落实异地就医结算，建立长期护理保险制度，积极发展商业医疗保险。加快完善全国统一的社会保险公共服务平台。健全社保基金保值增值和安全监管体系。健全分层分类的社会救助体系。坚持男女平等基本国策，保障妇女儿童合法权益。完善残疾人社会保障制度和关爱服务体系，促进残疾人事业全面发展。坚持房子是用来住的、不是用来炒的定位，加快建立多主体供给、多渠道保障、租购并举的住房制度。"① 这对贯彻落实习近平新时代中国特色社会主义思想，践行以人民为中心发展理念，织密织牢民生安全网，保障经济社会稳定健康发展有着重要意义。

206. 推进教育强国建设

2018年9月10日，习近平在全国教育大会上指出，我们要抓住机遇、超前布局，以更高远的历史站位、更宽广的国际视野、更深邃的战略眼光，对加快推进教育现代化、建设教育强国作出总体部署和战略设计，坚持把优先发展教育事业作为推动党和国家各项事业发展的重要先手棋，不断使教育同党和国家事业发展要求相适应、同人民群众期待相契合、同我国综合国力和国际地位相匹配。中共十九大报告中强调，建设教育强国是中华民族伟大复兴的基础工程，必须把教育事业放在优先位置，深化教育改革，加快教育现代化，办好人民满意的教育。

站在党和国家事业发展全局的战略高度，习近平指明了教育工作的根本任务、教育现代化的方向目标，为做好新时代教育工作，加快推进教育现代化、建设教育强国、办好人民满意教育提供了根本遵循。推进教育强国建设，坚持

---

① 习近平：《高举中国特色社会主义伟大旗帜，为全面建设社会主义现代化国家而团结奋斗——在中国共产党第二十次全国代表大会上的报告》，人民出版社2022年版，第48页。

把培养德智体美劳全面发展的社会主义建设者和接班人作为国家教育工作的根本任务，坚持党对教育工作的全面领导、坚持马克思主义指导地位、坚持社会主义办学方向、坚持扎根中国大地办教育，确保教育为人民服务、为中国共产党治国理政服务、为巩固和发展中国特色社会主义制度服务、为改革开放和社会主义现代化建设服务。

207. 全面推进健康中国建设

人民健康是民族昌盛和国家强盛的重要标志。中共十八大以来，以习近平同志为核心的党中央把保障人民健康摆在优先发展的战略地位，坚定实施健康中国战略，推动卫生健康事业取得新的发展成就，在抗击新冠肺炎疫情中发挥了重要作用，经受住了重大考验。"十四五"规划《纲要》提出全面推进健康中国建设的重大任务，以普及健康生活、优化健康服务、完善健康保障、建设健康环境、发展健康产业为重点，加快推进健康中国建设。中共二十大报告进一步指出："把保障人民健康放在优先发展的战略位置，完善人民健康促进政策。优化人口发展战略，建立生育支持政策体系，降低生育、养育、教育成本。实施积极应对人口老龄化国家战略，发展养老事业和养老产业，优化孤寡老人服务，推动实现全体老年人享有基本养老服务。深化医药卫生体制改革，促进医保、医疗、医药协同发展和治理。促进优质医疗资源扩容和区域均衡布局，坚持预防为主，加强重大慢性病健康管理，提高基层防病治病和健康管理能力。深化以公益性为导向的公立医院改革，规范民营医院发展。发展壮大医疗卫生队伍，把工作重点放在农村和社区。重视心理健康和精神卫生。促进中医药传承创新发展。创新医防协同、医防融合机制，健全公共卫生体系，提高重大疫情早发现能力，加强重大疫情防控救治体系和应急能力建设，有效遏制重大传染性疾病传播。深入开展健康中国行动和爱国卫生运动，倡导文明健康生活方式。"①

208. 加快体育强国建设

体育强则中国强，国运兴则体育兴。习近平指出："体育是提高人民健康水平的重要途径，是满足人民群众对美好生活向往、促进人的全面发展的重要手段，是促进经济社会发展的重要动力，是展示国家文化软实力的重要平台。"

中共十八大以来，以习近平同志为核心的党中央高度关心和重视体育事业，始终从中华民族伟大复兴和人民群众的美好生活向往的高度引领体育事业

---

① 习近平：《高举中国特色社会主义伟大旗帜，为全面建设社会主义现代化国家而团结奋斗——在中国共产党第二十次全国代表大会上的报告》，人民出版社2022年版，第48—49页。

健康有序发展。"十四五"规划《纲要》明确提出到2035年建成体育强国，将广泛开展全民健身运动，增强人民体质。推动健康关口前移，深化体教融合、体卫融合、体旅融合。完善全民健身公共服务体系，推进社会体育场地设施建设和学校场馆开放共享，提高健身步道等便民健身场所覆盖面，因地制宜发展体育公园，支持在不妨碍防洪安全前提下利用河滩地等建设公共体育设施。保障学校体育课和课外锻炼时间，以青少年为重点开展国民体质监测和干预。坚持文化教育和专业训练并重，加强竞技体育后备人才培养，提升重点项目竞技水平，巩固传统项目优势，探索中国特色足球篮球排球发展路径，持续推进冰雪运动发展，发展具有世界影响力的职业体育赛事。扩大体育消费，发展健身休闲、户外运动等体育产业。《全民健身计划（2021—2025年）》与"十四五"规划《纲要》同频共振，彰显了党和政府对全民健身事业的高度重视，以及对推进健康中国、体育强国建设的坚定决心。

209. 促进人口长期均衡发展

人口发展是关系中华民族发展的大事情。党和国家始终坚持人口与发展综合决策，科学把握人口发展规律，坚持计划生育基本国策，有力促进了经济发展和社会进步，为全面建成小康社会奠定了坚实基础。中共十八大以来，党中央高度重视人口问题，根据我国人口发展变化形势，作出逐步调整完善生育政策、促进人口长期均衡发展的重大决策，各项工作取得显著成效。2011年11月起，中国各地开始全面实施"双独"二孩政策。到2013年12月，中国开始了单独二孩政策时代。2015年10月，全面二孩政策推开。2021年6月，《中共中央国务院关于优化生育政策促进人口长期均衡发展的决定》指出，优化生育政策，实施一对夫妻可以生育三个子女政策，配套实施积极生育支持措施。2022年8月，国家卫生健康委、国家发展改革委等17部门印发《关于进一步完善和落实积极生育支持措施的指导意见》，要求加快建立积极生育支持政策体系，为推动实现适度生育水平、促进人口长期均衡发展提供有力支撑。

促进人口长期均衡发展的目标是，到2025年，积极生育支持政策体系基本建立，服务管理制度基本完备，优生优育服务水平明显提高，普惠托育服务体系加快建设，生育、养育、教育成本显著降低，生育水平适当提高，出生人口性别比趋于正常，人口结构逐步优化，人口素质进一步提升。到2035年，促进人口长期均衡发展的政策法规体系更加完善，服务管理机制运转高效，生育水平更加适度，人口结构进一步改善。优生优育、幼有所育服务水平与人民群众对美好生活的需要相适应，家庭发展能力明显提高，人的全面发展取得更为明显的实质性进展。

210. 建设更高水平的平安中国

平安中国是中国梦的重要组成部分，也是实现中国梦的有力保障。2016年10月，习近平指出，要继续加强和创新社会治理，完善中国特色社会主义治理体系，努力建设更高水平的平安中国。2019年5月7日，习近平在全国公安工作会议上发表重要讲话指出，努力建设更高水平的平安中国。推进基层社会治理创新，建设更高水平的平安中国，是应对百年变局和各种风险挑战，不断提升人民群众获得感、幸福感、安全感的重要举措。中共十八大以来，以习近平同志为核心的党中央，坚持打防结合、整体防控，专群结合、群防群治，坚持党的群众路线，坚持好、发展好基层社会治理的"枫桥经验"，平安中国建设成效显著，国家政治安全能力进一步提高，扫黑除恶取得历史性成就。不断创新基层治理方式方法，做好点点滴滴的惠民小事，解决人民群众的"急难愁盼"，将群众工作融入血脉和灵魂，将矛盾和冲突化解在萌芽状态，社会矛盾总量呈现稳中有降趋势，社会治安状况处于历史最好水平，形成了人民安居乐业、社会安定有序的良好局面，续写了中国社会长期稳定的奇迹。

211. 健全党组织领导的自治、法治、德治相结合的城乡基层治理体系

基层强则国家强，基层安则天下安。基层治理是国家治理的重要内容，意指对在国家治理体系纵向结构中处于末梢的社会生活进行有效引导、规范和管理，包括基层政权建设和基层群众权利保障等内容。在中共十九大报告中，习近平指出，加强农村基层基础工作，健全自治、法治、德治相结合的乡村治理体系，培养造就一支懂农业、爱农村、爱农民的"三农"工作队伍。[①]《中共中央关于党的百年奋斗重大成就和历史经验的决议》提出，健全党组织领导的自治、法治、德治相结合的城乡基层治理体系，推动社会治理重心向基层下移，建设共建共治共享的社会治理制度，建设人人有责、人人尽责、人人享有的社会治理共同体。

健全党组织领导的自治、法治、德治相结合的城乡基层治理体系，体现了多元主体合作共治、多元规范优化合治和多重环节系统融治的重要特点。自治、法治、德治既相互独立又紧密联系，坚持三管齐下共同发挥作用，走好符合中国国情的基层社会治理之路，有助于发挥中国特色社会主义制度优势，建设既充满活力又和谐有序的美好社会。

---

① 习近平：《决胜全面建成小康社会，夺取新时代中国特色社会主义伟大胜利——在中国共产党第十九次全国代表大会上的报告》，人民出版社2017年版，第32页。

（八）新时代中国生态文明建设

212. 生态文明建设是关乎中华民族永续发展的根本大计

"建设生态文明是中华民族永续发展的千年大计。"① 以习近平同志为核心的党中央强调，生态文明建设是关乎中华民族永续发展的根本大计，突出了生态文明建设的重要地位和重大意义。这一重要论断，充分认识加强生态环境保护的重要性和紧迫性，明确生态文明建设在党和国家事业发展全局中的重要地位。生态环境是人类生存和发展的根基，生态环境变化直接影响文明兴衰演替。这一重要论断，是对人类文明发展规律的深刻总结。这一重要论断，是对一个时期以来我国生态环境恶化的深刻反思和对生态文明建设的长远思考。以习近平同志为核心的党中央把握人类社会发展规律、传承中华优秀传统文化、顺应时代潮流和人民意愿，站在坚持和发展中国特色社会主义、实现中华民族伟大复兴中国梦的战略高度，把生态文明建设摆在全局工作的突出位置，作出一系列重大战略部署。

在"五位一体"总体布局中，生态文明建设是重要组成部分；在新时代坚持和发展中国特色社会主义基本方略中，坚持人与自然和谐共生是一条基本方略；在新发展理念中，绿色发展是一大理念；在三大攻坚战中，污染防治是一大攻坚战；在到本世纪中叶建成富强民主文明和谐美丽的社会主义现代化强国目标中，美丽是一个重要目标。中共十九大修改通过的党章增加"增强绿水青山就是金山银山的意识"等内容，2018年3月通过的宪法修正案将生态文明写入宪法，实现了党的主张、国家意志、人民意愿的高度统一。按照中共十九届六中全会《决议》提出的要求，顺应人民群众对优美生态环境的新期待，以对子孙后代和中华民族前途命运高度负责的态度，高度重视生态文明建设，扎实抓好生态文明建设，真正做到尊重自然、顺应自然、保护自然，让良好生态环境成为人民生活改善的增长点、经济社会持续健康发展的支撑点、展现我国良好形象的发力点，实现建设富强中国与建设美丽中国的高度统一。

213. 坚持绿水青山就是金山银山的理念

2005年8月15日，时任浙江省委书记的习近平在浙江安吉县余村调研时，首次提出"绿水青山就是金山银山"的重要论述。中共十八大以来，习近平多

---

① 习近平：《决胜全面建成小康社会，夺取新时代中国特色社会主义伟大胜利——在中国共产党第十九次全国代表大会上的报告》，人民出版社2017年版，第23页。

次强调"绿水青山就是金山银山",形成了"两山理论"。这一论断深刻回答了经济发展与生态环境保护辩证统一的关系,已成为引领我国走向绿色发展之路的基本国策。2020年3月30日,习近平再次前往浙江余村考察,强调要践行"绿水青山就是金山银山"发展理念,推进浙江生态文明建设迈上新台阶,把绿水青山建得更美,把金山银山做得更大,让绿色成为浙江发展最动人的色彩。

树立和践行绿水青山就是金山银山的理念,旗帜鲜明地坚持和发展好习近平生态文明思想,加快形成绿色发展方式,促进经济发展和环境保护双赢,构建经济与环境协同共进的地球家园。

214. 坚持走生产发展、生活富裕、生态良好的文明发展道路

绿色发展注重的是解决人与自然和谐问题。2015年10月,习近平在中共十八届五中全会上指出:"绿色循环低碳发展,是当今时代科技革命和产业变革的方向,是最有前途的发展领域,我国在这方面的潜力相当大,可以形成很多新的经济增长点。我国资源约束趋紧、环境污染严重、生态系统退化的问题十分严峻,人民群众对清新空气、干净饮水、安全食品、优美环境的要求越来越强烈。为此,我们必须坚持节约资源和保护环境的基本国策,坚定走生产发展、生活富裕、生态良好的文明发展道路,加快建设资源节约型、环境友好型社会,推进美丽中国建设,为全球生态安全作出新贡献。"[1]

中国式现代化是人与自然和谐共生的现代化。习近平在中共二十大报告中指出:"人与自然是生命共同体,无止境地向自然索取甚至破坏自然必然会遭到大自然的报复。我们坚持可持续发展,坚持节约优先、保护优先、自然恢复为主的方针,像保护眼睛一样保护自然和生态环境,坚定不移走生产发展、生活富裕、生态良好的文明发展道路,实现中华民族永续发展。"[2]

215. 建立健全生态文明制度体系

中共十八大提出"保护生态环境必须依靠制度",中共十八届三中全会提出"建设生态文明,必须建立系统完整的生态文明制度体系",中共十九大提出"加快生态文明体制改革,建设美丽中国",中共十九届四中全会提出"坚持和完善生态文明制度体系,促进人与自然和谐共生",生态文明制度建设的价值取向日益明确。在人与自然和谐共生的价值取向引导下,我国生态文明制

---

[1] 习近平:《在党的十八届五中全会第二次全体会议上的讲话(节选)》,《求是》2016年第1期。
[2] 习近平:《高举中国特色社会主义伟大旗帜,为全面建设社会主义现代化国家而团结奋斗——在中国共产党第二十次全国代表大会上的报告》,人民出版社2022年版,第23页。

度建设取得重要进展，生态环境保护制度、资源高效利用制度、生态保护和修复制度、生态环境保护责任制度等生态文明制度相继建立、不断完善，生态环境恶化趋势初步得到遏制，人与自然关系得到极大改善。

制度的生命力在于执行。中共十八大以来，我国逐步建立起由法律、行政法规、部门规章、地方法规和地方规章、环境标准、环保国际条约等组成的生态环境保护法律法规体系，人与自然和谐共生的制度建设取得明显进展。

216. 优化国土空间开发保护格局

构建国土空间开发保护新格局，是推进生态文明建设、促进中国社会经济可持续发展的重要支撑。进入21世纪以来，我国空间开发失序、资源利用粗放、生态环境脆弱等问题愈发严重，国土空间形成了人口与经济、财力、土地及资源环境的四大"结构失衡"。"十四五"规划《纲要》提出形成主体功能明显、优势互补、高质量发展的国土空间开发保护新格局。

以高标准保护为基础、以高效率开发为核心、以高水平协调为重点、以高效能治理为保障，科学谋划国土空间开发保护格局，要建立健全国土空间管控机制，以空间规划统领水资源利用、水污染防治、岸线使用、航运发展等方面空间利用任务，促进经济社会发展格局、城镇空间布局、产业结构调整与资源环境承载能力相适应，做好同建立负面清单管理制度的衔接协调，确保形成整体顶层合力。

217. 污染防治攻坚战

良好生态环境是实现中华民族永续发展的内在要求，是增进民生福祉的优先领域。中共十八大以来，以习近平同志为核心的党中央把生态文明建设作为统筹推进"五位一体"总体布局和协调推进"四个全面"战略布局的重要内容，谋划开展了一系列根本性、长远性、开创性工作，推动生态文明建设和生态环境保护从实践到认识发生了历史性、转折性、全局性变化。2018年5月，全国生态环境保护大会在北京召开，习近平在会议上指出："要自觉把经济社会发展同生态文明建设统筹起来，充分发挥党的领导和我国社会主义制度能够集中力量办大事的政治优势，充分利用改革开放40年来积累的坚实物质基础，加大力度推进生态文明建设、解决生态环境问题，坚决打好污染防治攻坚战，推动我国生态文明建设迈上新台阶。"[①] 2018年6月，中共中央、国务院印发《关于全面加强生态环境保护、坚决打好污染防治攻坚战的意见》，提出坚决打

---

① 《习近平在全国生态环境保护大会上强调：坚决打好污染防治攻坚战，推动生态文明建设迈上新台阶》，《人民日报》2018年5月20日。

赢蓝天保卫战，着力打好碧水保卫战，扎实推进净土保卫战，并确定了到2020年三大保卫战具体指标。2021年11月7日，《中共中央 国务院关于深入打好污染防治攻坚战的意见》发布。

新征程上，要深入贯彻习近平生态文明思想，以实现减污降碳协同增效为总抓手，以改善生态环境质量为核心，以精准治污、科学治污、依法治污为工作方针，统筹污染治理、生态保护、应对气候变化，保持力度、延伸深度、拓宽广度，以更高标准打好蓝天、碧水、净土保卫战，以高水平保护推动高质量发展、创造高品质生活，努力建设人与自然和谐共生的美丽中国。

218. 中央生态环境保护督察

建立环保督察工作机制是建设生态文明的重要抓手，对严格落实环境保护主体责任、完善领导干部目标责任考核制度、追究领导责任和监管责任，具有重要意义。

2015年7月，习近平主持召开中央全面深化改革领导小组第十四次会议，会议审议通过《环境保护督察方案（试行）》，明确建立环保督察机制。2015年12月31日至2016年2月4日，中央环保督察试点在河北展开。大约两年时间，第一轮中央环保督察组共分四批，陆续进驻相关省份。2018年起，又对其中20个省份进行了督察"回头看"。2019年6月，《中央生态环境保护督察工作规定》印发实施，以党内法规的形式规范督察工作。2019年7月，第二轮中央生态环境保护督察全面启动，首次对国务院2个部门开展督察试点。2022年1月经党中央、国务院批准，中共中央办公厅、国务院办公厅印发《中央生态环境保护督察整改工作办法》，进一步推进督察整改工作的规范化、制度化，完善督察整改工作长效机制，形成发现问题、解决问题的督察整改管理闭环。2022年6月，第二轮六批中央生态环境保护督察任务圆满完成。截止2022年6月，第一轮督察和"回头看"整改方案中明确的3294项整改任务，总体完成率达到95%。第二轮前三批整改方案明确的1227项整改任务，半数已经完成。第四、五、六批督察整改正在积极有序推进。督察受理转办的民众生态环境信访举报28.7万件，到目前为止完成整改28.5万件。

219. 积极参与全球环境与气候治理

中共十八大以来，在习近平生态文明思想指引下，中国贯彻新发展理念，将应对气候变化摆在国家治理更加突出的位置，不断提高碳排放强度削减幅度，不断强化自主贡献目标，以最大努力提高应对气候变化力度，积极参与全球环境与气候治理，共谋全球生态文明建设之路。坚定践行多边主义，努力推动构建公平合理、合作共赢的全球环境治理体系。引领全球气候变化谈判进程，积极推动《巴黎协定》的签署、生效、实施；率先发布《中国落实2030年可持续发展议程国别方案》，实施《国家应对气候变化规划（2014—2020年）》，推动建立"一带一路"绿色发展国际联盟。2020年9月22日，习近平在第七十五届联合国大会一般性辩论上郑重宣示：中国将提高国家自主贡献力度，采取更加有力的政策和措施，二氧化碳排放力争于2030年前达到峰值，努力争取2060年前实现碳中和。这一庄严承诺，体现了负责任大国的担当。2021年10月27日，发表《中国应对气候变化的政策与行动》白皮书。中国坚持创新、协调、绿色、开放、共享的新发展理念，立足国内、胸怀世界，以中国智慧和中国方案推动经济社会绿色低碳转型发展不断取得新成效，以大国担当为全球应对气候变化作出积极贡献。

（九）新时代中国国防和军事建设

220. 坚持党对人民军队绝对领导的根本原则和制度

我军自诞生之日起，就始终在党的领导下行动和战斗，由小到大、由弱变强，不断从胜利走向胜利。党对军队绝对领导的根本原则和制度，发端于南昌起义，奠基于三湾改编，定型于古田会议，是人民军队完全区别于一切旧军队的政治特质和根本优势。中共十九届六中全会《决议》鲜明指出，"建设人民军队，首要的是毫不动摇坚持党对人民军队绝对领导的根本原则和制度，坚持人民军队最高领导权和指挥权属于党中央和中央军委，全面深入贯彻军委主席负责制"。

习近平强调，在坚持党对军队绝对领导这个根本政治原则问题上，头脑要特别清醒，态度要特别鲜明，行动要特别坚决，决不能有任何动摇、任何迟疑、任何含糊。中共十八大以来，不断强化党对军队绝对领导。党中央和中央军委狠抓全面从严治军，果断决策整肃人民军队政治纲纪，在古田召开全军政治工作会议，对新时代政治建军作出部署，恢复和发扬我党我军光荣传统和优良作风，以整风精神推进政治整训，全面加强军队党的领导和党的建设，深入推进军队党风廉政建设和反腐败斗争，推动人民军队政治生态根本好转。

党对人民军队的绝对领导是中国特色社会主义的本质特征，是党和国家的重要政治优势，是人民军队的建军之本、强军之魂。坚持党对人民军队的绝对领导。建设一支听党指挥、能打胜仗、作风优良的人民军队，是实现"两个一百年"奋斗目标、实现中华民族伟大复兴的战略支撑。

221. 新时代强军目标和战略方针

中共十八大以来，面对国家安全环境的深刻变化，着眼于实现"两个一百年"奋斗目标、实现中华民族伟大复兴的中国梦，习近平提出"建设一支听党指挥、能打胜仗、作风优良的人民军队，把人民军队建设成为世界一流军队"的新时代强军目标，围绕国防和军队建设提出一系列新理念新思想新战略，创立了习近平强军思想。在庆祝中国共产党成立100周年大会上，习近平强调，把人民军队建设成为世界一流军队，以更强大的能力、更可靠的手段捍卫国家主权、安全、发展利益。建设同我国国际地位相称、同国家安全和发展利益相适应的巩固国防和强大人民军队，党在新时代的强军目标，谋的是民族复兴伟业，布的是富国强军大局，立的是发展安全之基，标定了人民军队作为大国军队、强国军队的样子。

新时代军事战略方针，坚持防御、自卫、后发制人原则，实行积极防御，坚持"人不犯我、我不犯人，人若犯我、我必犯人"，强调遏制战争与打赢战争相统一，强调战略上防御与战役战斗上进攻相统一。

在新的长征路上，我们要坚持以党在新形势下的强军目标为引领，深入贯彻新形势下军事战略方针，努力建设世界一流军队。以新时代的强军目标为指引，确立军事战略方针，制定到2027年实现建军一百年奋斗目标、到2035年基本实现国防和军队现代化、到本世纪中叶全面建成世界一流军队的国防和军队现代化新"三步走"战略。

222. 推进政治建军、改革强军、科技强军、人才强军、依法治军

中共十九届六中全会《决议》提出新时代的强军目标，确立了新时代军事战略方针，制定了全面建成世界一流军队的国防和军队现代化新"三步走"战略，强调推进政治建军、改革强军、科技强军、人才强军、依法治军，加快军事理论现代化、军队组织形态现代化、军事人员现代化、武器装备现代化，加快机械化信息化智能化融合发展，全面加强练兵备战，坚持走中国特色强军之路。

中共十八大以来实施和贯彻改革强军战略、科技兴军战略、人才强军战略、依法治军战略等方面采取了诸多的重大举措、取得了重大成效。其一，改革强军。领导开展新中国成立以来最为广泛、最为深刻的国防和军队改革，重构人民军队领导指挥体制、现代军事力量体系、军事政策制度，裁减现役员额三十万，形成了军委管总、战区主战、军种主建新格局。其二，科技强军。建设创新型人民军队，建设强大的现代化后勤，国防科技和武器装备建设取得重大进展。其三，人才强军。确立新时代军事教育方针，明确军队好干部标准，推动构建三位一体新型军事人才培养体系，培养有灵魂、有本事、有血性、有品德的新时代革命军人，锻造具有铁一般信仰、铁一般信念、铁一般纪律、铁一般担当的过硬部队。其四，依法治军。构建中国特色军事法治体系，加快治军方式根本性转变。推进军人荣誉体系建设。

223. 形成军委主席负责制和军委管总、战区主战、军种主建新格局

中共十八大以来，党中央按计划深入推进军事政策制度改革，构建完善新时代军事战略体系，新修订《中华人民共和国国防法》《中华人民共和国人民武装警察法》等一系列政策制度。中共十九届六中全会《决议》提出，不断构建军委管总、战区主战、军种主建新格局，确保新时代人民军队"召之即来、来之能战、战之必胜"。

（十）新时代维护国家安全

224. 统筹发展和安全

安全是发展的前提，发展是安全的保障。统筹安全和发展，是中共中央基于新发展阶段的新特征、新要求、新思路，为防范化解各类风险挑战而确定的重大工作方针。

2016年4月，习近平在网络安全和信息化工作座谈会上的讲话中指出："安全是发展的前提，发展是安全的保障，安全和发展要同步推进。"[1] 2017年2月，中共中央总书记、国家主席、中央军委主席、中央国家安全委员会主席习近平2月17日上午在京主持召开国家安全工作座谈会并发表重要讲话，提出"统筹发展和安全"："认清国家安全形势，维护国家安全，要立足国际秩序大变局来把握规律，立足防范风险的大前提来统筹，立足我国发展重要战略机遇期大背景来谋划。世界多极化、经济全球化、国际关系民主化的大方向没有改变，要引导国际社会共同塑造更加公正合理的国际新秩序。要切实加强国家安全工作，为维护重要战略机遇期提供保障。不论国际形势如何变幻，我们要保持战略定力、战略自信、战略耐心，坚持以全球思维谋篇布局，坚持统筹发展和安全，坚持底线思维，坚持原则性和策略性相统一，把维护国家安全的战略主动权牢牢掌握在自己手中。"[2] 2020年10月，中共十九届五中全会指出："统筹发展和安全，建设更高水平的平安中国。坚持总体国家安全观，实

---

[1] 习近平：《在网络安全和信息化工作座谈会上的讲话》，人民出版社2016年版，第15—16页。
[2] 习近平：《在国家安全工作座谈会上的讲话》，《人民日报》2017年2月18日。

施国家安全战略,维护和塑造国家安全,统筹传统安全和非传统安全,把安全发展贯穿国家发展各领域和全过程,防范和化解影响我国现代化进程的各种风险,筑牢国家安全屏障。"[1]

新征程上,更要坚持统筹发展和安全。2021年7月,习近平在庆祝中国共产党成立100周年大会上的讲话中指出:"新的征程上,我们必须增强忧患意识、始终居安思危,贯彻总体国家安全观,统筹发展和安全,统筹中华民族伟大复兴战略全局和世界百年未有之大变局,深刻认识我国社会主要矛盾变化带来的新特征新要求,深刻认识错综复杂的国际环境带来的新矛盾新挑战,敢于斗争,善于斗争,逢山开道、遇水架桥,勇于战胜一切风险挑战!"[2] 新征程上,更需要坚持统筹发展和安全。中共二十大报告指出:"坚持发扬斗争精神。增强全党全国各族人民的志气、骨气、底气,不信邪、不怕鬼、不怕压,知难而进、迎难而上,统筹发展和安全,全力战胜前进道路上各种困难和挑战,依靠顽强斗争打开事业发展新天地。"[3]

225. 统筹开放和安全

统筹好开放发展和经济安全是经济全球化背景下构建新发展格局、实现高质量发展的必由之路。习近平指出:"越开放越要重视安全,越要统筹好发展和安全,着力增强自身竞争能力、开放监管能力、风险防控能力。"[4] 对外开放是我国的基本国策,以开放促改革、促发展是我国现代化建设不断取得新成就的重要法宝。对外开放推动我国现代化建设不断取得新成就,也使我国与外部世界的联系互动更加频繁紧密,我国经济发展也更容易受到外部市场的冲击。当前,新冠肺炎疫情严重冲击了各国经济的稳定,经济全球化遭遇逆流,保护主义、单边主义上升,暴露出全球产业链的高度脆弱性和经济全球化蕴藏的风险,国际经济、科技、文化、安全、政治等格局都在发生深刻调整。在这种形势下,我们必须用好辩证思维,深刻认识我国社会主要矛盾变化带来的新特征新要求,深刻认识错综复杂的国际环境带来的新矛盾新挑战,贯彻总体国家安全观,在全面深化改革、高水平对外开放的过程中确保经济安全。

统筹好开放发展和经济安全,必须提升开放发展的广度和深度。构建以国

---

[1] 《中国共产党第十九届中央委员会第五次全体会议公报》,人民出版社2020年版,第17—18页。
[2] 习近平:《在庆祝中国共产党成立100周年大会上的讲话》,人民出版社2021年版,第17—18页。
[3] 习近平:《高举中国特色社会主义伟大旗帜,为全面建设社会主义现代化国家而团结奋斗——在中国共产党第二十次全国代表大会上的报告》,人民出版社2022年版,第27页。
[4] 习近平:《在经济社会领域专家座谈会上的讲话》,人民出版社2020年版,第8页。

内大循环为主体、国内国际双循环相互促进的新发展格局，在开放发展中维护经济安全，必须切实增强忧患意识，坚持底线思维，着力防范化解各类重大风险。

统筹好开放发展和经济安全，要坚持对内对外开放相互促进、引进来和走出去更好结合，推动贸易和投资自由化便利化，构建面向全球的高标准自由贸易区网络，推动规则、规制、管理、标准等制度型开放，形成更大范围、更宽领域、更深层次对外开放格局，构建互利共赢、多元平衡、安全高效的开放型经济体系。

226. 统筹传统安全和非传统安全

"十四五"规划《纲要》首次明确强调要"统筹传统安全和非传统安全"，这充分体现了当前国际国内环境所面临的深刻变化，是我国总体国家安全观的进一步升华。传统安全是指与战争、军事、强力政治密切相关的安全领域；非传统安全指冷战后期，特别是冷战结束后出现的新型安全领域。普遍认为，国家安全主要包含的 16 个领域中，政治安全、国土安全、军事安全属于传统安全领域，非传统安全包括经济安全、文化安全、社会安全、科技安全、网络安全、生态安全、资源安全、核安全、海外利益安全以及太空安全、深海安全、极地安全和生物安全等新型安全领域。

习近平在 2014 年提出总体国家安全观时，把"传统"与"非传统"用在了国家安全构成要素上，要求"既重视传统安全，又重视非传统安全，构建集政治安全、国土安全、军事安全、经济安全、文化安全、社会安全、科技安全、信息安全、生态安全、资源安全、核安全等于一体的国家安全体系"。统筹传统安全与非传统安全，首先要深化关于传统安全与非传统安全的认识，深刻体察当今时代传统安全要素与非传统安全要素相互交织、相互融合、相互依赖、相互影响的客观现实。统筹传统安全与非传统安全，还要认识到威胁国家安全的因素，在当前更明显地呈现出传统与非传统相互交织与渗透的特征。统筹传统安全与非传统安全，还需要在统筹传统安全手段与非传统安全手段的同时，把各种非战争、非军事、非对抗的非传统手段和措施置于首选地位，把传统的对抗、军事、战争等作为万不得已时的"保底手段"。

227. 统筹自身安全和共同安全

当今世界，一些国家追求实现绝对安全，将自身安全建立在别国不安全的基础上，无视他国合理安全关切。安全架构失衡、失效，弱势一方的合理安全诉求长期得不到关注，安全矛盾长期累积得不到缓解，极易导致极端行为出现，酿成矛盾冲突扩大。这种失衡、失效的安全架构，不仅体现在传统的军事安全、国土安全，也越来越多的体现在经济、科技、信息、文化、气候等非传统安全领域。

中共十九大报告强调，统筹外部安全和内部安全、国土安全和国民安全、传统安全和非传统安全、自身安全和共同安全，完善国家安全制度体系，加强国家安全能力建设，坚决维护国家主权、安全、发展利益。[①] 新时代国家安全观，强调既重视自身安全，又重视共同安全，打造命运共同体，推动各方朝着互利互惠、共同安全的目标相向而行。

228. 统筹维护国家安全和塑造国家安全

立足防范风险大前提、立足国际秩序大变局、立足我国发展重要战略机遇期大背景来谋划统筹国家安全工作。各地区要建立健全党委统一领导的国家安全工作责任制，强化维护国家安全责任，守土有责、守土尽责。形成维护国家安全强大合力，加强国家安全教育，增强全党全国人民国家安全意识，推动全社会形成维护国家安全的强大合力。

抓紧制订、修改完善社会治理、保障人民生活、维护国家安全的法律。要加强重点领域立法，及时反映党和国家事业发展要求、人民群众关切期待，对涉及全面深化改革、推动经济发展、完善社会治理、保障人民生活、维护国家安全的法律抓紧制订、及时修改。要加大对维护国家安全所需的物质、技术、装备、人才、法律、机制等保障方面的能力建设，更好适应国家安全工作需要。

229. 增强忧患意识、防范风险挑战

备豫不虞，为国常道。"增强忧患意识，做到居安思危，是我们党治国理政的一个重大原则。"[②] 中共十八大以来，以习近平同志为核心的党中央始终"忧患在心、准备在先"，反复强调必须增强忧患意识，防范风险挑战，以巨大的政治勇气和强烈的责任担当，推动党和国家事业发生历史性变革、取得历史性成就。这些告诫振聋发聩、令人警醒，对于我们党在长期执政条件下坚守革命本色、永葆先进性和纯洁性，对于团结带领全国各族人民决胜全面建成小康社会、奋力夺取新时代中国特色社会主义伟大胜利，具有重要意义。

2018年1月，习近平在学习贯彻党的十九大精神专题研讨班开班式上列举

---

① 习近平：《决胜全面建成小康社会，夺取新时代中国特色社会主义伟大胜利——在中国共产党第十九次全国代表大会上的报告》，人民出版社2017年版，第24页。

② 习近平：《决胜全面建成小康社会，夺取新时代中国特色社会主义伟大胜利——在中国共产党第十九次全国代表大会上的报告》，人民出版社2017年版，第24页。

了8个方面16个具体风险，其中提到"像非典那样的重大传染性疾病，也要时刻保持警惕、严密防范"。要时刻保持如履薄冰的谨慎、见叶知秋的敏锐，既要高度警惕和防范自己所负责领域内的重大风险，也要密切关注全局性重大风险，第一时间提出意见和建议。① 增强忧患意识、防范风险挑战，习近平强调要重视形势分析。对形势作出科学判断，是为制定方针、描绘蓝图提供依据，也是为了使全党同志特别是各级领导干部增强忧患意识，做到居安思危、知危图安。常观大势、常思大局，科学预见形势发展走势和隐藏其中的风险挑战，做到未雨绸缪。增强忧患意识、防范风险挑战，但也不能过了头，不要杞人忧天。

（十一）新时代坚持"一国两制"和推进祖国统一

230. 坚持和完善"一国两制"制度体系

"一国两制"②是党和国家实现祖国统一大业的一项基本国策和重要制度，是中国特色社会主义的一个伟大创举。坚持和完善"一国两制"制度体系，是坚持和完善中国特色社会主义制度、推进国家治理体系和治理能力现代化的重要内容。

党把完成祖国统一大业作为历史重任，并进行了不懈努力。以毛泽东同志为核心的第一代中央领导集体，根据国际发展形势、结合国内实际所需，确定了"暂时不动香港""长期打算，充分利用"③的政策，坚持在条件成熟的时候，经过谈判来和平解决香港、澳门问题，在未解决以前维持现状的原则。以邓小平同志为核心的第二代中央领导集体在改革开放的历史条件和时代背景下，在毛泽东"和平解决"香港问题思想的基础上，以非凡的政治智慧和勇气，创造性地提出了"一国两制"这一极具中国特色的伟大构想，并首先成功地运用于解决历史遗留的香港、澳门问题。

中共十八大以来，以习近平同志为核心的党中央，坚持马克思主义中国化

---

① 习近平《在统筹推进新冠肺炎疫情防控和经济社会发展工作部署会议上的讲话》，人民出版社2020年版，第28页。

② "一国两制"即"一个国家，两种制度"的简称，是中国共产党和中国政府关于实现祖国统一大业，解决台湾、香港、澳门问题的科学构想。按照这一构想，中国香港、中国澳门分别于1997年和1999年回归祖国。"一国两制"的含义根据邓小平的论述是指：在一个中国的前提下，国家的主体坚持社会主义制度，中国香港、中国澳门、中国台湾保持原有的资本主义制度长期不变。2017年，中共十九届四中全会明确提出"一国"是实行"两制"的前提和基础，"两制"从属和派生于"一国"并统一于"一国"之内。

③ 《毛泽东经济年谱》，中共中央党校出版社1993年版，第584页。

的理论创新和实践创新,全面传承解决香港、澳门问题的大政方针和基本国策,深化对"和平统一、一国两制"规律性特征的认识和把握,坚持和完善"一国两制"制度体系,将"一国两制"制度体系在香港和澳门的伟大实践中推到新的境界、新的阶段。

2017年10月,习近平在中共十九大报告中对在港澳实践的历史经验和现实启示进行了高度概括和全面总结,把"坚持'一国两制'和推进祖国统一"作为新时代坚持和发展中国特色社会主义的基本方略之一。[①] 2019年11月,中共十九届四中全会明确提出要坚持和完善"一国两制"制度体系,将"坚持'一国两制',保持香港、澳门长期繁荣稳定,促进祖国和平统一"作为我国国家制度和国家治理体系所具有的十三个显著优势之一,并对如何"坚持和完善'一国两制'制度体系,推进祖国和平统一"作出了重要部署。[②] 这体现了以习近平同志为核心的党中央所具有的非凡历史思维、战略思维、辩证思维和创新思维。为了保障"一国两制"在香港、澳门实践行稳致远,习近平还特别关心青少年的培养和香港、澳门同胞爱国、爱港、爱澳光荣传统的弘扬和传承问题,强调要让青少年"更多理解'一国两制'与坚持和发展中国特色社会主义、实现中华民族伟大复兴与中国梦的内在联系"。[③]

香港、澳门回归祖国以来,"一国两制"实践取得举世公认的成功。事实证明,"一国两制"是解决历史遗留的香港、澳门问题的最佳方案,也是香港、澳门回归后保持长期繁荣稳定的最佳制度,是完全行得通、办得到、得人心的,是有强大生命力的。[④] 习近平特别指出:"'一国两制'的制度体系也要在实践中不断加以完善,我们坚信,包括港澳同胞在内的中国人民完全有智慧、有能力把'一国两制'实践发展得更好,把'一国两制'制度体系完善得更好,把特别行政区治理得更好。"[⑤]

"一国两制"思想凝结了海纳百川、有容乃大的中国智慧,为人类政治文明做出了突出的贡献、为国际社会解决类似问题提供了一个新思路新方案。"一国两制"制度体系不仅是中国特色社会主义制度的重要组成部分,而且是

[①] 习近平:《决胜全面建成小康社会,夺取新时代中国特色社会主义伟大胜利——在中国共产党第十九次全国代表大会上的报告》,人民出版社2017年版,第25页。

[②] 《中共中央关于坚持和完善中国特色社会主义制度、推进国家治理体系和治理能力现代化若干重大问题的决定》,人民出版社2019年版,第4、35页。

[③] 习近平:《在庆祝澳门回归祖国15周年大会暨澳门特别行政区第四届政府就职典礼上的讲话》,《人民日报》2014年12月21日。

[④] 《实现祖国完全统一是中华民族根本利益所在——关于新时代坚持"一国两制"和推进祖国统一》,《人民日报》2019年8月13日。

[⑤] 习近平:《在庆祝澳门回归祖国二十周年大会暨澳门特别行政区第五届政府就职典礼上的讲话》,人民出版社2019年版,第9页。

中国特色社会主义制度区别于其他国家社会主义制度的一大标志，必须长期坚持并不断发展和完善。

231. 落实中央对特别行政区全面管治权

全面管治权是我国对单一制国家的中央与地方权力运行的重大理论创新。落实中央对特别行政区全面管治权，健全中央依照宪法和基本法对特别行政区行使全面管治权的制度，是坚持和完善"一国两制"制度体系、推进国家治理体系和治理能力现代化的重大战略部署。

主权是全面管治权的法律依据。香港、澳门是中国不可分离的一部分，中央拥有香港、澳门的主权，就拥有对香港、澳门的全面管治权。2014年6月10日，国务院新闻办公室发布了《"一国两制"在香港特别行政区的实践》的白皮书。白皮书首次提出了"全面管治权"的概念及"中央拥有对香港特别行政区的全面管治权"的论述。白皮书指出："中央拥有对香港特别行政区的全面管治权，既包括中央直接行使的权力，也包括授权香港特别行政区依法实行高度自治。对于香港特别行政区的高度自治权，中央具有监督权力。"[①]

邓小平同志早在20世纪80年代就指出："切不要以为香港的事情全由香港人来管，中央一点都不管，就万事大吉了。这是不行的，这种想法不实际。"习近平总书记强调："任何危害国家主权安全、挑战中央权力和香港特别行政区基本法权威、利用香港对内地进行渗透破坏的活动，都是对底线的触碰，都是绝不能允许的。"必须把维护中央对香港、澳门特别行政区全面管治权和保障特别行政区高度自治权有机结合起来，任何时候都不能偏废。只有这样，才能把路走对了走稳了，否则就会左脚穿着右脚鞋——错打错处来。[②]

2017年10月，习近平在中共十九大报告中指出，"全面准确贯彻'一国两制'方针，牢牢掌握宪法和基本法赋予的中央对香港、澳门全面管治权，深化内地和港澳地区交流合作，保持香港、澳门繁荣稳定"，"必须把维护中央对香港、澳门特别行政区全面管治权和保障特别行政区高度自治权有机结合起来，确保'一国两制'方针不会变、不动摇，确保'一国两制'实践不变形、不走样"。[③]

2021年11月，中共十九届六中全会明确指出，党中央审时度势，通过全面准确、坚定不移贯彻"一国两制"方针，坚持和完善"一国两制"制度体

[①] 《〈"一国两制"在香港特别行政区的实践〉白皮书发表》，《人民日报》2014年6月11日。
[②] 《实现祖国完全统一是中华民族根本利益所在——关于新时代坚持"一国两制"和推进祖国统一》，《人民日报》2019年8月13日。
[③] 习近平：《决胜全面建成小康社会，夺取新时代中国特色社会主义伟大胜利——在中国共产党第十九次全国代表大会上的报告》，人民出版社2017年版，第6、25页。

系，坚持依法治港治澳，维护宪法和基本法确定的特别行政区宪制秩序，落实中央对特别行政区全面管治权等一系列标本兼治的举措，推动香港局势实现由乱到治的重大转折，为推进依法治港治澳、促进"一国两制"实践行稳致远打下了坚实基础。

落实中央对特别行政区全面管治权，是以习近平同志为核心的党中央在新时代对港澳工作的一个重大原创性贡献，是习近平新时代中国特色社会主义思想的重要组成部分，为妥善应对和处理一系列重大问题、促进港澳地区高质量发展、推进"一国两制"事业开创了崭新局面，提供了行动指南。

232. "爱国者治港""爱国者治澳"

"爱国者治港""爱国者治澳"是以习近平同志为核心的党中央治港治澳战略思想中的重要内容，是全面准确贯彻"一国两制"方针沿着正确方向行得稳、走得远，不变形、不走样的题中应有之义和核心要义。

邓小平在酝酿、提出"一国两制"方针时，指出"港人治港有个界线和标准，就是必须由以爱国者为主体的港人来治理香港"。并特别指出了爱国爱港者治港对国家和特区稳定的重要性。"选择好的政治人物来管理香港，就不怕变，就可以防止乱。即使发生乱，也不会大，也容易解决。"① 2014年6月，国务院新闻办公室发布专门论及香港问题的政策白皮书——《"一国两制"在香港特别行政区的实践》。其中关于"爱国者治港"的问题，该白皮书以邓小平的有关重要论述为依据，明确指出："爱国是对治港者主体的基本政治要求。"②

中国特色社会主义进入新时代后，以习近平同志为核心的党中央立足新时代坚持和发展中国特色社会主义、实现中华民族伟大复兴的战略全局，针对"反中乱港"等猖獗的活动和香港局势一度出现严峻局面的情况，将"港人治港""澳人治澳"的方针升华到"爱国者治港""爱国者治澳"，并且高度重视这一根本原则在坚持和完善"一国两制"制度体系中提纲挈领、守底把关之核心地位和作用。

中共十九届六中全会将坚定落实"爱国者治港""爱国者治澳"写入《中共中央关于党的百年奋斗重大成就和历史经验的决议》，并指出，党中央采取一系列标本兼治的举措，落实"爱国者治港""爱国者治澳"原则，为推进依法治港治澳、促进"一国两制"实践行稳致远打下了坚实基础。③ 这既是对港

---

① 《邓小平文选》第三卷，人民出版社1993年版，第61、75页。
② 《〈"一国两制"在香港特别行政区的实践〉白皮书发表》，《人民日报》2014年6月11日。
③ 《中共中央关于党的百年奋斗重大成就和历史经验的决议》，人民出版社2021年版，第58页。

澳管治者政治要求的原则性重申，也具有重大现实针对性。2021年1月，习近平在听取香港特区行政长官林郑月娥述职报告时明确指出，"港人治港"核心是"爱国者治港"。他强调："香港由乱及治的重大转折，再次昭示了一个深刻道理，那就是要确保'一国两制'实践行稳致远，必须始终坚持'爱国者治港'。这是事关国家主权、安全、发展利益，事关香港长期繁荣稳定的根本原则。"①

从爱国者为主体的"港人治港""澳人治澳"到"爱国者治港""爱国者治澳"，是以习近平同志为核心的党中央坚持和完善"一国两制"制度体系和对新时代港澳工作经验的深刻总结，体现了中国共产党作为马克思主义政党所具备的与时俱进的珍贵品质，充分反映了我们党对"一国两制"实践的规律性认识达到一个新高度。面对未来，坚持"爱国者治港""爱国者治澳"下的港澳发展动力一定会更加强劲、发展前景一定会更加光明。

233. 建立健全特别行政区维护国家安全的法律制度和执行机制

建立健全特别行政区维护国家安全的法律制度和执行机制，是"一国两制"健康运行的制度保障，是以习近平同志为核心的党中央治港治澳战略思想的新创举。

1990年香港基本法及其附件和全国人大常委会2004年"4·6解释"、"4·26决定"、2007年"12·29决定"、2014年"8·31决定"②所设计和确定的"双普选"的"时间表"和"路线图"，在香港回归后付诸实施的过程中遭遇挑战，为了使重新启动、重新起步的香港民主政制发展进程，回归香港基本法和全国人大常委会有关决定的规定所设计和确定的正确轨道，中共十八大以来，习近平掌舵领航统筹，推进港澳工作实践创新和制度创新，就许多方向性、战略性问题作出部署，为做好新时代特别行政区维护国家安全工作提供了重要的理论原则和路径遵循。

---

① 《习近平听取林郑月娥述职报告》，《人民日报》2021年1月28日。
② 2004年4月6日，十届全国人大常委会第八次会议通过了"4·6解释"（即《全国人民代表大会常务委员会关于〈中华人民共和国香港特别行政区基本法〉附件一第七条和附件二第三条的解释》），对香港特区以"双普选"为目标导向和主要内容的民主政制发展进程中的最核心问题——行政长官和立法会产生办法如何"适当"修改的问题，根据香港基本法进行了规范化和具体化。2004年4月26日召开的十届全国人大常委会第九次会议通过"4·26决定"（即《全国人民代表大会常务委员会关于2007年行政长官和2008年立法会产生办法有关问题的决定》）。"4·26决定"和2007年12月29日十届全国人大常委会第三十一次会议通过的"12·29决定"（即《全国人民代表大会常务委员会关于香港特别行政区2012年行政长官和立法会产生办法及有关普选问题的决定》），对于临近的行政长官和立法会（即2007年第三任行政长官、2008年第四届立法会和2012年第四任行政长官、第五届立法会）的产生明确规定不实行双普选，在此前提下，行政长官和立法会的产生办法可以"作出符合循序渐进原则的适当修改"，可以适当增加民主成分。"12·29决定"还明确指出，从2017年第五任行政长官的产生、2020年第七届立法会的产生开始，可以实行"双普选"，第一次明确提出了"双普选"的"时间表"。

2014年10月，中共十八届四中全会做出了全面依法治国的重大战略部署，开启了中国法治建设的新征程。全会强调要依法保障"一国两制"实践，坚持宪法的最高法律地位和最高法律效力，严格依照宪法和基本法办事，依法保护港澳同胞权益。[①] 2017年10月，中共十九大提出，保持香港、澳门长期繁荣稳定，必须全面准确贯彻"一国两制"、"港人治港"、"澳人治澳"、高度自治的方针，严格依照宪法和基本法办事，完善与基本法实施相关的制度和机制。[②] 2021年7月1日，习近平在庆祝中国共产党成立100周年大会上再次强调，要全面准确贯彻"一国两制"、"港人治港"、"澳人治澳"、高度自治的方针，落实中央对香港、澳门特别行政区全面管治权，落实特别行政区维护国家安全的法律制度和执行机制，维护国家主权、安全、发展利益，维护特别行政区社会大局稳定，保持香港、澳门长期繁荣稳定。[③]

2020年5月28日，第十三届全国人民代表大会第三次会议通过了《全国人民代表大会关于建立健全香港特别行政区维护国家安全的法律制度和执行机制的决定》（即"5·28决定"）。2020年6月30日，第十三届全国人民代表大会常务委员会第二十次会议通过了《中华人民共和国香港特别行政区维护国家安全法》（即香港国安法），率先从国家层面建立健全香港特区维护国家安全的法律制度和执行机制，堵塞香港在维护国家安全方面的法律漏洞，以"有关法律问题的决定"的形式保障"一国两制"的实践。

进入新时代，面对百年未有之大变局下错综复杂的国内外形势，必须坚决维护国家宪法和香港基本法确定的特别行政区宪制基础和宪制秩序，完善特区同国家宪法和香港基本法实施相关的制度和机制，建立健全特别行政区维护国家安全的法律制度和执行机制。

234. 完善香港特别行政区选举制度

选举制度是一个国家政治制度的重要组成部分，选举安全是影响国家安全的重要制约因素。完善香港特别行政区选举制度是坚持和完善"一国两制"制度体系的必然要求，是促进香港良政善治、推动香港更好融入国家发展大局的重大举措。

香港回归以来，"一国两制"实践过程中遭遇了各种政治、安全挑战。香港社会出现了种种乱象，严重践踏法治和社会秩序，严重破坏香港繁荣稳定，

---

① 《中共中央关于全面推进依法治国若干重大问题的决定》，人民出版社2014年版，第38页。
② 习近平：《决胜全面建成小康社会，夺取新时代中国特色社会主义伟大胜利——在中国共产党第十九次全国代表大会上的报告》，人民出版社2017年版，第55页。
③ 习近平：《在庆祝中国共产党成立100周年大会上的讲话》，人民出版社2021年版，第20页。

严重挑战"一国两制"原则底线，给国家安全带来重大风险。这集中反映和暴露了香港选举制度实践中存在的重大的漏洞、短板和在实践"一国两制"过程中所面对的深层次矛盾和问题。

中共十八大以来，以习近平同志为核心的党中央立足"两个大局"，针对"一国两制"在香港实践遭遇前所未有的挑战，以极大的战略耐心、战略定力和战略信心审时度势、沉着应对，经过深思熟虑、科学评估、反复论证做出了完善香港特别行政区选举制度的重大决定。全国人民代表大会及其常委会以"决定＋修法"的方式从国家层面出台符合香港实际情况、有香港特色的新的民主选举制度。

2021年3月11日，第十三届全国人民代表大会第四次会议表决通过《全国人民代表大会关于完善香港特别行政区选举制度的决定》。2021年3月30日，第十三届全国人大常委会第二十七次会议审议通过新修订的《中华人民共和国香港特别行政区基本法附件一香港特别行政区行政长官的产生办法》和《中华人民共和国香港特别行政区基本法附件二香港特别行政区立法会的产生办法和表决程序》。[①] 全国人大及其常委会的有关决定和修订，系统性完善了香港选举制度，为确保"爱国者治港"提供了坚实的制度保障，使香港社会迎来了由乱及治的重大转折，充分表明了中央对改革香港选举制度，结束香港乱局，维护国家安全和重塑香港政治格局的决心和信心。

235. 全面支持香港、澳门更好融入国家发展大局

全面支持香港、澳门更好融入国家发展大局是以习近平同志为核心的党中央立足于我国发展阶段、发展环境、发展条件发生的重大变化，着眼于统筹我国长远发展和长治久安作出的重大战略部署，是发挥"一国两制"优势，保持港澳长期繁荣稳定的必然要求。

中共十八大以来，在习近平新时代中国特色社会主义思想科学指引下，"一国两制"在香港、澳门的成功实践深入推进，中央牢牢掌握宪法和基本法赋予的中央对香港、澳门全面管治权，深化内地和港澳地区合作发展，支持港澳在国家整体发展战略中找准定位、发挥所长，妥善应对和处理了一系列重大问题，港澳发展动力更加强劲、发展空间更加广阔、发展前景更加光明，"一国两制"事业开创了崭新局面。

中央始终重视和支持香港在国家整体发展中发挥重要作用。2017年10月，习近平在中共十九大报告中提出，"要支持香港、澳门融入国家发展大局，以粤

[①] 中央港澳工作领导小组办公室、国务院港澳事务办公室：《完善香港选举制度，落实"爱国者治港"，确保"一国两制"实践行稳致远》，《求是》2021年第8期。

港澳大湾区建设、粤港澳合作、泛珠三角区域合作等为重点，全面推进内地同香港、澳门互利合作，制定完善便利香港、澳门居民在内地发展的政策措施"[1]。2019年，中共十九届四中全会再次提出："要完善香港、澳门融入国家发展大局、同内地优势互补、协同发展机制，推进粤港澳大湾区建设，支持香港、澳门发展经济、改善民生，着力解决影响社会稳定和长远发展的深层次矛盾和问题"[2]。

《中华人民共和国国民经济和社会发展第十四个五年规划和2035年远景目标纲要》明确，要发挥港澳独特优势，提升港澳在国家经济发展和对外开放中的地位和功能。支持香港巩固国际金融、航运、贸易三大中心地位，参与国家双向开放、"一带一路"建设。支持香港强化全球离岸人民币业务枢纽地位，推动融资、商贸、物流、专业服务等向高端高增值方向发展。支持澳门建设世界旅游休闲中心、中国与葡语国家商贸合作服务平台，促进澳门经济适度多元可持续发展。加大内地对港澳开放力度，加快前海、南沙、横琴等粤港澳合作平台建设。随着《粤港澳大湾区发展规划纲要》《横琴粤澳深度合作区建设总体方案》《全面深化前海深港现代服务业合作区改革开放方案》等相继发布，港澳融入国家发展大局的建设进入了加速发展阶段。

236. 坚持一个中国原则和"九二共识"

坚持一个中国原则和"九二共识"[3] 是中国共产党对台工作一以贯之的方针政策，是打开两岸协商大门的钥匙和稳定台海局势的"定海神针"。两岸关系实践证明，体现一个中国原则的"九二共识"是两岸能够建立政治互信、保持良性互动的共同政治基础。

在1949年后一个相当长的时间里，两岸的中国人在只有一个中国，台湾是中国的一部分这一根本问题上具有共识。1956年6月，周恩来在一届全国人大三次会议上针对"两个中国"的阴谋，正式提出"世界上只有一个中国"的说法。1950年10月，《告台湾同胞书》指出："世界上只有一个中国，没有两个中国。"1960年，周恩来把中央对台一系列政策归纳为"一纲四目"，"一纲"即台湾必须统一于中国，"四目"具体阐述了台湾回归后的一系列政治安排。1971年10月25日，联合国大会通过"二七五八号决议"，明确"承认中

---

[1] 习近平：《决胜全面建成小康社会，夺取新时代中国特色社会主义伟大胜利——在中国共产党第十九次全国代表大会上的报告》，人民出版社2017年版，第56页。

[2] 《中共中央关于坚持和完善中国特色社会主义制度、推进国家治理体系和治理能力现代化若干重大问题的决定》，人民出版社2019年版，第37页。

[3] 1992年，经两岸双方分别授权，海峡两岸关系协会与台湾的海峡交流基金会经过反复沟通、函电往来，达成了各自以口头方式表述"海峡两岸均坚持一个中国原则"的共识，即"九二共识"。"九二共识"的核心意涵是，"海峡两岸同属一个中国，共同努力谋求国家统一"。

华人民共和国政府的代表是中国在联合国组织的唯一合法代表"。1972年9月，中日建交后，日本承认中华人民共和国政府是中国的唯一合法政府，充分理解和尊重中国政府关于台湾是中华人民共和国领土不可分割的一部分的立场。1979年1月1日，标志中美建交的《中美建交公报》指出：美国"承认中华人民共和国是中国的唯一合法政府"；"承认中国的立场，即只有一个中国，台湾是中国的一部分"。至此，一个中国原则成为公认的国际关系准则和国际社会的普遍共识。

中共十八大以来，以习近平同志为核心的党中央立足新时代坚持和发展中国特色社会主义、实现中华民族伟大复兴的战略全局，把握两岸关系时代变化，丰富和发展国家统一理论和对台方针政策，形成新时代党解决台湾问题的总体方略，推动两岸关系朝着正确方向发展。中共十八大首次把坚持"九二共识"写入党的代表大会正式文件，并将其作为两岸关系和平发展政治基础重要组成部分。中共十九大再次将"九二共识"写进报告里，以"新时代中国特色社会主义思想和基本方略"论述"坚持'一国两制'和推进祖国统一"，强调"必须坚持一个中国原则，坚持'九二共识'"[1]；并明确指出"九二共识"是体现一个中国原则的"九二共识"，而不是其他的"九二共识"。

此外，习近平在每年3月全国两会、在庆祝改革开放40周年大会上、在《告台湾同胞书》发表40周年纪念会上、在庆祝中国共产党成立100周年大会等重要场合均一再强调一个中国原则，明确指出坚持"九二共识"是两岸关系和平发展的政治基础，明确表达坚持"一国两制"、促进祖国统一的奋斗目标一个中国原则，是中国共产党处理台湾问题的根本指导原则，是中国共产党对台工作大政方针的政策基石。

体现一个中国原则的"九二共识"，明确界定了两岸关系的根本性质，是两岸建立政治互信、保持良性互动的政治基础，是两岸同胞智慧的遗产和结晶，是开辟两岸关系和平发展新局面的关键，这一原则不容动摇。

237. 秉持"两岸一家亲"理念

"两岸一家亲"理念是对两岸同胞历史与现实的概括，反映了习近平对台工作重要思想的人民立场，对推动两岸同胞携手同心，共圆中华民族伟大复兴的中国梦具有重要意义。

2013年10月6日，习近平在印度尼西亚巴厘岛会见台湾两岸共同市场基金会荣誉董事长萧万长一行时，正式提出了"两岸一家亲"的说法。习近平指

---

[1] 习近平：《决胜全面建成小康社会，夺取新时代中国特色社会主义伟大胜利——在中国共产党第十九次全国代表大会上的报告》，人民出版社2017年版，第25页。

出:"两岸双方应该坚持走两岸关系和平发展的正确道路,倡导'两岸一家亲'的理念,加强交流合作,共同促进中华民族伟大复兴。"① 2014年2月18日,习近平在北京会见中国国民党荣誉主席连战一行时强调,希望两岸双方秉持"两岸一家亲"的理念,顺势而为,齐心协力,推动两岸关系和平发展取得更多成果,造福两岸民众,共圆中华民族伟大复兴的中国梦。② 2015年11月7日,习近平同台湾地区领导人马英九在新加坡会面时又提出:"两岸一家亲,家和万事兴。我们推动两岸关系和平发展,着眼点和落脚点是要增进同胞的亲情和福祉,让两岸同胞过上更加美好的生活。"③

2015年10月29日,中共十八届五中全会通过的《中共中央关于制定国民经济和社会发展第十三个五年规划的建议》,明确提出"十三五"期间要坚持"九二共识"和一个中国原则,秉持"两岸一家亲",以互利共赢方式深化两岸经济合作。推动两岸产业合作协调发展、金融业合作及贸易投资等双向开放合作。推进海峡西岸经济区建设,打造平潭等对台合作平台。扩大两岸人员往来,深化两岸农业、文化、教育、科技、社会等领域交流合作,增进两岸同胞福祉,让更多台湾普通民众、青少年和中小企业受益。④

2017年10月18日,在中共十九大报告中习近平再次强调:"两岸同胞是命运与共的骨肉兄弟,是血浓于水的一家人。我们秉持'两岸一家亲'理念,尊重台湾现有的社会制度和台湾同胞生活方式,愿意率先同台湾同胞分享大陆发展的机遇。我们将扩大两岸经济文化交流合作,实现互利互惠,逐步为台湾同胞在大陆学习、创业、就业、生活提供与大陆同胞同等的待遇,增进台湾同胞福祉。我们将推动两岸同胞共同弘扬中华文化,促进心灵契合。"⑤ 这是对同胞之爱、手足之情的生动表达,也是新时代开展两岸和平统一工作、开拓对台工作新思路、新举措的行动指南。

两岸同属中华民族这个大家庭,台湾同胞是祖国大家庭不可缺少的成员。中华文化是两岸同胞的共同精神家园,两岸文化同属中华文化。"两岸一家亲"理念指出了"两岸同胞是命运与共的骨肉兄弟,是血浓于水的一家人";揭示了两岸同胞之间不是外人,而是一家人的本质关系与特征;强调了"我们的血脉里流动的都是中华民族的血,我们精神上坚守的都是中华民族的魂"的中华

---

① 《习近平谈治国理政》第一卷,外文出版社2018年版,第231—232页。
② 《习近平谈治国理政》第一卷,外文出版社2018年版,第236—237页。
③ 《习近平同马英九会面》,《人民日报》2015年11月8日。
④ 《中共中央关于制定国民经济和社会发展第十三个五年规划的建议》,人民出版社2015年版,第31页。
⑤ 习近平:《决胜全面建成小康社会,夺取新时代中国特色社会主义伟大胜利——在中国共产党第十九次全国代表大会上的报告》,人民出版社2017年版,第57页。

民族心灵契合的"亲情"与"真情",这"亲情"与"真情"是促进两岸关系和平发展、两岸友好交流的推动力。

238. 坚决反对"台独"

民族复兴、国家统一是大势所趋、大义所在、民心所向。祖国必须统一,也必然统一。这是两岸关系发展历程的历史定论,也是新时代中华民族伟大复兴的必然要求。中国共产党坚决反对"台独"[①],坚定推动两岸关系和平发展、推进祖国和平统一进程。

1949年后,中国共产党在反对"台独"、追求"和平统一"的进程中提出了许多重要思想,经历了由"武力解放"到"和平解决"的转变,先后提出"叶九条""邓六条""江八点""胡六点",这些方针政策均强调了反对"台独"分裂行径的思想。1995年至1996年,中国共产党开展了反分裂、反"台独"的斗争。这是自实行和平统一祖国对台大政方针以来,首度针对台湾当局在国际上的分裂活动,为捍卫一个中国原则而展开的一场重大政治斗争。2005年3月,十届全国人大三次会议通过《反分裂国家法》,运用了法律手段来坚决反对"台独",再次捍卫了一个中国原则。

中共十八大以来,以习近平同志为核心的党中央坚决反对"台独"分裂行为,高度重视发展海峡两岸关系、始终维护两岸和平统一。针对岛内不断出现的新情况、新问题、新形势,从国家战略高度、历史发展进程、经济融合步伐、两岸民心所向等多方面,不断丰富、发展、创新对台工作思想,形成了一套具有时代特色、鲜明内涵、全新路径的反"台独"思想。

以2016年蔡英文出任台湾地区领导人为界,以习近平同志为核心的党中央对台工作举措出现了前后两个阶段。在2008年马英九带领国民党重返台湾政治舞台后,承认"九二共识",遵守"一个中国"承诺,在反"台独"行为方面与大陆达成一致共识,海峡两岸呈现出了大交流、大合作、大发展的良好局面。2015年11月7日,两岸领导人习近平、马英九在新加坡举行会谈,实现两岸领导人60多年来第一次直接会面,标志着两岸政治关系取得历史性突破。然而,自2016年5月20日后,民进党主席蔡英文正式出任台湾地区领导人职务,拒不承认体现一个中国原则的"九二共识",单方面破坏两岸关系和平发展的政治基础,导致两岸关系陷入僵局,纵容支持各种形式的"去中国化""渐近台独"分裂活动。煽动两岸民意对立,阻挠破坏两岸各领域交流合

---

① "台独"即所谓"台湾独立运动"的简称,特指第二次世界大战以后,由外国势力策动和扶持,存在于台湾及海外的一种分裂主义思潮和运动。"台独"的实质,就是企图借助外国势力的支持,把台湾从中国版图中分裂出来。

作，并企图挟洋自重，使得两岸关系和平发展面临严峻挑战。

党中央果断采取有力措施，保持两岸关系和台海局势基本稳定。2016年7月1日，习近平在庆祝中国共产党成立95周年大会上发表重要讲话，强调"台独"分裂势力最终难逃失败。[1] 2017年10月18日，习近平在中共十九大报告中明确指出："我们坚决维护国家主权和领土完整，绝不容忍国家分裂的历史悲剧重演。一切分裂祖国的活动都必将遭到全体中国人坚决反对。我们有坚定的意志、充分的信心、足够的能力挫败任何形式的'台独'分裂图谋。我们绝不允许任何人、任何组织、任何政党、在任何时候、以任何形式、把任何一块中国领土从中国分裂出去！"[2] 2021年7月1日，习近平在庆祝中国共产党成立100周年大会上再次强调，坚决粉碎任何"台独"图谋，共创民族复兴美好未来。任何人都不要低估中国人民捍卫国家主权和领土完整的坚强决心、坚定意志、强大能力！[3]

台湾前途在于国家统一，台湾同胞福祉系于民族复兴。两岸中国人、海内外中华儿女应共担民族大义、顺应历史大势、坚决反对"台独"，共同推动两岸关系和平发展、推进祖国和平统一进程，在新时代携手同心书写中华民族伟大复兴新篇章。

（十二）新时代中国对外工作

239. 坚持独立自主和平外交政策

独立自主的和平外交政策是中国共产党和中国人民在长期实践探索中形成的科学政策，是中国外交政策取得成功的显著优势，它包含着三个方面的基本内容：坚持反对霸权主义、维护世界和平；在和平共处五项原则[4]的基础上积

---

[1] 习近平：《在庆祝中国共产党成立95周年大会上的讲话》，人民出版社2016年版，第26页。

[2] 习近平：《决胜全面建成小康社会，夺取新时代中国特色社会主义伟大胜利——在中国共产党第十九次全国代表大会上的报告》，人民出版社2017年版，第57页。

[3] 习近平：《在庆祝中国共产党成立100周年大会上的讲话》，人民出版社2021年版，第20—21页。

[4] 和平共处五项原则，即"互相尊重主权和领土完整、互不侵犯、互不干涉内政、平等互利、和平共处"。该原则是由中国政府提出，并与印度和缅甸政府共同倡导的在建立各国间正常关系及进行交流合作时应遵循的基本原则。1955年在印度尼西亚万隆召开的亚非会议上，和平共处五项原则得到了引申和发展，并被吸纳进会议通过的处理国际关系的十项原则之中。自问世以来，和平共处五项原则不仅在中国同世界各国签署的条约、公报、宣言、声明等双边关系文件中得到确认，也在许多重要的国际会议和一系列国际文件中不断被引用或重申，已成为超越社会制度和意识形态发展国家关系的基本原则。

极发展同世界各国的友好关系；努力加强同第三世界的团结合作。

坚持独立自主是新中国外交一以贯之的基本原则。新中国成立初期，以毛泽东同志为主要代表的中国共产党人，把和平共处五项原则作为我国外交的基本原则，确立了中国独立自主和平外交政策的基石。改革开放新时期，以邓小平同志为主要代表的中国共产党人，重新判断了国际形势，提出了"和平与发展"是时代的主题，在中共十二大上明确提出"坚持独立自主的对外政策"概念。1986年六届全国人大四次会议中确定了"独立自主的和平外交政策"。

中共十八大以来，以习近平同志为核心的党中央把握时代特征和世界潮流，准确判断历史方位和基本国情，深刻总结改革开放以来的发展历程，认真吸取其他大国兴衰成败的经验教训，作出中国将继续奉行独立自主的和平外交政策、始终不渝走和平发展道路的战略抉择，独立自主的和平外交政策得到不断丰富和发展。

2017年10月18日，习近平在中共十九大报告中指出："中国坚定奉行独立自主的和平外交政策，尊重各国人民自主选择发展道路的权利，维护国际公平正义，反对把自己的意志强加于人，反对干涉别国内政，反对以强凌弱。"[1]

2019年11月，中共十九届四中全会明确"坚持独立自主和对外开放相统一，积极参与全球治理，为构建人类命运共同体不断作出贡献的显著优势"是中国特色社会主义制度和国家治理体系的十三个显著优势之一，并提出要"健全党对外事工作的领导、完善全方位外交布局、推动合作共赢的开放体系、积极参与全球治理体系改革和建设"[2]，进一步明确了新时代落实完善独立自主的和平外交政策的战略任务。

2021年7月1日，习近平在庆祝中国共产党成立100周年大会上再次强调："我们奉行独立自主的和平外交政策。中国共产党将继续同一切爱好和平的国家和人民一道，弘扬和平、发展、公平、正义、民主、自由的全人类共同价值，坚持合作、不搞对抗，坚持开放、不搞封闭，坚持互利共赢、不搞零和博弈，反对霸权主义和强权政治，推动历史车轮向着光明的目标前进！"[3]

2021年11月，中共十九届六中全会在总结党的百年奋斗历史经验的时候特别提到"坚持胸怀天下"的历史经验，并强调"只要我们坚持和平发展道路，既通过维护世界和平发展自己，又通过自身发展维护世界和平，同世界上一切进步力量携手前进，不依附别人，不掠夺别人，永远不称霸，就一定能够

---

[1] 习近平：《决胜全面建成小康社会，夺取新时代中国特色社会主义伟大胜利——在中国共产党第十九次全国代表大会上的报告》，人民出版社2017年版，第59页。
[2] 《中共中央关于坚持和完善中国特色社会主义制度、推进国家治理体系和治理能力现代化若干重大问题的决定》，人民出版社2019年版，第4、38—39页。
[3] 习近平：《在庆祝中国共产党成立100周年大会上的讲话》，人民出版社2021年版，第16页。

不断为人类文明进步贡献智慧和力量,同世界各国人民一道,推动历史车轮向着光明的前途前进"①。

独立自主的和平外交政策是我国处理对外关系的基本准则,具有极强的生命力。从基本原则、概念形成到发展完善,凝聚着新中国 70 多年来外交理论和实践探索的基本结晶,体现着中国作为大国的责任担当。

240. 全面推进中国特色大国外交

中国特色大国外交是在世界百年未有之大变局的世界格局下,中国积极参与全球治理的伟大实践。新时代,中国外交站在了新的历史起点上,在习近平亲自擘画运筹下,中国特色大国外交全面展开。

中共十八大以来,以习近平同志为核心的党中央积极推进外交理论和实践创新,创造性地提出中国特色大国外交的新命题,积极推动建设新型国际关系、推动构建人类命运共同体这些新理念新思想新主张,极富中国特色,体现时代精神,引领了人类发展潮流,开辟了当今世界国际关系理论创新的新境界,为促进世界共同发展中作出了中国贡献,为解决全球热点问题中发挥了中国作用,推动我国外交取得了许多历史性、开创性的重大成就。

2014 年 11 月 28 日,在中央外事工作会议上习近平首次明确指出:"中国必须有自己特色的大国外交。我们要在总结实践经验的基础上,丰富和发展对外工作理念,使我国对外工作有鲜明的中国特色、中国风格、中国气派。"②

2017 年 10 月,习近平在中共十九大上对新时代中国特色大国外交进行了全面阐述,作出了顶层设计,指明了前进方向。习近平强调,新时代中国特色大国外交的使命,就是要为中国人民谋幸福而尽责,为人类进步事业而担当。一方面,更加积极有为地为国内发展服务,为实现"两个一百年"奋斗目标、实现中华民族伟大复兴的中国梦提供有力支持;另一方面,要推动建设新型国际关系、构建人类命运共同体,要更加积极主动地为世界作贡献。③

2021 年 11 月,十九届六中全会在总结党的百年奋斗重大成就和历史经验时特别提到"坚持胸怀天下"的历史经验,明确中国特色大国外交"必须统筹国内国际两个大局,健全党对外事工作领导体制机制,加强对外工作顶层设计,对中国特色大国外交作出战略谋划,推动建设新型国际关系,推动构建人类命运共同体,弘扬和平、发展、公平、正义、民主、自由的全人类共同价

---

① 《中共中央关于党的百年奋斗重大成就和历史经验的决议》,人民出版社 2021 年版,第 68—69 页。

② 习近平:《在中央外事工作会议上的讲话》,《人民日报》2014 年 11 月 30 日。

③ 习近平:《决胜全面建成小康社会,夺取新时代中国特色社会主义伟大胜利——在中国共产党第十九次全国代表大会上的报告》,人民出版社 2017 年版,第 19 页。

值，引领人类进步潮流"①。

当前，中国与外部世界的利益交融不断扩大，融入国际体系的程度不断加深，前所未有地走近世界舞台中央，中国的前途命运日益紧密地同世界的前途命运联系在一起。世界正处于百年未有之大变局，中国特色社会主义进入新时代。这是中国特色大国外交必须要把握的历史方位。中国特色大国外交秉持正确义利观，以构建人类命运共同体为目标，将民族复兴与促进人类进步有机结合，凸显了"国之大者"的担当与责任。

241. 推动建设相互尊重、公平正义、合作共赢的新型国际关系

推动建设相互尊重、公平正义、合作共赢的新型国际关系是习近平外交思想的重要组成部分，是我国立足时代发展潮流和我国根本利益做出的战略选择，反映了中国人民和世界人民的共同心愿。

当今世界正处于百年未有之大变局，"国际关系向何处去"这一时代命题更加突出地呈现在世人面前。在此背景下，以习近平同志为核心的党中央积极探索与世界各国建立不同形式的新型国家间关系，并在此基础上提出了推动构建以相互尊重、公平正义、合作共赢为核心的新型国际关系思想，成为引导21世纪国际关系发展的重要理念和新时代中国特色大国外交的重要内容。

2013年3月，习近平访问俄罗斯时，提出推动建立以合作共赢为核心的新型国际关系。他说："面对国际形势的深刻变化和世界各国同舟共济的客观要求，各国应该共同推动建立以合作共赢为核心的新型国际关系，各国人民应该一起来维护世界和平、促进共同发展。"② 此后，推动建立以合作共赢为核心的新型国际关系成为中国外交的重要内容并不断发展完善。

2014年6月，习近平在和平共处五项原则发表60周年纪念大会上，首次将"相互尊重"的理念和"公平正义""合作共赢"的概念并列提出。2014年11月，中央外事工作会议将构建以合作共赢为核心的新型国际关系确立为中共十八大以来对外工作理论和实践创新的重要内容。习近平强调："要坚持合作共赢，推动建立以合作共赢为核心的新型国际关系，把合作共赢理念体现到政治、经济、安全、文化等对外合作的方方面面。"③ 2015年9月，习近平在出席联合国成立70周年系列峰会期间提出，要继承和弘扬联合国宪章的宗旨和原则，构建以合作共赢为核心的新型国际关系，同心打造人类命运共同

---

① 《中共中央关于党的百年奋斗重大成就和历史经验的决议》，人民出版社2021年版，第60页。
② 《习近平谈治国理政》第一卷，外文出版社2018年版，第273页。
③ 习近平：《在中央外事工作会议上的讲话》，《人民日报》2014年11月30日。

体,[①] 得到国际社会的广泛赞誉。

2017年10月,推动构建新型国际关系作为新时代中国特色社会主义思想的组成部分被正式写入中共十九大报告。报告指出:"中国将高举和平、发展、合作、共赢的旗帜,恪守维护世界和平、促进共同发展的外交政策宗旨,坚定不移在和平共处五项原则基础上发展同各国的友好合作,推动建设相互尊重、公平正义、合作共赢的新型国际关系。"[②] 中共十九大报告将新型国际关系的核心内涵由"以合作共赢为核心"扩展为"相互尊重、公平正义、合作共赢"三大方面。标志着这一思想成为中国共产党的执政理念上追求目标,具有更为深刻的现实意义、广泛的国际影响与深远的历史价值。

2019年10月,中共十九届四中全会通过的《中共中央关于坚持和完善中国特色社会主义制度、推进国家治理体系和治理能力现代化若干重大问题的决定》再次强调:要"坚定不移走和平发展道路,坚持在和平共处五项原则基础上全面发展同各国的友好合作,坚持国家不分大小、强弱、贫富一律平等,推动建设相互尊重、公平正义、合作共赢的新型国际关系,积极发展全球伙伴关系,维护全球战略稳定,反对一切形式的霸权主义和强权政治"[③]。

构建新型国际关系的实质是要走出一条国与国交往的新路,为构建人类命运共同体开辟道路、创造条件。它继承了中华文明和新中国外交优良传统,开创了中国与世界各国合作共赢新局面,有利于全球国际关系健康发展,必将为国际社会实现持久和平与共同繁荣作出更大的贡献。

242. 推进和完善全方位、多层次、立体化的外交布局

外交布局是国家在对外关系中根据国际力量对比和分野,对与不同国家之间关系的轻重缓急、优先顺序的安排,体现一个国家对外关系的定位,以及在对外关系中依靠谁、反对谁等内容的安排。推进和完善全方位、多层次、立体化的外交布局是新时代中国特色大国外交的重大战略部署。

20世纪50年代的"一边倒",60年代的"反帝反修",70年代的"一条线、一大片"的对外战略既典型体现了中国与大国关系的合合分分,也鲜明地反映了中国对外关系的基本格局。改革开放后,我国外交布局不断完善。在中共十四大报告中,中国外交布局的雏形初步显现。从中共十六大报告起,我国形成了"大国是关键、周边是首要,发展中国家是基础,多边是重要舞台"的

---

① 《习近平在联合国成立70周年系列峰会上的讲话》,人民出版社2015年版,第13页。
② 习近平:《决胜全面建成小康社会,夺取新时代中国特色社会主义伟大胜利——在中国共产党第十九次全国代表大会上的报告》,人民出版社2017年版,第58页。
③ 《中共中央关于坚持和完善中国特色社会主义制度、推进国家治理体系和治理能力现代化若干重大问题的决定》,人民出版社2019年版,第38—39页。

外交格局，构成中国特色大国外交的重要基础。

中共十八大以来，我国已经进入了实现中华民族伟大复兴的关键阶段，以习近平同志为核心的党中央提出了一系列重大对外战略思想，开展了一系列重大外交行动，推进中国特色大国外交，一个全方位、多层次、立体化的外交布局全面展开，我国外交布局的主要内容从"四位一体"发展到"七位一体"。[①]

中国积极推动构建总体稳定、均衡发展的大国关系框架，深化中俄新时代全面战略协作伙伴关系，推动构建互相尊重、和平共处、合作共赢的中美关系，打造中欧和平、增长、改革、文明四大伙伴关系。按照亲诚惠容理念和与邻为善、与邻为伴的周边外交方针深化同周边国家关系，稳定周边战略依托，推动构建周边命运共同体。秉持正确义利观和真实亲诚理念加强同广大发展中国家团结合作，整体合作机制实现全覆盖。截至2022年9月，中国建交国总数增至181个，同110多个国家和地区组织建立伙伴关系，"朋友圈"扩大，伙伴关系网络覆盖全球。

新时代，中国与世界的关系在发生深刻变化，我国同国际社会的互联互动也已变得空前紧密，我国对世界的依靠、对国际事务的参与在不断加深，世界对我国的依靠、对我国的影响也在不断加深。推进和完善全方位、多层次、立体化的外交布局，为我国发展营造了良好外部条件。在国际体系的变局中全面提升了中国的战略影响力和制度性权利，有力推动了国际格局朝着和平、稳定、公正和更加有利于世界发展繁荣的方向演进。

243. 运筹大国关系

大国关系在国际和地区事务中历来扮演举足轻重的角色，对中国外交实践更是具有重大的战略、外交、经贸和社会性影响。运筹大国关系，保持与大国关系的总体稳定和均衡发展，对于我国深化全方位对外合作、维护良好外部环境至关重要。

2014年11月，中央外事工作会议明确了新时代中国外交的"七个布局"，其中的第二项专指大国关系，即"运筹好大国关系，构建健康稳定的大国关系

[①] 改革开放后我国外交的布局变化：中共十四大形成了"周边国家、发展中国家和发达国家和政党外交"的"四位一体"布局。中共十五大在"四位一体"布局的基础上增加了多边外交，形成了内容为"周边关系、第三世界、发达国家、多边外交和政党外交"的"五位一体"布局。中共十六大在"五位一位"的基础上增加了民间外交的内容，形成了"六位一体"的外交布局，即"发达国家、周边国家、第三世界、多边外交、政党外交和民间外交"。中共十七大没有继续单列民间外交，增加了人大、政协、军队、地方外交，把民间外交放在它们之后且与之并列，形成了"发达国家、周边国家、发展中国家、多边事务、政党外交以及人大、政协、军队、地方、民间团体对外交往"的"六位一体"布局。中共十八大首次提出了"公共外交"，形成了"发达国家、周边国家、发展中国家、多边事务、公共外交、政党外交以及人大、政协、地方、民间团体的对外交流""七位一体"的新格局。

框架，扩大同发展中大国的合作"①。近年来，中国积极发展与各大国之间的友好关系，不断开创大国关系发展的新局面。夯实了中俄全面战略协作伙伴关系基础，明确了中美新型大国关系的构建方向，开拓中欧互利务实合作的新领域，推动了大国关系的新发展。

新时代，在推进中国特色大国外交中，运筹大国关系既要保持战略定力，也要适时精准发力，做到刚柔并济、双多边并举，以主动运筹开创新局。通过扩大同各国的利益交汇点，推进大国协调和合作，构建总体稳定、均衡发展的大国关系框架。

244. 深化同周边国家关系

与中国领土领海直接相邻的有20个国家（陆上邻国14个，海上邻国6个）。可以说，中国的周边地区不仅是全球最大的地缘经济板块，也是大国力量与核力量最为集中的地区。

面对错综复杂的周边形势，中共十八大以来，以习近平同志为核心的党中央以非凡的政治智慧和勇气就深化同周边国家关系提出一系列新思想、新理念、新举措，中国周边外交在顶层设计、机制建设、策略运筹、资源投入等方面实现较大进展，在中国外交全局中的地位和重要性不断提升，中国周边外交迎来奋发有为的新阶段。

2013年10月，中央召开新中国历史上首次周边外交工作座谈会，确定了今后五到十年中国周边外交的战略目标、基本方针和总体布局。习近平强调："我国周边外交的战略目标，就是服从和服务于实现'两个一百年'奋斗目标、实现中华民族伟大复兴，全面发展同周边国家的关系，巩固睦邻友好，深化互利合作。"② 这就明确了新时代中国周边外交的中心工作，确立了周边外交工作的努力方向。

周边外交各种机制更加完善。中国在周边地区已同相关国家建立起从政治、安全到经济、金融领域，以及社会文化领域多层次、多渠道的合作机制。通过主办"一带一路"国际合作高峰论坛、博鳌亚洲论坛年会、上合组织元首理事会、亚信峰会等重要会议，推动周边国家积极参与，为深化区域合作献计献策。在国际格局加快调整变化、世界经济复苏乏力、逆全球化思潮涌动的大变局中，利用多边平台，进一步完善了周边合作机制，增进了中国同周边国家的密切联系，充分展现中国的大国责任担当。

开展周边外交的手段更加丰富务实。中国积极推进与周边国家的务实合

---

① 习近平：《在中央外事工作会议上的讲话》，《人民日报》2014年11月30日。
② 习近平：《在周边外交工作座谈会上的讲话》，《人民日报》2013年10月26日。

作，夯实合作基础。在上合组织框架内，中国同其他成员国一道，确立了长期睦邻友好合作关系，以实际行动开创了结伴而不结盟的国际关系新模式，并为自己营造了一个稳定的周边环境。同时，"一带一路"的"朋友圈"正在不断扩大，100多个国家和国际组织积极响应支持，40多个国家和国际组织同中国签署合作协议，一系列重大项目落地开花，带动了各国经济发展，创造了大量就业岗位和机会。

新时代，在习近平外交思想指引下，我国深化同周边国家关系始终坚持正确的义利观，以"亲诚惠容"为理念，以共建"一带一路"为平台，以构建周边命运共同体为目标，发展同周边国家睦邻友好关系，推进中国同周边国家友好合作不断走向深入。展望未来，中国与周边国家关系正迎来全方位发展机遇，在政治、经贸、安全、人文等领域合作齐头并进、相互促进的良好局面必将更加巩固。

245. 加强同广大发展中国家团结合作

发展中国家是中国外交的基石，广大发展中国家始终是我国在国际事务中的天然同盟军。中共十八大以来，我国加强了与广大发展中国家的高层交往，不断深化同广大发展中国家之间的团结合作关系。

2017年10月，习近平在中共十九大报告中指出："秉持正确义利观和真实亲诚理念加强同发展中国家团结合作。"[①]

中非历来是休戚与共的利益共同体和命运共同体，加强同非洲国家的团结合作是我国长期坚持的战略选择，中国高度重视对非关系。2013年3月25日，习近平在坦桑尼亚尼雷尔国际会议中心发表了《永远做可靠朋友和真诚伙伴》的演讲，提出了真实亲诚的对非合作理念。[②] 2015年中非合作论坛约翰内斯堡峰会以来，中国全面落实约翰内斯堡峰会上确定的中非"十大合作计划"一大批铁路、公路、机场、港口等基础设施以及经贸合作区陆续建成或正在建设之中。2018年9月，中非合作论坛北京峰会召开，推出了以实施"八大行动"为核心的上百项全面深化中非合作的新举措，加强了对中非关系发展的战略对接和顶层设计。[③] 中非双方通过构建更加紧密的中非命运共同体，为构建人类命运共同体发挥示范和引领作用。

---

① 习近平：《决胜全面建成小康社会，夺取新时代中国特色社会主义伟大胜利——在中国共产党第十九次全国代表大会上的报告》，人民出版社2017年版，第60页。
② 习近平：《永远做可靠朋友和真诚伙伴——在坦桑尼亚雷尔国际会议中心的演讲》，《人民日报》2013年3月26日。
③ 《携手打造新时代更加紧密的中非命运共同体——习近平主席主持2018年中非合作论坛北京峰会取得圆满成功和丰硕成果》，《人民日报》2018年9月7日。

中国与拉美和加勒比国家虽然相距遥远，但友好关系源远流长。中共十八大以来，在习近平倡议和亲自推动下，中拉关系不断深化发展。中国同拉美国家建立了平等互利、共同发展的中拉全面合作伙伴关系，共同创立了中国—拉美和加勒比国家共同体论坛。2018年1月，中拉论坛第2届部长级会议成功举行。会后，中拉双方共同发表《关于"一带一路"倡议的特别声明》，标志着共建"一带一路"倡议正式延伸至拉美。中拉双方将共同致力于构建政治上真诚互信、经贸上合作共赢、人文上互学互鉴、国际事务中密切协作、整体合作和双边关系相互促进的中拉关系"五位一体"新格局；同时，双方正以共建"一带一路"为契机，推动实现中拉合作优化升级、创新发展，建设新时代平等、互利、创新、开放、惠民的中拉关系，加快打造中拉命运共同体。

中国和阿拉伯国家友谊源远流长，历久弥新，在古丝绸之路上"舟舶继路、商使交属"，在争取民族独立和人民解放的斗争中并肩奋斗、患难与共，在各自国家建设事业中相互支持、合作共赢。中国同阿拉伯国家彼此是相互尊重、相互认同、相互信赖的好朋友、好兄弟、好伙伴，双方建立起全面合作、共同发展、面向未来的战略伙伴关系。同时，共建"一带一路"倡议得到了阿拉伯世界的广泛支持，双方积极推动构建以能源合作为主轴，以基础设施建设、贸易和投资便利化为两翼，以核能、航天卫星、新能源三大高新领域为新的突破口的"1+2+3"合作格局。双方将弘扬丝绸之路精神，促进文明互鉴、尊重道路选择、坚持合作共赢、倡导对话和平，不断深化全面合作、共同发展的中阿战略合作关系。

中国始终坚持践行正确义利观，义利相兼，义重于利，切实加强同发展中国家的团结合作，把中国与广大发展中国家共同发展紧密联系起来，推动形成携手共进、共同发展新局面。

246. 深化政党交流合作

作为当今世界上的百年大党，中国共产党牢牢把握服务民族复兴、促进人类进步这条主线，推动构建新型国际关系，推动构建人类命运共同体，始终同各国政党平等交流、互学互鉴。

中共十八大以来，在中华民族伟大复兴战略全局和世界百年未有之大变局的背景下，以习近平同志为核心的党中央在充分吸收借鉴政党外交历史经验的基础上，深化同各国政党交流合作，就政党外交提出了许多富有创见的新思想新观点新论断新要求，富有中国特色的政党外交新格局在理论创新与实践突破中实现了历史飞跃。

在2018年中央外事工作会议上，习近平指出，对外工作是一个系统工程，政党、政府、人大、政协、军队、地方、民间等要强化统筹协调，各有侧重，相互配合，形成党总揽全局、协调各方的对外工作大协同局面，确保党中央对外方针政策和战略部署落实到位。[1] 这一论述把政党放在对外交往的首要位置，突出政党外交在中国特色大国外交事业中的重要性。

中国日益走近世界舞台的中央，中国共产党也日益走近世界政党舞台的中央，中国共产党对外交往的价值理念也得到广泛传播和认同。新时代，中国共产党更加积极地参与世界政党交流。通过大国政党间的务实合作与有效交流，中国与美国、俄罗斯等国的对外交往呈现新气象。除了传统的中美、中俄、中日、中欧政党交流机制外，中国共产党还创新出"世界政党高层对话会"这一形式，深化同世界各国政党的交流合作。

在2017年12月召开的中国共产党与世界政党高层论坛上，习近平正式提出构建新型政党关系的倡议，即主张建立"求同存异、相互尊重、互学互鉴的新型政党关系"[2]。开启了中国共产党政党外交机制化建设在新时代的全面提升。2021年7月6日，在中国共产党成立100周年之际，中国共产党将"高层对话会"升级为"领导人峰会"，来自160多个国家的500多个政党和政治组织的领导人、逾万名政党和各界代表参加，[3] 为世界各国政党交流提供了一个高端平台。

此外，中国共产党围绕"一带一路"建设主线，深化拓展与周边国家政党对话，形成"政党外交搭台，经贸文化唱戏"的多赢发展之路。针对广大发展中国家，通过政党沟通，借鉴学习发展经验，促进世界范围的民族解放与国家发展。借助日益丰富多样的多边外交平台和经济、政治、文化、生态等各领域外交工作的开展，进一步拓展和深化中国共产党政党外交的交往形式与交流主题。

247. 维护和践行真正的多边主义

中国倡导走真正的多边主义之路，坚持维护《联合国宪章》所规定的多边原则和多边精神，不搞单边主义、霸权主义、保护主义，不借多边主义之名行"少边主义"之实，坚定维护和践行真正的多边主义。

2021年以来，习近平在多个外交场合频繁提到"真正的多边主义"。如世

---

[1] 《习近平在中央外事工作会议上强调：坚持以新时代中国特色社会主义外交思想为指导，努力开创中国特色大国外交新局面》，《人民日报》2018年6月24日。
[2] 《习近平出席中国共产党与世界政党高层对话会开幕式并发表主旨讲话》，《人民日报》2017年12月2日。
[3] 《习近平出席中国共产党与世界政党领导人峰会并发表主旨讲话》，《人民日报》2021年7月7日。

界经济论坛"达沃斯议程"对话会、上合组织成员国元首理事会第二十一次会议、金砖国家领导人第十三次会晤等,彰显了大国担当。

公平正义是真正的多边主义之核心要义。习近平指出:"多边主义的要义是国际上的事由大家共同商量着办,世界前途命运由各国共同掌握。"① 切实有效是真正的多边主义之根本要求。真正的多边主义必然以问题为导向,以实实在在解决问题为宗旨,而不能任由少数别有用心的国家操控,将多边主义变为空中楼阁。

真正的多边主义以维护联合国的权威地位为根本遵循。2021年10月25日,习近平在中华人民共和国恢复联合国合法席位50周年纪念会议上强调:"我们应坚决维护联合国权威和地位,共同践行真正的多边主义。""世界各国应该维护以联合国为核心的国际体系、以国际法为基础的国际秩序、以联合国宪章宗旨和原则为基础的国际关系基本准则。"②

真正的多边主义以全人类共同价值为基础。2021年9月21日,习近平在第76届联合国大会一般性辩论中指出:"要大力弘扬和平、发展、公平、正义、民主、自由的全人类共同价值,摒弃小圈子和零和博弈。"③ 这是世界和平发展的价值取向也是联合国的崇高目标。

践行真正的多边主义,着力破解全球治理困局。中国倡议世界各国共同践行真正的多边主义,并为全球治理提供新思路和新方案。如倡导人类命运共同体、提出构建"相互尊重、公平正义、合作共赢"的新型国际关系、提出共商共建共享的全球治理观、提出高质量共建"一带一路"倡议。面对前所未有的新冠肺炎疫情全球大流行,中国主动分享抗疫经验、派出医疗团队、提供防疫物资。并在反恐、生物安全、气候变化等领域加强与国际社会的合作,为世界的和平稳定贡献中国力量和中国智慧。

中国主张的真正的多边主义外交理论是新时代中国特色大国外交理论的重要组成部分,是对多边主义理论的发展和完善。中国十分重视多边主义的理论建设思考和探索真正的多边主义的根本遵循、价值基础和实践路径。

248. 开展抗击新冠肺炎疫情国际合作

2020年新冠肺炎疫情的发生是新中国成立以来最为严重的突发公共卫生事件之一。全党全军全国各族人民在以习近平同志为核心的党中央的坚强领导下

---

① 习近平:《让多边主义的火炬照亮人类前行之路——在世界经济论坛"达沃斯议程"对话会上的特别致辞》,《人民日报》2021年1月26日。
② 习近平:《在中华人民共和国恢复联合国合法席位50周年纪念会议上的讲话》,《人民日报》2021年10月26日。
③ 习近平:《在第七十六届联合国大会一般性辩论上的讲话》,《人民日报》2021年9月22日。

按照坚定信心、同舟共济、科学防治、精准施策的总要求，攻坚克难、奋力抗战取得了抗击疫情的伟大胜利，形成了一系列应对新冠肺炎疫情的新方法，为我国和世界应对突发公共卫生事件提供了宝贵的经验。

新冠肺炎疫情防控不仅是对中国国家治理体系和治理能力的严峻考验，对世界公共卫生事业的严重挑战，也是中国与世界各国携手抗疫开展国际合作，构建人类命运共同体的一次伟大实践。中国作为最早受到新冠肺炎疫情影响和冲击的国家，在全球抗击疫情过程中发挥了重要作用。中国在抗击新冠肺炎疫情的过程中所展现出来的中国力量、中国速度、中国智慧和中国担当，为世界各国建立应对疫情机制提供了参考和借鉴。

中国强调命运与共，倡导各国合作抗疫。习近平强调："人类是一个休戚与共的命运共同体，战胜关乎各国人民安危的疫病，团结合作是最有力的武器。"[①] 他呼吁世界各国加强疫情防控国际合作，同舟共济，共同抗击新冠疫情。

中国政府主动分享信息，倡导各国交流经验；中国政府开展联防联控，努力让疫苗成为全球公共产品，充分彰显了中国对全球抗疫的大国责任与担当。

249. 亲诚惠容理念和与邻为善、以邻为伴的周边外交方针

中共十八大以来，以习近平同志为核心的党中央始终将周边置于外交全局的首要位置，以促进周边和平、稳定、发展为己任，始终践行亲诚惠容理念和与邻为善、以邻为伴周边外交方针，深化同周边国家睦邻友好关系，不断推进周边外交理念创新，提出一系列重大外交倡议，实施一系列重大外交行动，开创了周边外交新局面。

2013 年 10 月，中央召开周边外交工作座谈会。习近平强调，我国周边外交的基本方针，就是坚持与邻为善、以邻为伴，坚持睦邻、安邻、富邻，突出体现亲、诚、惠、容的理念。[②] 亲，是指巩固与周边国家地缘相近、人缘相亲的友好情谊。诚，是指坚持以诚待人、以信取人的相处之道。惠，是指履行惠及周边、互利共赢的合作理念。容，是指展示开放包容、求同存异的大国胸怀。2014 年 11 月，中央召开外事工作会议，进一步突出了周边外交的重要性，强调要切实抓好周边外交工作，深化同周边国家的互利合作和互联互通，打造周边命运共同体。[③] 2017 年 10 月，习近平在中共十九大报告中强调，要"按照亲诚惠容理念

---

① 习近平：《团结合作是国际社会战胜疫情最有力武器》，《求是》2020 年第 8 期。
② 习近平：《在周边外交工作座谈会上的讲话》，《人民日报》2013 年 10 月 26 日。
③ 习近平：《在中央外事工作会议上的讲话》，《人民日报》2014 年 11 月 30 日。

和与邻为善、以邻为伴周边外交方针深化同周边国家关系"[1]。

新时代，我国始终坚持亲诚惠容理念和与邻为善、以邻为伴的周边外交方针，深化同周边国家的团结合作关系，以实际行动开创周边外交新局面。

250. 正确义利观和真实亲诚理念

以习近平同志为核心的党中央秉承中华优秀文化和新中国外交传统，顺应和平、发展、合作、共赢的时代潮流，提出了正确义利观和"真、实、亲、诚"理念，强调中国将永远做发展中国家的可靠朋友和真诚伙伴，共同维护发展中国家整体利益，着力推进与发展中国家的团结合作迈上新台阶。

2013年3月，习近平在访非期间，首次提出了正确义利观。他强调坚持正确义利观要义利并举、以义为先，做到义利兼顾，要讲信义、重情义、扬正义、树道义。同时提出了"真、实、亲、诚"的对非理念。习近平指出，对待非洲朋友，我们讲一个"真"字；开展对非合作，我们讲一个"实"字；加强中非友好，我们讲一个"亲"字；解决合作中的问题，我们讲一个"诚"字。[2] 正确义利观和"真、实、亲、诚"理念的提出进一步丰富了我国的外交理念，有利于增加我国同发展中国家的理解和信任，并写入了中共十九大报告，成为习近平新时代中国特色社会主义思想的重要组成部分。

中国同发展中国家发展关系时始终秉持正确义利观和"真、实、亲、诚"理念。在政治上坚持正义、秉持公道、道义为先，在经济上坚持互利共赢、共同发展。中国的对外援助始终秉持正确义利观和"真、实、亲、诚"理念，致力于发展和深化与广大发展中国家的友好关系和全面合作，努力促进缩小南北发展差距，推动构建新型国际关系、推动构建人类命运共同体。中共十八大以来，在党中央的集中统一领导下，中国对外援助积极履行国际责任和义务，不断深化我国同广大发展中国家的友好关系和全面合作，深入推进全球治理体系变革，用实际行动为推动构建人类命运共同体作出积极贡献。

"义利相兼，以义为先"的正确义利观和"真、实、亲、诚"理念，既凝结了中华优秀传统文化的精髓，也体现了当今中国在国际社会中的行为准则，既是中国外交思想的理念创新，也是中国外交实践的指导原则，为新时代中国与广大发展中国家交往提供了行动指南，丰富和发展了习近平外交思想。

---

[1] 习近平：《决胜全面建成小康社会，夺取新时代中国特色社会主义伟大胜利——在中国共产党第十九次全国代表大会上的报告》，人民出版社2017年版，第60页。

[2] 习近平：《永远做可靠朋友和真诚伙伴——在坦桑尼亚雷尔国际会议中心的演讲》，《人民日报》2013年3月26日。

251. 全球安全观

中共十八大以来，以习近平同志为核心的党中央坚持马克思主义基本原理，深入挖掘中华优秀传统文化中积极的处世之道和治理理念同当今时代的共鸣点，提出了共同、综合、合作、可持续的全球安全观，在国际上引起广泛反响。

2013年10月，习近平在周边外交工作座谈会上就指出："倡导全面安全、共同安全、合作安全理念，推进同周边国家的安全合作，主动参与区域和次区域安全合作，深化有关合作机制，增进战略互信。"[①] 2014年5月，习近平在亚信上海峰会上提出："应该积极倡导共同、综合、合作、可持续的亚洲安全观，创新安全理念，搭建地区安全和合作新架构，努力走出一条共建、共享、共赢的亚洲安全之路。""共同，就是要尊重和保障每一个国家安全"；"综合，就是要统筹维护传统领域和非传统领域安全"；"合作，就是要通过对话合作，促进各国和本地区安全"；"可持续，就是要发展和安全并重以实现持久安全"。[②]

2015年7月，习近平在金砖国家领导人第七次会晤时，发表了《共建伙伴关系，共创美好未来》的主旨讲话，倡导金砖国家树立共同、综合、合作、可持续的安全观。[③] 2017年9月，习近平在北京出席国际刑警组织第86届全体大会上发表题为《坚持合作创新法治共赢，携手开展全球安全治理》的主旨演讲，提出"各国应该树立共同、综合、合作、可持续的全球安全观，树立合作应对安全挑战的意识，以合作谋安全、谋稳定，以安全促和平、促发展，努力为各国人民创造持久的安全稳定环境"[④]。

安全问题是事关人类前途命运的重大问题。安全问题解决不好，人类和平与发展的崇高事业就难以顺利推进。共同、综合、合作、可持续的全球安全观是习近平新时代中国特色社会主义思想的重要内容，是中国对全球安全理论的重大创新，具有重大意义。

252. 全球发展倡议

发展是实现人民幸福的关键，是解决一切问题的总钥匙。全球发展是一个

---

① 习近平：《在周边外交工作座谈会上的讲话》，《人民日报》2013年10月26日。
② 习近平：《积极树立亚洲安全观，共创安全合作新局面——在亚洲相互协作与信任措施会议第四次峰会上的讲话》，《人民日报》2014年5月22日。
③ 习近平：《共建伙伴关系，共创美好未来——在金砖国家领导人第七次会晤上的讲话》，《人民日报》2015年7月10日。
④ 习近平：《坚持合作创新法治共赢，携手开展全球安全治理——在国际刑警组织第八十六届全体大会开幕式上的主旨演进》，《人民日报》2017年9月27日。

历史问题，更是一个现实问题。中国始终在世界面临问题和挑战的时候给出中国方案。新中国自成立后便积极加入并致力于全球发展的行动中。改革开放后，中国进一步参与全球发展，始终贡献着中国力量。中共十八大以来，习近平阐述了以"公平、开放、全面、创新"为核心的新发展理念，为促进全球发展提供了新的方案。2021年9月21日，在第76届联合国大会上，习近平强调"坚持发展优先"，构建更加平等均衡的全球发展伙伴关系；"坚持以人民为中心"，不断增强民众的幸福感、获得感、安全感；"坚持普惠包容"，着力解决国家间和各国内部发展不平衡、不充分问题；"坚持创新驱动"，挖掘疫后经济增长新动能，携手实现跨越发展；"坚持人与自然和谐共生"，完善全球环境治理，积极应对气候变化，构建人与自然生命共同体；"坚持行动导向"，加大发展资源投入，构建全球发展命运共同体。[1] 这六个"坚持"系统阐释了为什么要发展、发展为了谁、发展依靠谁、如何发展等一系列关键发展的基本理论问题，蕴含了"中国之治"的宝贵经验。

面对时代之变和世纪疫情相互叠加，2022年1月17日，习近平在北京出席2022年世界经济论坛视频会议时，提出跨越发展鸿沟、重振全球发展事业，强调"全球发展倡议"是向全世界开放的公共产品，努力不让任何一个国家掉队。[2]

"全球发展倡议"的提出旨在用系统、整体、协调的中国智慧与中国方案加快落实联合国2030年可持续发展议程，呼吁各方共同推动全球迈向平衡协调包容的"新发展阶段"，解决全球发展过程中面临的一系列问题与挑战，必将在全球层次上发挥重要的作用。

---

[1] 习近平：《在第七十六届联合国大会一般性辩论上的讲话》，《人民日报》2021年9月22日。
[2] 习近平：《坚定信心，勇毅前行，共创后疫情时代美好世界——在2022年世界经济论坛视频会议的演讲》，《人民日报》2022年1月18日。

三　文献编纂类

（一）

253.《习近平谈治国理政》（第一、第二、第三、第四卷）

《习近平谈治国理政》是习近平著作集，全面系统回答了新的时代条件下中国发展的重大理论和现实问题，是国际社会了解以习近平同志为核心的党中央治国理念和执政方略，感受当代中国的历史性成就和历史性变革，进一步增进对中国发展理念、发展道路、内外政策的理解，从而更加全面地了解中国、更加客观地看待中国、更加理性地读懂中国的重要窗口，是世界寻找中国问题答案的一把钥匙。

中共十八大以来，以习近平同志为核心的党中央，在治国理政新的实践中对关系新时代党和国家事业发展的一系列重大理论和实践问题进行了深邃思考和科学判断，就新时代坚持和发展什么样的中国特色社会主义、怎样坚持和发展中国特色社会主义，建设什么样的社会主义现代化强国、怎样建设社会主义现代化强国，建设什么样的长期执政的马克思主义政党、怎样建设长期执政的马克思主义政党等重大时代课题，提出一系列原创性的治国理政新理念新思想新战略，创立了习近平新时代中国特色社会主义思想。

2014年9月，为更好地对外阐释中国的发展理念、发展道路、内外政策，回应国际社会关切，由国务院新闻办公室会同中央文献研究室、中国外文局编辑了《习近平谈治国理政》一书，由外文出版社正式出版发行。该书收录习近平在2012年11月15日至2014年6月13日这段时间内的讲话、谈话、演讲、答问、批示、贺信等79篇，分为18个专题。该书出版后多次参加全球各大国际书展，在国际图书市场、国际主流媒体和海外各界普遍获得热烈反响和高度评价。相继推出24个语种、27个版本，全球发行660多万册。[①] 2018年1月，

[①]《〈习近平谈治国理政〉老挝文版在万象首发》，《人民日报》2017年11月10日。

相关部门对该书进行了修订,改称《习近平谈治国理政》第一卷,由外文出版社面向海内外再版发行,现已翻译出版36个语种。[①]

中共十九大着眼中国特色社会主义事业长远发展,郑重提出习近平新时代中国特色社会主义思想,并把这一思想确立为党必须长期坚持的指导思想,写进党章,实现了党的指导思想的又一次与时俱进。为了集中反映习近平新时代中国特色社会主义思想的发展脉络和主要内容,帮助国内外读者了解掌握这一重要思想的精神实质和丰富内涵,中共中央宣传部(国务院新闻办公室)会同中共中央文献研究室、中国外文出版发行事业局,编辑了《习近平谈治国理政》第二卷。该书收录习近平在2014年8月18日至2017年9月29日期间的重要著作,共有讲话、谈话、演讲、批示、贺电等99篇,全书分为17个专题。2017年11月,由外文出版社以中英文版出版,面向海内外发行,现已翻译出版13个语种,[②]其中英文版全球发行已突破1300万册。[③]该书生动记录了以习近平同志为核心的党中央团结带领全党全国各族人民在新时代坚持和发展中国特色社会主义的伟大实践,集中反映了习近平新时代中国特色社会主义思想的发展脉络和主要内容,充分体现了中国共产党为推动构建人类命运共同体、促进人类和平与发展事业贡献的中国智慧和中国方案。

中共十九大以来,习近平在领导推进新时代治国理政的实践中,又发表一系列重要论述,提出许多具有原创性、时代性、指导性的重大思想观点,进一步丰富和发展了党的理论创新成果。为推动广大党员、干部和群众学懂弄通做实习近平新时代中国特色社会主义思想,帮助国际社会更好了解这一重要思想的主要内容,2020年7月,中共中央宣传部(国务院新闻办公室)会同中央党史和文献研究院、中国外文局编辑了《习近平谈治国理政》第三卷,由外文出版社以中英文版出版。该书收录了习近平在2017年10月18日至2020年1月13日期间的报告、讲话、谈话、演讲、批示、指示、贺信等92篇,分为19个专题。《习近平谈治国理政》第三卷是新时代中国共产党人坚持和发展中国特色社会主义的理论结晶,生动记录了中共十九大以来以习近平同志为核心的党中央,着眼中华民族伟大复兴的战略全局和世界百年未有之大变局,不忘初心、牢记使命,统揽伟大斗争、伟大工程、伟大事业、伟大梦想,团结带领全党全国各族人民推动党和国家各项事业取得新的重大进展的伟大实践,集中展示了马克思主义中国化的最新成果,充分体现了中国共产党为推动构建人类命

---

① 《〈习近平谈治国理政〉第一卷马来文版首发式在吉隆坡举行》,《人民日报》2021年12月22日。
② 《〈习近平谈治国理政〉第二卷尼泊尔文版首发式和第三卷英文版推介会在加德满都举行》,《人民日报》2021年9月24日。
③ 《〈习近平谈治国理政〉第二卷全球发行突破1300万册》,《人民日报》2018年2月4日。

运共同体贡献的智慧方案。该书现已由外文出版社出版法文、俄文、阿拉伯文、西班牙文、葡萄牙文、德文、日文及中文繁体 8 个版本,[①] 面向海内外发行。

2022 年 7 月,中共中央宣传部(国务院新闻办公室)会同中央党史和文献研究院、中国外文局编辑的《习近平谈治国理政》第四卷,由外文出版社以中英文版出版,面向海内外发行。该书收录了习近平在 2020 年 2 月 3 日至 2022 年 5 月 10 日期间的讲话、谈话、演讲、致辞、指示、贺信等 109 篇,分为 21 个专题。《习近平谈治国理政》第四卷生动记录了以习近平同志为核心的党中央,面对百年变局和世纪疫情相互叠加的复杂局面,面对世所罕见、史所罕见的风险挑战,统筹国内国际两个大局,统筹疫情防控和经济社会发展,统筹发展和安全,团结带领全党全国各族人民在中华大地上全面建成小康社会、开启全面建设社会主义现代化国家新征程的伟大实践,集中展现了马克思主义中国化时代化的最新成果,充分体现了中国共产党对构建人类命运共同体、共建美好世界的最新贡献,是全面系统反映习近平新时代中国特色社会主义思想开辟新境界、实现新飞跃的权威著作。[②]

《习近平谈治国理政》第一、二、三、四卷集中体现了习近平新时代中国特色社会主义思想发展历程和脉络,蕴藏着新时代中国发展的"密码",是理解中国和中国共产党的"钥匙",对于帮助国际社会及时了解习近平新时代中国特色社会主义思想的最新发展,加深对中国之路、中国之治、中国之理的认识,具有重要意义。法国前总理让－皮埃尔·拉法兰评价指出:"《习近平谈治国理政》一书阐明了中国的重大选择,清晰地展现了中国的雄心与发展方向。"[③] 英国伦敦经济与商业政策署前署长罗思义评价指出:"《习近平谈治国理政》结合了中国传统思维和西方读者习惯的逻辑方法,贯穿着马克思主义,是一本读懂中国不可或缺的著作。没有读过这本书的外国人,不能说对中国有足够的了解。"[④] 南非公职和行政事务部部长费丝·穆坦比称赞《习近平谈治国理政》"这本书的价值超越了黄金"[⑤]。

254.《论中国共产党历史》

《论中国共产党历史》是收录习近平关于中国共产党历史重要论述的专题

---

① 《〈习近平谈治国理政〉第三卷多语种版出版发行》,《人民日报》2021 年 10 月 1 日。
② 《〈习近平谈治国理政〉第四卷中英文版出版发行》,《人民日报》2022 年 7 月 3 日。
③ 让－皮埃尔·拉法兰:《这本书让我理解中国(国际论坛·外国人读〈习近平谈治国理政〉)》,《人民日报》2018 年 4 月 2 日。
④ 罗思义:《了解中国 读懂中国(国际论坛·外国人读〈习近平谈治国理政〉)》,《人民日报》2018 年 8 月 9 日。
⑤ 《〈习近平谈治国理政〉第二卷在南非引起热烈反响》,《人民日报》2017 年 12 月 9 日。

文集。中共中央党史和文献研究院编辑,2021年由中央文献出版社出版。该书收录习近平自2012年11月29日参观《复兴之路》展览时的讲话至2020年11月24日在全国劳动模范和先进工作者表彰大会上的讲话40篇文稿,约18万字,其中有16篇文稿是第一次公开发表。

中共十八大以来,习近平围绕中国共产党历史发表了一系列重要论述,系统回顾我们党团结带领中国人民不懈奋斗的光辉历程,深入总结党在各个历史时期创造的理论成果、积累的宝贵经验、铸就的伟大精神,深刻阐明党为中华民族作出的伟大贡献、为解决人类问题提供的中国智慧中国方案,展望党和人民事业发展的光明前景。这些重要论述立意高远,内涵丰富,思想深刻,是习近平新时代中国特色社会主义思想的重要组成部分。《论中国共产党历史》的出版发行,对于广大干部群众学好党的历史,增强"四个意识"、坚定"四个自信"、做到"两个维护",决胜全面建成小康社会、开启全面建设社会主义现代化国家新征程、实现中华民族伟大复兴的中国梦,具有十分重要的指导意义。[1]

《论中国共产党历史》中文繁体版,由联合出版(集团)有限公司在港澳地区出版发行。《论中国共产党历史》中文繁体版的出版,有利于引导港澳地区读者客观认识中国共产党一百年来团结带领中国人民为国家、民族带来的历史巨变、取得的历史成就、作出的历史贡献,进一步增进港澳地区读者对中国共产党、对祖国、对中华民族的认同和热爱。

255.《论坚持人民当家作主》

《论坚持人民当家作主》是收录习近平关于坚持人民当家作主重要文稿的专题文集。中共中央党史和文献研究院编辑,2021年由中央文献出版社出版。该书收录习近平关于坚持人民当家作主的重要文稿50篇,其中部分文稿是首次公开发表。

中国是工人阶级领导的、以工农联盟为基础的人民民主专政的社会主义国家,国家一切权力属于人民。人民当家作主是社会主义民主政治的本质和核心。中共十八大以来,以习近平同志为核心的党中央坚持人民主体地位,积极发展社会主义民主政治,党的领导、人民当家作主、依法治国有机统一的制度建设全面加强,党的领导体制机制不断完善,社会主义民主不断发展,党内民主更加广泛,社会主义协商民主全面展开,爱国统一战线巩固发展,民族宗教工作创新推进,有力促进了改革开放和社会主义现代化建设,有力维护了国家

---

[1] 《习近平同志〈论中国共产党历史〉出版发行》,《人民日报》2021年2月22日。

统一、民族团结、社会稳定。坚持人民当家作主，是习近平新时代中国特色社会主义思想的重要组成部分，对于坚持中国特色社会主义政治发展道路，推进全过程人民民主建设，完善和发展中国特色社会主义制度、推进国家治理体系和治理能力现代化，夺取全面建设社会主义现代化国家新胜利、实现中华民族伟大复兴的中国梦，具有十分重要的指导意义。①

256.《论坚持党对一切工作的领导》

《论坚持党对一切工作的领导》是收录习近平关于坚持党对一切工作的领导的专题文集。中共中央党史和文献研究院编辑，2019年由中央文献出版社出版。该书以2012年11月17日习近平主持中共十八届中央政治局第一次集体学习时的讲话为开卷篇，以2019年7月9日习近平在中央和国家机关党的建设工作会议上的讲话为收卷篇，收录习近平论述坚持党对一切工作的领导的重要文稿70篇，约14万字，其中部分文稿是第一次公开发表。

中共十八大以来，以习近平同志为核心的党中央，把坚持和加强党的全面领导作为做好党和国家各项工作的根本保证，充分发挥党总揽全局、协调各方的领导核心作用，推动党和国家事业取得历史性成就、发生历史性变革，中国特色社会主义进入了新时代。习近平围绕坚持党对一切工作领导的重大意义、方向原则、体制机制、方式方法等重大问题进行深刻阐述，极大深化了我们党对共产党执政规律、社会主义建设规律、人类社会发展规律的认识，丰富发展了马克思主义执政党建设的理论。

坚持党对一切工作的领导，是习近平新时代中国特色社会主义思想的重要组成部分，对于我们增强"四个意识"、坚定"四个自信"、做到"两个维护"，自觉在思想上政治上行动上同党中央保持高度一致，完善坚持党的领导的体制机制，坚持稳中求进工作总基调，统筹推进"五位一体"总体布局，协调推进"四个全面"战略布局，提高党把方向、谋大局、定政策、促改革的能力和定力，实现"两个一百年"奋斗目标、实现中华民族伟大复兴的中国梦，具有重大而深远的指导意义。②

257.《论把握新发展阶段、贯彻新发展理念、构建新发展格局》

《论把握新发展阶段、贯彻新发展理念、构建新发展格局》是收录习近平关于把握新发展阶段、贯彻新发展理念、构建新发展格局的专题文集。中共中央党史和文献研究院编辑，2021年由中央文献出版社出版。该书收录习近平

---

① 《习近平同志〈论坚持人民当家作主〉出版发行》，《人民日报》2021年11月8日。
② 《习近平同志〈论坚持党对一切工作的领导〉出版发行》，《人民日报》2019年10月28日。

关于把握新发展阶段、贯彻新发展理念、构建新发展格局的重要文稿72篇，其中部分文稿是首次公开发表。

把握新发展阶段、贯彻新发展理念、构建新发展格局，是以习近平同志为核心的党中央统筹中华民族伟大复兴战略全局和世界百年未有之大变局，与时俱进提升我国经济发展水平、塑造我国国际经济合作和竞争新优势作出的重大战略判断和战略抉择。习近平对把握新发展阶段、贯彻新发展理念、构建新发展格局的重大意义、丰富内涵和实践要求等进行了深刻阐述，明确了我国发展的历史方位、现代化建设的指导原则、经济现代化的路径选择，反映了我们党对我国经济发展规律的新认识，丰富和发展了中国特色社会主义政治经济学。习近平关于把握新发展阶段、贯彻新发展理念、构建新发展格局的重要论述，是习近平新时代中国特色社会主义思想的重要组成部分，对于推动我国经济社会高质量发展，全面建设社会主义现代化国家、实现中华民族伟大复兴的中国梦，具有十分重要的指导意义。[①]

258.《论党的宣传思想工作》

《论党的宣传思想工作》是收录习近平关于党的宣传思想工作的专题文集。中共中央党史和文献研究院编辑，2020年由中央文献出版社出版。该书收录习近平论述党的宣传思想工作的重要文稿52篇，其中部分文稿是首次公开发表。

中共十八大以来，以习近平同志为核心的党中央把宣传思想工作摆在全局工作的重要位置，作出一系列重大决策，实施一系列重大举措，党的理论创新全面推进，中国特色社会主义和中国梦深入人心，社会主义核心价值观和中华优秀传统文化广泛弘扬，主流思想舆论不断巩固壮大，文化自信得到彰显，国家文化软实力和中华文化影响力大幅提升，全党全社会思想上的团结统一更加巩固。习近平围绕党的宣传思想工作提出的一系列新思想新观点新论断，极大深化了我们党对宣传思想工作的规律性认识，为做好新时代党的宣传思想工作提供了根本遵循。

《论党的宣传思想工作》的出版发行，对于广大干部群众深入学习贯彻习近平新时代中国特色社会主义思想，推动宣传思想工作更好承担起举旗帜、聚民心、育新人、兴文化、展形象的使命任务，建设社会主义文化强国，实现"两个一百年"奋斗目标和中华民族伟大复兴的中国梦，具有十分重要的

[①]《习近平同志〈论把握新发展阶段、贯彻新发展理念、构建新发展格局〉出版发行》，《人民日报》2021年8月17日。

意义。①

259.《论坚持全面深化改革》

《论坚持全面深化改革》是收录习近平关于坚持全面深化改革的专题文集。中共中央党史和文献研究院编辑，2018 年由中央文献出版社出版。该书以 2012 年 12 月 7 日至 11 日习近平在广东考察工作时讲话的要点《改革不停顿，开放不止步》为开卷篇，以 2018 年 12 月 18 日习近平《在庆祝改革开放四十周年大会上的讲话》为收卷篇，收录习近平论述坚持全面深化改革的重要文稿 72 篇，约 31 万字，其中部分文稿是首次公开发表。

中共十八大以来，面对艰巨复杂的改革任务，以习近平同志为核心的党中央举旗定向、谋篇布局，以巨大的政治勇气和智慧，提出全面深化改革的总目标，着力增强改革系统性、整体性、协同性，着力抓好重大制度创新，着力提升人民群众获得感、幸福感、安全感，改革全面发力、多点突破、蹄疾步稳、纵深推进，重要领域和关键环节改革取得突破性进展，主要领域改革主体框架基本确立，极大调动了亿万人民积极性，极大促进了社会生产力发展，极大增强了党和国家生机活力。

坚持全面深化改革，是习近平新时代中国特色社会主义思想的重要组成部分，对于在新时代新起点上继续把全面深化改革推向前进，坚持和完善中国特色社会主义制度，不断推进国家治理体系和治理能力现代化，坚决破除一切不合时宜的思想观念和体制机制弊端，突破利益固化的藩篱，吸收人类文明有益成果，构建系统完备、科学规范、运行有效的制度体系，充分发挥我国社会主义制度优越性，实现"两个一百年"奋斗目标、实现中华民族伟大复兴的中国梦，具有十分重要的指导意义。②

2021 年该书中文繁体版在香港出版，对于引导港澳地区读者全面参与粤港澳大湾区建设，进一步融入国家发展大局，开创新时代全面深化改革开放新局面具有重要的指导意义。

260.《论坚持全面依法治国》

《论坚持全面依法治国》是收录习近平关于坚持全面依法治国的专题文集。中共中央党史和文献研究院编辑，2020 年由中央文献出版社出版。该书收录习近平关于坚持全面依法治国的重要文稿 54 篇，其中许多文稿是首次公开发表。

---

① 《习近平同志〈论党的宣传思想工作〉出版发行》，《人民日报》2020 年 11 月 10 日。
② 《习近平同志〈论坚持全面深化改革〉出版发行》，《人民日报》2018 年 12 月 30 日。

中共十八大以来，以习近平同志为核心的党中央从全局和战略高度对全面依法治国作出一系列重大决策部署，推动我国社会主义法治建设发生历史性变革、取得历史性成就，全面依法治国实践取得重大进展。习近平围绕坚持全面依法治国发表了一系列重要论述，深刻回答了新时代为什么实行全面依法治国、怎样实行全面依法治国等一系列重大问题，形成了习近平法治思想。习近平法治思想内涵丰富、论述深刻、逻辑严密、系统完备，是马克思主义法治理论中国化最新成果，是习近平新时代中国特色社会主义思想的重要组成部分，是全面依法治国的根本遵循和行动指南。

《论坚持全面依法治国》的出版发行，对于广大干部群众深入学习贯彻习近平法治思想，建设社会主义法治国家、推进国家治理体系和治理能力现代化，决胜全面建成小康社会、开启全面建设社会主义现代化国家新征程、实现中华民族伟大复兴的中国梦，具有十分重要的指导意义。[①]

261.《论坚持人与自然和谐共生》

《论坚持人与自然和谐共生》是收录习近平关于坚持人与自然和谐共生的专题文集。中共中央党史和文献研究院编辑，2022年由中央文献出版社出版。该书收录习近平2012年12月至2021年12月期间关于坚持人与自然和谐共生的重要文稿79篇，其中部分文稿是首次公开发表。

生态文明建设是关乎中华民族永续发展的根本大计。中共十八大以来，以习近平同志为核心的党中央以前所未有的力度抓生态文明建设，从思想、法律、体制、组织、作风上全面发力，全方位、全地域、全过程加强生态环境保护，开展一系列根本性、开创性、长远性工作，全党全国推动绿色发展的自觉性和主动性显著增强，美丽中国建设迈出重大步伐，我国生态环境保护发生历史性、转折性、全局性变化。我国积极参与全球环境与气候治理，成为全球生态文明建设的重要参与者、贡献者、引领者，体现了负责任大国的担当。习近平传承中华民族传统文化、顺应时代潮流和人民意愿，站在坚持和发展中国特色社会主义、实现中华民族伟大复兴中国梦的战略高度，围绕生态文明建设发表一系列重要论述，深刻回答了为什么建设生态文明、建设什么样的生态文明、怎样建设生态文明等重大理论和实践问题，形成了习近平生态文明思想。习近平生态文明思想是习近平新时代中国特色社会主义思想的重要组成部分，对于坚持绿水青山就是金山银山的理念，走生产发展、生活富裕、生态良好的文明发展道路，努力建设人与自然和谐共生的现代化，夺取全面建设社会主义

[①]《习近平同志〈论坚持全面依法治国〉出版发行》，《人民日报》2020年12月17日。

现代化国家新胜利、实现中华民族伟大复兴的中国梦,具有十分重要的指导意义。[①]

262.《论坚持推动构建人类命运共同体》

《论坚持推动构建人类命运共同体》是习近平关于坚持推动人类命运共同体重要论述的专题文集,中共中央党史和文献研究院编辑,2018年由中央文献出版社出版。这部专题文集以2013年1月28日习近平主持中共十八届中央政治局第三次集体学习时讲话的要点《更好统筹国内国际两个大局,夯实走和平发展道路的基础》为开卷篇,以2018年6月22日习近平在中央外事工作会议上讲话的要点《坚持以新时代中国特色社会主义外交思想为指导,努力开创中国特色大国外交新局面》为收卷篇,收录习近平论述坚持推动构建人类命运共同体的重要文稿85篇,约32万字。[②]

《论坚持推动构建人类命运共同体》英文版,2019年由中央编译出版社出版。为适应国外读者阅读习惯,英文版在中文版基础上增加了注释、索引、缩略语等内容。该书英文版出版发行,有助于国外读者深入了解习近平关于"建设一个什么样的世界、如何建设这个世界"等关乎人类前途命运的重大课题的理论思考,了解构建人类命运共同体理念的时代背景、重大意义、主要内容、实现途径,对深刻理解习近平外交思想的丰富内涵和中国外交方针政策具有重要意义。同年,法文版、日文版也由中央编译出版社出版。2021年,俄文版、阿文版、德文版、西文版出版。

263.《论党的青年工作》

《论党的青年工作》是习近平关于党的青年工作的重要论述专题文集,是新时代党的青年工作最权威、最系统的论著,是广大干部群众深入学习贯彻习近平关于青年工作的重要思想的重要教材,是做好新时代青年和共青团工作的根本遵循。由中共中央党史和文献研究院编辑,中央文献出版社2022年出版。该书以2022年5月10日《在庆祝中国共产主义青年团成立一百周年大会上的讲话》为开卷篇,收录习近平2013年5月至2022年5月期间关于党的青年工作的重要文稿60篇,其中部分文稿是首次公开发表。

青年是祖国的未来、民族的希望,也是党的未来和希望。代表广大青年、赢得广大青年、依靠广大青年,是我们党不断从胜利走向胜利的重要保证。中

[①]《习近平同志〈论坚持人与自然和谐共生〉出版发行》,《人民日报》2021年1月29日。
[②]《习近平同志〈论坚持推动构建人类命运共同体〉出版发行》,《人民日报》2018年10月15日。

共十八大以来,以习近平同志为核心的党中央从确保党的事业薪火相传和中华民族永续发展的战略高度,深刻把握新时代中国青年运动规律,加强党对青年工作的领导,召开党的历史上第一次中央党的群团工作会议,出台新中国历史上第一个青年发展规划,印发党的历史上第一个以党中央名义发布的少先队工作文件,部署共青团改革,推动青年工作取得历史性成就。习近平围绕党的青年工作发表的一系列重要论述,深刻阐明了党的青年工作的地位作用、目标任务、职责使命、实践要求,深刻回答了新时代培养什么样的青年、怎样培养青年,建设什么样的共青团、怎样建设共青团等方向性、全局性、战略性重大课题,把我们党对青年工作的规律性认识提升到了新的高度。

《论党的青年工作》为做好新时代党的青年工作指明了前进方向、提供了根本遵循,对于更好团结、组织、动员广大青年为实现第二个百年奋斗目标、实现中华民族伟大复兴的中国梦而奋斗,具有十分重要的指导意义。①

264.《论"三农"工作》

《论"三农"工作》是习近平关于农业农村农民工作的重要论述专题文集,是对中共十八大以来习近平关于"三农"工作的重要论述的一次系统梳理和深刻总结。由中共中央党史和文献研究院编辑,中央文献出版社2021年出版。该书以2020年12月28日习近平在中央农村工作会议上的讲话《坚持把解决好"三农"问题作为全党工作重中之重,举全党全社会之力推动乡村振兴》为开卷篇,收录习近平2012年12月至2022年4月期间关于"三农"工作的重要文稿61篇,其中部分文稿是首次公开发表。②

农业农村农民问题是关系国计民生的根本性问题。中共十八大以来,以习近平同志为核心的党中央坚持把解决好"三农"问题作为全党工作的重中之重,打赢脱贫攻坚战,历史性地解决了绝对贫困问题,实施乡村振兴战略,推动农业农村取得历史性成就、发生历史性变革。农业综合生产能力上了大台阶,农民收入持续增长,农村民生显著改善,乡村面貌焕然一新,为党和国家事业全面开创新局面提供了重要支撑。习近平坚持用大历史观来看待农业农村农民问题并发表一系列重要论述,科学回答了"三农"工作的一系列重大理论和实践问题,为做好新时代"三农"工作提供了行动纲领和根本遵循。

《论"三农"工作》为完整、准确、全面贯彻落实习近平关于"三农"

---

① 《习近平同志〈论党的青年工作〉出版发行》,《人民日报》2022年6月22日。
② 《习近平同志〈论"三农"工作〉出版发行》,《人民日报》2022年6月7日。

工作的重要论述,提供了最权威、最经典、最系统的理论指引和行动指南,①对于推动全党充分认识新发展阶段做好"三农"工作的重要性和紧迫性,举全党全社会之力全面推进乡村振兴,加快农业农村现代化,全面建成社会主义现代化强国、实现中华民族伟大复兴的中国梦,具有十分重要的指导意义。②

265.《习近平论强军兴军》(一、二、三)

《习近平论强军兴军》(一、二、三)是习近平关于国防、军队建设重要论述的专题文集,是新时代国防和军队工作最权威、最系统的论著。经中央军委批准,军委政治工作部组织编印,由解放军出版社先后于2017年、2019年、2022年出版。

全书采用文献汇编形式,按时间顺序排列,收录习近平重要文稿,集中体现了习近平强军兴军的一系列重大战略思想、重大理论观点、重大决策部署。学好用好《习近平论强军兴军》(一、二、三),对于帮助全军官兵原原本本、全面系统学习领会习近平强军思想,深刻领悟"两个确立"的决定性意义,强化维护核心、听从指挥的政治自觉、思想自觉、行动自觉,在新的起点上不断推进强军事业,具有十分重要的意义。

中央军委发出通知,要求全军和武警部队认真组织学习《习近平论强军兴军》(一、二、三),进一步把认识向高处提领、学习向信仰扎根、工作向纵深推进,切实在掌握体系、改造学风、维护核心、引领发展上下功夫见成效;要按照学懂弄通做实的要求,增强学习贯彻整体性系统性,把《习近平论强军兴军》与《习主席国防和军队建设重要论述读本》《习近平强军思想学习纲要》结合起来学习,读原著学原文、悟原理知原义,切实掌握科学体系和精髓要义;各级党委理论学习中心组学习、干部理论轮训、部队思想政治教育和院校政治理论课教学,要把学习《习近平论强军兴军》作为重要内容,聚焦"忠诚维护核心、矢志奋斗强军"深化主题教育,巩固拓展党史学习教育成果,推动学思用贯通、知信行统一,不断开创部队建设和备战打仗工作新局面,为实现强军目标、建设世界一流军队努力奋斗。③

---

① 《认真学习贯彻习近平总书记关于"三农"工作的重要论述 奋力开创全面推进乡村振兴新局面》,《人民日报》2022年6月15日。
② 《习近平同志〈论"三农"工作〉出版发行》,《人民日报》2022年6月7日。
③ 《〈习近平论强军兴军〉印发全军团以上领导干部》,《人民日报》2017年5月22日;《〈习近平论强军兴军(二)〉印发全军》,《人民日报》2019年10月30日;《〈习近平论强军兴军(三)〉印发全军》,《人民日报》2022年6月8日。

266.《习近平关于总体国家安全观论述摘编》

《习近平关于总体国家安全观论述摘编》是收录习近平关于总体国家安全观重要论述的专题摘编。中共中央党史和文献研究院编辑,2018 年由中央文献出版社出版。该书摘自习近平 2012 年 11 月 15 日至 2018 年 3 月 20 日期间公开刊发的讲话、报告、谈话、指示、批示、贺信等 180 多篇重要文献,分 4 个专题:坚持总体国家安全观;维护重点领域国家安全;实现共同、综合、合作、可持续安全;走和平发展道路。共计 450 段论述。

坚持总体国家安全观,是习近平新时代中国特色社会主义思想的重要内容。中共十九大报告强调,统筹发展和安全,增强忧患意识,做到居安思危,是我们党治国理政的一个重大原则。习近平围绕总体国家安全观发表的一系列重要论述,立意高远,内涵丰富,思想深邃,把我们党对国家安全的认识提升到了新的高度和境界,是指导新时代国家安全工作的强大思想武器。认真学习习近平关于总体国家安全观的重要论述,对于全党紧密团结在以习近平同志为核心的党中央周围,以习近平新时代中国特色社会主义思想为指导,贯彻落实中共十九大精神,坚持总体国家安全观,坚定不移走中国特色国家安全道路,完善国家安全体制机制,加强国家安全能力建设,有效维护国家安全,实现"两个一百年"奋斗目标、实现中华民族伟大复兴的中国梦,具有十分重要的意义。[①]

267.《习近平关于实现中华民族伟大复兴的中国梦论述摘编》

《习近平关于实现中华民族伟大复兴的中国梦论述摘编》是习近平关于中国梦的重要论述摘编集,深刻阐述了中国梦的丰富思想。[②] 由中共中央文献研究室编辑,中央文献出版社 2013 年出版。该书共分 8 个专题:实现中华民族伟大复兴中国梦;中国梦归根到底是人民的梦;实现中国梦必须走中国道路;实现中国梦必须弘扬中国精神;实现中国梦必须凝聚中国力量;共圆中华民族伟大复兴的中国梦;中国梦是和平、发展、合作、共赢的梦;实干才能梦想成真。书中收录 146 段论述,摘自习近平 2012 年 11 月 15 日至 2013 年 11 月 2 日期间的讲话、演讲、谈话、书信、批示等 50 多篇重要文献,其中部分论述是第一次公开发表。

中共十八大以来,习近平提出并深刻阐述了实现中华民族伟大复兴的中国

[①] 《〈习近平关于总体国家安全观论述摘编〉出版发行》,《人民日报》2018 年 4 月 16 日。
[②] 中共中央文献研究室:《为实现中华民族近代以来最伟大的梦想而奋斗——学习〈习近平关于实现中华民族伟大复兴的中国梦论述摘编〉》,《人民日报》2013 年 12 月 3 日。

梦，生动形象表达了全体中国人民的共同理想追求，昭示着国家富强、民族振兴、人民幸福的美好前景，为坚持和发展中国特色社会主义注入新的内涵和时代精神。《习近平关于实现中华民族伟大复兴的中国梦论述摘编》为实现中国梦指明了方向，[①] 有助于国际社会更全面地了解中国梦提出的背景、内涵和意义。[②] 保加利亚前副总统马林和保政界、学术界、媒体、出版界的专家学者读过该书后表示：实现中国梦给世界带来的是机遇，不是威胁。中国梦不仅造福中国人民，而且造福世界各国人民。

2014年6月，该书经中共中央编译局翻译成英、法、西、俄、日、阿等六种语言，由外文出版社正式出版发行。2015年1月，该书保加利亚文版由保加利亚东西方出版社出版发行。[③]

268.《习近平关于全面从严治党论述摘编》

《习近平关于全面从严治党论述摘编》是习近平关于全面从严治党的重要论述摘编集，集中反映了习近平关于坚持全面从严治党的重要论述和重要思想，反映了中共十八大以来中共中央狠抓全面从严治党的历史进程、采取的重大举措、取得的显著成就和积累的新鲜经验。[④] 由中共中央文献研究室编辑，中央文献出版社2016年出版。[⑤] 书中收录371段论述，摘自习近平2012年11月15日至2016年10月27日期间的讲话、文章等80多篇重要文献，其中许多论述是第一次公开发表。该书共分10个专题：全面从严治党，确保党始终成为中国特色社会主义事业的坚强领导核心；党要管党首先要从党内政治生活管起，从严治党首先要从党内政治生活严起；坚定理想信念，补足精神之钙；牢固树立"四个意识"，坚决维护党中央权威；坚持把纪律挺在前面，严明政治纪律和政治规矩；从严治吏，培养选拔党和人民需要的好干部；作风建设永远在路上；以零容忍态度惩治腐败；加强党内监督，发挥巡视利剑作用；落实全面从严治党主体责任。

全面从严治党是新时代党治国理政的一个鲜明特征。中共十八大以来，以习近平同志为核心的党中央把全面从严治党纳入"四个全面"战略布局，勇于

---

① 中共中央文献研究室：《为实现中华民族近代以来最伟大的梦想而奋斗——学习〈习近平关于实现中华民族伟大复兴的中国梦论述摘编〉》，《人民日报》2013年12月3日。
② 《〈习近平关于实现中华民族伟大复兴的中国梦论述摘编〉一书多语种版翻译出版》，《人民日报》2014年6月6日。
③ 《保加利亚举行〈习近平关于实现中华民族伟大复兴的中国梦论述摘编〉研讨会》，《人民日报》2015年1月22日。
④ 《推进全面从严治党的强大思想武器——学习〈习近平关于全面从严治党论述摘编〉》，《人民日报》2016年12月20日。
⑤ 《〈习近平关于全面从严治党论述摘编〉出版发行》，《人民日报》2016年12月14日。

面对党面临的重大风险考验和党内存在的突出问题,以顽强意志品质正风肃纪、反腐惩恶,消除了党和国家内部存在的严重隐患,党内政治生活气象更新,党内政治生态明显好转,党的创造力、凝聚力、战斗力显著增强,党的团结统一更加巩固,党群关系明显改善,党在革命性锻造中更加坚强,焕发出新的强大生机活力,为党和国家事业发展提供了坚强政治保证。

2021年6月,为教育广大党员干部不忘初心、牢记使命,增强"四个意识"、坚定"四个自信"、做到"两个维护",坚定不移全面从严治党,以新时代党的自我革命引领新的伟大社会革命,全面建设社会主义现代化国家、实现中华民族伟大复兴的中国梦,在中央党的建设工作领导小组领导下,中共中央党史和文献研究院、中央党的建设工作领导小组秘书组合作,在2016年12月出版的《习近平关于全面从严治党论述摘编》基础上,编辑了《习近平关于全面从严治党论述摘编(2021年版)》,由中央文献出版社出版。① 该书分12个专题:坚定不移全面从严治党,把党建设得更加坚强有力;毫不动摇坚持和加强党的全面领导;把党的政治建设摆在首位,坚定做到"两个维护";坚定理想信念,补足精神之钙;坚持用马克思主义及其中国化创新理论武装全党;抓好党的组织体系建设,夯实党的组织基础;坚持党管干部、党管人才,抓好执政骨干队伍和人才队伍建设;持之以恒正风肃纪,坚决纠正"四风";以零容忍态度惩治腐败,一体推进不敢腐、不能腐、不想腐;完善党和国家监督体系,规范制约权力运行;坚持制度治党、依规治党,全方位扎紧制度笼子;落实全面从严治党主体责任。书中收录788段论述,摘自习近平2012年11月15日至2021年4月27日期间的报告、讲话、文章、指示等220多篇重要文献,其中部分论述是第一次公开发表。

《习近平关于全面从严治党论述摘编》深刻回答了新形势下管党治党的一系列重大理论和现实问题,深化了对共产党执政规律、社会主义建设规律、人类社会发展规律特别是共产党执政规律的认识,开拓了马克思主义党建理论新境界,为继续推进全面从严治党、推进党的建设新的伟大工程提供了强大思想武器和科学行动指南。②

269.《习近平关于"不忘初心、牢记使命"论述摘编》

《习近平关于"不忘初心、牢记使命"论述摘编》是习近平关于中国共产

---

① 《〈习近平关于全面从严治党论述摘编(2021年版)〉出版发行》,《人民日报》2021年6月29日。

② 《推进全面从严治党的强大思想武器——学习〈习近平关于全面从严治党论述摘编〉》,《人民日报》2016年12月20日。

党人的初心和使命的重要论述摘编集，是开展"不忘初心、牢记使命"主题教育的重要材料。

中共十九大作出重大决策，2019年在全党开展"不忘初心、牢记使命"主题教育。① 按照中共中央部署要求，第二批"不忘初心、牢记使命"主题教育从2019年9月开始，在省以下各级机关及其直属单位、高等院校和其他基层组织开展。为了配合第二批"不忘初心、牢记使命"主题教育，2019年8月，中共中央党史和文献研究院、中央"不忘初心、牢记使命"主题教育领导小组办公室联合编辑了《习近平关于"不忘初心、牢记使命"论述摘编》一书，由中央文献出版社、党建读物出版社出版。②

该书内容摘自习近平2012年11月15日至2019年7月16日期间的讲话、报告、文章、指示、批示等130多篇重要文献，分10个专题：中国共产党人的初心使命，就是为中国人民谋幸福，为中华民族谋复兴；新时代中国共产党的历史使命；用新时代中国特色社会主义思想武装全党；坚定理想信念，始终是共产党人安身立命的根本；把政治建设摆在首位，不断增强"四个意识"、坚定"四个自信"、做到"两个维护"；坚持以人民为中心，把群众观点和群众路线深深植根于思想中、具体落实到行动上；勇于自我革命，同一切影响党的先进性、弱化党的纯洁性的问题作坚决斗争；坚决整治形式主义、官僚主义，加强真抓实干的作风建设；加强学习，深入开展调查研究，全面增强执政本领；新时代要有新气象，更要有新作为。书中收录362段论述，其中部分论述是第一次公开发表。

270.《习近平关于党风廉政建设和反腐败斗争论述摘编》

《习近平关于党风廉政建设和反腐败斗争论述摘编》是习近平关于党风廉政建设和反腐败斗争的重要论述摘编集，深刻阐释了党风廉政建设和反腐败斗争的重大理论问题和实践问题，全面呈现习近平的思想精髓。

中共十八大以来，习近平高度重视党风廉政建设和反腐败斗争，强调党要管党，从严治党，提出了一系列新的理念、思路、举措，推动党风廉政建设和反腐败斗争不断取得重大成效。2015年1月，在十八届中央纪委第五次全会召开之际，中共中央纪律检查委员会、中共中央文献研究室编辑的《习近平关于党风廉政建设和反腐败斗争论述摘编》一书，由中央文献出版社、中国方正出版社出版。③ 该书共分9个专题：党风廉政建设和反腐败斗争是我们必须抓好

---

① 习近平：《在"不忘初心、牢记使命"主题教育总结大会上的讲话》，《求是》2020年第13期。
② 《〈习近平关于"不忘初心、牢记使命"论述摘编〉出版发行》，《人民日报》2019年8月30日。
③ 《〈习近平关于党风廉政建设和反腐败斗争论述摘编〉出版发行》，《人民日报》2015年1月12日。

的重大政治任务;党风廉政建设和反腐败斗争形势依然严峻复杂;从严治党,严明党的纪律;落实党委的主体责任和纪委的监督责任;深入落实中央八项规定精神,坚持不懈纠正"四风";以零容忍态度惩治腐败,坚决遏制腐败现象蔓延势头;用好巡视这把反腐"利剑";把权力关进制度的笼子里;筑牢拒腐防变的思想道德防线。书中收录216段论述,摘自习近平2012年11月15日至2014年10月23日期间的讲话、文章、批示等40多篇重要文献。其中许多论述是第一次公开发表。

2017年1月,该书英、俄、西班牙、法、日、阿拉伯文版由中央编译出版社出版。

《习近平关于党风廉政建设和反腐败斗争论述摘编》是党风廉政建设和反腐败斗争的重要文献,是指导开展党风廉政建设和反腐败斗争的重要教材,对于深刻理解党风廉政建设和反腐败斗争的重要性和紧迫性,充分认识党风廉政建设和反腐败斗争的长期性、复杂性、艰巨性,系统把握党风廉政建设和反腐败斗争的总体思路和主要任务,把党风廉政建设和反腐败斗争不断引向深入,其有十分重要的政治意义、理论意义、实践指导意义,[①]为新形势下深入推进党风廉政建设和反腐败斗争提供了思想武器和行动指南。[②]

271.《习近平关于坚持和完善党和国家监督体系论述摘编》

《习近平关于坚持和完善党和国家监督体系论述摘编》是习近平关于坚持和完善党和国家监督体系的重要论述摘编集,系统阐述了构建党统一领导、全面覆盖、权威高效的监督体系的具体部署安排。由中共中央纪律检查委员会、中华人民共和国国家监察委员会、中共中央党史和文献研究院编辑,中央文献出版社、中国方正出版社2022年出版。[③]该书共分10个专题:我们党要永远立于不败之地,就要不断推进自我革命;新时代强化政治监督的根本任务就是"两个维护";构建党统一领导、全面覆盖、权威高效的监督体系;党内监督是第一位的监督;巡视是党内监督的战略性制度安排;着力破解对"一把手"监督和同级监督难题;纪委监委要发挥好在党和国家监督体系中的作用;推动各种监督协调贯通,形成常态长效的监督合力;扎紧制度的笼子,强化对权力运行的制约和监督;把严的主基调长期坚持下去,让党员、干部习惯在受监督和

[①]《习近平关于党风廉政建设和反腐败斗争论述摘编》,中国方正出版社、中央文献出版社2015年版,第1页。
[②]《〈习近平关于党风廉政建设和反腐败斗争论述摘编〉出版发行》,《人民日报》2015年1月12日。
[③]《〈习近平关于坚持和完善党和国家监督体系论述摘编〉出版发行》,《人民日报》2022年1月10日。

约束的环境中工作生活。书中收录371段论述，摘自习近平2012年11月15日至2021年11月11日期间的报告、讲话、说明、指示等130多篇重要文献，其中部分论述是第一次公开发表。

勇于自我革命是中国共产党区别于其他政党的显著标志。党要永远立于不败之地，就要不断推进自我革命。监督在管党治党、治国理政中居于重要地位，中国共产党全面领导、长期执政，面临的最大挑战是对权力的监督。中共十八大以来，以习近平同志为核心的党中央以前所未有的勇气和定力全面从严治党，打了一套自我革命的"组合拳"。党领导完善党和国家监督体系，推动设立国家监察委员会和地方各级监察委员会，构建巡视巡察上下联动格局，构建以党内监督为主导、各类监督贯通协调的机制，加强对权力运行的制约和监督，构建起一套行之有效的权力监督制度，形成了一整套党自我净化、自我完善、自我革新、自我提高的制度规范体系，探索出一条长期执政条件下解决自身问题、跳出历史周期率的成功道路。

《习近平关于坚持和完善党和国家监督体系论述摘编》对于让人民监督权力，让权力在阳光下运行，把权力关进制度的笼子，确保人民赋予的权力始终用来为人民谋幸福，推动全面从严治党向纵深发展，推进国家治理体系和治理能力现代化，具有十分重要的意义，[1] 为继续坚持和完善党和国家监督体系提供了有力的战略指引，对于新形势下推动全面从严治党向纵深发展具有重要指导意义。

272.《习近平关于社会主义政治建设论述摘编》

《习近平关于社会主义政治建设论述摘编》是习近平关于社会主义政治建设的重要论述摘编集，深刻论述了关于中国特色社会主义政治发展道路的核心思想、主体内容、基本要求，在新的历史起点和新的认识高度上，对中国社会主义政治建设的一系列重大问题作出的深刻回答。[2]

中共十八大以来，以习近平同志为核心的党中央坚定不移走中国特色社会主义政治发展道路，坚持党的领导、人民当家作主、依法治国有机统一，总揽全局、协调各方，积极稳妥推进政治体制改革，不断发展社会主义民主政治，社会主义政治文明建设取得新的重大成就。为帮助广大干部群众学习、理解、掌握习近平关于社会主义政治建设的重要论述，2017年8月，中共中央文献研

---

[1]《〈习近平关于坚持和完善党和国家监督体系论述摘编〉出版发行》，《人民日报》2022年1月10日。

[2]《坚持党的领导，坚定不移走中国特色社会主义政治发展道路——学习〈习近平关于社会主义政治建设论述摘编〉》，《人民日报》2017年8月29日。

究室编辑的《习近平关于社会主义政治建设论述摘编》一书,由中央文献出版社出版。① 该书共分9个专题:坚定不移走中国特色社会主义政治发展道路;坚持党的领导,发挥党总揽全局、协调各方的领导核心作用;与时俱进完善人民代表大会制度;推进协商民主广泛多层制度化发展;全面推进依法治国,加快建设社会主义法治国家;深化行政体制改革,推动政府职能转变;巩固和发展最广泛的爱国统一战线;全面贯彻党的民族政策和宗教政策;加强和改进新形势下党的群团工作。书中收录330段论述,摘自习近平2012年11月15日至2017年5月3日期间的讲话、报告、谈话、指示等70多篇重要文献。其中许多论述是第一次公开发表。

《习近平关于社会主义政治建设论述摘编》谱写了中国特色社会主义政治学新篇章,为在中国特色社会主义新的发展阶段推进我国政治建设指明了方向,对于全党全社会进一步坚定政治自信,增强走中国特色社会主义政治发展道路的信心和决心,不断推进中国社会主义政治制度自我完善和发展,推进国家治理体系和治理能力现代化,实现"两个一百年"奋斗目标、实现中华民族伟大复兴的中国梦,具有十分重要的指导意义。②

273.《习近平关于社会主义经济建设论述摘编》

《习近平关于社会主义经济建设论述摘编》是习近平关于社会主义经济建设的重要论述摘编集,全面回答了中国经济发展怎么看、怎么干的重大问题,③回答和解决了新形势下中国经济发展一系列重大问题,阐明了几年来中国经济建设的成就是怎样取得的。④

中共十八大以来,以习近平同志为核心的党中央作出经济发展进入新常态的重大判断,形成以新发展理念为指导、以供给侧结构性改革为主线的政策框架,贯彻稳中求进工作总基调,引领中国经济持续健康发展。为帮助广大干部群众学习、理解、掌握习近平关于社会主义经济建设的重要论述,2017年6月,中共中央文献研究室编辑的《习近平关于社会主义经济建设论述摘编》一书,由中央文献出版社出版。⑤ 该书共分10个专题:发展是解决我国一切问题的基础和关键;坚持以人民为中心的发展思想,用新发展理念统领发展全局;使市场在资源配置中起决定性作用和更好发挥政府作用;主动适应、把握、引

---

① 《〈习近平关于社会主义政治建设论述摘编〉出版发行》,《人民日报》2017年8月28日。
② 《〈习近平关于社会主义政治建设论述摘编〉出版发行》,《人民日报》2017年8月28日。
③ 《习近平关于社会主义经济建设论述摘编》,中央文献出版社2017年版,第1页。
④ 《引领中国经济发展新常态,奋力开拓马克思主义政治经济学的新境界——学习〈习近平关于社会主义经济建设论述摘编〉》,《人民日报》2017年6月9日。
⑤ 《〈习近平关于社会主义经济建设论述摘编〉出版发行》,《人民日报》2017年6月2日。

领经济发展新常态，着力推进供给侧结构性改革；实施创新驱动发展战略；推进新型工业化、信息化、城镇化、农业现代化同步发展；实施精准扶贫、精准脱贫，坚决打赢脱贫攻坚战；实施"一带一路"建设、京津冀协同发展、长江经济带发展三大战略；在更大范围、更宽领域、更深层次上提高开放型经济水平；坚持稳中求进工作总基调，全面提高党领导经济工作水平。书中收录494段论述，摘自习近平2012年11月15日至2017年3月12日期间的讲话、报告、指示等120多篇重要文献。其中许多论述是第一次公开发表。

《习近平关于社会主义经济建设论述摘编》对于坚持以人民为中心的发展思想，牢固树立和贯彻落实新发展理念，适应把握引领经济发展新常态，推进供给侧结构性改革，促进经济平稳健康发展和社会和谐稳定，实现"两个一百年"奋斗目标，实现中华民族伟大复兴的中国梦，具有十分重要的指导意义。①

274.《习近平关于社会主义文化建设论述摘编》

《习近平关于社会主义文化建设论述摘编》是习近平关于社会主义文化建设的重要论述摘编集，集中反映了习近平关于社会主义文化建设的重要思想，深刻回答了新的历史条件下文化建设的一系列重大问题，体现了中国共产党对中国特色社会主义文化发展规律的战略思考和科学把握。②

中共十八大以来，以习近平同志为核心的党中央高度重视社会主义文化建设，牢牢掌握意识形态工作领导权、管理权、话语权，大力培育和践行社会主义核心价值观，提高全民族思想道德水平，推动文化事业全面繁荣和文化产业快速发展，为实现中华民族伟大复兴的中国梦提供思想保证、精神力量、道德滋养。为帮助广大干部群众学习、理解、掌握习近平关于社会主义文化建设的重要论述，2017年10月，中共中央文献研究室编辑的《习近平关于社会主义文化建设论述摘编》一书，由中央文献出版社出版。③ 该书共分8个专题：坚定文化自信，建设社会主义文化强国；坚持以马克思主义为指导，牢牢掌握意识形态工作领导权、管理权、话语权；高度重视理论建设，加快构建中国特色哲学社会科学；培育和践行社会主义核心价值观；提高全民族思想道德水平；坚持以人民为中心的创作导向；推动文化事业全面繁荣和文化产业快速发展；提高国家文化软实力，讲好中国故事。书中收录361段论述，摘自习近平2012

---

① 《习近平关于社会主义经济建设论述摘编》，中央文献出版社2017年版，第1页。
② 《坚定文化自信，建设社会主义文化强国——学习〈习近平关于社会主义文化建设论述摘编〉》，《人民日报》2017年10月16日。
③ 《〈习近平关于社会主义文化建设论述摘编〉出版发行》，《人民日报》2017年10月16日。

年 11 月 15 日至 2017 年 7 月 26 日期间的讲话、报告、演讲、指示、批示、贺信等 70 多篇重要文献。其中许多论述是第一次公开发表。

《习近平关于社会主义文化建设论述摘编》对于巩固马克思主义在意识形态领域的指导地位，巩固全党全国人民团结奋斗的共同思想基础，加快建设社会主义文化强国，提高国家文化软实力，坚定文化自信，推动物质文明和精神文明均衡发展、相互促进，实现"两个一百年"奋斗目标、实现中华民族伟大复兴的中国梦，具有十分重要的指导意义，① 为推进文化建设指明了前进方向、提供了根本遵循。

275.《习近平关于社会主义社会建设论述摘编》

《习近平关于社会主义社会建设论述摘编》是习近平关于社会主义社会建设的重要论述摘编集，集中反映了习近平在社会建设方面的重大理论创新，全面地、鲜明地体现了中国共产党全心全意为人民服务的根本宗旨和以人民为中心的发展思想。②

中共十八大以来，以习近平同志为核心的党中央坚持以人民为中心的发展思想和总体国家安全观，顺应人民群众对美好生活的向往，把增进人民福祉、促进人的全面发展作为一切工作的出发点和落脚点，从人民群众最关心最直接最现实的利益问题入手，统筹做好教育、就业、收入分配、社会保障、医疗卫生等各领域民生工作，不断提高人民生活水平。为帮助广大干部群众学习、理解、掌握习近平关于社会主义社会建设的重要论述，2017 年 10 月，中共中央文献研究室编辑的《习近平关于社会主义社会建设论述摘编》一书，由中央文献出版社出版。该书共分 9 个专题：人民对美好生活的向往，就是我们的奋斗目标；促进社会公平正义，让广大人民群众共享改革发展成果；不断促进教育发展成果更多更公平惠及全体人民；把做好就业工作摆到突出位置，多渠道创造就业岗位；建设更加公平可持续的社会保障制度；加快推进健康中国建设；加强和创新社会治理，完善中国特色社会主义社会治理体系；切实维护公共安全和社会稳定，着力建设平安中国；坚持总体国家安全观，走出一条中国特色国家安全道路。书中收录 326 段论述，摘自习近平 2012 年 11 月 15 日至 2017 年 9 月 19 日期间的讲话、报告、演讲、指示、批示、贺信等 140 篇重要文献。其中许多论述是第一次公开发表。

《习近平关于社会主义社会建设论述摘编》对于全党全社会深刻认识民生

---

① 《习近平关于社会主义文化建设论述摘编》，中央文献出版社 2017 年版，第 1 页。
② 《坚持以人民为中心的发展思想，努力让人民过上更加美好生活——学习〈习近平关于社会主义社会建设论述摘编〉》，《人民日报》2017 年 10 月 11 日。

建设和社会治理的重大意义，落实以民为本、以人为本的执政理念，不断实现好、维护好、发展好最广大人民根本利益，做到发展为了人民、发展依靠人民、发展成果由人民共享，在学有所教、劳有所得、病有所医、老有所养、住有所居上持续取得新进展，实现"两个一百年"奋斗目标、实现中华民族伟大复兴的中国梦，具有十分重要的指导意义。①

276.《习近平关于社会主义生态文明建设论述摘编》

《习近平关于社会主义生态文明建设论述摘编》是习近平关于社会主义生态文明建设的重要论述摘编集，系统回答了为什么建设生态文明、建设什么样的生态文明和如何建设生态文明等一系列基础性理论与实践问题。

中共十八大以来，以习近平同志为核心的党中央高度重视社会主义生态文明建设，坚持把生态文明建设作为统筹推进"四个全面"战略布局的重要内容，坚持节约资源和保护环境的基本国策，坚持绿色发展，把生态文明建设融入经济建设、政治建设、文化建设、社会建设各方面和全过程，加大生态环境保护力度，推动生态文明建设在重点突破中实现整体推进。为帮助广大干部群众学习、理解、掌握习近平关于社会主义生态文明建设的重要论述，2017年9月，中共中央文献研究室编辑的《习近平关于社会主义生态文明建设论述摘编》一书，由中央文献出版社出版。② 该书共分7个专题：建设生态文明，关系人民福祉，关乎民族未来；贯彻新发展理念，推动形成绿色发展方式和生活方式；按照系统工程的思路，全方位、全地域、全过程开展生态环境保护建设；环境保护和治理要以解决损害群众健康突出环境问题为重点；完善生态文明制度体系，用最严格的制度、最严密的法治保护生态环境；强化公民环境意识，把建设美丽中国化为人民自觉行动；积极参与国际合作，携手共建生态良好的地球美好家园。书中收录259段论述，摘自习近平2012年11月15日至2017年9月11日期间的讲话、报告、谈话、指示、批示、贺信等80多篇重要文献。其中许多论述是第一次公开发表。

《习近平关于社会主义生态文明建设论述摘编》对于全党全社会深刻认识生态文明建设的重大意义，坚持和贯彻新发展理念，正确处理好经济发展同生态环境保护的关系，坚定不移走生产发展、生活富裕、生态良好的文明发展道路，加快建设资源节约型、环境友好型社会，推动形成绿色发展方式和生活方式，推进美丽中国建设，实现中华民族永续发展，实现"两个一百年"奋斗目

---

① 《〈习近平关于社会主义社会建设论述摘编〉出版发行》，《人民日报》2017年10月9日。
② 《〈习近平关于社会主义生态文明建设论述摘编〉出版发行》，《人民日报》2017年9月30日。

标、实现中华民族伟大复兴的中国梦,具有十分重要的指导意义,[①] 为坚持绿色发展理念,加强生态文明建设,保护全球生态安全,实现中华民族永续发展,提供了基本遵循。

277.《习近平关于协调推进"四个全面"战略布局论述摘编》

《习近平关于协调推进"四个全面"战略布局论述摘编》是习近平关于"四个全面"战略布局的重要论述摘编集,系统阐述了"四个全面"战略布局的重大意义、"四个全面"战略布局的科学内涵和内在逻辑、把"四个全面"战略布局落到实处等重大理论和实践问题,是学习理解"四个全面"战略布局的重要材料。

中共十八大以来,以习近平同志为核心的党中央从坚持和发展中国特色社会主义全局出发,提出并形成了全面建成小康社会、全面深化改革、全面依法治国、全面从严治党的战略布局(中共十九届五中全会提出"协调推进全面建设社会主义现代化国家、全面深化改革、全面依法治国、全面从严治党的战略布局"),确立了新形势下党和国家工作的战略目标和战略举措,为实现"两个一百年"奋斗目标、实现中华民族伟大复兴的中国梦提供了理论指导和实践指南。为帮助广大干部群众全面系统学习、理解、掌握习近平关于"四个全面"战略布局的重要论述,2015年10月,中共中央文献研究室编辑的《习近平关于协调推进"四个全面"战略布局论述摘编》一书,由中央文献出版社出版。[②] 该书共分6个专题:"四个全面"战略布局是新的历史条件下治国理政方略;全面建成小康社会;全面深化改革;全面依法治国;全面从严治党;把"四个全面"战略布局落到实处。书中收录287段论述,摘自习近平2012年11月15日至2015年9月3日期间的讲话、报告、批示、指示等110多篇重要文献。其中部分论述是第一次公开发表。

《习近平关于"四个全面"战略布局论述摘编》对于深入理解"四个全面"战略布局的重大意义、系统把握"四个全面"战略布局的科学内涵和总体要求、把"四个全面"战略布局落到实处,实现"两个一百年"奋斗目标、实现中华民族伟大复兴的中国梦,具有十分重要的指导意义。"四个全面"战略布局一经提出,就在党内外、国内外引起强烈反响。美国布鲁金斯学会约翰·桑顿中国中心主任李成指出,全面建成小康社会和全面深化改革的重点是经济建设,全面依法治国和全面从严治党着眼政治建设,强调全面、系统的制

[①]《习近平关于社会主义生态文明建设论述摘编》,中央文献出版社2017年版,第1—2页。
[②]《〈习近平关于协调推进"四个全面"战略布局论述摘编〉出版发行》,《人民日报》2015年10月14日。

度建设，具有重要的意义。这4个领域的建设可以更加有力地凝聚社会共识，推动中国改革和建设事业进一步向前发展。泰国国家发展学院教授李仁良表示，习近平提出的"四个全面"战略布局，同中国的改革开放、实现民族复兴的总目标、总思路是一致的，符合中国的发展实际，富有长远的战略眼光。埃及中国与亚洲研究中心研究员安瓦尔·易卜拉欣表示，"四个全面"是中国——一个快速发展中的伟大国家在其复兴和强盛之路上的一次深刻总结。中国不仅实现了经济快速发展和人民生活水平迅速提高，还遵循依法治国理念，积极惩治腐败，中国政府付出的巨大努力令人钦佩。①

278.《习近平关于科技创新论述摘编》

《习近平关于科技创新论述摘编》是习近平关于科技创新的重要论述摘编集，集中收录了习近平围绕实施创新驱动发展战略、加快推进以科技创新为核心的全面创新，提出的一系列新思想新论断新要求等重要论述，②是中共十八大以来习近平关于科技创新论述的集中反映。

中共十八大以来，习近平把创新摆在国家发展全局的核心位置，高度重视科技创新，围绕实施创新驱动发展战略、加快推进以科技创新为核心的全面创新，提出一系列新思想、新论断、新要求。为帮助广大干部群众全面系统学习、理解、掌握习近平关于科技创新的重要论述，2016年2月，中共中央文献研究室编辑的《习近平关于协调推进"四个全面"战略布局论述摘编》一书，由中央文献出版社出版。③ 该书共分8个专题：创新是引领发展的第一动力；实施创新驱动发展战略，推进以科技创新为核心的全面创新；科技创新是提高社会生产力和综合国力的战略支撑；坚定不移走中国特色自主创新道路；加快科技体制改革步伐；牢牢把握科技进步大方向；牢牢把握产业革命大趋势；牢牢把握集聚人才大举措。书中收录189段论述，摘自习近平2012年12月7日至2015年12月18日期间的讲话、文章、贺信、批示等50多篇重要文献。许多论述是第一次公开发表。

《习近平关于科技创新论述摘编》对于适应和引领中国经济发展新常态，发挥科技创新在全面创新中的引领作用，加快形成以创新为主要引领和支撑的经济体系和发展模式，实现"两个一百年"奋斗目标，实现中华民族伟大复兴

---

① 《统筹推进，实现宏伟目标——国际人士高度评价习近平提出的"四个全面"战略布局》，《人民日报》2015年2月26日。
② 中共科学技术部党组、中共中央文献研究室：《创新引领发展，科技赢得未来——学习〈习近平关于科技创新论述摘编〉》，《人民日报》2016年2月18日。
③ 《〈习近平关于科技创新论述摘编〉出版发行》，《人民日报》2016年2月15日。

的中国梦,具有十分重要的指导意义,① 是指导全党全国走中国特色自主创新道路、实施创新驱动发展战略、建设创新型国家和世界科技强国的基本遵循和行动指南。

279.《习近平关于"三农"工作论述摘编》

《习近平关于"三农"工作论述摘编》是习近平关于农业农村农民工作的重要论述摘编集,系统回答了做好新时代"三农"工作的重大理论和实践问题,集中反映了习近平关于"三农"工作的新理念新思想新战略。

实施乡村振兴战略,是以习近平同志为核心的党中央从党和国家事业全局出发、着眼于实现"两个一百年"奋斗目标、顺应亿万农民对美好生活的向往作出的重大决策,是新时代做好"三农"工作的总抓手。农业农村农民问题是关系国计民生的根本性问题。农业强不强、农村美不美、农民富不富,决定着亿万农民的获得感和幸福感,决定着我国全面小康社会的成色和社会主义现代化的质量。中共十八大以来,习近平坚持把解决好"三农"问题作为全党工作的重中之重,不断推进"三农"工作理论创新、实践创新、制度创新,推动农业农村发展取得历史性成就、发生历史性变革。为帮助广大干部群众全面系统学习、理解、掌握习近平关于"三农"工作的重要论述,2019年5月,中共中央党史和文献研究院编辑的《习近平关于"三农"工作论述摘编》一书,由中央文献出版社出版。② 该书共分11个专题:坚持农业农村优先发展,实施乡村振兴战略;建立健全城乡融合发展体制机制和政策体系,加快推进农业农村现代化;巩固和完善农村基本经营制度,深化农村土地制度改革;确保国家粮食安全,把中国人的饭碗牢牢端在自己手中;深化农业供给侧结构性改革;以绿色发展引领乡村振兴;传承发展提升农耕文明;加强和创新乡村治理;支持和鼓励农民就业创业,拓宽增收渠道;坚决打赢农村贫困人口脱贫攻坚战;加强和改善党对"三农"工作的领导。书中收录286段论述,摘自习近平2012年12月至2019年3月期间的讲话、报告、指示、贺信等70多篇重要文献。其中许多论述是第一次公开发表。

《习近平关于"三农"工作论述摘编》是做好新时代"三农"工作的根本遵循和行动指南,对于切实增强实施乡村振兴战略的紧迫感和使命感,以更大的决心、更明确的目标、更有力的举措,推进新时代"三农"工作,书写好中华民族伟大复兴的"三农"新篇章,具有十分重要的指导意义。

---

① 《习近平关于科技创新论述摘编》,中央文献出版社2016年版,第1页。
② 《〈习近平关于"三农"工作论述摘编〉出版发行》,《人民日报》2019年5月6日。

280.《习近平关于全面建成小康社会论述摘编》

《习近平关于全面建成小康社会论述摘编》是习近平关于全面建成小康社会的重要论述摘编集,形成了关于全面建成小康社会的完整表述,对全面建成小康社会理论和实践中的重大问题都作了明确回答。

到 2020 年全面建成小康社会,是中国共产党向人民、向历史作出的庄严承诺。中共十八大以来,习近平站在党和国家事业发展全局的高度,围绕全面建成小康社会提出了一系列新理念新思想新战略。为帮助广大干部群众全面系统学习、理解、掌握习近平关于全面建成小康社会的重要论述,2016 年 6 月,中共中央文献研究室编辑的《习近平关于全面建成小康社会论述摘编》一书,由中央文献出版社出版。该书共分 7 个专题:全面建成小康社会是实现中华民族伟大复兴中国梦的关键一步;主动把握和积极引领经济发展新常态,坚持用新发展理念引领和推动经济发展;坚持从国情出发设计和发展国家政治制度,使各方面制度更加成熟更加定型;推进社会主义文化强国建设,显著提高国民素质和社会文明程度;保障和改善民生,维护国家安全和社会稳定;建设美丽中国,为人民创造良好生产生活环境;提高党领导发展的能力和水平,确保全面建成小康社会各项任务落到实处。书中收录 332 段论述,摘自习近平 2012 年 11 月 15 日至 2016 年 3 月 10 日期间的讲话、谈话、演讲、贺信、指示等 130 多篇重要文献。其中部分论述是第一次公开发表。

《习近平关于全面建成小康社会论述摘编》对于按照"五位一体"总体布局和"四个全面"战略布局,深刻认识全面建成小康社会的重大意义,准确把握全面建成小康社会的基本要求和重点任务,用新发展理念引领和推动经济社会发展,夺取全面建成小康社会决胜阶段的伟大胜利,实现"两个一百年"奋斗目标,实现中华民族伟大复兴的中国梦,具有十分重要的指导意义。[①]

281.《习近平扶贫论述摘编》

《习近平扶贫论述摘编》是习近平关于扶贫的重要论述摘编集,生动记录了中共十八大以来中国脱贫攻坚的伟大实践,深刻总结了中国脱贫攻坚积累的宝贵经验,系统展现了习近平关于扶贫的新理念新思想新战略,是指导脱贫攻坚的根本遵循。

坚决打赢脱贫攻坚战,确保到 2020 年中国现行标准下农村贫困人口实现脱贫,贫困县全部摘帽,让贫困人口和贫困地区同全国一道进入全面小康社

---

① 《〈习近平关于全面建成小康社会论述摘编〉出版发行》,《人民日报》2016 年 6 月 6 日。

会，是中国共产党的庄严承诺，是对中华民族、对整个人类都具有重大意义的伟业。中共十八大以来，习近平站在全面建成小康社会、实现中华民族伟大复兴中国梦的战略高度，把脱贫攻坚摆到治国理政突出位置，提出一系列新思想新观点，作出一系列新决策新部署，推动中国减贫事业取得巨大成就，对世界减贫进程作出了重大贡献。为帮助国内外读者学习研究习近平关于扶贫的重要论述和中国脱贫攻坚的伟大实践，推动全面建成小康社会、共建人类命运共同体，2018年8月，中共中央党史和文献研究院会同国务院扶贫办编辑的《习近平扶贫论述摘编》一书，由中央文献出版社出版。[1] 该书共分8个专题：决胜脱贫攻坚，共享全面小康；坚持党的领导，强化组织保证；坚持精准方略，提高脱贫实效；坚持加大投入，强化资金支持；坚持社会动员，凝聚各方力量；坚持从严要求，促进真抓实干；坚持群众主体，激发内生动力；携手消除贫困，共建人类命运共同体。书中收录242段论述，摘自习近平2012年11月15日至2018年6月期间的讲话、报告、演讲、指示、批示等60多篇重要文献。其中许多论述是第一次公开发表。

2020年3月，《习近平扶贫论述摘编》俄、西班牙、阿拉伯文版由外文出版社出版。

《习近平扶贫论述摘编》对于国内外读者学习研究习近平关于扶贫的重要论述和中国脱贫攻坚的伟大实践，推动全面建成小康社会、共建人类命运共同体，具有十分重要的意义。联合国前秘书长潘基文指出："千年发展目标成功地帮助全世界十亿多人摆脱极端贫困，中国在此领域取得了举世瞩目的成就，这一成就占据了全球减贫的3/4。"乍得总统代比表示："在21世纪有一个领域实现了突飞猛进的发展，那就是中非合作。中非合作在今天堪称典范""中国也向世界表明我们可以改变自身的地位，可以让一个贫穷的国家变得富裕。"柬埔寨首相洪森表示："我们见证了中国自己的成绩，以及帮助其他国家所做的努力"；"感谢中方对于全球减贫事业所做出的贡献"。老挝国会主席巴妮指出："中国国家主席习近平阁下提出了'一带一路'的倡议，这给全世界不同地区的各个国家都提供了一个很好的机会，共同努力推动共同发展，解决贫困。"

282.《习近平关于尊重和保障人权论述摘编》

《习近平关于尊重和保障人权论述摘编》是习近平关于尊重和保障人权的重要论述摘编集，系统收录了习近平围绕尊重和保障人权发表的一系列重要论

---

[1] 《〈习近平扶贫论述摘编〉出版发行》，《人民日报》2018年8月16日。

述，展现了以习近平同志为核心的党中央关于尊重和保障人权的原创性思想、变革性实践、突破性进展、标志性成果。

人人充分享有人权，是人类社会的伟大梦想。中国共产党和中国政府始终尊重和保障人权。中国共产党从诞生那一天起，就把为人民谋幸福、为人类谋发展作为奋斗目标。新中国成立70多年来，中国坚持把人权的普遍性原则同中国实际相结合，走出了一条适合中国国情的人权发展道路。特别是中共十八大以来，以习近平同志为核心的党中央坚持把人民利益摆在至高无上的地位，把人民对美好生活的向往作为奋斗目标，奉行以人民为中心的人权理念，把生存权、发展权作为首要的基本人权，协调增进全体人民的经济、政治、社会、文化、环境权利，努力维护社会公平正义，促进人的全面发展，加强人权法治保障，不断提高尊重与保障中国人民各项基本权利的水平，推动中国人权事业取得巨大成就，为世界人权事业发展作出了重大贡献。为帮助国内外读者学习研究习近平关于尊重和保障人权的重要论述以及中国尊重和保障人权的伟大实践，2021年12月，中共中央党史和文献研究院编辑的《习近平关于尊重和保障人权论述摘编》一书，由中央文献出版社出版。[①] 该书共分9个专题：中国共产党和中国政府始终尊重和保障人权；走适合中国国情的人权发展道路；奉行以人民为中心的人权理念；坚持生存权和发展权是首要的基本人权，逐步实现全体人民共同富裕；把人民群众生命安全和身体健康放在第一位；协调增进全体人民的经济、政治、社会、文化、环境权利，促进人的全面发展；保障少数民族、妇女儿童、老年人、残疾人等特定群体权益；加强人权法治保障，保证人民依法享有广泛权利和自由；为丰富人类文明多样性、推进世界人权事业发展作出更大贡献。书中收录335段论述，摘自习近平2012年11月15日至2021年10月30日期间的报告、讲话、谈话、演讲、贺信、指示等160多篇重要文献。其中部分论述是第一次公开发表。

2020年5月，中共中央党史和文献研究院翻译的《习近平关于尊重和保障人权论述摘编》英汉对照版，由中央编译出版社出版。[②]

《习近平关于尊重和保障人权论述摘编》对于在更高水平上保障中国人民的人权，全面建设社会主义现代化国家、实现中华民族伟大复兴的中国梦，推动形成更加公正、合理、包容的全球人权治理，共同构建人类命运共同体，具有十分重要的意义，[③] 对于继续坚定不移走中国特色人权发展道路，在更高水

[①] 《〈习近平关于尊重和保障人权论述摘编〉出版发行》，《人民日报》2021年12月8日。
[②] 《〈习近平关于尊重和保障人权论述摘编〉英汉对照版出版发行》，《人民日报》2022年5月19日。
[③] 《〈习近平关于尊重和保障人权论述摘编〉出版发行》，《人民日报》2021年12月8日。

平上保障中国人民的人权，推动形成更加公正、合理、包容的全球人权治理，具有十分重要的指导意义，对于国内外读者深刻理解习近平有关重要论述的丰富内涵，深入了解中国尊重和保障人权的伟大实践，增强当代中国人权观的吸引力、感染力、影响力，具有重要意义。中科院高能物理研究所巴基斯坦籍研究员、教授穆纳瓦尔·伊克巴尔指出，从《习近平关于尊重和保障人权论述摘编》中可以感受到习近平主席对全人类共同价值的深刻思考和对人权问题的高度关注。"中国共产党把不断满足人民对美好生活的向往作为治国理政的出发点和落脚点，中国人民的生活越来越幸福，中国经济日益转向高质量发展。"①尼日利亚籍CGTN智库研究员吴英雄评价："这部著作体现了中国人权保障的新理念与新实践，对中国人权事业具有重要的指导意义。"②

283.《习近平关于防范风险、应对突发事件论述摘编》

《习近平关于防范风险、应对突发事件论述摘编》是习近平关于防范风险、应对突发事件的重要论述摘编集，深刻总结了中国共产党防范风险挑战、应对突发事件的历史经验，深刻阐发了一以贯之增强忧患意识、防范风险挑战的重大意义；对当前和今后一个时期事关国家安全和发展、事关社会大局稳定的重大风险挑战进行了深入分析研判，提出了对策；从健全制度体系、发扬斗争精神、强化政治责任等方面，对于立足长远不断提高全党驾驭各种风险挑战的能力和水平作了深刻阐述。

中共十八大以来，面对波谲云诡的国际形势、复杂敏感的周边环境、艰巨繁重的改革发展稳定任务，以习近平同志为核心的党中央坚持底线思维，增强忧患意识，提高防控能力，着力防范化解重大风险，保持了经济持续健康发展和社会大局稳定。为帮助广大干部群众学习、理解、掌握习近平关于防范风险、应对突发事件的重要论述，2020年9月，中共中央党史和文献研究院编辑的《习近平关于防范风险、应对突发事件论述摘编》一书，由中央文献出版社出版。③该书共分6个专题：增强忧患意识、防范风险挑战要一以贯之；着力防范化解重大风险；有效防控重大公共卫生风险，确保人民群众生命安全和身体健康；运用制度威力应对风险挑战的冲击；发扬斗争精神，增强斗争本领，打好化险为夷、转危为安的战略主动仗；防范化解重大风险是各级党委、政府

---

① 《推动形成更加公正、合理、包容的全球人权治理——〈习近平关于尊重和保障人权论述摘编〉引发国际社会热烈反响》，《人民日报》2021年12月15日。
② 《〈习近平关于尊重和保障人权论述摘编〉读者见面会在京举行》，《人民日报》2021年12月29日。
③ 《〈习近平关于防范风险挑战、应对突发事件论述摘编〉出版发行》，《人民日报》2020年9月7日。

和领导干部的政治职责。书中收录404段论述,摘自习近平2012年11月15日至2020年7月17日期间的讲话、报告、谈话、演讲、指示、批示等180多篇重要文献。其中许多论述是第一次公开发表。

《习近平关于防范风险、应对突发事件论述摘编》对于全党有效应对波谲云诡的国际形势、复杂敏感的周边环境,更好承担起艰巨繁重的改革发展稳定任务,战胜前进道路上各种艰难险阻,实现"两个一百年"奋斗目标、实现中华民族伟大复兴的中国梦,具有重要意义。

284.《习近平关于统筹疫情防控和经济社会发展重要论述选编》

《习近平关于统筹疫情防控和经济社会发展重要论述选编》是习近平关于统筹疫情防控和经济社会发展的重要论述专题文集,真实记录了习近平亲自指挥、亲自部署抗疫斗争的全过程,集中反映了以习近平同志为核心的党中央统筹疫情防控和经济社会发展的重大决策和战略举措。

2020年以来,面对突如其来的新冠肺炎疫情,以习近平同志为核心的党中央坚持把人民生命安全和身体健康放在第一位,统揽全局、果断决策,领导全党全军全国各族人民打响了疫情防控的人民战争、总体战、阻击战。经过艰苦卓绝的努力,武汉保卫战、湖北保卫战取得决定性成果,全国抗疫斗争取得重大战略成果,统筹推进疫情防控和经济社会发展工作取得显著成效。为帮助广大干部群众深入学习习近平关于统筹疫情防控和经济社会发展的重要论述,大力弘扬伟大抗疫精神,做好统筹疫情防控和经济社会发展工作,奋力实现决胜全面建成小康社会、决战脱贫攻坚目标任务,2020年10月,中共中央党史和文献研究院编辑的《习近平关于统筹疫情防控和经济社会发展重要论述选编》一书,由中央文献出版社出版。该书以2020年9月8日习近平《在全国抗击新冠肺炎疫情表彰大会上的讲话》为开卷篇,收录习近平2020年1月20日至9月23日期间关于统筹疫情防控和经济社会发展的重要文稿43篇,其中部分文稿是首次公开发表。[1]

2021年12月,中共中央党史和文献研究院翻译的《习近平关于统筹疫情防控和经济社会发展重要论述选编》英文版,由中央编译出版社出版。[2]

《习近平关于统筹疫情防控和经济社会发展重要论述选编》对于广大干部群众深入学习贯彻习近平有关重要论述,大力弘扬伟大抗疫精神,做好统筹疫

---

[1] 《〈习近平关于统筹疫情防控和经济社会发展重要论述选编〉出版发行》,《人民日报》2020年10月10日。
[2] 《〈习近平关于统筹疫情防控和经济社会发展重要论述选编〉英文版出版发行》,《人民日报》2020年12月14日。

情防控和经济社会发展工作，奋力实现决胜全面建成小康社会、决战脱贫攻坚目标任务，具有十分重要的意义。有助于国外读者全面深入了解习近平关于把人民生命安全和身体健康放在第一位、构建人类卫生健康共同体的重要论述和实践，了解以习近平同志为核心的党中央团结带领全国各族人民成功应对新冠肺炎疫情、快速实现经济社会恢复和发展付出的艰辛努力、取得的显著成效，使国际社会正确认识中国制度巨大优势和深刻理解构建人类命运共同体的丰富内涵。日本经济财政咨询会议民间议员、庆应大学教授竹森俊平认为，面对突如其来的疫情，中国政府果断决策，民众严格执行防控举措，中国成为全世界最早恢复生产生活的国家。在这场百年来全球发生的最严重的传染病大流行危机之下，世界各国都面临着艰难选择。中国经验表明，只要控制好疫情，就能够有序恢复生产生活秩序。英国《独立报》刊发专栏作者哈米什·麦克雷的评论文章称，世界各国应该学习中国抗击新冠肺炎疫情的举措和经验，"中国的抗疫成就值得尊敬"[1]。埃及驻华大使穆罕默德·巴德里指出"新冠肺炎疫情是全世界现今面临的最严峻挑战。中国的经验和理念无疑会为世界作出突出贡献"。

285.《习近平关于中国特色大国外交论述摘编》

《习近平关于中国特色大国外交论述摘编》是习近平外交思想重要论述摘编集，集中反映了以习近平同志为核心的党中央在对外工作中取得的一系列重大理论和实践创新成果。

中共十八大以来，在以习近平同志为核心的党中央坚强领导下，面对国际形势风云变幻，开创性推进中国特色大国外交，中国对外工作砥砺前行、波澜壮阔，取得了历史性成就。习近平深刻把握新时代中国和世界发展大势，在对外工作上进行一系列重大理论和实践创新，形成了习近平外交思想。习近平外交思想，是习近平新时代中国特色社会主义思想的重要组成部分，对于坚持党对外事工作的集中统一领导，统筹国内国际两个大局，牢牢把握服务民族复兴、促进人类进步这条主线，推动构建人类命运共同体，坚定维护国家主权、安全、发展利益，努力开创中国特色大国外交新局面，具有十分重要的指导意义。为帮助国内外读者学习研究习近平外交思想，2020年1月，中共中央党史和文献研究院编辑的《习近平关于中国特色大国外交论述摘编》一书，由中央文献出版社出版。[2] 该书以2018年6月中央外事工作会议提出的"十个坚持"

---

[1]《"中国的抗疫成就值得尊敬"——外国媒体积极评价中国抗击新冠肺炎疫情斗争取得重大战略成果》，《人民日报》2020年9月11日。

[2]《〈习近平关于中国特色大国外交论述摘编〉出版发行》，《人民日报》2020年1月6日。

为总体框架，共分10个专题：坚持以维护党中央权威为统领加强党对对外工作的集中统一领导；坚持以实现中华民族伟大复兴为使命推进中国特色大国外交；坚持以维护世界和平、促进共同发展为宗旨推动构建人类命运共同体；坚持以中国特色社会主义为根本增强战略自信；坚持以共商共建共享为原则推动"一带一路"建设；坚持以相互尊重、合作共赢为基础走和平发展道路；坚持以深化外交布局为依托打造全球伙伴关系；坚持以公平正义为理念引领全球治理体系改革；坚持以国家核心利益为底线维护国家主权、安全、发展利益；坚持以对外工作优良传统和时代特征相结合为方向塑造中国外交独特风范。书中收录504段论述，摘自习近平2012年12月至2019年11月期间的讲话、谈话、报告、演讲、文章、贺信等190多篇重要文献。其中部分论述是第一次公开发表。

《习近平关于中国特色大国外交论述摘编》对于深入学习领会、全面贯彻落实习近平外交思想，努力开创中国特色大国外交新局面，具有十分重要的指导意义。阿根廷圣胡安国立大学社会科学学院副教授霍塔扬表示："习近平外交思想非常重要，它注重各国相互依存和展开合作。因为在今天的世界，我们需要通过开展经济合作，更好地实现经济发展。"尼日利亚国家政策和战略研究所高级研究员乌马尔指出，习近平外交思想，尤其是构建人类命运共同体理念，值得全世界领导人认真学习和理解，它对解决各国面临的问题，不论是发展中国家还是发达国家，都有帮助。英国工党全国执委会成员欧文指出："习近平外交思想倡导各国加强沟通、建立联系，为人类描绘了一个共同的未来。"哥伦比亚自由党总书记桑切斯表示，习近平外交思想是一个宏伟的构想。共建"一带一路"倡议是在习近平外交思想引领下，中国与世界相互促进、共同发展的完美例证。

286. 《习近平谈"一带一路"》

《习近平谈"一带一路"》是习近平关于推进"一带一路"建设的重要论述的专题文集，记录了共建"一带一路"倡议提出、丰富、发展的过程，阐述了共建"一带一路"的重大意义、指导原则、丰富内涵、目标路径等重大问题。

中共十八大以来，习近平统筹国内国际两个大局，深刻观察和思考世界形势，顺应时代潮流，适应发展规律，首倡"一带一路"，得到国际社会特别是沿线国家积极响应。作为扩大开放的重大战略举措，共建"一带一路"正在成为中国参与全球开放合作、改善全球经济治理体系、促进全球共同发展繁荣、推动构建人类命运共同体的中国方案。习近平对"一带一路"建设的指导原则、丰富内涵、目标路径等进行深刻阐述,为推动共建"一带一路"走深走实、行稳致远,造福沿线国家人民,推动构建人类命运共同体,指明了正确方向,勾画了宏伟蓝图,提供了重要遵循。① 为帮助国内外读者学习研究习近平关于推进"一带一路"建设的重要论述,推动"一带一路"建设国际合作不断取得新进展,2018年12月,在全党全国上下庆祝改革开放40周年之际,中共中央党史和文献研究院会同推进"一带一路"建设工作领导小组办公室编辑的《习近平谈"一带一路"》一书,由中央文献出版社出版。② 该专题文集以2013年9月7日习近平在哈萨克斯坦纳扎尔巴耶夫大学演讲的一部分《共同建设"丝绸之路经济带"》为开卷篇,收录习近平2013年9月至2018年7月这段时间内关于"一带一路"建设的重要文稿42篇,约13万字。

2019年4月,《习近平谈"一带一路"》英、法文版由中国外文局、外文出版社翻译出版。③ 2021年11月,《习近平谈"一带一路"》俄文版在"习近平重要著作上合组织国家语言文版推介会"上首发。④

《习近平谈"一带一路"》为国际社会了解中国提供了一个重要视角⑤,对于推动"一带一路"国际合作不断取得新进展,造福沿线各国人民,推动构建人类命运共同体,具有十分重要的指导意义。美国哈佛大学肯尼迪政府学院学者康义德认为,"一带一路"倡议根植于历史,其建设规模宏大。将习近平主席关于"一带一路"倡议的有关论述集合成书,让世界能够更全面地了解"一带一路"倡议的内涵、共建"一带一路"的目标以及落实的方法等,"这本书是了解'一带一路'的知识指南,尤其对希望参与其中的国家和地区的民众来说,阅读这本书会很有收获"。"一带一路"新闻合作联盟理事单位法国《普罗旺斯报》副总编辑法比安·弗里德曼表示"《习近平谈'一带一路'》是一本非常重要的了解中国、了解'一带一路'倡议的工具书。我们可以借此近距离地了解'一带一路'倡议的丰富内涵,好好思考'一带一路'会为我们带来什么"⑥。

287.《习近平关于青少年和共青团工作论述摘编》

《习近平关于青少年和共青团工作论述摘编》是习近平关于青少

---

① 《〈习近平谈"一带一路"〉出版发行》,《人民日报》2018年12月12日。
② 《习近平谈"一带一路"》,中央文献出版社2018年版,第1页。
③ 《〈习近平谈"一带一路"〉英、法文版首发式在京举行》,《人民日报》2019年4月25日。
④ 《习近平重要著作上合组织国家语言文版推介会在京举行》,《人民日报》2021年11月18日。
⑤ 《〈习近平谈"一带一路"〉英、法文版首发式在京举行》,《人民日报》2019年4月25日。
⑥ 《"这本书让我们更好理解合作共赢理念"——〈习近平谈"一带一路"〉英、法文版首发式侧记》,《人民日报》2019年4月25日。

团工作的重要论述摘编集，深刻阐述了新形势下青少年和共青团工作的重大理论和实践问题，指明了当代青年的历史使命和成长道路。

中共十八大以来，以习近平同志为核心的党中央，高度重视青少年和共青团工作，亲切关怀青少年健康成长。习近平围绕青少年和共青团工作发表的一系列重要论述。为帮助各级团组织和广大团员青年全面系统学习、理解、掌握习近平关于青少年和共青团工作的重要论述，配合"学习总书记讲话做合格共青团员"教育实践持续深入开展，2017年9月，中共中央文献研究室编辑的《习近平关于青少年和共青团工作论述摘编》一书，由中央文献出版社出版。① 该书共分8个专题：青少年是国家的未来和民族的希望；为实现中华民族伟大复兴的中国梦而奋斗是中国青年运动的时代主题；引导青少年树立和践行社会主义核心价值观；勇做走在时代前列的奋进者、开拓者、奉献者；共青团要紧紧围绕党和国家工作大局找准工作切入点、结合点、着力点；团的干部必须心系青年、心向青年；今天做祖国的好儿童，明天做祖国的建设者；加强党对青少年和共青团工作的领导。书中收录189段论述，摘自习近平2012年11月29日至2017年5月3日期间的讲话、演讲、批示、贺信、回信等40多篇重要文献。其中部分论述是第一次公开发表。

《习近平关于青少年和共青团工作论述摘编》为做好新形势下的青少年和共青团工作提供了基本遵循，对于准确把握青少年和共青团工作的基本要求和重点任务，引导青少年树立远大理想、树立和践行社会主义核心价值观，教育团员增强"四个意识"、增强先进性和光荣感，动员广大青少年为实现"两个一百年"奋斗目标、实现中华民族伟大复兴的中国梦而勤奋学习、努力工作，具有十分重要的指导意义。②

288.《习近平关于网络强国论述摘编》

《习近平关于网络强国论述摘编》是习近平关于网络强国建设的重要论述摘编集，集中反映了习近平对于网络强国建设所进行的深入思考、提出的明确要求、作出的重大部署，是学习习近平关于网络强国的重要思想的权威读本和最新教材。③

中共十八大以来，习近平高度重视网络安全和信息化工作，从信息化发展大势和国际国内大局出发，就网信工作提出了一系列新思想新观点新论断，深

---

① 《〈习近平关于青少年和共青团工作论述摘编〉出版发行》，《人民日报》2017年9月11日。
② 《习近平关于青少年和共青团工作论述摘编》，中央文献出版社2017年版，第1页。
③ 庄荣文：《网络强国建设的思想武器和行动指南——学习〈习近平关于网络强国论述摘编〉》，《求是》2021年第3期。

刻回答了一系列方向性、根本性、全局性、战略性重大问题，形成了内涵丰富、科学系统的习近平关于网络强国的重要思想，为做好新时代网络安全和信息化工作指明了前进方向、提供了根本遵循。为帮助广大干部群众学习、理解、掌握习近平关于网络强国的重要思想，2021年1月，中共中央党史和文献研究院编辑的《习近平关于网络强国论述摘编》一书，由中央文献出版社出版。① 该书共分9个专题：加强党对网信工作的集中统一领导；网信事业发展必须贯彻以人民为中心的发展思想；努力把我国建设成为网络强国；坚决打赢网络意识形态斗争；构建网上网下同心圆；维护国家网络安全；加速推进信息领域核心技术突破；发挥信息化对经济社会发展的驱动引领作用；共同构建网络空间命运共同体。书中收录285段论述，摘自习近平2013年3月4日至2020年11月23日期间的讲话、报告、演讲、指示、批示、贺信等一百篇重要文献。其中许多论述是第一次公开发表。

《习近平关于网络强国论述摘编》为新时代网信事业发展提供了根本遵循，对于做好新时代网络安全和信息化工作，扎实推进网络强国建设，为开启全面建设社会主义现代化国家新征程，实现中华民族伟大复兴的中国梦提供强大网上舆论支持、可靠网络安全保障、有力信息化支撑，具有十分重要的指导意义。②

289.《习近平关于社会主义精神文明建设论述摘编》

《习近平关于社会主义精神文明建设论述摘编》是习近平关于社会主义精神文明建设的重要论述摘编集，集中反映了习近平对于精神文明建设所进行的深入思考、提出的明确要求、作出的重大部署。

实现中华民族伟大复兴，需要物质文明极大发展，也需要精神文明极大发展。中共十八大以来，以习近平同志为核心的党中央高度重视社会主义精神文明建设，坚持用习近平新时代中国特色社会主义思想武装全党、教育人民，建设具有强大凝聚力和引领力的社会主义意识形态，用社会主义核心价值观凝聚共识、汇聚力量，用社会主义先进文化、革命文化、中华优秀传统文化培根铸魂、启智润心，不断满足人民群众多样化、多层次、多方面的精神文化需求，不断提升人民思想觉悟、道德水准、文明素养和全社会文明程度，更好构筑中国精神、中国价值、中国力量，推动精神文明建设领域发生全面、深刻、根本性的变化，全党全国各族人民文化自信明显增强，全社会凝聚力和向心力极大

---

① 《〈习近平关于网络强国论述摘编〉出版发行》，《人民日报》2021年1月22日。
② 庄荣文：《网络强国建设的思想武器和行动指南——学习〈习近平关于网络强国论述摘编〉》，《求是》2021年第3期。

提升，党、国家、人民、军队、中华民族的面貌焕然一新。习近平围绕加强社会主义精神文明建设发表的一系列重要论述，深刻揭示了社会主义精神文明建设的特点规律，丰富和发展了党关于社会主义精神文明建设的科学理论，是指导我们做好社会主义精神文明建设工作的强大思想武器。2022年9月，中共中央党史和文献研究院编辑的《习近平关于社会主义精神文明建设论述摘编》，由中央文献出版社出版。《习近平关于社会主义精神文明建设论述摘编》分10个专题，共计512段论述，摘自习近平2012年11月17日至2022年6月8日期间的报告、讲话、说明、演讲、谈话、贺信、指示、批示等240篇重要文献。其中部分论述是第一次公开发表。[①]

《习近平关于社会主义精神文明建设论述摘编》的出版，对于加强理想信念教育、培育和践行社会主义核心价值观，推进文明实践、文明培育、文明创建，提高全社会文明程度、促进人民精神生活共同富裕，为奋进新征程、建功新时代提供坚强思想保证、强大精神动力、丰润道德滋养、良好文化条件，具有十分重要的指导意义。

290.《习近平关于依规治党论述摘编》

《习近平关于依规治党论述摘编》是习近平关于依规治党的重要论述摘编集，集中反映了习近平对于依规治党所提出的明确要求、作出的重要部署，是学习理解依规治党的权威教材。

治国必先治党，治党务必从严，从严必依法度。中共十八大以来，以习近平同志为核心的党中央从事关党长期执政和国家长治久安的战略高度，坚持制度治党、依规治党，全方位、立体式推进党内法规制度建设，着力构建系统完备、科学规范、运行有效的制度体系。习近平关于依规治党的重要论述，是习近平新时代中国特色社会主义思想的重要组成部分，深化了对党的建设和党长期执政的规律性认识，为推进新时代党内法规制度建设、深化依规治党提供了根本遵循。2022年10月，中共中央党史和文献研究院编辑的《习近平关于依规治党论述摘编》一书，由中央文献出版社出版。《习近平关于依规治党论述摘编》分10个专题，共计400段论述，摘自习近平2012年11月15日至2022年6月17日期间的报告、讲话、文章、指示、批示等180多篇重要文献。其中部分论述是第一次公开发表。[②]

《习近平关于依规治党论述摘编》的出版，对于我们增强依规治党的自觉性和坚定性，更好发挥党内法规在维护党中央集中统一领导、保障党长期执政

---

① 《〈习近平关于社会主义精神文明建设论述摘编〉出版发行》，《人民日报》2022年9月21日。
② 《〈习近平关于依规治党论述摘编〉出版发行》，《人民日报》2022年10月8日。

和国家长治久安方面的重大作用，在推进新时代党的建设新的伟大工程、落实全面从严治党方面的重大作用，确保党在坚持和发展中国特色社会主义的历史进程中始终成为坚强领导核心，为全面建设社会主义现代化国家、全面推进中华民族伟大复兴提供坚强政治保证，具有十分重要的意义。

291.《习近平外交演讲集》第一卷、第二卷

《习近平外交演讲集》第一卷、第二卷是习近平关于新时代中国特色大国外交的专题演讲集，集中反映了习近平作为中国特色大国外交的总设计师，站在人类历史发展进程的高度，以大国领袖的全球视野和使命担当，密集开展元首外交，在一系列国际场合发表演讲、讲话等，所提出的一系列富有中国特色、体现时代精神、引领人类发展进步潮流的新理念新主张新倡议。①

中共十八大以来，中国特色社会主义进入新时代，党和国家事业全面开创新局面。在这一伟大历史进程中，习近平以马克思主义政治家、思想家、战略家的卓越政治智慧、非凡理论勇气、深厚天下情怀，统筹中华民族伟大复兴战略全局和世界百年未有之大变局，统揽伟大斗争、伟大工程、伟大事业、伟大梦想，亲自领导开展了波澜壮阔的新时代中国特色大国外交实践，提出了一系列具有开创性、引领性意义的外交新理念新主张新倡议，形成了习近平外交思想。这一重要思想是习近平新时代中国特色社会主义思想的重要组成部分，是马克思主义基本原理同中国特色大国外交实践相结合的重大理论成果，实现了历史使命与时代潮流、民族精神与国际主义、中国气派与世界情怀的高度统一，为新时代中国外交工作提供了根本遵循和行动指南。为了帮助国内外读者学习研究习近平外交思想，2022年5月，中共中央党史和文献研究院编辑的《习近平外交演讲集》第一卷、第二卷，由中央文献出版社出版。② 这两卷外交演讲集以2013年3月23日习近平在俄罗斯莫斯科国际关系学院的演讲《顺应时代前进潮流，促进世界和平发展》为开卷篇，收录习近平2013年3月至2021年11月期间在国际场合的演讲、讲话、致辞、发言等136篇。③ 2022年7月，《习近平外交演讲集》第一卷、第二卷英文版，由中央编译出版社出版。

《习近平外交演讲集》第一卷、第二卷对于推进和完善全方位、多层次、立体化的外交布局，积极发展全球伙伴关系，推动建设新型国际关系，推动构建人类命运共同体，弘扬和平、发展、公平、正义、民主、自由的全人类共同价值，开创新时代中国特色大国外交新局面，为全面建成社会主义现代化强

---

① 《习近平外交演讲集》第一卷，中央文献出版社2022年版，第1页。
② 《〈习近平外交演讲集〉第一卷、第二卷出版发行》，《人民日报》2022年5月12日。
③ 《〈习近平外交演讲集〉第一卷、第二卷主要篇目介绍》，《人民日报》2022年5月12日。

国、实现中华民族伟大复兴的中国梦营造更加有利的国际环境，具有十分重要的指导意义[1]。对于国内外读者深刻理解习近平外交思想的丰富内涵，深入了解构建人类命运共同体重要理念、新时代中国特色大国外交伟大实践以及中国之路、中国之治、中国之理等，具有十分重要的意义。

292.《习近平书信选集》第一卷

《习近平书信选集》第一卷是习近平专题书信集，反映了习近平领导全党全国各族人民推进党和国家事业的实践活动，记录了习近平同各族各界干部群众、各国政党政要和各界人士的交往。[2]

书信选集的内容，涉及新时代坚持和发展中国特色社会主义的各个领域各个方面，论及重要的政治原则、理论观点、方针政策和党性修养、思想方法、工作方法、学习方法，是习近平新时代中国特色社会主义思想的重要组成部分。[3] 为帮助广大干部群众学习、理解、掌握习近平新时代中国特色社会主义思想，2022年2月，中共中央党史和文献研究院编辑的《习近平书信选集》第一卷，由中央文献出版社出版。[4] 这部书信选集以2013年5月2日习近平《给北京大学考古文博学院二〇〇九级本科团支部全体同学的回信》为开卷篇，选入习近平2013年5月至2021年12月期间的书信共239封。其中部分书信是首次公开发表。

《习近平书信选集》第一卷对于深刻认识"两个确立"的决定性意义，深入学习贯彻习近平新时代中国特色社会主义思想，为实现第二个百年奋斗目标、实现中华民族伟大复兴的中国梦而不懈奋斗，具有十分重要的指导意义。[5]

293.《摆脱贫困》

《摆脱贫困》是习近平的个人著作。全书紧紧围绕闽东地区如何脱贫致富、加快发展这一主题，提出了一系列的制度、理念、观点和方法，深刻回答了推进闽东地区经济社会发展的重大理论和实践问题，涉及经济建设、政治建设、文化建设、社会建设、生态文明建设和党的建设等重要内容。该书也是习近平在宁德两年艰苦工作的全面写照，体现了他扎根艰苦地区带领群众摆脱贫困的

---

[1] 中共中央党史和文献研究院：《习近平外交演讲集》第一卷，中央文献出版社2022年版，第1—2页。
[2]《习近平书信选集》第一卷，中央文献出版社2022年版，第1页。
[3]《习近平书信选集》第一卷，中央文献出版社2022年版，第1页。
[4]《〈习近平书信选集〉第一卷出版发行》，《人民日报》2022年2月17日。
[5]《习近平书信选集》第一卷，中央文献出版社2022年版，第1页。

坚定理想信念和深挚为民情怀。①

《摆脱贫困》由福建人民出版社于1992年7月首次出版，并于2014年8月重印。这部著作集以1988年9月习近平闽东九县调查随感《弱鸟如何先飞》为开卷篇，以1990年5月习近平给宁德地直机关领导干部的临别赠言《同心同德，兴民兴邦》为收卷篇，收录了习近平1988年至1990年任中共宁德地委书记期间的重要讲话和调研文章，共29篇。书中还收入10张彩色照片，其中有6张习近平在宁德工作期间工作照片。②

2017年8月，外文出版社翻译出版的《摆脱贫困》英文版、法文版在第24届北京国际图书博览会上举行国内首发。2018年11月，外文出版社翻译出版的《摆脱贫困》西文版在阿根廷首发。

《摆脱贫困》对于深刻领会习近平治国理政思想和方略，深入了解习近平的执政风格、工作作风等有着重要作用，有助于更好地向外国读者介绍中国在消除贫困、扶贫开发等方面的努力和成就，更有效地促进广大发展中国家交流减贫经验，为减贫事业提供中国方案，贡献中国智慧。几内亚驻华大使特别代表、政治文化参赞巴·迪埃赫诺·马德儒指出，这本书将为几内亚摆脱贫困发展经济提供重要的思路和方法，也将借此进一步巩固几内亚同中国的传统友谊。③肯尼亚国家广播公司资深记者埃里克·比贡指出，只有首先"摆脱"了我们头脑中的"贫困"，才能使我们所居住的地区真正"摆脱贫困"，才能使我们整个国家和民族真正"摆脱贫困"，走上繁荣富裕之路。这是中国国家主席习近平在他的著作《摆脱贫困》中所表达的观点。该书深入分析了习主席任福建省宁德地委书记时，是如何带领群众脱贫致富的。中国在减贫方面取得的成功使得许多国家都在关注中国的这种扶贫模式，而中国也希望能把自己的成功经验分享给其他希望摆脱贫困的发展中国家。

294.《之江新语》

《之江新语》是习近平的个人著作，是习近平在担任浙江省主要领导期间，在省域层面对中国特色社会主义、国家治理体系和治理能力的理论探索和实践创新，系统反映了习近平新时代中国特色社会主义思想发展的渊源和脉络，语言生动、观点鲜明，字里行间蕴涵着思想的力量，是学习研究习近平新时代中国特色社会主义思想的重要文献。

《之江新语》由浙江人民出版社于2007年8月首次出版，2013年11月重

---

① 《习近平重要著作〈摆脱贫困〉英文版、法文版国内首发》，《人民日报》2017年8月24日。
② 《习近平重要著作〈摆脱贫困〉英文版、法文版国内首发》，《人民日报》2017年8月24日。
③ 《习近平重要著作〈摆脱贫困〉英文版、法文版国内首发》，《人民日报》2017年8月24日。

印。这部著作集以2003年2月25日《调研工作务求"深、实、细、准、效"》为开卷篇,以2007年3月25日《追求"慎独"的高境界》为收卷篇,收录了习近平担任浙江省委书记期间自2003年2月至2007年3月在《浙江日报》"之江新语"专栏发表的232篇短论。《之江新语》已翻译出版了英、法、西、德、日文版。①

《之江新语》鲜明提出了推进浙江经济社会科学发展的正确主张,及时回答了现实生活中人民群众最关心的一些问题,是坚持"从群众中来、到群众中去"这一科学的领导方法和工作方法的生动体现,是运用马克思主义的立场、观点和方法观察问题、分析问题、解决问题的光辉篇章,为更多外国朋友了解中国共产党的执政理念、中国领导人的治国方略和政治智慧打开了新的重要窗口。德国蒂宾根大学教授、著名汉学家施寒微表示,《之江新语》体现了对时代的观察和思考。阿根廷众议院阿中友好小组主席卡门·波列多表示,《之江新语》体现了中国领导人的智慧以及家国情怀。②

(二)

295.《中国共产党重要文献汇编》

该书由中共中央党史和文献研究院、中央档案馆合作编辑,首批文献集由人民出版社2022年8月出版。

《中国共产党重要文献汇编》是一套学习研究党的历史的权威文献资料集。首批出版的文献集主要包括1921年至1927年期间党的重要文献,共12卷,430余万字,建党以前形成的部分重要文献以"附编"收入第1卷中。首批出版的这些重要文献,全面系统反映了马克思主义传入中国后对中国社会产生的巨大影响;反映了先进的中国人选择科学理论、确立马克思主义信仰的思想脉络;反映了早期共产党人在马克思列宁主义指导下,对中国革命基本问题的创造性探索,以及为实现民族复兴所进行的英勇斗争。这些重要文献,清晰地记录了中国共产党筹建和创立的艰辛路程,记录了马克思主义中国化历程中与各种错误思潮进行的尖锐交锋,记录了中国共产党人确立初心、担当使命的光辉历程,记录了中国共产党不断以伟大自我革命引领伟大社会革命的壮阔历史,同时也呈现了中国共产党逐步形成并坚定践行的伟大建党精神。

---

① 《〈之江新语〉德文、英文版首发式在法兰克福举行》,《人民日报》2019年10月16日。
② 《〈摆脱贫困〉〈之江新语〉西文版首发式暨中阿治国理政研讨会在阿根廷举行》,《人民日报》2018年11月22日。

《中国共产党重要文献汇编》的编辑出版，有助于深化拓展党史学习教育，有助于广大党员、干部、群众从党的历史中汲取力量、坚定信心，更加紧密地团结在以习近平同志为核心的党中央周围，高举中国特色社会主义伟大旗帜，坚持以习近平新时代中国特色社会主义思想为指导，奋力谱写全面建设社会主义现代化国家崭新篇章。①

296.《十八大以来重要文献选编》上册、中册、下册

《十八大以来重要文献选编》是综合反映中共十八大以来以习近平同志为核心的党中央理论创新、实践创新和制度创新的重要文献集，生动记录了以习近平同志为核心的党中央不忘初心，牢记使命，团结带领全党全国各族人民高举中国特色社会主义伟大旗帜，决胜全面建成小康社会，夺取新时代中国特色社会主义伟大胜利，为实现中华民族伟大复兴的中国梦不懈奋斗的历程，集中反映了习近平新时代中国特色社会主义思想形成发展的轨迹和成果。②

经中共中央批准，中共中央文献研究室、中共中央党史和文献研究院编辑的《十八大以来重要文献选编》上册、中册、下册，由中央文献出版社先后于2014年9月、2016年6月、2018年5月出版。《十八大以来重要文献选编》上册收入自2012年11月中共十八大至2014年3月十二届全国人大二次会议这段时间内的重要文献，共70篇，约55万字。其中，中共中央、全国人大、国务院、中央军委作出的决议、决定等25篇，中央领导同志的报告、讲话等45篇。有17篇重要文献是第一次公开发表。③《十八大以来重要文献选编》中册收入自2014年3月十二届全国人大二次会议后至2015年10月中共十八届五中全会这段时间内的重要文献，共67篇，约51万字。其中，习近平的文稿26篇，其他中央领导同志的文稿17篇，中共中央、全国人大、国务院的有关文件24篇。有14篇重要文献是第一次公开发表。④《十八大以来重要文献选编》下册收入自2015年10月中共十八届五中全会后至2017年10月中共十九大召开前这段时间内的重要文献，共72篇，约63万字。其中，习近平的文稿34篇，其他中央领导同志的文稿16篇，中共中央、国务院的有关文件22篇。有19篇重要文献是第一次公开发表。⑤

---

① 《〈中国共产党重要文献汇编〉首批十二卷出版发行》，《人民日报》2022年8月9日。
② 《深入学习习近平新时代中国特色社会主义思想和党的十九大精神的重要教材——中共中央党史和文献研究院负责人就〈十八大以来重要文献选编〉下册出版答本报记者问》，《人民日报》2018年5月31日。
③ 《〈十八大以来重要文献选编〉上册出版发行》，《人民日报》2014年9月26日。
④ 《〈十八大以来重要文献选编〉中册出版发行》，《人民日报》2016年6月15日。
⑤ 《〈十八大以来重要文献选编〉下册出版发行》，《人民日报》2018年5月30日。

《十八大以来重要文献选编》真实记录了中共十八大以来五年间，面对世界经济复苏乏力、局部冲突和动荡频发、全球性问题加剧的外部环境，面对中国经济发展进入新常态、社会主要矛盾发生转变等一系列深刻变化，以习近平同志为核心的党中央科学把握当今世界和当代中国发展大势，顺应实践要求和人民愿望，举旗定向、运筹帷幄，统揽伟大斗争、伟大工程、伟大事业、伟大梦想，团结带领全党全国各族人民，全面加强党对一切工作的领导，坚持稳中求进工作总基调，贯彻落实新发展理念，统筹推进"五位一体"总体布局、协调推进"四个全面"战略布局，以巨大的政治勇气和强烈的使命担当，提出一系列新理念新思想新战略，出台一系列重大方针政策，推出一系列重大举措，推进一系列重大工作，解决了许多长期想解决而没有解决的难题，办成了许多过去想办而没有办成的大事，推动党和国家事业取得历史性成就、发生历史性变革的伟大历程；集中反映了习近平新时代中国特色社会主义思想紧紧围绕新时代坚持和发展什么样的中国特色社会主义、怎样坚持和发展中国特色社会主义这个重大时代课题，对新时代坚持和发展中国特色社会主义的总目标、总任务、总体布局、战略布局和发展方向、发展方式、发展动力、战略步骤、外部条件、政治保证等基本问题作出的回答，以及根据新的实践对经济、政治、法治、科技、文化、教育、民生、民族、宗教、社会、生态文明、国家安全、国防和军队、"一国两制"和祖国统一、统一战线、外交、党的建设等各方面作出的理论分析和政策指导，为全党深入学习贯彻习近平新时代中国特色社会主义思想和中共十九大精神提供了重要教材，对于全党进一步统一思想、振奋精神、锐意进取、埋头苦干，决胜全面建成小康社会，夺取新时代中国特色社会主义伟大胜利，为实现中华民族伟大复兴的中国梦不懈奋斗，具有重要意义。

297.《十九大以来重要文献选编》上册、中册

《十九大以来重要文献选编》上册、中册是综合反映中共十九大至十九届五中全会期间以习近平同志为核心的党中央理论创新、实践创新和制度创新的重要文献集，真实记录了中共十九大至十九届五中全会期间以习近平同志为核心的党中央，不忘初心、牢记使命，高举中国特色社会主义伟大旗帜，全面贯彻中共十九大和十九届二中、三中、四中、五中全会精神，坚持以习近平新时代中国特色社会主义思想为指导，奋力开创新时代中国特色社会主义事业新局面的伟大历史进程。

经中共中央批准，中共中央党史和文献研究院编辑的《十九大以来重要文献选编》上册、中册，由中央文献出版社先后于2019年9月、2021年10月出版。《十九大以来重要文献选编》上册收入自2017年10月中共十九大召开至

2019年3月十三届全国人大二次会议闭幕这段时间内的重要文献,共65篇,约66万字。其中,习近平的文稿26篇,其他中央领导同志的文稿17篇,中共中央、全国人大、国务院、中央军委的有关文件22篇。有14篇重要文献是第一次公开发表。① 《十九大以来重要文献选编》中册收入自2019年3月十三届全国人大二次会议后,至2020年10月中共十九届五中全会这段时间内的重要文献,共79篇,约51万字。其中,习近平的文稿39篇,其他中央领导同志的文稿15篇,中共中央、全国人大、国务院、中央军委的有关文件25篇。有15篇重要文献是第一次公开发表。②

《十九大以来重要文献选编》上册、中册为全党深入学习贯彻习近平新时代中国特色社会主义思想、把党中央重大决策部署落到实处提供了重要教材,对于全党不忘初心、牢记使命,增强"四个意识"、坚定"四个自信"、做到"两个维护",不断提高政治判断力、政治领悟力、政治执行力,以一往无前的奋斗姿态、风雨无阻的精神状态,夺取全面建设社会主义现代化国家新胜利、实现中华民族伟大复兴的中国梦,具有重要意义。③

298.《中国共产党第十八次全国代表大会文件汇编》

《中国共产党第十八次全国代表大会文件汇编》是中共十八大文件汇编本。④

2012年11月8日至14日,中国共产党第十八次全国代表大会在北京召开。中共十八大是在中国进入全面建成小康社会决定性阶段召开的一次十分重要的大会,实现了党的中央领导集体的新老交替,从此,围绕实现社会主义现代化和中华民族伟大复兴的总任务,一系列理论创新和实践创新相继展开,中国特色社会主义进入新时代。⑤

2012年11月,《中国共产党第十八次全国代表大会文件汇编》由人民出版社出版。人民出版社负责在北京地区的印制发行,地方人民出版社负责相应省区市的印制发行。⑥ 该书收录以下文件:《坚定不移沿着中国特色社会主义道路前进,为全面建成小康社会而奋斗——在中国共产党第十八次全国代表大会上的报告》、《中国共产党第十八次全国代表大会关于十七届中央委员会报告的决议》、《中国共产党章程》、《中国共产党第十八次全国代表大会关于〈中

---

① 《〈十九大以来重要文献选编〉上册出版发行》,《人民日报》2019年9月2日。
② 《〈十九大以来重要文献选编〉中册出版发行》,《人民日报》2021年10月8日。
③ 《〈十九大以来重要文献选编〉中册出版发行》,《人民日报》2021年10月8日。
④ 《六中全会文件读物首发式举行》,《人民日报》2016年11月7日。
⑤ 《中共中央关于党的百年奋斗重大成就和历史经验的决议》,人民出版社2021年版,第23页。
⑥ 《党的十八大文件及学习辅导读物首发》,《人民日报》2012年11月22日。

国共产党章程（修正案）〉的决议》、《中国共产党第十八次全国代表大会秘书处负责人就十八大通过的〈中国共产党章程（修正案）〉答新华社记者问》、《中共中央纪律检查委员会向党的第十八次全国代表大会的工作报告》、《中国共产党第十八次全国代表大会关于十七届中央纪律检查委员会工作报告的决议》、《中国共产党第十八届中央委员会委员名单》、《中国共产党第十八届中央委员会候补委员名单》、《中国共产党第十八届中央纪律检查委员会委员名单》和附录一、附录二、附录三。①

《坚定不移沿着中国特色社会主义道路前进，为全面建成小康社会而奋斗——在中国共产党第十八次全国代表大会上的报告》受到国际社会积极评价。丹麦议长莫恩斯·吕克托夫特高度赞赏党的十八大报告，认为党的十八大后，中国社会将更加开放，中国在世界舞台上将发挥更加重要的作用。巴西中国问题专家卡洛斯·塔瓦雷斯表示，党的十八大报告提出了到2020年，实现国内生产总值和城乡居民人均收入比2010年翻一番的目标；提出坚持走中国特色社会主义政治发展道路和推进政治体制改革、不断扩大人民民主；强调坚定不移反对腐败、全面推进依法治国。这对于实现中国经济的可持续发展，提高人民的生活水平，保障社会的安定和谐和政府的廉洁至关重要。按照党的十八大指出的方向走下去，中国的发展会越来越好。意大利路易斯大学国际经济学教授斯蒂法诺·曼佐奇指出，党的十八大报告提出2020年实现国内生产总值和城乡居民人均收入比2010年翻一番。这一目标的提出和实现将为世界经济增长作出巨大贡献。

299.《中国共产党第十八届中央委员会第三次全体会议文件汇编》

《中国共产党第十八届中央委员会第三次全体会议文件汇编》是中共十八届三中全会文件汇编本。

2013年11月9日至12日，中国共产党第十八届中央委员会第三次全体会议在北京举行，中共十八届三中全会是在中国改革开放新的重要关头召开的一次重要会议，审议通过了《中共中央关于全面深化改革若干重大问题的决定》。2013年11月，《中国共产党第十八届中央委员会第三次全体会议文件汇编》由人民出版社出版。该书收录以下文件：《中国共产党第十八届中央委员会第三次全体会议公报》、《中共中央关于全面深化改革若干重大问题的决定》、《关于〈中共中央关于全面深化改革若干重大问题的决定〉的说明》（习近平）和《让改革旗帜在中国道路上飘扬》（人民日报社论）。②

---

① 《中国共产党第十八次全国代表大会文件汇编》，人民出版社2012年版，"目录"第1—3页。
② 《中国共产党第十八届中央委员会第三次全体会议文件汇编》，人民出版社2013年版，"目录"第1页。

2014年1月,《中国共产党第十八届中央委员会第三次全体会议文件汇编》英、法、西、德、日、俄、阿文版由外文出版社正式出版,共收录3个文件:《中国共产党第十八届中央委员会第三次全体会议公报》、《中共中央关于全面深化改革若干重大问题的决定》和《关于〈中共中央关于全面深化改革若干重大问题的决定〉的说明》。①

《中国共产党第十八届中央委员会第三次全体会议文件汇编》为广大党员干部群众深入学习和了解十八届三中全会全面改革精神的实质性内涵和具体改革举措,提供了最准确、最详尽的解答,对国际社会进一步了解、理解中国的发展,将具有重要价值。《中共中央关于全面深化改革若干重大问题的决定》受到国际社会高度关注和积极评价。波兰亚洲研究中心主任拉德克·佩菲尔表示,《决定》中确立的改革举措和目标,既体现中国新一届中央领导集体深化改革的智慧和勇气,又表明中国政府努力让发展成果更多地惠及全体民众的信心和决心。巴基斯坦前外交国务部长、前驻华大使伊纳姆·哈克表示,通过长期的改革开放,中国在各方面取得了举世瞩目的成就,其发展经验值得世界各国借鉴和学习。中国发布了全面深化改革的决定,其内容体现了中国新一届中央领导集体的改革勇气和魄力。深化改革的决定,体现了中国领导人对于人民诉求的重视,也将得到中国人民的广泛支持和拥护。美国彼得森国际经济研究所高级研究员尼古拉斯·拉迪指出,十八届三中全会为中国全面深化改革勾勒出一张强有力的蓝图,凸显出中国新一届中央领导集体的改革决心。②

300.《中国共产党第十八届中央委员会第四次全体会议文件汇编》

《中国共产党第十八届中央委员会第四次全体会议文件汇编》是中共十八届四中全会文件汇编本。

2014年10月20日至23日,中国共产党第十八届中央委员会第四次全体会议在北京举行,全会以依法治国为主题,审议通过了《中共中央关于全面推进依法治国若干重大问题的决定》。③

2014年11月,《中国共产党第十八届中央委员会第四次全体会议文件汇编》由人民出版社出版。该书收录以下文件:《中国共产党第十八届中央委员会第四次全体会议公报》、《中共中央关于全面推进依法治国若干重大问题的决

---

① 《〈中国共产党第十八届中央委员会第三次全体会议文件汇编〉外文版出版》,《人民日报》2014年1月24日。
② 《相信中国的改革目标一定能够实现——国际社会高度评价〈中共中央关于全面深化改革若干重大问题的决定〉》,《人民日报》2013年11月23日。
③ 本报评论员:《为中华民族伟大复兴提供法治保障——一论深入学习贯彻十八届四中全会精神》,《人民日报》2014年10月25日。

定》、《关于〈中共中央关于全面推进依法治国若干重大问题的决定〉的说明》（习近平）、《厉行法治的航标 依法治国的宣言——〈中共中央关于全面推进依法治国若干重大问题的决定〉诞生记》和《实现依法治国的历史跨越》（人民日报社论）。①

中共十八届四中全会受到国际社会积极评价。华盛顿智库欧亚研究中心中国项目主任拉夫·威尼表示，中共十八届四中全会公报的重点是全面推进依法治国，这吸引了很多关心中国发展的美国人的关注。相信全面推进依法治国将进一步提高外国投资者对中国投资环境的信心。英国《金融时报》报道指出，中共十八届四中全会聚焦中国这个大国的法治建设，中共将近20年来依法治国的探索直接上升为中央全会的主题，可谓史无前例。会议审议通过了相关的决定，较为详细地描绘了未来法治中国建设的路径和蓝图。泰国《亚洲日报》副社长钱丰表示，中共十八届四中全会审议通过了《中共中央关于全面推进依法治国若干重大问题的决定》意义重大。中国的改革进入了深水区，面对很多矛盾和挑战，只有坚持依法治国才能化解这些矛盾，保证中国社会持续健康发展。十八届四中全会高举依法治国大旗，有助于提高全党和全国各族人民的法律意识，平衡社会利益，调节社会关系，规范社会行为，建设法治中国。②

301.《中国共产党第十八届中央委员会第五次全体会议文件汇编》

《中国共产党第十八届中央委员会第五次全体会议文件汇编》是中共十八届五中全会文件汇编本。

2015年10月26日至29日，中国共产党第十八届中央委员会第五次全体会议在北京举行，全会是在全面建成小康社会进入决胜阶段召开的一次重要会议，审议通过了《中共中央关于制定国民经济和社会发展第十三个五年规划的建议》。2015年11月，《中国共产党第十八届中央委员会第五次全体会议文件汇编》由人民出版社出版，在北京首发。该书收录以下文件：《中国共产党第十八届中央委员会第五次全体会议公报》、《中共中央关于制定国民经济和社会发展第十三个五年规划的建议》、《关于〈中共中央关于制定国民经济和社会发展第十三个五年规划的建议〉的说明》（习近平）和《奋力夺取全面建成小康社会的伟大胜利》（人民日报社论）。③

---

① 《中国共产党第十八届中央委员会第四次全体会议文件汇编》，人民出版社2014年版，"目录"第1—2页。
② 《为实现中国梦提供有力法治保障——国际社会积极评价中共十八届四中全会》，《人民日报》2014年10月26日。
③ 《中国共产党第十八届中央委员会第五次全体会议文件汇编》，人民出版社2015年版，"目录"第1—2页。

2015年12月，中共中央党史和文献研究院翻译的《中共中央关于制定国民经济和社会发展第十三个五年规划的建议》英、俄、日、法、阿拉伯、西班牙文版，由中央编译出版社出版。该书内容包括《中共中央关于制定国民经济和社会发展第十三个五年规划的建议》全文、习近平《关于〈中共中央关于制定国民经济和社会发展第十三个五年规划的建议〉的说明》及文件起草组撰写的解读性文章。

《中国共产党第十八届中央委员会第五次全体会议文件汇编》为广大党员干部群众深入学习和了解十八届五中全会全面建成小康社会新的目标要求的实质性内涵和具体举措，提供准确而详尽的解答。中共十八届五中全会受到国际社会高度评价。南部非洲中国与非洲研究所研究员克莱顿·哈兹韦表示，在"十三五"规划中，有"很深的绿色发展印记"，这显示出中国政府保护环境的坚定决心，中国正走上一条绿色发展的道路。《印华日报》总编辑、印度尼西亚资深政治分析师李卓辉表示，全会公报强调坚持开放发展，这在经济全球化进一步发展、世界各国命运愈发相连的当前，有着格外重要的意义，有助于形成相互融合的互利合作格局。埃及《消息报》第一副总编辑阿布德·莫奈姆·法乌兹指出："坚持共享发展是十八届五中全会公报中的一大亮点，发展为了人民、发展依靠人民、发展成果由人民共享的提法令人印象深刻。"[1]

302.《中国共产党第十八届中央委员会第六次全体会议文件汇编》

《中国共产党第十八届中央委员会第六次全体会议文件汇编》是中共十八届六中全会文件汇编本。

2016年10月24日至27日，中国共产党第十八届中央委员会第六次全体会议在北京举行，全面从严治党，是这次全会的鲜明主题。会议审议通过了《关于新形势下党内政治生活的若干准则》和《中国共产党党内监督条例》，审议通过了《关于召开党的第十九次全国代表大会的决议》，[2] 明确了习近平总书记党中央的核心、全党的核心地位，正式提出"以习近平同志为核心的党中央"。[3]

2016年11月，《中国共产党第十八届中央委员会第六次全体会议文件汇编》由人民出版社出版。该书收录以下文件：《中国共产党第十八届中央委员会第六次全体会议公报》、《关于新形势下党内政治生活的若干准则》、《中国

---

[1] 《共享，凸显执政为民理念（国际社会高度评价十八届五中全会）》，《人民日报》2015年11月6日。

[2] 《中共十八届六中全会在京举行》，《人民日报》2016年10月28日。

[3] 本书编写组：《中国共产党简史》，人民出版社、中共党史出版社2021年版，第392页。

共产党党内监督条例》、《关于〈关于新形势下党内政治生活的若干准则〉和〈中国共产党党内监督条例〉的说明》和《人民日报社论〈坚定不移推进全面从严治党〉》。①

中共十八届六中全会引发国际社会强烈关注。澳大利亚前总理、美国亚洲协会政策研究院院长陆克文表示，中共十八届六中全会引人关注的有两点，一是明确了习近平总书记为全党的核心，二是表明了中国共产党改革和反腐败的决心。本届六中全会的两份文件明确指出，反腐要深入国家领导层的核心。克罗地亚总统办公室前资深顾问、克罗地亚地缘经济论坛副主席、中国问题专家亚斯娜·普雷夫尼克认为，十八届六中全会意义重大。全会审议并通过了《关于新形势下党内政治生活的若干准则》和《中国共产党党内监督条例》，决定通过全新的监督机制来加强和改善党内治理，表明中共中央致力于改革，并努力提升党在国内政治生活影响力的热情和决心。布鲁金斯学会桑顿中国中心主任李成指出，六中全会《公报》提出的治党方针是中国共产党面对新时期、新挑战的一次成功探索。《公报》着眼于问题，并找到一条最平衡的道路，将提高中国政治体系的总体制度化。这样的努力将确保政策持久化，也会让更多的人受益。②

303.《中国共产党第十九次全国代表大会文件汇编》

《中国共产党第十九次全国代表大会文件汇编》是中共十九大文件汇编本。

2017年10月18日至24日，中国共产党第十九次全国代表大会在北京举行。大会通过了报告和《中国共产党章程（修正案）》，批准了中央纪律检查委员会的工作报告。大会选举产生新一届中央委员会和中央纪律检查委员会。大会着眼中国特色社会主义事业长远发展，郑重提出习近平新时代中国特色社会主义思想，并把这一思想确立为党必须长期坚持的指导思想，写进党章，实现了党的指导思想的又一次与时俱进。③

2017年10月，《中国共产党第十九次全国代表大会文件汇编》由人民出版社出版。该书收录以下文件：《决胜全面建成小康社会，夺取新时代中国特色社会主义伟大胜利——在中国共产党第十九次全国代表大会上的报告》（习近平）、《中国共产党第十九次全国代表大会关于十八届中央委员会报告的决议》、《中国共产党章程》、《中国共产党第十九次全国代表大会关于〈中国共产党章程（修正案）〉的决议》、《中国共产党第十九次全国代表大会秘书处

---

① 《中国共产党第十八届中央委员会第六次全体会议文件汇编》，人民出版社2016年版，第1页。
② 《国际社会热评十八届六中全会》，《光明日报》2016年11月3日。
③ 本书编写组：《中国共产党简史》，人民出版社、中共党史出版社2021年版，第461—466页。

负责人就十九大通过的〈中国共产党章程（修正案）〉答新华社记者问》、《十八届中央纪律检查委员会向中国共产党的第十九次全国代表大会的工作报告》、《中国共产党第十九次全国代表大会关于十八届中央纪律检查委员会工作报告的决议》、《中国共产党第十九届中央委员会委员名单》、《中国共产党第十九届中央委员会候补委员名单》和《中国共产党第十九届中央纪律检查委员会委员名单》。另有附录一、附录二、附录三。①

2018年2月，《中国共产党第十九次全国代表大会报告摘编》（中、英文版）和法、俄、阿、西、葡、德、日文版，由外文出版社在国内外出版。

《中国共产党第十九次全国代表大会文件汇编》为全国广大党员干部群众学习贯彻中共十九大精神提供了最基本、最权威的文本材料。外国政要、专家学者高度评价中共十九大报告。俄罗斯总统普京指出："习近平的报告及围绕报告进行的讨论，都说明中国致力于面向未来的发展。中国无疑是世界经济的驱动器。"索马里总统顾问和丹·阿布迪指出："中共十九大报告让人们洞悉中国未来数十年的发展蓝图。中国选择的发展道路被证明是极其高效的，不但中国人民从中获利，全世界都受益其中。"② 巴西国际问题专家施廷克尔表示，当前世界经济逆全球化暗流涌动，中共十九大报告提到，推动形成全面开放新格局。这对世界经济意义非凡。

304.《中国共产党第十九届中央委员会第三次全体会议文件汇编》

《中国共产党第十九届中央委员会第三次全体会议文件汇编》是中共十九届三中全会文件汇编本。

2018年2月26日至28日，中国共产党第十九届中央委员会第三次全体会议在北京举行，中共十九届三中全会专题研究深化党和国家机构改革问题，审议通过《中共中央关于深化党和国家机构改革的决定》和《深化党和国家机构改革方案》。③ 2018年4月，《中国共产党第十九届中央委员会第三次全体会议文件汇编》由人民出版社出版。该书收录以下文件：《中国共产党第十九届中央委员会第三次全体会议公报》、《中共中央关于深化党和国家机构改革的决定》和《深化党和国家机构改革方案》。④

《中国共产党第十九届中央委员会第三次全体会议文件汇编》对全面系统地学习领会三中全会精神、深刻理解深化党和国家机构改革精神，具有重要参

---

① 《中国共产党第十九次全国代表大会文件汇编》，人民出版社2017年版，"目录"第1—3页。
② 《外国政要评价十九大》，《人民日报》2017年10月24日。
③ 《十九届三中全会文件及辅导读物在京首发》，《人民日报》2018年4月12日。
④ 《中国共产党第十九届中央委员会第三次全体会议文件汇编》，人民出版社2018年版，"目录"第1—2页。

考价值。

305.《中国共产党第十九届中央委员会第四次全体会议文件汇编》

《中国共产党第十九届中央委员会第四次全体会议文件汇编》是中共十九届四中全会文件汇编本。

2019年10月28日至31日，中国共产党第十九届中央委员会第四次全体会议在北京举行，全会专题研究坚持和完善中国特色社会主义制度、推进国家治理体系和治理能力现代化问题，审议通过了《中共中央关于坚持和完善中国特色社会主义制度、推进国家治理体系和治理能力现代化若干重大问题的决定》。①

2019年11月，《中国共产党第十九届中央委员会第四次全体会议文件汇编》由人民出版社出版。该书收录以下文件：《中国共产党第十九届中央委员会第四次全体会议公报》、《中共中央关于坚持和完善中国特色社会主义制度、推进国家治理体系和治理能力现代化若干重大问题的决定》、《关于〈中共中央关于坚持和完善中国特色社会主义制度、推进国家治理体系和治理能力现代化若干重大问题的决定〉的说明》（习近平）和《为实现中华民族伟大复兴提供有力保证》（人民日报社论）。② 人民出版社与喜马拉雅录制了《中国共产党第十九届中央委员会第四次全体会议文件汇编》音频书，实现了"纸、电、声"三种形式的同步出版。

中共十九届四中全会引发海外媒体高度关注。柬埔寨王家研究院中国问题研究中心主任郭应伦表示，中共十九届四中全会提出的坚持和完善中国特色社会主义制度、推进国家治理体系和治理能力现代化，是为了进一步推动各方面事业与经济同步发展的积极举措。在国内方面，推进国家治理体系和治理能力现代化，有利于提升政府应对各种复杂局面的能力，缓解社会矛盾，确保社会稳定。在国际上，有利于国际关系和谐及各国民众之间的友好交往，更有利于加快推进高质量共建"一带一路"。韩国外国语大学全球安全合作中心主任黄载皓表示，中共十九届四中全会的重要内容之一是提出要坚持和完善中国特色社会主义制度、推进国家治理体系和治理能力现代化，这是不断适应时代发展变化的体现。在新时代、新环境下，通过完善制度体系，将会为中国的政治稳定、经济发展、文化繁荣、民族团结、人民幸福、社会安宁、国家统一提供强大动力。

---

① 《为实现中华民族伟大复兴提供有力保证》，《人民日报》2019年11月1日。
② 《中国共产党第十九届中央委员会第四次全体会议文件汇编》，人民出版社2019年版，"目录"第1—3页。

三　文献编纂类

306.《中国共产党第十九届中央委员会第五次全体会议文件汇编》

《中国共产党第十九届中央委员会第五次全体会议文件汇编》是中共十九届五中全会文件汇编本。

2020年10月26日至29日，中国共产党第十九届中央委员会第五次全体会议在北京举行，全会重点研究"十四五"规划问题并提出建议，审议通过了《中共中央关于制定国民经济和社会发展第十四个五年规划和二〇三五年远景目标的建议》。① 2020年11月，《中国共产党第十九届中央委员会第五次全体会议文件汇编》由人民出版社出版。该书收录以下文件：《中国共产党第十九届中央委员会第五次全体会议公报》、《中共中央关于制定国民经济和社会发展第十四个五年规划和二〇三五年远景目标的建议》和《关于〈中共中央关于制定国民经济和社会发展第十四个五年规划和二〇三五年远景目标的建议〉的说明》（习近平）。②

2021年9月，中共中央党史和文献研究院翻译的《中国共产党第十九届中央委员会第五次全体会议文件汇编》英、法、西、俄、阿文版，由中央编译出版社出版。

中共十九届五中全会受到外国媒体高度关注。路透社报道指出，中共十九届五中全会提出了中国"十四五"时期经济社会发展主要目标，描绘了发展蓝图。"在下一个五年，中国强调高质量发展，推动经济持续健康发展。"日本《东京新闻》报道指出，中共十九届五中全会公报明确提出要加快构建以国内大循环为主体、国内国际双循环相互促进的新发展格局，以应对"世界百年未有之大变局"。非洲通讯社报道称，全会公报中的高频词之一是"人民"——中国"坚持把实现好、维护好、发展好最广大人民根本利益作为发展的出发点和落脚点"，这充分彰显了中国共产党以人民为中心的发展思想，坚持立党为公、执政为民。③

307.《中国共产党第十九届中央委员会第六次全体会议文件汇编》

《中国共产党第十九届中央委员会第六次全体会议文件汇编》是中共十九届六中全会文件汇编本。

2021年11月8日至11日，中国共产党第十九届中央委员会第六次全体会

---

① 《奋力夺取全面建设社会主义现代化国家新胜利》，《人民日报》2020年10月30日。
② 《中国共产党第十九届中央委员会第五次全体会议文件汇编》，人民出版社2020年版，"目录"第1—3页。
③ 《"为中国实现高质量发展指明方向"——国际媒体热议中共十九届五中全会》，《人民日报》2020年11月8日。

议在北京举行，全会从党和国家事业发展的战略全局出发，深入研究党领导人民进行革命、建设、改革的百年历程，全面总结党从胜利走向胜利的伟大历史进程、为国家和民族建立的伟大历史功绩，确立了习近平同志党中央的核心、全党的核心地位，确立了习近平新时代中国特色社会主义思想的指导地位，审议通过了《中共中央关于党的百年奋斗重大成就和历史经验的决议》和《关于召开党的第二十次全国代表大会的决议》，是在重要历史关头召开的一次具有重大历史意义的会议。① 2021年11月，《中国共产党第十九届中央委员会第六次全体会议文件汇编》由人民出版社出版。该书收录以下文件：《中国共产党第十九届中央委员会第六次全体会议公报》、《中共中央关于党的百年奋斗重大成就和历史经验的决议》和《关于〈中共中央关于党的百年奋斗重大成就和历史经验的决议〉的说明》（习近平）。②

2021年12月，《中国共产党第十九届中央委员会第六次全体会议公报》、《中共中央关于党的百年奋斗重大成就和历史经验的决议》、《关于〈中共中央关于党的百年奋斗重大成就和历史经验的决议〉的说明》英文、法文、西班牙文、德文、日文、俄文、阿拉伯文、葡萄牙文、越南文、老挝文等10个外国语种单行本和中英文对照本由中央编译出版社、外文出版社联合出版，向国内外公开发行。中共中央党史和文献研究院翻译的《中国共产党第十九届中央委员会第六次全体会议文件汇编》中英对照版，英、法、日、俄、阿拉伯、西班牙、德、老挝、越南、葡萄牙文版由中央编译出版社出版。

《中共中央关于党的百年奋斗重大成就和历史经验的决议》受到国际社会广泛关注。俄罗斯科学院远东研究所政治研究和预测中心主任安德烈·维诺格拉多夫表示，不断总结历史经验、提高应对风险挑战的能力水平，是中国共产党的优良传统。中国共产党能够制定和完善长远战略和发展目标。中共十九届六中全会审议通过的《中共中央关于党的百年奋斗重大成就和历史经验的决议》是中共历史上第三个历史决议，将给中国国家和社会发展带来持久动力。埃及民族进步统一集团党政治局委员谢里夫·法亚德认为，中共十九届六中全会回顾历史，总结经验，更着眼未来。会议通过的《决议》，为中国的未来发展勾画蓝图，为中国各项事业发展规划路径、指明方向。"通过这次会议，中共这个百年大党将在新的历史起点上焕发新的生机和活力。"③

---

① 《"在重要历史关头召开的一次具有重大历史意义的会议"——中共中央举行新闻发布会解读党的十九届六中全会精神》，《人民日报》2021年11月13日。
② 《中国共产党第十九届中央委员会第六次全体会议文件汇编》，人民出版社2021年版，"目录"第1—2页。
③ 《"不断为人类文明进步贡献智慧和力量"——国际人士热议中共十九届六中全会》，《人民日报》2021年11月16日。

308.《中国共产党第二十次全国代表大会文件汇编》

《中国共产党第二十次全国代表大会文件汇编》是中共二十大文件汇编本。

2022年10月16日至22日，中国共产党第二十次全国代表大会在北京举行。大会高举中国特色社会主义伟大旗帜，坚持马克思列宁主义、毛泽东思想、邓小平理论、"三个代表"重要思想、科学发展观，全面贯彻习近平新时代中国特色社会主义思想，分析了国际国内形势，提出了中共二十大主题，回顾总结了过去5年的工作和新时代10年的伟大变革，阐述了开辟马克思主义中国化时代化新境界、中国式现代化的中国特色和本质要求等重大问题，对全面建设社会主义现代化国家、全面推进中华民族伟大复兴进行了战略谋划，对统筹推进"五位一体"总体布局、协调推进"四个全面"战略布局作出了全面部署。大会批准了习近平代表十九届中央委员会所作的《高举中国特色社会主义伟大旗帜，为全面建设社会主义现代化国家而团结奋斗》的报告，批准了十九届中央纪律检查委员会的工作报告，审议通过了《中国共产党章程（修正案）》，选举产生了新一届中央委员会和中央纪律检查委员会。

2022年10月，《中国共产党第二十次全国代表大会文件汇编》由人民出版社出版。该书收录了以下文件：《高举中国特色社会主义伟大旗帜，为全面建设社会主义现代化国家而团结奋斗——在中国共产党第二十次全国代表大会上的报告》（习近平）、《中国共产党第二十次全国代表大会关于十九届中央委员会报告的决议》、《中国共产党章程》、《中国共产党第二十次全国代表大会关于〈中国共产党章程（修正案）〉的决议》、《中国共产党第二十次全国代表大会秘书处负责人就党的二十大通过的〈中国共产党章程（修正案）〉答记者问》、《十九届中央委员检查委员会向中国共产党第二十次全国代表大会的工作报告》、《中国共产党第二十次全国代表大会关于十九届中央纪律检查委员会工作报告的决议》、《中国共产党第二十届中央委员会委员名单》、《中国共产党第二十届中央委员会候补委员名单》、《中国共产党第二十届中央纪律检查委员会委员名单》和附录一、附录二、附录三。

此后，习近平在中国共产党第二十次全国代表大会上所作的报告《高举中国特色社会主义伟大旗帜，为全面建设社会主义现代化国家而团结奋斗》和中国共产党第二十次全国代表大会审议通过的《中国共产党章程》蒙古文、藏文、维吾尔文、哈萨克文、朝鲜文、彝文、壮文共7种民族文字版单行本由中国民族语文翻译局翻译，民族出版社出版，在全国发行。中共二十大文件及学习辅导读物数字出版产品在"学习强国"学习平台、中国共产党理论资源数据库等多家网络平台同步上线发布。

309.《中国共产党常用党内法规规范性文件汇编（第二版）》

《中国共产党常用党内法规规范性文件汇编（第二版）》是中国共产党党内法规文献集。

2018年2月，中共中央印发《中央党内法规制定工作第二个五年规划（2018—2022年）》，着眼于到建党100周年时形成比较完善的党内法规制度体系，对今后5年党内法规制度建设进行顶层设计，要求完善党的组织法规、领导法规、自身建设法规、监督保障法规。根据《中央党内法规制定工作第二个五年规划（2018—2022年）》所确定的党内法规的制度结构，2021年6月，《中国共产党常用党内法规规范性文件汇编（第二版）》由中国法制出版社出版。

《中国共产党常用党内法规规范性文件汇编（第二版）》以中国共产党章程为根本遵循，从党的组织、党的领导、党的建设、党的监督保障法规制度四个方面入手，全面收录了现行有效的党内法规。该文献集以2017年10月24日通过的《中国共产党章程》开篇，收录了"党的组织法规"14部；"党的领导法规"30部；"党的自身建设法规"116部，涵盖"政治建设""思想建设""组织建设（含：党员、领导干部管理，公务员管理，教育培训，党组织建设，人才管理）""作风建设""反腐倡廉建设"等五个方面；"党的监督保障法规"42部，涵盖"党的监督""考核评价""纪律处分""权利保障""制度保障"等五个方面。①

310.《中国共产党的历史使命与行动价值》

《中国共产党的历史使命与行动价值》是中共中央宣传部发布的文献。该文献以习近平"七一"重要讲话精神为指导，全面介绍中国共产党的百年奋斗历程，深刻阐释党的治国理政理念、实践和成就。

2021年8月，《中国共产党的历史使命与行动价值》由人民出版社出版，外文出版社同步推出英文版。该文献包括三个部分：前言、结束语和正文，前言和结束语主要阐明中国共产党从哪里来、向何处去，正文从"中国共产党是全心全意为人民服务的政党""中国共产党是为实现理想不懈奋斗的政党""中国共产党是具有强大领导力和执政力的政党""中国共产党是始终保持旺盛生机和活力的政党""中国共产党是为人类和平与发展贡献力量的政党"五个方面回答中国共产党是一个什么样的政党。②

---

① 《中国共产党常用党内法规规范性文件汇编（第二版）》，中国法制出版社2021年版。
② 《中国共产党的历史使命与行动价值》，《人民日报》2021年8月27日。

《中国共产党的历史使命与行动价值》对于帮助国际社会了解真实、立体、全面的中国共产党具有重要作用，对于全党全国各族人民进一步振奋精神、增强信心，汇聚实现中华民族伟大复兴的磅礴力量具有重要意义。① 国际人士积极评价该文献。俄罗斯共产党中央委员会主席久加诺夫表示，一代代中国共产党人把马克思主义作为认识世界、把握规律、追求真理、改造世界的强大思想武器，坚持实事求是，马克思主义中国化为中国共产党和人民事业发展提供了与时俱进的科学理论指导。韩国檀国大学政治外交系教授金珍镐指出："中国共产党做到了把人民放在心中最高位置"。德国柏林普鲁士协会名誉主席福尔克尔·恰普克表示，"一切以人民利益为出发点。中国的抗疫成就，造福本国乃至世界"，文献能让世界更好地认识中国。②

311.《人民代表大会制度重要文献选编》

《人民代表大会制度重要文献选编》是全面系统、客观准确地反映60年来党和国家关于中国人民代表大会制度的重要思想理论和重要制度建设成果的重要文献集。

人民代表大会制度是符合中国国情和实际、体现社会主义国家性质、保证人民当家作主、保障实现中华民族伟大复兴的好制度，是中国共产党领导人民在人类政治制度史上的伟大创造，是在中国政治发展史乃至世界政治发展史上具有重大意义的全新政治制度。③ 2015年6月，全国人大常委会办公厅、中共中央文献研究室编辑的《人民代表大会制度重要文献选编》，由中国民主法制出版社、中央文献出版社出版。该文献选编分4册，共243篇。第一册收录1948年1月至1959年4月这段时间的文献；第二册收录1978年12月至1989年4月这段时间的文献；第三册收录1990年3月至2002年11月这段时间的文献；第四册收录2002年12月至2014年10月这段时间的文献。其中，毛泽东、邓小平、江泽民、胡锦涛、习近平等中央领导同志的文稿112篇，中共中央有关文件、全国人大及其常委会通过的有关法律和有关法律问题的决定、人民政协有关文件等131篇。有些文献是第一次公开发表。

《人民代表大会制度重要文献选编》对于帮助广大干部群众学习了解中国人民代表大会制度，推进人民代表大会制度理论和实践创新，加快社会主义法治国家建设，进一步坚定中国特色社会主义道路自信、理论自信、制度自信、

---

① 本报评论员：《中国共产党是什么样的政党——论中国共产党的历史使命与行动价值》，《人民日报》2021年8月28日。
② 《"中共是为人类进步事业奋斗的政党"——国际人士积极评价〈中国共产党的历史使命与行动价值〉文献》，《人民日报》2021年8月29日。
③ 习近平：《在中央人大工作会议上的讲话》，《求是》2022年第5期。

文化自信，实现中华民族伟大复兴的中国梦，具有重要意义。①

312.《中华人民共和国第十二届全国人民代表大会第一次会议文件汇编》

《中华人民共和国第十二届全国人民代表大会第一次会议文件汇编》是十二届全国人大一次会议文件汇编本。

2013年3月5日至17日，第十二届全国人民代表大会第一次会议在北京举行。会议审议批准的政府工作报告和其他报告，总结了五年来中国经济社会发展、民主法制建设等各方面事业和工作取得的巨大成就和宝贵经验，提出了2013年乃至今后一个时期的主要任务和工作部署。会议依法选举和决定任命了新一届国家机构领导人员，选举习近平为中华人民共和国主席、中华人民共和国中央军事委员会主席，选举张德江为第十二届全国人民代表大会常务委员会委员长，选举李源潮为中华人民共和国副主席，任命李克强为中华人民共和国国务院总理，为实现中共十八大确定的目标任务、推动改革开放和社会主义现代化建设提供了重要组织保证。

2013年4月，全国人民代表大会常务委员会办公厅编辑的《中华人民共和国第十二届全国人民代表大会第一次会议文件汇编》由人民出版社出版。该书收录以下文件：《在第十二届全国人民代表大会第一次会议上的讲话》（习近平），《在第十二届全国人民代表大会第一次会议上的讲话》（张德江），《第十二届全国人民代表大会第一次会议关于政府工作报告的决议》，《政府工作报告》（温家宝），《第十二届全国人民代表大会第一次会议关于2012年国民经济和社会发展计划执行情况与2013年国民经济和社会发展计划的决议》，《关于2012年国民经济和社会发展计划执行情况与2013年国民经济和社会发展计划草案的报告》（国家发展和改革委员会），《第十二届全国人民代表大会财政经济委员会关于2012年国民经济和社会发展计划执行情况与2013年国民经济和社会发展计划草案的审查结果报告》，《第十二届全国人民代表大会第一次会议关于2012年中央和地方预算执行情况与2013年中央和地方预算的决议》，《关于2012年中央和地方预算执行情况与2013年中央和地方预算草案的报告》（财政部），《第十二届全国人民代表大会财政经济委员会关于2012年中央和地方预算执行情况与2013年中央和地方预算草案的审查结果报告》，《第十二届全国人民代表大会第一次会议关于全国人民代表大会常务委员会工作报告的决议》，《全国人民代表大会常务委员会工作报告》（吴邦国），《第十二届全国人民代表大会第一次会议关于最高人民法院工作报告的决议》，《最高人民法院

---

① 《〈人民代表大会制度重要文献选编〉出版发行》，《人民日报》2015年6月19日。

工作报告》(王胜俊),《第十二届全国人民代表大会第一次会议关于最高人民检察院工作报告的决议》,《最高人民检察院工作报告》(曹建明),《第十二届全国人民代表大会第一次会议关于国务院机构改革和职能转变方案的决定》,《国务院机构改革和职能转变方案》,《关于国务院机构改革和职能转变方案的说明》(马凯),《中华人民共和国全国人民代表大会公告》第一至六号,《中华人民共和国主席令》第一、二号,第十二届全国人民代表大会各专门委员会主任委员、副主任委员、委员名单,《第十二届全国人民代表大会第一次会议表决议案办法》,《第十二届全国人民代表大会第一次会议选举和决定任命的办法》,《第十二届全国人民代表大会第一次会议关于第十二届全国人民代表大会专门委员会的设立及其主任委员、副主任委员、委员人选的表决办法》,《关于第十二届全国人民代表大会第一次会议代表提出议案处理意见的报告》,《第十二届全国人民代表大会第一次会议主席团和秘书长名单》,《第十二届全国人民代表大会第一次会议主席团常务主席名单》,《第十二届全国人民代表大会第一次会议副秘书长名单》,《全国人民代表大会常务委员会公告》〔十一届〕第四十七号,《中华人民共和国第十二届全国人民代表大会代表名单》,《第十二届全国人民代表大会第一次会议议程》。①

313.《中华人民共和国第十二届全国人民代表大会第二次会议文件汇编》

《中华人民共和国第十二届全国人民代表大会第二次会议文件汇编》是十二届全国人大二次会议文件汇编本。

2014年3月5日至13日,第十二届全国人民代表大会第二次会议在北京举行。会议围绕全面深化改革的总目标,充分发扬民主,严格依法办事,进一步增强了改革信心,凝聚了改革共识,明确了改革任务。

2014年4月,全国人民代表大会常务委员会办公厅编辑的《中华人民共和国第十二届全国人民代表大会第二次会议文件汇编》由人民出版社出版。该书收录以下文件:《在第十二届全国人民代表大会第二次会议闭幕会上的讲话》(张德江)、《第十二届全国人民代表大会第二次会议关于政府工作报告的决议》、《政府工作报告》(李克强)、《第十二届全国人民代表大会第二次会议关于2013年国民经济和社会发展计划执行情况与2014年国民经济和社会发展计划的决议》、《关于2013年国民经济和社会发展计划执行情况与2014年国民经济和社会发展计划草案的报告》(国家发展和改革委员会)、《第十二届全国人民代表大会财政经济委员会关于2013年国民经济和社会发展计划执行情况与

---

① 全国人民代表大会常务委员会办公厅编:《中华人民共和国第十二届全国人民代表大会第一次会议文件汇编》,人民出版社2013年版,"目录"第1—5页。

2014年国民经济和社会发展计划草案的审查结果报告》、《第十二届全国人民代表大会第二次会议关于2013年中央和地方预算执行情况与2014年中央和地方预算的决议》、《关于2013年中央和地方预算执行情况与2014年中央和地方预算草案的报告》（财政部）、《第十二届全国人民代表大会财政经济委员会关于2013年中央和地方预算执行情况与2014年中央和地方预算草案的审查结果报告》、《第十二届全国人民代表大会第二次会议关于全国人民代表大会常务委员会工作报告的决议》、《全国人民代表大会常务委员会工作报告》（张德江）、《第十二届全国人民代表大会第二次会议关于最高人民法院工作报告的决议》、《最高人民法院工作报告》（周强）、《第十二届全国人民代表大会第二次会议关于最高人民检察院工作报告的决议》、《最高人民检察院工作报告》（曹建明）、《第十二届全国人民代表大会第二次会议关于确认全国人民代表大会常务委员会接受王晓、陈斯喜辞去全国人民代表大会常务委员会委员职务的请求的决定》、《关于确认全国人民代表大会常务委员会接受王晓、陈斯喜辞去全国人民代表大会常务委员会委员职务的请求的决定（草案）的说明》、《第十二届全国人民代表大会第二次会议表决议案办法》、《关于第十二届全国人民代表大会第二次会议代表提出议案处理意见的报告》、《第十二届全国人民代表大会第二次会议主席团和秘书长名单》、《第十二届全国人民代表大会第二次会议主席团常务主席名单》、《第十二届全国人民代表大会第二次会议副秘书长名单》、《第十二届全国人民代表大会第二次会议议程》。①

314.《中华人民共和国第十二届全国人民代表大会第三次会议文件汇编》

《中华人民共和国第十二届全国人民代表大会第三次会议文件汇编》是十二届全国人大三次会议文件汇编本。

2015年3月5日至15日，第十二届全国人民代表大会第三次会议在北京举行。会议全面贯彻中共十八大和十八届三中、四中全会精神，以邓小平理论、"三个代表"重要思想、科学发展观为指导，深入贯彻习近平总书记系列重要讲话精神，依法行使职权，审议批准了政府工作报告和其他报告，对2015年国家各项工作作出安排部署。这次会议的一个重要成果，就是审议通过了关于修改立法法的决定。

2015年4月，全国人民代表大会常务委员会办公厅编辑的《中华人民共和国第十二届全国人民代表大会第三次会议文件汇编》由人民出版社出版。该书收录以下文件：《在第十二届全国人民代表大会第三次会议上的讲话》（张

---

① 全国人民代表大会常务委员会办公厅编：《中华人民共和国第十二届全国人民代表大会第二次会议文件汇编》，人民出版社2014年版，"目录"第1—3页。

德江)、《第十二届全国人民代表大会第三次会议关于政府工作报告的决议》、《政府工作报告》(李克强)、《第十二届全国人民代表大会第三次会议关于2014年国民经济和社会发展计划执行情况与2015年国民经济和社会发展计划的决议》、《关于2014年国民经济和社会发展计划执行情况与2015年国民经济和社会发展计划草案的报告》(国家发展和改革委员会)、《第十二届全国人民代表大会财政经济委员会关于2014年国民经济和社会发展计划执行情况与2015年国民经济和社会发展计划草案的审查结果报告》、《第十二届全国人民代表大会第三次会议关于2014年中央和地方预算执行情况与2015年中央和地方预算的决议》、《关于2014年中央和地方预算执行情况与2015年中央和地方预算草案的报告》(财政部)、《第十二届全国人民代表大会财政经济委员会关于2014年中央和地方预算执行情况与2015年中央和地方预算草案的审查结果报告》、《中华人民共和国主席令 第二十号》、《全国人民代表大会关于修改〈中华人民共和国立法法〉的决定》、《中华人民共和国立法法》、《关于〈中华人民共和国立法法修正案(草案)〉的说明》(李建国)、《第十二届全国人民代表大会法律委员会关于〈中华人民共和国立法法修正案(草案)〉审议结果的报告》、《第十二届全国人民代表大会法律委员会关于〈全国人民代表大会关于修改《中华人民共和国立法法》的决定(草案)〉修改意见的报告》、《第十二届全国人民代表大会第三次会议关于全国人民代表大会常务委员会工作报告的决议》、《全国人民代表大会常务委员会工作报告》(张德江)、《第十二届全国人民代表大会第三次会议关于最高人民法院工作报告的决议》、《最高人民法院工作报告》(周强)、《第十二届全国人民代表大会第三次会议关于最高人民检察院工作报告的决议》、《最高人民检察院工作报告》(曹建明)、《第十二届全国人民代表大会第三次会议关于确认全国人民代表大会常务委员会接受陈吉宁、陈豪辞去全国人民代表大会常务委员会委员职务的请求的决定》、《第十二届全国人民代表大会第三次会议表决议案办法》、《关于第十二届全国人民代表大会第三次会议代表提出议案处理意见的报告》、《第十二届全国人民代表大会第三次会议主席团和秘书长名单》、《第十二届全国人民代表大会第三次会议主席团常务主席名单》、《第十二届全国人民代表大会第三次会议副秘书长名单》、《第十二届全国人民代表大会第三次会议议程》。[①]

315.《中华人民共和国第十二届全国人民代表大会第四次会议文件汇编》

《中华人民共和国第十二届全国人民代表大会第四次会议文件汇编》是十

[①] 全国人民代表大会常务委员会办公厅编:《中华人民共和国第十二届全国人民代表大会第三次会议文件汇编》,人民出版社2015年版,"目录"第1—3页。

二届全国人大四次会议文件汇编本。

2016年3月5日至16日,第十二届全国人民代表大会第四次会议在北京举行。会议的一个重要成果,就是审查批准了国民经济和社会发展第十三个五年规划纲要。审议批准了政府工作报告和其他报告,对2016年国家各方面工作作出安排部署。审议通过的慈善法,是中国慈善制度建设的一部基础性、综合性法律,为弘扬社会主义核心价值观和中华民族传统美德、促进中国慈善事业健康发展提供了重要法治保障。

2016年4月,全国人民代表大会常务委员会办公厅编辑的《中华人民共和国第十二届全国人民代表大会第四次会议文件汇编》由人民出版社出版。该书收录以下文件:《在第十二届全国人民代表大会第四次会议上的讲话》(张德江)、《第十二届全国人民代表大会第四次会议关于政府工作报告的决议》、《政府工作报告》(李克强)、《第十二届全国人民代表大会第四次会议关于国民经济和社会发展第十三个五年规划纲要的决议》、《中华人民共和国国民经济和社会发展第十三个五年规划纲要》、《第十二届全国人民代表大会财政经济委员会关于国民经济和社会发展第十三个五年规划纲要草案的审查结果报告》、《第十二届全国人民代表大会第四次会议关于2015年国民经济和社会发展计划执行情况与2016年国民经济和社会发展计划的决议》、《关于2015年国民经济和社会发展计划执行情况与2016年国民经济和社会发展计划草案的报告》(国家发展和改革委员会)、《第十二届全国人民代表大会财政经济委员会关于2015年国民经济和社会发展计划执行情况与2016年国民经济和社会发展计划草案的审查结果报告》、《第十二届全国人民代表大会第四次会议关于2015年中央和地方预算执行情况与2016年中央和地方预算的决议》、《关于2015年中央和地方预算执行情况与2016年中央和地方预算草案的报告》(财政部)、《第十二届全国人民代表大会财政经济委员会关于2015年中央和地方预算执行情况与2016年中央和地方预算草案的审查结果报告》、《中华人民共和国主席令 第四十三号》、《中华人民共和国慈善法》、《关于〈中华人民共和国慈善法(草案)〉的说明》(李建国)、《第十二届全国人民代表大会法律委员会关于〈中华人民共和国慈善法(草案)〉审议结果的报告》、《第十二届全国人民代表大会法律委员会关于〈中华人民共和国慈善法(草案修改稿)〉修改意见的报告》、《第十二届全国人民代表大会第四次会议关于全国人民代表大会常务委员会工作报告的决议》、《全国人民代表大会常务委员会工作报告》(张德江)、《第十二届全国人民代表大会第四次会议关于最高人民法院工作报告的决议》、《最高人民法院工作报告》(周强)、《第十二届全国人民代表大会第四次会议关于最高人民检察院工作报告的决议》、《最高人民检察院工作报告》(曹建明)、《第十二届全国人民代表大会第四次会议关于确认全国人民代表大会常务委员会接受黄润秋辞去第十二届全国人民代表大会常务委员会委员职务的请求的决定》、《第十二届全国人民代表大会第四次会议表决议案办法》、《关于第十二届全国人民代表大会第四次会议代表提出议案处理意见的报告》、《第十二届全国人民代表大会第四次会议主席团和秘书长名单》、《第十二届全国人民代表大会第四次会议主席团常务主席名单》、《第十二届全国人民代表大会第四次会议副秘书长名单》、《第十二届全国人民代表大会第四次会议议程》。①

316.《中华人民共和国第十二届全国人民代表大会第五次会议文件汇编》

《中华人民共和国第十二届全国人民代表大会第五次会议文件汇编》是十二届全国人大五次会议文件汇编本。

2017年3月5日至15日,第十二届全国人民代表大会第五次会议在北京举行。会议审议批准了政府、人大等工作报告,审议通过了民法总则、代表选举等法律文件,明确了2017年工作目标任务、部署安排。

2017年5月,全国人民代表大会常务委员会办公厅编辑的《中华人民共和国第十二届全国人民代表大会第五次会议文件汇编》由人民出版社出版。该书收录以下文件:《在第十二届全国人民代表大会第五次会议上的讲话》(张德江)、《第十二届全国人民代表大会第五次会议关于政府工作报告的决议》、《政府工作报告》(李克强)、《第十二届全国人民代表大会第五次会议关于2016年国民经济和社会发展计划执行情况与2017年国民经济和社会发展计划的决议》、《关于2016年国民经济和社会发展计划执行情况与2017年国民经济和社会发展计划草案的报告》(国家发展和改革委员会)、《第十二届全国人民代表大会财政经济委员会关于2016年国民经济和社会发展计划执行情况与2017年国民经济和社会发展计划草案的审查结果报告》、《第十二届全国人民代表大会第五次会议关于2016年中央和地方预算执行情况与2017年中央和地方预算的决议》、《关于2016年中央和地方预算执行情况与2017年中央和地方预算草案的报告》(财政部)、《第十二届全国人民代表大会财政经济委员会关于2016年中央和地方预算执行情况与2017年中央和地方预算草案的审查结果报告》、《中华人民共和国主席令　第六十六号》、《中华人民共和国民法总则》、《全国人民代表大会常务委员会关于提请审议〈中华人民共和国民法总则(草案)〉的议案》、《关于〈中华人民共和国民法总则(草案)〉的说明》(李建国)、《第十二届全国人民代表大会法律委员会关于〈中华人民共和国民

---

① 全国人民代表大会常务委员会办公厅编:《中华人民共和国第十二届全国人民代表大会第四次会议文件汇编》,人民出版社2016年版,"目录"第1—3页。

法总则（草案）〉审议结果的报告》、《第十二届全国人民代表大会法律委员会关于〈中华人民共和国民法总则（草案修改稿）〉修改意见的报告》、《第十二届全国人民代表大会第五次会议关于第十三届全国人民代表大会代表名额和选举问题的决定》、《全国人民代表大会常务委员会关于提请审议〈第十二届全国人民代表大会第五次会议关于第十三届全国人民代表大会代表名额和选举问题的决定（草案）〉的议案》、《关于〈第十二届全国人民代表大会第五次会议关于第十三届全国人民代表大会代表名额和选举问题的决定（草案）〉的说明》（王晨）、《第十二届全国人民代表大会法律委员会关于〈第十二届全国人民代表大会第五次会议关于第十三届全国人民代表大会代表名额和选举问题的决定（草案）〉审议结果的报告》、《第十二届全国人民代表大会法律委员会关于〈第十二届全国人民代表大会第五次会议关于第十三届全国人民代表大会代表名额和选举问题的决定（草案）〉修改意见的报告》、《中华人民共和国香港特别行政区选举第十三届全国人民代表大会代表的办法》、《全国人民代表大会常务委员会关于提请审议〈中华人民共和国香港特别行政区选举第十三届全国人民代表大会代表的办法（草案）〉的议案》、《关于〈中华人民共和国香港特别行政区选举第十三届全国人民代表大会代表的办法（草案）〉的说明》（王晨）、《第十二届全国人民代表大会法律委员会关于〈中华人民共和国香港特别行政区选举第十三届全国人民代表大会代表的办法（草案）〉审议结果的报告》、《第十二届全国人民代表大会法律委员会关于〈中华人民共和国香港特别行政区选举第十三届全国人民代表大会代表的办法（草案修改稿）〉修改意见的报告》、《中华人民共和国澳门特别行政区选举第十三届全国人民代表大会代表的办法》、《全国人民代表大会常务委员会关于提请审议〈中华人民共和国澳门特别行政区选举第十三届全国人民代表大会代表的办法（草案）〉的议案》、《关于〈中华人民共和国澳门特别行政区选举第十三届全国人民代表大会代表的办法（草案）〉的说明》（王晨）、《第十二届全国人民代表大会法律委员会关于〈中华人民共和国澳门特别行政区选举第十三届全国人民代表大会代表的办法（草案）〉审议结果的报告》、《第十二届全国人民代表大会法律委员会关于〈中华人民共和国澳门特别行政区选举第十三届全国人民代表大会代表的办法（草案修改稿）〉修改意见的报告》、《第十二届全国人民代表大会第五次会议关于全国人民代表大会常务委员会工作报告的决议》、《全国人民代表大会常务委员会工作报告》（张德江）、《第十二届全国人民代表大会第五次会议关于最高人民法院工作报告的决议》、《最高人民法院工作报告》（周强）、《第十二届全国人民代表大会第五次会议关于最高人民检察院工作报告的决议》、《最高人民检察院工作报告》（曹建明）、《第十二届全国人民代表大会第五次会议关于确认全国人民代表大会常务委员会接受徐显明辞去第十二届全国人民代表大会常务委员会委员职务的请求的决定》、《第十二届全国人民代表大会第五次会议表决议案办法》、《关于第十二届全国人民代表大会第五次会议代表提出议案处理意见的报告》、《第十二届全国人民代表大会第五次会议主席团和秘书长名单》、《第十二届全国人民代表大会第五次会议主席团常务主席名单》、《第十二届全国人民代表大会第五次会议副秘书长名单》、《第十二届全国人民代表大会第五次会议议程》。[①]

317.《中华人民共和国第十三届全国人民代表大会第一次会议文件汇编》

《中华人民共和国第十三届全国人民代表大会第一次会议文件汇编》是十三届全国人大一次会议文件汇编本。

2018年3月5日至20日,第十三届全国人民代表大会第一次会议在北京举行。会议完成了宪法修改的崇高任务,审议通过了监察法、国务院机构改革方案,审议批准了政府工作报告和其他报告,选举和决定任命了新一届国家机构领导人员。选举习近平为中华人民共和国主席、中华人民共和国中央军事委员会主席,选举栗战书为第十三届全国人民代表大会常务委员会委员长,选举王岐山为中华人民共和国副主席,任命李克强为国务院总理。

2018年5月,全国人民代表大会常务委员会办公厅编辑的《中华人民共和国第十三届全国人民代表大会第一次会议文件汇编》由人民出版社出版。该书收录以下文件:《在第十三届全国人民代表大会第一次会议上的讲话》(习近平)、《在第十三届全国人民代表大会第一次会议上的讲话》(栗战书)、《第十三届全国人民代表大会第一次会议关于政府工作报告的决议》、《政府工作报告》(李克强)、《第十三届全国人民代表大会第一次会议关于2017年国民经济和社会发展计划执行情况与2018年国民经济和社会发展计划的决议》、《关于2017年国民经济和社会发展计划执行情况与2018年国民经济和社会发展计划草案的报告》(国家发展和改革委员会)、《第十三届全国人民代表大会财政经济委员会关于2017年国民经济和社会发展计划执行情况与2018年国民经济和社会发展计划草案的审查结果报告》、《第十三届全国人民代表大会第一次会议关于2017年中央和地方预算执行情况与2018年中央和地方预算的决议》、《关于2017年中央和地方预算执行情况与2018年中央和地方预算草案的报告》(财政部)、《第十三届全国人民代表大会财政经济委员会关于2017年中央和地方预算执行情况与2018年中央和地方预算草案的审查结果报告》、《中华人

[①] 全国人民代表大会常务委员会办公厅编:《中华人民共和国第十二届全国人民代表大会第五次会议文件汇编》,人民出版社2017年版,"目录"第1—6页。

民共和国全国人民代表大会公告 第一号》、《中华人民共和国宪法修正案》、《关于〈中华人民共和国宪法修正案（草案）〉的说明》（王晨）、《第十三届全国人民代表大会第一次会议主席团关于〈中华人民共和国宪法修正案（草案）〉审议情况的报告》、《第十三届全国人民代表大会第一次会议主席团关于〈中华人民共和国宪法修正案（草案修改稿）〉审议情况的报告》、《中华人民共和国宪法》、《中华人民共和国主席令 第三号》、《中华人民共和国监察法》、《关于〈中华人民共和国监察法（草案）〉的说明》（李建国）、《第十三届全国人民代表大会宪法和法律委员会关于〈中华人民共和国监察法（草案）〉审议结果的报告》、《第十三届全国人民代表大会宪法和法律委员会关于〈中华人民共和国监察法（草案修改稿）〉修改意见的报告》、《第十三届全国人民代表大会第一次会议关于全国人民代表大会常务委员会工作报告的决议》、《全国人民代表大会常务委员会工作报告》（张德江）、《第十三届全国人民代表大会第一次会议关于最高人民法院工作报告的决议》、《最高人民法院工作报告》（周强）、《第十三届全国人民代表大会第一次会议关于最高人民检察院工作报告的决议》、《最高人民检察院工作报告》（曹建明）、《第十三届全国人民代表大会第一次会议关于国务院机构改革方案的决定》、《国务院机构改革方案》、《关于国务院机构改革方案的说明》（王勇）、《中华人民共和国全国人民代表大会公告》第二至九号，《中华人民共和国主席令》第一、二号，第十三届全国人民代表大会各专门委员会主任委员、副主任委员、委员名单，《第十三届全国人民代表大会第一次会议表决议案办法》、《第十三届全国人民代表大会第一次会议选举和决定任命的办法》、《第十三届全国人民代表大会第一次会议关于设立第十三届全国人民代表大会专门委员会的决定》、《第十三届全国人民代表大会第一次会议关于第十三届全国人民代表大会专门委员会主任委员、副主任委员、委员人选的表决办法》、《关于第十三届全国人民代表大会第一次会议代表提出议案处理意见的报告》、《第十三届全国人民代表大会第一次会议主席团和秘书长名单》、《第十三届全国人民代表大会第一次会议主席团常务主席名单》、《第十三届全国人民代表大会第一次会议副秘书长名单》、《中华人民共和国第十三届全国人民代表大会代表名单》、《第十三届全国人民代表大会第一次会议议程》。[①]

318.《中华人民共和国第十三届全国人民代表大会第二次会议文件汇编》

《中华人民共和国第十三届全国人民代表大会第二次会议文件汇编》是十

[①] 全国人民代表大会常务委员会办公厅编：《中华人民共和国第十三届全国人民代表大会第一次会议文件汇编》，人民出版社 2018 年版，"目录"第 1—7 页。

三届全国人大二次会议文件汇编本。

2019年3月5日至15日,第十三届全国人民代表大会第二次会议在北京举行。会议审议批准了政府工作报告和其他报告。审议通过的外商投资法,是一部新时代推动高水平对外开放的基础性法律。

2019年6月,全国人民代表大会常务委员会办公厅编辑的《中华人民共和国第十三届全国人民代表大会第二次会议文件汇编》由人民出版社出版。该书收录以下文件:《在第十三届全国人民代表大会第二次会议上的讲话》(栗战书)、《第十三届全国人民代表大会第二次会议关于政府工作报告的决议》、《政府工作报告》(李克强)、《第十三届全国人民代表大会第二次会议关于2018年国民经济和社会发展计划执行情况与2019年国民经济和社会发展计划的决议》、《关于2018年国民经济和社会发展计划执行情况与2019年国民经济和社会发展计划草案的报告》(国家发展和改革委员会)、《第十三届全国人民代表大会财政经济委员会关于2018年国民经济和社会发展计划执行情况与2019年国民经济和社会发展计划草案的审查结果报告》、《第十三届全国人民代表大会第二次会议关于2018年中央和地方预算执行情况与2019年中央和地方预算的决议》、《关于2018年中央和地方预算执行情况与2019年中央和地方预算草案的报告》(财政部)、《第十三届全国人民代表大会财政经济委员会关于2018年中央和地方预算执行情况与2019年中央和地方预算草案的审查结果报告》、《中华人民共和国主席令 第二十六号》、《中华人民共和国外商投资法》、《关于〈中华人民共和国外商投资法(草案)〉的说明》(王晨)、《第十三届全国人民代表大会宪法和法律委员会关于〈中华人民共和国外商投资法(草案)〉审议结果的报告》、《第十三届全国人民代表大会宪法和法律委员会关于〈中华人民共和国外商投资法(草案修改稿)〉修改意见的报告》、《第十三届全国人民代表大会第二次会议关于全国人民代表大会常务委员会工作报告的决议》、《全国人民代表大会常务委员会工作报告》(栗战书)、《第十三届全国人民代表大会第二次会议关于最高人民法院工作报告的决议》、《最高人民法院工作报告》(周强)、《第十三届全国人民代表大会第二次会议关于最高人民检察院工作报告的决议》、《最高人民检察院工作报告》(张军)、《第十三届全国人民代表大会第二次会议关于确认全国人民代表大会常务委员会接受张荣顺辞去第十三届全国人民代表大会常务委员会委员职务的请求的决定》、《第十三届全国人民代表大会第二次会议表决议案办法》、《关于第十三届全国人民代表大会第二次会议代表提出议案处理意见的报告》、《第十三届全国人民代表大会第二次会议主席团和秘书长名单》、《第十三届全国人民代表大会第二次会议主席团常务主席名单》、《第十三届全国人民代表大会第二次会议副秘书长名单》、《第十三届全国人民代表大会第二次会议议程》。①

319.《中华人民共和国第十三届全国人民代表大会第三次会议文件汇编》

《中华人民共和国第十三届全国人民代表大会第三次会议文件汇编》是十三届全国人大三次会议文件汇编本。

2020年5月22日至28日，第十三届全国人民代表大会第三次会议在北京举行。会议审议批准了政府工作报告和其他报告，对今后一个阶段的工作作出部署。审议通过的民法典是新中国第一部以法典命名的法律，是推进全面依法治国、完善中国特色社会主义法律体系的重要标志性立法。作出了关于建立健全香港特别行政区维护国家安全的法律制度和执行机制的决定。

2020年9月，全国人民代表大会常务委员会办公厅编辑的《中华人民共和国第十三届全国人民代表大会第三次会议文件汇编》由人民出版社出版。该书收录以下文件：《在第十三届全国人民代表大会第三次会议上的讲话》（栗战书）、《第十三届全国人民代表大会第三次会议关于政府工作报告的决议》、《政府工作报告》（李克强）、《第十三届全国人民代表大会第三次会议关于2019年国民经济和社会发展计划执行情况与2020年国民经济和社会发展计划的决议》、《关于2019年国民经济和社会发展计划执行情况与2020年国民经济和社会发展计划草案的报告》（国家发展和改革委员会）、《第十三届全国人民代表大会财政经济委员会关于2019年国民经济和社会发展计划执行情况与2020年国民经济和社会发展计划草案的审查结果报告》、《第十三届全国人民代表大会第三次会议关于2019年中央和地方预算执行情况与2020年中央和地方预算的决议》、《关于2019年中央和地方预算执行情况与2020年中央和地方预算草案的报告》（财政部）、《第十三届全国人民代表大会财政经济委员会关于2019年中央和地方预算执行情况与2020年中央和地方预算草案的审查结果报告》、《中华人民共和国主席令 第四十五号》、《中华人民共和国民法典》、《关于〈中华人民共和国民法典（草案）〉的说明》（王晨）、《第十三届全国人民代表大会宪法和法律委员会关于〈中华人民共和国民法典（草案）〉审议结果的报告》、《第十三届全国人民代表大会宪法和法律委员会关于〈中华人民共和国民法典（草案修改稿）〉修改意见的报告》、《全国人民代表大会关于建立健全香港特别行政区维护国家安全的法律制度和执行机制的决定》、《关于〈全国人民代表大会关于建立健全香港特别行政区维护国家安全的法律制度和执行机制的决定（草案）〉的说明》（王晨）、《第十三届全国人民代表大会宪

---

① 全国人民代表大会常务委员会办公厅编：《中华人民共和国第十三届全国人民代表大会第二次会议文件汇编》，人民出版社2019年版，"目录"第1—3页。

法和法律委员会关于〈全国人民代表大会关于建立健全香港特别行政区维护国家安全的法律制度和执行机制的决定（草案）〉审议结果的报告》、《第十三届全国人民代表大会宪法和法律委员会关于〈全国人民代表大会关于建立健全香港特别行政区维护国家安全的法律制度和执行机制的决定（草案修改稿）〉修改意见的报告》、《第十三届全国人民代表大会第三次会议关于全国人民代表大会常务委员会工作报告的决议》、《全国人民代表大会常务委员会工作报告》（栗战书）、《第十三届全国人民代表大会第三次会议关于最高人民法院工作报告的决议》、《最高人民法院工作报告》（周强）、《第十三届全国人民代表大会第三次会议关于最高人民检察院工作报告的决议》、《最高人民检察院工作报告》（张军）、《第十三届全国人民代表大会第三次会议关于确认全国人民代表大会常务委员会接受冯忠华辞去第十三届全国人民代表大会常务委员会委员职务的请求的决定》、《第十三届全国人民代表大会第三次会议表决议案办法》、《关于第十三届全国人民代表大会第三次会议代表提出议案处理意见的报告》、《第十三届全国人民代表大会第三次会议主席团和秘书长名单》、《第十三届全国人民代表大会第三次会议主席团常务主席名单》、《第十三届全国人民代表大会第三次会议副秘书长名单》、《第十三届全国人民代表大会第三次会议议程》。[①]

320.《中华人民共和国第十三届全国人民代表大会第四次会议文件汇编》

《中华人民共和国第十三届全国人民代表大会第四次会议文件汇编》是十三届全国人大四次会议文件汇编本。

2021年3月5日至11日，第十三届全国人民代表大会第四次会议在北京举行。会议审议批准了政府工作报告和其他报告，审查批准了国民经济和社会发展第十四个五年规划和2035年远景目标纲要。审议通过了关于修改全国人民代表大会组织法的决定和关于修改全国人民代表大会议事规则的决定。作出关于完善香港特别行政区选举制度的决定。

2021年6月，全国人民代表大会常务委员会办公厅编辑的《中华人民共和国第十三届全国人民代表大会第四次会议文件汇编》由人民出版社出版。该书收录以下文件：《在第十三届全国人民代表大会第四次会议上的讲话》（栗战书）、《第十三届全国人民代表大会第四次会议关于政府工作报告的决议》、《政府工作报告》（李克强）、《第十三届全国人民代表大会第四次会议关于国民经济和社会发展第十四个五年规划和2035年远景目标纲要的决议》、《中华

[①] 全国人民代表大会常务委员会办公厅编：《中华人民共和国第十三届全国人民代表大会第三次会议文件汇编》，人民出版社2020年版，"目录"第1—4页。

人民共和国国民经济和社会发展第十四个五年规划和 2035 年远景目标纲要》、《第十三届全国人民代表大会财政经济委员会关于国民经济和社会发展第十四个五年规划和 2035 年远景目标纲要草案的审查结果报告》、《第十三届全国人民代表大会第四次会议关于 2020 年国民经济和社会发展计划执行情况与 2021 年国民经济和社会发展计划的决议》、《关于 2020 年国民经济和社会发展计划执行情况与 2021 年国民经济和社会发展计划草案的报告》（国家发展和改革委员会）、《第十三届全国人民代表大会财政经济委员会关于 2020 年国民经济和社会发展计划执行情况与 2021 年国民经济和社会发展计划草案的审查结果报告》、《第十三届全国人民代表大会第四次会议关于 2020 年中央和地方预算执行情况与 2021 年中央和地方预算的决议》、《关于 2020 年中央和地方预算执行情况与 2021 年中央和地方预算草案的报告》（财政部）、《第十三届全国人民代表大会财政经济委员会关于 2020 年中央和地方预算执行情况与 2021 年中央和地方预算草案的审查结果报告》、《全国人民代表大会关于修改〈中华人民共和国全国人民代表大会组织法〉的决定》、《中华人民共和国全国人民代表大会组织法》、《关于〈中华人民共和国全国人民代表大会组织法（修正草案）〉的说明》（王晨）、《第十三届全国人民代表大会宪法和法律委员会关于〈中华人民共和国全国人民代表大会组织法（修正草案）〉审议结果的报告》、《第十三届全国人民代表大会宪法和法律委员会关于〈全国人民代表大会关于修改《中华人民共和国全国人民代表大会组织法》的决定（草案）〉修改意见的报告》、《全国人民代表大会关于修改〈中华人民共和国全国人民代表大会议事规则〉的决定》、《中华人民共和国全国人民代表大会议事规则》、《关于〈中华人民共和国全国人民代表大会议事规则（修正草案）〉的说明》《王晨）、《第十三届全国人民代表大会宪法和法律委员会关于〈中华人民共和国全国人民代表大会议事规则（修正草案）〉审议结果的报告》、《第十三届全国人民代表大会宪法和法律委员会关于〈全国人民代表大会关于修改《中华人民共和国全国人民代表大会议事规则》的决定（草案）〉修改意见的报告》、《全国人民代表大会关于完善香港特别行政区选举制度的决定》、《关于〈全国人民代表大会关于完善香港特别行政区选举制度的决定（草案）〉的说明》（王晨）、《第十三届全国人民代表大会宪法和法律委员会关于〈全国人民代表大会关于完善香港特别行政区选举制度的决定（草案）〉审议结果的报告》、《第十三届全国人民代表大会宪法和法律委员会关于〈全国人民代表大会关于完善香港特别行政区选举制度的决定（草案修改稿）〉修改意见的报告》、《第十三届全国人民代表大会第四次会议关于全国人民代表大会常务委员会工作报告的决议》、《全国人民代表大会常务委员会工作报告》（栗战书）、《第十三届全国人民代表大会第四次会议关于最高人民法院工作报告的决议》、《最高人民法院工作报告》（周强）、《第十三届全国人民代表大会第四次会议关于最高人民检察院工作报告的决议》、《最高人民检察院工作报告》（张军）、《第十三届全国人民代表大会第四次会议秘书处关于代表提出议案处理意见的报告》、《第十三届全国人民代表大会第四次会议主席团和秘书长名单》、《第十三届全国人民代表大会第四次会议主席团常务主席名单》、《第十三届全国人民代表大会第四次会议副秘书长名单》、《第十三届全国人民代表大会第四次会议表决议案办法》、《第十三届全国人民代表大会第四次会议议程》。①

321.《中华人民共和国第十三届全国人民代表大会第五次会议文件汇编》

《中华人民共和国第十三届全国人民代表大会第五次会议文件汇编》是十三届全国人大五次会议文件汇编本。

2022年3月5日至11日，第十三届全国人民代表大会第五次会议在北京举行。会议审议批准了政府工作报告和其他报告，审议通过了关于修改地方各级人民代表大会和地方各级人民政府组织法的决定，关于第十四届全国人民代表大会代表名额和选举问题的决定，香港特别行政区、澳门特别行政区选举第十四届全国人民代表大会代表的两个办法。

2022年5月，全国人民代表大会常务委员会办公厅编辑的《中华人民共和国第十三届全国人民代表大会第五次会议文件汇编》由人民出版社出版。该书收录以下文件：《在第十三届全国人民代表大会第五次会议上的讲话》（栗战书）、《第十三届全国人民代表大会第五次会议关于政府工作报告的决议》、《政府工作报告》（李克强）、《第十三届全国人民代表大会第五次会议关于2021年国民经济和社会发展计划执行情况与2022年国民经济和社会发展计划的决议》、《关于2021年国民经济和社会发展计划执行情况与2022年国民经济和社会发展计划草案的报告》（国家发展和改革委员会）、《第十三届全国人民代表大会财政经济委员会关于2021年国民经济和社会发展计划执行情况与2022年国民经济和社会发展计划草案的审查结果报告》、《第十三届全国人民代表大会第五次会议关于2021年中央和地方预算执行情况与2022年中央和地方预算的决议》、《关于2021年中央和地方预算执行情况与2022年中央和地方预算草案的报告》（财政部）、《第十三届全国人民代表大会财政经济委员会关于2021年中央和地方预算执行情况与2022年中央和地方预算草案的审查结果报告》、《中华人民共和国主席令 第一一〇号》、《全国人民代表大会关于修

---

① 全国人民代表大会常务委员会办公厅编：《中华人民共和国第十三届全国人民代表大会第四次会议文件汇编》，人民出版社2021年版，"目录"第1—5页。

改〈中华人民共和国地方各级人民代表大会和地方各级人民政府组织法〉的决定》、《中华人民共和国地方各级人民代表大会和地方各级人民政府组织法》、《关于〈中华人民共和国地方各级人民代表大会和地方各级人民政府组织法（修正草案）〉的说明》（王晨）、《第十三届全国人民代表大会宪法和法律委员会关于〈中华人民共和国地方各级人民代表大会和地方各级人民政府组织法（修正草案）〉审议结果的报告》、《第十三届全国人民代表大会宪法和法律委员会关于〈全国人民代表大会关于修改《中华人民共和国地方各级人民代表大会和地方各级人民政府组织法》的决定（草案）〉修改意见的报告》、《第十三届全国人民代表大会第五次会议关于第十四届全国人民代表大会代表名额和选举问题的决定》、《关于〈第十三届全国人民代表大会第五次会议关于第十四届全国人民代表大会代表名额和选举问题的决定（草案）〉的说明》（王晨）、《第十三届全国人民代表大会宪法和法律委员会关于〈第十三届全国人民代表大会第五次会议关于第十四届全国人民代表大会代表名额和选举问题的决定（草案）〉审议结果的报告》、《第十三届全国人民代表大会宪法和法律委员会关于〈第十三届全国人民代表大会第五次会议关于第十四届全国人民代表大会代表名额和选举问题的决定（草案修改稿）〉修改意见的报告》、《中华人民共和国香港特别行政区选举第十四届全国人民代表大会代表的办法》、《关于〈中华人民共和国香港特别行政区选举第十四届全国人民代表大会代表的办法（草案）〉的说明》（王晨）、《第十三届全国人民代表大会宪法和法律委员会关于〈中华人民共和国香港特别行政区选举第十四届全国人民代表大会代表的办法（草案）〉审议结果的报告》、《第十三届全国人民代表大会宪法和法律委员会关于〈中华人民共和国香港特别行政区选举第十四届全国人民代表大会代表的办法（草案修改稿）〉修改意见的报告》、《中华人民共和国澳门特别行政区选举第十四届全国人民代表大会代表的办法》、《关于〈中华人民共和国澳门特别行政区选举第十四届全国人民代表大会代表的办法（草案）〉的说明》（王晨）、《第十三届全国人民代表大会宪法和法律委员会关于〈中华人民共和国澳门特别行政区选举第十四届全国人民代表大会代表的办法（草案）〉审议结果的报告》、《第十三届全国人民代表大会宪法和法律委员会关于〈中华人民共和国澳门特别行政区选举第十四届全国人民代表大会代表的办法（草案修改稿）〉修改意见的报告》、《第十三届全国人民代表大会第五次会议关于全国人民代表大会常务委员会工作报告的决议》、《全国人民代表大会常务委员会工作报告》（栗战书）、《第十三届全国人民代表大会第五次会议关于最高人民法院工作报告的决议》、《最高人民法院工作报告》（周强）、《第十三届全国人民代表大会第五次会议关于最高人民检察院工作报告的决议》、《最高人民检察院工作报告》(张军)、《第十三届全国人民代表大会第五次会议秘书处关于代表提出议案处理意见的报告》、《第十三届全国人民代表大会第五次会议主席团和秘书长名单》、《第十三届全国人民代表大会第五次会议主席团常务主席名单》、《第十三届全国人民代表大会第五次会议副秘书长名单》、《第十三届全国人民代表大会第五次会议议程》。[①]

322.《中华人民共和国国民经济和社会发展第十三个五年规划纲要》

《中华人民共和国国民经济和社会发展第十三个五年规划纲要》是全面推进创新发展、协调发展、绿色发展、开放发展、共享发展,确保全面建成小康社会的规划。是2016年至2021年中国经济社会发展的宏伟蓝图,是全国各族人民的共同愿景,是市场主体的行为导向和政府履行职责的重要依据。

"十三五"时期是全面建成小康社会决胜阶段。《中华人民共和国国民经济和社会发展第十三个五年规划纲要》根据《中共中央关于制定国民经济和社会发展第十三个五年规划的建议》编制,经第十二届全国人民代表大会第四次会议批准颁布执行,主要阐明国家战略意图,明确经济社会发展宏伟目标、主要任务和重大举措。2016年3月,规划纲要单行本由人民出版社出版。2016年6月,由中共中央编译局翻译的规划纲要英文版由中央编译出版社出版。

《中华人民共和国国民经济和社会发展第十三个五年规划纲要》共分二十篇:指导思想、主要目标和发展理念;实施创新驱动发展战略;构建发展新体制;推进农业现代化;优化现代产业体系;拓展网络经济空间;构筑现代基础设施网络;推进新型城镇化;推动区域协调发展;加快改善生态环境;构建全方位开放新格局;深化内地和港澳、大陆和台湾地区合作发展;全力实施脱贫攻坚;提升全民教育和健康水平;提高民生保障水平;加强社会主义精神文明建设;加强和创新社会治理;加强社会主义民主法治建设;统筹经济建设和国防建设;强化规划实施保障。

《中华人民共和国国民经济和社会发展第十三个五年规划纲要》对于继续抓住和用好重要战略机遇期,适应把握引领经济发展新常态,确保如期全面建成小康社会,实现第二个百年奋斗目标、实现中华民族伟大复兴的中国梦,具有十分重要的意义。[②] 英国48家集团俱乐部主席斯蒂芬·佩里指出,中国通过"十三五"规划告诉外界今后5年内中国在各个领域的努力方向,这一规划也必将影响到世界。法国中国问题专家、巴黎第八大学地缘政治学博士皮埃尔·

[①] 全国人民代表大会常务委员会办公厅编:《中华人民共和国第十三届全国人民代表大会第五次会议文件汇编》,人民出版社2022年版,"目录"第1—5页。

[②] 徐绍史:《全面建成小康社会决胜阶段的规划蓝图》,《中国经贸导刊》2016年6月(上)。

皮卡尔认为，中国制订的为期五年的发展蓝图务实、灵活，推动了当代中国的振兴和发展，为中国的成功作出了重要贡献。"十三五"规划保持了这种连续性，这对中国的发展前途至关重要。英国经济学家、英国伦敦经济与商业政策署前署长罗思义认为，中国的"五年规划"为经济运行设定一些关键的经济参数和宏观经济目标，这种宏观经济架构使得中国取得了比西方更快的经济增长速度，也有利于有效应对经济危机。

323.《中华人民共和国国民经济和社会发展第十四个五年规划和2035年远景目标纲要》

《中华人民共和国国民经济和社会发展第十四个五年规划和2035年远景目标纲要》是指导2020年之后5年及15年国民经济和社会发展的纲领性文件，明确了"十四五"时期经济社会发展的指导思想、主要目标、重点任务、重大举措，是中国开启全面建设社会主义现代化国家新征程的宏伟蓝图，是全国各族人民共同的行动纲领。

"十四五"时期是中国全面建成小康社会、实现第一个百年奋斗目标之后，乘势而上开启全面建设社会主义现代化国家新征程、向第二个百年奋斗目标进军的第一个五年。《中华人民共和国国民经济和社会发展第十四个五年规划和2035年远景目标纲要》根据《中共中央关于制定国民经济和社会发展第十四个五年规划和二〇三五年远景目标的建议》编制，经第十三届全国人大第四次会议批准颁布执行，主要阐明国家战略意图，明确政府工作重点，引导规范市场主体行为。[①] 2021年3月，规划纲要单行本由人民出版社出版。2021年9月，由中共中央党史和文献研究院翻译的规划纲要英文版由中央编译出版社出版。

《中华人民共和国国民经济和社会发展第十四个五年规划和2035年远景目标纲要》共分十九篇：开启全面建设社会主义现代化国家新征程；坚持创新驱动发展　全面塑造发展新优势；加快发展现代产业体系　巩固壮大实体经济根基；形成强大国内市场　构建新发展格局；加快数字化发展　建设数字中国；全面深化改革　构建高水平社会主义市场经济体制；坚持农业农村优先发展　全面推进乡村振兴；完善新型城镇化战略　提升城镇化发展质量；优化区域经济布局　促进区域协调发展；发展社会主义先进文化　提升国家文化软实力；推动绿色发展　促进人与自然和谐共生；实行高水平对外开放　开拓合作共赢新局面；提升国民素质　促进人的全面发展；增进民生福祉　提升共建共治共

[①]《中华人民共和国国民经济和社会发展第十四个五年规划和2035年远景目标纲要》，《人民日报》2021年3月13日。

享水平;统筹发展和安全 建设更高水平的平安中国;加快国防和军队现代化 实现富国和强军相统一;加强社会主义民主法治建设 健全党和国家监督制度;坚持"一国两制"推进祖国统一;加强规划实施保障。共六十五章。

《中华人民共和国国民经济和社会发展第十四个五年规划和2035年远景目标纲要》对于巩固拓展全面建成小康社会和脱贫攻坚成果,开启全面建设社会主义现代化国家新征程具有重大意义。①

324.《中国人民政治协商会议第十二届全国委员会第一次会议文件》

《中国人民政治协商会议第十二届全国委员会第一次会议文件》是全国政协十二届一次会议文件汇编本。

2013年3月3日至12日,政协第十二届全国委员会第一次会议在北京举行。大会选举产生了新一届全国政协的领导成员,顺利实现了新老交替,俞正声当选全国政协主席,同时选出23位全国政协副主席。会议通过了政协第十二届全国委员会第一次会议关于常务委员会工作报告的决议、政协第十二届全国委员会第一次会议提案审查委员会关于政协十二届一次会议提案审查情况的报告、政协第十二届全国委员会第一次会议政治决议。②

2013年3月,中国人民政治协商会议全国委员会办公厅编辑的《中国人民政治协商会议第十二届全国委员会第一次会议文件》由人民出版社出版。该书收录以下文件:《中国人民政治协商会议第十二届全国委员会第一次会议政治决议》、《在中国人民政治协商会议第十二届全国委员会第一次会议闭幕会上的讲话》(俞正声)、《中国人民政治协商会议第十二届全国委员会第一次会议关于常务委员会工作报告的决议》、《中国人民政治协商会议全国委员会常务委员会工作报告——在政协第十二届全国委员会第一次会议上》(贾庆林)、《中国人民政治协商会议全国委员会常务委员会关于提案工作情况的报告——在政协第十二届全国委员会第一次会议上》(万钢)、《中国人民政治协商会议第十二届全国委员会第一次会议提案审查委员会关于政协十二届一次会议提案审查情况的报告》、《中国人民政治协商会议第十二届全国委员会主席、副主席、秘书长、常务委员名单》、《中国人民政治协商会议第十二届全国委员会委员名单》、《中国人民政治协商会议第十二届全国委员会第一次会议主席团、主席团会议主持人和秘书长名单》、《中国人民政治协商会议第十二届全国委员会第一次会议主席团常务主席名单》、《中国人民政治协商会议第十二届全国委员会第

---

① 国家发展和改革委员会:《开启全面建设社会主义现代化国家新征程的宏伟蓝图》,《求是》2021年第6期。
② 《全国政协十二届一次会议闭幕》,《人民日报》2013年3月13日。

一次会议提案审查委员会名单》、《中国人民政治协商会议第十二届全国委员会第一次会议副秘书长名单》、《关于召开中国人民政治协商会议第十二届全国委员会第一次会议的决定》、《中国人民政治协商会议第十二届全国委员会第一次会议议程》、《中国人民政治协商会议第十二届全国委员会常务委员会关于设置专门委员会的决定》、《中国人民政治协商会议第十二届全国委员会各专门委员会主任、副主任名单》、《中国人民政治协商会议第十二届全国委员会各专门委员会委员名单》、《中国人民政治协商会议第十二届全国委员会副秘书长任命名单》、《团结就是力量　民主才有活力——热烈祝贺全国政协十二届一次会议开幕》(《人民日报》社论)、《凝聚起实现中国梦的强大力量——热烈祝贺全国政协十二届一次会议开幕》(《人民政协报》社论)、《踏上新征程　开创新局面——热烈祝贺全国政协十二届一次会议胜利闭幕》(《人民日报》社论)、《共同开创团结民主新局面——热烈祝贺全国政协十二届一次会议胜利闭幕》(《人民日报》社论)。①

325.《中国人民政治协商会议第十二届全国委员会第二次会议文件》

《中国人民政治协商会议第十二届全国委员会第二次会议文件》是全国政协十二届二次会议文件汇编本。

2014年3月3日至12日，政协第十二届全国委员会第二次会议在北京举行。会议通过了政协第十二届全国委员会第二次会议关于常务委员会工作报告的决议、政协第十二届全国委员会提案委员会关于政协十二届二次会议提案审查情况的报告、政协第十二届全国委员会第二次会议政治决议。

2014年3月，中国人民政治协商会议全国委员会办公厅编辑的《中国人民政治协商会议第十二届全国委员会第二次会议文件》由人民出版社出版。该书收录以下文件：《中国人民政治协商会议第十二届全国委员会第二次会议政治决议》、《在中国人民政治协商会议第十二届全国委员会第二次会议闭幕会上的讲话》(俞正声)、《中国人民政治协商会议第十二届全国委员会第二次会议关于常务委员会工作报告的决议》、《中国人民政治协商会议全国委员会常务委员会工作报告——在政协第十二届全国委员会第二次会议上》(俞正声)、《中国人民政治协商会议全国委员会常务委员会关于政协十二届一次会议以来提案工作情况的报告——在政协第十二届全国委员会第二次会议上》(韩启德)、《中国人民政治协商会议第十二届全国委员会提案委员会关于政协十二届二次会议提案审查情况的报告》、《中国人民政治协商会议第十二届全国委员会第二

---

① 中国人民政治协商会议全国委员会办公厅编:《中国人民政治协商会议第十二届全国委员会第一次会议文件》，人民出版社2013年版，"目录"第1—4页。

次会议秘书长、副秘书长名单》、《关于召开中国人民政治协商会议第十二届全国委员会第二次会议的决定》、《中国人民政治协商会议第十二届全国委员会第二次会议议程》、《为全面深化改革凝聚强大正能量——热烈祝贺全国政协十二届二次会议开幕》(《人民日报》社论)、《为全面深化改革凝聚更广泛的共识——热烈祝贺全国政协十二届二次会议开幕》(《人民日报》社论)、《发扬民主优势　激活改革动力——热烈祝贺全国政协十二届二次会议胜利闭幕》(《人民日报》社论)、《为全面深化改革形成最大凝聚力——热烈祝贺全国政协十二届二次会议胜利闭幕》(《人民政协报》社论)。[1]

326.《中国人民政治协商会议第十二届全国委员会第三次会议文件》

《中国人民政治协商会议第十二届全国委员会第三次会议文件》是全国政协十二届三次会议文件汇编本。

2015年3月3日至13日，政协第十二届全国委员会第三次会议在北京举行。会议通过了政协第十二届全国委员会第三次会议关于常务委员会工作报告的决议、政协第十二届全国委员会提案委员会关于政协十二届三次会议提案审查情况的报告、政协第十二届全国委员会第三次会议政治决议。

2015年3月，中国人民政治协商会议全国委员会办公厅编辑的《中国人民政治协商会议第十二届全国委员会第三次会议文件》由人民出版社出版。该书收录以下文件：《中国人民政治协商会议第十二届全国委员会第三次会议政治决议》、《在中国人民政治协商会议第十二届全国委员会第三次会议闭幕会上的讲话》(俞正声)、《中国人民政治协商会议第十二届全国委员会第三次会议关于常务委员会工作报告的决议》、《中国人民政治协商会议全国委员会常务委员会工作报告——在政协第十二届全国委员会第三次会议上》(俞正声)、《中国人民政治协商会议全国委员会常务委员会关于政协十二届二次会议以来提案工作情况的报告——在政协第十二届全国委员会第三次会议上》(齐续春)、《中国人民政治协商会议第十二届全国委员会提案委员会关于政协十二届三次会议提案审查情况的报告》、《中国人民政治协商会议第十二届全国委员会第三次会议秘书长、副秘书长名单》、《关于召开中国人民政治协商会议第十二届全国委员会第三次会议的决定》、《中国人民政治协商会议第十二届全国委员会第三次会议议程》、《民主广开言路　协商凝聚共识——热烈祝贺全国政协十二届三次会议开幕》(《人民日报》社论)、《凝心聚力　共襄盛举——热烈祝贺全国政协十二届三次会议开幕》(《人民政协报》社论)、《肩负新使命　谱写新

---

[1] 中国人民政治协商会议全国委员会办公厅编：《中国人民政治协商会议第十二届全国委员会第二次会议文件》，人民出版社2014年版，"目录"第1—3页。

篇章——热烈祝贺全国政协十二届三次会议开幕》(《中国政协》杂志社论)、《发挥协商民主新优势——热烈祝贺全国政协十二届三次会议胜利闭幕》(《人民日报》社论)、《求真务实　开拓创新　为协调推进"四个全面"贡献智慧和力量——热烈祝贺全国政协十二届三次会议胜利闭幕》(《人民政协报》社论)、《为"四个全面"凝聚强大正能量——热烈祝贺全国政协十二届三次会议胜利闭幕》(《中国政协》杂志社论)。①

327.《中国人民政治协商会议第十二届全国委员会第四次会议文件》

《中国人民政治协商会议第十二届全国委员会第四次会议文件》是全国政协十二届四次会议文件汇编本。

2016年3月3日至14日，政协第十二届全国委员会第四次会议在北京举行。会议通过了政协第十二届全国委员会第四次会议关于常务委员会工作报告的决议、政协第十二届全国委员会提案委员会关于政协十二届四次会议提案审查情况的报告、政协第十二届全国委员会第四次会议政治决议。

2016年5月，中国人民政治协商会议全国委员会办公厅编辑的《中国人民政治协商会议第十二届全国委员会第四次会议文件》由人民出版社出版。该书收录以下文件：《毫不动摇坚持我国基本经济制度　推动各种所有制经济健康发展——在全国政协十二届四次会议民建、工商联界委员联组会上的讲话》(习近平)、《在中国人民政治协商会议第十二届全国委员会第四次会议闭幕会上的讲话》(俞正声)、《中国人民政治协商会议第十二届全国委员会第四次会议政治决议》、《中国人民政治协商会议第十二届全国委员会第四次会议关于常务委员会工作报告的决议》、《中国人民政治协商会议全国委员会常务委员会工作报告——在政协第十二届全国委员会第四次会议上》(俞正声)、《中国人民政治协商会议全国委员会常务委员会关于政协十二届三次会议以来提案工作情况的报告——在政协第十二届全国委员会第四次会议上》(陈晓光)、《中国人民政治协商会议第十二届全国委员会提案委员会关于政协十二届四次会议提案审查情况的报告》、《中国人民政治协商会议第十二届全国委员会第四次会议秘书长、副秘书长名单》、《关于召开中国人民政治协商会议第十二届全国委员会第四次会议的决定》、《中国人民政治协商会议第十二届全国委员会第四次会议议程》、《为决胜全面小康汇聚力量——热烈祝贺全国政协十二届四次会议开幕》(《人民日报》社论)、《为全面建成小康社会　凝聚共识　凝聚智慧　凝聚力量——热烈祝贺全国政协十二届四次会议开幕》(《人民政协报》社论)、

---

① 中国人民政治协商会议全国委员会办公厅编：《中国人民政治协商会议第十二届全国委员会第三次会议文件》，人民出版社2015年版，"目录"第1—3页。

《为全面建成小康社会凝心聚力——热烈祝贺全国政协十二届四次会议开幕》(《中国政协》杂志社论)、《民主激荡智慧 团结汇聚力量——热烈祝贺全国政协十二届四次会议胜利闭幕》(《人民日报》社论)、《朝着全面建成小康社会宏伟目标奋勇进发——热烈祝贺全国政协十二届四次会议胜利闭幕》(《人民政协报》社论)、《汇聚决胜攻坚的强大合力——热烈祝贺全国政协十二届四次会议胜利闭幕》(《中国政协》杂志社论)。①

328.《中国人民政治协商会议第十二届全国委员会第五次会议文件》

《中国人民政治协商会议第十二届全国委员会第五次会议文件》是全国政协十二届五次会议文件汇编本。

2017年3月3日至13日,政协第十二届全国委员会第五次会议在北京举行。会议通过了政协第十二届全国委员会第五次会议关于常务委员会工作报告的决议、政协第十二届全国委员会提案委员会关于政协十二届五次会议提案审查情况的报告、政协第十二届全国委员会第五次会议政治决议。

2017年3月,中国人民政治协商会议全国委员会办公厅编辑的《中国人民政治协商会议第十二届全国委员会第五次会议文件》由人民出版社出版。该书收录以下文件:《中国人民政治协商会议第十二届全国委员会第五次会议政治决议》、《在中国人民政治协商会议第十二届全国委员会第五次会议闭幕会上的讲话》(俞正声)、《中国人民政治协商会议第十二届全国委员会第五次会议关于常务委员会工作报告的决议》、《中国人民政治协商会议全国委员会常务委员会工作报告——在政协第十二届全国委员会第五次会议上》(俞正声)、《中国人民政治协商会议全国委员会常务委员会关于政协十二届四次会议以来提案工作情况的报告——在政协第十二届全国委员会第五次会议上》(马培华)、《中国人民政治协商会议第十二届全国委员会提案委员会关于政协十二届五次会议提案审查情况的报告》、《中国人民政治协商会议第十二届全国委员会增选副主席名单》、《中国人民政治协商会议第十二届全国委员会第五次会议秘书长、副秘书长名单》、《关于召开中国人民政治协商会议第十二届全国委员会第五次会议的决定》、《中国人民政治协商会议第十二届全国委员会第五次会议议程》、《为中国特色社会主义伟大事业凝心聚力——热烈祝贺全国政协十二届五次会议开幕》(《人民日报》社论)、《奏响凝心聚力的新乐章——热烈祝贺全国政协十二届五次会议开幕》(《人民政协报》社论)、《民主激发活力 团结共谱新篇——热烈祝贺全国政协十二届五次会议胜利闭幕》(《人民日报》社

---

① 中国人民政治协商会议全国委员会办公厅编:《中国人民政治协商会议第十二届全国委员会第四次会议文件》,人民出版社2016年版,"目录"第1—3页。

论)、《谱写人民政协事业创新发展的精彩篇章——热烈祝贺全国政协十二届五次会议胜利闭幕》(《人民政协报》社论)。①

329.《中国人民政治协商会议第十三届全国委员会第一次会议文件》

《中国人民政治协商会议第十三届全国委员会第一次会议文件》是全国政协十三届一次会议文件汇编本。

2018年3月3日至15日，政协第十三届全国委员会第一次会议在北京举行。大会选举产生了新一届全国政协的领导成员，顺利实现新老交替，汪洋当选全国政协主席，同时选出24位全国政协副主席。会议通过了政协第十三届全国委员会第一次会议关于常务委员会工作报告的决议、政协第十三届全国委员会第一次会议关于中国人民政治协商会议章程修正案的决议、政协第十三届全国委员会第一次会议提案审查委员会关于政协十三届一次会议提案审查情况的报告、政协第十三届全国委员会第一次会议政治决议。②

2018年3月，中国人民政治协商会议全国委员会办公厅编辑的《中国人民政治协商会议第十三届全国委员会第一次会议文件》由人民出版社出版。该书收录以下文件：《中国人民政治协商会议第十三届全国委员会第一次会议政治决议》、《在中国人民政治协商会议第十三届全国委员会第一次会议闭幕会上的讲话》（汪洋）、《中国人民政治协商会议第十三届全国委员会第一次会议关于常务委员会工作报告的决议》、《中国人民政治协商会议全国委员会常务委员会工作报告——在政协第十三届全国委员会第一次会议上》（俞正声）、《中国人民政治协商会议第十三届全国委员会第一次会议关于中国人民政治协商会议章程修正案的决议》、《中国人民政治协商会议章程修正案》、《中国人民政治协商会议章程》、《中国人民政治协商会议章程修改前后内容对照表》、《关于中国人民政治协商会议章程修正案（草案）的说明》（张庆黎）、《全国政协办公厅负责人就〈中国人民政治协商会议章程修正案〉答记者问》、《中国人民政治协商会议全国委员会常务委员会关于提案工作情况的报告——在政协第十三届全国委员会第一次会议上》（万钢）、《中国人民政治协商会议第十三届全国委员会第一次会议提案审查委员会关于政协十三届一次会议提案审查情况的报告》、《中国人民政治协商会议第十三届全国委员会主席、副主席、秘书长、常务委员名单》、《中国人民政治协商会议第十三届全国委员会委员名单》、《中国人民政治协商会议第十三届全国委员会第一次会议主席团、主席团会议

---

① 中国人民政治协商会议全国委员会办公厅编：《中国人民政治协商会议第十二届全国委员会第五次会议文件》，人民出版社2017年版，"目录"第1—3页。

② 《全国政协十三届一次会议闭幕》，《人民日报》2018年3月16日。

主持人和秘书长名单》、《中国人民政治协商会议第十三届全国委员会第一次会议主席团常务主席名单》、《中国人民政治协商会议第十三届全国委员会第一次会议提案审查委员会名单》、《中国人民政治协商会议第十三届全国委员会第一次会议副秘书长名单》、《关于召开中国人民政治协商会议第十三届全国委员会第一次会议的决定》、《中国人民政治协商会议第十三届全国委员会第一次会议议程》、《中国人民政治协商会议第十三届全国委员会常务委员会关于设置专门委员会的决定》、《中国人民政治协商会议第十三届全国委员会各专门委员会主任、副主任名单》、《中国人民政治协商会议第十三届全国委员会各专门委员会委员名单》、《中国人民政治协商会议第十三届全国委员会副秘书长任命名单》、《不负新时代的光荣使命——热烈祝贺全国政协十三届一次会议开幕》（《人民日报》社论）、《携手新时代　谱写新篇章——热烈祝贺全国政协十三届一次会议开幕》（《人民政协报》社论）、《画好同心圆　筑梦新时代——热烈祝贺全国政协十三届一次会议胜利闭幕》（《人民日报》社论）、《开创新时代人民政协事业发展新局面——热烈祝贺全国政协十三届一次会议胜利闭幕》（《人民政协报》社论）。[①]

330.《中国人民政治协商会议第十三届全国委员会第二次会议文件》

《中国人民政治协商会议第十三届全国委员会第二次会议文件》是全国政协十三届二次会议文件汇编本。

2019年3月3日至13日，政协第十三届全国委员会第二次会议在北京举行。会议通过了政协第十三届全国委员会第二次会议关于常务委员会工作报告的决议、政协第十三届全国委员会提案委员会关于政协十三届二次会议提案审查情况的报告、政协第十三届全国委员会第二次会议政治决议。

2019年3月，中国人民政治协商会议全国委员会办公厅编辑的《中国人民政治协商会议第十三届全国委员会第二次会议文件》由人民出版社出版。该书收录以下文件：《中国人民政治协商会议第十三届全国委员会第二次会议政治决议》、《在中国人民政治协商会议第十三届全国委员会第二次会议闭幕会上的讲话》（汪洋）、《中国人民政治协商会议第十三届全国委员会第二次会议关于常务委员会工作报告的决议》、《中国人民政治协商会议全国委员会常务委员会工作报告——在政协第十三届全国委员会第二次会议上》（汪洋）、《中国人民政治协商会议全国委员会常务委员会关于政协十三届一次会议以来提案工作情况的报告——在政协第十三届全国委员会第二次会议上》（苏辉）、《中国人

[①] 中国人民政治协商会议全国委员会办公厅编：《中国人民政治协商会议第十三届全国委员会第一次会议文件》，人民出版社2018年版，"目录"第1—4页。

民政治协商会议第十三届全国委员会提案委员会关于政协十三届二次会议提案审查情况的报告》、《中国人民政治协商会议第十三届全国委员会第二次会议秘书长、副秘书长名单》、《关于召开中国人民政治协商会议第十三届全国委员会第二次会议的决定》、《中国人民政治协商会议第十三届全国委员会第二次会议议程》、《同心建言资政　同向凝聚共识——热烈祝贺全国政协十三届二次会议开幕》(《人民日报》社论)、《广泛凝聚全面建成小康社会正能量——热烈祝贺全国政协十三届二次会议开幕》(《人民政协报》社论)、《凝心聚力共创美好新时代——热烈祝贺全国政协十三届二次会议胜利闭幕》(《人民日报》社论)、《干出新时代人民政协的新样子——热烈祝贺全国政协十三届二次会议胜利闭幕》(《人民政协报》社论)。[1]

331.《中国人民政治协商会议第十三届全国委员会第三次会议文件》

《中国人民政治协商会议第十三届全国委员会第三次会议文件》是全国政协十三届三次会议文件汇编本。

2020年5月18日至27日，政协第十三届全国委员会第三次会议在北京举行。会议选举李斌为政协第十三届全国委员会秘书长。通过了政协第十三届全国委员会第三次会议关于常务委员会工作报告的决议、政协第十三届全国委员会提案委员会关于政协十三届三次会议提案审查情况的报告、政协第十三届全国委员会第三次会议政治决议。委员们一致赞成并支持全国人民代表大会就建立健全香港特别行政区维护国家安全的法律制度和执行机制作出决定。

2020年6月，中国人民政治协商会议全国委员会办公厅编辑的《中国人民政治协商会议第十三届全国委员会第三次会议文件》由人民出版社出版。该书收录以下文件：《中国人民政治协商会议第十三届全国委员会第三次会议政治决议》、《在中国人民政治协商会议第十三届全国委员会第三次会议闭幕会上的讲话》(汪洋)、《中国人民政治协商会议第十三届全国委员会第三次会议关于常务委员会工作报告的决议》、《中国人民政治协商会议全国委员会常务委员会工作报告——在政协第十三届全国委员会第三次会议上》(汪洋)、《中国人民政治协商会议全国委员会常务委员会关于政协十三届二次会议以来提案工作情况的报告——在政协第十三届全国委员会第三次会议上》(郑建邦)、《中国人民政治协商会议第十三届全国委员会提案委员会关于政协十三届三次会议提案审查情况的报告》、《中国人民政治协商会议第十三届全国委员会补选秘书长名单》、《中国人民政治协商会议第十三届全国委员会第三次会议秘书长、副秘

---

[1] 中国人民政治协商会议全国委员会办公厅编：《中国人民政治协商会议第十三届全国委员会第二次会议文件》，人民出版社2019年版，"目录"第1—3页。

书长名单》、《关于召开中国人民政治协商会议第十三届全国委员会第三次会议的决定》、《中国人民政治协商会议第十三届全国委员会第三次会议议程》、《广泛凝聚共识 决胜全面小康——热烈祝贺全国政协十三届三次会议开幕》(《人民日报》社论)、《在新的历史交汇点上团结奋进——热烈祝贺全国政协十三届三次会议开幕》(《人民政协报》社论)、《凝聚起决胜全面小康的磅礴力量——热烈祝贺全国政协十三届三次会议开幕》(《中国政协》编辑部)、《决胜全面小康 共襄复兴伟业——热烈祝贺全国政协十三届三次会议胜利闭幕》(《人民日报》社论)、《胸怀"两个大局" 汇聚磅礴力量——热烈祝贺全国政协十三届三次会议胜利闭幕》(《人民政协报》社论)、《心怀国之大者 凝聚复兴力量——热烈祝贺全国政协十三届三次会议闭幕》(《中国政协》编辑部)。①

332.《中国人民政治协商会议第十三届全国委员会第四次会议文件》

《中国人民政治协商会议第十三届全国委员会第四次会议文件》是全国政协十三届四次会议文件汇编本。

2021年3月4日至10日,政协第十三届全国委员会第四次会议在北京举行。会议通过了政协第十三届全国委员会第四次会议关于常务委员会工作报告的决议、政协第十三届全国委员会第四次会议关于政协十三届三次会议以来提案工作情况报告的决议、政协第十三届全国委员会提案委员会关于政协十三届四次会议提案审查情况的报告、政协第十三届全国委员会第四次会议政治决议。委员们一致赞成并坚决支持全国人民代表大会作出关于完善香港特别行政区选举制度的决定。

2021年3月,中国人民政治协商会议全国委员会办公厅编辑的《中国人民政治协商会议第十三届全国委员会第四次会议文件》由人民出版社出版。该书收录以下文件:《中国人民政治协商会议第十三届全国委员会第四次会议政治决议》、《在中国人民政治协商会议第十三届全国委员会第四次会议闭幕会上的讲话》(汪洋)、《中国人民政治协商会议第十三届全国委员会第四次会议关于常务委员会工作报告的决议》、《中国人民政治协商会议全国委员会常务委员会工作报告——在政协第十三届全国委员会第四次会议上》(汪洋)、《中国人民政治协商会议第十三届全国委员会第四次会议关于政协十三届三次会议以来提案工作情况报告的决议》、《中国人民政治协商会议全国委员会常务委员会关于政协十三届三次会议以来提案工作情况的报告——在政协第十三届全国委员

---

① 中国人民政治协商会议全国委员会办公厅编:《中国人民政治协商会议第十三届全国委员会第三次会议文件》,人民出版社2020年版,"目录"第1—3页。

会第四次会议上》(辜胜阻)、《中国人民政治协商会议第十三届全国委员会提案委员会关于政协十三届四次会议提案审查情况的报告》、《中国人民政治协商会议第十三届全国委员会第四次会议秘书长、副秘书长名单》、《关于召开中国人民政治协商会议第十三届全国委员会第四次会议的决定》、《中国人民政治协商会议第十三届全国委员会第四次会议议程》、《为"十四五"开好局起好步 凝心聚力——热烈祝贺全国政协十三届四次会议开幕》(《人民日报》社论)、《为开启新征程汇智聚力——热烈祝贺全国政协十三届四次会议开幕》(《人民政协报》社论)、《趁势而上开启崭新征程——热烈祝贺全国政协十三届四次会议胜利闭幕》(《人民日报》社论)、《聚焦"十四五"奋进新征程——热烈祝贺全国政协十三届四次会议胜利闭幕》(《人民政协报》社论)。[①]

333.《中国人民政治协商会议第十三届全国委员会第五次会议文件》

《中国人民政治协商会议第十三届全国委员会第五次会议文件》是全国政协十三届五次会议文件汇编本。

2022年3月4日至10日,政协第十三届全国委员会第五次会议在北京举行。会议通过了政协第十三届全国委员会第五次会议关于常务委员会工作报告的决议、政协第十三届全国委员会第五次会议关于政协十三届四次会议以来提案工作情况报告的决议、政协第十三届全国委员会提案委员会关于政协十三届五次会议提案审查情况的报告、政协第十三届全国委员会第五次会议政治决议。

2022年3月,中国人民政治协商会议全国委员会办公厅编辑的《中国人民政治协商会议第十三届全国委员会第五次会议文件》由人民出版社出版。该书收录以下文件:《中国人民政治协商会议第十三届全国委员会第五次会议政治决议》、《在中国人民政治协商会议第十三届全国委员会第五次会议闭幕会上的讲话》(汪洋)、《中国人民政治协商会议第十三届全国委员会第五次会议关于常务委员会工作报告的决议》、《中国人民政治协商会议全国委员会常务委员会工作报告——在政协第十三届全国委员会第五次会议上》(汪洋)、《中国人民政治协商会议第十三届全国委员会第五次会议关于政协十三届四次会议以来提案工作情况报告的决议》、《中国人民政治协商会议全国委员会常务委员会关于政协十三届四次会议以来提案工作情况的报告——在政协第十三届全国委员会第五次会议上》(刘新成)、《中国人民政治协商会议第十三届全国委员会提案委员会关于政协十三届五次会议提案审查情况的报告》、《中国人民政治协商

[①] 中国人民政治协商会议全国委员会办公厅编:《中国人民政治协商会议第十三届全国委员会第四次会议文件》,人民出版社2021年版,"目录"第1—3页。

会议第十三届全国委员会第五次会议秘书长、副秘书长名单》、《关于召开中国人民政治协商会议第十三届全国委员会第五次会议的决定》、《中国人民政治协商会议第十三届全国委员会第五次会议议程》、《团结一心，凝聚起共同奋斗的力量——热烈祝贺全国政协十三届五次会议开幕》（《人民日报》社论）、《奋进新征程　建功新时代——热烈祝贺全国政协十三届五次会议开幕》（《人民政协报》社论）、《凝聚智慧力量　共谱奋进新篇——热烈祝贺全国政协十三届五次会议胜利闭幕》（《人民日报》社论）、《以履职担当实际行动迎接二十大胜利召开——热烈祝贺全国政协十三届五次会议胜利闭幕》（《人民政协报》社论）。①

334.《中华人民共和国制宪修宪重要文献资料选编》

《中华人民共和国制宪修宪重要文献资料选编》是反映中国宪法全新发展历程的文献资料集。

宪法是国家的根本法，是治国安邦的总章程，是党和人民意志的集中体现。从1949年9月中国人民政治协商会议第一届全体会议通过具有临时宪法作用的《中国人民政治协商会议共同纲领》，1954年9月第一届全国人民代表大会第一次会议通过《中华人民共和国宪法》始，中国宪法制度同社会主义建设事业一起经过了不平凡的发展历程。中国现行宪法由五届全国人大五次会议于1982年12月4日通过。此后，根据时代进步和实践发展需要，在中共中央领导下，全国人大在1988年、1993年、1999年、2004年和2018年，先后5次对现行宪法进行修改，体现了中国特色社会主义道路、理论、制度、文化的发展成果，有力推动了国家制度和国家治理体系与时俱进、完善发展。

为了全面系统、客观准确地反映新中国成立以来中国宪法制定修改过程中的重要成果，帮助广大干部群众学习了解中国宪法发展历程、主要内容以及核心要义，为立法实践和理论研究提供制宪修宪文献参考资料，2021年1月，全国人大常委会法制工作委员会宪法室编辑的《中华人民共和国制宪修宪重要文献资料选编》，由中国民主法制出版社出版。

《中华人民共和国制宪修宪重要文献资料选编》对新中国宪法史上的重要文献都作了收录，全书分四编：第一编收入1982年宪法制定以及1988年、1993年、1999年、2004年和2018年宪法修改过程中的文献资料；第二编收入1978年宪法制定和修改过程中的文献资料；第三编收入1975年宪法制定过程中的文献资料；第四编收入1954年宪法制定过程中的文献资料。附录部分

---

① 中国人民政治协商会议全国委员会办公厅编：《中国人民政治协商会议第十三届全国委员会第五次会议文件》，人民出版社2022年版，"目录"第1—3页。

收入1949年中国人民政治协商会议共同纲领制定过程中的文献资料。①

335.《"一带一路"倡议文件汇编》

《"一带一路"倡议文件汇编》是中国政府围绕"一带一路"倡议颁布的法律文件汇编集，是2018年度国家社科基金重大研究专项项目"'一带一路'倡议与国际规则体系研究"阶段性成果、国家高端智库武汉大学国际法研究所《国际法文库》实务系列之一。

作为国际社会最为重要的行为规范，国际法在全球治理中发挥着不可替代的作用，中国全面推进依法治国、对外开放、参与全球治理，亟需掌握和运用国际法。中共十八大以来，习近平统筹国内国际两个大局，深刻观察和思考世界形势，顺应时代潮流，适应发展规律，首倡"一带一路"，得到国际社会特别是沿线国家积极响应。作为扩大开放的重大战略举措，共建"一带一路"正在成为中国参与全球开放合作、改善全球经济治理体系、促进全球共同发展繁荣、推动构建人类命运共同体的中国方案。② 随着中国日益接近世界舞台的中央，迫切需要加强国际法律共同建设，利用国际法维护世界和平和人类命运共同体以及可持续发展，保障中国的正当利益。为在中国国际法理论研究和实践运用之间架起桥梁，促使中国国际法研究更加贴近国家和社会的现实需要，在国际法理论的支撑下运用国际法规则分析和解决实践中出现的问题，武汉大学国际法研究所组织编辑了《国际法文库》实务系列。作为《国际法文库》实务系列之一，2020年5月，杨泽伟编的《"一带一路"倡议文件汇编》由法律出版社出版。

《"一带一路"倡议文件汇编》主要收集"一带一路"倡议自2013年提出以来至2019年4月期间系列重要法律文件，包括：《推动共建丝绸之路经济带和21世纪海上丝绸之路的愿景与行动》《共同推动认证认可服务"一带一路"建设的愿景与行动》《关于人民法院为"一带一路"建设提供司法服务和保障的若干意见》《关于加强和规范"一带一路"对外交流平台审核工作的通知》《标准联通"一带一路"行动计划（2015—2017）》《国家卫生计生委关于推进"一带一路"卫生交流合作三年实施方案（2015—2017)》《推进共建"一带一路"教育行动计划》《关于加快推进"一带一路"空间信息走廊建设与应用的指导意见》《中欧班列建设发展规划（2016—2020年）》《中医药"一带一路"发展规划（2016—2020年）》《文化部"一带一路"文化发展行动计划（2016—2020年）》《关于进一步做好税收服务"一带一路"建设工作的通知》

---

① 《前言》，《中华人民共和国制宪修宪重要文献资料选编》，中国民主法制出版社2021年版。
② 《习近平谈"一带一路"》，中央文献出版社2018年版，第1页。

《关于推进绿色"一带一路"建设的指导意见》《共建"一带一路":理念、实践与中国的贡献》《共同推进"一带一路"建设农业合作的愿景与行动》《"一带一路"生态环境保护合作规划》《"一带一路"融资指导原则》《推动丝绸之路经济带和21世纪海上丝绸之路能源合作愿景与行动》《"一带一路"建设海上合作设想》《"一带一路"体育旅游发展行动方案(2017—2020年)》《关于开展支持中小企业参与"一带一路"建设专项行动的通知》《国家邮政局关于推进邮政业服务"一带一路"建设的指导意见》《标准联通共建"一带一路"行动计划(2018—2020年)》《关于支持香港全面参与和助力"一带一路"建设的安排》《工业和信息化部关于工业通信业标准化工作服务于"一带一路"建设的实施意见》《高校科技创新服务"一带一路"倡议行动计划》《共建"一带一路"倡议:进展、贡献与展望》。[1]

(三)

336.《中国的医疗卫生事业》(2012年12月)

《中国的医疗卫生事业》是中国政府首次就医疗卫生事业发表的白皮书。

中国高度重视保护和增进人民健康。多年来,中国坚持"以农村为重点,预防为主,中西医并重,依靠科技与教育,动员全社会参与,为人民健康服务,为社会主义现代化建设服务"的卫生工作方针,努力发展具有中国特色的医疗卫生事业。为全面客观地介绍医疗卫生改革发展情况,展示中国重视和改善民生的政策措施,进一步增进国际社会对中国医疗卫生事业的了解和支持,2012年12月26日,《中国的医疗卫生事业》由中华人民共和国国务院新闻办公室发表,中文版、英文版单行本由人民出版社、外文出版社出版。

《中国的医疗卫生事业》全文约12000字,分为前言、卫生基本状况、医药卫生体制改革、传染病防治与卫生应急、慢性非传染性疾病防治、妇女儿童健康权益保护、中医药发展、卫生国际合作、结束语等部分,全面介绍了中国医疗卫生的基本状况,回顾了多年来中国为推动医疗卫生事业发展所做的努力,展示了医药卫生体制改革阶段性成效。[2]

337.《西藏的发展与进步》(2013年10月)

《西藏的发展与进步》是中国政府发表的白皮书。

---

[1] 《"一带一路"倡议文件汇编》,法律出版社2020年版。
[2] 《中国的医疗卫生事业》,《人民日报》2012年12月27日。

西藏自古以来就是中国的一部分。西藏步入现代文明始于1949年中华人民共和国的建立。历经和平解放、民主改革、自治区成立、改革开放等重要历史发展阶段，西藏走上了与全国一道快速发展的轨道。为全面总结西藏发展进步经验启示，2013年10月22日，《西藏的发展与进步》由中华人民共和国国务院新闻办公室发表，中文版、英文版单行本由人民出版社、外文出版社出版。

《西藏的发展与进步》全文约2万字，以大量数据和事实从6个方面介绍了西藏的发展进步情况，包括：西藏发展进步是历史的必然、经济发展与民生改善、政治进步与人民当家作主、文化保护和宗教信仰自由、社会变迁与各项事业的发展、环境保护与生态文明建设，全面介绍60多年来西藏发展进步的历程和取得的辉煌成就。[①]

338.《"一国两制"在香港特别行政区的实践》（2014年6月）

《"一国两制"在香港特别行政区的实践》是中国政府发表的白皮书。

"一个国家，两种制度"是中国政府为实现国家和平统一而提出的基本国策。按照"一国两制"方针，中国政府通过与英国政府的外交谈判成功解决历史遗留的香港问题，香港回归祖国后，"一国两制"由科学构想变成生动现实。为回顾总结"一国两制"在香港特别行政区的实践历程，全面准确地理解和贯彻"一国两制"方针政策，2014年6月10日，《"一国两制"在香港特别行政区的实践》由中华人民共和国国务院新闻办公室发表，中文版、英文版单行本由人民出版社、外文出版社出版。

《"一国两制"在香港特别行政区的实践》全文约2.3万字，以大量事实和数据分五个部分介绍了"一国两制"政策的由来和在香港取得的实践成就，包括：香港顺利回归祖国的历程、特别行政区制度在香港的确立、香港特别行政区各项事业取得全面进步、中央政府全力支持香港特别行政区繁荣发展、全面准确理解和贯彻"一国两制"方针政策，全面阐述回归以来"一国两制"在香港特区的实践成就。[②]

339.《中国的对外援助（2014）》（2014年7月）

《中国的对外援助（2014）》是中国政府发表的白皮书。

中国是世界上最大的发展中国家。在发展进程中，中国坚持把中国人民的利益同各国人民的共同利益结合起来，在南南合作框架下向其他发展中国家提

---

① 《西藏的发展与进步》，《人民日报》2013年10月23日。
② 《"一国两制"在香港特别行政区的实践》，《人民日报》2014年6月11日。

供力所能及的援助，支持和帮助发展中国家特别是最不发达国家减少贫困、改善民生。为客观、全面的介绍2010年至2012年的中国政府对外援助情况，2014年7月10日，《中国的对外援助（2014）》由中华人民共和国国务院新闻办公室发表，中文版、英文版单行本由人民出版社、外文出版社出版。

《中国的对外援助（2014）》全文约1.2万字，在2011年中国政府首次发布的《中国的对外援助》白皮书介绍对外援助政策、资金、方式、分布、管理、国际合作等内容的基础上，进一步介绍了2010年至2012年中国在稳步发展援外事业、推动受援国民生改善、促进受援国经济社会发展、推进区域合作机制发展、参与国际交流合作等方面的情况。①

340.《新疆生产建设兵团的历史与发展》（2014年10月）

《新疆生产建设兵团的历史与发展》是中国政府发表的白皮书。

1949年新疆和平解放，1954年中央政府决定在新疆成立生产建设兵团。这是符合中国国情和新疆实际的战略举措，也是历史经验在新的历史条件下的继承和发展。60年来，兵团为推动新疆发展、增进民族团结、维护社会稳定、巩固国家边防作出了不可磨灭的历史贡献。2014年是新疆生产建设兵团成立60周年，为全面介绍兵团的历史和发展状况，2014年10月5日，《新疆生产建设兵团的历史与发展》由中华人民共和国国务院新闻办公室发表，中文版、英文版单行本由人民出版社、外文出版社出版。

《新疆生产建设兵团的历史与发展》全文约7800字，从建立与发展、职责与体制、开发与建设、维稳戍边与促进民族团结四个方面介绍了兵团的历史和发展状况。②

341.《西藏发展道路的历史选择》（2015年4月）

《西藏发展道路的历史选择》是中国政府发表的白皮书。

西藏自古是中国的一部分，藏族是中华民族命运共同体的一员。西藏的命运始终与伟大祖国和中华民族的命运紧密相连。1949年中华人民共和国成立后，历经和平解放、民主改革、自治区成立、改革开放等重要发展阶段，西藏不仅建立起全新的社会制度，而且实现了经济社会发展的历史性跨越，走上了中国特色社会主义道路。为介绍西藏发展的历史成就，2015年4月15日，《西藏发展道路的历史选择》由中华人民共和国国务院新闻办公室发表，中文版、英文版单行本由人民出版社、外文出版社出版。

---

① 《中国的对外援助（2014）》，《人民日报》2014年7月11日。
② 《新疆生产建设兵团的历史与发展》，《人民日报》2014年10月6日。

《西藏发展道路的历史选择》全文约 2.7 万字，以大量数据和事实从 5 个方面介绍了西藏发展道路的历史选择，包括：旧制度必然退出西藏历史舞台、新西藏走上了一条正确发展道路、"中间道路"的实质是分裂中国、"和平""非暴力"的假象、中央政府对十四世达赖的政策，全面阐述了西藏发展道路是历史必然选择的重要论断。①

342.《中国的军事战略》（2015 年 5 月）

《中国的军事战略》是中国政府发表的第一部专门阐述中国军事战略的白皮书。

中国政府自 1998 年开始发表国防白皮书，历年发表的国防白皮书都坚持全面、客观、透明的原则，力求使中国的国防力量建设和军事战略公开透明。所有白皮书均强调一个核心思想，那就是中国主张和平，反对武力，奉行防御性的国防政策。2015 年 5 月 26 日，《中国的军事战略》由中华人民共和国国务院新闻办公室发表，中文版、英文版单行本由人民出版社、外文出版社出版。

《中国的军事战略》全文约 9000 字，是中国政府自 1998 年以来发表的第九部国防白皮书，也是第二部专题型国防白皮书。这部军事战略白皮书具有很强的战略性、前瞻性，侧重于介绍当前和今后一个时期中国的军事战略走向，包括：国家安全形势、军队使命和战略任务、积极防御战略方针、军事力量建设发展、军事斗争准备、军事安全合作，首次系统阐述了新的历史时期军队使命和战略任务，介绍了积极防御战略思想和新形势下积极防御军事战略方针，公布了军兵种和武警部队发展战略，以及重大安全领域力量发展要求。②

《中国的军事战略》有利于国内民众和国际社会更加全面客观地了解中国的军事安全政策，有利于外界对中国军队建设发展走向形成更加客观、理性的预期，体现了中方在重大战略问题上的开放、自信，展现了致力于维护国际和地区共同安全的积极意愿，对于认识理解中国坚持走和平发展道路、奉行防御性国防政策、推进强军兴军的坚定决心具有重大意义。日本《每日新闻》网站报道称，中国政府 26 日发布的国防白皮书针对中国面临的状况称，"个别海上邻国在涉及中国领土主权和海洋权益问题上采取挑衅性举动"，强调将坚持防御性国防政策，做好海上军事斗争准备。这体现出中国的军事战略从重视陆军转向了重视海军。

---

① 《西藏发展道路的历史选择》，《人民日报》2015 年 4 月 16 日。
② 《中国的军事战略》，《人民日报》2015 年 5 月 27 日。

343.《民族区域自治制度在西藏的成功实践》(2015年9月)

《民族区域自治制度在西藏的成功实践》是中国政府发表的白皮书。

民族区域自治,是中国特色社会主义的一项基本政治制度,是中国解决民族问题的基本政策。根据中国宪法,国家在西藏实行民族区域自治制度,依法保障西藏各族人民平等参与管理国家和地方事务的政治权利,自1959年实行民主改革和1965年实行民族区域自治制度以来,西藏不仅建立起全新的社会主义制度,而且实现了经济社会发展的历史性跨越。为全面介绍实行民族区域自治制度给西藏带来的翻天覆地的变化,2015年9月6日,《民族区域自治制度在西藏的成功实践》由中华人民共和国国务院新闻办公室发表,中文版、英文版单行本由人民出版社、外文出版社出版。

《民族区域自治制度在西藏的成功实践》全文约2.2万字,以大量数据和事实从八个方面介绍了西藏实行民族区域自治制度前后所发生的重大变化,包括:旧西藏的黑暗与落后、走上发展进步道路、符合国情的政治制度、保障人民当家作主、大力增进人民福祉、保护和弘扬优秀传统文化、尊重和保护宗教信仰自由、推进生态文明建设。①

344.《中国性别平等与妇女发展》(2015年9月)

《中国性别平等与妇女发展》是中国政府在妇女发展方面发表的第三部白皮书。

中国始终坚持男女平等的宪法原则,将男女平等作为促进国家社会发展的一项基本国策,不断完善法律法规,制定公共政策,编制发展规划,持续推进性别平等与妇女发展。2015年是中国提出男女平等基本国策20周年,是联合国第四次世界妇女大会在北京成功举办20周年,为全面介绍中国推动性别平等与妇女发展的政策措施和所做的不懈努力,2015年9月22日,《中国性别平等与妇女发展》由中华人民共和国国务院新闻办公室以中、英、法、俄、德、西、阿、日等多语种发表,中文版、英文版分别由人民出版社、外文出版社出版。

《中国性别平等与妇女发展》全文约1.1万字,由前言、正文和结束语三部分组成。白皮书运用大量事实和数据,从性别平等与妇女发展的机制保障、妇女与经济、妇女与教育、妇女与健康、妇女与决策管理、妇女与环境、性别平等与妇女发展的法治保障、性别平等与妇女发展的国际交流合作等方面,详

---

① 《民族区域自治制度在西藏的成功实践》,《人民日报》2015年9月7日。

细介绍了中国推动性别平等与妇女发展的政策措施和取得的显著成就。①

《中国性别平等与妇女发展》全面介绍男女平等基本国策被提出 20 年来，中国在性别平等与妇女发展方面取得的进步，阐释和表达有关政策主张，对于增进国际社会对中国的了解和认识，更好地促进中国性别平等与妇女发展，加强中国与世界的对话、交流、合作，具有重要意义。

345.《中国的核应急》（2016 年 1 月）

《中国的核应急》是中国政府涉核领域首部白皮书。

中国始终把核安全放在和平利用核能事业首要位置，坚持总体国家安全观，倡导理性、协调、并进的核安全观，秉持为发展求安全、以安全促发展的理念，始终追求发展和安全两个目标有机融合。半个多世纪以来，中国人民奋发图强、历尽艰辛，创建发展核能事业并取得辉煌成就。同时，不断改进核安全技术，实施严格的核安全监管，加强核应急管理，核能事业始终保持良好安全记录。为全面集中介绍中国在核应急领域采取的主要措施和取得的重要进展，2016 年 1 月 27 日，《中国的核应急》由中华人民共和国国务院新闻办公室发表，中文版、英文版单行本由人民出版社、外文出版社出版。

《中国的核应急》以总体国家安全观和中国核安全观等重要思想为指导，由前言、正文和结束语三部分组成，全文约 1.2 万字。正文 8 个章节分别介绍中国核能发展与核应急基本形势、核应急方针政策、核应急"一案三制"建设、核应急能力建设与保持、核事故应对处置主要措施、核应急演习演练、培训与公众沟通、核应急科技创新和核应急国际合作与交流。②

《中国的核应急》对国内国外公众，全面了解中国的核应急工作的基本面貌、基本形势、基本政策、基本理论、基本主张很有帮助。

346.《新疆的宗教信仰自由状况》（2016 年 6 月）

《新疆的宗教信仰自由状况》是中国政府首次以新疆宗教事务为主题发表的白皮书。

新疆维吾尔自治区（简称新疆）地处中国西北，千百年来，这里就是一个多民族聚居、多宗教并存的地区。目前，新疆主要有伊斯兰教、佛教、基督教、天主教和道教等。历史上，新疆的宗教关系十分复杂。1949 年新中国成立后，新疆各族人民真正获得了宗教信仰自由的权利。中央政府和新疆地方各级政府全面落实民族区域自治制度，贯彻实施宗教信仰自由政策，不断完善宗

---

① 《中国性别平等与妇女发展》，《人民日报》2015 年 9 月 23 日。
② 《中国的核应急》，《人民日报》2016 年 1 月 28 日。

教事务管理法律法规,新疆各宗教迎来了和谐共处的历史新阶段。为了让国际社会了解新疆宗教信仰自由的真实状况,2016年6月2日,《新疆的宗教信仰自由状况》由中华人民共和国国务院新闻办公室发表,中文版、英文版单行本由人民出版社、外文出版社出版。

《新疆的宗教信仰自由状况》全文约8600字,除前言、结束语外共包括七个部分,包括:新疆的宗教历史、保障公民宗教信仰自由权利、满足信教公民正常宗教需求、依法管理宗教事务、开展宗教对外交流、防范和打击宗教极端、发挥宗教界的积极作用。[①]

347.《中国北斗卫星导航系统》(2016年6月)

《中国北斗卫星导航系统》是中国政府发表的首部关于北斗卫星导航系统的白皮书。

北斗卫星导航系统是中国着眼于国家安全和经济社会发展需要,自主建设、独立运行的卫星导航系统,是为全球用户提供全天候、全天时、高精度的定位、导航和授时服务的国家重要空间基础设施。为系统诠释北斗系统发展理念和政策主张,2016年6月16日,《中国北斗卫星导航系统》由中华人民共和国国务院新闻办公室发表,中文版、英文版单行本由人民出版社、外文出版社出版。

《中国北斗卫星导航系统》全文约5700字,除前言、结束语外,共包括发展目标与原则、持续建设和发展北斗系统、提供可靠安全的卫星导航服务、推动北斗系统应用与产业化发展、积极促进国际合作与交流等五个部分。[②]

348.《中国坚持通过谈判解决中国与菲律宾在南海的有关争议》(2016年7月)

《中国坚持通过谈判解决中国与菲律宾在南海的有关争议》是中国政府发表的白皮书。

中国和菲律宾隔海相望,交往密切,人民世代友好,原本不存在领土和海洋划界争议。然而,自20世纪70年代起,菲律宾开始非法侵占南沙群岛部分岛礁,由此制造了中菲南沙群岛部分岛礁领土问题。此外,随着国际海洋法的发展,两国在南海部分海域还出现了海洋划界争议。为还原中菲南海有关争议的事实真相,重申中国在南海问题上的一贯立场和政策,溯本清源,以正视听,2016年7月13日,《中国坚持通过谈判解决中国与菲律宾在南海的有关

---

① 《新疆的宗教信仰自由状况》,《人民日报》2016年6月3日。
② 《中国北斗卫星导航系统》,《人民日报》2016年6月17日。

争议》由中华人民共和国国务院新闻办公室发表，中文版、英文版单行本由人民出版社、外文出版社出版。

《中国坚持通过谈判解决中国与菲律宾在南海的有关争议》全文 2 万余字，除引言外，共包括南海诸岛是中国固有领土、中菲南海有关争议的由来、中菲已就解决南海有关争议达成共识、菲律宾一再采取导致争议复杂化的行动、中国处理南海问题的政策等五部分。①

349.《中国司法领域人权保障的新进展》（2016 年 9 月）

《中国司法领域人权保障的新进展》是中国政府发表的在司法领域人权保障方面首部白皮书。

尊重和保障人权，是中国的宪法原则，也是中国共产党、中国政府和中国人民的坚定意志与不懈追求。司法是维护社会公平正义的最后一道防线，司法领域的人权保障是人权事业发展的重要方面。随着法治中国建设的全面推进，中国司法领域人权保障不断取得新进展。为详细介绍中国人权保障领域的现实做法与最新成效，2016 年 9 月 12 日，《中国司法领域人权保障的新进展》由中华人民共和国国务院新闻办公室发表，中文版、英文版单行本由人民出版社、外文出版社出版。

《中国司法领域人权保障的新进展》全文约 13900 字，除前言外共包括四个部分，分别是不断健全人权司法保障机制、进一步完善人权司法保障程序、努力提高人权司法保障执行力和切实保障被羁押人合法权利。②

350.《中国的减贫行动与人权进步》（2016 年 10 月）

《中国的减贫行动与人权进步》是中国政府发表的白皮书。

消除贫困是人类梦寐以求的理想，是各国人民追求幸福生活的基本权利。多年来，中国共产党和中国政府从基本国情出发，把人民的生存权、发展权放在首位，致力于减贫脱贫，努力保障和改善民生，发展各项社会事业，使发展成果更多更公平惠及全体人民，保障人民平等参与、平等发展权利。2012 年中共十八大以来，在全面建成小康社会、实现中华民族伟大复兴中国梦的伟大进程中，以习近平同志为核心的党中央，坚持以人民为中心的发展思想，实施精准扶贫、精准脱贫基本方略，中国的减贫行动更加扎实有效，为世界减贫事业作出了重大贡献，创造了世界人权发展新奇迹。2016 年 10 月 17 日，《中国的减贫行动与人权进步》由中华人民共和国国务院新闻办公室发表，中文版、

---

① 《中国坚持通过谈判解决中国与菲律宾在南海的有关争议》，《人民日报》2016 年 7 月 14 日。
② 《中国司法领域人权保障的新进展》，《人民日报》2016 年 9 月 13 日。

英文版单行本由人民出版社、外文出版社出版。

《中国的减贫行动与人权进步》包括六个部分：减贫促进了中国人权事业发展、保障贫困人口生存权、维护特定群体权利、改善贫困地区发展环境、合力推进减贫事业和减贫进入攻坚阶段。①

351.《发展权：中国的理念、实践与贡献》（2016年12月）

《发展权：中国的理念、实践与贡献》是中国政府发表的白皮书。

发展是人类社会永恒的主题，寄托着生存和希望。发展权是一项不可剥夺的人权，象征着人类尊严和荣耀。中国是世界上最大的发展中国家，发展是中国共产党执政兴国的第一要务，是解决中国所有问题的关键。中共十八大以来，以习近平同志为核心的党中央，坚持以人民为中心的发展思想，在实现"两个一百年"奋斗目标、实现中华民族伟大复兴的中国梦进程中，以保障和改善民生为重点，大力发展各项社会事业，切实保证人民平等参与、平等发展权利，努力朝着实现全体人民共享发展和共同富裕的目标稳步前进。为纪念联合国《发展权利宣言》通过30周年，2016年12月1日，《发展权：中国的理念、实践与贡献》由中华人民共和国国务院新闻办公室发表，中文版、英文版单行本由人民出版社、外文出版社出版。

《发展权：中国的理念、实践与贡献》全文约21550字，除前言、结束语外，共包括八个部分，分别是与时俱进的发展权理念、日臻完备的发展权保障制度、有效实现经济发展、不断完善政治发展、努力促进文化发展、全面提升社会发展、加快落实绿色发展、推动实现共同发展。②

352.《中国的中医药》（2016年12月）

《中国的中医药》是中国政府首次就中医药发展发表的白皮书。

中医药作为中华文明的杰出代表，是中国各族人民在几千年生产生活实践和与疾病作斗争中逐步形成并不断丰富发展的医学科学，不仅为中华民族繁衍昌盛作出了卓越贡献，也对世界文明进步产生了积极影响。新中国成立以来，中国高度重视和大力支持中医药发展。中医药与西医药优势互补，相互促进，共同维护和增进民众健康，已经成为中国特色医药卫生与健康事业的重要特征和显著优势。2016年12月6日，《中国的中医药》由中华人民共和国国务院新闻办公室以中、英、法、俄、德、西、日、阿等语种发表，中文版和英文版分别由人民出版社和外文出版社出版。

---

① 《中国的减贫行动与人权进步》，《人民日报》2016年10月18日。
② 《发展权：中国的理念、实践与贡献》，《人民日报》2016年12月2日。

《中国的中医药》全文约 9000 余字，除前言、结束语外，共包括四个部分，分别是中医药的历史发展、中国发展中医药的政策措施、中医药的传承与发展、中医药国际交流与合作，系统介绍了中医药的发展脉络及其特点，充分介绍了中国发展中医药的国家政策和主要措施，展示了中医药的科学价值和文化特点。①

353.《中国交通运输发展》（2016 年 12 月）

《中国交通运输发展》是中国政府首次就交通运输建设发展发表的白皮书。

新中国成立以来，特别是改革开放以来，交通运输面貌发生了历史性变化，为经济社会发展、人民群众安全便捷出行作出了重要贡献。2016 年 12 月 29 日，《中国交通运输发展》由中华人民共和国国务院新闻办公室发表，中文版、英文版单行本由人民出版社、外文出版社出版。

《中国交通运输发展》约 10000 字，除前言、结束语外共包括五个部分，分别是交通运输发展历程，综合交通运输体系建设，发挥基础性先导性服务性作用，对外开放与国际合作，未来五年的发展目标，系统地介绍了中国交通运输的发展历程、整体面貌以及未来的发展蓝图等。②

354.《中国的亚太安全合作政策》（2017 年 1 月）

《中国的亚太安全合作政策》是中国政府在亚太安全合作政策方面发表的第一部白皮书。

亚洲和太平洋地区地域广阔，国家众多，拥有全世界 60% 的人口，经济和贸易总量分别占全球总额的近六成和一半，在世界格局中具有重要战略地位。中国一直致力于维护亚太地区的和平与稳定，坚持走和平发展道路，坚持互利共赢的开放战略，坚持在和平共处五项原则基础上同所有国家发展友好合作，全面参与区域合作，积极应对传统安全和非传统安全挑战，为推动建设持久和平、共同繁荣的亚太不懈努力。为让亚太各方充分了解中国的亚太安全合作政策，展现中方进一步加强地区安全合作、维护地区稳定繁荣的积极意愿，2017 年 1 月 12 日，《中国的亚太安全合作政策》由中华人民共和国国务院新闻办公室以中、英、法、俄、德、西、阿、日等语种发表，中文版和英文版已分别由人民出版社、外文出版社出版。

《中国的亚太安全合作政策》全文约 1.6 万字，由前言、正文和结束语三部分组成。正文分六个部分：一、中国对亚太安全合作的政策主张；二、中国

---

① 《中国的中医药》，《人民日报》2016 年 12 月 8 日。
② 《中国交通运输发展》，《人民日报》2016 年 12 月 30 日。

的亚太安全理念；三、中国与地区其他主要国家的关系；四、中国在地区热点问题上的立场和主张；五、中国参与亚太地区主要多边机制；六、中国参与地区非传统安全合作。[1]

355.《新疆人权事业的发展进步》（2017年6月）

《新疆人权事业的发展进步》是中国政府发表的白皮书。

实现充分的人权是人类长期追求的理想，也是包括新疆各族人民在内的全中国人民长期为之奋斗的目标。1949年中华人民共和国成立前，新疆各族人民遭受着外国侵略势力、封建剥削阶级和宗教特权阶层的压迫，社会地位极其低下，无法享有基本人权。新中国的成立和社会主义制度的确立，为新疆各族人民真正享有人权奠定了根本政治前提和制度基础。1955年，中国在新疆实行民族区域自治制度，进一步保障了新疆各族人民当家作主的权利。自1978年中国实行改革开放以来，新疆经济社会发展进入了一个新的历史时期，各族人民的人权保障水平不断提升。2017年6月1日，《新疆人权事业的发展进步》由中华人民共和国国务院新闻办公室发表，中文版、英文版单行本由人民出版社、外文出版社出版。

《新疆人权事业的发展进步》包括九部分，分别是前言，政治权利，公民权利，经济权利，社会权利，文化权利，环境权利，宗教信仰自由权利，妇女、儿童、老年人、残疾人权利。[2]

356.《中国健康事业的发展与人权进步》（2017年9月）

《中国健康事业的发展与人权进步》是中国政府发表的白皮书。

健康是人类生存和社会发展的基本条件。健康权是一项包容广泛的基本人权，是人类有尊严地生活的基本保证，人人有权享有公平可及的最高健康标准。中国共产党和中国政府始终坚持以人民为中心的发展思想，奉行人民至上的价值取向，牢牢把握人民群众对美好生活的向往，把增进人民福祉、促进人的全面发展作为发展的出发点和落脚点。中共十八大以来，在以习近平同志为核心的党中央坚强领导下，中国把人民健康放在优先发展的战略地位，努力为人民群众提供全生命周期的卫生与健康服务，提升了中国的健康权保障水平，使中国人权事业得到长足发展。2017年9月29日，《中国健康事业的发展与人权进步》由中华人民共和国国务院新闻办公室发表，中文版、英文版单行本由人民出版社、外文出版社出版。

---

[1]《中国的亚太安全合作政策》，《人民日报》2017年1月12日。
[2]《新疆人权事业的发展进步》，《人民日报》2017年6月2日。

《中国健康事业的发展与人权进步》全文约 17000 字，除前言、结束语外，共包括七个部分，分别是符合国情的健康权保障模式、健康环境与条件持续改善、公共卫生服务能力稳步提升、医疗卫生服务质量大幅提高、全民医疗保障体系逐步健全、特定群体的健康水平显著进步、积极参与全球健康治理和国际医疗援助。[①]

357.《中国人权法治化保障的新进展》（2017 年 12 月）

《中国人权法治化保障的新进展》是中国政府发表的白皮书。

法治是人类文明进步的标志，也是人权得以实现的保障。多年来，中国坚持依法治国基本方略，努力建设社会主义法治国家，人权法治化保障不断迈上新台阶。中共十八大以来，以习近平同志为核心的党中央，坚持以人民为中心的发展思想，从推进国家治理体系和治理能力现代化的高度，作出了全面依法治国的重大战略部署，将尊重和保障人权置于社会主义法治国家建设更加突出的位置，开启了中国人权法治化建设的新时代。2017 年 12 月 15 日，《中国人权法治化保障的新进展》由中华人民共和国国务院新闻办公室发表，中文版、英文版单行本由人民出版社、外文出版社出版。

《中国人权法治化保障的新进展》全文约 17000 字，除前言、结束语外，共包括六个部分，分别为不断完善人权保障法律体系、依法行政保障公民合法权益、有效提升人权司法保障水平、夯实人权法治化保障的社会基础、加强党对人权法治化保障的领导和积极促进全球人权法治建设。[②]

358.《中国的北极政策》（2018 年 1 月）

《中国的北极政策》是中国政府首次就北极政策发表的白皮书。

在经济全球化、区域一体化不断深入发展的背景下，北极在战略、经济、科研、环保、航道、资源等方面的价值不断提升，受到国际社会的普遍关注。中国倡导构建人类命运共同体，是北极事务的积极参与者、建设者和贡献者，努力为北极发展贡献中国智慧和中国力量。为了阐明中国在北极问题上的基本立场，阐释中国参与北极事务的政策目标、基本原则和主要政策主张，指导中国相关部门和机构开展北极活动和北极合作，推动有关各方更好参与北极治理，与国际社会一道共同维护和促进北极的和平、稳定和可持续发展，2018 年 1 月 26 日，《中国的北极政策》由中华人民共和国国务院新闻办公室以中、英、法、俄、德、西、阿、日等 8 个语种发表，由人民出版社、外文出版社分

---

① 《中国健康事业的发展与人权进步》，《人民日报》2017 年 9 月 30 日。
② 《中国人权法治化保障的新进展》，《人民日报》2017 年 12 月 16 日。

别出版。

《中国的北极政策》全文约9000字，除前言、结束语外，共包括四个部分，分别为北极的形势与变化、中国与北极的关系、中国的北极政策目标和基本原则、中国参与北极事务的主要政策主张。①

359.《中国保障宗教信仰自由的政策和实践》（2018年4月）

《中国保障宗教信仰自由的政策和实践》是中国政府自1997年以来在保障宗教信仰自由政策方面发表的第二部白皮书。

中国是共产党领导的社会主义国家。中国始终坚持从本国国情和宗教实际出发，实行宗教信仰自由政策，保障公民宗教信仰自由权利，构建积极健康的宗教关系，维护宗教和睦与社会和谐。中共十八大以来，在以习近平同志为核心的党中央坚强领导下，中国全面推进依法治国，把宗教工作纳入国家治理体系，用法律调节涉及宗教的各种社会关系，宗教工作法治化水平不断提高。信教公民和不信教公民相互尊重、和睦相处，积极投身改革开放和社会主义现代化建设，共同为实现中华民族伟大复兴的中国梦贡献力量。2018年4月3日，《中国保障宗教信仰自由的政策和实践》由中华人民共和国国务院新闻办公室以中、英、法、俄、西、阿等语种发表，中文版、英文版单行本由人民出版社、外文出版社出版。

《中国保障宗教信仰自由的政策和实践》全文约8000字，除前言和结束语外共包括五个部分，分别是保障宗教信仰自由的基本政策、宗教信仰自由权利的法律保障、宗教活动有序开展、宗教界的作用得到充分发挥、宗教关系积极健康，以大量数据全面客观介绍了中国改革开放40年特别是中国共产党第十八次全国代表大会以来在保障宗教信仰自由方面取得的重要进展。②

360.《中国与世界贸易组织》（2018年6月）

《中国与世界贸易组织》是中国政府首次就中国与世界贸易组织问题发表的白皮书。

2001年中国加入世界贸易组织，是中国深度参与经济全球化的里程碑，标志着中国改革开放进入历史新阶段。加入世贸组织以来，中国积极践行自由贸易理念，全面履行加入承诺，大幅开放市场，实现更广互利共赢，在对外开放中展现了大国担当。站在新时代的历史起点上，中国开放的大门不会关闭，只会越开越大。为全面介绍中国履行加入世贸组织承诺的实践，阐释中国参与多

---

① 《中国的北极政策》，《人民日报》2018年1月27日。
② 《中国保障宗教信仰自由的政策和实践》，《人民日报》2018年4月4日。

边贸易体制建设的原则立场和政策主张，阐明中国推进更高水平对外开放的愿景与行动，2018年6月28日，《中国与世界贸易组织》由中华人民共和国国务院新闻办公室发表，中文版、英文版单行本由人民出版社、外文出版社出版。

《中国与世界贸易组织》全文约1.2万字，除前言、结束语外，共包括四个部分，分别为中国切实履行加入世贸组织承诺、中国坚定支持多边贸易体制、中国加入世贸组织后对世界作出重要贡献、中国积极推动更高水平对外开放。[1]

《中国与世界贸易组织》引发国际社会广泛关注，海外人士高度评价中国入世以来对世界贸易所作贡献。世界贸易组织发言人基思·罗克韦尔表示，世界贸易组织秘书处过去和现在都"十分赞赏中国对世界贸易组织所给予的强有力支持"。俄罗斯国民经济和国家行政学院副教授谢尔盖·海斯坦诺夫指出，中国履行了所有作为世贸组织成员的义务。从世界贸易角度看，中国加入世贸组织给全球贸易发展注入动力。英国主要媒体注意到白皮书强调中国将"不断创造更全面、更深入、更多元的对外开放格局"。英国广播公司等媒体认为，这将为英国农业、汽车及金融等多个行业带来机遇。

361.《青藏高原生态文明建设状况》（2018年7月）

《青藏高原生态文明建设状况》是中国政府发表的白皮书。

青藏高原被誉为"世界屋脊""地球第三极""亚洲水塔"，是珍稀野生动物的天然栖息地和高原物种基因库，是中国乃至亚洲重要的生态安全屏障，是中国生态文明建设的重点地区之一。青藏高原生态文明建设，对推动高原可持续发展、促进中国和全球生态环境保护有着十分重要的影响。中国共产党和中国政府坚持生态保护第一，将保护好青藏高原生态作为关系中华民族生存和发展的大事。2018年7月18日，《青藏高原生态文明建设状况》由中华人民共和国国务院新闻办公室发表，中文版、英文版单行本由人民出版社、外文出版社出版。

《青藏高原生态文明建设状况》全文约1.4万字，除前言和结束语外，共包括六个部分，分别是生态文明制度逐步健全、生态保育成效显著、环境质量持续稳定、绿色产业稳步发展、科技支撑体系基本建立、生态文化逐渐形成。[2]

362.《关于中美经贸摩擦的事实与中方立场》（2018年9月）

《关于中美经贸摩擦的事实与中方立场》是中国政府发表的白皮书。

---

[1]《中国与世界贸易组织》，《人民日报》2018年6月29日。
[2]《青藏高原生态文明建设状况》，《人民日报》2018年7月19日。

中国是世界上最大的发展中国家，美国是世界上最大的发达国家。中美经贸关系既对两国意义重大，也对全球经济稳定和发展有着举足轻重的影响。中美两国建交以来，双边经贸关系持续发展，利益交汇点不断增多，形成了紧密合作关系，不仅使两国共同获益，而且惠及全球。2017年新一届美国政府上任以来，实行单边主义、保护主义和经济霸权主义，对许多国家和地区特别是中国作出一系列不实指责，试图采取极限施压方法将自身利益诉求强加于中国。面对这种局面，中国从维护两国共同利益和世界贸易秩序大局出发，为稳定双边经贸关系作出了艰苦努力。然而，美国出尔反尔、不断发难，导致中美经贸摩擦在短时间内持续升级，使两国政府和人民多年努力培养起来的中美经贸关系受到极大损害，也使多边贸易体制和自由贸易原则遭遇严重威胁。为澄清中美经贸关系事实，阐明中国对中美经贸摩擦的政策立场，推动问题合理解决，2018年9月24日，《关于中美经贸摩擦的事实与中方立场》由中华人民共和国国务院新闻办公室以中、英、法、俄、德、西、阿、日8个语种发表，由人民出版社、外文出版社分别出版。

《关于中美经贸摩擦的事实与中方立场》全文约3.6万字，除前言外，共包括六个部分，分别是中美经贸合作互利共赢、中美经贸关系的事实、美国政府的贸易保护主义行为、美国政府的贸易霸凌主义行为、美国政府不当做法对世界经济发展的危害、中国的立场，全面介绍中美经贸关系的基本事实，系统阐释中国关于中美经贸摩擦的政策立场，阐明中美经贸关系互利共赢的本质，阐明美国政府的贸易保护主义和贸易霸凌主义行为对世界经济发展的危害，展示中国坚定维护国家利益、坚定维护多边贸易体制的决心和意志。[①]

363.《新疆的文化保护与发展》（2018年11月）

《新疆的文化保护与发展》是中国政府发表的白皮书。

在历史长河中，新疆各民族文化扎根中华文明沃土，既推动了各民族文化发展，也丰富了中华文化内涵。中华人民共和国成立后，中国政府高度重视新疆各民族优秀传统文化的挖掘、传承与保护，坚持创造性转化、创新性发展，鼓励各民族相互学习语言文字，促进各民族交往交流交融，尊重各民族宗教信仰自由，推动文化事业和文化产业发展，推进各民族文化现代化，加强对外文化交流，在不同文化交流互鉴中，增强文化自信。2018年11月15日，《新疆的文化保护与发展》由中华人民共和国国务院新闻办公室发表，中文版、英文版单行本由人民出版社、外文出版社分别出版。

---

① 《关于中美经贸摩擦的事实与中方立场》，《人民日报》2018年9月25日。

《新疆的文化保护与发展》包括前言、新疆各民族文化是中华文化的组成部分、各民族语言文字广泛使用、宗教文化受到尊重和保护、文化遗产保护和传承取得成就、文化事业和文化产业不断发展、对外文化交流日趋活跃等部分。①

364.《改革开放 40 年中国人权事业的发展进步》（2018 年 12 月）

《改革开放 40 年中国人权事业的发展进步》是中国政府发表的白皮书。

2018 年，是中国改革开放 40 周年。改革开放极大地解放和发展了社会生产力，成功地开辟了中国特色社会主义道路，也揭开了中国人权事业发展的新篇章。2018 年 12 月 12 日，《改革开放 40 年中国人权事业的发展进步》由中华人民共和国国务院新闻办公室发表，中文版、英文版单行本由人民出版社、外文出版社出版。

《改革开放 40 年中国人权事业的发展进步》全文近 3 万字，包括前言、牢固树立尊重和保障人权的治国理政原则、大幅提升生存权发展权保障水平、有效实现各项人权全面发展、显著改善特定群体权利、全面加强人权法治建设、努力推动各国人权事业共同发展、积极参与全球人权治理、成功走出符合国情的人权发展道路、结束语等部分，从消除贫困、确保饮用水安全、改善基本居住条件、人民出行、生命健康权、社会救助、环境权利保障等方面，总结了 40 年来中国人权事业取得的进展。②

365.《新疆的反恐、去极端化斗争与人权保障》（2019 年 3 月）

《新疆的反恐、去极端化斗争与人权保障》是中国政府发表的白皮书。

恐怖主义是人类社会的公敌，是国际社会共同打击的对象。一段时间以来，中国新疆地区深受民族分裂势力、宗教极端势力、暴力恐怖势力的叠加影响，恐怖袭击事件频繁发生，对各族人民生命财产安全造成极大危害，严重践踏了人类尊严。面对恐怖主义、极端主义的现实威胁，新疆采取果断措施，依法开展反恐怖主义和去极端化斗争，有效遏制了恐怖活动多发频发势头，最大限度保障了各族人民群众的生存权、发展权等基本权利。2019 年 3 月 18 日，《新疆的反恐、去极端化斗争与人权保障》由中华人民共和国国务院新闻办公室发表，中文版、英文版单行本由人民出版社、外文出版社出版。

《新疆的反恐、去极端化斗争与人权保障》全文共 15000 余字，包括前言、新疆是中国领土不可分割的一部分、恐怖主义、极端主义在新疆的由来、暴力

---

① 《新疆的文化保护与发展》，《人民日报》2018 年 11 月 16 日。
② 《改革开放 40 年中国人权事业的发展进步》，《人民日报》2018 年 12 月 13 日。

恐怖和宗教极端行为严重践踏人权、依法严厉打击恐怖主义和极端主义、坚持把预防性反恐放在第一位、探索出反恐、去极端化的有益经验、积极参与反恐国际交流与合作等部分。①

366.《伟大的跨越：西藏民主改革60年》（2019年3月）

《伟大的跨越：西藏民主改革60年》是中国政府发表的白皮书。

2019年是西藏民主改革60周年。2019年3月27日，《伟大的跨越：西藏民主改革60年》由中华人民共和国国务院新闻办公室以中、英、法、俄、西、阿等多个语种发表，由人民出版社和外文出版社分别出版。

《伟大的跨越：西藏民主改革60年》全文约2.5万字，包括前言、黑暗的封建农奴制度、不可阻挡的历史潮流、彻底废除封建农奴制、实现了人民当家作主、解放和发展了生产力、推进了各项事业发展、加强了生态文明建设、保障了宗教信仰自由、促进了民族平等团结、西藏发展进入新时代、结束语等部分，着重围绕西藏封建农奴制度的黑暗、落后，西藏民主改革的历史必然、民主改革的重要意义，民主改革以来西藏的发展进步等方面，同时围绕新时代西藏发展的新面貌、新气象，以充分的事实和大量的数据深刻阐述民主改革是西藏历史上一场波澜壮阔、意义重大、影响深远的革命，实现了西藏社会制度的根本性变革，解放和发展了生产力，极大地推动了西藏社会全面进步，在人类社会发展史上具有重大意义。②

367.《关于中美经贸磋商的中方立场》（2019年6月）

《关于中美经贸磋商的中方立场》是中国政府继2018年9月发布《关于中美经贸摩擦的事实与中方立场》白皮书后再度就中美经贸问题发表白皮书。

中美经贸关系是两国关系的"压舱石"和"推进器"，事关两国人民根本利益，事关世界繁荣与稳定。2018年3月以来，针对美国政府单方面发起的中美经贸摩擦，中国不得不采取有力应对措施，坚决捍卫国家和人民利益。同时，中国始终坚持通过对话协商解决争议的基本立场，与美国开展多轮经贸磋商，努力稳定双边经贸关系。为全面介绍中美经贸磋商基本情况，阐明中国对中美经贸磋商的政策立场，2019年6月2日，《关于中美经贸磋商的中方立场》由中华人民共和国国务院新闻办公室以中、英、法、俄、德、西、阿、日8个语种发表，由人民出版社、外文出版社分别出版。

《关于中美经贸磋商的中方立场》全文约8300字，除前言和结束语外，共

---

① 《新疆的反恐、去极端化斗争与人权保障》，《人民日报》2019年3月19日。
② 《伟大的跨越：西藏民主改革60年》，《人民日报》2019年3月28日。

包括三部分，分别是美国挑起对华经贸摩擦损害两国和全球利益，美国在中美经贸磋商中出尔反尔、不讲诚信，中国始终坚持平等、互利、诚信的磋商立场。①

368.《新疆的若干历史问题》（2019年7月）

《新疆的若干历史问题》是中国政府发表的白皮书。

中国是统一的多民族国家，新疆各民族是中华民族血脉相连的家庭成员。在漫长的历史发展进程中，新疆的命运始终与伟大祖国和中华民族的命运紧密相连。然而，一个时期以来，境内外敌对势力，特别是民族分裂势力、宗教极端势力、暴力恐怖势力，为了达到分裂、肢解中国的目的，蓄意歪曲历史、混淆是非。他们抹杀新疆是中国固有领土，否定新疆自古以来就是多民族聚居、多文化交流、多宗教并存等客观事实，妄称新疆为"东突厥斯坦"，鼓噪新疆"独立"，企图把新疆各民族和中华民族大家庭、新疆各民族文化和多元一体的中华文化割裂开来。历史不容篡改，事实不容否定，2019年7月21日，《新疆的若干历史问题》由中华人民共和国国务院新闻办公室发表，中文版、英文版单行本由人民出版社、外文出版社分别出版。

《新疆的若干历史问题》除前言、结束语外，共包括七个部分，分别为新疆是中国领土不可分割的一部分、新疆从来不是"东突厥斯坦"、新疆各民族是中华民族的组成部分、维吾尔族是经过长期迁徙融合形成的、新疆各民族文化是中华文化的组成部分、新疆历来是多种宗教并存的地区、伊斯兰教不是维吾尔族天生信仰且唯一信仰的宗教。②

《新疆的若干历史问题》从历史的角度厘清新疆史实，正本清源，对被歪曲的历史予以回应，有效遏阻暴力恐怖势力、民族分裂势力、宗教极端势力制造的混乱，具有重要的现实意义。

369.《新时代的中国国防》（2019年7月）

《新时代的中国国防》是中国政府自1998年以来发表的第10部国防白皮书，也是中共十八大以来发表的首部综合型国防白皮书。

当今世界，人类日益成为利益交融、安危与共的命运共同体。当今中国，正处于全面建成小康社会、开启全面建设社会主义现代化国家新征程的关键阶段，中国特色社会主义进入了新时代。为宣示新时代中国防御性国防政策，介绍中国建设巩固国防和强大军队的实践、目的、意义，增进国际社会对中国国

---

① 《关于中美经贸磋商的中方立场》，《人民日报》2019年6月3日。
② 《新疆的若干历史问题》，《人民日报》2019年7月22日。

防的理解，2019年7月24日，《新时代的中国国防》由中华人民共和国国务院新闻办公室以中、英、法、俄、德、西、阿、日8个语种发表，由人民出版社、外文出版社分别出版。

《新时代的中国国防》分为前言、正文、结束语和附录四部分，共约2.7万字。正文包括国际安全形势、新时代中国防御性国防政策、履行新时代军队使命任务、改革中的中国国防和军队、合理适度的国防开支、积极服务构建人类命运共同体六个章节。附录包括十个表格，主要介绍军委机关部门基本情况、中国国防费规模结构、2012年以来解放军和武警部队对外开展的主要联演联训活动、中国军队参加的主要联合国维和行动的情况，围绕国际社会对中国军队发展的关切，全面系统介绍新时代中国防御性国防政策的时代特点、重要原则、基本内涵，首次阐明新时代中国军队"四个战略支撑"的使命任务，充分阐明新时代中国国防"永不称霸、永不扩张、永不谋求势力范围"的鲜明特征，充分阐明中国国防开支合理适度，充分阐明新时代中国军队发展的世界意义和中国军队为推动构建人类命运共同体所作的积极贡献。[①]

370.《平等、参与、共享：新中国残疾人权益保障70年》（2019年7月）

《平等、参与、共享：新中国残疾人权益保障70年》是中国政府发表的白皮书。

中国有8500万残疾人，面临不少挑战。新中国成立70年来，在建设中国特色社会主义伟大事业的进程中，中国共产党和中国政府本着对人民负责的精神，坚持以人民为中心，关心特殊困难群体，尊重残疾人意愿，保障残疾人权利，注重残疾人的社会参与，推动残疾人真正成为权利主体，成为经济社会发展的参与者、贡献者、享有者，走出了一条具有中国特色的残疾人事业发展道路。2019年7月25日，《平等、参与、共享：新中国残疾人权益保障70年》由中华人民共和国国务院新闻办公室发表，发布中文版的同时，发布英文、法文、俄文、西班牙文、阿拉伯文版，由人民出版社、外文出版社分别出版。

《平等、参与、共享：新中国残疾人权益保障70年》全文约1.9万字，包括残疾人事业发展历程、残疾人权益保障机制、健康与康复、特殊教育与融合教育、就业与创业、对外交流与国际合作等章节，全面系统介绍了新中国成立70年来努力促进和保护残疾人权利和尊严，保障残疾人平等参与政治、经济、社会和文化生活的情况。白皮书以习近平新时代中国特色社会主义思想为指导，突出介绍中共十八大以来中国残疾人权益保障的体制机制，不断完善残疾

[①] 《新时代的中国国防》，《人民日报》2019年7月25日。

人社会保障制度和服务体系不断健全，残疾人获得感、幸福感、安全感持续提升，残疾人事业取得举世瞩目的历史性成就。①

371.《新疆的职业技能教育培训工作》（2019年8月）

《新疆的职业技能教育培训工作》是中国政府发表的白皮书。

新疆是中国反恐、去极端化斗争的主战场。一段时期，新疆深受恐怖主义、宗教极端主义之害，人民生命安全受到严重威胁。新疆坚持标本兼治，打击与预防相结合，通过依法设立职业技能教育培训中心，开展职业技能教育培训工作，着力消除恐怖主义、宗教极端主义滋生蔓延的土壤和条件，有效遏制了恐怖活动多发频发势头，最大限度保障了各族人民的生命权、健康权、发展权等基本权利，取得了反恐、去极端化斗争重要阶段性胜利。2019年8月16日，《新疆的职业技能教育培训工作》由中华人民共和国国务院新闻办公室发表，中文版、英文版单行本由人民出版社、外文出版社分别出版。

《新疆的职业技能教育培训工作》全文1.1万余字，在前言和结束语之外，共有开展教育培训工作势在必行、依法开展教育培训工作、教育培训的内容、学员的基本权利得到保障、教育培训工作取得显著成效、探索出去极端化的有益经验六个章节。②

372.《中国的核安全》（2019年9月）

《中国的核安全》是中国政府发表的首部综合性核安全白皮书。

中国自发展核事业以来，始终把保障核安全作为重要的国家责任，坚持以安全为前提发展核能和技术，按照最严格标准实施监督管理，不断推动核安全与时俱进、创新发展，保持了良好的安全记录。中共十八大以来，以习近平同志为核心的党中央把核安全纳入国家总体安全体系，提出理性、协调、并进的核安全观，为新时期中国核事业安全发展指明了方向。在核安全观引领下，中国逐步建立起法规规范、行政监管、行业自律、技术保障、人才支撑、文化引领、社会参与、国际合作等为主体的核安全治理体系。为介绍中国核安全事业发展历程，阐述中国核安全的基本原则和政策主张，分享中国核安全监管的理念和实践，阐明中国推进全球核安全治理进程的决心和行动，2019年9月3日，《中国的核安全》由中华人民共和国国务院新闻办公室以中、英、法、俄、德、西、阿、日8个语种发表，由人民出版社、外文出版社分别出版。

《中国的核安全》全文约1.1万字，由前言、正文和结束语组成，正文包

---

① 《平等、参与、共享：新中国残疾人权益保障70年》，《人民日报》2019年7月26日。
② 《新疆的职业技能教育培训工作》，《人民日报》2019年8月17日。

括：树立理性、协调、并进的核安全观、构建核安全政策法规体系、实施科学有效安全监管、保持高水平安全、营造共建共享的核安全氛围、打造核安全命运共同体，介绍了中国核安全事业发展历程、核安全基本原则和政策、监管理念和实践经验，阐明了中国加强核安全国际合作、推进核安全命运共同体的决心和行动。①

373.《平等 发展 共享：新中国70年妇女事业的发展与进步》（2019年9月）

《平等 发展 共享：新中国70年妇女事业的发展与进步》是中国政府发表的白皮书。

新中国成立70年来，中国妇女事业始终与党和国家事业发展紧密相连。在中国共产党领导下，一代又一代妇女为中国的建设、改革与发展开拓进取、贡献力量。在中华民族从站起来、富起来到强起来的伟大飞跃中，中国妇女地位发生了翻天覆地的巨大变化。中共十八大以来，在习近平新时代中国特色社会主义思想指引下，亿万妇女更加坚定不移地走中国特色社会主义妇女发展道路，平等依法行使民主权利、平等参与经济社会发展、平等享有改革发展成果，主人翁地位更加彰显，半边天力量充分释放，获得感、幸福感、安全感与日俱增。中国妇女事业取得举世瞩目的历史性成就。为进一步增进国际社会对新中国70年妇女事业发展成就的全面了解，2019年9月19日，《平等 发展 共享：新中国70年妇女事业的发展与进步》由中华人民共和国国务院新闻办公室以中、英、法、俄、德、西、阿、日8个语种发表，由人民出版社、外文出版社分别出版。

《平等 发展 共享：新中国70年妇女事业的发展与进步》全文约1.8万字，由前言、正文和结束语组成，正文包括：中国高度重视并积极推进妇女事业发展、保障妇女权益的法治体系不断完善、妇女在经济社会发展中的半边天作用日益彰显、妇女政治地位显著提高、妇女受教育水平显著提升、妇女健康状况极大改善、妇女社会保障水平不断提高、妇女在家庭文明建设中发挥独特作用、妇女参与国际交流与合作日益广泛，全面宣介中国贯彻男女平等基本国策的理念和实践，全景式展现新中国成立70年来特别是中共十八大以来中国妇女事业取得的历史性成就、发生的历史性变革，充分展现中国妇女积极推动构建人类命运共同体，为世界妇女运动贡献中国方案、中国力量。②

---

① 《中国的核安全》，《人民日报》2019年9月4日。
② 《平等 发展 共享：新中国70年妇女事业的发展与进步》，《人民日报》2019年9月20日。

374.《为人民谋幸福：新中国人权事业发展70年》（2019年9月）

《为人民谋幸福：新中国人权事业发展70年》是中国政府发表的白皮书。

新中国成立70年来，中华民族迎来从站起来、富起来到强起来的伟大飞跃，中国人民各项基本权利日益得到尊重和保障，中国不断为世界人权事业发展作出贡献。特别是中共十八大以来，在习近平新时代中国特色社会主义思想指引下，中国不断总结人类社会发展经验，在建设中国特色社会主义的伟大实践中，坚持把人权的普遍性原则与自身实际相结合，奉行以人民为中心的人权理念，始终把生存权、发展权作为首要的基本人权，协调增进全体人民的各项权利，努力促进人的全面发展。事实充分证明，中国成功走出了一条符合国情的人权发展道路，丰富了人类文明多样性。2019年9月22日，《为人民谋幸福：新中国人权事业发展70年》由中华人民共和国国务院新闻办公室发表，中文版、英文版单行本由人民出版社、外文出版社分别出版。

《为人民谋幸福：新中国人权事业发展70年》全文约2.5万字，由前言、正文和结束语组成，正文包括：辉煌壮丽的人权发展历程、以人民为中心的人权理念、持续提升人民生活水平、切实保障人民各项权利、重视保障特定群体权利、不断加强人权法治保障、全面参与全球人权治理、推动世界人权事业发展，以详实数据和大量事实，系统回顾中华人民共和国辉煌壮丽的人权发展历程，深入阐述中国在人权发展实践中形成的人权理念，全面介绍新中国成立70年来中国人权事业发展取得的历史性成就，有力彰显了中国在更高水平上保障人权、促进人的全面发展、推动人权事业发展进步的坚强决心和坚定信心。①

375.《新时代的中国与世界》（2019年9月）

《新时代的中国与世界》是中国政府发表的白皮书。

新中国成立70年来，在中国共产党领导下，中国发生了翻天覆地的变化，创造了人类历史上前所未有的发展奇迹。中国用几十年时间走完了发达国家几百年走过的发展历程，经济总量跃居世界第二，近14亿人民摆脱了物质短缺，总体达到小康水平，享有前所未有的尊严和权利。这不仅是中国的巨大变化，也是人类社会的巨大进步，更是中国对世界和平与发展的巨大贡献。中国发展进入了新时代，中国从哪里来、向哪里去？中国推动建设什么样的世界？发展起来的中国如何与世界相处？为回应外界关切，增进国际社会对中国发展的了解和理解，值中华人民共和国成立70周年之际，2019年9月27日，《新时代

---

① 《为人民谋幸福：新中国人权事业发展70年》，《人民日报》2019年9月23日。

的中国与世界》由中华人民共和国国务院新闻办公室以中、英、法、俄、德、西、阿、日8个语种发布，由人民出版社、外文出版社分别出版。

《新时代的中国与世界》全文2.9万余字，由前言、正文和结束语组成，正文包括：中国走出一条符合国情的发展道路、中国的发展是世界的机遇、建设繁荣美好世界是各国人民的共同梦想、中国为建设更加美好的世界贡献力量，通过大量数据和事实，系统介绍中国的发展成就、发展道路、发展走向，深入阐述中国与世界的关系，以增进国际社会对中国发展的了解和理解。①

376.《中国的粮食安全》（2019年10月）

《中国的粮食安全》是继1996年《中国的粮食问题》后，中国政府发布的关于粮食安全问题的白皮书。

新中国成立后，中国始终把解决人民吃饭问题作为治国安邦的首要任务。70年来，在中国共产党领导下，经过艰苦奋斗和不懈努力，中国在农业基础十分薄弱、人民生活极端贫困的基础上，依靠自己的力量实现了粮食基本自给，不仅成功解决了近14亿人口的吃饭问题，而且居民生活质量和营养水平显著提升，粮食安全取得了举世瞩目的巨大成就。中共十八大以来，以习近平同志为核心的党中央把粮食安全作为治国理政的头等大事，走出了一条中国特色粮食安全之路。为全面介绍中国粮食安全成就，增进国际社会对中国粮食安全的了解，2019年10月14日，《中国的粮食安全》由中华人民共和国国务院新闻办公室以中、英、法、俄、德、西、阿、日8个语种发表，由人民出版社、外文出版社分别出版。

《中国的粮食安全》全文约1.2万字，分为前言、中国粮食安全成就、中国特色粮食安全之路、对外开放与国际合作、未来展望与政策主张、结束语等6部分，全面总结反映了中国粮食安全取得的历史性成就，重点阐述了1996年特别是中共十八大以来中国在保障粮食安全方面实施的一系列方针政策和举措办法，介绍了中国粮食对外开放和国际合作的原则立场，并提出了未来中国粮食问题的政策主张。②

377.《抗击新冠肺炎疫情的中国行动》（2020年6月）

《抗击新冠肺炎疫情的中国行动》是中国政府发表的白皮书。

新型冠状病毒肺炎是近百年来人类遭遇的影响范围最广的全球性大流行病，对全世界是一次严重危机和严峻考验。人类生命安全和健康面临重大威

---

① 《新时代的中国与世界》，《人民日报》2019年9月28日。
② 《中国的粮食安全》，《人民日报》2019年10月15日。

胁。面对前所未知、突如其来、来势汹汹的疫情天灾，中国果断打响疫情防控阻击战。14亿中国人民坚韧奉献、团结协作，构筑起同心战疫的坚固防线，彰显了人民的伟大力量。中国始终秉持人类命运共同体理念，肩负大国担当，同其他国家并肩作战、共克时艰。为记录中国人民抗击疫情的伟大历程，与国际社会分享中国抗疫的经验做法，阐明全球抗疫的中国理念、中国主张，2020年6月7日，《抗击新冠肺炎疫情的中国行动》由中华人民共和国国务院新闻办公室发表，中文版、英文版单行本由人民出版社、外文出版社分别出版。

《抗击新冠肺炎疫情的中国行动》全文约3.7万字，包括前言、正文和结束语。正文分为四个部分，分别是中国抗击疫情的艰辛历程、防控和救治两个战场协同作战、凝聚抗击疫情的强大力量、共同构建人类卫生健康共同体。[1]

378.《新疆的劳动就业保障》（2020年9月）

《新疆的劳动就业保障》是中国政府发表的白皮书。

中国是人口大国，也是劳动力大国。做好劳动就业保障工作，关系劳动者基本权利和生活幸福，关系经济发展、社会和谐，关系国家繁荣、民族复兴。按照国家关于劳动就业的大政方针和打赢脱贫攻坚战的总体部署，中国新疆把促进劳动就业作为最大的民生工程、民心工程、根基工程，坚持把劳动者自主就业、市场调节就业、政府促进就业和鼓励创业相结合，多渠道增加就业，千方百计稳定就业。通过积极的劳动就业政策，新疆各族人民物质文化生活水平不断提高，各项人权得到有效保障和发展，为确保新疆各族群众同全中国人民一道迈入全面小康社会、实现新疆社会稳定和长治久安打下了坚实基础。2020年9月17日，《新疆的劳动就业保障》由中华人民共和国国务院新闻办公室发表，中文版、英文版单行本由人民出版社、外文出版社分别出版。

《新疆的劳动就业保障》从新疆劳动就业的基本状况、大力实施积极的就业政策、充分尊重劳动者的就业意愿、依法保障劳动者的基本权利、劳动就业创造美好生活、积极践行国际劳工和人权标准等六个方面，全面反映新疆把促进劳动就业作为最大的民生工程、民心工程、根基工程的一系列举措，真实记录新疆实施积极的劳动就业保障政策有力维护了各族群众劳动就业基本权利的客观事实，生动展现了中国坚持以人民为中心、依法保障公民劳动权利的坚定信念和务实行动。[2]

---

[1]《抗击新冠肺炎疫情的中国行动》，《人民日报》2020年6月8日。
[2]《新疆的劳动就业保障》，《人民日报》2020年9月18日。

379.《中国军队参加联合国维和行动30年》（2020年9月）

《中国军队参加联合国维和行动30年》是中国政府发表的首部以中国军队参加联合国维和行动为主题的专题型白皮书。

和平是中国人民的永恒期望，是中国发展的鲜明特征。新中国成立以来，中国坚定不移走和平发展道路，在实现自我发展的同时，为世界和平与发展作出了重要贡献。30年来，中国军队认真践行《联合国宪章》宗旨和原则，先后参加25项联合国维和行动，累计派出维和官兵4万余人次，忠实履行维和使命，为维护世界和平、促进共同发展作出积极贡献，彰显了和平之师、正义之师、文明之师形象。为回顾中国军队参加联合国维和行动30年的光辉历程，介绍新时代中国军队维护世界和平的理念与行动，2020年9月18日，《中国军队参加联合国维和行动30年》由中华人民共和国国务院新闻办公室以中、英、法、俄、德、西、阿、日8个语种发表，由人民出版社、外文出版社分别出版。

《中国军队参加联合国维和行动30年》全文约1.4万字，包括前言、正文、结束语和附录4部分。其中正文分为五章，分别是中国军队为世界和平出征、中国军队是联合国维和行动的关键力量、中国全面落实联合国维和峰会承诺、中国军队积极推动维和国际合作、中国军队服务构建人类命运共同体，全面回顾总结了中国军队参加联合国维和行动30年来的光辉历程，深刻阐释了新时代中国军队维护世界和平的理念和行动，首次明确提出中国军队参加联合国维和行动的初心与使命、首次系统构建了中国军队参加联合国维和行动的政策体系、首次系统梳理了中国军队在联合国维和行动中承担的主要任务、首次详细介绍了5年来中国全面落实联合国维和峰会承诺情况、首次系统提出中国军队参加联合国维和行动的愿景和倡议。[①]

380.《新时代的中国能源发展》（2020年12月）

《新时代的中国能源发展》是中国政府发表的白皮书。

能源是人类文明进步的基础和动力，攸关国计民生和国家安全，关系人类生存和发展，对于促进经济社会发展、增进人民福祉至关重要。中共十八大以来，中国发展进入新时代，中国的能源发展也进入新时代。习近平提出"四个革命、一个合作"能源安全新战略，为新时代中国能源发展指明了方向，开辟了中国特色能源发展新道路。中国坚持创新、协调、绿色、开放、共享的新发

[①]《中国军队参加联合国维和行动30年》，《人民日报》2020年9月19日。

展理念，以推动高质量发展为主题，以深化供给侧结构性改革为主线，全面推进能源消费方式变革，构建多元清洁的能源供应体系，实施创新驱动发展战略，不断深化能源体制改革，持续推进能源领域国际合作，中国能源进入高质量发展新阶段。为介绍新时代中国能源发展成就，全面阐述中国推进能源革命的主要政策和重大举措，2020年12月21日，《新时代的中国能源发展》由中华人民共和国国务院新闻办公室以中、英、法、俄、德、西、阿、日8个语种发表，由人民出版社、外文出版社分别出版。

《新时代的中国能源发展》全文约2.4万字，由前言、正文和结束语三部分组成，正文包括：走新时代能源高质量发展之路、能源发展取得历史性成就、全面推进能源消费方式变革、建设多元清洁的能源供应体系、发挥科技创新第一动力作用、全面深化能源体制改革、全方位加强能源国际合作，全面介绍中国贯彻"四个革命、一个合作"能源安全新战略，能源生产和利用方式发生重大变革，能源发展取得的历史性成就，介绍中国积极参与全球能源治理，携手应对全球气候变化，推动构建人类命运共同体的理念和行动。[①]

381.《中国交通的可持续发展》（2020年12月）

《中国交通的可持续发展》是中国政府发表的白皮书。

交通运输是国民经济中基础性、先导性、战略性产业和重要的服务性行业，是可持续发展的重要支撑。新中国成立以来特别是改革开放以来，在中国共产党领导下，中国的交通运输取得了举世瞩目的发展成就，从根本上改变了基础薄弱、整体落后的面貌，走出了一条中国特色交通发展之路。中共十八大以来，在习近平新时代中国特色社会主义思想指引下，中国交通发展取得历史性成就、发生历史性变革，进入基础设施发展、服务水平提高和转型发展的黄金时期，进入高质量发展的新时代。为全面介绍新时代中国交通发展成就，分享中国交通可持续发展的理念和实践，增进国际社会认识和了解，2020年12月22日，《中国交通的可持续发展》由中华人民共和国国务院新闻办公室发表，中文版、英文版单行本由人民出版社、外文出版社分别出版。

《中国交通的可持续发展》是继2016年12月发布《中国交通运输发展》白皮书之后，国务院新闻办再次以政府白皮书形式，全方位展示交通运输工作及成就。全文2万多字，分为前言、走新时代交通发展之路、从交通大国向交通强国迈进、服务决战脱贫攻坚和决胜全面小康、推进交通治理现代化、推动构建全球交通命运共同体、中国交通的未来展望、结束语等内容，全面总结反

[①] 《新时代的中国能源发展》，《人民日报》2020年12月22日。

映了中国交通发展成就，重点阐述了中共十八大以来中国在推动交通发展方面实施的一系列方针政策和举措办法，深入诠释了中国交通可持续发展的理念和实践，并提出了未来中国交通发展的政策主张。[1]

382.《新时代的中国国际发展合作》（2021年1月）

《新时代的中国国际发展合作》是中国政府发表的白皮书。

中华人民共和国成立以来，中国秉持国际主义和人道主义精神，始终关注和支持其他发展中国家改善民生、谋求发展的事业。中共十八大以来，习近平从全球视角思考责任担当，提出构建人类命运共同体、共建"一带一路"等新思想新倡议，倡导正确义利观和真实亲诚、亲诚惠容理念，在一系列重大国际场合宣布务实合作举措，为破解全球发展难题、推动落实联合国2030年可持续发展议程提出中国方案、贡献中国智慧、注入中国力量。中国的对外援助顺应时代要求，向国际发展合作转型升级，呈现新气象、实现新发展、进入新时代。为介绍新时代中国国际发展合作的理念和实践，展望未来中国开展国际发展合作的政策举措，2021年1月10日，《新时代的中国国际发展合作》由中华人民共和国国务院新闻办公室发表，中文版、英文版单行本由人民出版社、外文出版社分别出版。

《新时代的中国国际发展合作》全文约2.6万字，除前言、结束语外，共包括八个部分，分别为人类命运共同体理念引领新时代中国国际发展合作、新时代中国国际发展合作取得新进展、助力共建"一带一路"国际合作、推动落实联合国2030年可持续发展议程、携手应对全球人道主义挑战、支持发展中国家增强自主发展能力、加强国际交流与三方合作、中国国际发展合作展望。[2]

383.《人类减贫的中国实践》（2021年4月）

《人类减贫的中国实践》是中国政府发表的白皮书，是全景式反映中国减贫事业发展的重要史料和文献。

贫困是人类社会的顽疾，是全世界面临的共同挑战。中国共产党成立100年来，团结带领人民，以坚定不移、顽强不屈的信念和意志与贫困作斗争。中共十八大以来，在以习近平同志为核心的党中央领导下，中国组织实施了人类历史上规模空前、力度最大、惠及人口最多的脱贫攻坚战。2021年2月25日，习近平在全国脱贫攻坚总结表彰大会上庄严宣告，脱贫攻坚战取得了全面胜利，中国完成了消除绝对贫困的艰巨任务。为记录中国消除绝对贫困的伟大历

---

[1]《中国交通的可持续发展》，《人民日报》2020年12月23日。
[2]《新时代的中国国际发展合作》，《人民日报》2021年1月11日。

程，介绍人类减贫的中国探索和实践，分享中国扶贫脱贫的经验做法，2021年4月6日，《人类减贫的中国实践》由中华人民共和国国务院新闻办公室发表，中文版、英文版单行本由人民出版社、外文出版社分别出版。

《人类减贫的中国实践》全文3万余字，分为前言、正文、结束语、附录，正文分为中国共产党的庄严承诺、新时代脱贫攻坚取得全面胜利、实施精准扶贫方略、为人类减贫探索新的路径、携手共建没有贫困共同发展的人类命运共同体等五个部分。全面回顾中国共产党团结带领人民与贫困作斗争，特别是中共十八大以来打赢脱贫攻坚战的伟大历程，介绍人类减贫的中国探索和实践，分享中国扶贫脱贫的经验和做法。[1]

《人类减贫的中国实践》展现了中国坚持以人民为中心、让人民过上好日子的坚定信念和务实行动，彰显了中国积极参与全球贫困治理、为建设更加美好的世界作出更大贡献的责任担当。巴西国际政治问题专家若泽·卡瓦略表示，白皮书回顾了中国共产党领导人民消除绝对贫困的艰辛历程，中国如期完成脱贫攻坚目标任务，是改革开放特别是中共十八大以来最伟大的成就之一。"中国共产党坚持以人为本的发展理念，不断提高人民生活水平，实现为人民谋幸福的承诺，也为维护人权作出了实实在在的贡献。"泰国正大管理学院中国东盟研究中心主任汤之敏表示，白皮书指出，中国始终做世界和平的建设者、全球发展的贡献者、国际秩序的维护者。这让人们看到，中国坚持开放包容、致力发展繁荣，愿与世界各国携手共建更加美好的世界。[2]

384. 《西藏和平解放与繁荣发展》（2021年5月）

《西藏和平解放与繁荣发展》是中国政府发表的白皮书。

1951年5月23日，《十七条协议》的签订，宣告西藏和平解放。70年来，西藏从黑暗走向光明、从落后走向进步、从贫穷走向富裕、从专制走向民主、从封闭走向开放，实现了"短短几十年，跨越上千年"的沧桑巨变。特别是进入新时代，以习近平同志为核心的党中央高度重视西藏工作，习近平亲自为西藏工作把舵定向、谋篇布局，各项事业取得全方位进步、历史性成就。在党中央坚强领导下，在全国人民大力支持下，西藏脱贫攻坚全面胜利，社会大局更加稳定、经济文化更加繁荣、生态环境更加良好、人民生活更加幸福，一个崭新的社会主义新西藏呈现在世人面前。2021年是西藏和平解放70周年，为回顾历史进程、展示伟大成就，全面立体真实展现社会主义新西藏，2021年5月

---

[1] 《人类减贫的中国实践》，《人民日报》2021年4月7日。
[2] 《"为全球减贫事业作出巨大贡献"——多国人士积极评价〈人类减贫的中国实践〉白皮书》，《人民日报》2021年4月10日。

21日,《西藏和平解放与繁荣发展》由中华人民共和国国务院新闻办公室发表,中文版、英文版单行本由人民出版社、外文出版社分别出版。

《西藏和平解放与繁荣发展》全文约2.3万字,包括前言、正文和结束语。正文包含十个方面,涉及和平解放前的西藏、实现和平解放、社会制度的历史跨越、各项事业加快发展、脱贫攻坚全面胜利、优秀传统文化得到保护和发展、民族宗教工作成效显著、生态安全屏障日益坚实、坚定维护国家统一和社会稳定、新时代新征程等,系统回顾西藏和平解放、民主改革、自治区成立、社会主义建设、改革开放、进入新时代的伟大历史进程,客观展示在中国共产党坚强领导下西藏政治、经济、文化、社会、生态等各方面取得的伟大成就。①

385.《中国共产党尊重和保障人权的伟大实践》(2021年6月)

《中国共产党尊重和保障人权的伟大实践》是中国政府发表的白皮书。

2021年是中国共产党成立100周年。中国共产党的100年,创造了尊重和保障人权的伟大奇迹,谱写了人权文明的新篇章。为全面介绍中国共产党推进中国人权事业发展的历程、理念和成就,2021年6月24日,《中国共产党尊重和保障人权的伟大实践》由中华人民共和国国务院新闻办公室发表,中文版、英文版单行本由人民出版社、外文出版社分别出版。

《中国共产党尊重和保障人权的伟大实践》除前言和结束语外,共分为:为人民解放和幸福而奋斗、尊重和保障人权的执政方略、筑牢人民当家作主的根本制度、促进各项人权全面发展、依法保障公民基本权利、推进世界人权事业发展、丰富发展了人权文明多样性七个部分,以详实数据和大量事实,系统回顾了中国共产党团结带领中国人民从苦难走向辉煌的百年历程,全面介绍了中国共产党百年来在人权发展实践中形成的创新理论,有力彰显了中国共产党在更高水平上保障人权、丰富发展人权文明多样性的坚强决心和坚定信心。②

386.《中国新型政党制度》(2021年6月)

《中国新型政党制度》是中国政府发表的白皮书。

政党制度是现代民主政治的重要实现形式,是国家政治制度的重要组成部分。中国共产党领导的多党合作和政治协商制度是中国的一项基本政治制度。这一制度既植根中国土壤、彰显中国智慧,又积极借鉴和吸收人类政治文明优秀成果,是中国新型政党制度。为全面回顾了中国新型政党制度的产生、发展和不断完善的历程,介绍了这一制度的鲜明特色,总结分享了长期以来特别是

---

① 本报评论员:《书写新时代西藏发展新篇章》,《人民日报》2021年5月22日。
② 《中国共产党尊重和保障人权的伟大实践》,《人民日报》2021年6月25日。

中共十八大以来中国新型政党制度建设取得的重要成果和成功经验，2021年6月25日，《中国新型政党制度》由中华人民共和国国务院新闻办公室以中、英、法、俄、德、西、阿、日8个语种发表，由人民出版社、外文出版社分别出版。

《中国新型政党制度》是在2007年国务院新闻办发表的《中国的政党制度》白皮书基础上，进一步反映新时代多党合作事业新发展、全面展现中国新型政党制度的重要文献。全文约1.4万字，由前言、正文和结束语三部分组成。其中，正文包括九个部分，分别是：中国新型政党制度中各政党的基本情况，中国新型政党制度是伟大的政治创造，中国新型政党制度中各政党形成了亲密合作的关系，中国新型政党制度具有鲜明特色和显著优势，中国共产党和各民主党派、无党派人士开展政党协商，中国共产党支持各民主党派、无党派人士开展民主监督，中国共产党和各民主党派、无党派人士在国家政权中团结合作，各民主党派、无党派人士为促进国家经济社会发展议政建言、发挥作用，中国人民政治协商会议是实行中国新型政党制度的重要政治形式和组织形式等，全面回顾中国新型政党制度产生、发展和不断完善的历程，充分展示中国新型政党制度在中国政治和社会生活中彰显的独特优势和强大生命力，有力宣示了在中国共产党领导下，中国坚定不移走中国特色社会主义政治发展道路、坚定不移坚持和完善中国新型政党制度的决心和行动，对于了解和把握中国新型政党制度的历史必然性、伟大创造性、巨大优越性和强大生命力具有重要作用。[1]

387.《新疆各民族平等权利的保障》（2021年7月）

《新疆各民族平等权利的保障》是中国政府发表的白皮书。

人人充分享有人权，是人类社会的伟大梦想，也是包括新疆各族人民在内的全体中国人民长期追求、不懈奋斗的共同目标。1949年，中国共产党领导各族人民推翻了帝国主义、封建主义和官僚资本主义的统治，建立了中华人民共和国。新疆各族人民同全国人民一道翻身解放，共同当家做了主人。70多年来，中国共产党和中国政府始终坚持"以人民为中心"的人权理念，始终把生存权、发展权作为首要的基本人权，把人权的普遍性原则与中国实际相结合，新疆人权事业不断得到新的发展和进步。2021年7月14日，《新疆各民族平等权利的保障》由中华人民共和国国务院新闻办公室发表，中文版、英文版单行本由人民出版社、外文出版社分别出版。

---

[1] 本报评论员：《坚定不移坚持和完善中国新型政党制度》，《人民日报》2021年6月26日。

《新疆各民族平等权利的保障》从公民权利、政治权利、经济权利、文化权利、社会权利、妇女儿童权利和宗教信仰自由权利等方面，详细介绍新疆各民族平等权利的保障情况。以大量事实和详实数据证明，70多年来，中国共产党和中国政府始终坚持"以人民为中心"的人权理念，始终把生存权、发展权作为首要的基本人权，把人权的普遍性原则与中国实际相结合，不断丰富和发展治疆方略，切实保障各族人民平等参与、平等发展权利，新疆人权事业不断取得新的发展和进步。①

《新疆各民族平等权利的保障》向世界展示了70多年来中国共产党和中国政府始终坚持"以人民为中心"的人权理念，新疆经济社会实现快速发展，各族人民安居乐业，共享改革发展成果，各族人民平等参与、平等发展的权利得到了切实保障，新疆人权事业不断得到新的发展和进步。约旦中国问题专家、作家萨米尔·艾哈迈德表示，发表《新疆各民族平等权利的保障》白皮书非常及时，白皮书是当前国际社会了解真实新疆的重要依据；白皮书提供了详实的数据，概括了新疆的重要事实，其中他最关注的内容是近年来中国政府在治理新疆方面取得的重要成果。阿尔及利亚阿尔及尔大学政治学教授萨利姆·哈马迪表示，无论是经济还是社会文化发展方面，中国都充分保障新疆各民族的各项权利，白皮书有力回击了西方国家的不实指责。叙利亚政治问题专家加桑·优素福指出，新疆各族人民在政治、经济、社会、文化等各方面都享有平等权利，带有政治企图的抹黑无法改变这一事实，白皮书有助于外界进一步了解新疆。

388.《全面建成小康社会：中国人权事业发展的光辉篇章》（2021年8月）

《全面建成小康社会：中国人权事业发展的光辉篇章》是中国政府发表的白皮书。

人权是人类文明进步的成果和标志，尊重和保障人权是现代文明的基本精神，也是中国共产党人的不懈追求。中国共产党的100年，是争取人权、尊重人权、保障人权、发展人权的100年，极大提高了中国人权文明水平，丰富发展了人类文明多样性。全面建成小康社会是中国共产党不忘初心、牢记使命的真实写照。2021年7月1日，习近平在北京代表中国共产党和中国人民庄严宣告，"我们实现了第一个百年奋斗目标，在中华大地上全面建成了小康社会，历史性地解决了绝对贫困问题，正在意气风发向着全面建成社会主义现代化强

---

① 《新疆必将迎来更加幸福美好的明天》，《人民日报》2021年7月15日。

国的第二个百年奋斗目标迈进"。这是中国人权进程中一个激动人心的时刻、一个载入史册的时刻、一个继往开来的时刻。2021年8月12日,《全面建成小康社会:中国人权事业发展的光辉篇章》由中华人民共和国国务院新闻办公室发表,中文版以及英、法、西班牙、俄、阿拉伯文版单行本分别由人民出版社、外文出版社出版。

《全面建成小康社会:中国人权事业发展的光辉篇章》除前言和结束语,包括全面建成小康社会开辟人权事业新境界、消除绝对贫困实现基本生活水准权、以发展促人权增进经济社会文化权利、实行良法善治维护公民权利政治权利、促进社会公平保障特定群体权益等内容,以详实数据和大量事实,深入阐述全面建成小康社会开辟人权事业新境界,系统总结全面建成小康社会伟大进程中所创造的尊重和保障人权的成功做法和经验,充分展现了中国共产党以务实行动在更高水平上保障人权、促进人的全面发展、推动人权事业发展进步的坚强决心和坚定信心。[①]

389.《新疆的人口发展》(2021年9月)

《新疆的人口发展》是中国政府发表的白皮书。

人口是社会生活的主体,是人类社会存在和发展的前提。中华人民共和国成立前,新疆经济社会发展落后,人口规模小,人口素质低,人均预期寿命短。1949年中华人民共和国成立后,新疆人口特别是少数民族人口数量快速增长,人口素质不断提升,人均预期寿命大幅提高。今日新疆,经济社会全面发展,社会大局持续稳定,各族人民安居乐业,人口发展均衡健康。2021年9月26日,《新疆的人口发展》由中华人民共和国国务院新闻办公室发表,中文版、英文版单行本由人民出版社、外文出版社分别出版。

《新疆的人口发展》从新疆人口发展的历史、现状、现实必然性、趋势等6个方面系统阐述了新疆的人口发展状况,以大量事实和详实数据介绍了新疆的人口发展情况。[②]

《新疆的人口发展》通过大量数据和事实,向世界展示了统一的多民族国家促进少数民族人口健康发展的成功范例,有理有据有力地回击了西方反华势力关于新疆"强迫劳动""强制绝育"等谣言,再度揭露了反华势力妄图扰乱新疆正常发展,破坏民族团结和国家统一的邪恶本质。南非前国会议员韦斯利·道格拉斯指出,正如白皮书所介绍的那样,新疆经济社会全面发展,社会

---

① 本报评论员:《开辟人权事业新境界》,《人民日报》2021年8月13日。
② 《新疆人权事业不断发展和进步的写照——国际人士积极评价〈新疆的人口发展〉白皮书》,《人民日报》2021年9月30日。

大局持续稳定。新中国成立后,新疆人口特别是少数民族人口数量快速增长,人口素质不断提升。"我曾走访中国的大部分省份。我认为,中国是世界上最具包容性的国家之一,中国政府是最包容开放的政府之一。一些居心叵测的西方政客企图用妖魔化的言论阻碍中国少数民族地区实现更好发展,他们是不可能成功的。"巴西里约热内卢州立大学国际关系学教授埃利亚斯·雅布尔认为,"白皮书向世界展示了新疆的真实发展情况。根据中国人口普查数据,2020年新疆少数民族人口比2010年净增194.63万人,年均增长率1.41%。仅这一个数据就能戳破所谓'种族灭绝'的谎言"。秘鲁公共政策学院院长伊尔德布兰多·卡乌纳指出,"白皮书向世界展示了一个人口稳定增长、社会持续发展的新疆,用事实证明在中国共产党的领导下,各族人民团结和睦,共同发展进步"。[①]

390.《中国的全面小康》(2021年9月)

《中国的全面小康》是中国政府发表的白皮书,是一部记录和反映中国全面建成小康社会探索实践的重要文献。

小康是中华民族的千年梦想和夙愿。100年来,中国共产党团结带领中国人民顽强拼搏,几代人一以贯之、接续奋斗,从"小康之家"到"小康社会",从"总体小康"到"全面小康",从"全面建设"到"全面建成",小康目标不断实现,小康梦想成为现实。为记录中国全面建成小康社会的伟大历程,介绍中国全面建成小康社会的探索实践,分享中国式现代化建设经验,2021年9月28日,《中国的全面小康》由中华人民共和国国务院新闻办公室发表,中文版、英文版单行本由人民出版社、外文出版社分别出版。

《中国的全面小康》全文共3.2万余字,分为前言、正文、结束语三个部分,正文分为迈向中华民族伟大复兴的关键一步、全面小康是全面发展的小康、全面小康是全体人民的小康、全面小康是奋斗出来的小康、中国全面小康的世界意义五个部分,系统阐述中国的全面小康是什么、又是如何建成的。[②]

391.《中国的生物多样性保护》(2021年10月)

《中国的生物多样性保护》是中国政府发布的第一部生物多样性保护白皮书。

生物多样性关系人类福祉,是人类赖以生存和发展的重要基础。中国是世

[①] 《新疆人权事业不断发展和进步的写照——国际人士积极评价〈新疆的人口发展〉白皮书》,《人民日报》2021年9月30日。

[②] 《中国的全面小康》,《人民日报》2021年9月29日。

界上生物多样性最丰富的国家之一。作为最早签署和批准《生物多样性公约》的缔约方之一，中国一贯高度重视生物多样性保护，不断推进生物多样性保护与时俱进、创新发展，取得显著成效，走出了一条中国特色生物多样性保护之路。中共十八大以来，在习近平生态文明思想引领下，生物多样性保护进入新的历史时期。为介绍中国生物多样性保护理念和实践，增进国际社会对中国生物多样性保护的了解，2021年10月8日，《中国的生物多样性保护》由中华人民共和国国务院新闻办公室以中、英、法、俄、德、西、阿、日8个语种发表，由人民出版社、外文出版社分别出版。

《中国的生物多样性保护》全文约1.4万字，由前言、正文和结束语三部分组成。其中，正文包括四个部分，分别是：秉持人与自然和谐共生理念、提高生物多样性保护成效、提升生物多样性治理能力、深化全球生物多样性保护合作，介绍中国生物多样性保护的政策理念、重要举措和进展成效，介绍中国践行多边主义、深化全球生物多样性合作的倡议行动和世界贡献。[①]

392.《中国应对气候变化的政策与行动》（2021年10月）

《中国应对气候变化的政策与行动》是中国政府发布的第二部关于中国应对气候变化的白皮书。

气候变化是全人类的共同挑战。应对气候变化，事关中华民族永续发展，关乎人类前途命运。中国高度重视应对气候变化。作为世界上最大的发展中国家，中国克服自身经济、社会等方面困难，实施一系列应对气候变化战略、措施和行动，参与全球气候治理，应对气候变化取得了积极成效。中共十八大以来，在习近平生态文明思想指引下，中国贯彻新发展理念，将应对气候变化摆在国家治理更加突出的位置，以最大努力提高应对气候变化力度，推动经济社会发展全面绿色转型，建设人与自然和谐共生的现代化。为介绍中国应对气候变化进展，分享中国应对气候变化实践和经验，增进国际社会了解，2021年10月27日，《中国应对气候变化的政策与行动》由中华人民共和国国务院新闻办公室以中、英、法、俄、德、西、阿、日8个语种发表，由人民出版社、外文出版社分别出版。

《中国应对气候变化的政策与行动》全文约1.9万字，由前言、正文和结束语三部分组成。正文包括四个部分，分别是：中国应对气候变化新理念，实施积极应对气候变化国家战略，中国应对气候变化发生历史性变化，共建公平合理、合作共赢的全球气候治理体系。[②]

[①]《中国的生物多样性保护》，《人民日报》2021年10月9日。
[②]《中国应对气候变化的政策与行动》，《人民日报》2021年10月28日。

393.《新时代的中非合作》（2021年11月）

《新时代的中非合作》是中国政府发布的第一部全面介绍中国非洲合作的白皮书，也是中共十八大以来首部介绍中国同世界上某一地区合作成果的白皮书。

中非从来就是命运共同体，发展同非洲国家的团结合作是中国对外政策的重要基石，也是中国长期坚定的战略选择。进入新时代，习近平提出真实亲诚对非政策理念和正确义利观，为新时代对非合作指明了前进方向、提供了根本遵循。为介绍新时代中非合作成果，展望未来中非合作前景，在中非合作论坛第八届部长级会议举行前夕，2021年11月26日，《新时代的中非合作》由中华人民共和国国务院新闻办公室以中、英、法、俄、德、西、阿、日8个语种发表，由人民出版社、外文出版社分别出版。

《新时代的中非合作》全文约2.1万字，由前言、正文和结束语三部分组成。其中，正文包括四个部分，分别是：构建更加紧密的中非命运共同体、不断拓展新时代中非各领域合作、坚定不移巩固相互支持、奋力开创中非关系新局面，全面介绍中共十八大以来中非合作取得的积极成果，阐述新时代中国对非政策立场，展望实现中非关系新发展、构建新时代中非命运共同体的美好未来。[①]

394.《中国的民主》（2021年12月）

《中国的民主》是中国政府发布的白皮书，也是一部系统介绍中国民主价值理念、发展历程、制度体系、参与实践和成就贡献的重要文献。

民主是全人类共同价值，是中国共产党和中国人民始终不渝坚持的重要理念。2021年是中国共产党成立100周年。100年来，中国共产党高举人民民主旗帜，领导人民实现人民当家作主，人民真正成为国家、社会、自己命运的主人。中共十八大以来，以习近平同志为核心的党中央提出全过程人民民主重大理念并大力推进，民主价值理念进一步转化为科学有效的制度安排和具体现实的民主实践。全过程人民民主在中华大地展示出勃勃生机和强大生命力。2021年12月4日，《中国的民主》由中华人民共和国国务院新闻办公室以中、英、法、俄、德、西、阿、日8个语种发表，由人民出版社、外文出版社分别出版。

《中国的民主》分为前言、正文、结束语三个部分。正文分为中国共产党

[①]《新时代的中非合作》，《人民日报》2021年11月27日。

领导人民实现全过程人民民主、具有科学有效的制度安排、具有具体现实的民主实践、广泛真实管用的民主、丰富人类政治文明形态等五个部分。①

395.《"一国两制"下香港的民主发展》（2021年12月）

《"一国两制"下香港的民主发展》是中国政府发表的白皮书。

香港在英国殖民统治之下没有民主可言。中国政府对香港恢复行使主权，实行"一国两制"方针，创建了香港特别行政区的民主制度，并在实践中支持其不断发展完善。一个时期以来，受各种内外复杂因素影响，反中乱港活动猖獗，香港局势一度出现严峻局面。香港反中乱港势力勾连外部敌对势力，屡屡阻挠香港特别行政区民主的发展。他们以争取"民主"为名，行分裂国家、颠覆政权之实，意图把香港变成实施"颜色革命"的桥头堡，严重冲击国家宪法和香港基本法确定的宪制秩序，危害国家安全，损害香港繁荣稳定。为对有关"一国两制"实践和香港民主发展的一系列重要问题正本清源，有力反击内外反中乱港势力对香港民主发展的干扰破坏，凝心聚力增强各界对香港民主未来发展的坚定信心，2021年12月20日，《"一国两制"下香港的民主发展》由中华人民共和国国务院新闻办公室发表，中文版、英文版单行本由人民出版社、外文出版社出版。

《"一国两制"下香港的民主发展》除前言和结束语外，包括香港在英国殖民统治下没有民主可言、回归祖国开启了香港民主的新纪元、中央政府坚定支持香港特别行政区民主向前发展、反中乱港势力阻挠破坏香港特别行政区民主发展、香港特别行政区民主发展重回正轨、香港特别行政区民主发展前景光明等内容，全面回顾香港特别行政区民主的产生和发展历程，深入阐明中央政府对香港特别行政区民主发展的原则立场，重申中央坚定不移、全面准确贯彻"一国两制"的基本方针政策。②

396.《中国的出口管制》（2021年12月）

《中国的出口管制》是中国政府首次发布出口管制的白皮书。

中共十八大以来，习近平提出总体国家安全观，为加快完善中国出口管制体系提供根本遵循，指明方向。2020年，《出口管制法》颁布实施，形成更加完善的出口管制法律制度。多年来，中国政府统筹发展和安全，统筹开放和安全，统筹传统安全和非传统安全，统筹自身安全和共同安全，统筹维护和塑造国家安全，积极履行防扩散等国际义务，采用国际通行的清单管理、最终用户

---

① 《中国的民主》，《人民日报》2021年12月5日。
② 《"一国两制"下香港的民主发展》，《人民日报》2021年12月21日。

和最终用途管理等做法，优化许可管理，创新执法方式，加大违法行为处罚力度，强化合规建设，全方位加强出口管制工作，积极构建现代化出口管制体系。为全面介绍中国出口管制的基本立场和政策主张，增进国际社会对中国出口管制的了解，2021年12月29日，《中国的出口管制》由中华人民共和国国务院新闻办公室发表，中文版、英文版单行本由人民出版社、外文出版社出版。

《中国的出口管制》全文0.9万余字，由前言、正文和结束语三部分组成。正文包括四个部分，分别是：中国出口管制的基本立场、不断完善出口管制法律制度和管理体制、持续推进出口管制体系现代化、积极开展出口管制国际交流与合作，对中国维护世界和平与发展、深化国际交流合作、激发全球经贸活力、不断完善出口管制的实践与创新进行系统阐述。[①]

397.《中国残疾人体育事业发展和权利保障》（2022年3月）

《中国残疾人体育事业发展和权利保障》是中国政府首次就残疾人体育事业发展发表的白皮书。

体育对每个人的生活都具有重要价值。残疾人体育重在参与，这是残疾人的一项重要权利，是人权保障的重要内容。以习近平同志为核心的党中央十分关心残疾人，高度重视残疾人事业发展。中共十八大以来，在习近平新时代中国特色社会主义思想指引下，中国将残疾人事业纳入"五位一体"总体布局和"四个全面"战略布局，采取切实有效措施促进残疾人体育蓬勃发展。北京2022年冬残奥会开幕在即，2022年3月3日，《中国残疾人体育事业发展和权利保障》由中华人民共和国国务院新闻办公室发表，中文版、英文版单行本由人民出版社、外文出版社出版。

《中国残疾人体育事业发展和权利保障》分为前言、正文、结束语三个部分。正文分为国家发展促进残疾人体育进步、残疾人群众性体育活动广泛开展、残疾人竞技体育水平不断提高、为世界残疾人体育运动作出贡献、残疾人体育展现中国人权事业发展进步等五个部分。[②]

398.《新时代的中国青年》（2022年4月）

《新时代的中国青年》是中国政府首次专门就青年群体发表的白皮书，也是一部记录新时代中国青年发展事业成果、反映新时代中国青年精神风貌的重要文献。

[①]《中国的出口管制》，《人民日报》2021年12月30日。
[②]《中国残疾人体育事业发展和权利保障》，《人民日报》2022年3月4日。

中国青年始终是实现中华民族伟大复兴的先锋力量。中共十八大以来，中国特色社会主义进入新时代。以习近平同志为核心的党中央高度重视青年、热情关怀青年、充分信任青年，鲜明提出党管青年原则，大力倡导青年优先发展理念，着力发挥共青团作为党的助手和后备军作用，推动青年发展事业实现全方位进步、取得历史性成就。为充分展示新时代中国青年的风貌和担当，值中国共产主义青年团成立100周年之际，2022年4月21日，《新时代的中国青年》由中华人民共和国国务院新闻办公室以中、英、法、俄、德、西、阿、日8个语种发布，由人民出版社、外文出版社分别出版。

《新时代的中国青年》全文约1.8万字，由前言、正文和结束语三部分组成。其中，正文包括四个部分，分别是：新时代中国青年生逢盛世、共享机遇，新时代中国青年素质过硬、全面发展，新时代中国青年勇挑重担、堪当大任，新时代中国青年胸怀世界、展现担当。《新时代的中国青年》回顾100年来中国青年在中国共产党的领导下，为实现民族复兴接续奋斗的历程，介绍中共十八大以来，以习近平同志为核心的党中央对青年发展的关心重视，介绍中国推动青年发展的政策举措，展示新时代中国青年事业的发展成就和新时代中国青年的精神风貌，向全世界青年发出倡议，呼吁全球青年共同为推动构建人类命运共同体、建设更加美好的世界贡献智慧力量。[1]

399.《台湾问题与新时代中国统一事业》（2022年8月）

2011年8月10日，国务院台湾事务办公室、国务院新闻办公室发表《台湾问题与新时代中国统一事业》白皮书，进一步重申台湾是中国的一部分的事实和现状，展现中国共产党和中国人民追求祖国统一的坚定意志和坚强决心，阐述中国共产党和中国政府在新时代推进实现祖国统一的立场和政策。

《台湾问题与新时代中国统一事业》全文约1.4万字，由前言、正文和结束语三部分组成。其中正文五个部分，分别是：台湾是中国的一部分不容置疑也不容改变，中国共产党坚定不移推进祖国完全统一，祖国完全统一进程不可阻挡，在新时代新征程上推进祖国统一，实现祖国和平统一的光明前景。[2]

《台湾问题与新时代中国统一事业》指出，台湾自古属于中国的历史经纬清晰、法理事实清楚。联大第2758号决议是体现一个中国原则的政治文件，国际实践充分证实其法律效力，不容曲解。一个中国原则是国际社会的普遍共识，是遵守国际关系基本准则的应有之义。世界上只有一个中国，台湾是中国的一部分的历史事实和法理事实不容置疑，台湾从来不是一个国家而是中国的

---

[1]《新时代的中国青年》，《人民日报》2022年4月22日。
[2]《台湾问题与新时代中国统一事业》，《人民日报》2022年8月11日。

一部分的地位不容改变。

白皮书说,中国共产党始终把解决台湾问题、实现祖国完全统一作为矢志不渝的历史任务,团结带领两岸同胞,推动台海形势从紧张对峙走向缓和改善、进而走上和平发展道路,两岸关系不断取得突破性进展。在中国共产党的引领推动下,70多年来特别是两岸隔绝状态打破以来,两岸关系获得长足发展。两岸交流合作日益广泛,互动往来日益密切,给两岸同胞特别是台湾同胞带来实实在在的好处,充分说明两岸和则两利、合则双赢。实现祖国完全统一,是中华民族的历史和文化所决定的,也是中华民族伟大复兴的时和势所决定的。我们比历史上任何时期都更接近、更有信心和能力实现中华民族伟大复兴的目标,也更接近、更有信心和能力实现祖国完全统一的目标。国家发展进步特别是40多年来改革开放和现代化建设所取得的伟大成就,深刻影响着解决台湾问题、实现祖国完全统一的历史进程。

白皮书强调,民进党当局的谋"独"行径导致两岸关系紧张,危害台海和平稳定,破坏和平统一前景、挤压和平统一空间,是争取和平统一进程中必须清除的障碍。外部势力纵容鼓动"台独"分裂势力滋事挑衅,加剧两岸对抗和台海形势紧张,破坏亚太地区和平稳定,既违逆求和平、促发展、谋共赢的时代潮流,也违背国际社会期待和世界人民意愿。"挟洋谋独"没有出路,"以台制华"注定失败。祖国统一的历史车轮滚滚向前,任何人任何势力都无法阻挡。

白皮书指出,"和平统一、一国两制"是我们解决台湾问题的基本方针,也是实现国家统一的最佳方式,体现了海纳百川、有容乃大的中华智慧,既充分考虑台湾现实情况,又有利于统一后台湾长治久安。实现两岸和平统一,必须面对大陆和台湾社会制度与意识形态不同这一基本问题。"一国两制"正是为解决这个问题而提出的最具包容性的方案。这是一个和平的方案、民主的方案、善意的方案、共赢的方案。两岸制度不同,不是统一的障碍,更不是分裂的借口。按照"一国两制"实现两岸和平统一,将给中国发展进步和中华民族伟大复兴奠定新的基础,将给台湾经济社会发展创造巨大机遇,将给广大台湾同胞带来实实在在的好处。实现两岸和平统一,不仅是中华民族和中国人民之福,也是国际社会和世界人民之福。[1]

---

[1] 《〈台湾问题与新时代中国统一事业〉白皮书发表》,《人民日报》2022年8月11日。

四　研究类

（一）国家高端智库建设试点单位

400. 国务院发展研究中心

1985年10月，国务院决定把经济研究中心、技术经济研究中心、价格研究中心合并成为国务院经济技术社会发展研究中心，后改名为国务院发展研究中心。该中心从事综合性政策研究和决策咨询的国务院直属事业单位，贯彻落实党中央关于政策咨询研究工作的方针政策和决策部署，统筹国内外发展研究资源，不断提高综合研判和战略谋划能力，为党中央、国务院提供政策建议和咨询意见。

国务院发展研究中心主要职责是：（一）组织开展经济社会发展和改革开放中的全局性、综合性、战略性、长期性问题及热点、难点问题研究，开展政策评估、政策解读、国际交流合作，提出相应咨询意见和建议。（二）研究经济发展动态和国民经济循环，分析宏观经济形势，研究宏观经济治理机制，研究财政、金融等宏观调控政策，提出相应咨询意见和建议。（三）研究国家中长期发展战略和生产力空间布局等问题，研究区域协调发展、城乡协同发展问题，研究国家中长期发展规划和区域发展政策，研究农村发展和乡村振兴，提出相应咨询意见和建议。（四）研究企业、产业发展问题和产业政策，对制造业、建筑业、房地产业和金融、商贸、流通等服务业开展研究，提出相应咨询意见和建议。（五）研究我国创新驱动发展和国际科技创新发展问题，研究科技创新战略和政策、体制机制等，提出相应咨询意见和建议。（六）研究我国对外开放和国际经贸关系，研究开放发展战略与政策、参与全球经济治理等问题，提出相应咨询意见和建议。（七）研究社会发展、文化发展问题，研究人口与社会发展、公共服务与社会保障、社会治理、公共文化建设、对外文化传播等，提出相应咨询意见和建议。（八）研究生态文明建设和绿色发展问题，研究资源开发利用、生态环境保护、应对气候变化、促进经济社会发展全面绿色转型等，提出相应咨询意见和建议。（九）研究全面深化改革问题，研究经济社会发展和改革开放中的体制机制、市场体系建设与改革等，提出相应咨询意见和建议。（十）完成党中央、国务院交办的其他任务。

401. 中国社会科学院

中国社会科学院是中国哲学社会科学研究的最高学术机构和综合研究中心。在中国科学院哲学社会科学学部的基础上，于1977年5月建立。胡乔木、马洪、胡绳、李铁映、陈奎元、王伟光、谢伏瞻曾先后担任院长，现任院长石泰峰。

一、历史沿革。建院前的中国科学院哲学社会科学学部有经济研究所、哲学研究所、世界宗教研究所、考古研究所、历史研究所、近代史研究所、世界历史研究所、文学研究所、外国文学研究所、语言研究所、法学研究所、民族研究所、世界经济研究所和情报资料研究室等14个研究单位，总人数2200多人。

1977—1981年，中国社会科学院先后成立了工业经济研究所、农村发展研究所、财贸经济研究所、新闻研究所（现为新闻与传播研究所）、马克思列宁主义毛泽东思想研究所、社会学研究所、人口研究所、少数民族文学研究所、世界政治研究所（后与世界经济研究所合并成立世界经济与政治研究所）、美国研究所、日本研究所、西欧研究所（现为欧洲研究所）、中国社会科学杂志社、中国社会科学出版社、研究生院和郭沫若著作编辑出版委员会办公室等16个研究和出版单位。苏联东欧研究所（现为东欧中亚研究所）、西亚非洲研究所和拉丁美洲研究所也在这个时期划归中国社会科学院。

1981年以后成立数量与技术经济研究所、文献信息中心、边疆史地研究中心、政治学研究所、台湾研究所和亚洲太平洋研究所。中国社会科学院现有研究所31个，研究中心45个，含二三级学科近300个，其中重点学科120个。全院总人数4200多人，有科研业务人员3200多人，其中高级专业人员1676名，中级专业人员1200多名，拥有一批在国内外学术界享有盛名、学术造诣高深的专家学者和在学术理论研究方面崭露头角的中青年科研骨干。

中国社会科学院以学科齐全、人才集中、资料丰富的优势，在中国改革开放和现代化建设的进程中，进行创造性地理论探索和政策研究，肩负着从整体上提高中国人文社会科学水平的使命。

二、科研方式。中国社会科学院除组织各研究所承担相当数量的国家哲学社会科学规划重点研究项目外，还根据国家社会主义物质文明建设、精神文明建设、民主法制建设的需要和各学科的特点及其发展，确定院重点项目和所重点项目。同时积极承担国家有关部门提出或委托的国家经济与社会发展中具有全局意义的重大理论问题和实际问题的研究任务。重点研究项目通常是以课题组的形式进行的，参加者根据自己的专业特长接受院、研究所的委托或自愿选择研究任务。许多重大课题，由多学科的学者参加，利用多学科综合优势，进行研究。也有一部分科研业务人员，根据自己的专业方向和兴趣，独立地进行研究。

文献资料的积累和利用，是各学科研究工作的基本条件。中国社会科学院设有综合性的图书馆，绝大部分研究所设有专业性的图书馆，拥有古今中外的基本文献资料，馆藏图书已达537万余册。其中包括了相当数量的善本典籍、珍本图书。中国社会科学院图书馆、文献信息中心和各研究所，分别与国内外科研机构建立了图书资料交换关系，并通过各种动态性、资料性刊物和文献题录、论文索引等信息载体，为科学研究工作提供丰富的资料和学术信息。

三、学术交流。广泛地开展对外学术交流是中国社会科学院长期坚持的方针。近些年来对外学术交流不断发展。在交流规模上，从1978年10多批数十人次发展到1995年1398批、4100多人次。在地区分布上，中国社会科学院对外交流已遍及世界80多个国家和地区，同国外约200多个社科研究机构、学术团体、高等院校、基金会和政府有关部门建立了交流关系，与20多个国家和地区签订了交流协议。交流对象既有发达国家，也有广大发展中国家。许多国家的元首、政府总理、内阁长官及政界、学界著名人士到中国社会科学院进行访问、讲演，外国驻华使领馆官员、国际机构代表以及海外记者也经常来中国社会科学院开展学术访谈。频繁的交流活动，不仅促进了中国社会科学研究事业的发展，而且增进了相互了解和友好合作关系。

中国社会科学院的对外交流，有互派学者考察访问、开展合作研究、互派长期留学进修生、举办双边或多边学术研讨会、互邀学者讲学等多种形式。近年来，各个学科，无论是历史学、考古学、语言学、民族学、宗教学等传统学科，还是与中国经济发展、社会主义市场经济体制、法制建设和创造和平稳定的国际环境密切相关的经济学、法学、社会学、国际关系学等学科，在对外学术交流中都得到了发展，科学研究工作开展得更加活跃。

日益发展的对外学术交流活动，对繁荣中国社会科学事业、促进学科建设和人才培养发挥着重要的作用。中国社会科学院将对外学术交流与课题研究和学科建设紧密结合，通过对外学术交流，促进重点科研项目和学科发展。一批研究人员通过留学进修和访问交流，拓宽了学术视野，业务上得到了培养和提高，许多人已成为科研骨干或学科带头人。

四、科研成就。中国社会科学院以学术著作、科学论文、调查研究报告、资料翻译和文献整理等形式向社会各界提供科研产品。建院至今，共出版学术著作4293本，科学论文54517篇，调查报告、研究报告7268份，翻译著作2787本，翻译论文16108篇，以及相当数量的古籍整理、校勘、注释、各种工具书和普及读物。年平均出版学术著作300本、科学论文3890多种、研究报告510多篇。

这些科研成果阐述、丰富和发展马克思主义、毛泽东思想的基本理论和邓小平理论、"三个代表"重要思想、科学发展观，研究阐释习近平新时代中国特色社会主义思想；为国家改革开放和经济建设发展战略决策提供理论依据及政策咨询；为社会发展和民主法制建设提供理论指导和实施方案；整理和弘扬中华优秀传统文化，推动社会主义精神文明建设；研究和吸收世界各国的优秀科学文化，推动学科建设。许多研究成果在国内外学术界产生了重要影响，在改革开放和经济、社会发展中取得了良好的社会效益。

《中国社会科学》《历史研究》《考古》《哲学研究》《经济研究》《法学研究》《文学评论》《世界经济》等80多种学术刊物，比较集中地反映了中国社会科学研究的最新成果和学术信息。以出版学术著作为宗旨的中国社会科学出版社、社会科学文献出版社和经济管理出版社也出版了大量社会科学研究著作，为中国社会科学事业的发展作出了贡献。

402. 中国科学院

中国科学院1949年11月成立，是中国自然科学最高学术机构、科学技术最高咨询机构、自然科学与高技术综合研究发展中心。

成立之初，在中央的支持下，中国科学院迅速凝聚了一批海内外优秀科学家，组建了高水平的研究机构，在"向科学进军"中发挥了先导和主力军作用。改革开放以来，率先打开与西方国家科技合作的大门，率先实行所长负责制、开放实验室，率先设立面向全国的科学基金。创办了联想集团等一大批高新技术企业，推动科研成果转化为现实生产力，发挥了改革先行者的作用。世纪之交，面对知识经济时代的机遇和挑战，提出建设国家创新体系的构想，实施知识创新工程和"创新2020"，凝练科技创新目标，调整重大科技布局，创新科研组织模式，建立现代院所制度，各项事业快速发展，创新能力显著提升，创新成果不断涌现，提升了中国在国际科技界的影响力，具备了引领中国科技实现跨越发展的基础和优势。作为党、国家、人民可以依靠、可以信赖的国家战略科技力量，中国科学院深入实施"率先行动"计划，正在面向世界科技前沿，面向国家重大需求，面向国民经济主战场，努力实现"四个率先"目标，即"率先实现科学技术跨越发展，率先建成国家创新人才高地，率先建成国家高水平科技智库,率先建设国际一流科研机构"。

建院以来,中国科学院服务国家战略需求和经济社会发展,始终围绕现代化建设需要开展科学研究,产生了许多开创性科技成果,奠定了新中国的主要学科基础,自主发展了一系列战略高技术领域,形成了具有中国特色的科研体系,带动和支持了中国工业技术体系、国防科技体系和区域创新体系建设。从"两弹一星"到载人航天和探月工程以及载人深潜、深渊科考关键核心科技问题的攻克,为国家安全和战略科技任务作出了重大贡献;从成功研制第一台计算机、曙光超级计算机、龙芯系列通用芯片,到单精度千万亿次超级计算系统、寒武纪人工智能处理器,在中国计算机技术自主创新中发挥了骨干作用;从发出中国第一个电子邮件,到建立中国互联网信息中心、中国网通与无线传感试验网,成为网络科技和网络产业的开拓者;从顺丁橡胶工业生产新技术,到煤制乙二醇技术、甲醇制烯烃技术、煤合成油技术、煤制烯烃技术及工业化应用,不断开辟中国化学工业的新方向和生长点;从陆相成油理论,到海相成油的探索,为中国摘掉贫油帽子、大规模开发油气田提供了科学理论支持;从自主研制的氯霉素、青霉素,到原创的青蒿素合成、丹参多酚酸盐、盐酸安妥沙星,在中国药物自主创新方面走在了前列;从开创中国海洋养殖业,到黄淮海中低产田改造,到生物育种,引领了中国高新农业科技的发展;从在世界上首次完成人工合成牛胰岛素,到首次证明诱导多能干细胞、人类基因测序、首次实现体细胞克隆猴,在生命科学领域取得了重要原创成果;从开创数学机械化证明、有限元方法,到多元复变函数论、辛几何、哥德巴赫猜想研究方面登上世界数学的高峰,奠定了数学研究国家科学中心的地位;从北京正负电子对撞机,到建成上海光源、"中国天眼"FAST等一批大科学装置,打造了多学科创新的重要平台;从铁基超导纪录刷新,到中微子振荡模式、量子通信、量子反常霍尔效应、三重简并费米子的研究,在物理学领域不断实现新的突破;从暗物质卫星"悟空"发射成功,到中国首颗X射线天文卫星"慧眼"遨游太空,推动中国空间科学研究走向世界前沿。

中国科学院率先建立研究生制度,成立中国科学技术大学,建立新中国第一家研究生院,率先实行学位制,率先建立博士后制度。实施知识创新工程、"创新2020"以来,高质量规模化发展研究生教育,形成了以中国科学技术大学和中国科学院大学(原中国科学院研究生院)为核心、覆盖全院研究所的教育体系,形成了独具特色的两段式研究生教育模式,研究生教育质量不断提高。

建院以来,先后由郭沫若、方毅、卢嘉锡、周光召、路甬祥、白春礼和侯建国担任院长,他们为中国科学院的建立与发展作出了卓越贡献。全国先后有

1400余位科学家当选为中国科学院院士，他们是新中国科技工作者的杰出代表。中国科学院汇聚和造就出一大批为新中国科技事业作出重大贡献的科学家，其中代表人物有"两弹一星元勋"于敏、王大珩、王希季、王淦昌、邓稼先、朱光亚、孙家栋、任新民、吴自良、陈芳允、陈能宽、杨嘉墀、周光召、赵九章、钱骥、钱三强、钱学森、郭永怀、屠守锷、黄纬禄、程开甲、彭桓武，国家最高科技奖获得者吴文俊、王选、黄昆、刘东生、叶笃正、吴孟超、李振声、闵恩泽、吴征镒、徐光宪、谷超豪、孙家栋、师昌绪、谢家麟、吴良镛、郑哲敏、张存浩、程开甲、于敏、赵忠贤、刘永坦、曾庆存、顾诵芬、王大中，新中国主要学科的奠基人和开拓者华罗庚、苏步青、吴有训、周培源、严济慈、庄长恭、曾昭抡、张钰哲、竺可桢、贝时璋、童第周、冯德培、钱伟长、李薰、周仁等，还有冯康、王应睐、陈景润等一批勇攀世界科技高峰的杰出科学家，以及南仁东、王逸平等"时代楷模"。中国科学院立足创新实践，吸引凝聚和培养造就了一大批战略科学家、科技领军人才、青年人才和高水平创新团队，形成了一支高水平的科技创新队伍，700余人在重要国际科技组织担任职务。同时向社会输送了大批高素质创新创业人才。成建制向国防部门、工业部门、行业、地方、大学等输送了大批科技人才，有力支持了中国科研体系的形成与发展。涌现出一批高科技企业的创业者和企业家。

中国科学院学部和广大院士，团结带领全国科技工作者，围绕国家经济建设、社会发展、国家安全和科技进步的重大问题，开展科技咨询和评议，有力地支持了国家宏观决策，充分发挥了国家在科学技术方面最高咨询机构的作用，组织和动员全国科学家制定国家十二年远景规划，提出实施"863"计划、建立科学基金制度、跟踪研究外国战略性高技术发展、建立中国工程院、发展中国先进核能、建设可持续能源体系等一系列重大建议。中国科学院构建了学部与实体有机结合的战略研究体系，持续深入分析世界科技发展大势，前瞻思考中国经济社会发展和科技进步，提出了《迎接知识经济时代，建设国家创新体系》《创新促进发展，科技引领未来》《创新2050：科学技术与中国的未来》《科技发展新态势与面向2020年的战略选择》等战略研究报告，在国家发展的关键时期提出了应对挑战的系统科学建议和系统解决方案，从而引领了中国科技发展的方向。

中国科学院集科研院所、学部、教育机构于一体，确立了"民主办院、开放兴院、人才强院"的发展战略，以及"三个面向""四个率先"的办院方针。全院共拥有11个分院、100多家科研院所、3所大学（与上海市共建上海科技大学）、130多个国家级重点实验室和工程中心、68个国家野外观测研究站、20个国家科技资源共享服务平台，承担30余项国家重大科技基础设施的建设与运行，正式职工6.9万余人，在学研究生7.9万余人。建成了完整的自然科学学科体系，物理、化学、材料科学、数学、环境与生态学、地球科学等学科整体水平已进入世界先进行列，一些领域方向也具备了进入世界第一方阵的良好态势。在解决关系国家全局和长远发展的重大问题上，已成为不可替代的国家战略科技力量。一批科学家在国家重大科技任务中发挥了关键和中坚作用，并作为中国科技界的代表活跃在国际科技前沿。

403. 中国工程院

中国工程院1994年6月成立，是中国工程技术界最高荣誉性、咨询性学术机构，由院士组成。先后开展联合培养博士生试点工作，实施了教育部工程科技人才培养研究专项、工程科技人才培养课题研究、《中国制造2025》，举办国际工程科技发展战略高端论坛、中国工程管理论坛、冶金与材料工程学术会议等论坛会议。截至2021年11月，中国工程院共有院士971人、外籍院士111人，已故院士255人、已故外籍院士19人，建有7个专门委员会、9个学部。

中国工程院的职能和任务是：1. 贯彻落实中国共产党的基本理论、基本路线、基本方略和国家的重大战略部署，组织研究、讨论工程科学技术领域的重大、关键性问题，结合国民经济和社会发展规划、计划，对工程科学技术的发展与应用，提出报告和建议；2. 对国家重要工程科学技术问题组织开展战略性研究、提供决策咨询，接受政府和有关方面委托，对重大工程科学技术发展规划、计划、方案及其实施提供咨询；3. 促进全国工程科学技术界的团结与合作，推动中国工程科学技术水平不断提高和工程科学技术队伍建设，激励优秀人才成长；4. 组织开展工程科学技术领域的学术交流与合作，代表中国工程科学技术界，参加相应的国际组织和有关国际学术活动；5. 弘扬科学精神，传播科学思想，倡导先进科学文化，维护科学道德尊严，普及科学技术知识。

404. 中共中央党校（国家行政学院）

中共中央党校的前身是1933年3月创办于中央革命根据地瑞金的马克思共产主义学校。1935年随中国工农红军长征到达陕北后改称中共中央党校。中共中央党校为中国革命、建设、改革事业培养了大批领导干部，在坚持党的思想路线、推进党的理论创新中作出了重要贡献，为推动党和人民事业发展特别是推进改革开放发挥了重要作用。国家行政学院于1988年开始筹建，1994年正式成立，主要培训高中级公务员、高层次管理人才和政策研究人才。2018年3月，按照中共中央关于深化党和国家机构改革的统一部署，为全面加强党对干部培训工作的集中统一领导,统筹谋划干部培训工作,统筹部署重大理论研究,统筹指导全国各级党校(行政学院)工作,将中央党校和国家行政学院的职责整合,组建新的中央党校(国家行政学院),实行一个机构两块牌子。中共中央党校(国家行政学院)是党中央培训全国高中级领导干部和优秀中青年干部的学校,是研究宣传习近平新时代中国特色社会主义思想、推进党的思想理论建设的重要阵地,是党和国家哲学社会科学研究机构和中国特色新型高端智库,是党中央直属事业单位。

中央党校(国家行政学院)主要职责是:发挥干部教育培训主渠道作用,有计划地培训省部级领导干部、厅局级领导干部、优秀中青年干部、国有重点骨干企业负责人、中管高校负责人、县(市)委书记、少数民族领导干部、理论宣传骨干、哲学社会科学教学科研骨干;对学员进行马克思列宁主义、毛泽东思想、邓小平理论、"三个代表"重要思想、科学发展观、习近平新时代中国特色社会主义思想教育和党性教育;开展重大理论问题和现实问题研究,承担党中央决策咨询服务;培养马克思主义理论人才;对全国各级党校(行政学院)进行业务指导等。

组建新的中央党校(国家行政学院)揭开了校(院)发展的新篇章。校(院)委会研究确定,经过一些时间的努力,把中央党校(国家行政学院)建设成为党内外公认的、具有相当国际影响力的中国共产党名副其实的最高学府,建设成为在党的思想理论建设特别是研究宣传习近平新时代中国特色社会主义思想上不断开拓创新、走在前列的思想理论高地,建设成为英才荟萃、名师辈出、"马"字号和"党"字号学科乃至其他一些学科的学术水准在全国明显处于领先地位的社科学术殿堂,建设成为对党和国家重大问题研究和决策提供高质量咨询参考作用的国家知名高端智库,在新的历史起点上展现新担当和新作为,努力开创中央党校(国家行政学院)各项工作新局面,为党的干部教育培训事业和党的理论建设作出新的更大贡献。

405. 中国社会科学院国家全球战略智库

中国社会科学院国家全球战略智库是2015年底入选首批国家高端智库建设试点的25家单位之一,实体依托单位为中国社会科学院世界经济与政治研究所,接受国家高端智库理事会和中国社会科学院国家高端智库理事会领导。设有全球经济研究部、国际政治研究部、综合研究部,秘书处/办公室和编辑室,承担科研组织、课题承办、成果运用等工作。

该智库以马克思列宁主义、毛泽东思想、邓小平理论、"三个代表"重要思想、科学发展观、习近平新时代中国特色社会主义思想为指导,服务党和政府决策，组织和推动全球战略理论与实际问题的研究，建设国家亟需、特色鲜明、制度创新、引领发展的全球战略智库。该智库在研究工作、学术探讨和政策咨询中坚持实事求是、理论联系实际的科学态度和学风，贯彻百家争鸣的方针，重点围绕国家重大战略需求开展前瞻性、针对性、储备性研究，以科学咨询支撑科学决策，推动国家治理体系和治理能力现代化，增强中国的国际影响力和话语权，更好地服务党和国家工作大局，为实现中华民族伟大复兴提供智力支持。

406. 中国社会科学院国家金融与发展实验室

设立于 2005 年，原名为"中国社会科学院金融实验室"，是中国第一个兼跨社会科学和自然科学的国家级金融智库。其后，中国社科院依托经济学部，陆续设立了十余家以金融、经济政策研究为取向的智库型研究机构，其中包括 2010 年与上海市政府合作设立的"陆家嘴研究基地"。2015 年 6 月，中国社科院批准上述十余家智库型研究机构整合为"国家金融与发展实验室"（以下简称"实验室"）。2015 年 11 月，中央全面深化改革领导小组第十八次会议批准实验室为首批 25 家国家高端智库之一。

实验室实行理事会领导下的主任负责制。理事会设秘书长，负责日常工作。实验室设学术委员会，统管实验室的科研、学术、咨询活动。学术委员会设秘书长，负责日常工作。实验室内设科研管理（含"智库讲坛"）、国际合作管理（含"国际论坛"）、数据与信息管理（含"媒体联系"）、综合办公室、财务管理等五个专职机构。实验室现下设：中国社会科学院陆家嘴研究基地、国家资产负债表研究中心、中国债券论坛、财富管理研究中心、宏观金融研究中心、金融法律与金融监管研究基地、银行研究中心、支付清算研究中心、资本市场与公司金融研究中心、全球经济与金融研究中心、经济增长与金融发展实验中心、保险与发展研究中心以及金融与科技研究中心等专业研究机构。

407. 中国现代国际关系研究院

前身是 1980 年对外开放的现代国际关系研究所，2003 年更为现名。2015 年 12 月，中国现代国际关系研究院入选首批国家高端智库建设试点单位。它是中国历史悠久、研究领域宽泛、功能齐备的复合型国际战略与安全问题研究及决策咨询机构。

中国现代国际关系研究院内设 15 个研究所、10 多个研究中心，研究领域包括世界各国、地区的政治、经济、外交、军事和社会问题；涉台港澳问题；

国际战略，世界政治，世界经济，全球和地区安全等问题。长期开展广泛、深入、高端的国际学术交流，主办发行《现代国际关系》（中文核心期刊）、*Contemporary International Relations*（英文版双月刊）和《国际研究参考》三本学术期刊。2021年1月，美国宾夕法尼亚大学"智库研究项目"（TTCSP）发布《全球智库报告2020》，中国现代国际关系研究院在最重要的"全球智库百强榜单"中列第18位，在亚洲智库中排名第4位，在外交政策与国际事务领域位于世界第3位，在政府附属智库中排名世界第7位。

408. 中国宏观经济研究院（国家发展和改革委员会宏观经济研究院）

国家发展和改革委员会直属研究机构。1995年成立，后在原国家计划委员会经济研究中心基础上组建中国宏观经济研究院。2015年11月经中央全面深化改革领导小组办公室批准，成为第一批国家高端智库建设试点单位。

具有贴近国家宏观经济管理决策机构、贴近中国发展实际、学科专业比较齐全的特色，以应用研究和政策研究为主，主要为中央宏观经济决策和国家发展改革委中心工作提供智力支持，同时面向社会提供咨询服务。下设经济研究所、对外经济研究所、投资研究所、产业经济与技术经济研究所、国土开发与地区经济研究所（区域发展战略研究中心）、社会发展研究所、市场与价格研究所、能源研究所、综合运输研究所、经济体制与管理研究所及杂志社和学会、研究会等代管挂靠机构。

409. 商务部国际贸易经济合作研究院

前身是1948年8月创建于中国香港的中国国际经济研究所。1949年，内迁广州。1951年办公地点迁至北京。1997年，外经贸部国际贸易研究所、国际经济合作研究所、机关服务中心安外管理处合并成立外经贸部国际贸易经济合作研究院。2003年，更名为商务部国际贸易经济合作研究院。2015年，被确立为首批国家高端智库建设试点单位之一。集经贸研究、信息咨询、新闻出版、教育培训、人才培养于一体，是一所综合性、多功能社会科学研究咨询机构。秉持"格物致知、弘道养正"的院训理念，以"为政府决策服务、为地方经济服务、为企业发展服务"为宗旨，为党中央、中央决策部门提供经济外交和商务发展领域的咨政报告和决策建议，为党中央、国务院政策出台和实施提供调研评估和分析咨询，为地方决策部门对外开放和创新发展提供战略规划和实施方案。

目前，研究院设有38个部门，20个研究所，16个研究中心和研究生院，主要从事国际贸易、国际投资、国际经济合作、多双边经贸往来及流通消费等五大领域的研究咨询和研究生教育工作。研究院以建设国内一流、国际知名的研究机构为目标，锐意进取、开拓创新，已成为中国商务领域功能齐全、实力雄厚、成果丰硕的权威科研机构和国家级高端智库。研究院将加强与国内外组织和机构以及专家学者交流，开展形式多样的研究合作，为促进中国与世界各国的经贸交往携手同行，共同进步。

410. 中国国际问题研究院

外交部直属专业研究机构。前身为创设于1956年11月的"中国科学院国际关系研究所"，是中国历史上第一所专门从事国际问题研究的机构。1958年，"中国科学院国际关系研究所"更名为"国际关系研究所"，与中科院脱钩。1973年重建后名为"国际问题研究所"。1979年，外交部明确规定该所的方针任务为进行中长期、战略性和政策性研究。1986年，更名为"中国国际问题研究所"。1998年国务院机构改革，原国务院国际问题研究中心并入该所。2014年6月，更名为"中国国际问题研究院"。2020年，经中央全面深化改革委员会审议批准，被列为国家高端智库建设试点单位。

主要职责是：对当前国际政治和世界经济等领域的重大问题进行研究，提出意见和建议，以供决策参考。现有8个研究部门：美国研究所、亚太研究所、欧洲研究所、发展中国家研究所、欧亚研究所、国际战略研究所、世界经济与发展研究所、拉美和加勒比研究所。另有中国太平洋经济合作全国委员会、亚太安全合作理事会中国委员会、中国国际问题研究基金会及中国军控与裁军协会4个机构挂靠。设有编辑部，负责编辑出版《国际问题研究》（中文双月刊）和《中国国际问题研究》（英文双月刊）。

411. 中国财政科学研究院

1956年6月，财政部财政科学研究所成立。2016年2月，更名为中国财政科学研究院。2020年3月，被确定为国家高端智库建设试点单位。

2001年3月设立应用经济学博士后科研流动站。财科院现有内设机构27个（党建与监督机构1个、研究机构12个、研究生教育运行机构5个、智库运行机构1个、学术性刊物出版发行机构1个、职能管理机构3个、社团管理机构4个）。财科院还设立了PPP研究所、北京分院、政府预算与会计研究所、数字财务研究所等科研平台机构。

多年来，财科院紧密结合不同时期经济社会发展和体制改革情况，围绕国家财政中心工作，开展财经理论和政策研究，为国家决策和国家治理建言献策，为财政政策提供智力支撑。财科院研究风格独特，实力雄厚，研究成果多方面引领学界。未来发展的战略定位是面向未来、面向国家及全球重大治理问题、面向改革与发展的国家高端智库，率先实现财政和会计领域科研、教育的跨越发展。

412. 中国科学技术发展战略研究院

科技部直属综合性软科学研究机构。前身是1982年10月国务院批准成立的中国科学技术促进发展研究中心。2007年12月，以中国科学技术促进发展研究中心为基础，中国科学技术发展战略研究院组建成立。紧密围绕国家重大决策需求和国家科技创新发展与改革的需要，开展前瞻性、全局性和综合性的战略问题研究；坚持服务于国家、服务于科技创新事业的方针，努力建设成为有效支撑科技创新宏观决策和管理、具有国际水平的国际科学技术发展的战略研究基地。主要职责是：重点围绕中国特色社会主义科技创新思想与理论构建、国家创新体系建立、体制机制改革、科技促进经济社会发展、科技创新预测和监测等领域研究，积极拓展国内外科技创新理论、战略、政策交流与合作，力争建成高质量服务于党和国家科技创新重大决策的专业性、战略性、前瞻性、国家化高端智库。

自成立以来，该研究院积极参与了国家各个阶段科技改革与发展的重大政策研究和决策过程，主持和参与了许多国家级重大研究项目和地区发展战略与规划的研究，积极开展了企业咨询服务工作，在促进中国科技体制改革与科技发展等方面，做了许多开创性的工作，使研究中心发展成为在国内外颇具声誉、对国家宏观决策发挥支撑作用的综合性软科学研究机构。

413. 北京大学国家发展研究院

北京大学以经济学为基础的多学科综合性学院。前身是1994年创立的北京大学中国经济研究中心（CCER），2008年改名为国家发展研究院（简称国发院）。秉承北大兼容并包、和而不同的学风，高度关注中国的现实问题，致力于学术与现实的结合，不遗余力地推动中国进步，已经形成了集教学、科研和智库于一身的综合性学院，成为北大构建世界一流大学的重要组成部分。

在教学方面，国发院已经形成政、商、学三大教学体系。在学术教育方面，国发院的经济学硕士和博士项目在全国处于领先地位，毕业生已经成为中国经济学界的生力军；经济学双学位项目经过二十多年的锤炼，已经成为北大的一张重要名片。从2017年秋季起，国发院将招收国家发展方向的本科生，培养以经济学为基础，并通晓哲学、历史和政治学等人文社会科学基本原理的综合性人才。在商学教育方面，国发院旗下的BiMBA项目始于1998年，MBA

和 EMBA 教育以学术导向和严谨的教学彰显于世，学员评价长期处于国内领先地位；EDP 项目以高端定制企业内部培训为主，广受社会的好评。在政府行政和经济管理教育方面，国发院承办国家重大工程——北京大学南南合作与发展学院，专门培养发展中国家的中高级官员。

在科研方面，国发院在国内外的人均学术发表处于国内领先行列，教师的学术论文发表于《美国经济评论》(American Economic Review)、《政治经济学杂志》(Journal of Political Economy)、《经济学期刊》(Economic Journal)、《中国社会科学》、《经济研究》、《经济学季刊》等国内外著名学术杂志上，并产生了一些有影响力的研究成果。中国经济研究中心为中国经济学界提供一个重要的学术交流平台。

在智库建设方面，国发院秉承"小机构、大网络"的理念，聚合北大乃至全球的研究资源，在政府与市场的关系、新农村建设、土地问题、国企改革、电信改革、股市治理、人口政策以及经济结构调整等诸多重大问题上，产生了一批有影响力的政策建议，并被政府所采纳。经过多年的耕耘，国发院已经成为中国高校智库当中当之无愧的领军者，2015 年入选国家首批高端智库建设试点单位。国发院拥有"中国经济观察报告会""格政"和"国家发展论坛"三个智库品牌活动，并牵头组织"中美经济对话"和"中美卫生对话"，在中美民间外交方面做出了突出的贡献。

414. 清华大学国情研究院

2011 年 12 月成立。前身为 2000 年 1 月成立的中国科学院—清华大学国情研究中心。国情研究院作为校级科研机构，依托清华大学公共管理学院运行。2015 年入选全国首批国家高端智库建设试点单位。

自成立以来，秉承"与中国发展同行，与中国开放相伴，与中国变革俱进，与中国兴盛共存"的发展理念，坚持"维护国家最高利益，认清国家长期发展目标，积极影响国家宏观决策"的发展宗旨，瞄准"打造中国一流决策思想库和世界一流的当代中国研究基地"的建设目标，遵循"获取决策知识，创新决策知识，传播决策知识，通过国情研究报告影响决策与政策"的发展路径，把握中国问题导向、重大矛盾与关系线索、综合创新与集成创新方法，按照原创性、前沿性和权威性并重的知识品牌建设原则，努力为国家决策做贡献，为理论创新做贡献，为培养人才做贡献，已经建设成为国家高层科学决策的思想库和国内外具有重要影响的公共政策研究机构，成为具有较高学术影响力、国际影响力以及社会影响力的当代中国研究平台和大学高端智库。

国情研究院长期为国家重大决策提供咨询服务，很多研究成果被采纳，出版的《国情报告》已成为中央和地方政府决策的重要参考；培养了大批优秀毕业生，为各级党政部门、企事业单位，特别是为许多高等院校和科研机构的中国学术创新和中国学派发展持续输送高端人才；积极与世界对话，通过国际学术交流、研究成果出版和主流媒体宣介，在国际舞台上发出更加响亮的中国声音。

415. 中国人民大学国家发展与战略研究院

2013年6月成立，中国人民大学集全校之力重点打造的中国特色新型高校智库。2015年，入选全国首批国家高端智库建设试点单位，并入选全球智库百强；2018年初在"中国大学智库机构百强排行榜"中名列第一；2019年在首次国家高端智库综合评估中成为唯一一家进入第一档次的高校智库。人大国发院以"中国特色新型高校智库的引领者"为目标，以"国家战略、全球视野、决策咨询、舆论引导"为使命，扎根中国大地，坚守国家战略，秉承时代使命，致力于建设成为"最懂中国的世界一流大学智库"。

人大国发院积极打造"新平台、大网络，跨学科、重交叉，促创新、高产出"的高端智库平台，围绕经济治理与经济发展、政治治理与法治建设、社会治理与社会创新、公共外交与国际关系四大研究领域，汇聚全校一流学科优质资源，打造了宏观经济论坛、国家治理研究中心、"一带一路"研究中心等26个研究中心，孵化出"首都高端智库"首都发展与战略研究院、中国人民大学欧亚研究院等一批特色专业新型智库，在基础建设、决策咨询、公共外交、理论创新、区域与国别研究、舆论引导和内部治理等方面取得了显著成效。

416. 复旦大学中国研究院

2015年成立，由中国道路研究的两个重镇——复旦大学中国发展模式研究中心和复旦大学新政治经济学研究中心联合组建而成，为首批国家高端智库建设试点单位。研究院在原有两个中心的基础上，在研究、咨政、传播和培训四个领域内都有相当建树，是一个在国内外均有一定影响力的新型智库。

研究院宗旨为分析中国崛起的原因和规律，进行关于中国道路、中国模式和中国话语的原创性理论研究和政策研究，推动中国思想和中国话语在世界范围内的崛起。鼓励原创性的研究；鼓励在海内外产生影响的研究和交流；鼓励学术的、民间的、国际化的话语创新；鼓励跨机构、跨学科的协同创新。研究院有选择地与国内外有影响力的研究机构、智库和媒体建立合作关系。

研究院组织一系列活动，如思想者论坛、中国道路与中国话语高端论坛、中国话语工作坊、各类专题研讨会、高端培训课程、中国学研究生课程、理论网站建设、"中国话语丛书"出版等，为研究中国道路、中国模式和中国话语的学者和人士提供研究、交流和学习的平台，成为一个不断产生中国思想和中国话语的地方，成为一个中国道路、中国模式和中国话语研究者的思想家园。

研究院每年在复旦大学或牛津大学举行一次关于中国模式的国际研讨会。研究院与上海社会科学院世界中国学所合作，组建了上海市中国梦创新研究基地。研究院多次聚集海内外中国道路研究的最强阵容，举办中国道路与中国话语高端论坛和其他高层次研讨会。

417. 上海社会科学院

创建于1958年，是新中国较早建立的地方社会科学院，由当时的中国科学院上海经济研究所和上海历史研究所、上海财经学院、华东政法学院、复旦大学法律系合并而成。上海社会科学院为上海唯一的综合性人文和社会科学研究机构，是全国最大的地方社会科学院。历年来，上海社会科学院承担了大量的国家和上海市课题，许多决策咨询建议得到中央、市领导和有关部门的肯定，研究成果屡屡获得国家和上海市奖励。

上海社会科学院与海外许多大学和智库研究机构建立了广泛的学术联系，诺贝尔经济学奖获得者劳伦斯·克莱因、道格拉斯·诺思等在内的30余人被聘为名誉研究员、特聘研究员。"世界中国学论坛"已经成为中国对外学术宣传的重要渠道和有世界影响的中国学研究交流平台。

418. 武汉大学国际法研究所

1980年由原国家教委（现国家教育部）批准成立的中国高校第一个国际法研究机构。2000年被教育部批准为普通高等学校人文社会科学重点研究基地。2004年，获批成为"985"工程哲学社会科学创新基地。2015年被确定为首批国家高端智库建设试点单位。

主要任务是：（1）组织重大科研项目、产出重大科研成果，使武汉大学国际法研究所成为中国国际法的研究基地。（2）通过课程开发和研究，培养一流的学术带头人、中青年骨干、博士和硕士，使武汉大学国际法研究所成为中国国际法的专门人才库和人才培养培训基地。（3）通过参与制定全国性研究发展规划、主办国际和全国学术会议、接受国内外访问学者、建立图书资料和信息网络，使武汉大学国际法研究所成为中国国际法的学术交流和资料信息基地。（4）通过承揽司法实务部门委托的研究课题、派遣专兼职研究人员担任司法实务工作部门顾问,使武汉大学国际法研究所成为中国国际法的思想库和咨询服务基地。

建所以来,武汉大学国际法研究所一直同时注重国际公法、国际私法、国际经济法的研究,并强调这些学科的交叉和综合研究,在中国国际法学领域形成了分支学科和研究方向齐全、学科发展水平齐头并进、中青年学术带头人突出、科研和教学成果领先的鲜明特色。

419. 中山大学粤港澳发展研究院

2015年,在教育部人文社会科学重点研究基地中山大学港澳珠江三角洲研究中心、港澳与内地合作发展协同创新中心等基础上成立,整合了校内经济学、政治学、法学、社会学、公共管理、新闻传播等优势学科研究力量,是港澳治理与粤港澳合作发展领域的专业化高端智库、首批国家高端智库建设试点单位。

研究院实行理事会领导下的院长负责制。研究院下设中山大学港澳基本法研究中心、港澳政治与公共治理研究中心、港澳经济研究中心、港澳社会研究中心、粤港澳大湾区国际传播研究中心、"一带一路"与粤港澳国际合作研究中心等研究中心,此外,依托研究院建设中山大学港澳珠江三角洲研究中心、中山大学自贸区综合研究院、广东省舆情大数据分析与仿真重点实验室。研究院主要围绕港澳发展动态、港澳治理以及粤港澳合作发展等重大问题,以一流的决策研究成果,服务于党和政府的重大决策需求。

研究院作为中山大学重点建设的高端智库,拥有现代化的办公条件和良好的科研条件。研究院建设的粤港澳档案文献中心是目前境内收藏港澳文献最全面、系统的特藏馆之一。收藏有粤港澳研究成果、粤港澳出版物及其他粤港澳研究文献22180多册,另有中英文过刊5000多册,中英文现刊173种,具备小型图书馆的图书馆自动化集成系统。研究院建设的粤港澳研究数据平台拥有港澳经济、社会等多个专题追踪数据库。

420. 中国国际经济交流中心

成立于2009年3月,是经民政部批复成立的社团组织,主管部门为国家发展和改革委员会。2015年,入选首批国家高端智库建设试点单位。以服务国家发展、增进人民福祉、促进国际交流与合作为宗旨,坚持以中国特色社会主义理论为指导,秉承"创新、求实、睿智、兼容"的理念,积极开展国际国内重大理论问题、战略问题、热点问题和全局性问题的研究,努力建设高水平和有国际影响力的中国特色新型智库,汇集社会智力资源,为国家、地方和企业决策提供智力支持与咨询服务,为增强国家软实力做贡献。

主要任务是:一是战略问题研究。根据国家发展需要开展涉及国家利益和安全的前瞻性、战略性、全局性问题研究,提供对国家发展环境的评估和战略规划、决策方案及政策设计建议。二是经济问题研究。开展国际国内经济、贸易、金融、投资等领域研究;国家宏观经济政策、产业发展、结构调整、体制改革等领域研究;对国内外经济变动趋势、重大热点、难点问题的持续研究。三是经济交流合作。与国(境)外政府、企业、研究机构、高等院校、社会团体及国际组织开展合作;围绕重大经济社会问题、双边多边合作、国际公共政策、全球治理等进行交流;组织国内外智库举办论坛、研讨会等活动;为国内外研究机构、企业和政府开展经济合作,交流信息、成果与经验提供渠道与平台。四是政策咨询服务。为政府编制经济和社会发展规划、研究制定经济政策等提供分析报告和建议;为地方政府制定区域发展规划,行业组织制定产业发展规划等提供智力支持;为企业战略规划、经营决策、海内外投资与重组、技术创新及市场开拓提供信息、政策等咨询服务。

中心下设办公室、世界经济研究部("一带一路"研究部)、宏观经济研究部、区域和产业经济研究部、创新发展研究部、美欧研究部、国际交流合作部、科研管理和信息服务部(能源政策研究部)、人力资源部(党委纪委办公室)。编发《要情》《研究报告》《智库言论》《国际经济观察》共四类内部刊物。公开出版学术性期刊《全球化》。

421. 综合开发研究院(中国·深圳)

综合开发研究院(中国·深圳)是经国务院批准,于1989年2月在深圳经济特区创办的国内第一家综合性、全国性的社会智库。2015年入选首批国家高端智库建设试点单位。深圳市首批人文社会科学重点研究基地。

研究院根据国家经济、社会发展和改革开放的需要,秉承"立足深圳、面向全国、走向世界"的方针,通过开展合作研究、学者互访、举办会议论坛等活动,积极推进与国内外智库机构的学术交流,致力于为中国各级政府和国内外企业提供具有前瞻性、创新性和战略性的研究咨询服务。主要研究领域有:国家宏观战略、区域经济、城市化、产业发展和政策以及企业战略与投资决策。自成立以来,研究院不断探索完善有利于社会智库发展的机制和运作模式,将研究与咨询有机结合,成为国内各类智库中具有市场化特色和活力的一个新型智库。

（二）研究新时代中国重要机构

422. 中央党史和文献研究院第一研究部

中央党史和文献研究院是党的历史和理论研究专门机构，是党中央直属事业单位，为正部级。2018年3月，根据中共中央印发的《深化党和国家机构改革方案》，将中央党史研究室、中央文献研究室和中央编译局职责整合，组建中央党史和文献研究院，对外保留中央编译局牌子。

中央党史和文献研究院设14个内设机构，包括：办公厅、第一研究部、第二研究部、第三研究部、第四研究部、第五研究部、第六研究部、第七研究部、科研规划部、对外合作交流局、信息资料馆、人事局、机关党委、离退休干部局。设4个直属单位，包括：机关服务中心、中央文献出版社、中共党史出版社、中央编译出版社。

中央党史和文献研究院第一研究部以编辑出版习近平重要著作、研究宣传习近平新时代中国特色社会主义思想为首要任务，一体推进习近平重要著作的编辑、研究、翻译、宣传各项工作。中央党史和文献研究院以第一研究部为基本依托，联合相关单位，组织编辑出版《习近平谈治国理政》第一卷、第二卷、第三卷、第四卷，《习近平关于"不忘初心、牢记使命"重要论述选编》等。截至2022年10月，编辑出版《论坚持党对一切工作的领导》《论坚持全面深化改革》《论坚持全面依法治国》《习近平关于实现中华民族伟大复兴的中国梦论述摘编》《习近平关于力戒形式主义官僚主义重要论述选编》《习近平关于统筹疫情防控和经济社会发展重要论述选编》等近百种习近平重要著作，完成"习近平总书记关于'四个伟大'重要论述研究"等重大课题。

中央党史和文献研究院多措并举强化党的创新理论对外宣介。赴多哥、科特迪瓦、赞比亚等国，圆满完成习近平新时代中国特色社会主义思想特别是人类命运共同体理念的对外传播等任务。举办习近平《论坚持推动人类命运共同体》英语版、法语版首发式和发行座谈会。完成《习近平关于统筹疫情防控和经济社会发展重要论述选编》等多语种翻译和对外宣介。

中央党史和文献研究院协同推进文献编辑、著作编译和党史宣传教育等工作。推出了《中国共产党的九十年》《党的十八大以来大事记》《改革开放四十年大事记》《中华人民共和国大事记》《中国共产党一百年大事记》。推进毛泽东同志、周恩来同志、刘少奇同志、朱德同志、邓小平同志、陈云同志等老一辈革命家的文集、传记、年谱的编辑编写工作。编辑出版《十八大以来重要文献选编》（上、中、下）、《十九大以来重要文献选编》（上、中）。完成近年来全国两会重要文件和中共中央全会系列文件多语种的翻译任务。推进马克思主义文献典藏二期工程建设。

423. 中国社会科学院当代中国研究所

1990年6月经党中央批准成立。主要任务是研究、编纂和出版中华人民共和国史，搜集和编辑有关国史资料，参与国史的宣传与教育，联系与协调各地区、各部门的国史研究工作。

当代所致力于中华人民共和国史学科建设。建有面向全国征文的国史学术年会制度和每五年举办一次的当代中国史国际高级论坛制度。与俄罗斯科学院远东研究所签订了长期科研合作交流协议，并接收国内外的访问学者。在上海社会科学院历史研究所设立了国情调研（上海）基地，还与中国人民大学合作创办了当代中国研究中心。另外，办有旌勇里国史讲座和国史专题研讨会等学术交流平台。主办关于中华人民共和国史的专业期刊——《当代中国史研究》（双月刊）和专业网站——中华人民共和国国史网（网址：www.hprc.org.cn）；主办国家一级学术社团——中华人民共和国国史学会；主管当代中国出版社；在中国社会科学院大学设有中华人民共和国国史系，招收中国当代史专业和中共党史专业的硕士研究生和博士研究生；设有中国史学科博士后科研流动站。

当代所成立30余年来，撰写并出版了中央赋予的首要任务——多卷本《中华人民共和国史稿》，组织编写出版《中华人民共和国简史》《新中国70年》等国史基本著作，开展中国社会科学院创新工程《中华人民共和国史》（多卷本）等科研项目，编纂出版大型编年史书《中华人民共和国史编年》，参与组织编辑出版了152卷大型史料性丛书"当代中国"，与中国大百科全书出版社合作编写了《中华人民共和国史百科全书》，组织编写"中华人民共和国史研究丛书"，不断推动国史学科体系、学术体系、话语体系建设。2022年，当代所加强对新时代研究，组织编写"新时代这十年丛书"（10卷）。

424. 教育部习近平新时代中国特色社会主义思想研究中心

2018年1月成立。党中央批准成立的全国首批10家习近平新时代中国特色社会主义思想研究中心（院）之一。建设目标是，组织高校力量，为教育系统干部师生切实提高政治站位、全面准确把握习近平新时代中国特色社会主义思想的深刻内涵提供平台，建设成为高水平的习近平新时代中国特色社会主义思想研究国家中心、思想理论研究机构排头兵、高校思政工作领头雁和意识形态工作桥头堡。主要任务是：一是总结经验。要对改革开放以来特别是中共十八大以来，坚持和发展中国特色社会主义实践经验特别是教育事业取得的历史性成就进行深入总结，在总结经验中把握规律。二是理性思考。要从马克思主义基本原理同中国改革发展具体实践、时代特点、十八大以来正在干和即将干的事情相结合的进程中把握三大规律，在十九大精神指引下，将经验探索上升到理论高度来概括提炼。三是学理梳理。要深入研究习近平新时代中国特色社会主义思想的思想性、指导性在不同学科的体现，对习近平新时代中国特色社会主义思想普遍规律与各学科特殊规律以及各学科特殊规律在普遍规律指导下的提升、发展、应用，进行学理梳理，促进有机融合和系统提高。四是理论说明。要在中国特色社会主义理论体系框架下，形成概念体系，做出科学的、系统的、理论的说明，推动理论研究不断升华，为其他学科发展提供方法论指导。五是方法论提炼。要深入研究、挖掘总书记系列重要讲话的文本理念、深厚学理，科学转化为学科语言，深入领会总书记方法论的核心和特色，形成教育战线研究中心（院）独特的研究方法，丰富党的理论创新宝库。

425. 中央党校（国家行政学院）习近平新时代中国特色社会主义思想研究中心

2018年1月成立。党中央批准成立的全国首批10家习近平新时代中国特色社会主义思想研究中心（院）之一。建设目标是：努力在推进当代中国马克思主义、二十一世纪马克思主义的学习研究宣传中干在实处、走在前列。

426. 中国社会科学院习近平新时代中国特色社会主义思想研究中心

中国社会科学院习近平新时代中国特色社会主义思想研究中心（以下简称"中心"）2017年12月正式成立。党中央批准成立的全国首批10家习近平新时代中国特色社会主义思想研究中心（院）之一。中国社会科学院主要领导兼任中心主任。

中心的职能和任务是：遵照中宣部及社科院党组指示，坚持"立足长远、质量第一、突出重点、有序推进"原则，发挥社科院特色和优势，协调组织全院研究力量，全面系统深入研究习近平新时代中国特色社会主义思想；坚持基础理论研究与应用对策研究并重，把习近平新时代中国特色社会主义思想的研究与国情结合起来，提出更多更好为党和国家事业发展服务的研究对策；发挥多种宣传平台的作用，做好习近平新时代中国特色社会主义思想的宣传工作，推动习近平新时代中国特色社会主义思想入脑入心、落地生根；创新对外话语表达方式，做好习近平新时代中国特色社会主义思想的国际传播。

中心成立以来，通过在中央"三报一刊"发表理论宣传文章、承担中央马克思主义理论研究和建设工程及国家社科基金重大课题、举办理论研讨会、编辑出版《中国特色社会主义理论研究前沿报告》和内部刊物《新时代》等形式积极开展研究阐释工作。推出了一大批有价值、有影响力的理论研究阐释成果，较好发挥了研究阐释党的创新理论成果"排头兵"作用，成为开展理论宣传引导、进行思想舆论斗争的"快速反应部队"。2020年被科技部、中央宣传部、中国科协授予"全国科普工作先进集体"称号，2021年被中央和国家机关工会联合会授予"中央和国家机关五一劳动奖状"。

427. 国防大学习近平新时代中国特色社会主义思想研究中心

2017年12月，党中央批准成立的全国首批10家习近平新时代中国特色社会主义思想研究中心（院）之一。

2018年4月，经党中央和中央军委批准，国防大学习近平新时代中国特色社会主义思想研究中心正式挂牌，成为全军首家习近平新时代中国特色社会主义思想研究中心。研究中心整合了全校的政治理论研究资源做大做强研究中心，充分发挥研究中心作为全国全军理论研究基地的排头兵作用，相继成立政治理论研究、党的军事指导理论研究、马克思主义理论研究等5个研究类基地，以及中国革命传统研究等3个实践类基地。

428. 北京市习近平新时代中国特色社会主义思想研究中心

2018年1月成立。党中央批准成立的全国首批10家习近平新时代中国特色社会主义思想研究中心（院）之一。建设目标是：充分发挥首都哲学社会科学学科和人才优势，努力建设成为具有重要影响力的习近平新时代中国特色社会主义思想理论研究中心、宣传阐释中心和传播交流中心。

429. 上海市习近平新时代中国特色社会主义思想研究中心

2018年3月成立。党中央批准成立的全国首批10家习近平新时代中国特色社会主义思想研究中心（院）之一。立足深入研究习近平新时代中国特色社会主义思想，指导上海改革发展的最新实践、最新成果，从宣传内容的科学化、宣传形式的多样化、宣传手段的现代化、宣传对象的大众化和宣传视野的国际化五个方面着力增强宣传展示的有效性。

430. 广东省习近平新时代中国特色社会主义思想研究中心

2018年1月成立，在广东省中国特色社会主义理论体系研究中心基础上组建而成。党中央批准成立的全国首批10家习近平新时代中国特色社会主思想研究中心（院）之一。建设目标是，高举习近平新时代中国特色社会主义思想伟大旗帜，提高政治站位，聚焦学懂弄通做实，团结带领全省社科工作者着力加强对习近平新时代中国特色社会主义思想的研究阐释，不断推出高质量研究成果，为把广东建设成为面向世界展示践行习近平新时代中国特色社会主义思想的重要"窗口"和"示范区"，推动习近平新时代中国特色社会主义思想在南粤大地落地生根、结出丰硕成果提供理论支持和学术支撑。

431. 北京大学习近平新时代中国特色社会主义思想研究院

2018年1月成立。党中央批准成立的全国首批10家习近平新时代中国特色社会主义思想研究中心（院）之一。研究院为校级独立实体机构，具有科研、教学、人才培养和社会服务全方位职能。研究院使命是：深入学习、研究、阐释和贯彻习近平新时代中国特色社会主义思想，坚持马克思主义指导，坚持社会主义政治方向，坚持研究和教育为人民服务、为中国共产党治国理政服务、为巩固和发展中国特色社会主义制度服务、为改革开放和社会主义现代化建设服务，扎根中国大地，与社会实践相结合，培养担当民族复兴大任的时代新人，培养德智体美劳全面发展的社会主义建设者和接班人。在科研方面，研究院发挥北大优势构建研究队伍和组织体系，建设了一支跨学科的学术研究梯队。2021年11月，设立习近平经济思想研究中心、习近平外交思想研究中心、习近平生态文明思想研究中心、习近平法治思想研究中心，加强对党的创新理论的学术化、学理化研究，推动研究院内涵式发展。在教学方面，研究院设置理论、政治、经济、法治、社会、文化和生态文明教研室，已形成一支专兼结合的教师队伍，在全国率先开设《习近平新时代中国特色社会主义思想概论》课程。在学术平台建设方面，研究院创办了"新时代论坛""新时代青年论坛"等学术平台，致力于构建研究习近平新时代中国特色社会主义思想的学术共同体。2021年12月，获国家新闻出版署批准，研究院创办了综合性学术刊物《国家现代化建设研究》。研究院还创办了《新时代理论》（内刊），围绕新时代国家发展战略和政策开展咨政研究，形成决策建言，多次获得中央和国家有关部门采纳。

432. 清华大学习近平新时代中国特色社会主义思想研究院

2018年1月成立。党中央批准成立的全国首批10家习近平新时代中国特色社会主义思想研究中心（院）之一。挂靠清华大学马克思主义学院，与该校社会科学学院等院系共建，实行管委会领导下的院长负责制；设立学术委员会，为研究院规划和确立目标、任务和研究方向提供咨询。研究院面向新时代、承担新使命，发挥清华大学自身学科、学术和人才的优势，聚焦重点研究方向，力争打造成为中国特色、世界一流的习近平新时代中国特色社会主义思想新型智库和思想库、资料库、成果库。主要目标任务是：一是着力深化理论研究。紧紧围绕新思想举办学术论坛、发表学术论文、发布研究课题，结集出版系列学术专著，取得一批具有重要学术影响力和社会影响力的理论成果。二是推进相关学科建设。以新思想为指导，进一步提升高校马克思主义理论学科发展水平，推进教育学、政治学、经济学、法学、新闻学等学科建设和社会治理、生态文明等领域的人才培养和教育研究。三是提升教育质量效果。创新宣传教育工作机制，开发利用网站专栏、微信微博、数据库等多种平台，面向国内外开设系列网络公开课程，提升思想政治理论课、专业课和党建思想政治工作教师的理论基础、教学能力和工作水平。四是加强队伍和机制建设。创新制度建设，建立有利于基础研究、交叉研究、交流合作、协同创新的体制机制。

433. 中国人民大学习近平新时代中国特色社会主义思想研究院

2018年1月成立。党中央批准成立的全国首批10家习近平新时代中国特色社会主义思想研究中心（院）之一。其前身"中国人民大学习近平新时代中国特色社会主义思想研究中心"成立于2017年10月，是全国首家专门研究习近平新时代中国特色社会主义思想的学术机构。研究院受中宣部、教育部直接领导，隶属于中国人民大学，是跨部门、跨学科、跨区域的综合性学术研究机构。研究院实行理事会领导下的院长负责制。研究院遵循"思想引领、理论聚焦、协同共建、一体推进"基本原则，按照"整体化布局、学科化构建、系统化推进、品牌化打造"方略，积极打造"理论创新、决策咨询、人才培养、学科建设、学术交流、信息服务"六大平台，成为理论创新研究中心、决策咨询中心、人才培养中心、学科建设中心、学术交流中心和图书资料中心。研究院重点开展以下工作：一是积极贯彻党中央部署，深入研究宣传阐释习近平新时代中国特色社会主义思想；二是紧紧围绕中国特色社会主义事业重大理论和现实问题开展课题研究；三是协同马克思主义学院、哲学院、经济学院、法学院等学院力量，搭建院属研究平台，分主题开展重点课题研究；四是持续推进习近平新时代中国特色社会主义思想进教材、进课堂、进头脑工作；五是并抓线上线下，推动习近平新时代中国特色社会主义思想宣传普及工作；六是讲好中国故事，积极开展习近平新时代中国特色社会主义思想对外传播。

434. 国家发展和改革委员会习近平经济思想研究中心

经党中央批准，2021年7月成立，国家发展和改革委员会直属事业单位，国内唯一以研究宣传阐释习近平经济思想为专长的实体性研究机构。中心主要职责是开展习近平经济思想理论研究和宣传教育，总结习近平经济思想实践经验，承接重大课题和重要研究任务，主办《习近平经济思想研究》期刊，开展人才培训培养有关工作。中心在全面系统梳理习近平经济思想中关于宏观经济、发展战略、体制改革、创新驱动、产业发展、区域协调和开放合作等方面重要成果的基础上，紧密结合时代背景和实践变化，围绕重大理论和实践问题，凝聚优势科研资源和力量，深入开展具有标志性、引领性的重大思想观点研究，为丰富和发展新时代党的创新理论厚植学术理论基础，致力成为进行深入学习的重要载体、系统研究的重要智库、宣传贯彻的重要平台、阐释传播的重要阵地，努力建设成为国家级、权威性、开放型、有影响的研究中心。[1]

435. 中国法学会习近平法治思想研究中心

经党中央批准，2021年6月成立。这是在有关部委、人民团体和地方成立的第二批习近平新时代中国特色社会主义思想研究机构之一。研究中心坚持以习近平新时代中国特色社会主义思想为指导，深入开展习近平法治思想的研究、阐释和宣介工作，推动将科学理论转化为做好全面依法治国各项工作的强大动力，更好服务党和国家工作大局。主要任务是：提升政治站位，聚焦中心任务，将研究中心建设成学习、研究、宣传习近平法治思想的重要平台和基地；深化对习近平法治思想理论体系、学科体系、教材体系的研究，不断推出高质量研究成果，推动中国特色社会主义法治理论创新发展；提升研究水平，强化学理阐释，充分展现习近平法治思想鲜明的中国特色、实践特色、时代特色。[2]

436. 生态环境部习近平生态文明思想研究中心

经党中央批准，2021年7月成立。这是党中央着眼加强习近平新时代中国特色社会主义思想研究、阐释、宣传工作作出的重要部署，对进一步深化生态文明理论和实践成果，推动习近平生态文明思想深入人心、走向世界具有重要意义。研究中心按照特约专家管理办法，分批聘请高水平的特约专家，让学术水平高、工作积极性强的专家参与到研究中心工作中来，形成一支专兼结合的高精尖专家团队；坚持开放的原则，建立多方参与的工作机制，加强与相关部门、地方政府、高校智库、科研院所、国际组织等的交流合作，形成内外统筹、上下联动的工作机制；强化主体责任，对标"打造习近平生态文明思想理

---

[1] 《习近平经济思想研究中心成立》，《人民日报》2021年7月7日。
[2] 《习近平法治思想研究中心在京成立》，《人民日报》2021年6月27日。

论研究高地、学习宣传高地、制度创新高地、实践推广平台和国际传播平台"的战略定位,组织重点课题研究、理论文章发表和政策建议起草,加快构建习近平生态文明思想实践案例库,探索构建习近平生态文明思想国际研究与传播体系,为推进生态文明、建设美丽中国提供支撑保障,充分彰显研究中心在服务党的思想理论建设、服务党和国家工作大局中的重要作用,推动习近平生态文明思想进一步深入人心、走向世界。①

437. 习近平外交思想研究中心

由外交部依托中国国际问题研究院于 2020 年 7 月设立。研究中心旨在统筹全国研究资源,全面、系统、深入开展习近平外交思想的研究、阐释和宣介,对习近平外交思想进行原本性、理论性、实践性、传播性、政策性和专题性研究,发挥习近平外交思想对外交实践的指导作用,服务新时代中国特色大国外交理论建设、体制机制建设和能力建设,为开创新时代中国特色大国外交作出积极贡献。②

(三)海外中国学研究重要机构

438. 中国社会科学院国际中国学研究中心

中国社会科学院国际中国学研究中心的前身是 2003 年 9 月成立的中国社会科学院国外中国学研究中心。2013 年 9 月改为现名。隶属于中国社会科学院,为非营利性学术研究机构。其宗旨是:全面调研国外中国学研究状况,通过国际学术交流,及时向国内学术界及有关部门报道国外有关中国问题的研究进展,在国内外相关学术机构与学者之间发挥桥梁和中介作用,有计划地推介和出版国外研究中国的学术成果;同国外中国问题研究机构合作,开展合作研究课题及中外比较研究课题。

中国社会科学院的国际中国学研究以资料积累丰富和对前言研究状况反应迅速见长,现已初步建成"国外中国学家数据库""国外中国学机构团体数据库""国外中国学期刊数据库""国外中国学论著数据库"等数据库。2009年,"国外中国学研究网站"(www.gwzgx.org.cn)上线。中国社会科学院国际中国学研究中心网(http://sinology.cssn.cn/)上线后,为学术界提供丰富的资料和最新的研究动态。出版"国外中国学研究丛书""国外中国学译丛"

---

① 《习近平生态文明思想研究中心成立》,《人民日报》2021 年 7 月 8 日。
② 《习近平外交思想研究中心成立仪式在北京举行》,《人民日报》2020 年 7 月 21 日。

《国际中国研究动态》等成果。

439. 中国外文局当代中国与世界研究院

前身为成立于 2004 年的中国外文局对外传播研究中心，2017 年正式建院。中国外文出版发行事业局（中国国际传播集团）所属事业单位，开展国际传播研究、促进对外交流合作的专业智库。

进入新时代以来，研究院按照中央宣传部及中国外文局部署，深入学习贯彻习近平关于加强和改进国际传播工作的重要论述精神，坚持研究立院、人才强院、人脉兴院，以应用研究和对策研究为特色，重点开展习近平新时代中国特色社会主义思想国际传播、翻译与对外话语创新、对外传播理论与实践、国际关系、国际舆论、国别与区域传播等方向研究，承担中国外文局话语创新基地、博士后科研工作站建设等工作，努力打造对外传播重大现实问题研究的"重镇高地"，建设具有重要影响力的国际一流智库，更好服务新时代国际传播大局，努力为讲好中国故事、传播好中国声音、展示好中国形象作出更大贡献。

研究院自主研发"国际传播大数据智能服务平台"，编发国际涉华舆情年度分析报告等动态研究产品，主办《当代中国与世界》《中国翻译》《对外传播》3 种国家级专业期刊，编纂"新时代国际传播理论与实践研究""当代中国与世界"等专业丛书，发起"国际青年领袖对话"项目和国际智库知识分享计划，举办以全球治理、文明对话等为主题的国际智库论坛和全国对外传播理论研讨会等品牌活动，每年评选对外传播十大优秀案例，定期发布中国国家形象全球调查报告、中国企业海外形象调查报告等研究成果。

440. 中国文化走出去协同创新中心

2012 年 8 月，由北京外国语大学牵头，联合多家政府部门、企事业单位和国内外高校共同组建的中国文化走出去协同创新中心正式成立。按照"国家急需，世界一流"的要求，以增强国际学术话语权为目标，大力推动学术话语体系创新；以体制机制改革为重点，大力提升创新能力和服务水平；以人才培养为核心，大力推进人才培养模式创新。

中心重点建设任务是：创建一个北外与国家政府部门、国内外高校、企事业单位及国际组织联合组建的协同创新体；启动中国文化"走出去"长城计划；构建人才培养和中国文化海外传播全球组织两个体系；重点实施智库营建工程、多语种复合型学科集群建设工程、中国文化海外传播动态数据库建设工程、中国文化"走出去"人才数据库建设工程、中华文化与学术精品推广工程、汉语国际传播创新工程 6 项文化"走出去"工程。通过各项建设规划的组织实施，努力成为中国文化"走出去"的国家智库、学术重镇和高端人才培养中心，成为提升国家文化软实力、增强中华文化国际影响力的主力阵营之一。

中心按照开放性与实体性相结合的原则，全面推进与各协同单位之间的深层次合作，建立强强联合的创新体，构建流动、开放、协同的组织管理新模式。设立理事会、学术委员会和管理委员会，成立管理办公室，负责日常工作。坚持"能进能出、能上能下"的原则，按照全职与非全职相结合的方式，组建 6 支学术创新与体制创新团队，建立以重大项目为纽带、灵活机动的人员聘用制度，探索实现骨干人员"双向聘用、责权利统一"的新机制。设置特聘专家岗，建立首席专家负责制，面向海内外选拔相关领域专家学者和业内知名人士。

搭建协同创新平台，实现资源汇聚与共享，有效整合中国外语教育研究中心、价值与文化研究中心等 5 个省部级人文社科重点研究基地，以及国家战略亟需非通用语高端人才培养优势学科创新平台、国家汉语国际推广多语种基地、孔子学院、海外中国文化中心等系列创新平台，基本形成了覆盖全球主要国家和地区的中国文化传播和推广组织体系。

坚持"走出去"与"请进来"相结合，确保中心建设实效。中心培育建设期间，顺利完成国家社科基金特别委托项目"中国文化海外传播动态数据库"一期建设任务，研发了 4 个数据子库，涉及 76 个语种；成功获批十余项国家、省部级重大科研项目；出版了中国文化"走出去"主题系列图书 150 余种；成为国务院系统"对外文化工作部际联席会"特邀参与单位，向中宣部、教育部、国家语委等单位提交了多份咨询报告，得到了中央领导和有关部门的高度重视；与施普林格出版集团合作启动了"中华学术文库"（英文丛书）；在国外发行多期《中国哲学前沿》等外文杂志；在罗马大学、马来亚大学、澳门大学设立首批 3 个海外中国文化研究长城中心；牵头在中国香港注册成立"国际中国文化研究学会"，在中国澳门注册成立"世界汉语教育史研究学会"；聘任多位外国专家担任长城讲席教授。此外，中心还成功举办"20 世纪中国古代文化经典在海外的传播及影响国际研讨会"等系列长城论坛，开展东盟"10 + 3"国外外交官培训等活动，在国内外产生了广泛的影响。

441. 国家图书馆海外中国问题文献研究资料中心

海外中国问题文献研究资料中心 2008 年成立，原名"国家图书馆海外中国问题研究资料中心"。集阅览、咨询、文献研究与服务于一体的机构，致力于发扬中国国家图书馆海外中国学文献收藏传统，促进馆藏建设和文献研究利用，使中国国家图书馆成为海外中国学文献典藏、研究与服务中心。

442. 北京大学燕京学堂

2014年5月成立，北京大学教学科研实体机构。以"跨文化交流：聚焦中国、关怀世界"为基本定位，依托北京大学人文、社科领域浓厚的历史积淀和师资力量，推动中国问题交叉学科研究；开设中国学硕士研究生项目，以优秀的师资和国际化的教学方式，为世界范围内各类组织培养沟通中国与世界的人才。

燕京学堂中国学硕士研究生项目，立足于当代中国的社会实践，着眼于古今中西文明的格局，以多学科的理论和方法系统发掘中华文明的思想内涵和文化资源，充分体现中国文化和价值的主体性，力求通过课内和课外两个方面，推动学生更深入地了解中国，倡导全球协同发展，促进文化包容，旨在培养学生成为"了解中国、贡献世界"的未来全球政治、经济和社会组织的毕业生。

443. 北京大学比较文学与比较文化研究所

1981年1月，成立北京大学比较文学研究中心。1985年，改建为独立建制的实体性研究机构"北京大学比较文学研究所"。1994年，更名为"北京大学比较文学与比较文化研究所"。

比较所培养了来自不同国家的一百余位文学硕士、近百位文学博士。他们分布于中国和世界各地，成为中国文化与世界文化相互认知、相互联系的桥梁。

比较所已逐步形成一支具有较高学术素养的研究者队伍，具有多语言和跨学科优势。研究人员可使用的工作语言为英语、法语、日语、德语、拉丁语等，教师可用外语讲授专业课程；研究领域广泛涉及比较文学基本理论、比较诗学、中外文学与文化关系、文学发生学、文化史学、形象学、叙事学、解释学、电影研究、性别研究、文学与思想史、文艺复兴诗学、莎士比亚研究、批评理论等等。除在上述领域取得突出成就外，比较所还承担多个国际国内合作项目和大型课题，并获得多项荣誉。如乐黛云教授组织编写了中国第一部《世界诗学大辞典》，主编了"北京大学比较文学研究丛书（15卷）""跨文化沟通个案研究丛书（14卷）""东学西渐丛书（12卷）"等；严绍璗教授主编了"日中文化交流史丛书（10卷）""北京大学20世纪国际中国学文库（10卷）""北京大学比较文学学术文库（15卷）"等；孟华教授主编了"中法文学关系研究丛书（第一辑4卷）""20世纪法国思想家评传丛书（10卷）""法兰西思想文化丛书（20卷）"等；张辉教授主编了"比较文学与世界文学学术文库（已出 16 卷）"等。此外，严绍璗著述的《日藏汉籍善本书录》（300 余万字）等都是持续十数年甚或数十年的"长线项目"。

比较所还是中国比较文学学会秘书处所在地。以中国比较文学学会为依托，比较所负责编辑《跨文化对话》和《比较文学与世界文学》两种杂志，管理"中国比较文学网"，并与北京大学出版社等单位合作设立了"比较文学与世界文学讲座系列"以及"比较文学与世界文学高级研修班"。杂志、网站、讲座和研修班已形成序列，长期为国内外比较文学学者提供交流与沟通的高端平台。

444. 北京语言大学汉学与中国学研究所（中国文化对外翻译与传播研究中心）

汉学与中国学研究所为北京语言大学中华文化研究院所属的科研单位，主要从事海外汉学、文艺学、中国文化对外传播等方面的研究与教学工作。承担硕士、博士、博士后研究生培养工作，主要以海外汉学、比较文学、文化研究、书写史、翻译与汉学史等为培养方向与研究重点。编有《汉风》辑刊、*East Asian Sinology* 等学术文化类刊物。

445. 北京联合大学海外中国学研究中心

北京联合大学海外中国学研究中心于 2012 年 6 月成立，是校级院管的科研机构，挂靠校马克思主义学院。以海外中国共产党研究为重点，致力于对海外学者所做的中国共产党研究进行再研究，旨在通过对海外学者研究的视角、方法、材料、成果、观点等进行跟踪和评析，充分发挥海外中国学咨政育人、服务国家的作用，使其一方面对当前党史研究和党的建设起到借鉴、启发、促进作用，提高党的建设的科学化水平，另一方面通过中外学者人员、观点等的交流碰撞，讲好中国故事，传播关于党的建设的正确理论和信息，消除海外学者和社会对中国共产党的误读，引导国际社会形成积极的关于中国共产党的政治舆论，为党的建设和党领导的中国特色社会主义事业创造良好的国际环境。

中心成立以来，承担国家社科基金重点项目 2 项、国家社科基金一般项目 4 项，省部级以上项目 15 项；在《马克思主义研究》《中共党史研究》等刊物发表论文 100 多篇，编辑出版《海外中国学研究（专辑）》，举办过多次海外中国共产党研究学术研讨会，多项成果被上级有关部门采纳，获得良好社会反响。同时中心致力推进对外合作和国际交往，与中共中央党史和文献研究院、中国社会科学院当代中国研究所、中共北京市委党史研究室等单位一直保持着密切的合作关系，与美国、俄罗斯、日本、德国、韩国等知名研究机构也建立了良好的学术伙伴关系。

446. 上海社会科学院世界中国学研究所

依托国务院新闻办公室和上海市政府联合主办的世界中国学论坛而创建，2012年正式成立，2020年入选首批上海市重点智库。

中国学所自觉服务国家战略，把"推动海外中国学研究""向世界展现真实、立体、全面的中国"作为首要任务，全力筹办国家级学术平台世界中国学论坛和青年汉学家研修计划上海班（文化和旅游部主办），向国际社会阐明中国道路、传播中华文明。同时坚持服务上海发展，基于所打造的中国学跨国学术网络（覆盖全球90多个国家和地区），不断深化国际交流合作，增强上海文化的国际影响力和辐射力，为上海建设国际文化大都市贡献力量。

中国学所实施学科发展与智库建设"双轮驱动"。学科发展上，以当代中国学为内核，兼采汉学研究及其他人文社科研究之长，形成多学科融汇、厚今薄古的特色。围绕"一带一路"、中美贸易谈判、中国经济发展、中国国家安全、国外意见领袖对华态度等议题，获得十余项各类国家社科基金项目、近十项"上海市哲学社会科学优秀成果"奖，出版著作近40部，发表核心期刊论文百余篇。

智库建设上，大量研究直接服务国家和上海市党政部门决策，主持完成30余项中央有关部门交办的课题或任务，近20项上海市各类决策咨询课题，一系列成果得到上级部门的重视与采纳。连续3届获"上海市决策咨询研究成果一等奖"，2届获"上海市决策咨询研究成果二等奖"。

中国学所下设所办公室（含中国学论坛办公室）、中国学理论研究室（含《中国学季刊》编辑部）、美洲大洋洲中国学研究室、欧洲中国学研究室、亚洲非洲中国学研究室、海外中国学舆情研究室，以及中国学数据研究中心。中国学所拥有世界中国学方向博士点和世界中国学专业硕士点，实行开门办所，凝聚了一批国内外中国学领域的知名专家，形成了一支在国内外具有一定影响力的智库团队。

447. 苏州大学海外汉学研究中心

2005年，苏州大学文学院成立院级"海外汉学研究中心"。2015年，中心正式从院级机构升级为校级机构。中心宗旨是，开展对海外汉学（中国文学）的深入研究，总结海外汉学研究的经验，以资国内学界之借镜，并汇通本土的学术智慧，以创造新的研究局面。通过举办大型国际性的汉学会议，主编大型译丛和研究丛书，加强与海外学者、海外高校的学术交流，加强资料建设、人

（四）主要研究成果

448.《习近平新时代中国特色社会主义思想学习纲要》

《习近平新时代中国特色社会主义思想学习纲要》（以下简称《纲要》）由中共中央宣传部组织编写，学习出版社、人民出版社2019年6月联合出版。

《纲要》共21章、99目、200条，近15万字。全书紧紧围绕习近平新时代中国特色社会主义思想是党和国家必须长期坚持的指导思想这一主题，以"八个明确"和"十四个坚持"为核心内容和主要依据，对习近平新时代中国特色社会主义思想作了全面系统的阐述，有助于广大干部群众更好理解把握这一思想的基本精神、基本内容、基本要求，更加自觉地用以武装头脑、指导实践、推动工作。《纲要》内容丰富、结构严整，忠实原文原著、文风生动朴实，是全党开展"不忘初心、牢记使命"主题教育的重要学习材料，是广大干部群众深入学习领会习近平新时代中国特色社会主义思想的重要辅助读物。[①]

《纲要》出版后，各级党委（党组）组织全体党员认真读原著、学原文、悟原理，并紧密结合"不忘初心、牢记使命"主题教育，把《纲要》纳入学习计划，作出周密安排，开展多形式、分层次、全覆盖的学习培训。在学习培训中，广大党员干部深入领会这一思想的时代意义、理论意义、实践意义、世界意义，深刻理解其核心要义、精神实质、丰富内涵、实践要求；深刻把握这一思想贯穿的马克思主义立场观点方法，知其然又知其所以然，不断提高马克思主义理论水平；大力弘扬理论联系实际的优良学风，更加自觉用这一思想指导解决实际问题，切实把学习成效转化为做好本职工作、推动事业发展的生动实践。

449.《习近平新时代中国特色社会主义思想学习问答》

《习近平新时代中国特色社会主义思想学习问答》（以下简称《问答》）由中共中央宣传部组织编写，学习出版社、人民出版社2021年2月联合出版。

《问答》紧跟实践发展步伐，聚焦理论热点难点，回应干部群众关切，以问答体的形式全面系统、深入浅出阐述了习近平新时代中国特色社会主义思想

---

① 《〈习近平新时代中国特色社会主义思想学习纲要〉出版发行》，《人民日报》2019年6月10日。

的基本精神、基本内容、基本要求,有助于广大党员干部群众更加深入学习领会党的创新理论,更加自觉用以武装头脑、指导实践、推动工作。《问答》共分7个板块、100个问题,内容丰富、形式新颖、图文并茂、通俗易懂,是深入学习贯彻习近平新时代中国特色社会主义思想的重要辅助读物。[①]

《问答》出版后,各级党委(党组)坚持领导干部带头,紧密结合党史学习教育,学好用好《问答》,把学党史和悟思想贯通起来,结合中国共产党的百年奋斗历程,深刻领会把握习近平新时代中国特色社会主义思想的精神实质、核心要义、理论品格,将理论学习中心组打造为学习习近平新时代中国特色社会主义思想的"示范班"。各级党校(行政学院)、干部学院和其他各类干部教育培训机构把《问答》纳入培训教学内容,各高校把《问答》作为师生理论学习教材,各级党委讲师团围绕《问答》内容,组织好对党员、干部和基层群众的宣讲活动。

450.《习近平新时代中国特色社会主义思想三十讲》

《习近平新时代中国特色社会主义思想三十讲》(以下简称《三十讲》)中共中央宣传部组织编写,学习出版社2018年5月出版。

《三十讲》全面贯彻中共十九大和十九届一中、二中、三中全会精神,紧紧围绕新时代坚持和发展什么样的中国特色社会主义、怎样坚持和发展中国特色社会主义这个重大时代课题,以"八个明确"和"十四个坚持"为核心内容和主要依据,分三十个专题,全面、系统、深入阐释了习近平新时代中国特色社会主义思想的重大意义、科学体系、丰富内涵、精神实质、实践要求,强调习近平新时代中国特色社会主义思想是党和国家必须长期坚持的指导思想,号召进一步兴起学习贯彻习近平新时代中国特色社会主义思想新高潮,更加自觉地用习近平新时代中国特色社会主义思想武装头脑、指导实践、推动工作。[②]

《三十讲》出版后,各级党组织按照学懂弄通做实的要求,组织认真学习习近平新时代中国特色社会主义思想原文原著,用好《三十讲》这一重要辅助读物,深入理解掌握习近平新时代中国特色社会主义思想,进一步树立"四个意识",增强"四个自信",切实把思想和行动统一到习近平新时代中国特色社会主义思想上来,统一到中央重大决策部署上来。各级党委(党组)理论学习中心组发挥示范带动作用,各级党委讲师团组织面向党员和群众的宣传宣讲活动,各级党校(行政学院)、干部学院作为干部教育培训的重要内容,各高

---

① 《〈习近平新时代中国特色社会主义思想学习问答〉出版发行》,《人民日报》2021年2月27日。
② 《〈习近平新时代中国特色社会主义思想三十讲〉出版发行》,《人民日报》2018年5月18日。

等学校作为师生理论学习教育的重要内容,推动进教材、进课堂、进师生头脑。

451.《习近平总书记系列重要讲话读本(2016年版)》

《习近平总书记系列重要讲话读本(2016年版)》(以下简称《读本》),由中共中央宣传部组织编写,学习出版社、人民出版社2016年4月联合出版。

《读本》围绕实现中华民族伟大复兴的中国梦、坚持和发展中国特色社会主义,围绕协调推进全面建成小康社会、全面深化改革、全面依法治国、全面从严治党"四个全面"战略布局,围绕牢固树立创新、协调、绿色、开放、共享的发展理念,统筹推进经济、政治、文化、社会、生态文明五位一体建设,围绕加强国防和军队建设,推动构建以合作共赢为核心的新型国际关系,学习掌握科学的思想方法和工作方法等十六个专题,全面准确深入阐释了以习近平同志为核心的党中央治国理政新理念新思想新战略。[1]

《读本》出版后,各级党组织在组织全体党员认真学习习近平总书记系列重要讲话原文原著的同时,组织《读本》的学习。把学习讲话精神同学习马克思列宁主义、毛泽东思想结合起来,同学习邓小平理论、"三个代表"重要思想、科学发展观结合起来,同学习中共十八大和十八届三中、四中、五中全会精神结合起来,引导广大党员干部不断深化对讲话精神的领会和理解,准确把握党的科学理论既一脉相承又与时俱进的内在联系,更好地把思想和行动统一到讲话精神上来,统一到中央重大决策部署上来。各级党委(党组)中心组尤其注重学好用好《读本》,以利于进一步系统深入地读原著、学原文、悟原理。各级党校、行政学院、干部学院把《读本》纳入培训教学内容;各高等学校把《读本》作为师生理论学习教育的重要材料;各级党委讲师团围绕《读本》内容,组织好对基层党员和群众的宣讲活动。

452.《习近平强军思想学习纲要》

中央军委政治工作部组织编印,解放军出版社2019年5月出版。

习近平强军思想是习近平新时代中国特色社会主义思想的重要组成部分,是马克思主义军事理论中国化时代化的新飞跃,实现了党的军事指导理论的又一次与时俱进。《习近平强军思想学习纲要》由绪论、主体部分、结语组成,共18个部分、85个条目。全书全面系统阐述习近平强军思想的重大意义、科学体系、丰富内涵、精神实质、实践要求,是学习贯彻习近平强军思想的基本

---

[1]《〈习近平总书记系列重要讲话读本(2016年版)〉出版发行》,《人民日报》2016年4月6日。

教材。

《习近平强军思想学习纲要》的出版，大大推动了全军深入学习贯彻习近平强军思想，牢固确立习近平强军思想在国防和军队建设中的指导地位，坚定不移走中国特色强军之路，奋力推进新时代强军事业。①

453.《习近平外交思想学习纲要》

中共中央宣传部、中华人民共和国外交部编写《习近平外交思想学习纲要》（以下简称《纲要》），人民出版社、学习出版社2021年8月联合出版。

中共十八大以来，以习近平同志为核心的党中央深刻把握新时代中国和世界发展大势，在对外工作上进行一系列重大理论和实践创新，形成了习近平外交思想。习近平外交思想是习近平新时代中国特色社会主义思想的重要组成部分，是马克思主义基本原理同中国特色大国外交实践相结合的重大理论成果，是以习近平同志为核心的党中央治国理政思想在外交领域的集中体现，是新时代我国对外工作的根本遵循和行动指南。

《纲要》共14章、46目、128条，近10万字。全书系统阐释了习近平外交思想的重大意义、丰富内涵、核心要义、精神实质、实践要求，全面反映了习近平新时代中国特色社会主义思想在外交领域的原创性贡献。该《纲要》内容丰富、结构严整、忠实原文原著、文风生动朴实，是广大干部群众学习贯彻习近平外交思想的权威辅助读物。

《纲要》出版后，各级党委（党组）把《纲要》纳入学习计划，全面系统学、及时跟进学、深入思考学、联系实际学，不断用习近平新时代中国特色社会主义思想武装头脑、指导实践、推动工作，不断开创新时代中国特色大国外交新局面，为夺取全面建设社会主义现代化国家新胜利、实现中华民族伟大复兴的中国梦不懈奋斗。②

454.《习近平法治思想学习纲要》

《习近平法治思想学习纲要》（以下简称《纲要》），由中央宣传部、中央依法治国委员会办公室编写，人民出版社、学习出版社2021年11月联合出版。

中共十八大以来，以习近平同志为核心的党中央从坚持和发展中国特色社会主义的全局和战略高度定位法治、布局法治、厉行法治，创造性提出了关于全面依法治国的一系列新理念新思想新战略，形成了习近平法治思想。习近平

---

① 《〈习近平强军思想学习纲要〉印发全军》，《人民日报》2019年5月21日。
② 《〈习近平外交思想学习纲要〉出版发行》，《人民日报》2021年8月17日。

法治思想内涵丰富、论述深刻、逻辑严密、系统完备，从历史和现实相贯通、国际和国内相关联、理论和实际相结合上，深刻回答了新时代为什么实行全面依法治国、怎样实行全面依法治国等一系列重大问题，是顺应实现中华民族伟大复兴时代要求应运而生的重大理论创新成果，是马克思主义法治理论中国化的最新成果，是中国特色社会主义法治理论的重大创新发展，是习近平新时代中国特色社会主义思想的重要组成部分，是新时代全面依法治国的根本遵循和行动指南。

《纲要》共13章、49目、128条，7万多字。全书系统阐释了习近平法治思想的重大意义、丰富内涵、核心要义、精神实质、实践要求，全面反映了习近平新时代中国特色社会主义思想在法治领域的原创性贡献。《纲要》内容丰富、结构严整，忠实原文原著、文风生动朴实，是广大干部群众深入学习贯彻习近平法治思想的重要权威辅助读物。

《纲要》出版后，各级党委（党组）把《纲要》纳入学习计划，全面系统学、及时跟进学、深入思考学、联系实际学，不断用习近平新时代中国特色社会主义思想武装头脑、指导实践、推动工作，不断用习近平法治思想指导提高运用法治思维和法治方式深化改革、推动发展、化解矛盾、维护稳定、应对风险的能力，切实把学习成效转化为推进全面依法治国、建设法治中国的生动实践，为夺取全面建设社会主义现代化国家新胜利、实现中华民族伟大复兴的中国梦不懈奋斗。[①]

455.《习近平经济思想学习纲要》

《习近平经济思想学习纲要》（以下简称《纲要》），由中央宣传部、国家发展改革委组织编写，人民出版社、学习出版社2022年6月联合出版。

中共十八大以来，以习近平同志为核心的党中央高瞻远瞩、统揽全局、把握大势，提出一系列新理念新思想新战略，指导我国经济发展取得历史性成就、发生历史性变革，在实践中形成和发展了习近平经济思想。习近平经济思想体系严整、内涵丰富、博大精深，深刻回答了新时代经济发展怎么看、怎么干等一系列重大理论和实践问题，是习近平新时代中国特色社会主义思想的重要组成部分，是中国共产党不懈探索社会主义经济发展道路形成的宝贵思想结晶，是马克思主义政治经济学在当代中国、21世纪世界的最新理论成果，是我国经济高质量发展、全面建设社会主义现代化国家的科学指南。

《纲要》共15章、58目、146条，10万字。全书系统阐释了习近平经济

[①]《〈习近平法治思想学习纲要〉出版发行》，《人民日报》2021年11月17日。

思想的核心要义、精神实质、丰富内涵、实践要求，全面反映习近平新时代中国特色社会主义思想在经济领域的原创性贡献。该《纲要》内容丰富、结构严谨，忠实原文原著、文风生动朴实，是广大干部群众深刻领会习近平经济思想的重要辅助读物。

《纲要》出版后，各级党委（党组）将其纳入学习计划，更加自觉用习近平经济思想指导解决实际问题，不断提高把握新发展阶段、贯彻新发展理念、构建新发展格局的能力和水平，切实把学习成效转化为推动高质量发展的生动实践。①

456.《习近平生态文明思想学习纲要》

《习近平生态文明思想学习纲要》（以下简称《纲要》），由中央宣传部、生态环境部组织编写，学习出版社、人民出版社 2022 年 7 月联合出版。

中共十八大以来，以习近平同志为核心的党中央从中华民族永续发展的高度出发，深刻把握生态文明建设在新时代中国特色社会主义事业中的重要地位和战略意义，大力推动生态文明理论创新、实践创新、制度创新，创造性提出一系列新理念新思想新战略，形成了习近平生态文明思想。习近平生态文明思想是习近平新时代中国特色社会主义思想的重要组成部分，是马克思主义基本原理同中国生态文明建设实践相结合、同中华优秀传统生态文化相结合的重大成果，是以习近平同志为核心的党中央治国理政实践创新和理论创新在生态文明建设领域的集中体现，是新时代我国生态文明建设的根本遵循和行动指南。

《纲要》共 10 章、31 目、87 条，5.1 万字。全书系统阐释了习近平生态文明思想的核心要义、精神实质、丰富内涵、实践要求，全面反映习近平新时代中国特色社会主义思想在生态文明建设领域的原创性贡献。《纲要》系统全面、结构严谨、内容丰富，忠实原文原著、文风生动朴实，是广大干部群众深入学习领会习近平生态文明思想的权威辅助读物。②

《纲要》出版后，各级党委（党组）将其纳入学习计划，自觉做习近平生态文明思想的坚定信仰者和忠实践行者，不断开创新时代生态文明建设新局面。

457.《总体国家安全观学习纲要》

《总体国家安全观学习纲要》（以下简称《纲要》），由中共中央宣传部、中央国家安全委员会办公室编写，人民出版社、学习出版社 2022 年 4 月联合

---

① 《〈习近平经济思想学习纲要〉出版发行》，《人民日报》2022 年 6 月 21 日。
② 《〈习近平生态文明思想学习纲要〉出版发行》，《人民日报》2022 年 7 月 31 日。

出版。

中共十八大以来，以习近平同志为核心的党中央顺应时代发展大势，从新时代坚持和发展中国特色社会主义的战略高度，把马克思主义国家安全理论和当代中国安全实践、中华优秀传统战略文化结合起来，创造性提出了总体国家安全观。总体国家安全观内涵丰富、思想深邃、逻辑严密、系统完备，从历史和现实相贯通、国际和国内相关联、理论和实际相结合上，系统回答了中国特色社会主义进入新时代，如何既解决好大国发展进程中面临的共性安全问题，同时又处理好中华民族伟大复兴关键阶段面临的特殊安全问题这个重大时代课题，是我们党历史上第一个被确立为国家安全工作指导思想的重大战略思想，是中国共产党和中国人民捍卫国家主权、安全、发展利益百年奋斗实践经验和集体智慧的结晶，是马克思主义国家安全理论中国化的最新成果，是习近平新时代中国特色社会主义思想的重要组成部分，是新时代国家安全工作的根本遵循和行动指南。

《纲要》共11章、44目、112条，7万字。全书系统阐释了总体国家安全观的重大意义、丰富内涵、核心要义、精神实质、实践要求，全面反映了习近平新时代中国特色社会主义思想在国家安全方面的原创性贡献。该《纲要》内容丰富、结构严整、忠实原文原著、文风生动朴实，是广大干部群众学习贯彻总体国家安全观的重要权威辅助读物。①

《纲要》出版后，各级党委（党组）把《纲要》纳入学习计划，作为党委（党组）理论学习中心组学习、干部培训、党员学习的重要内容，不断用总体国家安全观指导驾驭纷繁复杂国家安全形势、提高应对风险挑战能力，切实把学习成效转化为坚决维护国家主权、安全、发展利益的生动实践。

458.《习近平新时代中国特色社会主义思想学生读本》

《习近平新时代中国特色社会主义思想学生读本》（大、中、小学版）（以下简称《读本》），由教育部编写，人民出版社2021年8月出版。

教材是学校教育教学的基本依据，是育人育才的重要载体。教育思想和理念、人才培养的目标和要求等，都集中体现在教材中。中共十八大以来，以习近平同志为核心的党中央高度重视和关心教材建设。为增强学生学习习近平新时代中国特色社会主义思想的系统性、针对性、实效性，教育部组织编写了《习近平新时代中国特色社会主义思想学生读本》，作为大中小学学生的重要必修内容。《读本》全套共5册，小学三年级、小学五年级、初中二年级、高中

---

① 《〈总体国家安全观学习纲要〉出版发行》，《人民日报》2022年4月16日。

一年级、大学各1册。2021年秋季学期起，中小学《读本》在全国投入使用。《读本》图文并茂、生动活泼，将知识学习、情感体验和价值引导融为一体，受到了广大学生和教师的欢迎。①

459.《习近平总书记教育重要论述讲义》

《习近平总书记教育重要论述讲义》（以下简称《讲义》），由本书编写组编写，高等教育出版社2020年3月出版。

中共十八大以来，习近平就教育改革发展作出了一系列重要讲话、指示批示，提出了一系列新理念新思想新观点，形成了习近平关于教育的重要论述。习近平关于教育的重要论述从根本上阐明了新时代中国特色社会主义教育发展方向、道路、方针、原则等一系列方向性根本性战略性问题，以全新的视野深化了对社会主义建设规律、教育发展规律、人才培养规律的认识，开拓了马克思主义教育思想的新境界，标志着中国特色社会主义教育理论发展达到了新高度，为加快推进教育现代化、建设教育强国、办好人民满意的教育提供了根本遵循和行动指南。

《讲义》由导言和九讲构成，对习近平关于教育的重要论述进行了系统深入阐述。全书运用和贯穿马克思主义立场观点方法，内容全面系统，形式新颖活泼，具有可读性、指导性、实践性。在呈现形式方面作了创新，穿插了故事和案例，精选了图片和图表，设置了"习语"和"释义"栏目，运用二维码链接来自权威媒体的音视频资源，同时推荐拓展阅读书目，引导广大读者进行延伸性研读。

《讲义》既是高校相关学科专业和教育系统各级各类培训使用的教材，也是教育系统广大干部师生、全社会特别是各级党政干部的重要理论读物。同时，还将开展《讲义》的翻译出版、对外宣介，贡献教育发展的中国智慧、中国方案。

460.《历史是最好的教科书——学习习近平同志关于党的历史的重要论述》

中共中央党史研究室编，中共党史出版社2014年1月出版。该书收录了中共中央党史研究室、中共中央党校、当代中国研究所等专家学者学习习近平关于党的历史的重要论述的一系列文章，包括《深刻认识中国特色社会主义的历史逻辑》《坚定党的历史自信》《正确看待改革开放前后历史的辩证关系》

---

① 《用心打造培根铸魂、启智增慧的精品教材》，《人民日报》2021年10月11日。

等。该书的出版,对于进一步学习贯彻习近平重要讲话精神、深化党史研究具有重要意义。

461. "习近平新时代中国特色社会主义思想学习丛书"

谢伏瞻总主编,中国社会科学出版社 2019 年 3 月出版。

该丛书共有 12 册,分别为:《开辟当代马克思主义哲学新境界》《深入推进新时代党的建设新的伟大工程》《坚持以人民为中心的新发展理念》《构建新时代中国特色社会主义政治经济学》《全面依法治国 建设法治中国》《建设新时代社会主义文化强国》《实现新时代中国特色社会主义文艺的历史使命》《生态文明建设的理论构建与实践探索》《走中国特色社会主义乡村振兴道路》《习近平新时代中国特色社会主义外交思想研究》《习近平新时代治国理政的历史观》《全面从严治党永远在路上》。分别从哲学、党的建设、全面从严治党、新发展理念、经济、法治、文化、文艺、乡村振兴、生态文明、历史、外交共 12 个方面,阐释习近平新时代中国特色社会主义思想产生的时代背景、主题主线、主要观点和核心要义,阐明这一重要思想为发展马克思主义作出的重大原创性贡献,分析这一重要思想所蕴含的马克思主义的立场、观点、方法,努力从总体上把握这一重要思想的理论体系和内在逻辑,呈现其当代中国马克思主义、二十一世纪马克思主义的理论形态及其伟大意义。

该丛书具有系统性、研究性和学理性,注重在深化和转化上下功夫,既注重整体阐释,又注重专业表达,力求把政治语言转化为学术语言和大众语言,对于推动新时代中国特色社会主义思想的学习研究阐释,推进这一重要思想的大众化普及化,增强广大党员干部和读者对这一重要思想的政治认同、思想认同、情感认同,切实推动这一重要思想入脑入心,用党的创新理论武装头脑、指导实践、推动工作,具有十分重要的意义。

462.《习近平的七年知青岁月》

中央党校采访实录编辑室著,中共中央党校出版社 2017 年 8 月出版。

该书是中央党校策划组织的系列采访实录,从 2016 年 11 月底到 2017 年 3 月中旬在中央党校《学习时报》连载。通过 29 位受访者讲述自己当年亲身经历的往事,用真实的历史细节再现了习近平 1969 年 1 月至 1975 年 10 月在陕北黄土高原七年知青岁月的艰苦生活和成长历程。

1969 年 1 月,习近平来到陕西省延川县文安驿公社梁家河大队插队落户,直至 1975 年 10 月。这组采访实录共采访了 29 人,其中既有同他一起插队的北京知青,又有同他朝夕相处的当地村民,还有当年同他相知相交的各方面人士。这些受访者通过自己的亲身经历，用真实的历史细节讲述了习近平当年"苦其心志、劳其筋骨、饿其体肤、空乏其身"的历练故事，再现了习近平知青时期的艰苦生活和成长历程。这部书，是当代青年树立正确人生观、励志成才的鲜活教材，是党员干部锤炼党性、提升素质的生动范本，也是国际社会全面深入了解中国共产党领导人的珍贵历史资料。

采访实录刊出后引起读者强烈反响。中共中央党校出版社把19篇访谈稿分为"知青说""村民说""各界说"3个部分，重新进行编排，并选用了76幅具有历史价值的图片，公开出版。[1]

463. 《习近平在正定》

中央党校采访实录编辑室著，中共中央党校出版社2019年3月出版。

1982年3月至1985年5月，习近平任河北省正定县委副书记、县委书记，在正定工作了3年多。他同正定广大干部群众打成一片，走遍全县每一个村，奋战在改革开放第一线，全面推进各项工作，政绩斐然，政声卓著。这组采访实录共计22篇，受访者中既有中组部的老同志、当时的正定县委班子成员，也有当年的机关工作人员和采访过他的记者，还有一些普通干部群众。采访实录通过受访者的口述，生动再现了习近平在县委书记岗位上的奋斗轨迹，真实展现了一位对党忠诚、善政为民、深入调研、求真务实、锐意进取、勇于担当的优秀年轻干部形象。习近平用自己的心血和汗水，在正定大地上书写了一部激情洋溢的青春感人诗篇。

该书由22篇采访实录构成，包括图片48幅，文风质朴、内容详实，是一部融思想性、文学性、纪实性为一体的精品力作。这部书是了解习近平作为党和人民的领袖成长奋斗经历的生动读本，是激励新时代领导干部特别是年轻干部担当作为的鲜活教材，是深入学习领会习近平新时代中国特色社会主义思想实践逻辑和历史逻辑的重要参考。

该书是《习近平的七年知青岁月》采访实录的续篇。从2018年1月24日起在《学习时报》连续刊登，一经刊出就引起强烈社会反响，读起来能够使人精神得到鼓舞、工作得到启迪。[2]

464. 《习近平在福建》

中央党校采访实录编辑室著，中共中央党校出版社2021年7月出版。

---

[1] 《〈习近平的七年知青岁月〉出版发行》，《人民日报》2017年8月18日；《问渠那得清如许 为有源头活水来》，《学习时报》2018年6月22日。

[2] 《〈习近平在正定〉出版》，《人民日报》2019年3月17日。

1985年6月到2002年10月，习近平在福建工作17年多时间，先后在厦门市、宁德地区、福州市和福建省委、省政府各个重要岗位上担任领导职务。该书主要反映的是习近平任省委副书记、省长期间的工作经历，是他在省域层面开展领导工作的真实写照。

在福建省委和省政府工作期间，习近平提出"生态福建"建设，亲自推进集体林权制度改革，推动长汀水土流失治理；提出并实施"数字福建"建设，抢占信息化战略制高点；六年七下晋江，调研总结"晋江经验"，推动县域经济持续健康发展；推动省级机关效能建设，教育党员、干部牢记政府前面的"人民"两个字，在全国率先推进服务型政府建设，在全省推行县级政务公开；强调把人民健康放在首位，推动以"餐桌污染"治理为抓手建立从田头到餐桌的全程监管体系；坚决贯彻党中央决策部署，积极推动闽台直航，扩大闽台各项交流，使两岸经济人文交往发生重大积极变化。这些工作具有前瞻性和创造性，生动反映了习近平对党中央精神的深刻理解和对福建省情的科学把握，有力推动八闽大地改革发展领风气之先、走在时代前列。

该书共35篇，再现了习近平在福建省委和省政府工作期间大刀阔斧、精心谋划、锐意创新的领导风范，展现了他率先带头、亲身示范、勇于担当的工作作风，体现了他心系基层、心系群众、心系民生的赤诚情怀。本书为深入学习领会习近平新时代中国特色社会主义思想、为领导干部提高领导能力和领导水平提供了生动教材。[1]

465.《习近平在浙江》

中央党校采访实录编辑室著，中共中央党校出版社2021年12月出版。

习近平2002年10月任浙江省委副书记、代省长，2002年11月到2007年3月任浙江省委书记、省人大常委会主任。进入新世纪，浙江处在经济大发展、社会大转型的关键时期，习近平紧密结合浙江实际创造性贯彻落实党的理论和路线方针政策，在全面深入调研基础上提出并实施了作为浙江省域治理总方略的"八八战略"，对浙江发展作出了全面规划和顶层设计，为浙江转型发展和长远发展奠定了坚实基础，也成为习近平新时代中国特色社会主义思想形成的重要理论准备和实践准备。

习近平作为省委书记全面领导了浙江工作。该书通过对当年浙江省委和省政府领导同志、省直部门和地市领导干部、基层干部和企业家、专家学者和记者等的访谈，对习近平领导浙江转变经济发展方式、提高对内对外开放水平、

---

[1]《〈习近平在福建〉出版发行》，《人民日报》2021年7月30日。

统筹城乡发展和区域发展、创建生态省、建设法治浙江和平安浙江、建设文化大省、推进民生实事、加强党的建设等方面的思考和实践做了具体呈现。

这部采访实录，不仅集中展现了习近平高超的思想理论水平和战略决策水平、突出的政治领导能力和组织协调能力，也充分展现了他真挚朴实的为民情怀和深入务实的工作作风，为领导干部在新时代新征程上深入学习领会习近平新时代中国特色社会主义思想，胸怀"国之大者"，提高政治判断力、政治领悟力、政治执行力，提高领导能力和领导水平提供了生动教材。①

466.《习近平在上海》

中央党校采访实录编辑室著，中共中央党校出版社2021年12月出版。

习近平2007年3月至10月任上海市委书记。上海是中国共产党的诞生地、国际性大都市，在我国改革发展稳定中具有重要地位。习近平在特殊时期来到上海，重点抓了市第九次党代会的筹备工作，通过党代会形成共识、凝聚人心、振奋精神。他履职后第一场公开活动是瞻仰中共一大和二大会址，重温党的光荣历史，强调传承革命传统。他展开密集调研，足迹遍布上海各区县各行业各领域。他自觉维护党中央权威和集中统一领导，自觉把上海工作放在全党全国工作大局中来审视和部署。他提出上海要坚定不移高举改革开放旗帜，以自主创新驱动城市持续发展，大力推进产业结构战略调整，积极推动三二一产业共同发展，注重发挥上海在长三角地区合作和交流中的龙头带动作用。他归纳各方意见和建议，概括了上海城市精神，振奋了上海广大干部群众信心和士气。他始终心系人民，倾心倾力关注和解决民生问题。他高度重视党的建设特别是党风廉政建设，走访街道、乡村、企业、"两新"组织等，提出要走出一条符合改革开放和发展社会主义市场经济条件下党建工作规律、具有上海特大型城市特点的基层党建新路子。他还抓了举办特奥会和女足世界杯、筹备世博会等重大活动。习近平在上海虽然只有7个月的时间，却迅速扭转了当时上海的被动局面，为上海发展明确目标、指引方向，以发展实绩获得干部群众的高度认可和衷心拥护。

该书通过对当时上海市委和市政府领导同志、市直部门和区县领导干部、专家学者和记者等的访谈，对习近平担任上海市委书记期间的主要工作和展现的丰富政治智慧、高超领导才能、勤勉工作精神、真挚人民情怀，作了生动翔实的呈现。这部采访实录的出版，为广大党员、干部深入学习领会习近平新时代中国特色社会主义思想提供了重要参考，为领导干部提高领导能力和领导水

---

① 《〈习近平在浙江〉出版发行》，《人民日报》2021年12月21日。

平提供了生动教材。①

467.《习近平的扶贫足迹》

《习近平的扶贫足迹》是在新华社采写播发的关于习近平总书记权威报道的基础上再编辑深加工而成，由人民出版社、新华出版社于2022年10月联合出版。

贫困是长期困扰人类的一大难题，战胜贫困是中华民族的千年夙愿。新中国成立以来，中国共产党带领人民持续向贫困宣战。改革开放使这一宣战进入新的历史阶段，8亿多农村贫困人口先后脱贫。中共十八大以来，以习近平同志为核心的党中央把消除贫困摆在治国理政更加突出的位置，举全党全社会之力集中脱贫攻坚，其力度之大、规模之广、成效之显著、影响之深远，前所未有、世所罕见。经过全党全国各族人民的持续奋斗，我国如期打赢脱贫攻坚战，历史性解决了绝对贫困问题，创造了人类减贫史上的中国奇迹。

脱贫攻坚以来，习近平站在中华民族伟大复兴和人类减贫事业的历史高度，精心谋划中国精准脱贫工作，对推进全面建成小康社会、实现第一个百年奋斗目标作出战略指引和躬身践行。《习近平的扶贫足迹》按年度编排，共分为32个专题，每个专题包括扶贫金句、考察现场、活动纪实（记者回访）、脱贫故事等内容，生动记录了习近平顶风雪、冒酷暑、踏泥泞、翻山越岭、跋山涉水，走遍全国14个集中连片特困地区，深入20多个贫困村考察调研的感人场景，真实反映了贫困地区群众在习近平关心、指导下脱贫奔向小康的获得感、幸福感，充分体现了人民领袖心系人民的深厚情怀。本书还收录新华社播发的习近平图片92幅。

《习近平的扶贫足迹》的出版，有利于人们系统深入了解以习近平同志为核心的党中央团结带领全党全国各族人民决战脱贫攻坚的非凡历程和伟大成就，鼓舞和激励广大干部群众向着实现第二个百年奋斗目标、创造更加幸福美好生活勇毅前行。②

468.《习近平的小康情怀》

《习近平的小康情怀》是在新华社采写播发的关于习近平总书记权威报道的基础上再编辑深加工而成，由人民出版社、新华出版社于2022年10月联合出版。

小康是中华民族孜孜以求的梦想和夙愿。在庆祝中国共产党成立100周年

---

① 《〈习近平在上海〉出版发行》，《人民日报》2022年3月3日。
② 《〈习近平的扶贫足迹〉〈习近平的小康情怀〉出版发行》，《人民日报》2022年10月16日。

大会上，习近平庄严宣告："经过全党全国各族人民持续奋斗，我们实现了第一个百年奋斗目标，在中华大地上全面建成了小康社会，历史性地解决了绝对贫困问题，正在意气风发向着全面建成社会主义现代化强国的第二个百年奋斗目标迈进。"全面建成小康社会，书写了人类发展史上的伟大奇迹，铸就了中华民族伟大复兴进程中的不朽丰碑。《习近平的小康情怀》分为20个篇章，全景式记录了中共十八大以来习近平掌舵领航、举旗定向，带领全党全国各族人民全面建成小康社会的伟大历史进程，彰显出人民领袖对人民群众福祉的殷切关怀，反映了人民群众对人民领袖的衷心爱戴。

《习近平的小康情怀》的出版，有利于人们系统深入了解以习近平同志为核心的党中央团结带领全党全国各族人民决胜全面小康的非凡历程和伟大成就，鼓舞和激励广大干部群众向着实现第二个百年奋斗目标、创造更加幸福美好生活勇毅前行。[①]

469. "复兴文库"

"复兴文库"是党中央批准实施的重大文化工程，通过对近代以来重要思想文献的选编，述录先人的开拓，启迪来者的奋斗。

中华民族是世界上伟大的民族，为人类文明进步作出了不可磨灭的贡献。近代以后，中华民族遭受了前所未有的劫难。从那时起，实现中华民族伟大复兴就成为中国人民和中华民族最伟大的梦想。无数仁人志士矢志不渝、上下求索，奔走呐喊、奋起抗争。中国共产党成立后，团结带领人民前仆后继，进行艰苦卓绝的斗争，坚持马克思主义指导地位，找到了实现中华民族伟大复兴的正确道路，通过革命、建设、改革各个历史时期的不懈努力，迎来了从站起来、富起来到强起来的伟大飞跃，谱写了中华民族发展进程中最为波澜壮阔的历史篇章，中华民族伟大复兴展现出前所未有的光明前景。在实现伟大复兴的历史进程中，一代代中华民族的先进分子和优秀儿女探索、奋斗、牺牲、创造，留下了大量具有重要历史价值和时代意义的珍贵文献。

修史立典，存史启智，以文化人，这是中华民族延续几千年的一个传统。"复兴文库"以中华民族伟大复兴为主题，以思想史为基本线索，精选1840年鸦片战争以来同中华民族伟大复兴相关的重要文献，全景式记述了以中国共产党人为代表的中华优秀儿女为实现国家富强、民族振兴、人民幸福而不懈求索、百折不挠的历史足迹，集中展现了影响中国发展进程、引领时代进步、推动民族复兴的思想成果，深刻揭示了中华民族走向伟大复兴的历史逻辑、思想

[①] 《〈习近平的扶贫足迹〉〈习近平的小康情怀〉出版发行》，《人民日报》2022年10月16日。

源流和文化脉络。"复兴文库"共五编，包含 60 多卷、300 多册、1.1 亿多字。其中，第一至三编于 2022 年 9 月出版发行，计 37 卷、195 册、6190 万字。①

习近平为"复兴文库"作题为《在复兴之路上坚定前行》的序言，强调："历史是最好的教科书，一切向前走，都不能忘记走过的路；走得再远、走到再光辉的未来，也不能忘记走过的过去。""我们要在学好党史的基础上，学好中国近代史，学好中国历史，弄清楚我们从哪里来、要到哪里去，弄清楚中国共产党人是干什么的、已经干了什么、还要干什么，弄清楚过去我们为什么能够成功、未来怎样才能继续成功。要坚定文化自信、增强文化自觉，传承革命文化、发展社会主义先进文化，推动中华优秀传统文化创造性转化、创新性发展，构筑中华民族共有精神家园。要萃取历史精华，推动理论创新，更好繁荣中国学术、发展中国理论、传播中国思想，不断推进马克思主义中国化时代化。要坚定理想信念，凝聚精神力量，在新时代更好坚持和发展中国特色社会主义，为实现中华民族伟大复兴的中国梦贡献我们这一代人的智慧和力量，创造属于我们这一代人的业绩和荣光。"②

大型历史文献丛书"复兴文库"的编纂出版，对于人们坚定历史自信、把握时代大势、走好中国道路，以中国式现代化全面推进中华民族伟大复兴具有十分重要的意义。

470.《中国共产党简史》

《中国共产党简史》（以下简称《简史》），由本书编写组编写，人民出版社、中共党史出版社 2021 年 2 月联合出版。

《简史》是按照党中央部署，为配合全党开展党史学习教育编写的党史简明读本。在书稿编写过程中，中央领导同志多次就起草和修改工作提出明确要求，中央组织部等中央有关部门和科研单位提供了大力支持和帮助。

《简史》坚持辩证唯物主义和历史唯物主义立场观点方法，坚持解放思想、实事求是，严格遵守两个"历史决议"和习近平关于党史的重要论述，忠实记录了一百年来中国共产党团结带领人民进行革命、建设、改革的光辉历程，充分反映了我们党为实现国家富强、民族振兴、人民幸福和人类文明进步事业作出的历史功绩，系统总结了党和国家事业不断从胜利走向胜利的宝贵经验，集中彰显了党在各个历史时期淬炼锻造的伟大精神。

《简史》共 10 章，70 节，约 28 万字，充分吸收党史研究最新成果，以史论结合的形式，重点叙述和评价重大历史事件和重要历史人物、重大方针政策

---

① 《坚定历史自信，打造传世精品》，《新华每日电讯》2022 年 11 月 25 日。
② 习近平：《在复兴之路上坚定前行》，《人民日报》2022 年 9 月 27 日。

和重要战略部署、重大理论创新成果及其发展历程；深入阐释中国共产党为什么"能"、马克思主义为什么"行"、中国特色社会主义为什么"好"的道理；着力弘扬中国共产党人的崇高革命精神和风范；深刻解读历史性变革中蕴藏的内在逻辑，历史性成就背后的道路、理论、制度、文化优势，文风朴实、通俗易懂，是全党特别是基层党员干部学习党的历史的重要读物。

471.《中国共产党的九十年》

中共中央党史研究室编写，中共党史出版社、党建读物出版社2016年6月联合出版。

该书记述了中国共产党从1921年成立至2012年中共十八大召开90多年的历史，准确生动地展现了中国共产党90多年的奋斗历程、光荣传统、优良作风、宝贵经验和伟大成就。90多年来，党团结带领全国各族人民，完成和推进了三件大事：完成了新民主主义革命，实现了民族独立、人民解放；完成了社会主义革命，确立了社会主义基本制度；进行了改革开放新的伟大革命，开创、坚持、发展了中国特色社会主义。中国特色社会主义是党和人民90多年奋斗、创造、积累的根本成就，是贯穿党的全部历史的一条红线，也是贯穿编写工作的一条红线。

该书在中共中央党史研究室室务委员会具体领导下，历时近六年编写完成。在编撰过程中，注意吸收《中国共产党历史》第一卷、第二卷和《中国共产党的七十年》的精华，并积极吸收党史研究的前沿成果。在本书编撰过程中，恰逢中国共产党第十八次全国代表大会召开，为了记述内容的完整性，将时间下限向后顺延，反映了1921—2012年中国共产党的历史。全书分为新民主主义革命时期、社会主义革命和建设时期、改革开放和社会主义现代化建设新时期三册，共60余万字，该书随文插图400余幅，图文并茂、准确生动地展现了中国共产党90余年的奋斗历程、光辉业绩和取得的伟大成就。

该书的出版，是党史学界取得的重大研究成果，也为广大党员、干部、群众和青少年学习党史提供了一部重要的教科书。许多专家学者称赞该书"有质有文，新意迭出"，是"一部集政治性、思想性、学术性、可读性为一体的党史巨著"。

472.《中国共产党的一百年》

中共中央党史和文献研究院编写，中共党史出版社2022年7月出版。

全书分为新民主主义革命时期、社会主义革命和建设时期、改革开放和社会主义现代化建设新时期、中国特色社会主义新时代四卷，共86万字，图片

455幅。全书坚持以习近平新时代中国特色社会主义思想为指导，深入贯彻落实习近平关于中国共产党历史的重要论述以及关于党史和文献工作的重要讲话和指示批示精神，坚持唯物史观和正确党史观，坚持解放思想、实事求是，坚持党性原则和科学精神相统一，集政治性、思想性、权威性、学术性、可读性于一体，是全国迄今为止公开出版的读物中，全面系统反映中国共产党历史时间跨度最长、内容最系统最完整的一部党史正史著作。

该书的出版发行，为全党全社会学习党的历史提供了权威教材，为建立党史学习教育常态化长效化制度机制提供了重要基础，也为全党全国各族人民奋进新征程、建功新时代，以实际行动迎接中共二十大胜利召开，营造了良好氛围。[①]

473.《中国共产党组织建设一百年》

中共中央组织部编写，党建读物出版社2021年7月出版。

该书坚持以习近平新时代中国特色社会主义思想为指导，突出党的组织路线为政治路线服务主线，全面回顾党的组织建设发展历程，深入总结党的组织建设的历史性成就和宝贵经验，翔实记述党的组织建设的重要思想、重要事件、重要活动，生动展现一代又一代共产党人为党和人民事业不懈奋斗的高尚情操和精神风貌，充分彰显了中国共产党独特的组织优势和强大的组织力量。

该书史料丰富、视野宏大、文风朴实、生动鲜活，是广大党员干部特别是组工干部开展党史学习教育的重要读物，是学习研究党的组织建设史的基本教材。[②]

474.《中国共产党宣传工作简史》

中共中央宣传部编写，人民出版社2022年1月出版。

在书稿编写过程中，习近平总书记给予亲切关怀、作出重要批示，中央领导同志多次就起草和修改工作提出明确要求。中央组织部、中央党史和文献研究院、中央档案馆（国家档案局）等中央有关部门和单位提供了大力支持和帮助。

该书坚持以习近平新时代中国特色社会主义思想为指导，坚持唯物史观和正确党史观，坚持解放思想、实事求是、守正创新，严格遵守党的三个历史决议，突出举旗帜、聚民心、育新人、兴文化、展形象使命任务，忠实记录一百年来党的宣传工作服务党和人民事业发展的伟大历程和重大成就，充分反映中

[①]《〈中国共产党的一百年〉出版发行》，《人民日报》2022年6月30日。
[②]《〈中国共产党组织建设一百年〉出版发行》，《人民日报》2021年7月31日。

共十八大以来以习近平同志为核心的党中央领导宣传工作取得的历史性成就和发生的历史性变革，翔实记述党的宣传史上重要思想、重要方针、重要事件、重要活动，系统总结党的宣传工作优良传统和宝贵经验，集中彰显了伟大建党精神和我们党独特的思想政治优势，是推进党史学习教育常态化长效化的重要读物，是学习研究党的宣传史的基本教材。

该书分上下两卷，共 11 章、83 节，约 49 万字，史料丰富、凝练生动，对于推动全党全社会特别是宣传思想文化战线深入学习贯彻习近平新时代中国特色社会主义思想，深刻领悟"两个确立"的决定性意义，进一步增强"四个意识"、坚定"四个自信"、做到"两个维护"；对于持之以恒推进党史总结、学习、教育、宣传，从党的百年奋斗史中汲取智慧和力量，深刻理解中国共产党为什么能、马克思主义为什么行、中国特色社会主义为什么好；对于深入把握党的宣传工作历史发展规律，增强历史主动，满怀信心向前进，为实现第二个百年奋斗目标、全面建设社会主义现代化强国提供坚强思想保证和强大精神力量，具有十分重要的意义。[1]

475.《中国共产党对外工作 100 年》

宋涛主编，当代世界出版社 2021 年 10 月出版。

该书聚焦历史时间轴，立足世界坐标系，以史论结合的方式系统回顾了中国共产党对外工作百年辉煌历程，其对党的对外工作重大成就和历史经验的总结在深度、高度和广度上都达到了一个新高度，是广大党员、干部、群众深入学习贯彻习近平关于党的对外工作的重要论述、全面了解党的对外工作的有益辅助读物。

该书从党的百年历史的时间维度，全面介绍了从 1921 年至 2021 年党的对外工作在革命、建设、改革、新时代等不同历史时期的发展历程和光辉成就；深入阐释了中共十八大以来，党的对外工作在习近平新时代中国特色社会主义思想特别是习近平关于党的对外工作的重要论述指导下发挥的重要作用；精准提炼新时代党的对外工作的重要定位、时代特征、宗旨使命、主要任务、指导原则、科学方法等规律性认识。

100 年来，党的对外工作因党而立、因党而兴、因党而强，为党的诞生、发展、壮大发挥了重要作用，为中国革命、建设和改革的伟大实践作出了重要贡献。在中国共产党成立 100 周年的重要历史时刻，全面、深刻、系统反映党的对外工作在不同历史时期，尤其是中国特色社会主义进入新时代以来的重大

---

[1]《〈中国共产党宣传工作简史〉出版发行》，《人民日报》2022 年 1 月 24 日。

成就和历史经验，以史为鉴，开创未来，对于在开启第二个百年奋斗目标新征程上为服务中华民族伟大复兴作出新的更大的贡献具有重大的现实指导意义。

476.《中国共产党一百年大事记》

中央党史和文献研究院编写，人民出版社 2021 年 7 月出版。该书约 10 万字，内容的时间跨度从 1921 年建党到 2021 年 6 月。

该书坚持以马克思列宁主义、毛泽东思想、邓小平理论、"三个代表"重要思想、科学发展观、习近平新时代中国特色社会主义思想为指导，全面记述一百年来党团结带领人民为谋求民族独立、人民解放和国家富强、人民幸福进行艰苦卓绝伟大斗争的光辉历程；突出反映在百年接续奋斗中，党团结带领人民开辟了伟大道路，建立了伟大功业，铸就了伟大精神，积累了宝贵经验；充分展示中国共产党成立以来，特别是中共十八大以来，在经济、政治、文化、社会、生态文明建设以及国防和军队、"一国两制"和祖国统一、外交、党的建设等各方面取得的辉煌成就。

477.《马克思主义中国化一百年大事记（1921—2021）》

中共中央党史和文献研究院编写，中央文献出版社 2022 年 5 月出版。

该书采用编年体形式，以翔实的文献资料，全面记述以毛泽东同志为主要代表的中国共产党人，创造性运用和发展马克思列宁主义，创立毛泽东思想，实现马克思主义中国化第一次历史性飞跃的历史进程和理论贡献；全面记述以邓小平同志为主要代表的中国共产党人、以江泽民同志为主要代表的中国共产党人、以胡锦涛同志为主要代表的中国共产党人，从新的实践和时代特征出发坚持和发展马克思主义，形成中国特色社会主义理论体系，实现马克思主义中国化新的飞跃的历史进程和理论贡献；重点反映中共十八大以来以习近平同志为主要代表的中国共产党人，深刻总结并充分运用党成立以来的历史经验，从新的实际出发，创立习近平新时代中国特色社会主义思想，实现马克思主义中国化新的飞跃的历史进程和理论贡献。该书全面反映了马克思主义中国化既一脉相承又与时俱进的理论品质和宝贵经验。

478.《党的十八大以来大事记》

中共中央党史研究室编写，人民出版社、中共党史出版社于 2017 年 10 月联合出版。

中共十八大以来的五年，是党和国家发展进程中很不平凡的五年。五年来，以习近平同志为核心的党中央，科学把握当今世界和当代中国的发展大势,顺应实践要求和人民愿望,推出一系列重大战略举措,出台一系列重大方针政策,推进一系列重大工作,解决了许多长期想解决而没有解决的难题,办成了许多过去想办而没有办成的大事。《党的十八大以来大事记》通过一件件大事、一个个史实、一组组数字,详细记载了以习近平同志为核心的党中央治国理政伟大实践及提出的一系列新的重要思想、重要观点、重大判断、重大举措,集中反映了五年来党和国家事业取得的历史性成就和发生的历史性变革,全面展现了我国社会主义经济建设、政治建设、文化建设、社会建设、生态文明建设以及国防和军队现代化、中国特色大国外交、港澳工作和对台工作、党的建设取得的巨大成就。

《党的十八大以来大事记》的编发,对于进一步坚定中国特色社会主义道路自信、理论自信、制度自信、文化自信,增强全党全军全国各族人民全面建成小康社会、实现中华民族伟大复兴中国梦的信心和底气,具有十分重要的意义。

479. 《党的十九大以来大事记》

中共中央党史和文献研究院编写,人民出版社于2022年10月出版。

中共十九大以来的五年极不寻常、极不平凡。五年来,以习近平同志为核心的党中央统筹中华民族伟大复兴战略全局和世界百年未有之大变局,团结带领全党全军全国各族人民有效应对严峻复杂的国际形势和接踵而至的巨大风险挑战,采取一系列战略性举措,推进一系列变革性实践,实现一系列突破性进展,取得一系列标志性成果,攻克了许多长期没有解决的难题,办成了许多事关长远的大事要事,以奋发有为的精神把新时代中国特色社会主义推向前进。《党的十九大以来大事记》通过一件件大事、一个个史实、一组组数据,详细记载了以习近平同志为核心的党中央推进改革发展稳定、内政外交国防、治党治国治军的伟大实践和提出的原创性治国理政新理念新思想新战略;全面展现了党中央采取的一系列战略性举措,推进的一系列变革性实践,实现的一系列突破性进展,取得的一系列标志性成果;集中反映了党领导人民在中华大地上全面建成小康社会、开启全面建设社会主义现代化国家新征程的光辉历程,勇敢应对百年变局和世纪疫情进行的伟大斗争,为推动构建人类命运共同体、建设美好世界作出的最新贡献。

《党的十九大以来大事记》的编发,对于激励全党全军全国各族人民进一步深刻领悟"两个确立"的决定性意义,增强"四个意识"、坚定"四个自信"、做到"两个维护",守正创新、勇毅前行,为全面建设社会主义现代化国家、全面推进中华民族伟大复兴而团结奋斗,具有重要意义。

480.《中华人民共和国简史》

本书编写组编著,人民出版社、当代中国出版社2021年8月联合出版。

该书坚持马克思主义唯物史观和实事求是原则,以习近平新时代中国特色社会主义思想为指导,在充分占有历史资料的基础上,去伪存真、去粗取精,科学、准确、全面地阐释历史。该书在写作过程中,注意充分吸收学界最新研究成果,并多次征求有关部门意见。这部著作是党史学习教育的重要参考材料,也是全社会开展"四史"宣传教育的重要用书。

该书记述了1949年10月至2021年7月的70多年间,中国共产党团结带领全国各族人民在经济、政治、文化、社会、生态文明建设以及国防和军队、"一国两制"和祖国统一、外交、党的建设等各方面取得的伟大成就和宝贵经验,突出展示了中共十八大以来,在以习近平同志为核心的党中央坚强领导下,中国实现了第一个百年奋斗目标,在中华大地上全面建成了小康社会,历史性地解决了绝对贫困问题,各项事业取得了历史性成就、发生了历史性变革,正在向着全面建成社会主义现代化强国的第二个百年奋斗目标、实现中华民族伟大复兴的中国梦迈进。

该书共7章40节,以严谨清晰的条理,用准确翔实的史料,诠释了中国共产党为什么能、马克思主义为什么行、中国特色社会主义为什么好的历史真谛,是党史学习教育的重要参考材料,是面向全社会开展"四史"宣传教育的重要用书。[1]

481.《新中国70年》

当代中国研究所编写,当代中国出版社2019年12月出版。

该书记述了新中国自1949年10月成立至2019年10月70年间波澜壮阔的历史,充分反映了党领导人民探索、开创、坚持和发展中国特色社会主义的伟大实践及其重大理论、制度创新成果,生动展示了新中国成立70年经济、政治、文化、社会、生态文明建设以及国防和军队、"一国两制"和祖国统一、外交、党的建设等各方面取得的伟大成就和宝贵经验,突出展示了中共十八大以来党和国家事业取得的历史性成就、发生的历史性变革。

该书坚持以习近平新时代中国特色社会主义思想为指导,以《关于建国以来党的若干历史问题的决议》和党中央关于党史、新中国史的重要论述为依据,紧密联系新中国社会主义现代化建设的伟大实践,充分吸收学界最新研究

---

[1]《〈中华人民共和国简史〉简介》,《人民日报》2021年9月28日。

成果，注重用真实准确的史料、严谨翔实的数据、鲜活生动的细节、平实顺畅的语言讲好中国共产党故事、讲好新中国故事、讲好新时代中国特色社会主义故事，讲好普通人、普通家庭与共和国同成长、共命运的故事，讲清楚历史怎样走来，又将怎样走下去，讲清楚中国道路为什么走得对、行得通。该书是一部权威的新中国史基本著作，可作为党员、干部、群众学习党史、新中国史的辅助读物。①

482.《中华人民共和国史稿》

当代中国研究所著，人民出版社、当代中国出版社2012年9月出版。

《中华人民共和国史稿》现已出版五卷，记述了中华人民共和国自1949年月成立到1984年10月中共十二届三中全会召开这35年的历史。该书坚持以马克思列宁主义、毛泽东思想、邓小平理论、"三个代表"重要思想为指导，深入贯彻落实科学发展观，以中央《关于若干历史问题的决议》《关于建国以来党的若干历史问题的决议》和中央有关重要文献为依据，展示了党紧紧依靠人民完成社会主义革命、开展社会主义建设、进行改革开放和现代化建设、开创中国特色社会主义道路的历史进程。②

此外，该书还设立序卷，概述了中国共产党自1921年成立以来领导中国人民进行新民主主义革命，建立社会主义新中国的奋斗历史。

483.《中华人民共和国简史（1949—2019）》

当代中国研究所著，当代中国出版社2019年9月出版，中英文两个版本。

该书共6章、15万多字，完整地记述了新中国成立70年来披荆斩棘、风雨兼程的不平凡历史，展示了党和国家取得的重大历史性成就，是中华民族从站起来、富起来到强起来的真实写照，用历史事实回答了人们感叹新中国取得巨大成就时所聚焦的三大历史问题，即中国共产党为什么能、马克思主义为什么行、中国特色社会主义道路为什么好。

该书作为梳理新中国历史成就与经验的优秀读物，可以帮助广大干部群众学习新中国史，深刻体会中国共产党坚定的理想信念、实事求是的科学精神和舍我其谁的使命担当。该书被中共中央组织部、中共中央宣传部列为学习新中国史的重点教材之一。③

---

① 《〈新中国70年〉正式出版》，《马克思主义研究》2020年第6期。
② 《〈中华人民共和国史稿〉出版发行》，《人民日报》2012年9月24日。
③ 当代中国出版社总编室：《用事实回答三大历史叩问》，《当代中国史研究》2020年第1期。

484. "中华人民共和国史研究丛书"

当代中国研究所编写，当代中国出版社先后于 2016 年 10 月出版、2019 年 9 月增订出版。

该丛书是"十二五"国家重点图书出版规划项目、中国社会科学院创新工程项目，由当代中国研究所主持编撰。丛书开展了政治史、经济史、文化史、社会史、外交史、国史研究的理论与方法等六个专题研究，系统反映了新中国从 1949 年成立到 2019 年间各方面发展的历史，有助于全面了解新中国各领域的发展过程、历史成就与现实成就。

该丛书共六卷，分别是《中华人民共和国政治史》《中华人民共和国经济史》《中华人民共和国文化史》《中华人民共和国社会史》《中华人民共和国外交史》《中华人民共和国史研究的理论与方法》。上述 6 卷专著除了《中华人民共和国史研究的理论与方法》是探讨研究中华人民共和国史的理论与方法外，其余 5 卷分别论述了中华人民共和国从 1949 年至 2019 年间的政治、经济、文化、社会、外交的历史，属于专门史研究，是目前国内中华人民共和国史研究领域研究对象时间跨度最长、门类比较齐全的专史著作。

485.《中华人民共和国史编年》

《中华人民共和国史编年》（以下简称《国史编年》），由当代中国研究所组织编写，2002 年启动，当代中国出版社出版。

《国史编年》是以编年体形式全面反映中华人民共和国各个领域重大史事的资料书，旨在为研究中华人民共和国史提供翔实可靠的史料，同时也为国内外读者查阅有关中华人民共和国史的资料提供方便。凡涉及中华人民共和国政治、经济、文化、科技、教育、卫生、民族、社会、人口、宗教、疆域、地理、区划、灾害、气候、生态、资源、军事、国防、外交、对外联系和国际反应等方面的大事，均在编写之列。

《国史编年》所据资料主要分几大类：中央档案馆所藏从未公布过的档案（从 1951 年卷起直到以后各卷）；公开出版的档案和文献；国家领导人和重要人物的文集、文稿；报纸杂志；各种专题史料集；中外名人的回忆、日记、书信和传记；地方史志；政府公报；各种大事记、实录和年鉴；当代工具书等。

《国史编年》为多卷本，自 1949 年起每年独立成卷，采用纲目体编写。《国史编年》一般由纲文、目文、文献、注释、附录等部分组成。部分条目史事简单，将纲目合一，仅以纲文记事。与纲目文内容相关的重要文献或史料，分别以文献或附录形式附在纲文或目文之后,并标明资料来源。《国史编年》条目采自原始的或权威的资料,凡对某一事件有两种或两种以上说法的,在经过认真考证后,采用相对准确的说法,并用注释加以说明。全书融资料性、学术性、权威性、可读性于一体,体现了该书编中有研、研中有编、编研结合的特点。①

486. "'新时代这十年'丛书"

中国社会科学院当代中国研究所组织编写,当代中国出版社、重庆出版集团于2022年8月联合出版。

中共十八大以来,以习近平同志为核心的党中央高举中国特色社会主义伟大旗帜,自信自强、守正创新,统筹把握中华民族伟大复兴战略全局和世界百年未有之大变局,统揽伟大斗争、伟大工程、伟大事业、伟大梦想,统筹推进"五位一体"总体布局,协调推进"四个全面"战略布局,创立了习近平新时代中国特色社会主义思想,党和国家事业取得历史性成就、发生历史性变革。新时代十年的伟大变革,在党史、新中国史、改革开放史、社会主义发展史、中华民族发展史上具有里程碑意义。为深入研究总结新时代十年党和国家事业取得的历史性成就、发生的历史性变革和积累的新鲜经验,中国社会科学院当代中国研究所聚焦新时代十年的伟大变革,组织编写了"'新时代这十年'丛书"。丛书由《开创中国特色社会主义新时代》总卷和新时代的党的建设、经济建设、全面深化改革开放、政治建设、全面依法治国、文化建设、社会建设、生态文明建设、中国外交等九部专题卷组成。丛书以习近平新时代中国特色社会主义思想为统领,立体、全面地记述和彰显新时代中国特色社会主义物质文明、政治文明、精神文明、社会文明、生态文明的建设成就,以及中国式现代化道路、人类文明新形态的创新创造,深刻阐明新时代中国的发展理念、发展道路、发展成就,彰显了真实、立体、全面、发展的中国。

"'新时代这十年'丛书"的编写出版,为国家写史、为人民立传、为时代明德,对于广大读者全方位地了解当代中国、认识新时代,对于传播中国理论、中国思想,让世界更好地读懂中国,对于加快构建国史研究的学科体系、学术体系和话语体系,推动国史研究创新发展,都具有重要意义。

487. "纪录小康工程"

"纪录小康工程"由中央宣传部牵头,中央有关部门和宣传文化单位,省

---

① 《〈国史编年〉是献给新中国60华诞的珍贵礼物》,《人民日报》2009年9月18日。

市县各级宣传部门共同参与实施，形成了数据库、大事记、系列丛书和主题纪录片四方面主要成果。

全面建成小康社会是中华民族发展史上前所未有的伟大壮举，是中国共产党不忘初心、忠诚为民、接续奋斗树立起的一座时代丰碑，凝结着中国共产党人矢志不渝的坚持坚守、博大深沉的情怀胸襟，辉映着科学理论的思想穿透力、时代引领力、实践推动力，镌刻着中国人民的奋发奋斗、牺牲奉献，彰显着中国特色社会主义制度的强大生命力、显著优越性。为忠实记录、全面反映这一奋斗历程，为民族复兴书写"信史"，为新时代中国留下"小康印记"，从中汲取治国理政的经验和智慧，铭记传承其中蕴含的伟大精神，实现存史资政、教化育人的目的，宣传思想文化战线精心组织实施了"纪录小康工程"，系统集纳有关小康社会的各方面资料，建成"纪录小康工程"数据库、出版系列丛书，全景式、立体化、多维度记录呈现党领导人民实现脱贫攻坚、全面小康的奋斗实践，记录呈现各级党委和政府的重要决策部署，记录呈现新中国成立后特别是中共十八大以来小康进程中的关键节点、典型人物、重要事件，记录呈现城市乡村、各行各业脱胎换骨的成就和变化。

"纪录小康工程"以数据库为主要载体，按照"分层分级、总体联通"原则，建设国家、省、市和县四级数据库。其中，国家数据库收录近114万条数据，主要包括有关小康社会的中央领导同志重要讲话和中央重要会议资料、大事记、系列志书年鉴、白皮书、理论文章和理论著作、新闻报道、典型人物资料、课题报告、专题片、出版物、各类文艺作品和电影、重大工程项目资料、经济社会发展统计数据、个人作品以及重要实物的数字化资料等16类内容。各省、市、县级数据库由各地宣传部门负责组织建设，参照国家数据库标准，结合各地自身实际，收录规定内容和富有地方特色的资料，目前已收录466万余条数据。"纪录小康工程"数据库（www.jiluxiaokang.com）已于2022年10月上线并向公众开放，同时在中央重点新闻网站、新媒体平台和"学习强国"学习平台开设或链接专题展示页面，为工作决策、宣传报道和学术研究等提供参考借鉴、素材线索和数据支撑。

"纪录小康工程"以大事记为内容主干，搭建起整个记录内容的框架，忠实记载有关小康社会的重要工作、重要活动和重大事件。其中，包括2部国家级大事记《全面建成小康社会大事记》和《中国脱贫攻坚大事记》，35部中央和国家有关部门提供的专业领域大事记，60部省级大事记，383部市级大事记，3465部县级大事记，基本实现各级行政单位全覆盖。

"纪录小康工程"出版发行一套丛书，分为中央和地方两个系列，中央丛书包括《习近平的小康情怀》《习近平的扶贫足迹》《全面建成小康社会重要文献选编》等，以及各省区市和新疆生产建设兵团关于全面建成小康社会的"全景录"，共计44册，忠实记录习近平总书记亲自谋划、亲自指挥、亲自推动，带领全党全国各族人民在中华大地上全面建成了小康社会，历史性地解决了绝对贫困问题的丰功伟绩，充分彰显人民领袖将坚实足迹印在祖国大地、将深切关怀留在百姓心间的为民情怀，全面反映党中央关于全面建成小康社会重大决策、重大部署，讲述在决战脱贫攻坚、决胜全面小康进程中涌现的先进个人、先进集体和典型事迹，揭示辉煌成就和变化背后的制度优势和经验启示。地方丛书反映各地推进全面建成小康社会实际情况，分为"全景录""大事记""变迁志""奋斗者""影像记"5个主题，共计165册。系列丛书由人民出版社、新华出版社和各省重点出版单位出版。①

488.《伟大历程 辉煌成就——庆祝中华人民共和国成立70周年大型成就展》全三册

庆祝中华人民共和国成立70周年大型成就展领导小组办公室著，中国市场出版社2020年9月出版。

该书按时间轴还原"伟大历程 辉煌成就——庆祝中华人民共和国成立70周年大型成就展"现场照片和场景，以时光隧道的形式如实再现了成就展的所有条目，原汁原味地还原了展览全貌。包括总序、屹立东方、改革开放、走向复兴、人间正道五部分。1140多个条目，近2000幅图片。

该书从四条主线：历次党的代表大会及重要中央全会的重大决策部署、历次五年规划（计划）时期经济社会发展取得的成就、70年来相关领域取得的150个"第一"、每隔十年集中展示此阶段涌现的英雄模范人物的"英雄模范墙"贯穿，集中展示了新中国成立70年来的光辉历程、伟大成就和宝贵经验，特别是中共十八大以来党和国家事业取得的历史性成就、发生的历史性变革，是一部关于党史、新中国史、改革开放史、社会主义发展史的生动教材。

489.《全面建成小康社会大事记》

中央党史和文献研究院编，人民出版社2021年7月出版。

该书坚持以马克思列宁主义、毛泽东思想、邓小平理论、"三个代表"重要思想、科学发展观、习近平新时代中国特色社会主义思想为指导，全面记述党团结带领人民在中华大地上全面建成小康社会的光辉历程；突出反映在社会主义革命和建设的基础上，用40多年时间实现人民生活从温饱不足到总体小

---

① 《"纪录小康工程"数据库近日上线 系列丛书在全国出版发行》，《人民日报》2022年10月15日。

康、全面小康的历史性跨越；充分展示中共十八大以来，以习近平同志为核心的党中央团结带领全国各族人民自信自强、守正创新，统筹推进"五位一体"总体布局、协调推进"四个全面"战略布局，奋力夺取全面建成小康社会伟大胜利，实现第一个百年奋斗目标所取得的历史性成就、发生的历史性变革。

该书编写出版后，引导了广大党员、干部、群众更加深刻地认识中国共产党人的初心和使命就是为中国人民谋幸福、为中华民族谋复兴，进一步坚定道路自信、理论自信、制度自信、文化自信，更加紧密地团结在以习近平同志为核心的党中央周围，高举中国特色社会主义伟大旗帜，不忘初心、牢记使命，以永不懈怠的精神状态和一往无前的奋斗姿态，朝着全面建成社会主义现代化强国、实现中华民族伟大复兴中国梦的宏伟目标奋勇前进。

490.《中华人民共和国大事记（1949年10月—2019年9月）》

中共中央党史和文献研究院编，人民出版社2019年9月出版。

该书坚持以习近平新时代中国特色社会主义思想为指导，立足新时代，突出反映党领导人民探索、开创、坚持和发展中国特色社会主义的伟大实践及其重大理论、制度创新成果，全面反映新中国成立70年来尤其是中共十八大以来经济、政治、文化、社会、生态文明、军队和国防、"一国两制"和祖国统一、外交、党的建设等方面取得的历史性成就、发生的历史性变革。

该书客观、准确、生动展现了新中国成立70年来发生的翻天覆地的变化和取得的辉煌成就，为当前正在全党开展的"不忘初心、牢记使命"主题教育提供了一部学习党史、新中国史的重要辅助材料。

491.《改革开放简史》

中央宣传部组织中国社会科学院编，由人民出版社、中国社会科学出版社2021年8月联合出版。

该书以习近平新时代中国特色社会主义思想为指导，全面贯彻习近平关于"四史"的重要论述，充分体现习近平在庆祝改革开放40周年大会、庆祝中华人民共和国成立70周年大会、党史学习教育动员大会、庆祝中国共产党成立100周年大会等会议上的重要讲话精神，以党中央有关文件精神为依据，牢牢把握改革开放40多年的主题和主线、主流和本质，站在实现"两个一百年"奋斗目标、实现中华民族伟大复兴的高度，站在历史和时代进步、党和国家未来发展的高度，以准确、系统、完整、生动、可读为写作原则，以严谨、流畅、受读者欢迎为写作目标，突出主题主线，注重夹叙夹议、史论结合，力求准确、简明阐述中国改革开放40多年的壮阔实践史，深刻、辩证、重点概括

40多年改革开放蕴涵的丰富治国理政智慧和历史经验。

该书共7章44节,约26万字,叙述的时间为1977年4月至2021年7月,清晰完整展示中国改革开放40多年砥砺前行的历史,阐明改革开放拉开大幕到全面展开、开创新局、在科学发展中深化、新时代全面推进的伟大历程。用事实和学理说明,改革开放是党推进中国特色社会主义制度自我完善和发展的伟大实践,是决定当代中国命运的关键一招,也是决定实现"两个一百年"奋斗目标、实现中华民族伟大复兴的关键一招。

该书以大量的事实和丰富的数据,详尽阐述了新时代党和国家事业取得的历史性成就、发生的历史性变革,清晰阐明了新时代为实现中华民族伟大复兴提供的更为完善的制度保证、更为坚实的物质基础、更为主动的精神力量,浓墨重彩地展现了中华民族迎来从站起来、富起来到强起来的伟大飞跃历程,以及实现中华民族伟大复兴如何进入了不可逆转的历史进程。

该书出版后,作为全党党史学习教育的重要参考材料、全社会开展"四史"宣传教育基本著作。[①]

492.《中国改革开放全景录》

曲青山、黄书元主编,人民出版社2018年12月出版。

该丛书共32卷,卷1分上下卷2册,31个省、自治区、直辖市各1卷。地方卷每卷20余万字,配以彩图。以习近平新时代中国特色社会主义思想为指导,牢牢把握改革开放40年历史的主题、主线、主流和本质,全景式生动展现了中共十一届三中全会特别是中共十八大以来中国改革开放和社会主义现代化建设取得的历史性成就。

该丛书主要以写事为主,夹叙夹议,图文并茂,具有系统性、完整性、准确性和生动性等特点,不仅记录了改革开放波澜壮阔的历史进程,总结了改革开放的历史经验,发挥党史资政作用,更能够通过改革开放的历史激励人民、教育人民、启迪人民,增进改革共识。

493.《改革开放四十年大事记》

中央党史和文献研究院编,人民出版社2018年12月出版。

该书坚持以习近平新时代中国特色社会主义思想为指导,紧扣改革开放主题,集中记述了中共十一届三中全会以来40年间,党团结带领全国各族人民,承前启后,继往开来,以巨大政治魄力和坚定决心接力推进改革开放伟大事业

[①] 《〈改革开放简史〉简介》,《人民日报》2021年9月29日。

的实践历程，记述了党在改革开放中取得的重大理论创新成果，进行战略擘画、制定的路线方针政策，带领人民开拓进取、不懈奋斗、取得的历史性成就和发生的历史性变革。

该书的编辑出版，有助于广大党员、干部、群众更加深刻地认识习近平新时代中国特色社会主义思想是全面深化改革的根本指导思想，更加深刻地认识改革开放是坚持和发展中国特色社会主义的必由之路，更加深刻地认识改革开放是决定当代中国命运的关键一招，也是决定实现"两个一百年"奋斗目标和中华民族伟大复兴中国梦的关键一招，更加深刻地认识中国共产党、中国人民和中国特色社会主义的伟大力量，更加紧密地团结在以习近平同志为核心的党中央周围，高举新时代改革开放旗帜，以更坚定的信心、更有力的措施，在更高起点、更高层次、更高目标上将改革开放进行到底。

494.《社会主义发展简史》

本书编写组编，人民出版社、学习出版社2021年8月联合出版。

该书的总体框架以习近平关于社会主义发展史的重要论述为遵循，充分吸收近年来思想理论界关于社会主义史、国际共产主义运动史的最新成果和丰富素材，从人类社会发展规律高度，展现社会主义从空想到科学，从理论、运动到实践、制度，从一国到多国，从初步探索到全面改革，从开辟中国特色社会主义道路到迈进中国特色社会主义新时代，百折不回、开拓前进、波澜壮阔的历史全貌。

该书坚持通俗易懂和良好阅读体验相统一。坚持马克思主义大众化方向，坚持面向基层、面向群众，努力适应时代要求和读者需要。在体系结构上，力求重点突出、线索清晰、提纲挈领、严谨周详；内容安排上，力求史料扎实、观点鲜明、分析透彻、有理有据；在语言表达上，力求简洁明快、深入浅出、通俗易懂、措辞规范；在版面设计上，力求新颖而不失庄重，为群众所喜闻乐见。各章配有具有代表性的历史照片，以增强说服力、感染力和可读性。

该书是党史学习教育的重要参考材料，是面向全社会开展"四史"宣传教育的基本著作。[①]

495.《中国特色社会主义新时代的世界意义》

姜辉著，江西人民出版社2021年9月出版。

中共十八大以来，中国特色社会主义进入新时代，党和国家事业取得历史

[①]《〈社会主义发展简史〉简介》，《人民日报》2021年9月30日。

性成就，发生历史性变革，中国日益走近世界舞台中央，深刻改变了世界发展的格局。该书是我国世界社会主义运动研究领域具有代表性的学术成果，是一部聚焦民族复兴与世界大同的原创精品通俗理论读物。全书以"中国新时代与世界大变局""中国新时代诠释三个为什么""当代马克思主义的原始性贡献""推动世界社会主义发展走向振兴""开辟人类走向现代化新道路""为解决世界问题提供新方案"等7个具有前沿性、学理性和典型性的时代课题为切入点，以作者深厚的理论素养和独特的研究范式，从理论和实践两个层面系统分析、精准解读了中国特色社会主义新时代的世界意义。

该书是中宣部2021年主题出版重点出版物、国家出版基金"回望建党百年"专项资助项目、"十三五"国家重点图书出版规划项目，入选2022年中宣部"奋进新征程 建功新时代"首批好书荐读书目，是我国理论界权威学者用通俗化的学术表达、大众化的理论语言，系统分析、精准解读中国特色社会主义新时代世界意义的原创学术精品力作。[1]

496.《中国经济发展的世界意义》

蔡昉著，中国社会科学出版社2019年10月出版。该书获第五届中国出版政府奖图书奖。

该书把中华人民共和国70年经济发展，特别是改革开放40年经济发展放在中国历史的纵向维度和世界历史的横向维度中进行考察，从经济史和增长理论的视角，揭示改革开放发展的关键时刻、关键环节，分析影响人们对中国经验和中国智慧进行理解的关键问题，回答了中国的发展经验为什么重要，并在此基础上重点论述了中国经济发展的世界意义在哪里。在该书中，作者全面地总结了新中国成立以来经济发展的基本经验和教训，在一个统一的经济学理论分析框架下深入探讨了中国经济发展实践对现代经济理论创新的价值和意义，特别阐释了这些实践背后相应的经济学道理，同时也对经济学领域的一些热点话题给出了中国学者的解读。该书视野开阔，说理透彻，论述权威，兼具理论研究和现实分析，是正确认识中国经济发展、重塑经济领域话语权的著作。

497."中国人民解放军战史丛书"（14册）

丛书编委会编，解放军出版社2017年7月出版。

该丛书对20世纪80年代以来由中央军委立项编修出版的13部军战史进行了内容订正并重新装帧，以"中国人民解放军战史丛书"的形式集中再版。

---

[1] 《著作选介〈中国特色社会主义新时代的世界意义〉》，《马克思主义研究》2022年第1期。

丛书600余万字，300余幅图片。其中，土地革命战争时期4部，分别是《中国工农红军第一方面军史》《中国工农红军第二方面军战史》《中国工农红军第四方面军战史》《中国工农红军第二十五军战史》；抗日战争时期4部，分别是《八路军第一一五师暨山东军区战史》《八路军第一二○师暨晋绥军区战史》《八路军第一二九师战史》《新四军战史》；解放战争时期5部，分别是《第一野战军战史》《第二野战军战史》《第三野战军战史》《第四野战军战史》《华北野战部队战史》。

此次出版的13部军战史，是中国人民解放军战史的"标准版"，也是广大读者了解战史、研究战史的权威依据。丛书的出版有助广大官兵和人民群众了解放军光辉的战斗历程，传承红色基因，强固战斗精神，积极投身强军兴军伟大征程。

（五）主要专题研究

498. 中共党史研究

中共十八大以来，习近平就中共党史发表系列重要论述，为深化中共党史研究提供了基本遵循。这一时期，中共党史研究取得全面进展、成果丰硕。

一是以唯物史观和正确党史观为指导，中共党史学理论与方法不断创新。习近平关于中国共产党历史的重要论述和《中共中央关于党的百年奋斗重大成就和历史经验的决议》为中共党史研究提供了根本遵循和科学指南。习近平在党史学习教育动员大会上提出树立正确党史观的重要论断，在中共十九届六中全会上又指出："总结党的百年奋斗重大成就和历史经验，要坚持辩证唯物主义和历史唯物主义的方法论，用具体历史的、客观全面的、联系发展的观点来看待党的历史。要坚持正确党史观、树立大历史观，准确把握党的历史发展的主题主线、主流本质。"这些重要论述深刻揭示了正确党史观及其与辩证唯物主义和历史唯物主义方法论的内在一致性，反映了以习近平同志为核心的党中央对中国共产党历史的新认识，为中共党史研究提供了新的基本遵循。在唯物史观和正确党史观指导下，中共十八大以来，中共党史学理论研究持续推进，对于中共党史学的本体论、认识论、方法论，中共党史学的性质、对象、任务、特点、功能、史料甄别、史述编撰、史识检验、史家素养、研究方法等认识不断深化。关于中共党史学研究方法的分层不断深化，既有阶级分析方法、具体问题具体分析方法、历史与逻辑的统一等马克思主义的基本方法，也有调查研究法、社会矛盾研究法、社会主体研究法等马克思主义的社会科学方法，还有社会史学方法、比较史学方法、个案研究方法、口述史学方法以及心理史学方法、计量史学方法等具体方法，呈现在坚持马克思主义指导地位的根本前提下，借鉴人文社会科学和其他自然科学中一切有利于深化中共党史研究的理论和方法的趋势。关于中共党史学科建设问题的讨论，中共十八大以来，随着以习近平同志为核心的党中央对党史、新中国史的高度重视，中共党史学科的重要性愈发凸显，越来越多人主张建设中共党史党建一级学科。2021年12月，国务院学位委员会发出《博士、硕士学位授予和人才培养学科专业目录（征求意见稿）》，拟新增"中共党史党建"一级学科，相关讨论的重点转向党史和党建如何融合发展、党史党建基础理论的建构、一级学科内各二级学科如何设置等问题。

二是研究著作成果丰硕，为开展党史的学习、研究和教育提供了重要支撑。通史类主要标志性成果有人民出版社、中共党史出版社2021年出版的党史学习基本著作《中国共产党简史》、中央党史和文献研究院2022年著《中国共产党的一百年》、原中共中央党史研究室著《中国共产党的九十年》等。分时期研究主要成果有《中国共产党早期组织及其成员研究》、黄修荣等著《中国共产党创建史》、王秀鑫等主编《中华民族抗日战争史（1931—1945）》、步平等主编《中国抗日战争史》8卷、人民出版社和中国社会科学出版社2021年出版的《改革开放简史》、社会科学文献出版社2018年出版的"改革开放研究丛书"、曲青山等主编的《中国改革开放全景录》32卷等。专门史研究成果主要中共中央组织部编写的《中国共产党组织建设一百年》、中共中央宣传部编写的《中国共产党宣传工作简史》、宋涛主编的《中国共产党对外工作100年》等。

三是研究热点纷呈。关于总论性研究，主要集中在庆祝中国共产党成立100周年、改革开放40周年、中华人民共和国成立70周年三大重要历史节点，以回顾总结和纪念性研究中国共产党100年、新中国70年、改革开放40年各方面的奋斗历程、伟大成就、宝贵经验、伟大意义为主。关于新民主主义革命时期历史，中国共产党创建史、革命根据地建设、国共关系史是这一时期研究的三大热点。中国共产党创建史研究主要集中在各地中国共产党早期组织及其活动、早期工人运动、中共"一大"相关史实的考证、苏俄与共产国际对中国共产党创建的影响等方面。关于革命根据地建设的研究主要集中于中央苏区和抗日民主根据地。关于社会主义革命和建设时期历史，社会主义经济制度的建立、外交关系、政治运动是这一时期研究的主要热点问题。关于社会主义经济制度的建立，主要集中在土地改革、统购统销与计划体制确立、生产资料私有制的社会主义改造等主题，注重利用地方档案做区域性或个案研究是这一时期研究的新热点。中苏关系、中美关系依然是外交关系研究的两大重点。关于改革开放和社会主义现代化建设新时期历史，经济体制改革、政治体制改革、改革开放历程回顾等是主要研究热点。经济体制改革研究主要集中对经济领域各项改革的专题研究、从整体研究中国经济体制改革的思路和逻辑两方面研究。政治体制改革的研究，主要集中在现代国家治理、法治国家建设、行政体制改革。在2018年改革开放40周年之际，从整体或从某方面回顾改革开放历程，总结主要成就和历史经验形成一个突出的研究热点。关于中国特色社会主义新时代历史，党的创新理论研究主要围绕"习近平总书记系列重要讲话""习近平总书记治国理政新理念新思想新战略""习近平新时代中国特色社会主义思想"等理论范畴的探讨展开。中共十九大、中共十九届六中全会前后、中共二十大召开前，围绕新时代五年、十年的伟大成就和历史经验，新时代在党的百年历史中的重要地位等研究成为学术界一大突出热点。关于人物研究，毛泽东、邓小平、习近平等党和国家领袖人物是这一时期研究的热点，另外还出现研究人物更加广泛、多样，越来越多的"小人物"受到关注的现象。

四是研究视域不断拓展。随着中共党史研究的深入和研究方法的创新，研究视域不断拓展，形成了多维视角研究中共党史的良好态势。新革命史主张"回归历史学轨道，坚持朴素的实事求是精神，重视常识、常情、常理并尝试运用新的理念和方法，对中共革命史加以重新审视和研究，以揭示革命的运作形态尤其是艰难、曲折与复杂性，进而提出一套符合革命史实际的问题、概念和理论"。这一研究范式被越来越多的学者用以研究新民主主义革命史，对于推动中共党史研究深化产生了积极的影响。地域史研究方面，随着地方档案史料的挖掘和利用，地域史研究日益受到广泛的关注，成为中共党史研究的一个重要领域，地域史的分析框架被越来越多的党史研究者运用。概念史的引入和应用是中共十八大之后中共党史研究的"新视野"，拓展了党史研究的视域，虽存争议，但近年来概念史研究已较为普及，尤其受到青年学者的青睐。纪念史研究愈发受到广泛关注，逐步发展成为中共党史研究的一个重要领域，出现中国共产党纪念活动研究热。中共制度建构理念、中共制度建构以及其所主导的国家制度建构过程和制度规范、制度的社会实践及其引起的社会反应是这一时期中共制度史研究的主要内容。有不少研究者开始注重从社会心态史的视角研究中共党史，注重对特定历史时期或重大历史事件背景下不同阶层、群体的心态分析。总体而言，中共党史研究的社会心态史视域还处于初步阶段。此外，还有学者尝试将身体史、经典文献阅读史、日常生活史、量化史学等运用到中共党史研究中，这些新的研究视域是拓展和深化中共党史研究的有益探索。[①]

---

① 参见陈金龙《从第三个历史决议看中共党史研究的方法论》，《高校马克思主义理论研究》2022年第2期；宋俭、潘婷：《党的十八大以来中共党史研究述评》，《思想政治工作研究》2022年第7期；等等。

499. 新中国史研究

新时代10年，新中国史研究呈现空前活跃局面，从资料发掘到专题研究，从专门史到通史，从宏观叙事到微观考察，从译介国外学术成果到向国外介绍国内研究成果，都有许多值得重视的新观点、新成果、新方法。

在通史著作方面，中宣部组织本书编写组编写《中华人民共和国简史》，是面向全党全社会开展"四史"学习教育的基本著作之一。当代中国研究所撰写并经中央审定出版了《中华人民共和国史稿》序卷和一至四卷，目前正在撰写五至七卷；编纂出版了每卷100万字的《中华人民共和国史编年》，该书为集资料性、研究性和学术性为一体的大型编年史书。为迎接新中国成立70周年，当代中国研究所组织编写出版了《新中国70年》《中华人民共和国简史（1949—2019）》《新中国社会主义发展道路70年》等新中国史基本著作；郑谦、庞松主编《中华人民共和国通史》（7卷本）。此外，为了普及国史知识和消除历史虚无主义的影响，还编写出版了大众读物"中华人民共和国史小丛书"。这些著作的编撰出版，均在国内外产生了重要影响，树立了新中国史研究的学术标杆，成为全国干部群众学习新中国史的基础性教材。

在专门史研究方面，当代中国研究所组织编写"中华人民共和国史研究丛书"（6卷本），分别为《中华人民共和国政治史（1949—2019）》《中华人民共和国经济史（1949—2019）》《中华人民共和国文化史（1949—2019）》《中华人民共和国社会史（1949—2019）》《中华人民共和国外交史（1949—2019）》《中华人民共和国史研究理论与方法（第二版）》。《中华人民共和国史研究文库》，为当代中国研究所以及国内外从事新中国史研究的专家学者提供一个发表学术成果的平台，第一辑出版30卷。朱汉国主编《当代中国社会史》（6卷本），系统而全面地论述当代中国社会领域发展的历史，构建了中国当代社会史研究框架和学科体系。这一时期的学术热点还涉及坚持党的全面领导、政治建设（政权建设）、经济建设、文化建设、社会建设、生态文明建设、"一国两制"与推进祖国统一、国家安全、国防与军队、中国特色大国外交、全面深化改革开放、全面从严治党与党的自我革命、全面依法治国、全面建成小康社会、中国式现代化道路、人类文明新形态等诸多领域。

新中国史学科是研究中华人民共和国成立后历史发展进程及其规律的学科。经过几代学人的探索实践，新中国史学科已初步形成自己的学科体系。进入新时代，随着党史学习教育与"四史"宣传教育的广泛展开，以及中国特色哲学社会科学"三大体系"建设的积极推进，新中国史学科建设迎来新的发展机遇。关于理论方法，新中国史的理论研究与其他史学研究相比，具有更强烈的现实性和政治性，因此只有用唯物史观对新中国史的理论研究进行指导，才能更好地推动这一研究的深入开展和学科体系、话语体系的构建，更有力地批判和抵制历史虚无主义思潮。关于学科名称，有"中华人民共和国史""当代中国史""中国当代史""新中国史""国史"等多种称谓，具有不同的学术指向和政治意涵。关于学科属性，大体上有三种观点：第一种认为是历史学科；第二种认为是马克思主义理论学科；第三种认为是政治学科。关于历史分期，有六个阶段划分，即1949—1956年是中华人民共和国的成立和社会主义制度的建立，1956—1978年是社会主义建设的探索和曲折发展，1978—1992年是伟大历史转折和中国特色社会主义的开创，1992—2002年是把中国特色社会主义全面推向21世纪，2002—2012年是在新的形势下坚持和发展中国特色社会主义，2012年以来是中国特色社会主义进入新时代；有三个时期划分，即"社会主义革命和建设时期""改革开放和社会主义现代化建设新时期""中国特色社会主义新时代"。①

500. 改革开放史研究

中国改革开放史研究的对象是在中国共产党领导下中国推进改革开放和社会主义现代化建设的过程，时间范围是从1978年召开中共十一届三中全会至今。新时代中国改革开放史研究成果丰硕，出现了宏观和微观相结合、跨学科方法和多元视角运用相结合、口述史料和文献资料相结合等新动向，地方改革开放史研究取得显著进展。

综合性论著方面，代表性著作有：中宣部组织本书编写组编写的《改革开放简史》（人民出版社、中国社会科学出版社2021年版），是面向全党全社会开展"四史"学习教育的基本著作之一。中央党史和文献研究院组织出版《中国改革开放史全景录》（人民出版社2018年版）共32卷，中央卷1卷2册、31个省市区各1卷，对改革开放波澜壮阔的历史进程进行梳理，为改革开放成功画像。中国社会科学院组织出版"改革开放研究丛书"（社会科学文献出版社2018年版），集国内一批著名学者，从经济、政治、文化、社会等各个层面对改革开放进行了回顾和梳理。中国人民大学党史党建研究院出版的"中国改革开放40年丛书"（中共党史出版社2018年版），分为经济、政治、文化、社会、生态、外交和执政党建设7个专题，全方位、多视角解读改革开放进程，系统总结中国共产党领导改革开放的历史经验。中央党史研究室科研管理部编的《改革开放实录》（中共党史出版社2018年版）介绍了北京、上海、

---

① 参见朱佳木《当代中国史理论研究的学科建设及当前任务》，《思想理论教育导刊》2021年第5期；李文《新中国史研究事业的兴起和繁荣》，《思想政治工作研究》2022年第10期；等等。

天津等地案例，特点鲜明、地方色彩浓郁，是了解地方改革开放史不可多得的好书。

在个人著作方面，代表性成果主要有，蔡昉著《四十不惑：中国改革开放发展经验分享》（中国社会科学出版社 2018 年版）、俞可平主编《中国的治理变迁：1978—2018》（社会科学文献出版社 2018 年版）、谢春涛主编《改革开放为什么成功？》（人民出版社 2018 年版）、萧冬连著《探路之役：1978—1992 年的中国经济改革》（社会科学文献出版社 2018 年版）、龚云主编"中国农村改革四十年研究丛书"（华中科技大学出版社 2019 年版）等，也在学界产生了较好反响。口述史料、自述类著作也出版了一些佳作。

改革开放史研究热点问题主要涉及改革开放前后两个历史时期关系研究、改革开放初期史研究、专门史与整体史研究、改革开放史史料学与学科建设等方面，研究领域十分宽泛，内容也异常丰富。在专题性著述中，经济领域是重点，经济体制改革则是重中之重，还涉及农村改革、国企改革、区域协调发展战略等。政治史方面，有不少成果研究改革开放的酝酿与历史转折的实现、改革开放以来的政治体制改革、党的第二个历史决议和第三个历史决议、治国理政思想和经验、重大事件、重要人物、重要经验等。①

501. 社会主义发展史研究

社会主义发展史是一门有其特定研究对象和鲜明价值导向的学科，以社会主义思想、运动和制度的产生、演变和发展的历史进程及其规律为研究对象。新时代理论界和史学界围绕社会主义发展的历史主题、历史进程、现状趋势、历史规律等内容展开了深入的研究，为我们深化研究共产党执政规律、社会主义建设规律和人类社会发展规律提供了重要帮助。

2013 年 1 月 5 日，习近平在新进中央委员会的委员、候补委员学习贯彻党的十八大精神研讨班上发表重要讲话，首次将社会主义五百年的发展历程概括为六个时间段：空想社会主义产生和发展，马克思、恩格斯创立科学社会主义理论体系，列宁领导十月革命取得胜利并实践社会主义，苏联模式逐步形成，新中国成立后我们党对社会主义的探索和实践，我们党作出进行改革开放的历史性决策、开创和发展中国特色社会主义。这一讲话在理论界引起了强烈反响。理论界出版了一系列以社会主义五百年为主题的研究成果，如中央宣传部理论局组织编写的《世界社会主义五百年》、顾海良主编的《人间正道是沧桑：世界社会主义五百年》等。2017 年 9 月 29 日，中共中央政治局就当代世

---

① 参见陈金龙、谢章典《党的十八大以来改革开放史研究述评》，《思想政治工作研究》2022 年第 9 期；等等。

界马克思主义思潮及其影响进行集体学习，习近平明确提出"我们依然处在马克思主义所指明的历史时代"这一重要论断。理论界围绕这一重要论断展开了解读和研究，普遍认为"马克思主义所指明的历史时代"主要是指具有明确生产关系和经济社会形态属性、鲜明阶级本质和统治方式的社会历史时期。这样的"时代"概念，是一个总体性的、本质性的、体现社会发展规律趋势的"大的历史时代"。

中共十九大后，理论界重点研究了新时代中国特色社会主义在世界社会主义发展史上的重要地位和理论意义，如姜辉著《中国特色社会主义的世界意义》《新时代中国特色社会主义在世界社会主义发展史上的重大意义》、辛向阳著《中国特色社会主义进入新时代在人类社会发展史上的意义》等。理论界普遍认为，新时代中国特色社会主义以无可辩驳的事实彰显了科学社会主义的鲜活生命力，推动世界社会主义发展进入新阶段；习近平新时代中国特色社会主义思想为发展二十一世纪马克思主义作出新贡献。2021年庆祝中国共产党成立100周年之际，党中央部署学习社会主义发展史，把我国理论界学习研究社会主义发展史推向了新高潮。中央宣传部组织编写的《社会主义发展简史》，深入研究了世界社会主义发展的历史主题、历史脉络、历史规律，是面向全党全社会开展"四史"学习教育的基本著作之一。此外，还有曹普主编的《"四史"十八讲》和《社会主义发展史十二讲》，以专题研究的方式深化了对于社会主义发展史的认识。

在研究热点问题上，社会主义发展史研究主要有关于世界社会主义历史进程、关于当代世界社会主义发展现状与趋势、关于多样化的世界社会主义运动、关于世界社会主义发展的历史飞跃、关于科学社会主义的基本原则、关于当代资本主义和两种制度关系、关于中国共产党对世界社会主义发展的贡献等。[①]

502. 构建中国特色哲学社会科学

加快构建中国特色哲学社会科学，是习近平总书记和党中央提出的战略任务，是新时代中国哲学社会科学界的崇高使命。2016年5月17日，习近平总书记主持召开哲学社会科学工作座谈会并发表重要讲话（以下简称"5·17"重要讲话）。"5·17"重要讲话从党和国家事业发展的全局高度，深刻阐明了哲学社会科学的地位作用，深刻论述了坚持马克思主义指导地位的重大意义，深刻回答了加快构建中国特色哲学社会科学的一系列根本性问题，是马克思主

[①] 参见郇雷《党的十八大以来社会主义发展史研究述评》，《思想政治工作研究》2022年第5期等。

义的纲领性文献，为加快构建具有中国特色、中国风格、中国气派的哲学社会科学指明了前进方向，提供了根本遵循。2017年3月，中共中央印发了《关于加快构建中国特色哲学社会科学的意见》，对新时代加快中国特色哲学社会科学发展作出全面部署。2018年1月，中共中央决定成立全国哲学社会科学工作领导小组。中共十九大、十九届五中全会报告都明确提出加快构建中国特色哲学社会科学的战略任务。2022年2月，中共中央办公厅印发了《国家"十四五"时期哲学社会科学发展规划》，这是第一部国家层面的哲学社会科学发展规划，是指导"十四五"时期我国哲学社会科学发展的纲领性文件。[①]

新时代中国哲学社会科学，按照"立足中国、借鉴国外，挖掘历史、把握当代，关怀人类、面向未来"的思路，体现继承性、民族性、原创性、时代性、系统性、专业性的鲜明特点，着力构建中国特色哲学社会科学学科体系、学术体系、话语体系，加快构建起全方位、全领域、全要素的中国特色哲学社会科学体系，建构中国自主的知识体系。

马克思主义理论研究宣传不断深入。新时代编辑出版了《胡锦涛文选》《习近平谈治国理政》等一批党和国家主要领导人著作。哲学社会科学紧跟我们党理论创新和实践创新的步伐，围绕改革开放和社会主义现代化建设，推出重大研究成果。中共十八大以来，哲学社会科学界把学习研究阐释习近平新时代中国特色社会主义思想作为首要政治任务和理论任务。出版"习近平新时代中国特色社会主义思想学习丛书"等研究阐释成果；建成"习近平新时代中国特色社会主义思想文库"；创办习近平新时代中国特色社会主义思想研究机构，扎实推进马克思主义理论研究和建设工程，马克思主义在意识形态领域指导地位的根本制度持续加强，党的创新理论不断深入人心。

学科体系建设成效显著。中共十八大以来，特别是习近平总书记在哲学社会科学工作座谈会上的重要讲话发表以来，哲学社会科学界加快构建中国特色哲学社会科学学科体系、学术体系、话语体系，教育部更新了学位授予和人才培养学科目录并开启了"新文科"建设，中国社会科学院开展了大规模学科调查和调整，完善对哲学社会科学具有支撑作用的学科，注重发展优势重点学科，加快发展具有重要现实意义的新兴学科和交叉学科，重视发展具有重要文化价值和传承意义的"绝学"、冷门学科。基础学科健全扎实、重点学科优势突出、新兴学科和交叉学科创新发展、冷门学科代有传承的学科体系正在加速形成。

学术研究成果丰硕。习近平总书记在哲学社会科学工作座谈会上的重要讲

---

① 石泰峰：《深入学习贯彻习近平总书记"5·17"重要讲话精神　加快构建具有中国特色中国风格中国气派的哲学社会科学》，《中国社会科学报》2022年5月18日。

话发表五年来，哲学社会科学界完成高质量研究成果超过100万项，对推进马克思主义中国化时代化大众化、弘扬中华优秀传统文化、吸收国外哲学社会科学的有益滋养发挥了重要作用。

服务党和国家大局的水平和能力不断提高。中共十八大以来，哲学社会科学界参与了党和国家许多文件和法律法规的起草修改工作，就国家中长期发展向党中央国务院提交了一系列政策建议，围绕推进国家治理体系和治理能力现代化、高质量发展、中美贸易战、统筹疫情防控和经济社会发展、决胜全面小康、决战脱贫攻坚、国家"十四五"规划编制等重大理论与实践问题，推出一大批重要成果，"思想库""智囊团"作用明显提升。截至2021年底，高校社科界向各级政府部门、企事业单位提交研究咨询报告21.8万余篇，为科学决策和经济社会发展作出突出贡献。

研究队伍不断壮大。中共十八大以来，中国哲学社会科学人才队伍建设迈上新台阶，全国各级各类重点研究机构达到3640个，从事哲学社会科学研究的人员超过51.3万人，为哲学社会科学繁荣发展提供了有力的人才支撑。高校哲学社会科学人才队伍建设取得新进展，呈现学历高、视野宽、活力强、梯队衔接的特点。截至2021年，高校哲学社会科学教学和研究人员达到89.7万人，比2012年的48.2万人增长约86%；44岁及以下青年学者达59.3万人，约占比66%。人才遴选和职称评定制度改革等持续深化，推动高校哲学社会科学工作者在为祖国、为人民立德立言中成就自我、实现价值。

对外交流长足发展。近年来，哲学社会科学界不仅将大量国外优秀学术成果译介到国内，而且将能够代表中国哲学社会科学水平的成果推广到世界，讲好中国故事，传播中国声音。其中，高校哲学社会科学国际合作与交流迈上新台阶，教育部依托高校成立24家中外人文交流研究中心、42家国别和区域研究培育基地、395个国别与区域研究备案中心。一系列重要国际交流会议召开，我国哲学社会科学的国际影响力极大提高。[①]

（1）坚持马克思主义的指导地位

马克思主义始终是我们党和国家的指导思想，是我们认识世界、改造世界的强大思想武器。习近平指出："坚持以马克思主义为指导，是当代中国哲学社会科学区别于其他哲学社会科学的根本标志，必须旗帜鲜明加以坚持。"这一重要论断，从一个新的角度阐明了当代中国哲学社会科学必须坚持以马克思主义为指导。我国哲学社会科学坚持以马克思主义为指导，是近代以来我国发展历程赋予的规定性和必然性，揭示了当代中国哲学社会科学既区别于其他历

---

① 《努力使中国特色哲学社会科学真正屹立于世界学术之林》，《人民日报》2022年7月7日。

史时代、又区别于世界其他国家的哲学社会科学的根本特征，丰富和深化了我们党关于坚持马克思主义在哲学社会科学和意识形态领域指导地位的理论，指明了我国哲学社会科学发展的方向。这就要求当代中国哲学社会科学各学科的研究和建设，在充分吸收其他国家哲学社会科学有益成果的同时，决不可失去自己所特有的马克思主义立场、观点、方法，在世界观、历史观、方法论和重大原则问题上，必须划清马克思主义与非马克思主义的界限。

习近平新时代中国特色社会主义思想是马克思主义中国化的最新成果，是当代中国马克思主义、二十一世纪马克思主义。坚持以马克思主义为指导，主要体现在学懂弄通做实习近平新时代中国特色社会主义思想上下功夫，将这一重要思想贯穿到哲学社会科学研究和教学各环节，推动党的创新理论进论文、进专著、进教材、进课堂、进头脑，不断转化为清醒的理论自觉、坚定的政治信念、科学的思维方法，真正将指导思想和研究对象统一起来，拿出更多有学理深度和学术厚度的标志性研究阐释成果。中共十八大以来，以习近平同志为核心的党中央对哲学社会科学重视程度之高、推动力度之大前所未有。2016年5月17日，习近平总书记主持召开哲学社会科学工作座谈会并发表重要讲话，深刻阐明了哲学社会科学的地位作用，提出了加快构建中国特色哲学社会科学的战略任务，为新时代哲学社会科学繁荣发展提供了根本遵循。

（2）建构中国自主的知识体系

2022年4月25日，习近平总书记在中国人民大学考察时发表重要讲话，系统阐述了加快构建中国特色哲学社会科学的时代背景、原则方向、目标任务和现实要求，强调："加快构建中国特色哲学社会科学，归根结底是建构中国自主的知识体系"。这是习近平总书记在2016年5月17日哲学社会科学工作座谈会上发表重要讲话之后，对加快构建中国特色哲学社会科学发表的又一重要讲话，具有很强的政治性、理论性、指导性，为加快构建中国特色哲学社会科学指明了发展方向、提供了根本遵循。这是习近平总书记结合当前国内国际形势，站在统筹中华民族伟大复兴战略全局和世界百年未有之大变局的高度，对我国哲学社会科学建设作出的科学判断，具有重大理论意义和实践意义。

在哲学社会科学领域建构中国自主的知识体系，就是要自主建设中国特有的哲学社会科学认识和经验的系统。这一知识体系的重要特征是中国自主，主要表现在：一是立足中国实际，解决中国问题；二是立足中国经验，繁荣中国学术，发展中国理论，传播中国思想；三是鼓励主动思考，培养自觉行动；四是注重原创成果，倡导开拓创新。

新时代建构中国自主的知识体系，一方面需要在遵循生产关系与生产力相适应、上层建筑与经济基础相适应这一人类社会发展规律的基础之上，立足中国实际，解决中国问题，从理论范式、路径选择、指标体系等多角度多层次，更加坚定自觉地建构以中国自主的知识体系为内核的中国特色哲学社会科学学科体系、学术体系、话语体系，进而形成具有中国特色、中国风格、中国气派的知识体系，服务党和国家事业发展大局。另一方面需要随着实践发展推动理论发展与创新。中国特色社会主义事业不断发展，我们面临着各种各样的新情况新问题和风险挑战。这对我国哲学社会科学提出了新的更高要求，迫切需要我们以中国为观照、以时代为观照，把哲学社会科学创新成果融入中国特色社会主义伟大实践中，在不断推进经济社会高质量发展、不断提升国家治理现代化水平、不断创造人民高品质生活的过程中，为建构中国自主的知识体系注入源源不断的活力和动力，不断丰富理论内涵、拓展理论视野，形成解决问题的新观点、新思路、新方法，最终实现知识体系的自主建构、自我更新和发展完善。[①]

（3）智库建设

智力资源是一个国家、一个民族的宝贵资源。智库是党和政府科学民主决策的重要支撑，是国家治理体系和治理能力现代化的重要内容，是国家软实力的重要组成部分，对政府决策、社会舆论、企业发展与公共知识传播的影响越来越深刻、作用越来越重要。

中共十八大以来，以习近平同志为核心的党中央高度重视中国特色新型智库建设。2014年10月27日，中央全面深化改革领导小组第六次会议审议了《关于加强中国特色新型智库建设的意见》。习近平总书记强调，我们进行治国理政，必须善于集中各方面智慧、凝聚最广泛力量。重点建设一批具有较大影响和国际影响力的高端智库，重视专业化智库建设。这既为中国智库的发展提出了挑战，也为各类智库发挥作用提供了广阔的空间。在中共十八届三中全会通过的《中共中央关于全面深化改革若干重大问题的决定》明确提出，加强中国特色新型智库建设，建立健全决策咨询制度，这是在中央文件中首次提出"智库"概念。2020年2月，习近平总书记主持召开中央全面深化改革委员会第十二次会议，会议审议通过的《关于深入推进国家高端智库建设试点工作的意见》强调，"建设中国特色新型智库是党中央立足党和国家事业全局作出的重要部署，要精益求精、注重科学、讲求质量，切实提高服务决策的能力水平"。习近平总书记就建设中国特色新型智库、建立健全决策咨询制度作出一系列重要论述和指示，指明了我国智库建设的定位使命、方向路径、总体格局和发展理念，是我们在新时代推进国家高端智库建设的根本遵循和行动指南。

[①] 谢伏瞻：《建构中国自主的知识体系》，《人民日报》2022年5月17日。

中共十九大报告强调了"加强中国特色新型智库建设"的战略任务。同时，党中央、国务院制定了一系列重大政策举措，特别是随着《关于加强中国特色新型智库建设的意见》《国家高端智库建设试点工作方案》《关于社会智库健康发展的若干意见》等文件的出台，有力引领、推动、支持了新型智库建设。全国各地在支持智库建设上持续发力，智库建设正呈现出从数量扩张向质量提升、由结构失衡向结构优化的转变，正在形成千帆竞发的良好生态。

中共十八大以来，中国智库建设取得十个方面显著成效：一是智库规模显著扩大。自2016年起，各类型、各领域的新型智库如雨后春笋般大量涌现，国家高端智库建设风生水起，各种类型的智库活动和成果发布在全国乃至世界各地如火如荼地展开。中国社会科学评价研究院发布的《中国智库综合评价AMI研究报告（2017）》显示，结合文献搜集和智库申报等不同来源，经细致筛选后，中国特色新型智库的体量当时大概为700余家，与此同期发布的《中国智库名录》统计为1192家，中国智库索引（CTTI）统计为604家，中国已成为名副其实的智库大国，并初步形成党政、军队、科技、高校、企业、社会和媒体等七大类智库并行发展的局面。[①] 二是管理体制不断完善。智库建章立制和管理工作规范持续加强，"智库理事会""决策咨询委员会"等智库咨政管理平台相继建立。三是职能类型加快拓展。基本形成政策研究、决策咨询、政策评估、政策解读、对外交流"五位一体"职能架构。四是研究领域初步确立，总体形成"经济社会发展""思想理论建设""科技进步与创新"和"外交、国防和国家安全"等四大研究领域布局。五是业务架构不断优化，呈现出"本部机构—研究部所—专业化智库"三级业务组织架构趋势。六是人才结构持续优化，加快构建专业性、规范性、创新性并重的智库人才支撑体系。七是科研管理更加规范，政策研究选题机制、成果考评办法、岗位奖励激励不断改进。八是成果载体日趋丰富，内参报告、公开出版物、网络和新媒体平台更加健全。九是技术支撑持续加强，专业性图书馆和信息数据库系统不断完善。十是国际合作日渐增多，智库在国家软实力构建中的作用愈加凸显。总体看，中共十八大以来中国智库发展成效显著，首阶段建设布局任务顺利完成。

（4）三大体系融合发展

习近平指出："不断推进学科体系、学术体系、话语体系建设和创新，努力构建一个全方位、全领域、全要素的哲学社会科学体系。"这一重要论断，把我们发展哲学社会科学、构建当代中国哲学社会科学体系的任务，高度概括

[①] 参见荆林波等《中国智库综合评价AMI研究报告（2017）》，中国社会科学出版社2018年版，第11页；皮书研究院：《中国智库名录（2016）》，社会科学文献出版社2016年版第1页；光明智库：《中国智库索引来源智库名单（2017—2018）》，《光明日报》2016年12月21日；等等。

为构建"学科体系""学术体系""话语体系"三大体系,指明了中国哲学社会科学研究和建设的总任务。

中国特色哲学社会科学首先是一个学科体系。这一学科体系涵盖历史、经济、政治、文化、社会、生态、军事、党建等各领域,囊括传统学科、新兴学科、前沿学科、交叉学科、冷门学科等诸多学科。这是一个由多门学科相互关联构成的,具有系统性、专业性的,分为不同层级的有机统一体系。这一体系的系统性、整体性特征,归根到底是由其所反映的客观对象固有的性质决定的。截至2021年底,中国哲学社会科学已涵盖哲学、经济学、法学、教育学、文学、历史学、管理学、艺术学,共8个学科门类,28个一级学科。教育部启动新文科建设,明确构建世界水平、中国特色文科人才培养体系总体目标。2012年以来,新增128种文科类新专业,新设41种小语种专业;面向6大选题领域、22个选题方向设立1011个新文科项目;适应经济社会需求,新增3000余个文理、文工等学科交叉融合专业点。

这个学科体系中的每一个学科,各自又有其独特的学术体系和话语体系。每个学科都要构建成体系的学科理论和概念、自己的知识体系和研究方法。习近平总书记在中国人民大学考察时进一步把"自己的知识体系"阐释为"中国自主的知识体系"。一个学科表达其知识和理论的概念,构成了该学科的话语体系。一个学科成体系的理论、知识和概念的统一,就是学术体系和话语体系的统一。学术体系是揭示本学科对象的本质和规律的成体系的理论和知识;话语体系是理论和知识的语词表达,是学术体系的表现形式和语言载体。学术体系和话语体系作为构成一个学科的两个方面,互为支撑,相辅相成。截至2021年底,教育部已布局建设教育部人文社科重点研究基地151个、教育部哲学社会科学实验室30个、哲学社会科学各类协同创新中心40家;深入实施"高校哲学社会科学繁荣计划",2012—2021年累计投入繁荣计划专项资金47.9亿元,高校哲学社会科学学术研究成果数量和质量取得长足进步。教育部设立重大课题推动"哲学社会科学学术话语体系创新研究",《儒藏》、"清华简"、甲骨文研究、"全球汉籍合璧工程"和《中国历代绘画大系》等取得重大成果,极大提升了中华文明国际传播力、辐射力和解释力。[①]

(5) 建设国家哲学社会科学文献中心

2016年5月17日,习近平在哲学社会科学工作座谈会上,明确提出了"加快国家哲学社会科学文献中心建设,构建方便快捷、资源共享的哲学社会科学研究信息化平台"的要求。为贯彻落实习近平总书记讲话精神,中宣部作

---

① 《努力使中国特色哲学社会科学真正屹立于世界学术之林》,《人民日报》2022年7月7日。

出了总体部署,由中国社会科学院牵头建设"国家哲学社会科学文献中心",教育部、新闻出版广电总局配合。

中国社会科学院对该中心的建设高度重视,精心组织、积极推进,本着"合理规划、集中投入、联合共建、方便快捷、全国共享"的原则,发挥中国社会科学院深厚的学术资源和人才优势,依托"一库一网一平台","一库"即海量数据库,包括社会科学图书文献数据库、学术期刊数据库、古籍善本数据库、科研成果数据库、社会调查数据库、人文社会科学评价数据库、智库信息采集处理数据库、地方志数据库等专题库;"一网"即互联网;"一平台"即综合集成实验室研究平台,于2016年12月30日正式上线运行。

国家哲学社会科学文献中心立足全国哲学社会科学领域,由国家投入和支持,开展哲学社会科学文献信息资源建设和服务。中心由中宣部指导,社科院牵头,教育部和新闻出版广电总局等相关部委配合,其他社科机构参与,共同建设和管理,依托中国社科院图书馆开展具体工作。主要开设有资讯、资源、专题、服务四个栏目,资源包括中文、外文学术期刊,还有外文图书、古籍等四类,与国内60多家社会科学研究机构网站导航链接,初步形成国家哲学社会科学学术期刊数据库、外文学术期刊数据库、中国社会科学院科研成果数据库等特色资源数据库。

(6) 建立科学权威、公开透明的哲学社会科学成果评价体系

2016年5月17日,习近平在哲学社会科学工作座谈会上的重要讲话中明确提出"加快构建中国特色哲学社会科学体系"的重大论断和战略任务,并强调"要建立科学权威、公开透明的哲学社会科学成果评价体系,建立优秀成果推介制度,把优秀研究成果真正评出来、推广开"。在构建中国特色哲学社会科学学科体系、学术体系、话语体系的战略中,学术评价承担着推动学术繁荣、引领学科发展、促进学者成长、提升文化自信的任务,发挥着风向标和指挥棒的作用,切实改进学术评价体系并彰显中国特色,对于推动中国哲学社会科学的繁荣发展至关重要。

2021年6月25日,中国社会科学评价研究院发布《人文社会科学期刊评价(GB/T 40108 – 2021)》和《人文社会科学智库评价指标体系(GB/T 40106 – 2021)》两项国家标准。这两项国家标准的制定工作从2014年开始至2021年完成,历经预研、立项、起草、专家研讨、征求意见、技术审查、报批等阶段。其制定与发布,是哲学社会科学评价体系构建方面的重要研究成果,是哲学社会科学评价向标准化、科学化、精准化发展迈出的重要一步。

(7) 哲学社会科学科研诚信建设

中国对科学诚信及其相关问题的关注开始于20世纪80年代,从90年代

中后期才开始推进其制度化的建设。1999年，科技部、教育部、中国科学院、中国工程院、中国科协共同制定并发布了《关于科技工作者行为准则的若干意见》，这是我国在国家层面上发布并实施的第一份关于维护科研诚信、规范科研行为的政策文件。进入21世纪以来，科研成果在数量上呈现出快速增长态势，科研诚信问题也因此成为学术界共同关注的热点。2001年，科技部出台了《国家科技计划管理暂行规定》和《国家科技计划项目管理暂行办法》。2002年、2004年，教育部先后制定了《关于加强高等学校学术道德建设的意见》及相关学术规范。2006年，科技部颁布了《国家科技计划实施中科研不端行为处理办法（试行）》，并于2007年召集教育部等六个部门及单位共同建立了"科研诚信建设部门联席会议制度"。该制度的建立标志着我国科研诚信监管体系建设形成了齐抓共管的科研诚信建设新格局。

2018年5月30日，中办、国办印发了《关于进一步加强科研诚信建设的若干意见》，标志着我国科研诚信建设进入了一个新阶段。这是中国第一个科研诚信建设的纲领性文件，它明确规定要完善科研诚信管理工作机制和责任体系，同时明确了科研诚信的主体责任，规定由"科技部、中国社科院分别负责自然科学领域和哲学社会科学领域科研诚信工作的统筹协调和宏观指导"。

中国社会科学院高度重视科研诚信建设。经中国社科院党组讨论决定，在中国社会科学评价研究院设立哲学社会科学科研诚信管理办公室，以行使哲学社会科学科研诚信工作的统筹协调和宏观指导职能。2019年3月29日，由中宣部、科技部、教育部、中共中央党校（国家行政学院）、中央军委科技委、国务院发展研究中心等七部委参加的哲学社会科学科研诚信联席会议第一次会议在社科院召开。会议审议并通过了《哲学社会科学科研诚信建设实施办法》和《哲学社会科学科研诚信联席会议章程》。该实施办法于2019年5月经全体联席会议成员单位会签后于同年6月6日颁布实施。此后，科技部会同中宣部、最高人民法院、中国社会科学院等20个单位和部门会签并印发了《科研诚信案件调查处理规则》，对科研诚信案件的举报和受理、调查、处理、申诉和复查、保障与监督等问题做了明确规定，为规范科研诚信案件调查处理提供了规范性文件。①

503. 中华文明探源工程

中华文明探源工程，全称是"中华文明起源与早期发展综合研究"，是继国家"九五"重点科技攻关项目——"夏商周断代工程"之后，又一项由国

---

① 钟慧：《我国科研诚信制度体系的发展、问题与对策》，《北方论丛》2021年第6期。

家支持的多学科结合、研究中国历史与古代文化的重大科研项目。

该项目首先进行了为期三年（2001—2003年）的预研究。在预研究的基础上，2004年夏，国家"十五"重点科技攻关项目中华文明探源工程正式启动。2004—2015年，由科技部批复，国家文物局负责组织，依托"十五"国家科技攻关计划、"十一五"和"十二五"国家科技支撑计划实施四个阶段的研究工作。2016年，中华文明探源工程四期完成结项。2018年5月，国务院新闻办公室举行"中华文明起源与早期发展综合研究"成果发布会。2020年底，中华文明探源工程启动第五期研究。

中华文明探源工程以考古调查发掘为获取相关资料的主要手段，以现代科学技术为支撑，采取多学科交叉研究的方式，调动了人文社会科学与自然科学的各项学术资源，融合了不同学科的理论与方法，重点通过对浙江余杭良渚遗址、山西襄汾陶寺遗址、陕西神木石峁遗址、河南偃师二里头遗址等众多遗址开展大规模考古发掘，以丰富的考古资料实证了中华大地5000年文明。在距今5000年前，中国已进入文明阶段，出现了国家，进入"古国时代"。

2022年5月27日，中共中央政治局就深化中华文明探源工程进行第三十九次集体学习。习近平在主持学习时强调，中华文明源远流长、博大精深，是中华民族独特的精神标识，是当代中国文化的根基，是维系全世界华人的精神纽带，也是中国文化创新的宝藏。在漫长的历史进程中，中华民族以自强不息的决心和意志，筚路蓝缕，跋山涉水，走过了不同于世界其他文明体的发展历程。中华文明探源工程以坚实的考古材料和综合研究成果证明，中华民族5000多年文明史是真实可信的历史。

中华文明探源工程取得的重大成就，科学评价了中华文明探源工程为文明起源研究作出的重要贡献。长期以来，冶金术、文字和城市等要素被认为是判断人类进入文明社会的重要标准。中华文明探源工程冲破西方文明判断标准的桎梏，依据马克思主义唯物史观，从中国的实际材料出发，提出了文明定义和认定进入文明社会的中国方案。依据我们提出的文明形成标准，中华文明探源工程取得一系列重大突破，实证了中国百万年的人类史、一万年的文化史、五千多年的文明史，对中华文明的起源、形成、发展的历史脉络，对中华文明多元一体格局的形成和发展过程，对中华文明的特点及其形成原因等，都有了较为清晰的认识，拓展了我们对中国五千多年文明史的认知。习近平深刻指出，中华文明探源工程提出文明定义和认定进入文明社会的中国方案，为世界文明起源研究作出了原创性贡献。[①]

[①] 《把中国文明历史研究引向深入 推动增强历史自觉坚定文化自信》，《人民日报》2022年5月29日；王巍：《揭示中华文明起源、形成、发展的历史脉络》，《人民日报》2022年7月4日。

504. 中国文明史研究

中华文明源远流长、博大精深，是中华民族独特的精神标识，是当代中国文化的根基，是维系全世界华人的精神纽带，也是中国文化创新的宝藏。中共十八大以来，习近平站在全局和战略高度，就深入开展中国文明历史研究等发表一系列重要论述、作出一系列重要部署，指引中国文明历史研究、中华优秀传统文化传承发展取得显著成就，为实现中华民族伟大复兴提供了强大精神动力和坚强支撑。

2022年5月27日，十九届中央政治局就深化中华文明探源工程进行第三十九次集体学习，习近平主持学习并发表《把中国文明历史研究引向深入，增强历史自觉坚定文化自信》的重要讲话，充分肯定中华文明探源工程取得的重要阶段性成效，科学回答了事关中国文明历史研究的一系列根本性问题，就继续推进、不断深化中华文明探源工程部署五项重点工作，即第一，加强多学科联合攻关，推动中华文明探源工程取得更多成果；第二，深化研究中华文明特质和形态，为人类文明新形态建设提供理论支撑；第三，推动中华优秀传统文化创造性转化、创新性发展，为民族复兴立根铸魂；第四，推动文明交流互鉴，推动构建人类命运共同体；第五，让更多文物和文化遗产活起来，营造传承中华文明的浓厚社会氛围。这篇重要讲话，具有鲜明政治性、思想性、战略性、实践性，是新时代传承和弘扬中华优秀传统文化的纲领性文献，为做好新时代中国文明历史研究提供了根本遵循。

在中华优秀传统文化传承和发展方面，中办、国办印发《关于实施中华优秀传统文化传承发展工程的意见》《关于在城乡建设中加强历史文化保护传承的意见》《关于加强文物保护利用改革的若干意见》等文件，中国社会科学院组建中国历史研究院，加强对中华民族多元一体格局、中华民族共同体历史的研究阐释，加强中国历史和优秀传统文化教育，不断铸牢中华民族共同体意识。

在中国文明史研究方面，8800多项考古发掘项目有序开展，中华文明探源工程和"考古中国"重大项目成果丰硕，浙江良渚、陕西石峁、河南二里头、四川三星堆等一批重要遗址实证五千多年中华文明史。第一次全国可移动文物普查和石窟寺等专项调查完成。全国重点文物保护单位突破5000处。中国世界遗产总数达到56项，其中世界文化遗产38项、文化与自然双重遗产4项，是名副其实的文物资源大国。

在文化遗产保护方面，以中华优秀传统文化传承发展工程为总抓手，确定国家古籍保护、非物质文化遗产传承发展、中国传统村落保护等重点工程项目为具体抓手，一些濒危的传统艺术得到抢救，一些被破坏的文化生态系统逐步得到修复和优化提升。数千项重大文物保护工程实施，长城、大运河、长征、黄河、长江国家文化公园建设有序推进。[①]

505.《（新编）中国通史》

《（新编）中国通史》是党中央在中国特色社会主义进入新时代，中华民族迎来全面建成小康社会，实现第一个百年奋斗目标的重要历史时期决定启动的国家级重大学术工程。由中国社会科学院中国历史研究院负责牵头组织实施，实行分卷主编负责制。

《（新编）中国通史》上起远古，下至 2022 年中共二十大召开，采用总论、断代史和专门史相结合的纂修体裁，总计 32 卷、约 2000 余万字。全国（包括港澳台地区）200 多位史学工作者直接参与撰著和审读工作。纂修工程于 2020 年 6 月启动，2021 年纳入《中华人民共和国国民经济和社会发展第十四个五年规划和 2035 年远景目标纲要》。计划用 5 年时间完成书稿撰写，2025 年完成审读和结项，2026 年完成全部出版。

506. 非洲合作研究

2018 年 9 月 3 日，习近平在中非合作论坛北京峰会开幕式讲话中提出，重点实施对非合作"八大行动"；并宣布中国决定设立中国非洲研究院，同非方深化文明互鉴。设立中国非洲研究院被列为"八大行动"中"人文交流行动"首项任务。中国社会科学院为中国非洲研究院的主办单位。

中国非洲研究院旨在同非洲各国深化文明互鉴，加强治理和发展经验交流，为中非共同推进"一带一路"合作，共同建设面向未来的中非全面战略合作伙伴关系，共同构筑更加紧密的中非命运共同体提供智力支持和人才支撑。

为打造新时代更加紧密的中非命运共同体，为中非全面深化战略合作伙伴关系和中非共建"一带一路"提供智力支撑，中国非洲研究院支持开展中非合作研究项目，重点研究领域包括：1. 基础设施建设及经贸合作；2. 减贫惠民；3. 生态环保；4. 和平安全；5. 文明互鉴（历史、哲学、宗教研究等）。此外，创办《中国非洲学刊》，刊载有关中非发展与合作以及中非人文交流主题的高水平研究论文，中非学术界共同讲好中非友好合作故事。

507.《中华思想通史》

《中华思想通史》是中宣部、国家哲学社会科学基金特别委托项目，也是

[①] 本刊编辑部：《新时代中国文明历史研究的根本遵循》，《求是》2022 年第 14 期。

中国社科院创新工程重大项目。该项目是贯彻落实习近平关于继承和弘扬中华优秀传统思想、繁荣发展哲学社会科学的重要论述精神,通过编撰《中华思想通史》,构建中华思想史当代中国马克思主义学派,实现马克思主义与中华优秀传统思想相结合,大力推进马克思主义中国化、时代化和大众化,弘扬21世纪当代中国马克思主义——习近平新时代中国特色社会主义思想,推出无愧于时代的精品力作。

自2014年10月启动至今,取得一系列阶段性成果。2021年9月,《中华思想通史绪论》《中国社会形态史纲》《中华思想史文论(一)》三部图书作为《中华思想通史》重要阶段性成果在百年中国共产党与中华优秀思想文化暨中华思想史第六届、第七届高峰论坛期间集中发布。其中,《中华思想通史绪论》是为研究《中华思想通史》的意义、指导思想、基本原则和分期进行奠基性论述的序论,对编撰《中华思想通史》一系列重大问题都给予了马克思主义唯物史观和马克思主义史学理论的回答。《中国社会形态史纲》对中国社会形态按照马克思主义理论的立场、观点、方法做了论述和回答。《中华思想史文论(一)》涵盖了其在研究《中华思想通史》过程中发表的相关文章和讲话的汇集。2022年8月,《中华思想通史资料长编》(电子书)由中国社会科学出版社编辑出版。这套资料长编汇集了自原始社会末期有文字记载以来中华思想史上的重要文献资料,分为七编,包括原始社会编、奴隶社会编、封建社会编、半殖民地半封建社会编、社会主义社会编以及中华宗教思想通史资料长编、中华文艺思想通史资料长编,共计2.1亿字。这是一项浩瀚又极其艰巨的工程,全面呈现了中国优秀思想几千年绵延不断的智慧结晶,代表中华民族思想文化的精粹和精华。

五　交流传播类

（一）国内主要学术期刊[①]

508.《求是》

中共中央机关刊物。《求是》前身为中共中央主办的《红旗》杂志，1958年创刊。1988年7月，《求是》杂志在北京出版第1期，邓小平题写刊名，委托中央党校主办；1989年，中共十三届四中全会召开一个月后，《求是》改由中共中央主办。《求是》杂志为半月刊。每月1日、16日出版。2009年，《求是》英文版创刊，在国外发行到100多个国家和地区。

《求是》担负着全面系统地宣传马列主义、毛泽东思想、邓小平理论和"三个代表"重要思想，完整准确地宣传阐释党的路线、方针、政策，引导党员干部树立正确的世界观、人生观、价值观，提高全党马克思主义水平，促进党的事业发展的任务，是党中央指导全党全国工作的重要思想舆论工具，是党在思想理论战线的重要阵地。

现设栏目有：要文要论、深入学习贯彻"三个代表"重要思想、党的建设、求是笔谈、经济改革与发展、文化视野、科教天地、世界风云透视、调查与研究、观察与思考、红旗论坛、中心组学习园地、民主与法制、国防与军队建设、探索与争鸣、基层之声、党员信箱、生活与哲学、读书、绿野、来稿摘编等。

2018年，在《求是》暨《红旗》杂志创刊60周年之际，习近平代表党中央发去贺信，充分肯定《求是》杂志"坚持党刊姓党、政治家办刊原则"，充分肯定《求是》杂志积极宣传阐释党的基本理论、基本路线、基本方略，深入宣传阐释党中央重大决策部署，及时宣传党的最新理论成果，在党的理论研究和宣传方面作出了艰辛探索和不懈努力，为推动马克思主义中国化时代化大众

[①] 以各领域权威、重要期刊为主。

化，用新时代中国特色社会主义思想武装全党、教育人民、指导实践作出了重要贡献。①

2019年1月1日出版的《求是》杂志全新改版，把宣传好、阐释好习近平新时代中国特色社会主义思想作为第一职责，致力于全面准确深入阐述习近平新时代中国特色社会主义思想的排头兵，做理论联系实际宣传习近平新时代中国特色社会主义思想的实干家，做用习近平新时代中国特色社会主义思想引领思想舆论的主力军，做与时俱进传播习近平新时代中国特色社会主义思想的先行者，为不断巩固马克思主义在意识形态领域的指导地位、巩固全党全国人民团结奋斗的共同思想基础作出新贡献。

509.《中国社会科学》

综合性哲学社会科学杂志。中国社会科学院主办，月刊。1979年，《中国社会科学》试刊，1980年1月正式出版，同年3月《中国社会科学》（英文版）创刊。

1977年，中国社会科学院正式成立。之后，胡乔木院长领导中国社会科学院，站在推动解放思想、开创学术繁荣新局面的战略高度，决定创办《中国社会科学》。1979年6月，中国社会科学杂志社正式成立。

《中国社科学院》坚持"开门办刊"方阵，不断扩大与全国哲学社会科学界以及国际学术界的交往交流。主要发表哲学社会科学前沿研究成果，涵括马克思主义理论、哲学、经济学、政治学、法学、社会学、历史学、教育学、文学、语言学等学科以及跨学科研究的论文、调研报告、学术综述等。

510.《历史研究》

历史专业学术性刊物。中国社会科学院主办，双月刊。1954年创刊。

1953年秋天，经中共中央批准，决定设立中国历史问题研究委员会，创办《历史研究》杂志。毛泽东在指示中讲道："中国历史很长，建议在中国科学院设立三个研究所，把中国史分作三段来研究……三个历史研究所合办一个杂志，定名为《历史研究》，方针是百家争鸣。"②

《历史研究》创刊以来，坚持用马克思主义观点研究中国和世界历史，坚持百家争鸣、实事求是，作为办刊方阵。现设有义和团研究、专题研究、理论与方法、书评、二十世纪中国历史学回顾、读史札记等栏目。主要刊登中国史学界研究成果，内容涉及中国古代史、近代史、现代史及世界史等方面的研

---

① 《不断提高理论宣传水平　更好服务党和国家工作大局》，《人民日报》2018年7月5日。
② 《中国社会科学杂志社历程》，《中国社会科学报》2010年7月1日。

究，刊登史学研究评介，报道史学研究动态。

511.《考古》

考古专业学术性资料性刊物。由中国社会科学院主管、中国社会科学院考古研究所主办。1955年创刊，原名《考古通讯》（双月刊），1958年改为月刊，1959年更名为《考古》。

《考古》主要刊载考古学研究论文，发表野外考古发掘调查简报、考古资料的综述和书刊评介，亦反映自然科学在考古中的应用成果。

512.《考古学报》

中国考古学界大型学术刊物。中国社会科学院考古研究所主办，考古杂志社编辑出版，季刊。前身为1936年出版的《田野考古报告》，1947年至1949年改名《中国考古学报》，1953年改现名。1956年改为季刊。

《考古学报》以马克思主义唯物史观为指导，以弘扬中华优秀传统文化为己任，兼重政治正确与学术标准。主要刊发田野考古发掘调查报告，刊登考古学理论和专题研究论文，报道考古学与古代历史的研究成果，以及古代建筑、古人类、古生物鉴定的研究动态。

《考古学报》是中国学术界创办最久、连续出版时间最长的学术期刊之一，被公认为中国考古学期刊的重要代表，在中外学术界享有崇高的地位和良好声誉。它不仅是国内外各考古机构、各大图书馆与博物馆的必备典藏，也是对外学术交流的重要出版物，是具有重要影响力的国际性学术刊物。

513.《近代史研究》

中国近代史研究领域的专业学术期刊，创刊于1979年，由中国社会科学院主管，近代史研究所主办。初为季刊，1984年改为双月刊。

《近代史研究》坚持以马克思主义唯物史观为指导，贯彻"双百"方针，提倡学术创新。刊发1840—1949年间中国近代政治、经济、思想、文化、社会等领域和中国香港、澳门、台湾地区历史的优秀研究成果。主要栏目有专题研究、学术评论、马克思主义与中国近代史研究、问题讨论、读史札记、学术综述等。

514.《当代中国史研究》

中国社会科学院主管、当代中国研究所主办的关于中华人民共和国史的唯一专业学术期刊。1994年1月创刊，陈云题写刊名，双月刊，国内外公开发行。

《当代中国史研究》以"研史通变，资政育人"为办刊方针，主要刊载中华人民共和国史领域有价值的研究文献。由国史学界知名专家担任编委，实行编辑部三审制与专家匿名审稿制相结合的编审制度，主要栏目包括：政治史、经济史、文化与科技史、社会史、外交史、国防与军事史、改革开放史、国家社会科学基金研究成果、人物研究、海外观察、调查与研究、地方史志研究、图书评介、学术动态等。

《当代中国史研究》紧扣时代主题，密切关注国史研究的重大课题，注意拓宽研究领域和培养人才，刊发了大量有较高水平的学术文章，为国史学的学科建设和学术繁荣做出了重要贡献，深得学术界的认可和好评，是国家哲学社会科学学术期刊数据库收录期刊、国家社会科学基金资助期刊、中国人文社会科学期刊AMI综合评价核心期刊、中文社会科学引文索引（CSSCI）来源期刊、全国最佳史学刊物和中国社会科学院优秀期刊。

515.《史学理论研究》

史学理论研究专业性学术刊物。《史学理论研究》前身为《史学理论》，创刊于1987年，时为季刊，1992年更为现名，2019年《史学理论研究》整体划归新成立的中国社会科学院历史理论研究所，成为该所所刊，2020年改为双月刊。

《史学理论研究》肩负着引领全国历史理论研究的职责与使命，坚持发表历史理论和史学理论类文章，关注学科前沿问题，关注历史思潮演变，引导人们树立正确历史观，坚持唯物史观和正确党史观，同时根据时代要求，反映时代气息。一是大力推进理论研究，积极回应重大历史与现实问题；二是为加快构建中国特色历史学学科体系、学术体系、话语体系鼓与呼；三是提倡贯通式、大历史、长时段研究。在栏目设置上，设有圆桌会议、马克思主义史学研究、专题研究、历史学家、理论沙龙、综述等栏目。

516.《世界历史》

国内世界史研究领域专业性学术期刊。1978年创刊，双月刊。中国社会科学院主管，中国社会科学院世界历史研究所主办。

《世界历史》关注学术前沿，倡导学术创新，注重学术质量。刊物下设国别史、地区史、断代史和专门史专栏、主题笔谈、史学理论、史学史、问题讨论、研究述评、读史札记、学者论坛、会议综述、书评、书讯等栏目。

《世界历史》编辑部每年主办"全国世界史中青年学者论坛"和"世界史

研究前沿论坛"，同时与全国各高校合作，召开各类小型专题研讨会，就学界关注的前沿和热点问题进行深入的探讨，旨在促进国内世界史研究领域的学对话，推动国内世界史学科的发展。

517.《中国边疆史地研究》

中国边疆研究领域唯一综合性学术刊物。季刊，中国社会科学院主管，中国边疆研究所主办。

《中国边疆史地研究》坚持"双百"方针，提倡学术争鸣，为促进中国边疆地区发展、中国边疆研究发展服务。

518.《中国经济史研究》

经济史研究专业性刊物。1986年创刊，原为季刊，2015年改为双月刊。中国社科院经济研究所主办、经济研究杂志社出版。

《中国经济史研究》坚持实事求是、百家争鸣的方针，刊登有关经济史的理论论著，中国古代经济史、中国近代经济史以及中国现代经济史的论著，中外比较经济史研究论著，中国经济史的专题研究资料，中外经济史著作的评介，国内外中国经济史研究动态的报导，并适当刊登中国经济思想史方面的论著等。主要栏目有：中国古代经济史、中国近代经济史、中国现代经济史、中外比较经济史、国内外中国经济史研究动态、经济思想史研究、港台经济研究、民族经济、西部开发、理论探讨、专题评论、学人与学术、论著评介等。

《中国经济史研究》积极为中外学界交流架设桥梁，已刊登来自美国、日本、韩国、新加坡等国学者的多篇文章，其中部分著名学者在本刊发表的论文引起学界极大反响。

519.《马克思主义研究》

专门研究和宣传马克思主义整体理论的大型学术理论刊物。月刊。创刊于1995年，中国社会科学院主管，中国社会科学院马克思主义研究院主办，国内外发行。

《马克思主义研究》常设本刊特稿、名家访谈、习近平新时代中国特色社会主义思想、马克思主义基本原理、马克思主义中国化、马克思主义发展史、意识形态与社会思潮辨析、世界马克思主义与社会主义等栏目。每年选取当年刊发的优秀文章翻译成英文，结集出版，在国内外公开发行。

《马克思主义研究》是第一批进入中国社会科学院名刊工程，被收录为中国人文社会科学核心期刊、中文社会科学引文索引来源期刊、全国中文核心期刊、中国学术期刊综合评价数据库来源期刊、RCCSE 中国权威学术期刊等目录，获得"国家社会科学基金资助期刊""全国百强社科期刊""期刊数字影响力 100 强"等。

520.《中国特色社会主义研究》

马克思主义理论学科期刊。北京市社会科学界联合会、北京市哲学社会科学规划办公室主管，北京市社会科学界联合会、北京市哲学社会科学规划办公室、北京市中国特色社会主义理论体系研究中心、北京市科学社会主义学会联合主办。1995 年改现名，双月刊。

《中国特色社会主义研究》常设栏目有：中国特色社会主义理论、马克思主义理论、经济建设、政治建设、文化建设、社会建设、生态文明建设、党的建设等。

521.《党的文献》

全国唯一一家权威公布党和国家及其领导人重要文献、以研究宣传党和国家领导人生平思想为主要特色的中央级学术理论期刊。双月刊。1988 年创刊，邓小平同志题写刊名。中共中央党史和文献研究院与中央档案馆共同主办。

《党的文献》开设的主要栏目有习近平新时代中国特色社会主义思想研究、重要文献、党和国家领导人生平思想研究、党史国史专题研究、考订与探讨、文献中的人和事等。

《党的文献》始终坚持正确的政治方向，坚持政治性与学术性有机统一，在研究和宣传党的领袖人物、党的历史和理论，推进党的思想理论建设方面，发挥了重要作用。特别是中共十八大以来，注重研究和宣传习近平新时代中国特色社会主义思想，刊发了一批有较高理论和学术水准的研究和宣传文章，引起了理论界和学术界的广泛关注和积极反响，受到广大读者的欢迎与肯定。

522.《中共党史研究》

党史学术理论期刊。中共中央党史和文献研究院主管主办。前身为 1981 年创办的《党史资料通讯》，1983 年改名为《党史通讯》。1988 年，《党史通讯》与中共中央党校主办的《党史研究》（创办于 1980 年）合刊，定名为《中共党史研究》。现为双月刊。

《中共党史研究》始终坚持以学术为本，通过组织学术文章、搭建学术平台、传播学术信息，为推动中共党史的研究、宣传、教学工作服务。主要栏目有：专题研究、人物研究、地方党史研究、研究综述、探索与争鸣、史实考证、读史札记、党史资料、理论与方法、马克思主义史学史研究、国外中共党史研究、国外中共党史资料、国际视野、研究动态，等等。

523.《当代世界与社会主义》

专业学术理论期刊。1980年创刊，双月刊。中共中央党史和文献研究院主管，中共中央党史和文献研究院与中国国际共运史学会主办。

《当代世界与社会主义》聚焦社会主义理论与实践研究，国际共产主义运动史和世界社会主义研究，当代资本主义研究，注重研究社会主义与研究资本主义相结合、研究理论与研究现实相结合、研究中国与研究世界相结合。主要栏目有：本期聚焦、习近平新时代中国特色社会主义思想研究、中国特色社会主义研究、科学社会主义研究、世界社会主义与国际共运、当代资本主义研究、世界政党研究、国际政治经济与国际关系、学术动态。[①]

《当代世界与社会主义》是研究国际共运、世界社会主义、当代资本主义、中国特色社会主义、马克思主义、国际政治、政治学的重要阵地，也是读者了解国内外理论前沿和拓宽理论视野的重要渠道和窗口。

524.《马克思主义与现实》

重点研究马克思主义理论的专业性学术刊物。1990年创刊，双月刊。中央党史和文献研究院主管主办、中央编译出版社出版。

《马克思主义与现实》聚焦习近平新时代中国特色社会主义思想研究、马克思主义基本理论研究、国外马克思主义发展状况、马克思主义中国化时代化大众化，探讨马克思主义在中国和当代世界的理论和实践形态及变化趋势，注重反映当代中国与世界有重大意义的现实问题和有重大现实意义的理论问题。常设栏目有：特别策划、习近平新时代中国特色社会主义思想研究、马克思主义基本理论研究、经典著作编译传播研究、国外马克思主义研究、中国特色社会主义政治经济学研究、思想政治教育研究、学术前沿、专题研究等。

525.《世界社会主义研究》

跟踪研究世界社会主义的理论、思潮和动态的专业性期刊。2016年创刊，单月刊。中国社会科学院主管，中国社会科学院马克思主义研究院和社会科学文献出版社主办。

《世界社会主义研究》办刊宗旨：坚持以马克思列宁主义、毛泽东思想和

[①]《〈当代世界与社会主义〉（双月刊）简介》，《党的文献》，2021年第2期。

中国特色社会主义理论体系为指导，坚持现实性、针对性、理论性和文风朴实的办刊风格。研究探索国际共产主义运动以及中国革命、建设和改革的成功经验与教训，世界社会主义运动的规律；加强当代国际思潮评析，捍卫马克思主义的真理性、纯洁性；建设马克思主义理论研究宣传阵地，推进二十一世纪马克思主义的发展创新，服务中国特色社会主义建设。

《世界社会主义研究》主要栏目有：特稿、习近平新时代中国特色社会主义思想研究、中国特色社会主义研究、党的建设研究、世界社会主义理论与实践、世界马克思主义与左翼研究前沿问题访谈、国外左翼观察、当代资本主义研究、意识形态问题研究等。

526.《党建》

综合性党员教育刊物。1988年创刊，月刊，由邓小平亲笔题写刊名，中宣部主管。

改革开放10周年之际，中宣部酝酿创办一份党员教育刊物。1988年1月，《党建》创刊。刊物始终坚持正确政治方向，坚持党建特色，坚持新闻立刊，坚持文化品味，为各级党务工作者、宣传思想工作者和广大党员提供权威性的工作指导和丰富的精神食粮。主要栏目有思想理论、基层党建、党史纵横、党的建设等。

《党建》杂志服务大局，贴近基层，注重思想内涵，努力办出特色，为加强党的建设、精神文明建设发挥了重要作用，受到宣传思想工作者、各级党务工作者和广大党员的欢迎。[①]

527.《国外理论动态》

1991年创刊，双月刊。中共中央党史和文献研究院主管主办。

《国外理论动态》紧密结合中国经济社会发展中的重大理论和现实问题，密切跟踪国外哲学社会科学前沿，主要栏目有马克思主义文献信息跟踪、国外马克思主义研究、当代资本主义研究、世界社会主义研究、海外中国研究等。

《国外理论动态》坚持以马克思列宁主义、毛泽东思想、邓小平理论、"三个代表"重要思想、科学发展观为指导，学习贯彻习近平新时代中国特色社会主义思想，跟踪国外马克思主义、社会主义和资本主义研究的新动态、新观点，反映当代世界经济、政治、文化和社会领域的新情况、新问题和新趋势，介绍国外对我国改革开放和社会主义现代化建设研究的新成果，为理论界

[①]《春花求实 岁月如歌——〈党建〉杂志创刊30周年回顾》，《党建》2018年第2期。

和决策界积累了大量珍贵的文献资料。

528.《民族研究》

民族研究综合性学术理论刊物。1958年创刊,双月刊。中国社会科学院主管,中国社会科学院民族学与人类学研究所主办。

《民族研究》以马克思主义理论为指导,坚持正确的政治方向、理论导向与学术定位,坚持"双百"方针,提倡学术探索与争鸣,注重开拓创新,为促进民族研究事业的深入发展、繁荣中国各民族科学文化、增强民族团结、加快民族地区经济建设步伐、全面建设小康社会服务。

《民族研究》主要刊登民族理论和民族政策、民族经济、民族学、民族教育、民族人口、民族法制、民族宗教、民族语言、民族历史,以及世界民族等各学科的学术成果,是从事民族研究、民族教学和民族工作,以及对民族问题有兴趣的同志、学人发表研究成果、开展学术讨论的园地。主要栏目有:中国少数民族现状与发展调查专稿、西部开发研究、回顾与展望、跨界民族研究、重点项目、创见与争鸣、研究述评、田野调查与研究、新书评介、学术动态等多个栏目。

529.《文学评论》

全国性文学研究和理论批评的大型学术刊物。中国社会科学院主管,中国社会科学院文学研究所主办。原名《文学研究》,1956年下半年筹办,1957年3月12日创刊。1959年2月改名为《文学评论》,由季刊改为双月刊。1966年6月起停刊,1978年1月复刊至今。

《文学评论》坚持"百花齐放,百家争鸣"的办刊宗旨,坚持马克思主义理论指导,密切关注现实,把握时代脉搏,注重专业特点,以较大的篇幅发表全国文学研究者长期的专门的研究成果,关注文学历史和文学理论上的重大问题,积极推进当代文学研究,总结中国文学经验,不拘一格扶持青年学人,形成了鲜明的办刊特色。

《文学评论》近年来更加重视发挥刊物的导向性作用,为党和国家工作大局服务,重点建设"马克思主义文艺理论"专栏,多方面推进中国文学"三大体系"建设,重视中华优秀传统文化的创造性转化和创新性发展,大力推动文学研究的理论建构和方法更新,积极引领学术潮流,关注前沿问题,拓展文学研究的视野与边界。常设新作批评、综述、马克思主义文艺理论专栏、马克思主义批评理论研究专题、马克思主义文论、学人研究、争鸣等栏目。

530.《文艺研究》

大型综合性文艺理论刊物。文化和旅游部主管、中国艺术研究院主办。1979年5月创刊，月刊。

《文艺研究》坚持办刊宗旨，坚持马列主义、毛泽东思想、邓小平理论和"三个代表"重要思想，深入贯彻落实科学发展观，坚持以习近平新时代中国特色社会主义思想为指导。学术上贯彻"双百"方针，奉行"五湖四海"的平等原则，注重从文学艺术各门类的具体研究中解决中国文艺发展中出现的新情况新问题。

《文艺研究》主要刊登文学艺术的一般理论（美学文艺学）研究，文学、戏剧、影视、造型艺术等门类的艺术理论和创作实践研究，外国文艺理论、文艺思潮、文艺流派的研究等。常设书评、访谈与对话等专栏。

531.《世界汉语教学》

该刊为汉语作为第二语言教学专业的中央级学术刊物，为世界汉语教学学会会刊。中国教育部主管，北京语言大学主办。1987年秋季创刊，季刊。

《世界汉语教学》办刊宗旨是：及时反映世界范围内汉语教学领域的最新理论研究成果，交流世界各地的汉语教学实践经验，提供新的信息，促进汉语教学的理论研究，推动教学实践的开展。设有汉语研究、汉语教学研究、汉语学习研究、各地教学研究和学术评论等栏目。

532.《中国语文》

1952年创刊，现为双月刊。最初由中国文字改革研究委员会和中国科学院语言研究所合办，1956年以后编辑部工作由语言研究所单独承担。

《中国语文》主要刊登汉语现状、历史以及应用、实验等的调查和研究，语言理论、语言政策的研究，汉语教学、汉外对比研究，语言学和其他学科交叉课题的研究，汉字现状、历史以及应用调查和研究，语言文字著作的评论文章等。

533.《哲学研究》

国家级哲学理论刊物。1955年3月创刊，现为月刊。创刊时由中共中央宣传部和中国科学院哲学研究所双重领导，1978年后改由中国社会科学院哲学研究所领导。

《哲学研究》倡导以现实问题研究推动基础理论的研究，强调发挥哲学的探索功能；主张在真理面前人人平等，为各种有代表性的学术观点提供争鸣机会；注重追踪和分析国内外哲学发展的新动向，注重中外学术交流；重视对当代实践和科学发展中哲学问题的探讨；重视培养哲学理论研究中的新生力量。

《哲学研究》的选题范围覆盖了哲学的全部二级学科，并倡导跨学科和交叉学科的研究。曾设有马克思主义哲学史研究、马克思主义哲学与当代现实、关于主体性问题、关于价值问题的探讨、关于改革的理论和方法论的探讨、科学技术革命与社会发展、哲学与文化、商品经济与道德进步、社会规律与人的活动的关系、传统与现实问题的研究、中国哲学思潮研究、"现代新儒家"思想研究、关于研究社会的范畴和方法的反思、青年论坛、历史唯物主义研究，以及学术评论、反思录等专栏。

534.《哲学动态》

哲学专业的动态性、资料性学术刊物。中国社会科学院主管，中国社会科学院哲学研究所主办。1963年创办，原名《国内哲学动态》，为不定期内部刊物。"文化大革命"期间停刊。1978年12月试刊，月刊。1979年1月正式创刊，为内部刊物。1982年，组建独立的编辑部。1984年1月，开始国内公开发行。1987年，更名为《哲学动态》。1991年6月，国内外公开发行。

《哲学动态》坚持以马克思主义为指导，立足于学术领先的理念；广泛提供国内外哲学界信息；反映哲学各学科的新动向、新问题、新成果；刊登哲学论文和研究资料；开展对哲学重大问题、现实问题和热点问题的讨论；倡导学术争鸣，开展规范、健康的学术批评和评论。选题范围涉及哲学各个分支学科，设有人物专访、专题讨论、学术活动、研究述评、研究资料、思考与探讨、争鸣与探索、课题追踪、科学技术与哲学、国外访问见闻录、国外学者访谈录、书刊评介等栏目。

535.《世界宗教研究》

国内较早创办的宗教学专业学术刊物。中国社会科学院主管，中国社会科学院世界宗教研究所主办。1979年创刊，双月刊。

《世界宗教研究》以"学术性、理论性"为宗旨，设有宗教学理论研究、佛教研究、道教研究、基督教研究、伊斯兰教研究、民间宗教研究、少数民族宗教研究、儒教研究、当代宗教研究、海外论坛、学术动态、书刊评论等各种特色栏目。

536.《法学研究》

法学学术刊物。中国社会科学院主管，中国社会科学院法学研究所主办。

前身为1954年中国政治法律学会创办的《政法研究》（1957年法学研究所成立后转入法学所），1966年停刊。1978年法学研究所正式挂牌后，决定创办《法学研究》。同年，法学研究所设立《法学研究》编辑部，编辑出版《法学研究》试刊第1期、第2期。1979年4月，《法学研究》正式创刊，双月刊。

《法学研究》坚持学术性、理论性的办刊宗旨，坚持精品意识，实行"双百方针"，重视基本理论的研究，致力于反映我国法学研究的最新成果和最高学术水平，建立、完善和更新中国法学各学科的理论体系。刊物紧密结合我国法制建设和依法治国、建设社会主义法治国家的实践，组织刊发了一系列具有重大理论和实践意义的文章，并围绕各个时期法学研究的热点，组织了各种形式的研讨。设有专题讨论、笔谈、条法释评等栏目。

537.《中国法学》

法学学术期刊。中国法学会主管、主办。1984年创刊，季刊，1985年改为双月刊。彭真为刊物题写刊名。2013年，英文版正式创刊。

《中国法学》始终坚持正确的政治方向，坚持理论联系实际，关注重大理论与现实问题，严守学术规范，坚持刊物的学术性，追求学术创新，为引领和繁荣法学研究服务。进入新时代，该刊坚持以习近平新时代中国特色社会主义思想为指导，积极推进全面依法治国。

《中国法学》设有特稿、本期聚焦、学术专论、立法与司法研究、案例研究、争鸣等多样化栏目。其中，特稿主要针对法治建设中的重大选题撰写的优秀稿件；本期聚焦主要针对法治建设进程中的热点问题进行聚焦；学术专论主要针对法学各学科的专门问题进行学术探讨；立法与司法研究是对立法、司法进程中的重要问题进行有针对性的研究；案例研究是对重要案例本身的法学分析或者是通过案例引发的学理探讨；争鸣则主要刊发商榷性质的文章，以引导法学研究中百花齐放、百家争鸣。

538.《管理世界》

管理类学术期刊。国务院发展研究中心主管主办。1985年创刊，月刊。1986年，陈云为刊物题写刊名。

《管理世界》主要刊登宏观经济形势分析、宏观经济管理研究、产业与区域发展研究、金融与财政研究、对外经济关系研究、公共管理研究、农村经济研究、上市公司研究、企业工商管理研究、企业案例研究、理论述评等论文。主要栏目有本刊专稿、中国宏观经济论坛、中国金融·财政研究、中国对外经济关系论坛、中国公共管理论坛、中国就业·分配论坛、中国区域经济发展论坛、中国农村经济论坛、中国产业发展论坛、工商管理理论论坛、中国上市公司研究、中国工商管理案例研究、理论述评等。

539.《经济管理》

以管理学为主要研究对象的学术期刊。1978年7月，《经济管理通讯》出刊；1979年1月，《经济管理》正式创刊，月刊。中国社会科学院主管，中国社会科学院工业经济研究所主办。

《经济管理》以经济领域的重大管理问题为主要研究对象，主要涵盖经济学、管理学两大学科门类。设有政府经济管理（宏观视角）、产业和区域经济管理（中观视角）、工商管理（微观视角）、管理科学与工程、公共管理、管理学动态6大一级栏目。

540.《教育研究》

全国性、综合性教育理论学术刊物。1979年创刊，月刊。教育部主管，中国教育科学研究院主办。

《教育研究》杂志始终关注教育理论的前沿问题，引领开展重大教育理论和实践问题的探讨，以刊登教育科学论文、评介教育科研成果、探讨教育教学规律、传播教育教学经验、宣传教改实验成就、开展教育学术讨论、报道学术研究动态、提供国内外教育信息为主旨。设有总论、学习贯彻《教育规划纲要》、教育基本理论、教育政策法规、教育管理、德育、课程与教学、考试与评价、教育经济、教育心理、教育史、基础教育、高等教育、成人教育、职业教育、特殊教育、民办教育、农村教育、教师教育、学术动态等栏目。

541.《财政研究》

全国经济类学术刊物。1980年创刊，月刊。中华人民共和国财政部主管，中国财政学会主办。

《财政研究》秉持"面向前沿、面向现代和面向世界"的办刊宗旨，从多角度、多层次、多领域反映中国财经理论研究和实践方面的新成果、新动向、新经验和新知识，为中国财经领域的改革和发展服务。

作为中国财政理论研究成果的专业传播平台，刊物具备学科领域的理论高度和国际视野，着眼于中国财政、经济改革和发展的深层次问题，反映财政学学科理论的最新研究成果，以及理论与实践相结合的前瞻性分析，突出学术性、前沿性和创新性。选题范围包括：财政基础理论研究与创新、财政学科建设与发展、宏观经济与政策、财政管理制度、财政体制、政府收支制度、财政与社会发展问题、重大国际财经问题,等等。

542.《中国工业经济》

全国工业经济与企业经济领域的权威学术期刊。1984年创办,月刊。中国社会科学院主管,中国社会科学院工业经济研究所主办。

《中国工业经济》系理论与实际相结合的应用经济性刊物,着重反映最广大民众所关心的现实经济中的重大问题:一是宏观经济,包括形势与展望、国民经济运行、经济体制改革;二是中观经济,包括产业分析、区域发展;三是微观经济,包括工商管理、企业经营与管理等。刊物突出反映改革、发展、管理三大类问题。

543.《金融研究》

金融研究专业性学术期刊。1980年创刊,现为月刊。中国人民银行主管,中国金融学会主办。2010年3月,《金融研究》网站开通。

《金融研究》主要反映金融市场动态及发展情况,宣传中国金融政策,介绍最新金融理论研究成果。设有金融银行体制、方针政策及其阐述、银行制度与业务、金融商场、信贷与投资、保险理论、商业银行、农村信用合作社、金融银行理论等栏目,已成为引领国内学术前沿的理论性、政策性、实践性兼备的权威学术期刊。

544.《数量经济技术经济研究》

国内兼容数量经济学与技术经济学两学科的中央级刊物。1984年创刊,现为月刊。中国社会科学院主管,中国社会科学院数量经济与技术经济研究所主办。

作为中国经济理论类、工业经济类、统计学类学术期刊,《数量经济技术经济研究》以"引领学术前沿、聚焦重大问题,促进交叉融合、服务国家战略"为办刊理念,发表经济管理领域的原创性学术论文,注重理论性、思想性与前沿性,提倡理论、思想、数据、方法的有机结合,科学严谨地研究重大理论与现实问题,涉及宏观经济、产业区域、科技创新、数字经济、绿色低碳等重要领域。常设栏目有现实经济问题研究、理论与方法问题研究、应用研究、评价等。从2022年第9期起,在《数量经济技术经济研究》官网和微信公众号上公开所刊发论文的原始数据、程序代码及因篇幅所限未能刊登的附件(如数理公式推导过程)等资料。

五　交流传播类

545.《经济研究》

全国性综合经济理论刊物。1955年创办，现为月刊。中国社会科学院主管，中国社会科学院经济研究所主办，国内外公开发行。

《经济研究》坚持学术性、时代性、创新性和超前性特点，致力于发表研究中国特色社会主义经济建设事业中重大现实问题的高水平理论研究类文章，忠实地为经济理论学习与研究者、经济政策决定与执行者以及社会各界朋友服务，为构建中国特色经济学而努力。主要栏目有专家论坛、热点探讨、经济理论、财政与税务、企业与发展、新农村建设等。

546.《经济学动态》

经济学学术刊物。1960年创刊，现为月刊。著名经济学家孙冶方倡办，中国社会科学院主管，中国社会科学院经济研究所主办。

《经济学动态》刊登了大量水平较高的文章，为繁荣经济科学和推动我国经济体制改革起了积极的作用。设有经济科学新论、经济热点分析、宏观经济探讨、部门经济、地区经济、财政金融研究、学术资料、经济体制改革、企业管理、调查与建议、中外学术交流、外国经济理论、海外经济学博览、世界经济、书刊评介等栏目。

547.《财贸经济》

综合财经领域各学科的中央级学术期刊。1980年创刊，月刊，国内外公开发行。中国社会科学院主管、中国社会科学院财经战略研究院主办。

《财贸经济》贯彻党的基本路线、以经济建设和改革开放为中心，提倡"双百"方针，重点发表代表中国应用经济学最高水准、以重大理论和现实问题为研究对象的优秀成果。刊物选题广泛，覆盖财政与税收、金融与货币、国际经济与贸易经济、城市与房地产、成本与价格、流通经济、产业经济、服务经济、旅游经济、信息与电子商务等领域，旨在探讨改革开放与经济建设中出现的新问题，推出新观点和新思路，为理论研究和实践决策服务。

创刊以来，《财贸经济》始终坚持基础理论研究与应用对策研究相结合的原则，逐渐形成了权威性、理论性、实践性、可读性的办刊特色，迄今已发表大量有重要影响的论文、研究报告，受到中央有关部门的重视和理论界、实务界人士的充分肯定。

548.《中国农村经济》

有关"三农问题"的中央级农村经济学术期刊。1985年创刊，月刊。中国社会科学院主管，中国社会科学院农村发展研究所主办。

《中国农村经济》追求卓越，砥砺前行；学术为本，观照现实；立足中国，放眼世界。突出理论探讨性、政策指导性、现实针对性和预测前瞻性，是探讨农村改革与发展理论的园地，了解中国农村现实的窗口，决策农村政策的参考，在推动理论和方法创新、促进学术成果交流、提供政策决策参考方面做出了重要贡献。

《中国农村经济》办刊宗旨为：注重理论与实际相结合，注重农村改革与发展中迫切需要解决的重大理论、现实、政策问题的研究，注重论文的应用价值，注重农村改革与发展经验的总结和介绍，注重及时抓住农村经济运行中苗头性、倾向性的问题。主要刊发关于农业、农村和农民问题的经济学论文。选题主要包括（但不限于）：农村形势与政策分析、农村产权制度、农村土地问题、农村人力资本与劳动力转移、农业投入与增长、食物供给与质量安全、可持续发展；农村金融与保险、部门与区域经济、贫困问题、农民收入与消费、农村城镇化、农产品流通与贸易、农村财政与公共品供给、农村组织制度；农业技术进步、乡村旅游、农村信息化与电子商务、世界农村与农业等。

549.《世界经济》

国内创刊较早的世界经济类学术刊物。中国社会科学院主管，中国世界经济学会和中国社会科学院世界经济与政治研究所共同主办。1978 年创刊，月刊。

《世界经济》坚持"战略性、理论性、综合性和现实性"的办刊宗旨，一方面重点发表全国有关专家撰写的反映国内学术水平、具有创新性和较高学术价值的高水平论文，促进中国世界经济理论的发展和学科建设；另一方面，针对改革开放和经济建设的需要，有选择地刊登一些国外经济发展中可供借鉴的做法、经验教训和相应的政策建议，供有关机构研究和政府决策参考。同时，本刊还根据国际经济领域的新变化和新情况，及时反映社会各界关心的一些热点问题。设有国际政治经济学、转轨经济学、发展经济学、中国对外开放、区域和国别经济等栏目。

550.《社会学研究》

以社会学为研究对象的一级学术刊物。1986 年创刊，月刊。前身是《社会学通讯》（内部刊物，1981—1984 年）和《社会调查与研究》（1985 年）。中国社会科学院主管，中国社会科学院社会学研究所主办。

《社会学研究》以学术研究及为世界社会学知识发展做出独到贡献为目的，

以有效促进学术交流、开放学术天地、促成中国社会学学术进步为宗旨；强调以规范的经验研究为基础，提炼学术思想。主要栏目有：专题研究、理论·方法·方法论、学术论文、学术争鸣、学者对谈、社会学笔谈、研究新秀、学术信息等。

《社会学研究》自创刊以来，《社会学研究》经历了引介西方社会学、促进中国社会学研究的规范化、发布关乎中国社会发展重大问题的杰出研究成果、引导中国社会学研究取向的发展过程，逐渐为国内外社会学同仁所重视，为研究中国社会的各界人士所瞩目。

551.《图书情报工作》

国家级大型图书馆学情报学两栖专业学术期刊。1956年创刊，1956—1960年为《中国科学院图书馆通讯》；1961—1966年为《图书馆工作参考资料》；1967—1974年停刊；1975—1979年为《图书馆工作》；1980年定名为《图书情报工作》，2009年起改为半月刊。中国科学院主管，中国科学院文献情报中心主办。

《图书情报工作》以理论与实践相结合、弘扬学术精神、推动事业发展为宗旨，主要报道以图书馆学、情报学为核心的相关领域理论和实践的最新进展。定位与特色是主要面向研究型图书情报机构，侧重于数字网络环境下的知识服务与图书情报工作转型发展，强调理论与实践结合，立足现实，面向未来。现主要设置专题研究、理论研究、工作研究、情报研究、知识组织、综述述评、海外观察等栏目。

552.《新闻与传播研究》

中国新闻学与传播学学术期刊。前身为《新闻研究资料》，1994年创刊，初为季刊，2008年改为双月刊，2013年改为月刊。中国社会科学院主管，中国社会科学院新闻与传播研究所主办。

《新闻与传播研究》以"代表中国新闻学、传播学学术研究的最高水平，引领中国新闻学、传播学学术研究的发展方向"为办刊追求，不断拓宽研究领域，并与国际学术界保持密切联系，刊发了一系列卓有影响的学术论文，得到学术界的高度评价。2013年改刊后，确立了"透视新闻 解析传播 专注研究"的办刊理念，致力于对新闻传播现象与活动的学理性研究，倡导原创，注重首发，实行匿名评审制度，努力推进新闻学与传播学学术研究的发展，同时也意图为党政媒介管理部门、媒介机构高层决策人员和科研教学人员提供相关学术参考和咨询。主要栏目有马克思主义新闻学、新闻史论、传播学研究、媒介制度研究、媒介法规研究、媒介政策研究、媒介伦理研究、媒介文化研究、传媒经济研究、受众研究、媒介社会学研究、媒介政治学研究、新媒介及媒介技术发展研究、大众传播研究、国际传播研究、跨文化传播研究等。

553.《港澳研究》

关于港澳研究的综合性学术刊物。国务院港澳事务办公室主管，全国港澳研究会主办。2013年创刊，中文，季刊。

《港澳研究》旨在为港澳研究领域的专家学者及全国港澳研究会的会员搭建一个交流、探讨、争鸣的平台。内容包罗港澳政治、法律、经济、社会、文化以及港澳与内地关系等方面，常设栏目有政法论坛、经济研究、历史文化研究等。

创刊以来，《港澳研究》刊发了大量具有前沿性、创新性，体现明确的问题意识，兼具学术价值和政策参考价值，有较高水平的学术文章，为推动港澳研究在理论、方法、应用等方面的繁荣和发展以及"一国两制"学科建设作出了重要贡献。

554.《当代亚太》

亚太问题研究学术期刊。1992年创刊，中国社会科学院主管，中国社会科学院亚洲太平洋研究所、中国亚洲太平洋学会主办。

《当代亚太》内容涵盖亚太地区的政治、经济、安全、社会等各方面的理论与现实问题研究，重点反映当前最新的国内外研究成果。主要关注中国外交、国际关系理论、亚太国际政治和经济关系以及东亚秩序、东亚地区格局转型、东亚和亚太地区合作等。主要栏目有亚太论坛、特稿、政治、经济、区际合作、社会、港澳台之窗等。

555.《世界经济与政治》

综合性学术期刊。中国社会科学院主管，中国社会科学院世界经济与政治研究所主办。1979年创刊，月刊。

《世界经济与政治》始终贯彻"理论性、战略性、综合性和现实性"办刊方针，以国际关系理论研究为主旨，注重国际政治与世界经济的结合、理论和实践的结合、国内问题和国际问题的结合，选题注重综合性、前瞻性和创新性，紧扣时代热点和学科前沿问题，弘扬学术创新精神，提倡学术自由和平等，促进学术交流。常设国际关系理论、世界政治、国际战略、中国外交、国际政治经济学等栏目。

五 交流传播类

556.《政治学研究》

国内外公开发行的政治学研究领域学术刊物。1985 年创刊，现为双月刊。中国社会科学院主管，中国社会科学院政治学研究所主办。

《政治学研究》坚持正确的政治导向和学术导向，聚焦重大理论和重大现实问题的高端成果，致力于繁荣当代中国政治学学术研究，出成果、出人才，为国家政治建设提供理论服务和智力支持。主要设有政治学理论、行政学、中国现实政治研究、国外政治学思潮、流派评介、学术动态介绍等栏目。

557.《国际社会科学杂志》

联合国教科文组织创办的综合性社会科学期刊。1949 年创刊，现为季刊，使用英、法、德、俄、中、西班牙六种语言在世界范围内发行。中文版创刊于 1983 年，由中国社会科学杂志社负责翻译、编辑、出版。

《国际社会科学杂志》每期围绕着一个话题展开。这些话题通常具有现实性、针对性和普遍性，如文化、社会、贫困、医疗、犯罪、人权、法治、政府角色、教育、全球化、妇女、青年、农民、移民等。作者为不同国家和领域的专家学者，他们从不同角度深入浅出地探讨同一个主题。

558.《世界社会科学》（原《国外社会科学》）

《世界社会科学》，原名为《国外社会科学》，由中国社会科学院主管、中国社会科学院信息情报研究院主办，系中央级学术刊物，为中国人文社会科学核心期刊、全国中文核心期刊、中文社会科学引文索引来源期刊、国家社科基金资助期刊。

《国外社会科学》创刊于 1978 年，曾为月刊，1995 年改为双月刊。1995 年 3 月被国务院学位委员会办公室、国家教委研究生工作办公室指定为"全国学位与研究生教育重要期刊"，是社会科学综合类 6 种核心期刊之一。

《国外社会科学》主要介绍国内外社会科学最新的学术理论、研究方法和发展趋势，尤其是新思潮、新流派、新理论、新论著和新成果，为社会各界提供当前世界各国的政治、经济、文化、社会、军事、哲学、法律、历史、教育、文艺、民族、宗教和马克思主义研究、国外中国研究等领域的信息。该刊注重学术性、信息性和针对性，最近几年又进一步突出学术研究的综合性、前瞻性和导向性，从而形成了"学、新、全、热、深"等特点。该刊力求出精品、出专题、出新意，为国外社会科学研究的发展，为繁荣中国的社会科学事业做出应有的贡献。

2022年9月，经国家新闻出版署批准更名为《世界社会科学》。其办刊宗旨为：坚持正确办刊方向和舆论导向，刊载社会科学最新学术理论、研究方法和发展趋势，突出学术研究前瞻性，注重综合性和信息性，服务构建中国特色哲学社会科学体系。①

559.《当代中国与世界》

中央级专业智库学刊。中国外文局主管、当代中国与世界研究院主办。2021年创刊，在国内外公开发行。

《当代中国与世界》以全面阐释习近平新时代中国特色社会主义思想的世界意义和时代意义为根本目标，聚焦中华民族伟大复兴和世界百年未有之大变局历史进程中的重大现实问题，配合国家外交和外宣重大议程和议题，以"中国的世界观"和"世界的中国观"相互参照借鉴，通过刊发中外智库学者兼具政策性、战略性、前瞻性、思想性、学术性的研究成果，探讨中国与世界的关系，搭建中外智库交流平台，为中国的对外工作提供理论层面的指导。开设专题、特稿、访谈、理论前沿、现实探讨、国际视野、海外书评等栏目。

560.《国际传播》

中央广播电视总台主管并主办的学术刊物。2016年创刊，初为双月刊，2017年以季刊形式发行。

《国际传播》遵循媒体党性原则，坚持正确政治方向，围绕中心，服务大局，联接中外，沟通世界；紧密贴近国际传播工作实际，努力解决中国对外传播中存在的理论和实践问题，提升中国国际传播的主动性和主导性，促进国际传播实现中国国家战略和外交政策目标。设有特别关注、传播策略、国别传播、案例分析、传播动态等栏目。

561.《汉学研究》

国内较早创办的关注汉学研究的学术刊物。北京语言大学主办。1995年创刊，原为年刊，2014年改为半年刊。

《汉学研究》聚焦强化国际间的文化交流，传播中国的优秀文化，吸纳外国的优秀文化，弘扬"中学西传"和"西学东渐"的文化精神，梳理、总结、研究数百年来中国文化的传播史。设有国学特稿、春秋论坛、四季评论、汉学家论坛、汉学家研究、法国汉学研究、俄罗斯汉学研究、英国汉学研究、意大

---

① 《更名启事》，《国外社会科学》2022年第5期。

利汉学研究、欧洲汉学研究、南欧汉学研究、北欧汉学研究、东欧汉学研究、美国汉学研究、美洲汉学研究、大洋洲的汉学、阿拉伯世界的汉学研究、亚洲汉学研究、典籍传播研究、中国文学及作家域外传播与研究、汉学视野下的比较文化研究、华裔汉学家研究、国外汉语文化教学研究、汉学文献研究与译稿、国学汉学文献、争鸣之页、书评与动态。

562.《中国学》

中国学领域综合性学术辑刊。创办于2010年，由国务院新闻办公室和上海市政府联合主办的世界中国学论坛出品，上海社会科学院世界中国学研究所编辑，上海人民出版社出版。上海社会科学院主要领导担任编委会主任。

《中国学》以繁荣和发展中国学为己任，发表全球中国学的最新成果，促进海内外中国学的学术交流，鼓励观点创新，提倡学术争鸣。内容涉及文学、历史、哲学、政治、经济、社会、国际关系等学科，尤其关注当代中国研究，设有"特稿""对话""历史人文""当代聚焦""中国与世界""新视界""重读大师""海外中国观察""文献与书评"等栏目。该刊同时刊发中英文论文，发表了大量非西方国家中国问题专家的研究成果。

563.《世界汉学》

汉学研究专业性学术刊物。最初由中国艺术研究院创办，1998年5月创刊。共出版发行4期，现由中国人民大学文学院和中国人民大学汉语国际推广研究所主办。

《世界汉学》以研究世界各国汉学的历史与传统、理念与方法，介绍汉学家、汉学著作和汉学机构，传递汉学研究最新讯息为主要内容。欧、美、日、新加坡及中国台湾、中国香港等20多个国家和地区的汉学机构参与合作，许多著名汉学家担任国际编委。

564.《国际汉学》

国内致力于海外汉学（中国学）研究的学术刊物。季刊。前身为中国已故著名学者任继愈先生创办的《国际汉学》辑刊，第一期于1995年出版。

《国际汉学》坚持国际化、高质量的学术办刊路线，在国际范围内展开中国文化的研究，追踪中国文化外传的历史，研究世界各国汉学的发展，考察海外汉学（中国学）与中国学术的互动，在与世界汉学界对话中探寻中国文化的世界性价值。

《国际汉学》涉及历史、哲学、宗教、语言学、比较文学等多个领域。主要栏目有：汉学一家言、汉学访谈录、汉学家专页、文史研究、中外文化交流、西方汉学史、中国经典在海外、国别汉学研究、文献研究、书评与书介、学术动态等。

565.《中国研究》

以当代中国为研究对象、面向全球中国学界的社会科学类中文刊物。2005年创刊。每年出版两辑，出版时间为每年春季和秋季。原由南京大学社会学院暨当代中国研究中心与社会科学文献出版社联合编辑，社会科学文献出版社出版。自2021年起，改由南京大学当代中国研究院编辑，商务印书馆出版。

《中国研究》坚持宏观视野和问题取向，推崇开放而又务实的精神。它注重学科的综合性，欢迎不同研究领域学者的广泛参与；提倡着眼于中国基层社会的经验性研究，也鼓励深入的理论探讨；赞赏朴实平易的学风和文风，倡导平和的学术批评氛围。设有专题研讨、学术论文、书评与随笔等固定栏目，2021年起增设"特邀文稿"——"学人专栏"。①

566. *The China Review: An Interdisciplinary Journal on Greater China*

《中国评论》，其前身是香港中文大学出版社1991年至2000年出版的年刊。自2001年起改为半年刊，每年4月和10月出版两期，2018年起每年出版4期，分别在2月、5月、8月和11月出版。

刊物涵盖了多个学科，特别是国内政治和国际关系、社会、商业和经济发展、近代史、艺术和文化研究，是中国香港地区唯一一家中国研究领域的SSCI全英文期刊。作为一家以推动全球中国研究为使命的大学期刊，立足于中西交汇的中国香港，该刊办刊伊始就明确了以下目标：发挥香港中文大学出版社双语编辑团队的优势、沟通中英文学术界、提升非英文学术研究的地位、引导各语种的中国研究走向真正的学术交流。

刊物主要接受社会科学和人文领域有关当代中国研究的论文、研究心得、田野报告和书评，注重呈现多学科领域的新近研究成果，鼓励跨学科研究。此外，还鼓励学者对重要课题进行高质量的研究，组织专刊。自2007年起被纳入SSCI指数。

567.《中国文化研究所学报》

香港中文大学中国文化研究所主办。由该所委任的编辑委员会负责，实际

---

① 《中国研究》编辑部：《〈中国研究〉稿约》，《中国研究》2021年11月。

工作由编辑委员会主席（兼主编）及副主编主持。1968年9月创刊，第一卷只有一期，从第二卷至第十卷每卷两期，1980至2009年每年一期，2010年开始又恢复每年两期。每期一般刊发单篇的中、英文论文，其中又以中文稿为主。

刊物主要刊载中国人文学科范围内之学术论文及书评，书评只刊载特约撰写者。刊发论文种类繁杂，体制殊异。就题材而言，经典文献、历史、舆地、文学、哲学思想、佛道（及其他宗教）、小学、考古、艺术、建筑、音乐、仪礼、历法、医药、民俗、人物、中外交通、近现代政治、社会经济、文化变迁、交流、翻译等等无不网罗包纳。

568.《南国学术》

中国澳门地区以"大人文、跨学科、超界域"为办刊理念的综合性人文社会科学学术期刊。2011年创刊，中文，原名《南国人文学刊》，半年刊，由澳门大学中文系主办。2014年起改为现名，由澳门大学主办，季刊。

该刊致力于办成中国具有标杆性、旗帜性、国际性、引领性的国际期刊。在文章侧重上，既探讨全球问题、区域问题，也探讨中国问题；在以全球视角看东方和中国的同时，还以东方视角关注世界问题。主要栏目有：东西文明对话、前沿聚焦、时代问题论争、独家评论、思想者沙龙、域外传真等。2019年，在第六届全国高校社科期刊评优活动中被评为"全国高校社科名刊"。其中，"东西文明对话"栏目被评为"全国高校社科期刊特色栏目"。

569.《澳门理工学报》（人文社会科学版）

澳门理工学院主办的综合性学术刊物。1998年创刊，季刊，中文。

该刊常设栏目有名家专论、港澳研究、总编视角、中西文化、文学研究等。自2011年改版后，秉持学院"扎根澳门，背靠祖国，面向世界，争创一流"的办学理念，博采众长，兼容并蓄，逐渐形成了学术厚重、品位高雅、特色鲜明、编辑规范的特点，学术质量不断提高。其栏目特色、专题策划、学术质量和期刊风格，逐渐获得了作者、读者与期刊界同仁的广泛认可。

570.《汉学研究》

1983年6月创刊。中国台北"国家图书馆"汉学研究中心编辑。汉学研究中心重要工作项目包括：搜藏汉学资料，提供阅览服务，编印汉学研究论著，出版目录索引，报导汉学研究动态，举办大型国际性专题研讨会等。

该刊原为半年刊，自2008年（第26卷）起改为季刊发行，每年3、6、

9、12月出版，为一文史哲综合性汉学学报，内容包括学术论文与书评，兼收中英文稿件。自1997年起《汉学研究》成立编辑委员会，成员包含中国台湾地区文、史、哲及语言学之学者专家，每季开会一次。为持续提升本刊水平，并建立台湾地区的汉学特色，自2009年起，由编委会规划特定专辑，每年刊出，以带动中国台湾地区汉学优势领域的研究风潮。《汉学研究》发行以来，因累积大量丰富之汉学文献与研究成果，颇受中外汉学界重视并引用。

571.《"中央研究院历史语言研究所"集刊》

1928年创刊。由中国台北"中央研究院历史语言研究所"负责编辑出版。

该集刊内容涉及史学、语文学、考古学、人类学及文字学等领域。每年出版四分，分别于3、6、9、12月刊行。截至2022年8月，已出版93本、284分（册）。

572.《"中央研究院近代史研究所"集刊》

1969年创刊。由中国台北"中央研究院近代史研究所"负责编辑出版。

该集刊内容均与近代中国史研究有关，分为论文、书评、报道三类。截至2022年6月，已出版116期。

（二）交流传播案例

573."中国这十年"系列新闻发布会

"中国这十年"是中共中央宣传部举行的系列主题新闻发布活动。自2022年4月22日至9月30日，共举行36场主题新闻发布会和31场省、自治区、直辖市专场新闻发布会。

2022年4月22日，中宣部举行首场"中国这十年"系列主题新闻发布会，中央政法委副秘书长景汉朝，最高人民法院副院长、二级大法官沈亮，最高人民检察院副检察长、二级大检察官杨春雷，公安部副部长刘钊，司法部副部长刘炤介绍中共十八大以来政法改革举措与成效，并回答记者提问。中共十八大以来，在以习近平同志为核心的党中央坚强领导下，政法系统认真学习贯彻习近平法治思想，坚持党对政法工作的绝对领导，坚持以人民为中心，立足国情，以前所未有的决心和力度，推进新时代政法领域实现历史性变革，加快建设公正高效权威的社会主义司法制度，形成了一系列具有原创性、标志性的政法改革成果，走出了一条中国特色社会主义政法改革之路，执法司法公信力显著提升,在更高水平上实现公正与效率相统一,民群众获得感、幸福感、安全感显著增强,有力推动了政法工作高质量发展,为开辟"中国之治"新境界奠定了坚实基础。

4月25日,中宣部举行"中国这十年"系列主题新闻发布会,全国人大常委会委员、法工委副主任许安标,全国人大常委会法工委经济法室主任岳仲明,全国人大常委会法工委国家法室主任童卫东,全国人大常委会香港、澳门基本法委员会研究室主任杨兆业介绍了新时代立法工作的成就与进展,并回答记者提问。中共十八大以来,全国人大常委会坚持以习近平新时代中国特色社会主义思想为指导,深入学习贯彻习近平法治思想,坚持党中央对立法工作的集中统一领导,全面贯彻党中央决策部署,确保党的主张通过法定程序转变为国家意志,坚持立法决策与改革决策相衔接,将社会主义核心价值观融入立法,有力维护宪法的权威和尊严,深入推进科学立法、民主立法、依法立法,以高质量立法服务高质量发展,不断完善中国特色社会主义法律体系,以良法促进发展,保障善治,立法工作取得新进展、新成效。

5月12日,中宣部举行"中国这十年"系列主题新闻发布会,中央财经委员会办公室分管日常工作的副主任韩文秀、国家发展改革委副主任胡祖才、科技部副部长李萌、生态环境部副部长叶民、商务部副部长兼国际贸易谈判副代表王受文、中国人民银行副行长陈雨露,介绍中共十八大以来经济和生态文明领域建设与改革情况,并回答记者提问。中共十八大以来,中国全面建成小康社会,开启了全面建设社会主义现代化国家新征程,新发展理念深入人心,经济社会发展和生态文明建设取得了具有里程碑意义的重大成就。十年来最突出的理论成果,就是形成了习近平经济思想和习近平生态文明思想,最突出的实践成果就是经济发展有了大提高、生态环境有了大改善,人民生活的质量和社会的共享水平取得了历史性进步、全方位跃升。

5月17日,中宣部举行"中国这十年"系列主题新闻发布会,财政部副部长许宏才、审计署副审计长王陆进、国家税务总局副局长王道树,介绍中共十八大以来财税改革与发展情况。中共十八大以来,中国财税体制改革纵深推进,财政宏观调控不断完善;强化资金和政策保障,推动高质量发展;精准实施减税降费,充分发挥审计在党和国家监督体系中的重要作用。

5月20日,中宣部举行"中国这十年"系列主题新闻发布会,商务部副部长盛秋平、海关总署副署长王令浚、市场监管总局副局长蒲淳,介绍中共十八大以来中国内外贸发展有关情况。中共十八大以来,中国优化营商环境,激发市场主体活力,"一带一路"经贸合作走深走实,内外贸发展取得历史性成就,实现历史性变革。中国成为全球第二大消费市场。

6月6日，中宣部举行"中国这十年"系列主题新闻发布会，科技部部长王志刚、中科院院长侯建国、中国工程院院长李晓红、中国科协书记处第一书记张玉卓、国家自然科学基金委主任李静海，介绍"实施创新驱动发展战略 建设科技强国"有关情况。十年来，中国深入实施创新驱动发展战略，坚持"四个面向"，坚定不移走中国特色自主创新道路，大力建设创新型国家和科技强国，科技事业发生了历史性、整体性、格局性重大变化，成功进入创新型国家行列，走出了一条从人才强、科技强，到产业强、经济强、国家强的发展道路，形成了支撑发展和保障安全的科技创新发展新的战略格局，形成了全方位、多层次、广领域的国际科技合作新格局。

6月10日，中宣部举行"中国这十年"系列主题新闻发布会，交通运输部副部长徐成光、国家铁路局副局长安路生、中国民航局副局长董志毅、国家邮政局副局长戴应军介绍新时代加快建设交通强国的进展与成效。这十年，中国交通运输事业取得历史性成就、发生历史性变革，综合交通网突破600万公里，综合交通服务能力大幅提高，交通运输基础性、先导性、战略性作用充分发挥，迎来由交通大国向交通强国的历史性跨越。

6月14日，中宣部举行"中国这十年"系列主题新闻发布会，工业和信息化部副部长辛国斌介绍中共十八大以来工业和信息化发展成就。这十年，中国新型工业化步伐显著加快，产业结构进一步优化，制造业综合实力和国际影响力大幅跃升，中小微企业核心竞争力显著提升，信息通信业实现迭代跨越，新一代信息技术与制造业融合取得长足进展，迎来从"制造大国""网络大国"向"制造强国""网络强国"的历史性跨越。

6月17日，中宣部举行"中国这十年"系列主题新闻发布会，国务院国资委副主任翁杰明、国资委秘书长彭华岗介绍新时代国资国企改革发展情况。这十年，国有企业从偏重规模和速度的粗放型增长加快转向更加注重质量和效率的集约型增长，国企改革深入推进，企业活力效率切实提升；国资监管体制持续健全完善，国资监管效能不断增强。到2021年底，全国国资系统监管企业资产总额比2012年底增长2.6倍。

6月23日，中宣部举行"中国这十年"系列主题新闻发布会，中国人民银行副行长陈雨露，中国银行保险监督管理委员会副主席肖远企，中国证券监督管理委员会副主席李超，国家外汇管理局副局长、新闻发言人王春英介绍中共十八大以来金融领域改革与发展情况。这十年，人民银行持续深化金融供给侧结构性改革，统筹发展与安全，全面深化资本市场改革开放，银行业保险业实现新的跨越式发展，有力推动经济高质量发展，中国金融业取得历史性成就。

6月27日，中宣部举行"中国这十年"系列主题新闻发布会，农业农村部副部长邓小刚等介绍新时代的乡村振兴有关情况。这十年，中国打赢脱贫攻坚战，历史性地解决了绝对贫困问题，实施乡村振兴战略，粮食产量十年再上一个千亿斤新台阶，脱贫攻坚战取得全面胜利，乡村振兴开局良好，农村改革全面深化，乡村发展释放新动能，推动农业农村发展取得历史性成就、发生历史性变革。

6月28日，中宣部举行"中国这十年"系列主题新闻发布会，国家发展改革委副主任赵辰昕、国家发展改革委副秘书长苏伟、国家发展改革委副秘书长欧鸿、国家发展改革委副秘书长杨荫凯介绍完整、准确、全面贯彻新发展理念，推动高质量发展情况。中共十八大以来，在习近平经济思想的指引下，中国正在加快迈向更高质量、更有效率、更加公平、更可持续、更为安全的发展之路，高技术产业规模翻了一番，创新创业创造活力更强，区域发展发生历史性变化、取得历史性成就，民营企业数量翻了两番，引资规模稳居发展中国家首位，我国的经济实力、科技实力、综合国力、国际影响力持续增强。

6月29日，中宣部举行"中国这十年"系列主题新闻发布会，全国人大常委会副秘书长汪铁民、全国人大常委会办公厅研究室主任宋锐介绍新时代坚持和完善人民代表大会制度的进展和成就。中共十八大以来，以习近平同志为核心的党中央从坚持和完善中国特色社会主义制度、推进国家治理体系和治理能力现代化的战略高度，推进人民代表大会制度理论和实践创新，形成习近平总书记关于坚持和完善人民代表大会制度的重要思想，推动人大工作取得历史性成就，人民代表大会制度更加成熟、更加定型。

6月30日，中宣部举行"中国这十年"系列主题新闻发布会，中央纪委国家监委宣传部部长王建新、中央组织部部务委员齐家滨、中央政策研究室副主任田培炎出席发布会，围绕坚持党的全面领导和全面从严治党介绍相关情况并回答了记者提问。中共十八大以来，坚持党的全面领导，党中央权威和集中统一领导得到全面加强；勇于自我革命，以严明纪律整饬作风，以雷霆之势反腐败；党的组织体系更加严密，党的"细胞"更有活力。

7月12日，中宣部举行"中国这十年"系列主题新闻发布会，最高人民法院副院长陶凯元、杨临萍、贺小荣、沈亮介绍新时代人民法院工作举措和成效，并回答记者提问。中共十八大以来，人民法院紧紧围绕努力让人民群众在每一个司法案件中感受到公平正义的目标，坚持司法为民、公正司法，助力平安中国法治中国建设，服务保障经济社会高质量发展，加强民生司法保障，为全面建设社会主义现代化国家提供有力司法服务和保障。

7月18日，中宣部举行"中国这十年"系列主题新闻发布会，最高人民检察院分管日常工作的副检察长、一级大检察官童建明介绍新时代检察机关法律监督工作的进展与成效。中共十八大以来，检察机关坚持以习近平新时代中国特色社会主义思想为指导，深入贯彻习近平法治思想，认真落实《中共中央关于加强新时代检察机关法律监督工作的意见》，讲政治、顾大局、谋发展、重自强，坚持司法为民，推动社会治理，提升监督质效，落实司法责任制，依法能动履行刑事、民事、行政、公益诉讼"四大检察"职能，努力为经济社会高质量发展提供有力司法保障。

7月25日，中宣部举行"中国这十年"系列主题新闻发布会，公安部党委委员孙茂利和公安部人事训练局局长吴德清、治安管理局局长仇保利、刑事侦查局局长刘忠义、网络安全保卫局局长王瑛玮、交通管理局局长李江平介绍公安机关推进更高水平平安中国建设成效，并答记者问。中共十八大以来，全国公安机关深入推进平安中国建设，着力提升社会治理社会化、智能化、法治化、专业化水平，捍卫政治安全，维护社会安定，完善社会治理，保障人民安宁，深化警务改革，推进规范执法，不断增强人民群众获得感、幸福感、安全感。

7月28日，中宣部举行"中国这十年"系列主题新闻发布会，中央全面依法治国委员会办公室副主任、司法部部长唐一军，全国人大常委会法制工作委员会副主任许安标，最高人民法院副院长高憬宏，最高人民检察院副检察长陈国庆，司法部副部长熊选国，国家市场监督管理总局副局长、国家反垄断局局长甘霖介绍新时代全面依法治国取得的历史性成就，并回答记者提问。中共十八大以来，以习近平同志为核心的党中央将全面依法治国纳入"四个全面"战略布局，作出一系列重大决策部署，全面确立习近平法治思想的指导地位，全面依法治国实践取得重大进展，法治保障和服务改革发展成效显著，开辟了全面依法治国的新境界。

8月16日，中宣部举行"中国这十年"系列主题新闻发布会，中央统战部副部长陈旭、全国政协副秘书长邹加怡、全国政协提案委员会驻会副主任张敬安、中央统战部民主党派工作局局长桑福华介绍新时代坚持和完善中国共产党领导的多党合作和政治协商制度的发展与成就，并回答记者提问。中共十八大以来，在以习近平同志为核心的党中央坚强领导下，中国新型政党制度顺应新时代，取得新发展，在国家政治和社会生活中彰显出独特优势，也为世界政治文明发展提供了中国智慧和中国方案。中国新型政党制度这一具有中国特色、中国气派、中国底蕴的好制度，将会展现更加超凡的制度优势，迈出更加坚实的发展步伐。

8月17日，中宣部举行"中国这十年"系列主题新闻发布会，国家民族事务委员会副主任赵勇、中央统战部民族工作局局长华彦龙、国家民委政策法规研究司司长张谋、国家民委文化宣传司司长郭建民介绍新时代民族团结进步事业成就与举措，并回答记者提问。中共十八大以来，以习近平同志为核心的党中央站在坚持和发展中国特色社会主义、实现中华民族伟大复兴的战略高度，统筹谋划和推进新时代党的民族工作，以铸牢中华民族共同体意识为主线，推动民族团结进步事业取得了新的历史性成就。

8月18日，中宣部举行"中国这十年"系列主题新闻发布会，中央宣传部副部长孙业礼，中央网信办副主任、国家网信办副主任盛荣华，文化和旅游部副部长卢映川，国家广电总局副局长孟冬介绍新时代宣传文化工作举措与成效，并回答记者提问。中共十八大以来，在以习近平同志为核心的党中央坚强领导下，宣传思想文化战线围绕举旗帜、聚民心、育新人、兴文化、展形象的使命任务，正本清源、守正创新，坚持以人民为中心的工作导向，扎实推进社会主义文化强国建设，精神文化产品供给质量明显提升，全党全国各族人民文化自信明显增强，全社会凝聚力向心力极大提升，我国意识形态领域形势发生全局性、根本性转变，为新时代开创党和国家事业新局面提供了思想保证、舆论支持、精神动力和文化条件。

8月19日，中宣部举行"中国这十年"系列主题新闻发布会，中央网信办副主任、国家网信办副主任、新闻发言人牛一兵等介绍新时代网络强国建设成就，并答记者问。中共十八大以来，以习近平同志为核心的党中央高度重视、统筹推进网络安全和信息化工作，推动网信事业取得历史性成就、发生历史性变革，提出一系列具有开创性意义的新理念、新思想、新战略，形成了内涵丰富、科学系统的习近平总书记关于网络强国的重要思想。中国正从网络大国向网络强国阔步迈进，推动党管互联网落到实处，数字中国建设成就显著，依法管网治网，营造清朗网络空间。

8月24日，中宣部举行"中国这十年"系列主题新闻发布会，文化和旅游部副部长饶权等介绍推动新时代文化和旅游高质量发展有关情况，并答记者问。中共十八大以来，以习近平同志为核心的党中央高度重视文化建设和旅游发展，作出一系列重要论述和指示批示，推动文化和旅游事业取得历史性成就、发生历史性变革，文化事业、文化产业和旅游业繁荣发展，文化遗产保护传承弘扬成效显著，文化和旅游产业已经成为经济增长的新动力，深入推进"一带一路"文化交流与合作。

8月25日，中宣部举行"中国这十年"系列主题新闻发布会，人力资源和社会保障部副部长李忠等介绍新时代就业和社会保障工作取得的成就，并回答记者提问。中共十八大以来，以习近平同志为核心的党中央坚持以人民为中心的发展思想，把让老百姓过上好日子作为一切工作的出发点和落脚点，补齐民生短板，注重加强普惠性、基础性、兜底性民生建设，使人民获得感、幸福感、安全感更加充分、更有保障、更可持续。各地区、各部门坚决抓好贯彻落实，推动我国就业和社会保障工作取得历史性重大成就，有效改善了人民生活，为经济平稳运行、社会和谐稳定提供了有力支撑，为如期全面建成小康社会、实现第一个百年奋斗目标提供了有利条件。十年来，中国实现比较充分就业，累计实现城镇新增就业1.3亿人；社会保障体系建设进入快车道，养老保险参保人数增加2.5亿人；养老金足额发放有保障，2022年中央财政补助力度达6500亿元。

8月26日，中宣部举行"中国这十年"系列主题新闻发布会，退役军人事务部副部长马飞雄等介绍新时代退役军人工作高质量发展举措与成效，并答记者问。中共十八大以来，以习近平同志为核心的党中央高度重视退役军人工作，习近平总书记从党和国家事业发展全局的战略高度，亲自谋划组建退役军人管理保障机构，就退役军人工作作出一系列重要论述，为新时代退役军人事业发展指明了前进方向、提供了根本遵循。中共十九大作出组建退役军人管理保障机构的重大决定，2018年4月16日，退役军人事务部挂牌成立，完善政策、健全机制、狠抓落实，开创退役军人工作新局面，退役军人获得感、幸福感、荣誉感不断增强。安置就业成效明显，服务保障持续提升。让尊重退役军人、尊崇军人职业成为社会共识。

8月30日，中宣部举行"中国这十年"系列主题新闻发布会，应急管理部副部长周学文等介绍新时代应急管理领域改革发展情况，并回答记者提问。中共十八大以来，以习近平同志为核心的党中央高度重视应急管理工作。特别是2018年，在深化党和国家机构改革中，党中央决定组建应急管理部和国家综合性消防救援队伍，对中国应急管理体制进行系统性、整体性重构，推动中国应急管理事业取得历史性成就、发生历史性变革。中国特色应急管理体制基本形成，重特大事故起数持续下降，消防安全形势稳中向好。

9月7日，中宣部举行"中国这十年"系列主题新闻发布会，国家卫生健康委员会副主任李斌等介绍中共十八大以来卫生健康事业发展成就。中共十八大以来的十年，是中国卫生健康事业进步最大，百姓健康获得感不断增强的十年；是医药卫生体制改革持续深化、人民群众看病难看病贵问题加速破解的十年；是公共卫生防护网织牢织密，传染病、慢性病、职业病、地方病防控更有效有力的十年；是中医药守正创新、传承发展，让更多群众方便看中医、放心用中药的十年。中国人均预期寿命增长到78.2岁，主要健康指标居于中高收入国家前列，人民群众健康权益得到充分保障。

9月8日,中宣部举行"中国这十年"系列主题新闻发布会,民政部副部长詹成付等介绍新时代民政工作有关情况,并回答记者提问。中共十八大以来,中国基本民生保障迈上新台阶,基本建成了中国特色社会救助体系,助力特殊困难群体与全国人民一道步入全面小康社会。中国基层社会治理走深走实,党组织领导的基层群众自治制度更加成熟定型,基层民主渠道不断拓展,基层民主形式日益丰富,基层民主成效持续提升,在发展中国全过程人民民主中发挥了独特的重要作用,助力续写社会长期稳定的奇迹。中国基本社会服务加快发展,养老服务制度框架不断完善,基本养老服务体系不断健全,养老服务供给不断加强、质量不断提升,居家社区养老服务发展迅速,助力群众生活品质不断提高。

9月9日,中宣部举行"中国这十年"系列主题新闻发布会,教育部部长怀进鹏等介绍中共十八大以来教育改革发展成效有关情况,并答记者问。中共十八大以来,围绕培养什么人、怎样培养人、为谁培养人这一根本问题,习近平总书记提出一系列新理念新思想新战略,形成习近平总书记关于教育的重要论述,为新时代中国教育发展指明前进方向、提供根本遵循。教育系统全面贯彻党的教育方针,落实立德树人根本任务,培养德智体美劳全面发展的社会主义建设者和接班人,促进教育公平、提升教育质量,加快推进教育现代化、建设教育强国、办好人民满意的教育,教育普及水平实现历史性跨越,教育服务能力稳步提升,教育改革开放持续深化,教育的中国特色更加鲜明,取得历史性成就,教育面貌正在发生格局性变化。

9月13日,中宣部举行"中国这十年"系列主题新闻发布会,水利部部长李国英等介绍中共十八大以来水利事业发展成就。中共十八大以来,中国水利事业发生了历史性变革,水资源利用方式实现深层次变革,水资源配置格局实现全局性优化,共为2.8亿农村群众解决饮水安全问题。江河湖泊面貌实现根本性改善,五级120万名河湖长上岗履职,共治理水土流失面积58万平方公里,全国水土流失面积和强度"双下降",实现荒山披绿、"火焰山"变"花果山"。中国水旱灾害防御能力实现整体性跃升。

9月14日,中宣部举行"中国这十年"系列主题新闻发布会,住房和城乡建设部副部长姜万荣等介绍新时代住房和城乡建设事业高质量发展举措和成效有关情况。中共十八大以来的十年,是中国历史上保障性安居工程建设规模最大、投资最多的时期,大力实施棚户区改造,加快发展保障性租赁住房,规范发展公共租赁住房,因地制宜发展共有产权住房,累计完成投资14.8万亿元,建设各类保障性住房和棚户区改造安置住房5900多万套,低保、低收入住房困难家庭基本实现应保尽保,1.4亿多群众实现安居梦。城市功能不断完善，人居环境显著改善，城市治理水平明显提高，累计开工改造老旧小区16.3万个。建筑业加快转型升级，建筑节能和绿色建筑快速发展，成为我国实现碳达峰、碳中和目标的重要力量。

9月15日，中宣部举行"中国这十年"系列主题新闻发布会，生态环境部部长黄润秋介绍了"贯彻新发展理念，建设人与自然和谐共生的美丽中国"有关情况。中共十八大以来，以习近平同志为核心的党中央以前所未有的力度抓生态文明建设，从思想、法律、体制、组织、作风上全面发力，开展了一系列根本性、开创性、长远性工作，推动生态文明建设发生了历史性、转折性、全局性的变化，全党全国推动绿色发展的自觉性和主动性显著增强，创造了举世瞩目的生态奇迹和绿色发展奇迹。中国走出了一条生产发展、生活富裕、生态良好的文明发展道路，美丽中国建设迈出重大步伐，污染防治攻坚战各项阶段性目标任务全面圆满超额完成，成为全球生态文明建设的重要参与者、贡献者和引领者。这十年，中国生态环境法律和制度建设进入了立法力度最大、制度出台最密集、监管执法尺度最严的时期。

9月19日，中宣部举行"中国这十年"系列主题新闻发布会，自然资源部副部长庄少勤介绍新时代自然资源事业发展与成就有关情况。中共十八大以来，以习近平同志为核心的党中央站在中华民族永续发展的战略高度，深入推动生态文明体制改革，自然资源事业发展取得历史性成就、发生了历史性变革，保障资源供给、推动节约集约利用，生态系统质量和稳定性持续提升，生态文明体制改革取得新进展，有力促进了人与自然和谐共生的现代化建设。

9月20日，中宣部举行"中国这十年"系列主题新闻发布会，国务院港澳事务办公室副主任黄柳权、王灵桂等介绍中共十八大以来"一国两制"在港澳的成功实践，并答记者问。中共十八大以来，以习近平同志为核心的党中央坚定不移、全面准确贯彻"一国两制"方针，发扬历史主动精神，积极应对港澳内外环境变化，采取一系列标本兼治的举措，推动"一国两制"在港澳的实践劈波斩浪、奋勇向前，取得历史性成就、发生历史性变革。"一国两制"理论开辟新境界，"一国两制"制度体系更加完善。香港、澳门保持繁荣稳定良好局面，积极融入国家发展大局，用发展的办法下大气力解决民生问题。

9月21日，中宣部举行"中国这十年"系列主题新闻发布会，中共中央台湾工作办公室副主任陈元丰等介绍中共十八大以来对台工作和两岸关系发展情况，并回答记者提问。中共十八大以来，以习近平同志为核心的党中央统筹中华民族伟大复兴战略全局和世界百年未有之大变局，准确把握国内外形势发展变化，全面推进对台工作理论和实践创新，牢牢把握两岸关系主导权和主动权，有力维护台海和平稳定，扎实推进祖国统一进程，就对台工作提出一系列新理念新思想新战略和重大政策主张，发表一系列重要论述，作出一系列重要指示批示，形成新时代党解决台湾问题的总体方略，提供了新时代做好对台工作的根本遵循和行动纲领。两岸政治交往取得历史性突破，两岸对话协商形成新局面。两岸贸易和台商对大陆投资显著增长，两岸人员往来和各界交流持续扩大。以习近平同志为核心的党中央妥善应对台海局势变化，采取有力行动，坚决打击遏制各种谋"独"挑衅，坚决遏制外部势力干涉，有效地震慑并挫败了"台独"分裂行径，牢牢把握两岸关系主导权和主动权。统一的时、势、义始终在祖国大陆这一边。

9月29日，中宣部举行"中国这十年"系列主题新闻发布会，中央对外联络部副部长郭业洲、外交部副部长马朝旭等介绍新时代外交工作有关情况。中共十八大以来，以习近平同志为核心的党中央，在推进新时代中国特色社会主义伟大事业的历史征程中，领导中国对外工作攻坚克难、砥砺前行，经历了一系列风险考验，战胜了许多艰难险阻，办成了不少大事要事，取得了全方位、开创性历史成就，走出了一条中国特色大国外交新路。党的对外工作实现高质量发展、取得历史性成就，中国共产党与世界的关系发生历史性变化。中国外交以服务民族复兴、促进人类进步为主线，立足中国发展新方位，把握中国同世界关系新变化，坚持立己达人、胸怀天下，坚定不移走和平发展道路，推动构建人类命运共同体，推动构建相互尊重、公平正义、合作共赢的新型国际关系，始终做世界和平的建设者、全球发展的贡献者、国际秩序的维护者。中国以前所未有的广度、深度、力度参与全球治理，贡献中国智慧，提供中国方案，展现中国担当，得到国际社会广泛赞誉。中国以更坚定的意志、更扎实的行动、更有力的举措，构筑起捍卫国家利益和民族尊严的坚强防线，把国家发展和安全主动权牢牢掌握在自己的手中。

"中国这十年"系列主题新闻发布会先后于7月11日举行海南专场、7月15日举行江西专场、7月18日举行宁夏专场、7月20日举行安徽专场、7月21日举行云南专场、7月22日举行广西专场、8月1日举行吉林专场、8月2日举行西藏专场、8月3日举行贵州专场、8月4日举行辽宁专场、8月5日举行湖南专场、8月8日举行上海专场、8月9日举行河北专场、8月10日举行山西专场、8月12日举行江苏专场、8月17日举行重庆专场、8月18日举行四川专场、8月19日举行湖北专场、8月20日举行甘肃专场、8月20日举行山东专场、8月22日举行内蒙古专场、8月27日举行新疆专场、8月28日举行河南专场、8月30日举行福建专场、8月30日举行浙江专场、8月30日举行天津专场、8月31日举行青海专场、8月31日举行陕西专场、8月31日举行广东专场、8月31日举行黑龙江专场、9月1日举行北京专场。①

574. "奋进新时代"主题成就展

"奋进新时代"主题成就展于2022年9月27日起在北京展览馆举办。2022年9月27日上午,"奋进新时代"主题成就展开幕式在北京展览馆举行。中共中央政治局常委、中央书记处书记王沪宁发表讲话并宣布展览开幕。9月27日下午3时45分,习近平等领导同志来到北京展览馆,参观"奋进新时代"主题成就展。

展览紧扣"奋进新时代"这一主题,以中共十八大以来以习近平同志为核心的党中央治国理政为主线,聚焦新时代10年党和国家事业的伟大成就、伟大变革,既展现事业发展的新局新貌,又揭示变革背后的力量和动能;既展现新时代中国共产党人的政治引领、思想指引,又反映广大人民群众团结一心、干事创业的良好风貌。展览设序厅、中央综合展区、地方展区、展望展区、室外展区和互动展区6个展区,面积超过3万平方米,运用图片、实物、模型等6000多项展览要素,角度丰富、内涵饱满,展示中国科技水平和制造能力跃升的自主研发关键产品实物、模型,反映功勋荣誉表彰体系日益丰富完备的勋章、奖章,国家级重大出版项目《复兴文库》,生动再现脱贫攻坚和抗击新冠肺炎疫情历史进程的实物、图表、图片,"五基"协同天空地一体化生态环境立体遥感监测体系模拟沙盘,武器装备模型,呈现总体国家安全观深刻内涵、党内法规制度建设成果的展板、实物,彰显京津冀协同发展成就的立体电子地图,展现规划建设、轨道交通和科技创新等方面亮点成果的粤港澳大湾区沙盘。

举办"奋进新时代"主题成就展,是迎接中共二十大宣传工作的一项重要内容,旨在引导广大干部群众坚定不移在以习近平同志为核心的党中央领导下继续前进,坚定不移坚持中国共产党领导和中国社会主义制度,坚定不移跟党走中国特色社会主义道路、以中国式现代化推进中华民族伟大复兴。②

575. 中国故事国际传播高峰论坛

2022中国故事国际传播高峰论坛在华中科技大学举行。论坛由中国故事创意传播研究院联合中国外文局当代中国与世界研究院、中国社会科学院新闻与传播研究所、华中科技大学新闻与信息传播学院、深圳大学媒体融合与国际传

---

① 综合《人民日报》等中央媒体的相关报道。
② 《踔厉奋发勇毅前行团结奋斗 夺取中国特色社会主义新胜利》,《人民日报》2022年9月28日。

播研究中心主办。论坛采用线上线下相结合的方式，专家围绕"大变局下的中国故事讲述之道"展开热议。

开幕式上，中国故事创意传播研究院院长陈先红教授发布了首份《中国故事国际传播指数报告（2021）》，聚焦"中国故事国际传播力度指数"和"中国故事国际影响力指数"，发布了我传榜、他传榜和榜中榜等。

论坛上，专家学者从华人华侨故事、中国扶贫故事、中国故事的当代价值与意义、讲好新时代中国故事、北京冬奥会故事传播的经验、智能算法与故事逻辑和中国故事的同构叙事等方面做了主旨演讲。与会者表示，要面向学科前沿、国家重大战略和实践需求，为中国国际传播做出更大贡献。

该届论坛举行了两场大会主旨演讲和八场平行分论坛，并发布"2022中国好故事十大研究案例奖"名单等。

576."奋进新征程　建功新时代"专栏报道

自 2022 年 2 月 18 日起，《人民日报》《光明日报》等中央媒体推出"奋进新征程　建功新时代"专栏，通过广泛深入采访报道，生动展现新时代党的创新理论扎根中国大地、引领时代变革的思想伟力，全面展示新时代的变革性实践、突破性进展、标志性成果，充分反映中国人民踔厉奋发、笃行不怠的精神风貌，自信讲述真实、立体、全面的中国，激励人们意气风发地奋进新征程、建功新时代。2 月 17 日，中宣部在中国共产党历史展览馆举行"奋进新征程　建功新时代"大型主题采访活动启动仪式。

《人民日报》已推出"伟大时代的历史跨越""建设体育强国　展现时代风采""开创改革开放新局面""奋力续写乡村振兴新篇章""创造彪炳史册的人间奇迹""全面小康成果惠及全体人民""守护绿水青山　建设美丽中国"等报道。同时，《人民日报》针对各领域各行业推出"奋进新征程　建功新时代·伟大变革"系列报道，针对各省、自治区、直辖市推出"奋进新征程　建功新时代·非凡十年"系列报道。[①]

577. 国家社科基金中华学术外译项目

由全国哲学社会科学工作领导小组组织实施。中华学术外译项目立足于学术层面，集中遴选译介代表中国学术水准、体现中华文化精髓、反映中国学术前沿、传播当代中国价值观念的学术精品，资助相关优秀成果以外文形式在国外权威出版机构出版并进入国外主流发行传播渠道，推动中国学术从积极"走

---

① 综合《人民日报》《光明日报》等中央媒体的相关报道。

出去"到有效"走进去",深化中外学术交流与对话,促进世界更好地了解中国和中国学术,增强中国学术的国际影响力和国际话语权,不断提升国家文化软实力。启动于2016年,一年评审一次。

中华学术外译项目资助中国当代哲学社会科学优秀成果尤其是国家社科基金项目优秀成果、20世纪以来中国哲学社会科学优秀成果的翻译出版。主要领域包括:1. 研究马克思主义特别是习近平新时代中国特色社会主义思想和中共十九大精神,研究阐释中国道路、中国模式、中国经验,有助于国际社会全面客观认识当代中国的优秀成果;2. 研究当代中国经济、政治、文化、法律、社会等各领域,有助于国外了解中国社会科学研究前沿的优秀成果;3. 研究中华优秀传统文化,具有文化积累和传播价值,有助于国外了解中国文化和民族精神的优秀成果;4. 研究人类共同关注话题、重大国际和地区问题,有助于参与世界学术对话、反映中国为世界作出重大贡献的优秀成果。

中华学术外译项目是国家社科基金项目的主要类别之一,实行主持人负责制。项目主要资助中国学者在国内已出版优秀成果的翻译及其在国外的出版发行;版权属于中国的社科类外文学术期刊,直接以外文写作且内容完成80%以上的中国学者的著作,也可申请资助。项目资助文版以英文、法文、俄文、阿拉伯文、西班牙文等5种为主,其他文版也可资助。覆盖国家社科基金25个学科(不含军事学)。翻译既要保证忠实于原著,又要符合国外受众的语言习惯。申报成果形式以单本学术著作、学术期刊为主,少量高质量的专题论文集、系列学术丛书也可申报。成果应不少于8万字,一般不超过20万字,篇幅超过30万字的应进行压缩和改写。项目成果须以外文或中外文对照形式由国外权威出版机构单独出版或中外出版机构联合出版,并进入国外主流发行传播渠道。

578. 青年汉学家研修计划

青年汉学家研修计划创办于2014年,是中国文化和旅游部主办的一个学术交流项目。研修计划旨在为海外从事中国研究的青年人搭建一个全球性的交流与合作平台,并为其后续深入研究中国提供学术支持。在助力海外年轻一代中国问题专家崛起、构建全球中国学学术共同体上发挥了重要作用。

该项目虽然以"汉学"为名,但Logo使用的是"中国研究",项目运作上既覆盖聚焦古典中国的传统汉学,也包括侧重当代中国研究的中国学。研修计划2016年从北京拓展到上海、西安两地,之后进一步扩容到郑州、重庆、广州、杭州等城市。研修班由中外文化交流中心总协调,承办单位包括北京语言大学、上海社会科学院、陕西师范大学、郑州大学、重庆文化艺术职业学院、暨南大学、浙江工商大学等。研修期间，除了集中授课外，还安排了在华实地调研。此外还邀请了国内资深学者担任合作导师，对学员的研究课题进行"一对一"的专题指导。学员研修结束后会回国完成最终的研修论文，相关成果择优集结成册，以中英文双语论文集的形式出版。目前已出版《2016北京青年汉学家研修计划论文集》《2016上海青年汉学家研修计划论文集》《2017北京·郑州青年汉学家研修计划论文集》《2018青年汉学家研修计划论文精选集》等。

项目主承办单位建立起了一套较为成熟的后续联络机制，了解学员回国后的后续发展情况，并提供持续的学术支持。学员回国后和主承办单位、国内资深学者以及各国的青年学者依然保持着长期稳定的沟通与交流。所形成的全球青年汉学家学术网络，为大量中外合作研究以及跨国交流项目的推进提供了便利。不少学员现已成长为所在国家中国研究的中坚力量，还要一些学员开始在各自单位担任重要行政职务。有力推进了中国学的发展和中外文明的交流互鉴。

579. "海外中国研究丛书"

"海外中国研究丛书"是由学者刘东创办并主编、并由江苏人民出版社出版的丛书。自1988年起开始出版发行，海外中国研究的学术名著150余种，囊括了费正清、魏斐德、史华兹、杜赞奇、谢和耐、宇文所安、易劳逸、韩书瑞、瓦格纳、杜维明、斯波义信、沟口雄三等海外著名学者的代表性著作，为中西文化交流做出了持续的贡献，在学术界、出版界享有盛誉，成为公认的图书品牌。每年出版新书十余种，并推出了女性系列、海外学子系列、环境系列等子系列。

580. "世界中国学系列丛书"

"世界中国学系列丛书"由上海社会科学院世界中国学研究所组织编写，2019年开始在上海社会科学院出版社出版。

该丛书一方面集中展示世界中国学论坛及其海外分论坛相关成果，另一方面也积极探索世界中国学的学科发展。目前已出版7种：《新时代的中国》《中国与世界：70年的历程》《中国共产党·中国·世界》分别为第七届、第八届、第九届世界中国学论坛的实录；《世界的中国》是该所主办的学术集刊《中国学》的专题精选集，并酌情收录世界中国学研究所同仁若干最新研究成果；《论中国》为历届世界中国学论坛及其海外分论坛的大会演讲合集；《中国研究热》是中外媒体关于历届世界中国学论坛及其海外分论坛相关报道的集萃；译著《荷兰的中国研究》是对荷兰中国学的全景式扫描，涉及荷兰的传统汉学和当代中国研究等。

581. 《对外传播优秀案例研究（2015—2017）》

当代中国与世界研究院选编，于运全主编。该书是近年来获奖的"对外传播十大优秀案例"（年度）以及《对外传播》等刊发的精彩案例汇编，收录了49个优秀案例，涉及部委、央媒、央企及各地的外宣工作，具有比较广泛的代表性。该书图文并茂，分为六个部分：多元丰富地讲好中国故事、多姿多彩的对外文化交流、创新探索媒体策划报道之路、借外宣活动发出各地声音、合作共赢的影视交流、特色鲜明的城市形象。该书从不同视角陈述和分析各类对外传播项目的背景、策划、内容、实施、效果等，探讨了实践经验、存在问题以及相关理论，是很有意义的实践和教学参考书。

582. 《中国故事国际传播指数报告》

2022年5月14日，华中科技大学中国故事创意传播研究院联合中国外文局当代中国与世界研究院日前在华中科技大学首发《中国故事国际传播指数报告》（以下简称《报告》）。中国故事是指在国际传播场域中，被提及的中国人、事、物、场、境五大要素故事，这一界定使中国故事在学术领域首次具有了操作化指标。《报告》通过探讨"中国版中国故事"和"西方版中国故事"的国际传播差异来发现中国故事在国际传播过程中存在的问题并提出相应的解决方案。《报告》分别从"我传"和"他传"两个视角出发，聚焦2021—2022年度同一国际传播场域中涉及的中国"人、事、物、场、境"五组故事要素，进行大数据挖掘和熵权法计算，分析得出"中国故事国际传播力度指数"和"中国故事国际影响力指数"，据此发布自传榜（中国故事国际传播力度榜单）、他传榜（中国故事国际影响力总榜单和四个子榜单）、榜中榜（中国故事国际影响力分类榜）和榜外榜（中国故事国际传播未来方向）四个榜单。

583. "新时代国际传播理论与实践研究丛书"

2021年9月，"新时代国际传播理论与实践研究丛书"第一辑在第七届全国对外传播理论研讨会上发布。该丛书在中宣部国际传播局、中国外文局指导下，由当代中国与世界研究院策划，外文出版社、朝华出版社出版。

丛书贯彻习近平关于做好国际传播工作系列重要讲话精神，聚焦新形势下国际传播理论发展与实践创新，发挥国家高端外宣智库优势，深化新时代国际传播规律研究，推动构建中国特色的战略传播体系，为全面提升国际传播效能提供实践参考和学理支撑，具有重要理论价值、重大现实意义。

丛书第一辑（全六册）于2021年11月起陆续出版，包括：《新时代治国理政对外传播研究》《新时代对外话语体系建设实证研究》《从形象到战略：中国国际传播观察新视角》《新形势国际传播的理论探索与实践思考》《新时代中国话语创新案例研究》《对外报道实务：国际传播的基本功》。

584.《理解当代中国》多语种系列教材

2022年8月，高等学校《理解当代中国》系列教材首批39本由外语教学与研究出版社正式出版，包括外国语言文学类专业系列与国际中文系列。外国语言文学类专业系列教材，主要有英语、俄语、德国、法语、西班牙语、阿拉伯语、日语、意大利语、葡萄牙语等语种，落实立德树人根本任务，探索课程思政有效路径，帮助学生了解中国特色话语体系，用中国理论解读中国实践，提高向国际社会讲好中国故事的能力，为中国参与全球治理、推动文明互鉴、构建人类命运共同体贡献力量。国际中文系列教材主要面向来华留学生群体，助力培育精通中文、融通中外、知华友华的优秀人才，促进民心相通，推动构建人类命运共同体。这两大系列教材，用世界听得懂的理论语言、学术语言、专业语言，阐述中国之路、中国之治、中国之理，是新时代高等外语教育的创新之作。这一系列教材的出版，有助于提高学生用外语讲好中国故事的能力，积极创新新时代外语人才培养路径，共同推动世界读懂中国，培养出更多面向世界阐释中国特色、中国精神、中国智慧的优秀人才。[①]

[①] 孙有中：《创新教材体系，推进外语类专业新文科建设》，《新文科理论与实践》2022年第3期。